NOWY SŁOWNIK

angielsko-polski
polsko-angielski

NEW DICTIONARY

English-Polish
Polish-English

Tadeusz J. Grzebieniowski
Andrzej Kaznowski

NOWY SŁOWNIK

angielsko-polski

polsko-angielski

Harald G

Tadeusz J. Grzebieniowski
Andrzej Kaznowski

NEW DICTIONARY

English-Polish
Polish-English

Harald G

Wydanie I w tej edycji

Firma Księgarska
Jacek i Krzysztof Olesiejuk – Inwestycje Sp. z o.o.
www.olesiejuk.pl
biuro@olesiejuk.pl
tel. (0-22) 535-05-50

ISBN-13: 978-83-7512-071-4
ISBN 83-7512-071-5

This edition distributed (excl Poland) to English speaking markets by **Grange Books Plc**
Kingsnorth Industrial Estate
Hoo, Near Rochester
Kent ME3 9ND
www.Grangebooks.co.uk
tel. 00441634256000

SPIS TREŚCI
CONTENTS

PRZEDMOWA
PREFACE

Słownik zawiera około 33 000 haseł i zwrotów, listę angielskich czasowników nieregularnych, nazwy geograficzne oraz krótki przewodnik kulinarny.

Słownik jest przeznaczony dla osób rozpoczynających naukę obydwu języków.

The dictionary contains approximately 33,000 entries and phrases as well as lists of English irregular verbs, geographical names, and a brief food guide.

The dictionary is intented for beginners in both languages.

WSKAZÓWKI DLA UŻYTKOWNIKA
GUIDE TO THE USE OF THE DICTIONARY

Hasła

Wyrazy hasłowe podano pismem półgrubym w ścisłym porządku alfabetycznym. Opatrzono je odpowiednimi skrótami sygnalizującymi ich przynależność do poszczególnych części mowy oraz do poszczególnych dziedzin życia.

Jeżeli wyraz hasłowy ma kilka odpowiedników polskich, to na pierwszym miejscu podano znaczenie bliższe lub pierwotne, a potem, kolejno, znaczenia dalsze lub pochodne, np.:

Entries

The words are printed in boldface type and are in strict alphabetical order. They are labelled by pertinent abbreviations indicating the grammatical categories to which they belong. Some other symbols denote their particular branch of speech or their origins.

If the English word is followed by several Polish equivalents, it is the most common meaning or historically the earliest one that comes first. E.g.:

gath•er [ˈgæðə(r)] *vt vi* zbierać (się); sądzić; wnioskować

Homonimy podano w osobnych hasłach oznaczonych kolejnymi cyframi, np.:

Homonyms are grouped under separate entries and marked with successive numerals, e.g.:

graze[1] [greɪz] *vt vi* paść (się)

graze[2] [greɪz] *vt* musnąć; drasnąć; *s* zadraśnięcie

Pominięto podstawowe formy gramatyczne czasowników, które tworzą się regularnie przez dodanie końcówki **-ed** lub **-d**. Nieregularne formy czasowników podano bezpośrednio po transkrypcji wyrazu hasłowego; na drugim miejscu podano formę czasu przeszłego, na trzecim – imiesłów czasu przeszłego. Ponadto opatrzono całe hasło gwiazdką (*), odsyłającą do spisu czasowników z odmianą nieregularną.

The basic forms of the regular verbs, ending in **-ed, -ed (-d, -d)**, are omitted. As far as the irregular verbs are concerned, three successive main forms have been singled out: infinitive, past tense and past participle. The asterisk (*), placed before the entry, refers to the list of irregular verbs.

Transkrypcja fonetyczna

Przy każdym wyrazie hasłowym podano w nawiasie kwadratowym transkrypcję fonetyczną. Zastosowano symbole ogólnie przyjętej transkrypcji międzynarodowej, opierając się na wydaniach renomowanych słowników brytyjskich (A.S. Hornby, Oxford Advanced Learner's Dictionary of Current English, wydanie piąte i Cambridge International Dictionary of English) z nieznacznymi zmianami.

Phonetic Transcription

Each word is followed by its phonetic script, each English word being transcribed and placed within square brackets. The symbols used here are those of the IPA, based on the editions of standard British dictionaries (Oxford Advanced Learner's Dictionary of Current English by A.S. Hornby, fifth edition and Cambridge International Dictionary of English) with slight modifications.

Znak graficzny dźwięku	Zbliżony polski odpowiednik	Przykład użycia i wymowa

samogłoski

i	i	eat [it]
ɪ	y	sit [sɪt]
e	e	bed [bed]
æ	a/e	bad [bæd]
ɑ	a (długie)	half [hɑf]
o	o (krótkie)	not [not]
ɔ	o (długie)	law [lɔ]
ʊ	u (krótkie)	put [pʊt]
u	u (długie)	food [fud]
ʌ	a (krótkie)	luck [lʌk]
ɜ	e (długie)	first [fɜst]
ə	e (nieakcentowane)	ago [ə`gəʊ]

dwugłoski

eɪ	ei (łącznie)	late [leɪt]
əʊ	eu (łącznie)	stone [stəʊn]
ɑɪ	ai (łącznie)	nice [nɑɪs]
ɑʊ	au (łącznie)	loud [lɑʊd]
oɪ	oi (łącznie)	point [poɪnt]
ɪə	ie (łącznie)	fear [fɪə(r)]
eə	ea	hair [heə(r)]
ʊə	ue	sure [ʃʊə(r)]

niektóre spółgłoski

tʃ	cz	chin [tʃɪn]
dʒ	dż	just [dʒʌst]
v	w	voice [vɔɪs]
θ	–	thick [θɪk]
ð	–	then [ðen]
ʃ	sz	sharp [ʃɑp]
ʒ	ż	vision [ˋvɪʒn]
ŋ	n (nosowe)	sing [sɪŋ]
w	ł	wet [wet]
(r)	r	*bryt.* wymawia się, gdy następujące słowo zaczyna się od samogłoski, *am.* wymawia się zawsze

Pisownia

W niniejszym słowniku zastosowano pisownię brytyjską, powszechnie obowiązującą w Wielkiej Brytanii.

Uwzględniono również oboczne formy ortograficzne, przyjęte w amerykańskiej odmianie języka, takie jak **cosy**, *am.* **cozy**; **grey**, *am.* **gray** itd.

Spelling

The spelling used throughout the dictionary is that of the UK English language.

Some slight variations found in the UK and in the USA language, e.g. **cosy**, *am.* **cozy**; **grey**, *am.* **gray** are also provided.

SKRÓTY
ABBREVIATIONS

adj	przymiotnik	adjective
adv	przysłówek	adverb
am.	amerykański	American
anat.	anatomia	anatomy
arch.	architektura	architecture
astr.	astronomia	astronomy
attr	przydawka	attribute
bank.	bankowość	banking
biol.	biologia	biology
bot.	botanika	botany
bryt.	brytyjski	British
chem.	chemia	chemistry
comp	stopień wyższy	comparative (degree)
conj	spójnik	conjunction
dent.	dentystyka	dentistry
dial.	dialekt	dialect
dod.	znaczenie dodatnie	positive (meaning)
dosł.	dosłowny	literal
druk.	drukarstwo	printing
ekon.	ekonomia	economics
elektr.	elektryczność	electricity

f	(rodzaj) żeński	feminine (gender)
filat.	filatelistyka	philately
film.	filmowy	film
filoz.	filozofia	philosophy
fin.	finanse	finances
fiz.	fizyka	physics
fon.	fonetyka	phonetics
fot.	fotografia	photography
fut	czas przyszły	future tense
genit	dopełniacz	genitive
geogr.	geografia	geography
geol.	geologia	geology
górn.	górnictwo	mining
gram.	gramatyka	grammar
handl.	handlowy	commerce
hist.	historia	history
imp	forma nieosobowa	impersonal form
imperf	forma niedokonana (czasownika)	imperfect
inf	bezokolicznik	infinitive
int	wykrzyknik	interjection
interrog	pytający	interrogative
itp.	i tym podobne	and the like
kin.	kinematografia	cinematography
kolej.	kolejnictwo	railways
komp.	komputery	computers
kulin.	kulinarny	culinary
lit.	wyraz literacki	literary use
lotn.	lotnictwo	aviation
łac.	wyraz łaciński	Latin word
m	(rodzaj) męski	masculine (gender)
mal.	malarstwo	painting
mat.	matematyka	mathematics

med.	medycyna	medicine
miner.	mineralogia	mineralogy
mors.	termin morski	marine term
mot.	motoryzacja	motoring
muz.	muzyka	music
n	(rodzaj) nijaki	neuter (gender)
neg.	forma przecząca	negative form
nieodm.	wyraz nieodmienny	indeclinable word
np.	na przykład	for example
num	liczebnik	numeral
one's	swój	one's (your, his, her, etc.)
o.s.	się	oneself
p	czas przeszły	past tense
part	partykuła	particle
pejor.	pejoratywny	pejorative
perf	forma dokonana (czasownika)	perfect
pers	osoba	person
pieszcz.	pieszczotliwie	term of endearment
pl	liczba mnoga	plural
poet.	wyraz poetycki	poetic use
polit.	polityka	politics
por.	porównaj	compare
pot.	wyraz potoczny	colloquialism
pp	imiesłów czasu przeszłego	past participle
ppraes	imiesłów czasu teraźniejszego	present participle
praed	orzecznik, orzecznikowy	predicative
praef	przedrostek	prefix
praep	przyimek	preposition

praes	czas teraźniejszy	present tense
prawn.	termin prawniczy	legal term
pron	zaimek	pronoun
przen.	przenośnie	figurative
psych.	psychologia	psychology
rel.	religia	religion
s	rzeczownik	substantive
sb, sb's	ktoś, czyjś	somebody, somebody's
sing	liczba pojedyncza	singular
skr.	skrót	abbreviation
slang	slang	slang
s pl	rzeczownik w liczbie mnogiej	plural noun
sport.	sportowy	sports
sth	coś	something
suf	przyrostek	suffix
sup	stopień najwyższy	superlative (degree)
szk.	szkolny	school word
teatr.	teatralny	theatre
techn.	technika	technology
v	czasownik	verb
v aux	czasownik posiłkowy	auxiliary verb
vi	czasownik nieprzechodni	intransitive verb
v imp	czasownik nieosobowy	impersonal verb
vr	czasownik zwrotny	reflexive verb
vt	czasownik przechodni	transitive verb
woj.	wojskowy	military
wulg.	wulgarny	vulgar, obscene

zbior.	rzeczownik zbiorowy	collective noun
zdrob.	zdrobnienie	diminutive
zob.	zobacz	see
zool.	zoologia	zoology
zw.	zwykle	usually
żart.	żartobliwie	jocular

ZNAKI OBJAŚNIAJĄCE
EXPLANATORY SIGNS

ˋ	Pochylony w lewo znak akcentu (w formie transkrybowanej wyrazu hasłowego) poprzedza główną akcentowaną sylabę.	The grave stress mark denotes that the following syllable bears the primary stress.
ˈ	Pionowy znak akcentu wskazuje na to, że następująca po nim sylaba ma akcent poboczny, słabszy od głównego.	The vertical stress mark denotes that the following syllable bears a secondary stress, weaker than the primary.
•	Kropka wskazuje miejsca podziału wyrazu zgodnie z ortografią angielską.	The dot is a sign of syllable separation. Thus it shows how to divide the word.
*	Gwiazdka przy czasownikach nieregularnych odsyła do tabeli czasowników z odmianą nieregularną (str. 472).	The asterisk, placed before the verb, refers to the list of irregular verbs (p. 472).

[ ]	W nawiasach kwadratowych umieszczono transkrypcję fonetyczną wyrazów hasłowych.	Square brackets enclose the phonetic transcription of the headword.
( )	W nawiasach okrągłych zamieszczono objaśnienia, formy gramatycznie i leksykalnie łączliwe, wyrazy i litery, które mogą być opuszczone.	Round brackets enclose the explanatory information, grammatical and lexical collocations, words and letters which can be omitted.
<>	W nawiasach trójkątnych umieszczono wymienne wyrazy lub człony związków frazeologicznych.	Angular brackets enclose words and parts of the expressions which are interchangeable.
=	Znak równania odsyła użytkownika do hasła, w którym znajdzie potrzebne mu odpowiedniki.	The sign of equality refers the reader to the entry containing the desired equivalents.
~	Tylda zastępuje hasło lub jego część.	The tilde replaces the headword or its part.
$...^{1}$	Cyfry arabskie w górnej części hasła wyróżniają homonimy.	Numerals denote the sequence of headwords having the same spelling, but differing in etymology and meaning.

;	Średnik oddziela odpowiedniki o różnych znaczeniach, związki frazeologiczne oraz objaśnienia i kategorie gramatyczne.	The semicolon is used to denote distinct meanings of two or more equivalents of the headword and to separate phrases as well as particular items of grammatical information and grammatical categories.
,	Przecinek oddziela odpowiedniki bliskie znaczeniowo.	The comma is used to separate equivalents close in meaning.
I	Kreska pionowa oddziela część hasła zastąpioną w zwrotach tyldą.	The vertical line separates that part of the headword which has been replaced in phrases by the tilde.

SŁOWNIK ANGIELSKO-POLSKI

ENGLISH-POLISH DICTIONARY

ALFABET ANGIELSKI
THE ENGLISH ALPHABET

a	[eɪ]	n	[en]
b	[bi]	o	[əʊ]
c	[si]	p	[pi]
d	[di]	q	[kju]
e	[i]	r	[ɑ(r)]
f	[ef]	s	[es]
g	[dʒi]	t	[ti]
h	[eɪtʃ]	u	[ju]
i	[ɑɪ]	v	[vi]
j	[dʒeɪ]	w	[ˋdʌblju]
k	[keɪ]	x	[eks]
l	[el]	y	[wɑɪ]
m	[em]	z	[zed, *am.* zi]

A

a [ə, eɪ] *przedimek <rodzajnik> nieokreślony* (*przed spółgłoską*)

a•back [əˋbæk] *adv* w tył, wstecz; *przen.* **be taken ~** być zaskoczonym

a•ban•don [əˋbændən] *vt* opuścić, porzucić; zaniechać, zaprzestać (*zajęcia*); **~ hope** porzucić nadzieję (**of doing sth** na zrobienie czegoś)

ab•bey [ˋæbɪ] *s* opactwo

ab•bre•vi•a•tion [əbrivɪˋeɪʃən] *s* skrót

ab•do•men [ˋæbdəmən] *s* brzuch

a•bil•i•ty [əˋbɪlɪtɪ] *s* zdolność; *pl* **abilities** talent, uzdolnienia; **to the best of my abilities** najlepiej jak potrafię

a•blaze [əˋbleɪz] *adv* w płomieniach; *adj* płonący; **~ with light** rozświetlony; **~ with anger** pałający gniewem

a•ble [ˋeɪbl] *adj* zdolny, zręczny; **be ~** móc, być w stanie, potrafić (**to do sth** coś zrobić)

ab•nor•mal [əbˋnɔml] *adj* anormalny, nieprawidłowy

a•board [əˋbɔd] *praep* na pokładzie (*statku, samolotu*); *adv* na pokład

a•bol•ish [əˋbolɪʃ] *vt* znieść, usunąć, skasować, obalić

a•bom•i•na•ble [əˋbomɪnəbl] *adj* wstrętny, obrzydliwy, odrażający

a•bor•tion [əˋbɔʃən] *s* przerwanie ciąży, aborcja; **have an ~** przerwać ciążę

a•bor•tive [əˋbɔtɪv] *adj* poroniony; *przen.* nieudany

a•bout [əˋbaʊt] *adv* wokół; tu i tam; około; **at**

~ two o'clock około godziny drugiej; **be ~ to do sth** mieć właśnie coś zrobić; *praep* przy, dookoła; o (*kimś* <*czymś*>); **what <how> ~ leaving?** a może byśmy wyszli?

a•bove [ə`bʌv] *adv* w górze, powyżej; *praep* nad, ponad; *adj attr* powyższy; **~ all** przede wszystkim

a•broad [ə`brɔd] *adv* za granicą, za granicę; szeroko i daleko; **go ~** jechać za granicę; **there is a rumour ~ that...** krążą plotki, że...

ab•rupt [ə`brʌpt] *adj* oderwany; nagły, niespodziewany; stromy; szorstki, opryskliwy

ab•scess [`æbsɪs] *s* (*pl* **~es** [`æbsɪsɪz]) wrzód, ropień

ab•sence [`æbsəns] *s* nieobecność, brak; **~ of mind** roztargnienie

ab•sent [`æbsənt] *adj* nieobecny; brakujący

ab•sent-mind•ed ['æbsənt-`maɪndɪd] *adj* roztargniony

ab•so•lute [`æbsəlut] *adj* absolutny, bezwarunkowy; nieograniczony; stanowczy; *s* absolut

ab•so•lute•ly [`æbsəlutlɪ] *adv* absolutnie, bezwzględnie; *int* na pewno!, oczywiście!

ab•sorb [əb`sɔb] *vt* wchłaniać (*ciecz*); absorbować, pochłaniać, przyswajać; **be ~ed in sth** być pochłoniętym czymś

ab•stain [əb`steɪn] *vi* powstrzymywać się (**from sth** od czegoś)

ab•stract [`æbstrækt] *adj* abstrakcyjny, oderwany; *s* abstrakt, wyciąg, streszczenie; *vt* [əb`strækt] wyciągnąć, wychwycić (*najważniejsze informacje*); streścić; **~ sb's attention from sth** odwracać czyjąś uwagę od czegoś

ab•surd [əb`sɜd] *adj* niedorzeczny; bezsensowny, absurdalny

a•buse [ə`bjus] *s* nadużycie; obraza; znęcanie się; *vt* [ə`bjuz] nadużywać; obrażać; znęcać się (**sb** nad kimś), maltretować

a•byss [ə`bɪs] *s* przepaść, otchłań

a•cad•e•mic [ækə`demɪk] *adj* akademicki, uczony; jałowy; *s* naukowiec

ac•cel•er•a•te [ək`seləreɪt] *vt vi* przyspieszać

ac•cel•er•a•tor [ək`seləreɪtə(r)] *s* akcelerator; *mot.* pedał gazu

ac•cent [`æksənt] *s* akcent; sposób wymawiania; *vt* [æk`sent] akcentować, kłaść nacisk (**sth** na coś); *przen.* uwydatniać, podkreślać

ac•cept [ək`sept] *vt vi* przyjmować (*dar, propozycję*); zgadzać się; akceptować (*czek*); ~ **blame <responsibility>** wziąć na siebie winę <odpowiedzialność>

ac•cept•ance [ək`septəns] *s* akceptacja, zgoda (**of sth** na coś); uznanie

ac•cess [`ækses] *s* dostęp, dojście, dojazd; **have ~ to the children** mieć prawo widywania dzieci

ac•ces•si•ble [ək`sesɪbl] *adj* dostępny, osiągalny, przystępny

ac•ces•so•ry [ək`sesərɪ] *adj* dodatkowy, pomocniczy; *s* dodatek (*do ubrania*); *pl* **accessories** akcesoria, dodatki; *prawn.* ~ **to** współwinny

ac•ci•dent [`æksɪdənt] *s* wypadek; przypadek, traf; **by ~** przypadkowo

ac•ci•den•tal ['æksɪ`dentl] *adj* przypadkowy; nieistotny, uboczny

ac•claim [ə`kleɪm] *vt* oklaskiwać, obwoływać; obdarzać uznaniem; *s* uznanie

ac•cli•mate [ə`klaɪmeɪt] *vt vi am. zob.* **acclimatize**

ac•cli•ma•tize [ə`klaɪmətaɪz] *vt vi* aklimatyzować (się)

ac•com•mo•date [ə`komədeɪt] *vt* dostosować; zaopatrzyć (**with sth** w coś); ulokować, zakwaterować; załagodzić spór, wyświadczyć przysługę; ~ **sb with a loan** udzielić komuś pożyczki

ac•com•mo•da•tion [ə'komə`deɪʃən] *s* zakwaterowanie, mieszkanie; miejsce (*w samolocie*); *am.* nocleg

ac•com•pa•ni•ment [ə`kʌmpənɪmənt] *s* towarzyszenie; *muz.* akompaniament

ac•com•pa•ny [ə`kʌmpənɪ] *vt* towarzyszyć; wtórować; *muz.* akompaniować

ac•com•plice [ə`kʌmplɪs] *s* wspólnik; współwinny

ac•com•plish [ə`kʌmplɪʃ] *vt* wykonać; dokonać (**sth** czegoś), osiągnąć, spełnić

ac•cord•ance [ə`kɔdəns] *s* zgodność; **in ~ with sth** zgodnie z czymś

ac•cord•ing [ə`kɔdɪŋ] *praep*: **~ to** według, zgodnie z

ac•cord•ing•ly [ə`kɔdɪŋlɪ] *adv* stosownie do tego; odpowiednio; zatem, więc

ac•cor•di•on [ə`kɔdɪən] *s* akordeon

ac•count [ə`kaʊnt] *s* relacja, sprawozdanie; konto, rachunek (*w banku*); *pl* **~s** rozliczenie; księgowość; **take into ~** brać pod uwagę, uwzględniać; **by all ~s** podobno; **on ~** na rachunek; **on ~ of** ze względu na, z uwagi; **on no ~** w żadnym wypadku; *vt* uważać (**sb to be** kogoś za); *vi* tłumaczyć (**for sth** coś); odpowiadać (**for sth** za coś); **~ for** wyjaśnić; stanowić

ac•count•a•ble [ə`kaʊntəbl] *adj* odpowiedzialny (**to sb** przed kimś, **for sth** za coś)

ac•cu•mu•late [ə`kjumjʊleɪt] *vt* gromadzić, akumulować; *vi* gromadzić się, narastać

ac•cu•rate [`ækjʊrɪt] *adj* dokładny, precyzyjny

ac•cuse [ə`kjuz] *vt* oskarżać (**sb of sth** kogoś o coś)

ac•cus•tom [ə`kʌstəm] *vt* przyzwyczajać; *vr* **~ o.s.** przyzwyczajać się (**to sth** do czegoś)

ace [eɪs] *s* as; **have an ~ up one's sleeve** mieć asa w rękawie, mieć atut w ręku

ache [eɪk] *s* ból; *vi* boleć

a•chieve [ə`tʃiv] *vt* osiągnąć, zdobyć; odnieść (*sukces*)

a•chieve•ment [ə`tʃivmənt] *s* osiągnięcie; zdobycz

ac•id [`æsɪd] *s* kwas; *adj attr* kwaśny

ac•knowl•edge [ək`nolɪdʒ] *vt* uznawać, przyznawać się (**sth** do czegoś); potwierdzać (*odbiór*); wyrażać podziękowanie (**sth** za coś)

ac•knowl•edg•ment [ək`nolɪdʒmənt] *s* uznanie; potwierdzenie; podziękowanie; **in ~ of** w dowód uznania <wdzięczności>

ac•quaint [ə`kweɪnt] *vt* zaznajomić (**sb with sth** kogoś z czymś); **get <become> ~ed** zaznajomić się (**with sb <sth>** z kimś <czymś>); **be ~ed (with sb <sth>)** znać (kogoś <coś>)

ac•quaint•ance [ə`kweɪntəns] *s* znajomy (*człowiek*); znajomość (**with sb <sth>** z kimś <czegoś>); **make sb's ~** zawierać z kimś znajomość

ac•quire [ə`kwɑɪə(r)] *vt* nabywać; osiągać (*sławę*); rozwijać (*umiejętności*); uzyskiwać, przyswajać sobie

ac•qui•si•tion ['ækwɪ`zɪʃən] *s* nabycie; uzyskanie; przyswojenie; nabytek, dorobek

ac•quit [ə`kwɪt] *vt* uniewinnić; *vr*: **~ o.s. well** dobrze się spisać

ac•ro•bat [`ækrəbæt] *s* akrobata

ac•ro•ba•tic [ækrə`bætɪk] *adj* akrobatyczny

a•cross [ə`kros] *praep* przez (*ulicę*), na, po; *adv* na krzyż; wszerz; po drugiej stronie; na przełaj; **three metres ~** szerokości trzech metrów

act [ækt] *s* czyn; uczynek, postępek; akt; ustawa; *teatr.* akt; **in the ~ of** w trakcie; **catch sb in the ~** złapać kogoś na gorącym uczynku; *vi* czynić, działać; zachowywać się; występować, grać (*na scenie*); spełniać funkcję; *vt* grać (*rolę*); udawać

ac•tion [`ækʃən] *s* akcja; działanie; czyn; **take ~** podejmować działanie; **bring an ~** wnieść powództwo (**against sb** przeciw komuś); **put a plan into ~** wprowadzać plan w życie

ac•tive [`æktɪv] *adj* aktywny, czynny, żywy, obrotny; *gram.* **~ voice** strona czynna

ac•tiv•i•ty [æk`tɪvɪtɪ] *s* działanie; działalność; zajęcie

ac•tor [`æktə(r)] *s* aktor

ac•tress [`æktrɪs] *s* aktorka

ac•tu•al [`æktʃʊəl] *adj* rzeczywisty, faktyczny

ac•tu•al•ly [`æktʃʊəlɪ] *adv* naprawdę, faktycznie; właściwie

a•cute [ə`kjut] *adj* ostry (*ból, kąt*); bystry, wnikliwy, przenikliwy (*obserwator*); silny (*niepokój*)

ad [æd] *s pot. zob.* **advertisement**

a•dapt [ə`dæpt] *vt* dostosować, adaptować; przerobić; *vi* przystosować się (**to sth** do czegoś)

add [æd] *vt* dodawać, dołączać; *vi* powiększać (**to sth** coś); **~ up** podsumować, dodawać

ad•dict [`ædɪkt] *s* osoba uzależniona; **drug ~** narkoman

ad•dic•tion [ə`dɪkʃən] *s* uzależnienie (**to sth** od czegoś)

ad•di•tion [ə`dɪʃən] *s* dodatek; dodawanie; **in ~** w dodatku, ponadto

ad•di•tion•al [ə`dɪʃənl] *adj* dodatkowy

ad•dress [ə`dres] *s* adres; przemówienie; **change of ~** zmiana adresu; *vt* adresować; zwracać się (**sb** do kogoś)

ad•dres•see [ædre`si] *s* adresat

ad•e•quate [`ædɪkwɪt] *adj* właściwy, odpowiedni, stosowny; wystarczający, dostateczny

ad•here [əd`hɪə(r)] *vi*: ~

to przylegać do; stosować się do; obstawać przy
ad•he•sive [əd`hisɪv] *adj* klejący (się), przyczepny; ~ **tape** przylepiec, plaster
ad•jec•tive [`ædʒɪktɪv] *s gram.* przymiotnik
ad•join [ə`dʒoɪn] *vt* dołączać, przyłączać; *vi* stykać się, przylegać
ad•just [ə`dʒʌst] *vt* modyfikować, poprawiać; regulować, dostosować; *vi* przystosować się (**to sth** do czegoś)
ad•mi•ni•ster [əd`mɪnɪstə(r)] *vt* administrować, zarządzać; wymierzać (**justice** sprawiedliwość); podawać (*lekarstwo*)
ad•mi•ni•stra•tion [əd'mɪnɪ`streɪʃən] *s* administracja, zarządzanie; zarząd; *am.* **the Administration** rząd
ad•mir•able [`ædmərəbl] *adj* godny podziwu, zachwycający
ad•mi•ral [`ædmərəl] *s* admirał
ad•mi•ra•tion ['ædmə`reɪʃən] *s* podziw, zachwyt
ad•mire [əd`maɪə(r)] *vt* podziwiać, zachwycać się
ad•mis•si•ble [əd`mɪsəbl] *adj* dopuszczalny
ad•mis•sion [əd`mɪʃən] *s* przyznanie się (**of sth** do czegoś); przyjęcie (*do szkoły*); wstęp, dostęp (*do klubu, budynku*); opłata za wstęp; **free** ~ wstęp wolny
ad•mit [əd`mɪt] *vt* przyznać; wpuszczać (*na stadion*); przyjmować (*do klubu*)
ad•mit•tance [əd`mɪtəns] *s* dopuszczenie, dostęp; przyjęcie; **no** ~ wstęp wzbroniony
ad•mo•ni•tion [ədmə`nɪʃən] *s* upominanie; upomnienie
ad•o•les•cent [ædə`lesənt] *s* nieletni, małoletni; *adj* młodociany
a•dopt [ə`dopt] *vt* adoptować; przyjmować (*pozycję*); zastosować (*podejście*)
a•dop•tion [ə`dopʃən] *s* adopcja; wybór; przyjęcie (*pomysłu*)
a•dore [ə`dɔ(r)] *vt* uwiel-

biać, czcić; *pot.* bardzo lubić

a•dorn [ə`dɔn] *vt* zdobić, upiększać

a•dult [`ædʌlt] *adj* dorosły, pełnoletni; *s* dorosły

ad•vance [əd`vɑns] *vt* posuwać naprzód; udoskonalać; przyśpieszać; awansować; *vi* posuwać się naprzód, robić postępy; awansować; *s* posuwanie się naprzód, postęp; udoskonalenie; awans; zaliczka; **in ~** z góry, zawczasu; **a year in ~** z rocznym wyprzedzeniem; **be in ~** wyprzedzać (**of sb <sth>** kogoś <coś>); *pl* **~s** uprzejmości; zaloty

ad•vanced [əd`vɑnst] *adj* zaawansowany; udoskonalony; podeszły (*wiek*); późny (*czas*)

ad•van•tage [əd`vɑntɪdʒ] *s* korzyść; przewaga; zaleta, dobra strona; **have an ~** mieć przewagę (**over sb** nad kimś); **take ~** wykorzystać (**of sth** coś)

ad•ven•ture [əd`ventʃə(r)] *s* przygoda, ryzykowne przedsięwzięcie; ryzyko

ad•ven•tur•ous [əd`ventʃərəs] *adj* odważny; ryzykowny; pełen przygód

ad•verb [`ædvɜb] *s gram.* przysłówek

ad•ver•sa•ry [`ædvəsərɪ] *s* przeciwnik, przeciwniczka

ad•verse [`ædvɜs] *adj* przeciwny, wrogi; nie sprzyjający

ad•ver•tise [`ædvətɑɪz] *vt vi* reklamować (się); ogłaszać (się) (*w gazecie*); **~ for** poszukiwać (*przez ogłoszenie*)

ad•ver•tise•ment [əd`vɜtɪsmənt] *s* reklama; ogłoszenie, anons

ad•vice [əd`vɑɪs] *s* rada, porada; **a piece of ~** rada; **take <ask, seek> sb's ~** posłuchać <zasięgać> czyjejś rady; **~ note** awizo

ad•vise [əd`vɑɪz] *vt* radzić (**sb** komuś); **~ sb against sth** odradzać komuś coś; *vi* radzić się (**with sb** kogoś)

ad•vis•er [əd`vaɪzə(r)] *s* doradca; **legal ~** radca prawny

ad•vo•cate [`ædvəkɪt] *s* adwokat, obrońca; zwolennik; *vt* [`ædvəkeɪt] występować w obronie (**sth** czegoś); przemawiać (**sth** za czymś); zalecać

aer•i•al [`eərɪəl] *s* antena; *adj* powietrzny, lotniczy

aer•o•bics [eə`rəubɪks] *s* aerobik

aer•o•plane [`eərəpleɪn] *s bryt.* samolot

aes•thet•ic ['is`θetɪk] *adj* estetyczny

af•fair [ə`feə(r)] *s* sprawa, interes; **(love) ~** romans; *pl* **~s** wydarzenia

af•fect [ə`fekt] *vt* oddziaływać, wpływać (**sb <sth>** na kogoś <coś>); wzruszać; udawać; *med.* atakować

af•fec•tion [ə`fekʃən] *s* przywiązanie, uczucie, sentyment

af•fec•tion•ate [ə`fekʃənɪt] *adj* kochający, czuły, przywiązany

af•fin•i•ty [ə`fɪnɪtɪ] *s* pokrewieństwo, więź; sympatia

af•fir•ma•tion ['æfə`meɪʃən] *s* stwierdzenie, zapewnienie; *prawn.* oświadczenie

af•flict [ə`flɪkt] *vt* gnębić; dotknąć (*chorobą*); **~ed with sth** chory na coś

af•ford [ə`fɔd] *vt* pozwolić sobie (**sth** na coś); **I can ~ it** stać mnie na to

a•flame [ə`fleɪm] *adv adj praed* w płomieniach; płonący; *przen.* w podnieceniu, w zakłopotaniu

a•float [ə`fləut] *adv adj praed* na falach, na wodzie; w powietrzu; unoszący się

a•foot [ə`fut] *adv*: **there is sth ~** coś się święci

a•fraid [ə`freɪd] *adj praed* przestraszony; **be ~ of sth** bać się czegoś; **I'm ~ I can't do that** przykro mi, ale nie mogę tego zrobić

Af•ri•can [`æfrɪkən] *s* Afrykanin; *adj* afrykański

af•ter [`ɑftə(r)] *praep* po; za; według; ~ **all** mimo wszystko; a jednak; *adv* potem, następnie; z tyłu; *conj* po tym jak, gdy; (*ustępując pierwszeństwa*) ~ **you!** proszę bardzo!

af•ter•noon [ɑftə`nun] *s* popołudnie; **good ~!** dzień dobry!; *adj attr* popołudniowy; ~ **tea** podwieczorek

af•ter•thought [`ɑftəθɔt] *s* refleksja

af•ter•ward(s) [`ɑftəwəd(z)] *adv* następnie, później, potem

a•gain [ə`gen] *adv* znowu, jeszcze raz; ponadto; ~ **and** ~ wielokrotnie; **never** ~ nigdy więcej; **now and** ~ od czasu do czasu

a•gainst [ə`genst] *praep* przeciw; wbrew; o (*np. o podłogę*); ~ **a background** na tle (**of sth** czegoś); ~ **the law** wbrew prawu; **be** ~ być przeciw

age [eɪdʒ] *s* wiek; epoka; **what ~ is he?** ile on ma lat?; **come of ~** osiągnąć pełnoletność; **of ~** pełnoletni; **under ~** niepełnoletni; **at the ~ of twenty** w wieku dwudziestu lat; **for ~s** od (wielu) lat; *vi* zestarzeć się; *vt* postarzać

ag•ed [`eɪdʒɪd] *adj* stary, sędziwy; [`eɪdʒd] ~ **70** w wieku 70 lat

a•gen•cy [`eɪdʒənsɪ] *s* pośrednictwo; agencja, urząd, biuro; **travel ~** biuro podróży; **through <by> the ~ of** za pośrednictwem

a•gen•da [ə`dʒendə] *s pl* plan zajęć, terminarz; porządek dnia

a•gent [`eɪdʒənt] *s* agent; pośrednik; czynnik; *chem.*, *fiz.*, *med.* (od)czynnik

ag•gres•sive [ə`gresɪv] *adj* napastliwy, agresywny

a•ghast [ə`gɑst] *adj praed* przerażony, oszołomiony, osłupiały

a•gile [`ædʒɑɪl] *adj* zwinny, zręczny, sprawny (*umysłowo*)

ag•i•tate [`ædʒɪteɪt] *vt* poruszać, niepokoić, podburzać; roztrząsać; *vi* agitować

ago [əˋgəʊ] *adv*: **long ~** dawno temu; **two years ~** dwa lata temu

ag•o•nize [ˋægənaɪz] *vt* dręczyć, męczyć; *vi* zadręczać się; **he ~d over his situation** zadręczał się swoją sytuacją

a•go•ny [ˋægənɪ] *s* cierpienie; udręka; agonia; męczarnia; **be in ~** cierpieć katusze; **~ column** dział porad osobistych (*w gazecie*)

a•gree [əˋgri] *vi* zgadzać się (**to <on> sth** na coś <w sprawie czegoś>, **with sb** z kimś); umawiać się, porozumiewać się (**on <upon> sth** w sprawie czegoś)

a•gree•a•ble [əˋgriəbl] *adj* przyjemny, miły

a•gree•ment [əˋgrimənt] *s* zgoda, ugoda; *prawn.* umowa, porozumienie, układ; **reach an ~** osiągnąć porozumienie

ag•ri•cul•ture [ˋægrɪkʌltʃə(r)] *s* rolnictwo

a•head [əˋhed] *adv* na czele, z przodu, na przodzie; naprzód; przed; **straight ~** prosto przed siebie; **~ of time <schedule>** przed czasem <terminem>; **go ~** robić postępy; kontynuować

aid [eɪd] *s* pomoc; **teaching ~s** pomoce naukowe; **first ~** pierwsza pomoc; **in ~ of** na rzecz; *vt* pomagać (**sb** komuś)

aide [eɪd] *s polit.* doradca; asystent

AIDS [eɪdz] *s* (**Acquired Immune Deficiency Syndrome**) AIDS (zespół nabytego niedoboru odporności)

ail•ment [ˋeɪlmənt] *s* dolegliwość, choroba

aim [eɪm] *s* cel, zamiar; *vi* celować (*z broni*); mieć na celu; dążyć (**at sth** do czegoś); *vt* celować, mierzyć (**sth at sb** czymś w kogoś); kierować (*uwagę*); **~ to do sth** zamierzać coś zrobić

ain't [eint] *pot.* = **is not, am not, are not; have/has not**

air [eə(r)] *s* powietrze;

muz. aria; wygląd; *pot.* klimatyzacja; **by ~** drogą powietrzną; **on the ~** na antenie; *vt* wietrzyć; suszyć *(na wietrze)*; głosić

air con•di•tion•ing [`eəkən'dɪʃənɪŋ] *s* klimatyzacja

air•craft [`eəkrɑft] *s* samolot

air host•ess [`eə'həʊstɪs] *s bryt.* stewardesa

air•line [`eəlɑɪn] *s* linia lotnicza

air•mail [`eəmeɪl] *s* poczta lotnicza

air•plane [`eəpleɪn] *s am.* samolot

air•port [`eəpɔt] *s* lotnisko

air•y [`eərɪ] *adj* przewiewny; powiewny; beztroski; **~ promises** obiecanki

a•jar [ə`dʒɑ(r)] *adj praed (o drzwiach, bramie)* półotwarty, uchylony

a•kin [ə`kɪn] *adj praed* spokrewniony; podobny, przypominający

a•larm [ə`lɑm] *s* zaniepokojenie, popłoch; alarm; *vt* niepokoić, alarmować

a•larm clock [ə`lɑmklok] *s* budzik

a•las [ə`læs] *int* niestety!

al•bum [`ælbəm] *s* album

al•co•hol [`ælkəhol] *s* alkohol, napój alkoholowy

ale [eɪl] *s* jasne mocne piwo angielskie

a•lert [ə`lɜt] *adj* czujny; żwawy; *vt* alarmować; uświadamiać (**sb to sth** komuś coś); *s* alarm; pogotowie; **on the ~** na baczności, w pogotowiu

al•ge•bra [`ældʒɪbrə] *s* algebra

al•i•bi [`ælɪbɑɪ] *s* alibi

al•ien [`eɪlɪən] *adj* obcy; cudzoziemski; pozaziemski; *s* cudzoziemiec, obcy

a•like [ə`lɑɪk] *adj praed* podobny, jednakowy; *adv* podobnie, jednakowo; zarówno

a•live [ə`lɑɪv] *adj praed* żywy; żwawy, pełen życia; **be ~ to sth** zdawać sobie sprawę z czegoś

all [ɔl] *adj pron* cały, całkowity, wszystek, każdy; **~ men** wszyscy ludzie; ~ **the time** cały czas; **after** ~ mimo wszystko; ostatecznie; ~ **in** ~ całkowicie, razem wziąwszy; **at** ~ w ogóle; **in** ~ w całości, ogółem; **most of** ~ najbardziej, przede wszystkim; **not at** ~ wcale nie, nie ma za co (dziękować); *s* wszystko, całość; *adv* całkowicie, w pełni; ~ **right** wszystko w porządku, dobrze; ~ **the same** wszystko jedno; mimo wszystko; ~ **the better** tym lepiej; ~ **over** wszędzie, na całej przestrzeni; **be** ~ **ears** zamienić się w słuch

al•le•ga•tion [ælɪˋgeɪʃən] *s* twierdzenie, zarzut

al•leged [əˋledʒd] *adj* rzekomy, domniemany

al•le•giance [əˋlidʒəns] *s* wierność, posłuszeństwo

al•ler•gy [ˋælədʒɪ] *s* alergia (**to sth** na coś)

al•ley [ˋælɪ] *s* aleja; uliczka; zaułek; **blind** ~ ślepy zaułek

al•liance [əˋlɑɪəns] *s* przymierze, sojusz; powiązanie

al•lied [əˋlɑɪd] *adj* sprzymierzony; pokrewny, bliski

al•lo•ca•tion [æləˋkeɪʃən] *s* przydział, przeznaczenie (*pieniędzy, funduszy*); *pl* **~s** fundusze, środki finansowe

al•lot [əˋlot] *vt* przydzielić; wyznaczyć; rozdzielić

al•lot•ment [əˋlotmənt] *s* przydział; cząstka; działka

al•low [əˋlɑʊ] *vt* pozwalać; przeznaczać (*czas, pieniądze*); *vi* dopuszczać (**of sth** do czegoś); ~ **for sth** brać coś pod uwagę, uwzględniać; **he is (not) ~ed to...** (nie) wolno mu...

al•low•ance [əˋlɑʊəns] *s* dieta; zasiłek; przydział, racja; dodatek; *am.* kieszonkowe; **family** ~ dodatek rodzinny

al•lude [əˋlud] *vi* napomykać, robić aluzje (**to sth** do czegoś)

al•lu•sion [ə`luʒən] *s* aluzja, przytyk

al•ly [ə`laɪ] *vt* łączyć, sprzymierzać; *vi* połączyć się, sprzymierzyć się; *s* [`ælaɪ] sprzymierzeniec, sojusznik

al•might•y [ɔl`maɪtɪ] *adj* wszechmocny; **the Almighty** Wszechmogący

al•mond [`amənd] *s* migdał; migdałowiec

al•most [`ɔlməʊst] *adv* prawie

a•lone [ə`ləʊn] *adj praed* sam, sam jeden; samotny; **leave <let> sb <sth> ~** pozostawić kogoś <coś> w spokoju; *adv* tylko, jedynie; **let ~...** nie mówiąc o..., a co dopiero...

a•long [ə`lɔŋ] *praep* wzdłuż; **~ the street** ulicą; *adv* naprzód, dalej; **take ~** zabrać; **~ with** razem, wraz z; **all ~** przez cały czas; **come ~!** chodź tu!

a•long•side [ə`lɔŋ'saɪd] *adv* w jednym rzędzie, obok; *praep* obok, przy

a•loof [ə`luf] *adv* z daleka, na uboczu; *adj* powściągliwy

a•loud [ə`laʊd] *adv* głośno, na głos

al•pha•bet [`ælfəbet] *s* alfabet, abecadło

al•read•y [ɔl`redɪ] *adv* już, przedtem, poprzednio

al•so [`ɔlsəʊ] *adv* też, także, również

al•tar [`ɔltə(r)] *s* ołtarz

al•ter [`ɔltə(r)] *vt vi* zmieniać (się); odmieniać, przerabiać

al•ter•nate•ly [ɔl`tɜnɪtlɪ] *adv* na przemian, kolejno

al•ter•na•tive [ɔl`tɜnətɪv] *s* alternatywa; *adj* alternatywny; **~ medicine** medycyna niekonwencjonalna

al•though [ɔl`ðəʊ] *conj* chociaż, mimo że

al•ti•tude [`æltɪtjud] *s geogr.* wysokość (*nad poziomem morza*)

al•to•geth•er [ɔltə`geðə(r)] *adv* całkowicie, w pełni; ogółem; **how much is that ~?** ile to będzie (kosztowało) w sumie?

al•ways [`ɔlweɪz] *adv* zawsze, ciągle, wciąż

am *zob.* **be**

am•a•teur [`æmətə(r)] *s* amator, dyletant

a•maze [ə`meɪz] *vt* zdumiewać, wprawiać w zdumienie; **be ~d at sth** być czymś zdumionym

a•maz•ing [ə`meɪzɪŋ] *ppraes* i *adj* zdumiewający

am•bas•sa•dor [æm`bæsədə(r)] *s* ambasador (**to France** we Francji)

am•ber [`æmbə(r)] *s* bursztyn

am•big•u•ous [æm`bɪgjʊəs] *adj* dwuznaczny, niejasny

am•bi•tion [æm`bɪʃən] *s* ambicja, aspiracja

am•bi•tious [æm`bɪʃəs] *adj* ambitny

am•bu•lance [`æmbjʊləns] *s* karetka pogotowia

am•bush [`æmbʊʃ] *s* pułapka, zasadzka; *vt* wciągać w pułapkę

a•mend [ə`mend] *vt* poprawiać, wnosić poprawki, naprawiać

a•me•ni•ty [ə`minɪtɪ] *s* udogodnienie

A•mer•i•can [ə`merɪkən] *s* Amerykanin; *adj* amerykański

a•mi•a•ble [`eɪmɪəbl] *adj* miły, uprzejmy (**to sb** dla kogoś)

a•mid [ə`mɪd], **a•midst** [ə`mɪdst] *praep* pomiędzy, pośród

am•ne•sty [`æmnɪstɪ] *s* amnestia; **to grant an ~ to sb** udzielić komuś amnestii

a•mok [ə`mok] *adv zob.* **amuck**

a•mong [ə`mʌŋ], **a•mongst** [ə`mʌŋst] *praep* pomiędzy, wśród, pośród

a•mount [ə`maʊnt] *s* suma, kwota; ilość, liczba; *vi* wynosić; równać się (**to sth** czemuś)

am•ple [`æmpl] *adj* obszerny; obfity, dostatni; wystarczający; rozłożysty

am•pli•fier [`æmplɪfaɪə(r)] *s* wzmacniacz

am•pli•fy [`æmplɪfaɪ] *vt* rozszerzać, rozwijać; wzmacniać

a•muck, amock [ə`mʌk]; *adv* w szale; **run ~** wpaść w szał

a•muse [ə`mjuz] *vt* zabawiać, rozśmieszać

a•muse•ment [ə`mjuzmənt] *s* rozrywka, zabawa; *am.* **~ park** wesołe miasteczko

an [ən, æn] *przedimek <rodzajnik> nieokreślony* (*przed samogłoską*); *zob.* **a**

an•a•lo•gy [ə`nælədʒɪ] *s* analogia; **by ~** przez analogię

an•a•lyse, *am.* **analyze** [`ænəlɑɪz] *vt* analizować

a•nal•y•sis [ə`næləsɪs] (*pl* **analyses** [ə`næləsiz]) *s* analiza

an•ar•chy [`ænəkɪ] *s* anarchia

a•nat•o•my [ə`nætəmɪ] *s* anatomia

an•ces•tor [`ænsɪstə] *s* przodek, antenat

an•ces•try [`ænsɪstrɪ] *s zbior.* przodkowie; ród

an•chor [`æŋkə(r)] *s* kotwica; *vt* zakotwiczyć; *przen.* umocować

an•cient [`eɪnʃənt] *adj* dawny; starożytny; wiekowy, sędziwy

and [ænd, ənd, ən] *conj* i, a; **~ so on (~ so forth)** i tak dalej (i tak dalej); **better ~ better** coraz lepiej; **try ~ come** spróbuj przyjść

an•ec•dote [`ænɪkdəʊt] *s* anegdota

a•new [ə`nju] *adv* na nowo, powtórnie; inaczej

an•gel [`eɪndʒəl] *s* anioł

an•ger [`æŋgə(r)] *s* gniew, złość; *vt* gniewać, złościć

an•gie [`ændʒi] *s slang* kokaina

an•gi•na [æn`dʒɑɪnə] *s* angina

an•gle[1] [`æŋgl] *s* kąt; róg; *przen.* punkt widzenia

an•gle[2] [`æŋgl] *vi* łowić ryby na wędkę

An•gli•can [`æŋglɪkən] *adj* anglikański; *s* anglikanin

an•gry [`æŋgrɪ] *adj* zły, rozgniewany; gniewny; **be ~ with sb <at sth>** gniewać się na kogoś

<o coś>; **get ~** rozgniewać się

an•guish [`æŋgwɪʃ] *s* cierpienie, ból

an•gu•lar [`æŋgjʊlə(r)] *adj* kanciasty; narożny

an•i•mal [`ænɪməl] *s* zwierzę; *adj* zwierzęcy

an•i•mate [`ænɪmɪt] *adj* ożywiony; żywy; *vt* [`ænɪmeɪt] ożywiać; pobudzać

an•i•mos•i•ty ['ænɪ`mosɪtɪ] *s* animozja, uraz

an•kle [`æŋkl] *s* kostka (*u nogi*); **~ deep** po kostki

an•nex [`ænəks] *s* (*także bryt.* **annexe**) aneks, dodatek; przybudówka; *vt* [ə`neks] dołączyć, anektować

an•ni•hi•late [ə`naɪəleɪt] *vt* zniszczyć, zniweczyć, unicestwić

an•ni•ver•sa•ry ['ænɪ`vɜsərɪ] *s* rocznica; **wedding ~** rocznica ślubu

an•no•tate [`ænəʊteɪt] *vt* zaopatrzyć (*książkę*) w przypisy; komentować (*autora*)

an•nounce [ə`naʊns] *vt* zapowiadać, ogłaszać, zawiadamiać

an•nounce•ment [ə`naʊnsmənt] *s* zawiadomienie, zapowiedź, ogłoszenie

an•noy [ə`noɪ] *vt* dokuczać, niepokoić, drażnić; naprzykrzać się (**sb** komuś), nękać

an•noyed [ə`noɪd] *zob.* **annoy**; *adj* zagniewany, rozdrażniony; strapiony; **be ~ with sb** gniewać się na kogoś; **get ~ at sth** zmartwić, zirytować się czymś

an•noy•ing [ə`noɪɪŋ] *adj* irytujący, dokuczliwy

an•nu•al [`ænjʊəl] *adj* roczny, coroczny; *s* rocznik

a•nom•a•ly [ə`noməlɪ] *s* anomalia, nieprawidłowość

an•oth•er [ə`nʌðə(r)] *adj pron* inny, drugi, jeszcze jeden; **in ~ way** inaczej; **~ two hours** jeszcze dwie godziny

an•swer [`ɑnsə(r)] *s* odpowiedź (**to sth** na coś), replika; rozwiązanie; **in ~** w odpowiedzi (**to sth**

na coś); *vt* odpowiadać; spełniać (*wymagania*); **~ the phone** odebrać telefon

ant [ænt] *s* mrówka

an•tag•o•nism [æn`tægənɪzm] *s* antagonizm

an•tag•o•nist [æn`tægənɪst] *s* przeciwnik, oponent

an•tag•o•nize [æn`tægənaɪz] *vt* wzbudzać wrogość (**sb** u kogoś); zrażać sobie (**sb** kogoś)

ant•arc•tic [ænt`ɑktɪk] *adj* antarktyczny; *s* **the Antarctic** Antarktyda

an•te•lope [`æntɪləʊp] *s* antylopa

an•ten•na [æn`tenə] *s* (*pl* **antennae** [æn`teni]) antena; *zool.* czułek

an•them [`ænθəm] *s* hymn

an•ti•bi•o•tic [`æntɪbaɪ`otɪk] *s* antybiotyk

an•tic•i•pate [æn`tɪsɪpeɪt] *vt* oczekiwać, przewidywać; uprzedzać

an•tique [æn`tik] *adj* antyczny; zabytkowy; *s* antyk, sztuka starożytna; **~ shop** sklep z antykami, antykwariat

an•tiq•ui•ty [æn`tɪkwɪtɪ] *s* starożytność; antyk

anx•iety [æŋ`zaɪətɪ] *s* niepokój, trwoga; troska; pożądanie (**for sth** czegoś)

anx•ious [`æŋkʃəs] *adj* niespokojny, pełen troski (**for <about> sth** o coś); **he is ~ to go abroad** on pragnie wyjechać za granicę

an•y [`enɪ] *pron* każdy; którykolwiek; (*w pytaniach*) jakiś, trochę; (*w przeczeniach*) żaden, ani trochę; *adv* nieco, trochę, jeszcze; **~ farther** trochę dalej; **in ~ case** w każdym razie

an•y•bod•y [`enɪbodɪ] *pron* ktokolwiek, ktoś; każdy

an•y•how [`enɪhaʊ] *adv* jakkolwiek, byle jak; w każdym razie, tak czy owak; **I will buy it ~** i tak to kupię; **not... ~** w żaden sposób

an•y•one [`enɪwʌn] *pron* *zob.* **anybody**

an•y•thing [`enɪθɪŋ] *pron* cokolwiek, coś; wszystko; (*z przeczeniem*) nic; **she doesn't do ~** ona nic nie robi; **~ you like** wszystko, co chcecie

an•y•way [`enɪweɪ] *adv zob.* **anyhow**

an•y•where [`enɪweə(r)] *adv* gdziekolwiek, gdzieś; wszędzie; (*z przeczeniem*) nigdzie

a•part [ə`pɑt] *adv* oddzielnie; osobno; w odległości; na boku; **~ from** pomijając, z wyjątkiem; **tell ~** odróżniać; **take ~** rozkładać, rozbierać na części

a•part•ment [ə`pɑtmənt] *s am.* mieszkanie; *am.* **~ building <house>** blok <budynek> mieszkalny

ap•a•thy [`æpəθɪ] *s* apatia, obojętność

ape [eɪp] *s* małpa człekokształtna; *vt* małpować

a•pol•o•gize [ə`polədʒɑɪz] *vi* przepraszać (**to sb for sth** kogoś za coś)

ap•o•plex•y [`æpəpleksɪ] *s* apopleksja, udar

a•pos•tle [ə`posl] *s* apostoł; orędownik

ap•pal [ə`pɔl] *vt* trwożyć, przerażać

ap•pal•ling [ə`pɔlɪŋ] *adj* przerażający, zatrważający

ap•pa•ra•tus ['æpə`reɪtəs] *s* (*pl* **~** lub **~es** [`æpə`reɪtəsɪz]) aparatura, przyrząd, urządzenie; narząd

ap•par•ent [ə`pærənt] *adj* widoczny, oczywisty; pozorny

ap•par•ent•ly [ə`pærəntlɪ] *adv* najwyraźniej, wyraźnie

ap•peal [ə`pil] *s* apel, wezwanie; atrakcyjność, urok; *prawn.* apelacja; *vi* apelować, odwoływać się; wzywać, usilnie prosić (**to sb for sth** kogoś o coś); pociągać; oddziaływać (**to sb** na kogoś), podobać się; przemawiać (*np. do wyobraźni*)

ap•pear [ə`pɪə(r)] *vi* zjawiać się, pokazywać się; stawiać się (*przed sądem*); wydawać się, mieć wygląd (*smutny, wesoły*); okazywać się

ap•pear•ance [ə`pɪərəns] *s* wygląd zewnętrzny; pojawienie się; wystąpienie; pozór; **keep up ~s** zachowywać pozory

ap•pen•di•ci•tis [ə`pendə`saɪtɪs] *s med.* zapalenie wyrostka robaczkowego

ap•pen•dix [ə`pendɪks] *s* (*pl* **~es** [ə`pendɪksɪz] *lub* **appendices** [ə`pendɪsiz]) dodatek, uzupełnienie; *anat.* wyrostek robaczkowy

ap•pe•tite [`æpətaɪt] *s* apetyt (**for sth** na coś)

ap•pe•tiz•er [`æpətaɪzə(r)] *s* zakąska, przystawka

ap•plaud [ə`plɔd] *vt* oklaskiwać; przyklasnąć; *vi* klaskać

ap•plause [ə`plɔz] *s* aplauz, oklaski, pochwała

ap•ple [`æpl] *s* jabłko; **~ tree** jabłoń; **the ~ of sb's eye** czyjeś oczko w głowie

ap•pli•ance [ə`plaɪəns] *s* urządzenie; narzędzie, przyrząd

ap•pli•ca•tion [æplɪ`keɪʃən] *s* podanie; zastosowanie; pilność; **~ form** formularz podania

ap•ply [ə`plaɪ] *vt* stosować, używać; *vi* składać wniosek, zwracać się (**to sb for sth** do kogoś o coś), starać się, ubiegać się (**for sth** o coś); odnosić się, stosować się (**to sth** do czegoś)

ap•point [ə`pɔɪnt] *vt* wyznaczać; mianować

ap•point•ment [ə`pɔɪntmənt] *s* umówione spotkanie; wyznaczenie; nominacja; stanowisko; **keep an ~** przyjść na spotkanie; **make an ~** umawiać się na spotkanie

ap•pre•ci•ate [ə`priʃɪeɪt] *vt* doceniać, wysoko sobie cenić; dziękować (**sth** za coś); podwyższać wartość (*pieniędzy*); *vi* zyskać na wartości

ap•pre•ci•a•tion [ə'priʃɪ`eɪʃən] *s* uznanie; docenianie; wdzięczność, podziękowanie; podwyższenie <wzrost> wartości

ap•proach [ə`prəʊtʃ] *vt* zbliżać się, podchodzić (**sb**

<sth> do kogoś <czegoś>); zwracać się (**sb about sth** do kogoś o coś); *vi* zbliżać się, nadchodzić; *s* zbliżanie się, nadejście; dostęp; **easy of ~** łatwo dostępny

ap•prob•a•tion ['æprə`beɪʃən] *s* aprobata, uznanie

ap•pro•pri•ate [ə`prəʊprɪət] *adj* odpowiedni, stosowny; *vt* [ə`prəʊprɪeɪt] przywłaszczać sobie; przypisywać sobie; przeznaczyć (**to <for> a purpose** na jakiś cel)

ap•pro•val [ə`pruvəl] *s* aprobata, uznanie

ap•prove [ə`pruv] *vt* aprobować, akceptować, pochwalać (**of sth** coś); zatwierdzać

ap•prox•i•mate [ə`proksɪmɪt] *adj* zbliżony, przybliżony; *vt vi* [ə`proksɪmeɪt] zbliżać (się), (**to sb <sth>** do kogoś <czegoś>); **the cost will ~ 9 pounds** koszt wyniesie w przybliżeniu 9 funtów

a•pri•cot [`eɪprɪkot] *s* morela

A•pril [`eɪprəl] *s* kwiecień; **~ Fools' Day** prima aprilis

a•pron [`eɪprən] *s* fartuszek; **be tied to mother's ~ strings** trzymać się maminej spódnicy

apt [æpt] *adj* odpowiedni; skłonny; zdolny; nadający się (**for sth** do czegoś)

Ar•ab [`ærəb] *s* Arab; arab (*koń*)

A•ra•bian [ə`reɪbɪən] *adj* arabski

A•ra•bic [`ærəbɪk] *adj* arabski; *s* język arabski

arch [ɑtʃ] *s arch.* łuk, sklepienie; *vt vi* wyginać (się) (*w łuk*)

ar•cha•ic [ɑ`keɪɪk] *adj* archaiczny

ar•ch(a)e•ol•o•gy [ɑkɪ`olədʒɪ] *s* archeologia

arch•bish•op [ɑtʃ`bɪʃəp] *s* arcybiskup

ar•chi•tect [`ɑkɪtekt] *s* architekt

ar•chi•tec•ture [`ɑkɪtektʃə(r)] *s* architektura

ar•chive(s) [`ɑkaɪv(z)] *s* archiwum

arc•tic [`ɑktɪk] *adj* arktyczny; *s*: **the Arctic** Arktyka

ar•dent [`ɑdənt] *adj* żarliwy; zapalony

are [ɑ(r)] *zob.* **be**

a•re•a [`eərɪə] *s* powierzchnia; obszar; teren; okolica; dziedzina (**of sth** czegoś); **in the London ~** w rejonie Londynu; **~ code** numer kierunkowy

aren't [ɑnt] = **are not**; *zob.* **be**

Ar•gen•tin•ian [ɑdʒən`tɪnɪən] *s* Argentyńczyk; *adj* argentyński

ar•gue [`ɑgju] *vi* argumentować; sprzeczać się (**about <for> sth** o coś); *vt* dowodzić, perswadować, przekonywać

ar•gu•ment [`ɑgjʊmənt] *s* argument; dyskusja, sprzeczka; kłótnia

aria [`ɑrɪə] *s muz.* aria

***a•rise** [ə`rɑɪz], **a•rose** [ə`rəʊz], **a•risen** [ə`rɪzn] *vi* powstawać; ukazywać się, wyłaniać się; wynikać

a•rith•me•tic [ə`rɪθmətɪk] *s* arytmetyka

arm [ɑm] *s* ramię; ręka; poręcz krzesła; rękaw; **hold sb at ~'s length** trzymać kogoś na dystans; *pl* **~s** broń; **in ~s** pod bronią; *vt vi* zbroić (się)

arm•chair [`ɑmtʃeə(r)] *s* fotel

ar•mo(u)r [`ɑmə(r)] *s* zbroja, pancerz; opancerzenie; *vt* uzbroić

arm•pit [`ɑmpɪt] *s* pacha

ar•my [`ɑmɪ] *s* wojsko, armia; **join the ~** pójść do wojska

a•rose *zob.* **arise**

a•round [ə`rɑʊnd] *adv* i *praep* naokoło, dookoła; na wszystkie strony; *pot.* tu i tam; około; **~ two (o'clock)** około (godziny) drugiej

a•rouse [ə`rɑʊz] *vt* budzić; wzbudzać, podniecać

ar•range [ə`reɪndʒ] *vt* urządzać, porządkować; umawiać, ustalać; załatwiać; *muz.* aranżować; *vi* umawiać się, zarządzić

ar•range•ment [ə`reɪndʒmənt] *s* urządzenie, rozmieszczenie; umowa, układ; uporządkowanie; *pl* **~s** plany, przygotowania; **make ~s** poczynić kroki

ar•rest [ə`rest] *vt* aresztować; zatrzymywać; *s* areszt; **you are under ~** jest pan aresztowany

ar•ri•val [ə`raɪvl] *s* przybycie, przyjazd, przylot (**at <in> sth** do czegoś); **~ hall** hala przylotów

ar•rive [ə`raɪv] *vi* przybyć, przyjechać (**at <in>** do); *przen.* **~ at a conclusion** dojść do wniosku

ar•ro•gant [`ærəgənt] *adj* arogancki

ar•row [`ærəʊ] *s* strzała, strzałka

arse [ɑs] *s bryt. wulg.* dupa

ar•son [`ɑsn] *s* podpalenie

art [ɑt] *s* sztuka; *pl* **~s** nauki humanistyczne; **~ gallery** galeria sztuki

ar•te•ry [`ɑtərɪ] *s* arteria, tętnica

ar•thri•tis [ɑ`θraɪtɪs] *s* artretyzm

ar•ti•cle [`ɑtɪkl] *s* artykuł; paragraf; *gram.* rodzajnik, przedimek; **~ of clothing** część odzieży

ar•ti•fi•cial [ɑtɪ`fɪʃəl] *adj* sztuczny; udawany, symulowany; **~ intelligence** sztuczna inteligencja; **~ respiration** sztuczne oddychanie

ar•tist [`ɑtɪst] *s* artysta, artystka

ar•tis•tic [ɑ`tɪstɪk] *adj* artystyczny

as [æz, əz] *adv* jak; jako; za; *conj* ponieważ, skoro; jak; jako że; kiedy, (podczas) gdy; **as... as** tak... jak, równie... jak; **as far as** aż do, o ile; **as for** co się tyczy; co do; **as if, as though** jak gdyby; **as it is** faktycznie, rzeczywiście; **as a rule** z reguły, zasadniczo; **as much <many>** aż tyle; **as soon as** skoro tylko; **as to** co się tyczy, odnośnie do; **as well** również; także; **as well as** równie dobrze, jak również; (*w*

przeczeniach) **as yet** jak dotąd
as•cend [ə`send] *vi* wznosić się, iść w górę; wspinać się; *vt* wstąpić (**the throne** na tron)
as•cent [ə`sent] *s* wznoszenie (się); wchodzenie (*na górę*), wspinanie się (*na szczyt*)
as•ce•t•ic [ə`setɪk] *s* asceta; *adj* ascetyczny
ash [æʃ] s popiół; *bot.* jesion; **Ash Wednesday** środa popielcowa
a•shamed [ə`ʃeɪmd] *adj praed* zawstydzony; **be ~** wstydzić się (**of sth** czegoś)
a•shore [ə`ʃɔ(r)] *adv* na brzeg, na brzegu, na ląd, na lądzie; **run <be driven> ~** osiąść na mieliźnie
ash•tray [`æʃtreɪ] *s* popielniczka
A•sian [`eɪʃən] *adj* azjatycki; *s* Azjata
a•side [ə`saɪd] *adv* na bok, na boku; **put ~** odkładać; *s* uwaga na marginesie; **~ from** poza, oprócz
ask [ɑsk] *vt vi* pytać (**sb about sth** kogoś o coś); **~ a question** zadawać pytanie; prosić (**sb for sth** kogoś o coś; **sb to do sth** kogoś, żeby coś zrobił); zapraszać (**sb to <for> sth** kogoś na coś); **~ after sb** pytać o kogoś (*co u kogoś słychać*); **~ for trouble** szukać guza
askew [əs`kju] *adv* krzywo
a•sleep [ə`slip] *adj praed* i *adv* śpiący, pogrążony we śnie; zdrętwiały (*o nogach*); **be ~** spać; **fall ~** zasnąć
as•pect [`æspekt] *s* aspekt; wygląd; widok; zapatrywanie; wzgląd
as•pi•ra•tion ['æspə`reɪʃən] *s* aspiracja, dążenie (**after <for> sth** do czegoś)
as•pire [əs`pɑɪə(r)] *vi* mieć aspiracje, aspirować (**to sth** do czegoś)
as•pi•rin [`æsprɪn] *s* aspiryna
ass [æs] *s am. wulg.* dupa
as•sail [ə`seɪl] *vt* napaść

(**sb <sth>** na kogoś <coś>), atakować; **she was ~ed by doubts** nękały ją wątpliwości

as•sas•sin [ə`sæsɪn] *s* morderca, zamachowiec

as•sas•si•nate [ə`sæsɪneɪt] *vt* zamordować, zabić (*w zamachu*)

as•sas•sin•ation [ə'sæsɪ`neɪʃən] *s* morderstwo, zabójstwo

as•sault [ə`sɔlt] *s* atak, napaść; pobicie; *vt* zaatakować, napaść; pobić

as•sem•ble [ə`sembl] *vt* gromadzić; składać; *techn.* montować; *vi* gromadzić się

as•sem•bly [ə`semblɪ] *s* zebranie, zgromadzenie; *techn.* montaż; **~ line** linia montażowa

as•sert [ə`sɜt] *vt* twierdzić, zapewniać (**sth** o czymś)

as•ser•tion [ə`sɜʃən] *s* twierdzenie (*stanowcze*); zapewnienie (**of sth** o czymś)

as•sess [ə`ses] *vt* szacować, oceniać; wymierzyć, nałożyć (*np. podatek*)

as•sess•ment [ə`sesmənt] *s* oszacowanie, ocena; opodatkowanie

as•set [`æset] *s* rzecz wartościowa, zabezpieczenie; zaleta, plus; *pl* **~s** aktywa

ass•hole [`æshəʊl] *s am. wulg.* dupek

as•sign [ə`saɪn] *vt* wyznaczać; ustalać, określać; przydzielać, przypisywać

as•sign•ment [ə`saɪnmənt] *s* wyznaczenie, przydział; zadanie; *szk.* zadanie domowe

as•sim•i•late [ə`sɪmɪleɪt] *vt vi* asymilować (się), przyswajać; upodabniać (się)

as•sist [ə`sɪst] *vt* asystować; pomagać; *vi* być obecnym

as•sist•ance [ə`sɪstəns] *s* asysta; pomoc, poparcie; obecność

as•sist•ant [ə`sɪstənt] *s* pomocnik, asystent; **~ manager** wicedyrektor; **shop ~** ekspedient, ekspedientka

as•so•ci•ate [ə`səʊʃɪeɪt] *vt* łączyć, wiązać, kojarzyć; *vi* obcować, współdziałać, łączyć się; *s* [ə`səʊʃɪɪt] współpracownik, kolega; *adj* związany; dołączony

as•so•ci•a•tion [ə'səʊsɪ`eɪʃən] *s* stowarzyszenie, zrzeszenie; związek; skojarzenie

as•sume [ə`sjum] *vt* przyjmować; brać na siebie; obejmować (*np. urząd*); przypuszczać, zakładać; udawać

as•sump•tion [ə`sʌmpʃən] *s* przyjęcie; objęcie; przypuszczenie, założenie; udawanie

as•sur•ance [ə`ʃʊərəns] *s* zapewnienie; upewnienie się; pewność (siebie); ubezpieczenie; **life ~** ubezpieczenie na życie

as•sure [ə`ʃʊə(r)] *vt* zapewniać (**sb of sth** kogoś o czymś); ubezpieczać

as•te•risk [`æstərɪsk] *s druk.* gwiazdka, odsyłacz

asth•ma [`æsmə] *s* astma

a•ston•ish [ə`stonɪʃ] *vt* zdziwić, zdumieć

a•ston•ish•ment [ə`stonɪʃmənt] *s* zdumienie

as•tound [ə`staʊnd] *vt* zdumiewać

a•stray [əs`treɪ] *adj* zabłąkany; **go ~** zabłąkać się

as•trol•o•gy [ə`strolədʒɪ] *s* astrologia

as•tron•o•my [ə`stronəmɪ] *s* astronomia

a•sy•lum [ə`saɪləm] *s* azyl, schronienie; przytułek; szpital psychiatryczny

at [æt, ət] *praep* (*oznaczenie miejsca*) przy, u, na, w; **at school** w szkole; **at sea** na morzu; (*oznaczenie czasu*) w, o, na; **at nine o'clock** o godzinie dziewiątej; **at night** w nocy; (*oznaczenie sposobu, celu, stanu, ceny*) na, za, z, po, w; **at once** natychmiast; **at last** w końcu; nareszcie; **at least** przynajmniej; (*odpowiedź na podziękowania*) **not at all!** nie ma za co!

ate *zob.* **eat**
ath•lete [`æθlit] *s* sportowiec
ath•let•ics [æθ`letıks] *s* lekkoatletyka
At•lan•tic [ət`læntık] *adj* atlantycki; *s*: **the ~** Atlantyk
at•las [`ætləs] *s* atlas
at•mos•phere [`ætməsfıə(r)] *s fiz.* i *przen.* atmosfera
at•om [`ætəm] *s* atom; *przen.* odrobina; **~ bomb** bomba atomowa
a•tom•ic [ə`tomık] *adj* atomowy
a•troc•i•ty [ə`trosıtı] *s* okrucieństwo; okropność
at•tach [ə`tætʃ] *vt* przymocować; dołączać; przywiązać; **be ~ed to sb <sth>** być przywiązanym do kogoś <czegoś>
at•tach•ment [ə`tætʃmənt] *s* przywiązanie, więź (*uczuciowa*); dodatek, załącznik
at•tack [ə`tæk] *vt* atakować; *s* atak
at•tain [ə`teın] *vt vi* osiągnąć, zdobyć, dojść (**sth <to sth, at sth>** do czegoś)
at•tempt [ə`tempt] *vt* próbować, usiłować; *s* próba, usiłowanie; **~ on sb's life** usiłowanie zabójstwa, zamach
at•tend [ə`tend] *vt* uczęszczać (**school <lectures>** do szkoły <na wykłady>); towarzyszyć (*jako ochrona, pomoc*); **~ to** zajmować się; obsługiwać (*klienta*); uważać (**to sth** na coś)
at•tend•ance [ə`tendəns] *s* obecność, frekwencja; uwaga, baczenie; obsługa; opieka
at•tend•ant [ə`tendənt] *adj* towarzyszący; *s* osoba obsługująca
at•ten•tion [ə`tenʃən] *s* uwaga; opieka; **pay ~ to sth** zwracać na coś uwagę; **~!** baczność!; uwaga!
at•ten•tive [ə`tentıv] *adj* uważny; troskliwy; usłużny
at•test [ə`test] *vt* stwierdzać, zaświadczać; świadczyć

at•tic [ˋætɪk] *s* poddasze, strych

at•ti•tude [ˋætɪtjud] *s* pogląd, stanowisko, nastawienie, stosunek (**to sth** do czegoś)

at•tor•ney [əˋtɜnɪ] *s* adwokat, rzecznik, pełnomocnik; **letter <power> of ~** pełnomocnictwo

at•tract [əˋtrækt] *vt* przyciągać, pociągać

at•trac•tion [əˋtrækʃən] *s* atrakcyjność; atrakcja; przyciąganie; powab

at•tract•ive [əˋtræktɪv] *adj* atrakcyjny, pociągający; przyciągający

at•trib•ute [ˋætrɪbjut] [əˋtrɪbjʊt] *s* atrybut, właściwość; *gram.* przydawka; *vt* przypisywać

auc•tion [ˋɔkʃən] *s* aukcja, licytacja; *vt* sprzedawać na licytacji; **put sth up for ~** wystawiać coś na licytację

au•da•cious [ɔˋdeɪʃəs] *adj* śmiały, zuchwały

au•di•ble [ˋɔdɪbl] *adj* słyszalny

au•di•ence [ˋɔdɪəns] *s* publiczność, widownia, słuchacze; audiencja

au•di•to•ri•um [ɔdɪˋtɔrɪəm] *s* audytorium, sala

Au•gust [ˋɔgəst] *s* sierpień

aunt [ɑnt] *s* ciotka

aus•pi•ces [ˋɔspɪsɪz] *s pl* piecza, patronat; **under the ~ of** pod auspicjami

Aus•tra•lian [ɔˋstreɪlɪən] *adj* australijski; *s* Australijczyk

Aus•tri•an [ˋɔstrɪən] *adj* austriacki; *s* Austriak

au•then•tic [ɔˋθentɪk] *adj* autentyczny

au•then•tic•ate [ɔˋθentɪkeɪt] *vt* poświadczyć, nadać ważność

au•thor [ˋɔθə(r)] *s* autor, autorka

au•thor•i•ty [ɔˋθorɪtɪ] *s* autorytet; władza; pełnomocnictwo, upoważnienie; *pl* **the authorities** władze

au•thor•ize [ˋɔθərɑɪz] *vt* autoryzować, upoważniać

au•to•mat•ic [ɔtəˋmætɪk] *adj* automatyczny, mechaniczny

au•to•mat•on [ɔ`tomətən] *s* automat

au•to•mo•bile [`ɔtəməbil] *s am.* samochód

au•ton•o•my [ɔ`tonəmɪ] *s* autonomia

au•top•sy [`ɔtopsɪ] *s* autopsja, sekcja zwłok

au•tumn [`ɔtəm] *s* jesień; *adj attr* jesienny

a•vail [ə`veɪl] *vt*: **~ o.s of sth** skorzystać z czegoś; *s*: **of no ~** na próżno

a•vail•a•ble [ə`veɪləbl] *adj* do wykorzystania, dostępny, osiągalny; do nabycia

av•a•lanche [`ævəlɑŋʃ] *s dosł.* i *przen.* lawina

a•venge [ə`vendʒ] *vt* pomścić; *vr* **~ o.s. on sb** zemścić się na kimś

av•e•nue [`ævənju] *s* aleja; *przen.* droga (*np. do sławy*)

av•er•age [`ævərɪdʒ] *s mat.* średnia; przeciętność; **below <above> ~** poniżej <powyżej> średniej; **on ~** przeciętnie; *adj* przeciętny; *vt* wynosić przeciętnie

a•verse [ə`vɜs] *adj* przeciwny; **be ~ to sth** czuć niechęć <odrazę> do czegoś

a•vers•ion [ə`vɜʃən] *s* awersja, niechęć, odraza, wstręt

a•vert [ə`vɜt] *vt* odwrócić (*oczy, głowę*); zapobiec (**sth** czemuś)

a•vi•a•tion [eɪvɪ`eɪʃən] *s* lotnictwo

av•id [`ævɪd] *adj* chciwy, spragniony (**for <of sth>** czegoś)

a•void [ə`voɪd] *vt* unikać; uchylać się (**sth** od czegoś)

a•void•ance [ə`voɪdəns] *s* unikanie, uchylanie się

***a•wake**[1] [ə`weɪk], **a•woke** [ə`wəʊk], **a•wo•ken** [ə`wəʊkən] *vt dosł.* i *przen.* budzić; *vi* budzić się; uświadomić sobie (**to sth** coś); *adj praed* przebudzony; czujny; **~ to sth** świadomy czegoś

a•wake[2] [ə`weɪk] *adj praed* czuwający, obudzony; świadomy (**to sth** czegoś)

a•wak•en *zob.* **awake**[1]

a•ward [ə`wɔd] *vt* przyznawać, zasądzać; *s* nagroda; odszkodowanie; **Academy Award** Oscar (*nagroda filmowa*)

a•ware [ə`weə(r)] *adj praed* świadomy, poinformowany; **be ~** uświadamiać sobie (**of sth** coś)

a•ware•ness [ə`weənɪs] *s* świadomość

a•way [ɔ`weɪ] *adv* daleko, na uboczu; poza (*domem*); **three miles ~ from here** trzy mile stąd; *am.* **right ~** natychmiast; **~ with it!** precz z tym!

awe [ɔ] *s* strach, trwoga; *vt* napawać trwogą, wzbudzać strach

awe•some [`ɔsəm] *adj* wzbudzający grozę, przerażliwy, straszliwy

aw•ful [`ɔfəl] *adj* straszny, okropny

awk•ward [`ɔkwəd] *adj* niezgrabny; niezdarny; krępujący, niewygodny

a•woke *zob.* **awake**[1]

ax(e) [æks] *s* siekiera, topór

ax•is [`æksɪs] *s* (*pl* **axes**) oś

ax•le [`æksl] *s* (*także* **axletree**) *mot.* oś

az•ure [`æʒə(r)] *s* lazur, błękit; *adj* błękitny, lazurowy

B

ba•be [beɪb] *s am. pot.* kochanie; laska *pot.*

ba•by [`beɪbɪ] *s* niemowlę; *am. pot.* ukochany; kochanie

ba•by-sit [`beɪbɪ'sɪt] *vi* pilnować dziecka <dzieci>

ba•by-sit•ter [`beɪbɪ sɪtə(r)] *s* osoba do pilnowania dziecka <dzieci>, babysitter

bach•e•lor [`bætʃələ(r)] *s* kawaler; pierwszy stopień naukowy; **Bachelor of Arts** stopień naukowy w dziedzinie nauk humanistycznych

back [bæk] *s* plecy, grzbiet; tył (*np. domu*); oparcie (*krzesła*); *sport.* obrońca; **at the ~** z tyłu; **~ to front** tył(em) na przód; *adj* tylny; odwrotny; *adv* w tyle, z tyłu; z powrotem; do tyłu; *vt* cofać (*samochód*); podtrzymywać (*moralnie, finansowo*); stawiać (*w grze*) (**sth** na coś); **~ sb up** popierać kogoś; *komp.* robić zapasową kopię; *vi* cofać się, iść do tyłu; **~ out** wycofać się, wykręcić się (**from <of> sth** z czegoś)

back•ache [ˈbækeɪk] *s* ból w krzyżu

back•bone [ˈbækbəʊn] *s* kręgosłup; *przen.* siła charakteru; *przen.* ostoja, podpora; **to the ~** gruntownie

back•ground [ˈbækgraʊnd] *s* dalszy plan; tło (*także polityczne, społeczne*); pochodzenie, przeszłość; **against a ~** na tle (**of sth** czegoś); **remain in the ~** pozostawać w cieniu

back up [ˈbækʌp] *s* wsparcie; zaplecze; *komp.* kopia

back•ward [ˈbækwəd] *adj* tylny, położony w tyle; zacofany; opóźniony (*np. w nauce, w rozwoju, itp.*); *adv* **~(s)** w tył, ku tyłowi, z powrotem, wstecz; **~s and forwards** tam i z powrotem; **know sth ~** znać coś na wylot

back•yard [ˈbækjɑd] *s* podwórko

ba•con [ˈbeɪkən] *s* boczek, bekon

bad [bæd] *adj* (*comp* **worse** [wɜs], *sup* **worst** [wɜst]) zły, w złym stanie; niezdrowy; bezwartościowy; przykry; niegrzeczny (*o dziecku*); **be ~ at sth** nie umieć czegoś, nie orientować się w czymś; **go ~** zepsuć się (*o jedzeniu*); **~ name** zła reputacja; **not ~!** nieźle!

bade *zob.* **bid**

bad•ly [ˈbædlɪ] *adv* źle; bardzo, intensywnie; **be ~ wounded** być ciężko rannym; **be ~ off** być biednym; **be ~ in need** gwałtownie potrzebować

bad•min•ton [ˋbædmɪntən] *s* badminton, kometka

bag [bæg] *s* torba; torebka (*damska*); worek; *vt* włożyć do torby

bag•gage [ˋbægɪdʒ] *s am.* bagaż; *am.* **~ car** wagon bagażowy

bail [beɪl] *s* kaucja; **on ~** za kaucją; *vt*: **~ sb (out)** zwolnić kogoś za kaucją

bake [beɪk] *vt vi* piec (się); wypalać (się)

ba•ker [ˋbeɪkə(r)] *s* piekarz; **~('s)** piekarnia (*sklep*)

bak•e•ry [ˋbeɪkərɪ] *s* piekarnia

bal•ance [ˋbæləns] *s* równowaga; waga; saldo; bilans; *vt* rozważać (*w myśli*); równoważyć; bilansować; *vi* zachowywać równowagę

bal•co•ny [ˋbælkənɪ] *s* balkon

bald [bɔld] *adj* łysy; (*o drzewach*) nagi; (*o kłamstwie*) jawny

bald•ly [bɔldlɪ] *adv* prosto z mostu, otwarcie

ball[1] [bɔl] *s* piłka; kula, kulka; kłębek; *pl wulg.* **~s** jaja; *pot. wulg.* **have ~s** nie bać się; *vt vi* zwinąć (się); boczyć się (*na coś*)

ball[2] [bɔl] *s* bal

bal•let [ˋbæleɪ] *s* balet

bal•loon [bəˋlun] *s* balon

bal•lot [ˋbælət] *s* tajne głosowanie

bal•lot box [ˋbælətboks] *s* urna wyborcza; *przen.* wybory

ball•point (pen) [ˋbɔlpoɪnt (ˋpen)] *s* długopis

bal•o•ney [bəˋləʊnɪ] *s slang* bzdury

bam•boo [bæmˋbu] *s* bambus

ban [bæn] *vt* zakazać, zabronić; *s* zakaz (**on sth** czegoś)

ba•nal [bəˋnɑl] *adj* banalny

ba•na•na [bəˋnɑnə] *s* banan; *slang* **be <go> ~s** dostać świra; *pot.* wściekać się

band[1] [bænd] *s* wstążka; opaska; taśma; pasmo

(*częstotliwości*); **rubber ~** gumka

band² [bænd] *s* grupa; banda, zgraja; orkiestra, zespół muzyczny; *vi* grupować się

band•age [ˋbændɪdʒ] *s* bandaż; *vt* bandażować

ban•dit [ˋbændɪt] *s* bandyta

bang [bæŋ] *s* głośne uderzenie; huk; trzask; *vt* huknąć; trzasnąć; walnąć; *adv* gwałtownie; z hukiem; *pot.* w sam raz, właśnie; **~!** bęc!, bach!

bank¹ [bæŋk] *s* bank; *adj attr* bankowy; *vt* składać w banku

bank² [bæŋk] *s* brzeg; wał, nasyp

bank•note [ˋbæŋknəʊt] *s* banknot

bank•rupt [ˋbæŋkrʌpt] *s* bankrut; *adj* zbankrutowany; **go ~** zbankrutować

ban•ner [ˋbænə(r)] *s* chorągiew, sztandar, transparent

bap•tism [ˋbæptɪzm] *s* chrzest

bar [bɑ(r)] *s* pręt; sztaba; zasuwa; bar; kostka (*mydła*); tabliczka (*czekolady*); *pl* **~s** krata; **behind ~s** za kratkami; *vt* ryglować; kratować (*okno*); barykadować; zagradzać; wykluczać; zabraniać

bar•be•cue [ˋbɑbɪkju] *s* grill ogrodowy; przyjęcie z grillem

bar•ber [ˋbɑbə(r)] *s* fryzjer (*męski*)

bare [beə(r)] *adj* nagi; ogołocony; odkryty (*głowa*); otwarty; jedyny; **with ~ hands** gołymi rękami

bare•foot [ˋbeəfʊt] *adv* boso, na bosaka

bare•ly [ˋbeəlɪ] *adv* ledwo, tylko

bar•gain [ˋbɑgɪn] *s* interes, transakcja; okazyjne kupno, okazja; **into the ~** na dodatek; **strike a ~** ubić interes; **go ~ hunting** szukać okazyjnego kupna; *vi* negocjować; targować się

barge [bɑdʒ] *s* barka; *vi*: **~ in <into>** włazić, pchać się (*np. do towarzystwa*); wtrącać się

bark [bɑk] *vi* szczekać

bar•ley [ˋbɑlɪ] *s* jęczmień

bar•maid [ˋbɑmeɪd] *s* barmanka

bar•man [ˋbɑmən] *s* barman

barn [bɑn] *s* stodoła

ba•rom•e•ter [bəˋromɪtə(r)] *s* barometr

bar•rack [ˋbærək] *s* barak; *pl* **~s** koszary

bar•rel [ˋbærəl] *s* beczka; lufa; rura; *techn.* cylinder

bar•ri•cade ['bærɪˋkeɪd] *s* barykada; *vt* barykadować

bar•ri•er [ˋbærɪə(r)] *s* bariera, zapora, szlaban

bar•ris•ter [ˋbærɪstə(r)] *s* *bryt.* adwokat, obrońca; prawnik

bar•row [ˋbærəʊ] *s* taczka; wózek (*z warzywami*)

bar•ter [ˋbɑtə(r)] *s* handel wymienny; *vt vi* wymieniać towary

base[1] [beɪs] *s* baza, podstawa; podłoże; podkład; *vt* opierać (**sth on sth** coś na czymś)

base[2] [beɪs] *adj* podły, niski, nikczemny

base•ball [ˋbeɪsbɔl] *s sport.* bejsbol

base•ment [ˋbeɪsmənt] *s* suterena, piwnica

ba•sic [ˋbeɪsɪk] *adj* podstawowy, zasadniczy

ba•sic•al•ly [ˋbeɪsɪklɪ] *adv* zasadniczo; w zasadzie

ba•sin [ˋbeɪsn] *s* miska; miednica; umywalka; *geogr.* basen, dorzecze

ba•sis [ˋbeɪsɪs] *s* (*pl* **bases** [ˋbeɪsiz]) baza; podstawa; podłoże

bas•ket [ˋbɑskɪt] *s* kosz, koszyk

bas•ket-ball [ˋbɑskɪtbɔl] *s* koszykówka

bas•tard [ˋbɑstəd, ˋbæstəd] *s* bękart; *wulg.* sukinsyn, gnojek

bat[1] [bæt] *s* nietoperz

bat[2] [bæt] *s* kij; rakieta, rakietka

batch [bætʃ] *s* plik (*listów*); partia (*próbek, towarów*); grupa (*studentów*)

bath [bɑθ] *s* (*pl* **~s** [bɑðz]) kąpiel (*w wannie*); wanna, łazienka; **take <have> a ~** kąpać się;

pl **~s** łaźnia; *vt* kąpać się (*w wannie*)

bathe [beɪð] *vt vi* kąpać (się), pływać; przemywać; *am.* kąpać się (*w wannie*); *s* kąpiel (*morska, rzeczna*)

bath•room [`bɑθrʊm] *s* łazienka

bath•tub [`bɑθtʌb] *s* wanna

bat•on [`bætən] *s* batuta; pałka (*policyjna*); pałeczka (*sztafetowa*)

bat•ter [`bætə(r)] *vi* gwałtownie stukać, walić (**at sth** w coś); *vt* bić, maltretować

bat•te•ry [`bætərɪ] *s* bateria; akumulator; zestaw (*narzędzi*)

bat•tle [`bætl] *s* bitwa; *vi* walczyć

bawl [bɔl] *vt* wykrzykiwać; *vi* wrzeszczeć; *s* wrzask

bay [beɪ] *s* zatoka; laur, wawrzyn; przęsło; wnęka, wykusz; ujadanie; **~ leaf** liść laurowy; **~ window** okno w wykuszu; **be at ~** być osaczonym; *vi* ujadać, wyć

***be** [bi], **am** [æm, əm], **is** [ɪz], **are** [ɑ(r)], **was** [woz], **were** [wɜ(r)], **been** [bin, bɪn] *v aux* być; **it is done** to jest zrobione; **I am reading** czytam; **I am to tell you** powinienem <mam> ci powiedzieć; **there are people in the street** na ulicy są <znajdują się> ludzie; **be late** spóźnić się; *vi* być, istnieć; pozostawać; mieć się, czuć się; kosztować; **how are you?** jak się masz?; **I am better** czuję się lepiej; **how much is that?** ile to kosztuje?; **be off** odchodzić, odjeżdżać

beach [bitʃ] *s* plaża

beak [bik] *s* dziób

beam [bim] *s* belka; promień; snop (*światła*); *vt vi* promieniować; przesyłać, nadawać

bean [bin] *s* ziarnko (*grochu, kawy*); (*zw. pl* **~s**) fasola; **broad ~** bób

bear[1] [beə(r)] *s* niedźwiedź

***bear**[2] [beə(r)], **bore** [bɔ(r)], **borne** [bɔ(r)n] *vt* nosić; wytrzymać; znosić (*ból*); rodzić; *vi* mieć znaczenie; odnosić się (**on sth** do czegoś); **~ out** potwierdzać; **~ up** trzymać się, nie upadać na duchu; **~ in mind** pamiętać, mieć na myśli; **~ sb a grudge** mieć do kogoś urazę

bear•able [ˋbeərəbl] *adj* znośny

beard [bɪəd] *s* broda; zarost

bear•er [ˋbeərə(r)] *s* doręczyciel; posiadacz (*paszportu*); okaziciel (*czeku*)

beast [bist] *s* bydlę, bestia, zwierzę

***beat** [bit], **beat** [bit], **beaten** [ˋbitn] *vt* bić; pobić (*wroga, rekord*); ubijać, stukać; **~ about the bush** owijać w bawełnę; *s* uderzenie; bicie (*serca*); rytm

beat•en *zob.* **beat**

beat•ing [ˋbitɪŋ] *s pot.* lanie; **take a ~** dostać lanie; *przen.* doznać porażki

beau•ti•cian [bjuˋtɪʃən] *s* kosmetyczka

beau•ti•ful [ˋbjutɪfʊl] *adj* piękny

beau•ty [ˋbjutɪ] *s* piękno, uroda; piękność; *przen.* urok

bea•ver [ˋbivə(r)] *s* bóbr

be•came *zob.* **become**

be•cause [bɪˋkoz] *conj* ponieważ; dlatego że; gdyż, bo; *praep*: **~ of** z powodu; **~ of him** przez niego

***be•come** [bɪˋkʌm], **became** [bɪˋkeɪm], **become** [bɪˋkʌm] *vi* zostać (*czymś*), stać się; **~ fat** utyć; **what has ~ of him?** co się z nim stało?

be•com•ing [bɪˋkʌmɪŋ] *adj* stosowny, właściwy; twarzowy

bed [bed] *s* łóżko; grządka, klomb; koryto (*rzeki*); **make the ~** posłać łóżko; **go to ~** iść spać; **~ and breakfast** nocleg ze śniadaniem

bed•clothes [ˋbedkləʊðz] *s pl* pościel

bed•room [ˋbedrʊm] *s* sypialnia

beech [bitʃ] *s* buk

bee [bi] *s* pszczoła

beef•cake [ˋbifkeɪk] *s pot.* mięśniak (*pot.*)

bee•hive [ˋbihɑɪv] *s* ul

beef [bif] *s* wołowina

beef•steak [ˋbifsteɪk] *s* befsztyk

been *zob.* **be**

beer [bɪə(r)] *s* piwo

beet [bit] *s* burak

beet•le [bitl] *s* chrząszcz, żuk

beet•root [ˋbitrut] *s* burak ćwikłowy

be•fore [bɪˋfɔ(r)] *praep* przed; **~ long** wkrótce; **~ now** już przedtem; *adv* przedtem, kiedyś; *conj* zanim

be•fore•hand [bɪˋfɔhænd] *adv* z góry; najpierw; z wyprzedzeniem

beg [beg] *vi* żebrać (**for sth** o coś); *vt* prosić, błagać (**sb for sth** kogoś o coś); **I ~ your pardon** przepraszam (*nie dosłyszałem*)

be•gan *zob.* **begin**

beg•gar [ˋbegə(r)] *s* żebrak, żebraczka

***be•gin** [bɪˋgɪn], **be•gan** [bɪˋgæn], **be•gun** [bɪˋgʌn] *vt vi* zaczynać (się); **to ~ with** na początek, przede wszystkim

be•gin•ner [bɪˋgɪnə(r)] *s* początkujący

be•gin•ning [bɪˋgɪnɪŋ] *s* początek; **from the (very) ~** od (samego) początku

be•gun *zob.* **begin**

be•half [bɪˋhɑf] *s*: **on** <*am.* **in**> **~ of sb** w czyimś imieniu; na rzecz kogoś; **on my ~** w moim imieniu

be•have [bɪˋheɪv] *vi* zachowywać (się), postępować (**towards sb** w stosunku do kogoś); dobrze się zachowywać; *vr* **~ o.s.** dobrze się zachowywać

be•hav•iour [bɪˋheɪvjə(r)] *s* zachowanie, postępowanie

be•hind [bɪˋhɑɪnd] *praep* za, poza; **~ schedule** z opóźnieniem; **~ the times** zacofany, przestarzały; *adv* z tyłu, do tyłu, wstecz; **be ~** zalegać, być opóźnionym; **leave ~** zostawić (*za sobą*);

pot. ~ **bars** za kratkami; *s* siedzenie (*część ciała*)

beige [beɪʒ] *s* beż; *adj* beżowy

be•ing [ˋbiɪŋ] *s* istnienie; istota, stworzenie; **human** ~ istota ludzka; **for the time** ~ (jak) na razie; **come into** ~ powstać, zaistnieć

belch [beltʃ] *vt* wypluwać, gwałtownie wyrzucać z siebie; *vi* buchać, zionąć; *vi* czkać

Bel•gian [ˋbeldʒən] *adj* belgijski; *s* Belg

be•lief [bɪˋlif] *s* wiara (**in God** w Boga); przekonanie; **beyond** ~ nie do wiary; zaufanie

be•lieve [bɪˋliv] *vt vi* wierzyć, ufać (**sb <sth>** komuś <czemuś>; **in sb <sth>** w kogoś <coś>); myśleć, sądzić; **make** ~ udawać; pozorować

bell [bel] *s* dzwon; dzwonek; **ring the** ~ dzwonić; *przen.* **that rings a** ~ to mi coś przypomina

bel•ly [ˋbelɪ] *s pot.* brzuch

be•long [bɪˋloŋ] *vi* należeć (**to sb** do kogoś); **this chair ~s here** miejsce tego krzesła jest tutaj

be•long•ings [bɪˋloŋɪŋz] *s pl* rzeczy, dobytek

be•lov•ed [bɪˋlʌvɪd] *adj* ukochany

be•low [bɪˋləʊ] *praep* pod; *adv* niżej, poniżej

belt [belt] *s* pasek; pas, strefa; **safety** ~ pas bezpieczeństwa; **tighten your** ~ zacisnąć pasa; *vt pot.* lać pasem; przymocować pasem

bench [bentʃ] *s* ławka, ława; trybunał, sąd

***bend** [bend], **bent, bent** [bent] *vt vi* zginać (się); skręcać; pochylać (się); *s* wygięcie; zakręt (*na drodze*)

be•neath [bɪˋniθ] *praep* pod, poniżej; pod spodem; *adv* niżej, w dole, na dół

ben•e•fit [ˋbenɪfɪt] *s* dobrodziejstwo; korzyść, pożytek; zasiłek; **unemployment** ~ zasiłek dla bezrobotnych; *vt* przynosić korzyść; *vi* korzystać (**from sth** z czegoś)

bent [bent] *adj* zgięty, wygięty; wykrzywiony; schylony; zdecydowany; **be ~ on doing sth** koniecznie chcieć coś zrobić; *zob.* **bend**

be•numb [bɪ`nʌm] *vt*: **~ed with cold** zdrętwiały z zimna

ber•ry [`berɪ] *s* jagoda

be•side [bɪ`saɪd] *praep* obok, przy; oprócz; **that's ~ the point** to nie ma nic do rzeczy

be•sides [bɪ`saɪdz] *adv* oprócz tego, poza tym; *praep* oprócz, poza

best [best] *adj* (*sup od* **good**) najlepszy; *adv* (*sup od* **well**) najlepiej; *s* to, co najlepsze; **make the ~ of sth** zrobić jak najlepszy użytek z czegoś; **at ~** w najlepszym razie; **I will do my ~ to...** zrobię wszystko, co w mojej mocy, żeby...

best•sell•er [best `selə(r)] *s* bestseller

bet [bet], **bet, bet** *vt* zakładać się; **I ~ you a pound** zakładam się z tobą o funta; *vi* stawiać (**on sth** na coś); *pot.* **you ~!** no chyba!; *s* zakład (**on sth** o coś)

be•tray [bɪ`treɪ] *vt* zdradzać; wyjawiać; oszukiwać

be•tray•al [bɪ`treɪəl] *s* zdrada

bet•ter [`betə(r)] adj (*comp od* **good**) lepszy; (*comp od* **well**) zdrowszy, w lepszym stanie; *adv* (*comp od* **well**) lepiej; **~ and ~** coraz lepiej; **all the ~** tym lepiej; **you had ~ go** lepiej już idź

be•tween [bɪ`twin] *praep* pomiędzy, między; *adv* pośrodku, w środku; **in ~** pośrodku

bev•er•age [`bevrɪdʒ] s napój

be•ware [bɪ`weə(r)] *vi*: **~ (of)** wystrzegać się; **~ of the dog!** uwaga, zły pies!

be•wil•der [bɪ`wɪldə(r)] *vt* wprawić w zakłopotanie

be•yond [bɪ`jond] *praep* za, poza; ponad, nad; **~ belief** nie do wiary; **~ recognition** nie do poznania; *adv* dalej

bi•as [ˋbaɪəs] *s* ukos, pochylenie; skłonność, zamiłowanie; uprzedzenie; *vt* ściąć ukośnie; skłonić, nachylić; uprzedzić, źle nastawić

bib [bɪb] *s* śliniak

Bi•ble [ˋbaɪbl] *s* Biblia

bib•li•og•ra•phy [bɪblɪˋogrəfɪ] *s* bibliografia

bi•cy•cle [ˋbaɪsɪkl] *s* rower; *vi* jeździć rowerem

***bid** [bɪd], **bade** [beɪd], **bid•den** [ˋbɪdn] *lub* **bid, bid** [bɪd] *vt* oferować (*cenę*); zapraszać (**to sth** na coś); licytować (*w kartach*); **~ sb do sth** kazać komuś coś zrobić; *s* oferta; odzywka (*w kartach*)

big [bɪg] *adj* duży, gruby; ważny, znaczny; **~ brother <sister>** starszy brat <starsza siostra>; *pot.* **~ deal!** wielkie rzeczy!, no i co z tego!; *pot.* **~ gun <shot>** gruba ryba; ważniak

big•wig [ˋbɪgwɪg] *s pot.* gruba ryba, szycha

bike [baɪk] *s pot.* rower; motocykl, motor

bi•lin•gual [baɪˋlɪŋgwəl] *adj* dwujęzyczny

bill [bɪl] *s* rachunek; kwit; projekt ustawy; *am.* banknot; dziób; **~ of exchange** weksel; **~ of fare** jadłospis; *vt* wystawiać rachunek (**sb for sth** komuś za coś)

bill•board [ˋbɪlbɔd] *s* tablica reklamowa, billboard

bil•liards [ˋbɪljədz] *s pl* bilard

bil•lion [ˋbɪljən] *s* bilion; *am.* miliard

bin [bɪn] *s* pojemnik, skrzynia; *bryt.* kosz na śmieci

***bind** [baɪnd], **bound, bound** [baʊnd] *vt* wiązać, związywać; oprawiać (*książkę*); zobowiązywać; **be bound to** być zmuszonym do; **~ up** bandażować

Bin•go [ˋbɪngəʊ] *s int pot.* tak!, zgadłeś!

bi•noc•u•lars [baɪˋnokjʊləz] *s pl* lornetka

bi•ol•o•gy [baɪˋolədʒɪ] *s* biologia

birch [bɜtʃ] *s* brzoza

bird [bɜd] *s* ptak; **~'s-eye view** widok z lotu ptaka

birth [bɜθ] *s* narodziny; urodzenie; poród; **give ~** urodzić, stworzyć (**to sb <sth>** kogoś <coś>)

birth con•trol [ˋbɜθkən'trəʊl] *s* regulacja urodzeń, zapobieganie ciąży

birth•day [ˋbɜθdeɪ] *s* urodziny; **~ cake** tort urodzinowy

bis•cuit [ˋbɪskɪt] *s bryt.* herbatnik; *am.* biszkopt; ciastko

bish•op [ˋbɪʃəp] *s* biskup; goniec (*w szachach*)

bit[1] *zob.* **bite**

bit[2] [bɪt] *s* kawałek; odrobina, szczypta; **a ~** nieco, trochę; **~ by ~** po trochu, stopniowo

bitch [bɪtʃ] *s* suka; *wulg.* suka, sukinsyn; *vi wulg.* **~ about** narzekać na

***bite** [baɪt], **bit** [bɪt], **bitten** [ˋbɪtn] *lub* **bit** *vt vi* gryźć, kąsać; *s* ukąszenie; kęs; *pot.* **have a ~** przegryźć coś

bit•ter [ˋbɪtə(r)] *adj* gorzki; zawzięty; (*o mrozie, wietrze*) przenikliwy

bi•zarre [bɪˋzɑ(r)] *adj* dziwaczny

blab [blæb] *vt vi* paplać, gadać; wypaplać, wygadać

black [blæk] *adj* czarny; ciemny, ponury; czarnoskóry; **~ eye** podbite oko; *s* czerń; *vt* poczernić; *pot.* **~ out** stracić (na krótko) przytomność

black•ber•ry [ˋblækbərɪ] *s bot.* jeżyna

black•bird [ˋblækbɜd] *s* kos

black•board [ˋblækbɔd] *s* tablica (*szkolna*)

black•cur•rant ['blækˋkʌrənt] *s* czarna porzeczka

black•mail [ˋblækmeɪl] *s* szantaż; *vt* szantażować

blad•der [ˋblædə(r)] *s* pęcherz; *bot.* pęcherzyk

blade [bleɪd] *s* ostrze; klinga; źdźbło (*trawy*)

blame [bleɪm] *vt* obwiniać (**sb for sth** kogoś o coś); **be to ~** być winnym; *s* wina; zarzut

blame•less [ˋbleɪmlɪs] *adj*

bez skazy, nienaganny, niewinny

blank [blæŋk] *adj* czysty (*papier*), nie zapisany; pusty, bez wyrazu (*wzrok*); **~ cheque** czek in blanco; *s* pustka; nie zadrukowane miejsce

blank•et [ˈblæŋkɪt] *s* koc; pokrycie, warstwa

blast [blɑst] *s* podmuch (*wiatru*); prąd (*powietrza*), strumień (*pary*); eksplozja, wybuch; **at full ~** na cały regulator, pełną parą; *vt* wysadzać w powietrze

blaze [bleɪz] *vi* płonąć; świecić; **~ up** buchnąć płomieniem; *s* płomień; błysk; blask

blaz•er [ˈbleɪzə(r)] *s* kurtka

bleach [blitʃ] *vt* wybielać, pozbawiać koloru; rozjaśniać (*włosy*); *vi* bieleć

***bleed** [blid], **bled, bled** [bled] *vi dosł.* i *przen.* krwawić; wykrwawiać się

ble•mish [ˈblemɪʃ] *s* wada, skaza, plama; *vt* splamić, zeszpecić

blend [blend] *vt vi* mieszać (się); miksować; stapiać (się); *s* mieszanka

bless [bles] *vt* błogosławić; *rel.* poświęcać; **be ~ed with** być obdarzonym; **~ you!** na zdrowie! (*komuś kto kichnął*)

bless•ing [ˈblesɪŋ] *s* błogosławieństwo

blew *zob.* **blow**

blind [blɑɪnd] *adj* ślepy, niewidomy; *vt* oślepiać; *s* roleta; **Venetian ~** żaluzja; **the ~** niewidomi; **~ date** randka w ciemno; *przen.* **~ alley** ślepa uliczka

blink [blɪŋk] *vi* mrugać; przymrużać (*oczy*); (*o świetle*) migać, migotać; *vt* przymykać <mrużyć> (*oczy*); *s* mignięcie, migotanie; mruganie

blis•ter [ˈblɪstə(r)] *s* pęcherzyk, bąbel; *vi* pokryć się bąblami

bliz•zard [ˈblɪzəd] *s* burza <zamieć> śnieżna

bloat [bləʊt] *vt vi* nadymać (się), nabrzmiewać

block [blok] *s* blok; bryła (*lodu*); kloc (*drewna*); duży budynek; *am.* grupa domów między dwiema przecznicami; ~ **of flats** blok mieszkalny; *vt* blokować, zatkać

block•ade [bloˋkeɪd] *s* blokada; *vt* zablokować, zrobić blokadę

bloke [bləʊk] *s bryt. pot.* gość, facet

blond [blond] *adj* jasny (*o włosach*); *s* blondyn

blonde [blond] *s* blondynka

blood [blʌd] *s* krew; pokrewieństwo; ród; ~ **group** grupa krwi; **in cold** ~ z zimną krwią

blood•shed [ˋblʌdʃed] *s* rozlew krwi

blood•y [ˋblʌdɪ] *adj* krwawy, zakrwawiony; *wulg.* cholerny

bloom [blum] *vi dosł.* i *przen.* kwitnąć; *s* kwiat (*na drzewie*); kwitnienie; **in full** ~ kwitnący

bloom•er [ˋblumə(r)] *s bryt. pot.* gafa

blot [blot] *s* plama; kleks; skaza; *vt* poplamić; ~ **out** wykreślić, usunąć, zatrzeć

blouse [blɑʊz] *s* bluzka

blow[1] [bləʊ] *s* uderzenie, cios; **at a** ~ za jednym uderzeniem; **strike a** ~ zadać cios

***blow**[2] [bləʊ], **blew** [blu], **blown** [bləʊn] *vi* wiać, dąć; *vt* dmuchać; ~ **out** zgasić, zdmuchnąć; ~ **up** wysadzić w powietrze; wybuchnąć; nadmuchać

blown *zob.* **blow**[2]

blue [blu] *adj* niebieski, błękitny; siny; *pot.* przygnębiony, smutny; *s* błękit; kolor niebieski; **navy** ~ kolor granatowy; **out of the** ~ niespodziewanie

bluff [blʌf] *s* oszustwo, blaga, blef; *vt vi* blagować, blefować

blu•ish [ˋbluɪʃ] *adj* niebieskawy

blunt [blʌnt] *adj* tępy, stępiony; bezceremonialny; *vt* stępić

blur [blɜ(r)] *s* niewyraźna plama; niejasność; *vt* zacierać, zamazywać

blush [blʌʃ] *vi* rumienić się; *s* rumieniec

board [bɔd] *s* deska; karton; tablica (*ogłoszeń*); plansza (*do gry*); pokład; rada, zarząd; wyżywienie; **bed and ~** nocleg z wyżywieniem; *vt* wchodzić na pokład statku (*do pociągu, tramwaju*); stołować; szalować

board•ing school [ˋbɔdɪŋskul] *s* szkoła z internatem

boast [bəʊst] *vt vi* przechwalać się; chwalić się (**of <about> sth** czymś); *s* samochwalstwo, przechwałki, chełpienie się

boat [bəʊt] *s* łódź, statek; **by ~** łodzią, statkiem; *vi* pływać łodzią

bob•by [ˋbobɪ] *s bryt. pot.* policjant

bod•y [ˋbodɪ] *s* ciało; zwłoki; grono, grupa ludzi; gremium; *mot.* karoseria

bo•dy-build•ing [ˋbodɪˋbɪldɪŋ] *s* kulturystyka

bod•y•guard [ˋbodɪgɑd] *s* ochroniarz

bog [bog] *s* bagno, trzęsawisko

boil [boɪl] *vi* gotować się, wrzeć, kipieć; *vt* gotować; **~ away** wygotować się; *s* czyrak

bold [bəʊld] *adj* śmiały; zuchwały; wyrazisty, krzykliwy

bolt [bəʊlt] *s* zasuwa, rygiel; śruba; piorun; *vi* pędzić, gnać; *vt* zamknąć na zasuwę, zaryglować

bomb [bom] *s* bomba; *vt* bombardować

bomb•shell [ˋbomʃel] *s przen.* bomba, sensacja

bond [bond] *s* więź; zobowiązanie; obligacja

bon•dage [ˋbondɪdʒ] *s* niewola; więzy

bone [bəʊn] *s* kość, ość; *vt* wyjmować kości <ości>; *przen.* **a ~ of contention** kość niezgody

bon•net [ˋbonɪt] *s* czepek; *bryt. mot.* maska

bo•nus [ˋbəʊnəs] *s* premia; dodatek

bo•ny [ˋboʊnɪ] *adj* kościsty, ościsty

boob [bub] *s pot.* byk

(*błąd*); *pot.* **~s** cycki; *vt pot.* strzelić byka
book [bʊk] *s* księga; książka; bloczek; *pl* **~s** księgi rachunkowe; *vt* rezerwować (*bilet, pokój*)
book•case [ˋbʊkkeɪs] *s* biblioteka, regał na książki
book•ing [ˋbʊkɪŋ] *s* rezerwacja; *bryt.* **~ office** kasa biletowa
book-keep•ing [ˋbʊk'kipɪŋ] *s* księgowość
book•let [ˋbʊklɪt] *s* książeczka; broszura
book•sel•ler [ˋbʊkselə(r)] *s* księgarz
book•shelf [ˋbʊkʃelf] *s* półka na książki
book•shop [ˋbʊkʃop] *s* księgarnia
book•stall [ˋbʊkstɔl] *s* stoisko księgarskie
book•store [ˋbʊkstɔ(r)] *s am.* księgarnia
boom [bum] *s* huk, grzmot; wzrost, koniunktura; *vi* buczeć; (*o formie, interesach*) zwyżkować
boost [bust] *vt* zwiększać, podnosić; reklamować; promować; *elektr.* zwiększać napięcie; *s* wzrost; zachęta, bodziec
boost•er [ˋbustə(r)] *s* propagator; *techn.* wzmacniacz (*sygnału*)
boot [but] *s* but; kozaczek; *bryt. mot.* bagażnik; *vt komp.* uruchamiać (*program*)
booth [buð] *s* budka; kabina; stragan; **telephone ~** budka telefoniczna
booze [buz] *s pot.* alkohol
bor•der [ˋbɔdə(r)] *s* granica; brzeg, krawędź; rąbek; *vt* ograniczać, otaczać; *vi* graniczyć; **~ France** graniczyć z Francją
bore[1] [bɔ(r)] *s* nudziarz; utrapienie; *vt* nudzić
bore[2] [bɔ(r)] *s* kaliber; *vt* wiercić, drążyć
bore[3] *zob.* **bear**[2]
bore•dom [ˋbɔdəm] *s* nuda
born [bɔn] *adj* urodzony; **be ~** urodzić się; **a ~ fool** skończony głupiec
borne *zob.* **bear**[2]
bor•row [ˋborəʊ] *vt vi*

pożyczać (**from sb** od kogoś)
boss [bos] *s pot.* szef, kierownik; *vt* rozkazywać, rządzić; ~ **about** **<around>** rządzić się
boss•y [ˋbosɪ] *adj* apodyktyczny, władczy
both [bəʊθ] *pron adj* oboje; ~ **of them** oni obydwaj; ~ **books** obydwie książki; *adv conj* ~**...** **and...** nie tylko..., ale też...
both•er [ˋboðə(r)] *vt* niepokoić; naprzykrzać się; przeszkadzać; *vi* martwić się, przejmować się (**with** **<about>** **sth** czymś); *s* kłopot, zawracanie głowy; *int* do licha!
bot•tle [ˋbotl] *s* butelka; ~ **opener** otwieracz do butelek; *vt* butelkować
bot•tom [ˋbotəm] *s* dno; spód; *pot.* siedzenie, pupa; ~ **up** do góry dnem; **at** ~ w gruncie rzeczy; *pot.* ~**s up!** no to cyk!; *adj* najniższy, dolny
bought *zob.* **buy**
bound[1] [baʊnd] *adj* zobowiązany (**to do sth** coś zrobić); będący w drodze (*dokądś*); **be** ~ **up in sth** być w coś zaangażowanym; *s* granica; **beyond all** ~**s** ponad wszelką miarę; *vt* ograniczać
bound[2] *zob.* **bind**
bound•a•ry [ˋbaʊndrɪ] *s* granica
bou•tique [buˋtik] *s* butik
bow[1] [baʊ] *vi* kłaniać się (**to** **<before>** **sb** komuś); schylać się; *vt* zginać; *s* ukłon; dziób (*okrętu*)
bow[2] [bəʊ] *s* łuk; smyczek; kokarda; węzeł; kabłąk
bow•el [ˋbaʊəl] *s* kiszka, jelito; *pl* ~**s** wnętrzności; *med.* ~ **movement** oddawanie stolca
bowl[1] [bəʊl] *s* miska; waza; puchar
bowl[2] [bəʊl] *s* kula (*do gry*); *pl* ~**s** gra w kule; *vt vi* toczyć, rzucać kulę (*w grze*)
bow tie [ˋbəʊtaɪ] *s* muszka

box[1] [boks] *s* pudło, pudełko, skrzynia; budka; kabina; boks; *vt* pakować do pudełka

box[2] [boks] *vt* uderzać pięścią; *vi* boksować się; **give sb a ~ on the ears** dać komuś po uszach

box•er [ˋboksə(r)] *s* bokser, pięściarz

box•ing [ˋboksɪŋ] *s* boks, pięściarstwo; **Boxing Day** drugi dzień świąt Bożego Narodzenia

box of•fice [ˋboks'ofɪs] *s* kasa (*w teatrze, kinie itp.*)

boy [boɪ] *s* chłopiec

boy•friend [ˋboɪfrend] *s* chłopak, sympatia

bra [brɑ] *s pot.* stanik

brace [breɪs] *s* aparat ortodontyczny <korekcyjny>; wiązadło; nawias klamrowy; *pl* **~s** [ˋbreɪsɪz] *bryt.* szelki; *vt* spiąć (*klamrą*)

brace•let [ˋbreɪslɪt] *s* bransoletka

brack•et [ˋbrækɪt] *s* podpórka; nawias; klamra; **income ~** przedział dochodu; *vt* wziąć w nawias

brain [breɪn] *s* mózg; umysł; *pl* **~s** rozum; inteligencja; **rack one's ~s** łamać sobie głowę (**about sth** nad czymś)

brain•storm [ˋbreɪnstɔm] *s* zaćmienie umysłu; *pot.* nagłe olśnienie

brake [breɪk] *s* hamulec; **~ light** światła stopu; *vt vi* hamować

bran [bræn] *s* otręby

branch [brɑntʃ] *s* gałąź; filia, oddział; odnoga; *vi* rozgałęziać się; **~ off** odgałęziać się

brand [brænd] *s* znak firmowy; gatunek, odmiana; piętno; *vt* znakować, piętnować

brand-new [ˋbrænd'nju] *adj* nowiutki; fabrycznie nowy

bran•dy [ˋbrændɪ] *s* brandy

brass [brɑs] s mosiądz; **~ band** orkiestra dęta

bras•siere [ˋbræzɪə(r)] *s* biustonosz

brave [breɪv] *adj* odważny, dzielny; *vt* stawiać czoło

brave•ry [`breɪvərɪ] *s* dzielność; waleczność

brazen [`breɪzn] *adj* mosiężny; brązowy; bezczelny; ~ **lie** bezczelne kłamstwo

Bra•zil•ian [brə`zɪljən] *s* Brazylijczyk; *adj* brazylijski

bread [bred] *s* chleb; ~ **and butter** chleb z masłem; **white <brown>** ~ chleb biały <ciemny>; *slang* forsa, kasa *pot.*

breadth [bredθ] *s* szerokość

***break** [breɪk], **broke** [brəʊk], **bro•ken** [`brəʊkən] *vt vi* łamać (się); tłuc (się); zepsuć, niszczyć; przerywać (się); (*o wietrze, burzy*) zerwać się; naruszać (*przepisy*); zerwać (**with sb** z kimś); ~ **away** uciec; oderwać się; ~ **down** załamać (się); złamać czyjś opór; zepsuć (się); ~ **in** włamywać (się); wtrącać się; ~ **into tears <laughter>** wybuchnąć; płaczem <śmiechem>; ~ **out** (*o wojnie*) wybuchnąć; ~ **through** przedrzeć (się); ~ **up** (*o statku*) rozbić (się); zerwać ze sobą, rozejść się; rozpocząć wakacje (*szkolne*); ~ **the record** pobić rekord; *s* przerwa; złamanie; rozbicie; wyłom; *pot.* **give me a ~!** odczep się!

break•age [`breɪkɪdʒ] *s* złamanie, potłuczenie; *pl* **~s** stłuczki; **pay for ~s** płacić za szkody

break•down [`breɪkdaʊn] *s* awaria; rozpad; załamanie nerwowe; upadek, klęska

break•fast [`brekfəst] *s* śniadanie

break•through [`breɪkθru] *s* wyłom; *przen.* przełom

break-up [`breɪkʌp] *s* rozpad; zerwanie

breast [brest] *s* pierś

breath [breθ] *s* oddech; **out <short> of** ~ bez tchu; **hold one's** ~ wstrzymać oddech; **draw** ~ zaczerpnąć tchu

breathe [brið] *vt vi* oddychać; ~ **in** wdychać; ~ **out** wydychać
bred *zob.* **breed**
***breed** [brid], **bred, bred** [bred] *vt vi* rozmnażać (się); płodzić; hodować; wychowywać; *s* pochodzenie; rasa, odmiana
breeze [briz] *s* wiaterek, bryza
brev•i•ty [ˋbrevɪtɪ] *s* krótkotrwałość, krótkość; zwięzłość
brew [bru] *vt vi* parzyć (się), zaparzać (się); *s* odwar, napar; *pot.* browar (*piwo*)
brew•er•y [ˋbrʊərɪ] *s* browar
bribe [braɪb] *s* łapówka; *vt* dać łapówkę, przekupić
brib•er•y [ˋbraɪbərɪ] *s* łapownictwo
brick [brɪk] *s* cegła; klocek
bride [braɪd] *s* panna młoda
bride•groom [ˋbraɪdgrum] *s* pan młody
bridge[1] [brɪdʒ] *s* most; *przen.* pomost; *vt* połączyć mostem, przerzucić most
bridge[2] [brɪdʒ] *s* brydż
brief [brif] *adj* krótki, zwięzły; **in** ~ w kilku słowach; *vt* instruować (**on sth** o czymś); *pl* ~**s** slipy, figi
brief•case [ˋbrifkeɪs] *s* aktówka
brief•ing [ˋbrifɪŋ] *s* odprawa; instrukcja
bright [braɪt] *adj* jasny, promienny; radosny; bystry, błyskotliwy; świetlany
bright•en [ˋbraɪtn] *vt vi* rozjaśnić (się); rozświetlić (się); ożywić (się)
bril•liance [ˋbrɪljəns] *s* jasność; blask; błyskotliwość
bril•liant [ˋbrɪljənt] *adj* wspaniały, olśniewający; błyskotliwy
brim [brɪm] *s* krawędź; brzeg (*naczynia*); rondo (*kapelusza*)
***bring** [brɪŋ], **brought, brought** [brɔt] *vt* przynosić; przyprowadzać; przywozić; sprowadzać; ~ **about** powodować; ~

down obniżać; ~ **in** wnosić, wprowadzać; ~ **out** wykrywać, wydobywać na światło dzienne; wypuszczać na rynek (*produkt*); ~ **up** wychować; poruszyć (*temat*); ~ **to light** odkryć

brink [brɪŋk] *s* brzeg, krawędź

brisk [brɪsk] *adj* rześki, żwawy, energiczny; ~ **air** orzeźwiające powietrze

Brit•ish [`brɪtɪʃ] *adj* brytyjski; *s pl* **the** ~ Brytyjczycy

Brit•ish•er [`brɪtɪʃə(r)] *s am.* Brytyjczyk

broad [brɔd] *adj* szeroki, obszerny; **in** ~ **daylight** w biały dzień

***broad•cast** [`brɔdkɑst], **broad•cast, broad•cast**; *vt vi* transmitować, nadawać; *s* program, audycja; **live** ~ transmisja na żywo; *adv* na wszystkie strony

broad•en [`brɔdn] *vt vi* rozszerzać (się)

bro•chure [`brəʊʃjʊə(r)] *s* broszura

broil [broɪl] *vt vi* piec, smażyć się

broke *zob.* **break**; *adj pot.* spłukany; **go** ~ splajtować

bro•ken *zob.* **break**; *adj* rozbity; zepsuty; złamany

bro•ken-down ['brəʊkn-`daʊn] *adj* wyczerpany; schorowany; załamany (*duchowo*); uszkodzony, zepsuty

bro•ker [`brəʊkə(r)] *s* makler; broker

bron•chi•tis [broŋ`kɑɪtɪs] *s med.* bronchit; zapalenie oskrzeli

bronze [bronz] *s* brąz; rzeźba z brązu

brooch [brəʊtʃ] *s* broszka

broth [broθ] *s* rosół, bulion

broth•er [`brʌðə(r)] *s* brat

broth•er-in-law ['brʌðər-ɪn`lɔ] *s* szwagier

brought *zob.* **bring**

brow [brɑʊ] *s* brew; czoło

brown [brɑʊn] *adj* brązowy, brunatny; ~ **bread** ciemny chleb; *s* brąz

bruise [bruz] *s* siniak; stłuczenie; *vt vi* posiniaczyć (się), potłuc (się)
brunch [brʌntʃ] *s pot.* posiłek spożywany około południa, stanowiący połączenie śniadania z obiadem
bru•nette [bru`net] *s* brunetka
brush [brʌʃ] *s* szczotka, pędzel; sprzeczka; *vt* szczotkować; zamiatać
brusque [brusk] *adj* obcesowy, szorstki
Brus•sels sprouts [`brʌslz-'sprauts] *s pl* brukselka
bru•tal [`brutl] *adj* brutalny
brute [brut] *s* bydlę; zwierzę; brutal; *adj* zwierzęcy; brutalny
bub•ble [`bʌbl] s bańka (*mydlana*); wrzenie; kipienie; *vi* musować, kipieć; wrzeć; *przen.* entuzjazmować się
buck [bʌk] *s* samiec, kozioł; *am. pot.* dolar; **make a fast** ~ szybko zarobić
buck•et [`bʌkɪt] *s* wiadro, kubeł; *pot.* **kick the** ~ wyciągnąć kopyta *pot.*
buck•le [`bʌkl] *s* klamerka, sprzączka; *vt vi* zapinać (się) (*na klamrę*)
bud [bʌd] *s bot.* pąk, pączek; zawiązek, zarodek; *vi* pączkować; rozwijać się
bud•dy [`bʌdɪ] *s* kumpel
budg•et [`bʌdʒɪt] *s* budżet; *vi* planować wydatki
buff•er [`bʌfə(r)] *s* bufor, zderzak
buf•fet [`bʊfeɪ] *s* kredens; bufet (*dania*); *bryt.* ~ **car** wagon restauracyjny
bug [bʌg] *s* pluskwa; wirus, zarazek; *am.* robak; *pot.* podsłuch, pluskwa *pot.*; *vt pot.* założyć podsłuch
bu•gle [`bjugl] *s* fanfara, trąbka; *vi* trąbić
***build** [bɪld], **built, built** [bɪlt] *vt vi* budować; tworzyć; ~ **in** wbudować; ~ **on** dobudować; ~ **up** rozbudować; *s* budowa (*ciała*)

build•ing [ˋbɪldɪŋ] *s* budynek; *adj* budowlany
built *zob.* **build**
bulb [bʌlb] *s bot.* cebulka; *elektr.* żarówka
Bul•gar•i•an [bʌlˋgeərɪən] *s* Bułgar; *adj* bułgarski
bulge [bʌldʒ] *s* wybrzuszenie; nabrzmienie; *vi* wybrzuszać się; nabrzmiewać
bulk [bʌlk] *s* wielkość, objętość, masa; większa <główna> część; **in ~** hurtem
bulk•y [ˋbʌlkɪ] *adj* duży; masywny
bull [bʊl] s byk
bul•let [ˋbʊlɪt] *s* kula, pocisk
bul•le•tin [ˋbʊlɪtɪn] *s* biuletyn
bul•let•proof [ˋbʊlɪtpruf] *adj* kuloodporny
bull•shit [ˋbʊlʃɪt] *s wulg.* bzdury
bum [bʌm] *s bryt. pot.* zadek; *am. pot.* włóczęga, łajza
bump [bʌmp] *vt vi* gwałtownie uderzyć (**sth <against> sth** o coś); zderzyć się; wpadać (**into sb <sth>** na kogoś <coś>); *s* uderzenie; zderzenie; wstrząs; guz; **~s in the road** wyboje
bump•er [ˋbʌmpə(r)] *s mot.* zderzak
bunch [bʌntʃ] *s* wiązka, pęk, bukiet; grupa (*ludzi*); *pl* **~es** kucyki, kitki
bun•dle [ˋbʌndl] *s* tobołek, zawiniątko; wiązka; plik (*banknotów*); **a ~ of nerves** kłębek nerwów; *vt vi* zrobić zawiniątko; bezładnie pakować; **~ off** pozbyć się
bun•ga•low [ˋbʌŋgələʊ] *s* dom parterowy
bun•gee jump•ing [ˋbʌndʒi dʒʌmpɪŋ] *n* skoki na bungee
bun•gle [ˋbʌŋgl] *s* partacka robota, fuszerka; *vt* sfuszerować, spartaczyć
bunk [bʌŋk] *s* kuszetka; *mors.* koja; *bryt. pot.* **do a ~** zwiewać *pot.*
buoy [bɔɪ] *s* boja; *vt* znaczyć bojami; *przen.* **~ up** podtrzymywać na duchu
bur•den [ˋbɜdn] *s* obciążenie; ciężar; brzemię;

vt obciążyć (**sb with sth** kogoś czymś)

bu•reau [ˋbjʊərəʊ] *s* biurko; sekretarzyk; biuro, urząd; *am.* komoda

bu•reauc•ra•cy [bjʊəˋrokrəsɪ] *s* biurokracja

burg•er [ˋbɜgə(r)] *s pot.* hamburger

bur•glar [ˋbɜglə(r)] *s* włamywacz; **~ alarm** alarm antywłamaniowy

bur•gle [ˋbɜgl] *vt vi* włamać się (**sth** do czegoś)

bur•i•al [ˋberɪəl] *s* pogrzeb

***burn** [bɜn], **burnt, burnt** [bɜnt] *lub* **~ed, ~ed** [bɜnd] *vt vi* palić (się); oparzyć (się); wypalić; przypalić; **~ down** spalić się; **~ out** wypalić się; *s* oparzenie

burn•er [ˋbɜnə(r)] *s* palnik

burnt *zob.* **burn**

***burst, burst, burst** [bɜst] *vi* pękać; wybuchać; rozerwać się; *vt* przebijać (*balon*); **~ into laughter <tears>** wybuchnąć śmiechem <płaczem>; **~ out** wybuchnąć; **~ open** gwałtownie (się) otworzyć; *s* pęknięcie; wybuch

bur•y [ˋberɪ] *vt* zakopywać, grzebać, chować

bus [bʌs] *s* autobus; **by ~** autobusem; **~ stop** przystanek autobusowy

bush [bʊʃ] *s* krzak; busz; gąszcz

bus•ily [ˋbɪzɪlɪ] *adv* pracowicie, skrzętnie, gorliwie

busi•ness [ˋbɪznɪs] *s* interes(y), biznes; firma; branża; zajęcie; sprawa; **~ hours** godziny urzędowania; **it's none of your ~** to nie twoja sprawa; **on ~** służbowo

busi•ness•man [ˋbɪznɪsmən] *s* biznesmen, człowiek interesu

bust [bʌst] *s anat.* biust; popiersie

bus•y [ˋbɪzɪ] *adj* (*o człowieku, linii telefonicznej*) zajęty; (*o ulicy*) ruchliwy; **be ~ doing sth** być czymś zajętym

bus•y•bod•y [ˋbɪzɪbodɪ] *s* ciekawski

but [bʌt, bət] *conj* ale, lecz; ależ; **~ how nice!**

ależ jakie to miłe!; *praep* oprócz; **all ~ me** wszyscy oprócz mnie; **the last ~ one** przedostatni; *adv* tylko; **he is ~ a child** jest tylko dzieckiem

butch•er [`bʊtʃə (r)] *s* rzeźnik; **~'s** sklep mięsny; *pot.* kat, morderca; *vt* zarzynać, mordować; dokonywać rzezi (*ludzi*)

but•ler [`bʌtlə(r)] *s* kamerdyner, lokaj

but•ter [`bʌtə(r)] *s* masło; *vt* smarować masłem

but•ter•fly [`bʌtəflaɪ] *s* *zool.* motyl

but•tock [`bʌtək] *s* pośladek

but•ton [`bʌtn] *s* guzik; przycisk; *vt vi*: **~ (up)** zapinać (się) (*na guziki*)

but•ton•hole [`bʌtnhəʊl] *s* dziurka (*na guzik*); kwiatek w klapie; *vt pot.* wiercić dziurę w brzuchu

***buy** [baɪ], **bought, bought** [bɔt] *vt* kupować; **~ sb a drink** postawić komuś drinka; **~ up** wykupywać; *s pot.* zakup, kupiona rzecz

buy•er [`baɪə(r)] *s* kupujący, nabywca

buzz [bʌz] *s* brzęczenie (*pszczół*); buczenie; *vi* brzęczeć; bzykać; buczeć

buz•zer [`bʌzə(r)] *s* brzęczyk, dzwonek; *pot.* domofon

by [baɪ] *praep* przez; przy, u, obok; nad; do; po, za; z, ze; **by the sea** nad morzem; **by moonlight** przy świetle księżyca; **by 1999** do roku 1999; **one by one** jeden za drugim; **by night** w nocy, nocą; **by myself** ja sam, sam (*jeden*); **by bus <land, sea>** autobusem <lądem, morzem>; **by letter <phone>** listownie <telefonicznie>; **step by step** krok za krokiem; **by chance** przypadkiem; **by heart** na pamięć; **little by little** po trochu; *adv* obok, blisko; **by the way** nawiasem mówiąc, à propos; **by and large** ogólnie mówiąc

bye(-bye) [`baɪ(`baɪ)] *int*

pot. cześć!, na razie!; *pot.* pa, pa
by•pass [`baɪpɑs] *s* objazd; *med.* pomost wieńcowy, bypass; *vt* objeżdżać, omijać
by-prod•uct [`baɪprodʌkt] *s* produkt uboczny
bystand•er [`baɪstændə(r)] *s* widz, świadek
byte [baɪt] *s komp.* bajt

C

cab [kæb] *s* taksówka; kabina (*kierowcy*); powóz, dorożka
cab•bage [`kæbɪdʒ] *s* kapusta
cab•in [`kæbɪn] *s* kajuta; kabina; chata
cab•i•net [`kæbɪnɪt] *s* szafa; szafka; gablotka; *polit.* gabinet
ca•ble [`keɪbl] *s* kabel; telegram; **~ TV** telewizja kablowa; *vt vi* telegrafować
ca•fé [`kæfeɪ] *s* kawiarnia
caf•e•te•ri•a [kæfɪ`tɪərɪə] *s* stołówka; *am.* bar samoobsługowy; bufet
cage [keɪdʒ] *s* klatka; winda (*w kopalni*); *vt* zamknąć w klatce
cake [keɪk] *s* ciasto; ciastko; **birthday ~** tort; kawałek; kostka (*masła*); tabliczka (*czekolady*); *przen.* **piece of ~** małe piwo (*przen.*)
caked [keɪkt] *adj* oblepiony (**with mud** błotem)
ca•la•mity [kə`læmɪtɪ] *s* klęska, katastrofa
cal•cu•late [`kælkjʊleɪt] *vt* obliczać; kalkulować
cal•cu•la•tor [`kælkjʊleɪtə(r)] *s* kalkulator
cal•en•dar [`kæləndə(r)] *s* kalendarz
calf [kɑf] *s* (*pl* **calves** [kʌvz]) cielę; skóra cielęca; *anat.* łydka
call [kɔl] *vi vt* wołać; telefonować (**sb** do kogoś); *vt* wzywać, przywoływać; nazywać; zwoływać (*wybory*); *vi* od-

wiedzać (**on sb** kogoś); ~ **in** wpadać, wstępować; przyjść (**for sb <sth>** po kogoś <coś>; **at sb's house** do czyjegoś domu); ~ **for** wzywać; żądać, domagać się; ~ **sth in question** kwestionować coś; ~ **off** odwoływać; ~ **out** wywoływać; ~ **sb names** przezywać kogoś; wymyślać komuś; *s* wołanie; krzyk; wezwanie; rozmowa telefoniczna; wizyta

call•er [`kɔlə(r)] *s* odwiedzający, gość; osoba telefonująca

calm [kɑm] *adj* cichy, spokojny; *vt vi*: ~ **(down)** uspokajać (się), uciszać (się); *s* cisza, spokój

cal•o•rie [`kælərɪ] *s* kaloria

calves *zob.* **calf**

came *zob.* **come**

cam•cor•der [`kæmkɔdə(r)] *s* kamera wideo

came *zob.* **come**

cam•el [`kæml] *s zool.* wielbłąd

cam•er•a [`kæmərə] *s* aparat fotograficzny; *am.* **movie** ~ kamera

cam•o•mile [`kæməmɑɪl] *s* rumianek

cam•ou•flage [`kæməflɑʒ] *s* maskowanie, kamuflaż; *vt* maskować, kamuflować

camp [kæmp] *s* obóz, obozowisko; *vi* obozować, biwakować

cam•paign [kæm`peɪn] *s* kampania; *vi* prowadzić kampanię

camp•ing [`kæmpɪŋ] *s* kemping, obozowanie; **go** ~ wybrać się na kemping; ~ **site** pole namiotowe

cam•pus [`kæmpəs] *s* teren uniwersytetu, miasteczko uniwersyteckie

can[1] [kæn, kən] *v aux* (*p* **could** [kud]) móc, potrafić, umieć; **I ~ speak French** znam (język) francuski; **I ~ see** widzę; **that ~'t be true!** to niemożliwe!

can[2] [kæn] *s am.* puszka; kanister; ~ **opener** otwieracz do konserw; *vt* puszkować

Ca•na•dian [kə`neɪdɪən] *s* Kanadyjczyk; *adj* kanadyjski

ca•nal [kə`næl] *s* kanał; kanalik; przewód (*pokarmowy*)

ca•na•ry [kə`neərɪ] *s* kanarek

can•cel [`kænsəl] *vt* odwoływać; anulować, unieważniać

can•cer [`kænsə(r)] *s med.* rak

can•did [`kændɪd] *adj* szczery; otwarty

can•di•date [`kændɪdeɪt] *s* kandydat(ka)

can•dle [`kændl] *s* świeca

can•dle•stick[`kændlstɪk] *s* lichtarz

can•dy [`kændɪ] *s am.* cukierek; *am.* słodycze

cane [keɪn] *s* trzcina; laska; chłosta; *vt* wychłostać

can•non [`kænən] *s* działo, armata

can•not [`kænət] *forma przecząca od* **can**[1]

can•ny [`kænɪ] *adj* sprytny, chytry

ca•noe [kə`nu] *s* czółno, kanu; kajak; *vi* płynąć czółnem <kajakiem>

can't [kænt] = **can not**

can•teen [kæn`tin] *s* stołówka, kantyna; menażka

can•vas [`kænvəs] *s* płótno żaglowe, płótno malarskie; obraz olejny

can•yon [`kænjən] *s* kanion

cap [kæp] *s* czapka, czepek; zakrętka, kapsel; wieko

ca•pa•ble [`keɪpəbl] *adj* zdolny, nadający się (**of sth** do czegoś); uzdolniony

ca•pac•i•ty [kə`pæsɪtɪ] *s* pojemność; zdolność (**for sth** do czegoś); charakter, uprawnienia; **in an advisory ~** w charakterze doradcy; **filled to ~** wypełniony po brzegi

cape [keɪp] *s* przylądek

cap•i•tal [`kæpɪtl] *s* stolica; kapitał; **~ letter** wielka litera; *adj* główny; stołeczny; **~ punishment** kara śmierci

cap•i•tal•is•m [`kæpɪtəlɪzm] *s* kapitalizm

ca•pri•ce [kəˋpris] kaprys
ca•pri•cious [kəˋprɪʃəs] *adj* kapryśny
cap•size [kæpˋsɑɪz] *vt vi* (*o statku, łodzi*) wywrócić (się)
cap•sule [ˋkæpsjul] *s* kapsułka; *techn.* kapsuła
cap•tain [ˋkæptɪn] *s* kapitan; dowódca; *vt* dowodzić
cap•tion [ˋkæpʃən] *s* napis (*na ekranie*); podpis (*pod ilustracją*)
cap•tive [ˋkæptɪv] *adj* schwytany, pojmany; *s* jeniec
cap•tiv•i•ty [kæpˋtɪvɪtɪ] *s* niewola
cap•ture [ˋkæptʃə(r)] *vt* schwytać; pojmać; zdobywać (*miasto*); *przen.* chwycić; *s* schwytanie; pojmanie; zdobycz
car [kɑ(r)] *s* samochód; wagon; *bryt.* ~ **park** parking; ~ **alarm** alarm samochodowy; ~ **wash** myjnia; ~ **rental** wynajem samochodów; ~ **service** autoserwis
car•a•van [ˋkærəvæn] *s* *bryt.* przyczepa kempingowa; karawana; wóz cyrkowy
car•a•way [ˋkærəweɪ] *s* kminek
car•bon [ˋkɑbən] *s chem.* węgiel; ~ **papier** kalka (*maszynowa*)
car•bu•ret•tor [kɑbjʊˋretə(r)] *s mot.* gaźnik
card [kɑd] *s* karta; bilet; kartka (*okolicznościowa*); **credit** ~ karta kredytowa; **playing** ~ karta (*do gry*); **visiting** ~ wizytówka
card•board [ˋkɑdbɔd] *s* tektura, karton
car•di•nal [ˋkɑdɪnl] *adj* główny, podstawowy; **four** ~ **points** cztery strony świata; *s* kardynał
care [keə(r)] *s* opieka; troska; niepokój; ostrożność; staranie; ~ **of** (*skr.* **c/o**) pod adresem, do rąk; **take** ~ dbać (**of sb <sth>** o kogoś <coś>); **take ~!** uważaj na siebie!; *vi* troszczyć się, dbać (**about sth** o coś); **I don't** ~ nic mnie to nie obchodzi; *vt*: ~ **for** opie-

kować się; (*w przeczeniach i pytaniach*) lubić

ca•reer [kə`rɪə(r)] *s* zawód, zajęcie; kariera; ~ **woman** kobieta pracująca zawodowo

care•ful [`keəfʊl] *adj* troskliwy; ostrożny; **be ~!** uważaj!

care•less [`keəlɪs] *adj* beztroski; niedbały; nieostrożny

ca•ress [kə`res] *vt* pieścić; *s* pieszczota

care•tak•er [`keəteɪkə(r)] *s* dozorca, stróż

car•go [`kɑgəʊ] *adj* ładunek (*statku, samolotu*)

car•ies [`keərɪiz] *s* próchnica zębów

car•na•tion [kɑ`neɪʃən] *s bot.* goździk; różowy kolor

car•ni•val [`kɑnɪvəl] *s* karnawał

car•ni•vor•ous [kɑ`nɪvərəs] *adj zool.* mięsożerny

car•ol [`kærəl] *s* kolęda; *vi* kolędować

carp [kɑp] *s* karp

car•pen•ter [`kɑpɪntə(r)] *s* stolarz; cieśla

car•pen•try [`kɑpɪntrɪ] *s* stolarka

car•pet [`kɑpɪt] *s* dywan; **fitted ~** wykładzina dywanowa; *vt* pokrywać dywanami <wykładziną>

car•riage [`kærɪdʒ] *s* powóz; *bryt.* wagon; *am.* **baby ~** wózek dziecięcy

car•ri•er [`kærɪə(r)] *s* roznosiciel; przewoźnik; *med.* nosiciel

car•rot [`kærət] *s* marchew

car•ry [`kærɪ] *vt* nosić; wozić; przenosić (*chorobę*); nosić ze sobą; **~ on** prowadzić dalej, kontynuować; **~ out** wykonywać, przeprowadzać; **~ about <along>** nosić ze sobą; **~ away** uprowadzić; **~ off** zdobyć (*np. nagrodę*); **~ into effect** wprowadzić w czyn

cart [kɑt] *s* wóz, furmanka; wózek; *vt* wywozić

cart•er [`kɑtə(r)] *s* woźnica

car•ton [`kɑtn] *s* karton (**of sth** czegoś)

car•toon [kɑ`tun] *s* rysunek satyryczny; film

animowany; *bryt.* komiks

car•tridge [ˈkɑtrɪdʒ] *s* nabój; kaseta

carve [kɑv] *vt* rzeźbić; krajać

cas•cade [kæsˈkeɪd] *s* kaskada

case[1] [keɪs] *s* wypadek; przypadek; *prawn.* sprawa; **in ~ of** w razie; **in any ~** tak czy owak; **(just) in ~** na wszelki wypadek

case[2] [keɪs] *s* skrzynka; pudełko; futerał; walizka

cash [kæʃ] *s* gotówka; *pot.* pieniądze; **pay (in) ~** płacić gotówką; **~ down** płatne przy odbiorze; **~ on delivery** za zaliczeniem pocztowym; **~ desk** kasa; *vt* spieniężyć; zrealizować (*czek*)

cash•ier [kəˈʃɪə(r)] *s* kasjer

casino [kəˈsinəʊ] *s* kasyno

cas•se•role [ˈkæsərəʊl] *s* zapiekanka; naczynie do zapiekanek

cas•sette [kəˈset] *s* kaseta; **video ~** wideokaseta; **~ recorder** magnetofon kasetowy

***cast** [kɑst], **cast, cast** *vt* rzucać (*cień, urok*); zarzucać (*sieci*); oddać głos (*w wyborach*); *techn.* odlewać; **~ out** wyrzucić; *s teatr., film.* obsada; rzut; odlew

cast•a•way [ˈkɑstəweɪ] *s* rozbitek; *przen.* wyrzutek

cas•tle [ˈkɑsl] *s* zamek; wieża (*w szachach*); *przen.* **~s in the air** zamki na lodzie

cas•u•al [ˈkæʒʊəl] *adj* niedbały, swobodny; przypadkowy; dorywczy; zdawkowy; **~ clothes** ubranie na co dzień

cas•u•al•ty [ˈkæʒʊəltɪ] *s* ofiara (*wypadku*); *pl* **casualties** straty w ludziach

cat [kæt] *s* kot; **it's raining ~s and dogs** leje jak z cebra; **let the ~ out of the bag** wygadać się (*z czymś*)

cat•a•logue [ˈkætəlog] *s* katalog; *vt* katalogować

ca•tarrh [kəˈtɑ(r)] *s med.* nieżyt, katar

ca•tas•tro•phe [kə`tæstrəfɪ] *s* katastrofa

***catch** [kætʃ], **caught, caught** [kɔt] *vt* łapać, chwytać; łowić; przyłapywać; zarazić się (*chorobą*); pojąć; *vi* chwytać się (**at sth** czegoś); **~ up with sb** dogonić kogoś, dorównać komuś; **~ (a) cold** zaziębić się; **to ~ fire** zapalić się; **~ hold** pochwycić (**of sth** coś); **~ sight** zobaczyć (**of sth** coś); *s* chwyt; łapanie; łup; połów; haczyk, podstęp

catch•ing [`kætʃɪŋ] *adj* zaraźliwy

catch•y [`kætʃɪ] *adj* chwytliwy, wpadający w ucho <w oko>

cat•e•gor•i•cal [kætɪ`gorɪkəl] *adj* kategoryczny; stanowczy

cat•e•go•ry [`kætɪgərɪ] *s* kategoria

ca•ter•ing [`keɪtərɪŋ] *s* dostarczanie potraw na przyjęcia, do biur itd.

ca•the•dral [kə`θidrəl] *s* katedra

Cath•o•lic [`kæθəlɪk] *s* katolik; *adj* katolicki

cat•kin [`kætkɪn] *s bot.* bazia

cat•tle [`kætl] *s pl* bydło rogate

caught *zob.* **catch**

cau•li•flow•er [`kolɪflɑʊə(r)] *s* kalafior

cause [kɔz] *s* przyczyna; powód (**of <for> sth** czegoś <do czegoś>); sprawa; *vt* powodować, sprawiać

cau•tion [`kɔʃən] *s* ostrożność; przezorność; ostrzeżenie; *vt* ostrzegać (**against sth** przed czymś)

cau•tious [`kɔʃəs] *adj* ostrożny, rozważny, uważny

cav•al•ry [`kævəlrɪ] *s* kawaleria; konnica; jazda

cave [keɪv] *s* jaskinia, pieczara, grota; *vi*: **~ in** zapadać się; *przen.* poddać się, ustąpić

cav•i•ar [`kævɪɑ(r)] *s* kawior

cav•i•ty [`kævɪtɪ] *s* wydrążenie, otwór; dziura (*w zębie*)

cease [sis] *vi* ustawać;

przestawać; *vt* przerwać, skończyć, wstrzymać; *woj.* **~-fire** wstrzymanie ognia
ceas•less [`sislɪs] *adj* nieustanny, nieprzerwany
ce•dar [`sidə(r)] *s* cedr
ceil•ing [`silɪŋ] *s* sufit
cel•e•brate [`seləbreɪt] *vt* świętować, obchodzić (*święto, rocznicę*); odprawiać (*mszę*)
cel•e•bra•tion [selɪ`breɪʃən] *s* odprawianie; czczenie, obchodzenie; uroczystość
ce•leb•ri•ty [sɪ`lebrɪtɪ] *s* znakomitość, osobistość, sława
cel•e•ry [`selərɪ] *s* seler
cell [sel] *s* cela; *biol.* komórka; *elektr.* ogniwo
cel•lar [`selə(r)] *s* piwnica
cel•lo [`tʃeləʊ] *s* wiolonczela
cell•phone [`selfəʊn] *bryt.* = **cellular phone**; *s* telefon komórkowy
cel•lu•lar [`seljʊlə(r)] *adj* komórkowy
ce•ment [sɪ`ment] *s* cement; *vt* cementować; utwierdzać
cem•e•ter•y [`semɪtrɪ] *s* cmentarz
cen•sor•ship [`sensəʃɪp] *s* cenzura
cen•sus [`sensəs] *s* spis ludności
cent [sent] *s* cent; **at 5 per ~** na 5 procent
cen•te•na•ry [sen`tinərɪ] *s* stulecie; *adj* stuletni
cen•ter [`sentə(r)] *am. zob.* **centre**
cen•ti•grade [`sentɪgreɪd] *s*: **25 degrees ~** 25 stopni Celsjusza
cen•ti•me•tre [`sentɪmitə(r)] *s* centymetr
cen•tral [`sentrəl] *adj* centralny, główny; śródmiejski; **~ heating** centralne ogrzewanie
cen•tre [`sentə(r)] *s* środek, centrum; ośrodek; **~ of gravity** środek ciężkości; *vt* ustawiać na środku; koncentrować się (**on sth** na czymś)
cen•tu•ry [`sentʃərɪ] *s* stulecie, wiek
ce•ram•ics [sə`ræmɪks] *s* ceramika
ce•re•al [`sɪərɪəl] *s* zboże; płatki zbożowe

cer•e•mo•ny [ˋserəmənɪ] *s* ceremonia, uroczystość
cer•tain [ˋsɜtən] *adj* pewny, niezawodny; przekonany; niejaki, pewien; określony; **for ~** na pewno; **make ~** upewniać się, ustalać; **he is ~ to come** on na pewno przyjdzie
cer•tain•ly [ˋsɜtənlɪ] *adv* na pewno, bezwarunkowo; *int* **~!** oczywiście!; **~ not!** nie!, nie ma mowy!
cer•tif•i•cate [səˋtɪfɪkɪt] *s* zaświadczenie, świadectwo; **birth ~** metryka urodzenia; **marriage ~** akt ślubu
cer•ti•fy [ˋsɜtɪfaɪ] *vt* poświadczać; zaświadczać; *vi* poświadczyć (**to sth** coś); **this is to ~ that...** zaświadcza się, że...
chain [tʃeɪn] *s* łańcuch; łańcuszek; szereg (*wydarzeń*); *pl* **~s** łańcuchy, więzy, kajdany; *vt* przykuwać łańcuchem; uwiązywać na łańcuchu
chair [tʃeə(r)] *s* krzesło; katedra (*uniwersytecka*); *vt* przewodniczyć (*zebraniu, dyskusji*)
chair•man [ˋtʃeəmən] *s* przewodniczący, prezes
cha•let [ˋʃæleɪ] *s* chata, domek
chalk [tʃɔk] *s* kreda; *vt* pisać kredą
chal•lenge [ˋtʃæləndʒ] *vt* wyzywać; wzywać; kwestionować; *s* wyzwanie; wezwanie; kwestionowanie; próba sił
cham•ber [ˋtʃeɪmbə(r)] *s* komnata, sala; izba; komora; **~ of commerce** izba handlowa; **~ music** muzyka kameralna; **~ pot** nocnik
cha•me•le•on [kəˋmilɪən] *s* kameleon
cham•pagne [ʃæmˋpeɪn] *s* szampan
cham•pi•on [ˋtʃæmpɪən] *s* *sport.* mistrz; rekordzista; obrońca, orędownik
cham•pi•on•ship [ˋtʃæmpɪənʃɪp] *s* mistrzostwo (*sportowe*); mistrzostwa
chance [tʃɑns] *s* szansa; traf, przypadek; okazja; ryzyko; **by ~** przypadkiem; **give sb a ~** dać

komuś szansę; **take one's ~** próbować, ryzykować; *adj attr* przypadkowy; *vt* ryzykować; *vi* zdarzać się; natknąć się przypadkowo (**on <upon> sb <sth>** na kogoś <coś>)

chan•cel•lor [ˋtʃɑnsələ(r)] *s* kanclerz; *bryt.* rektor

chan•de•lier [ʃændəˋlɪə(r)] *s* kandelabr, żyrandol

change [tʃeɪndʒ] *s* zmiana; odmiana; przesiadka; drobne pieniądze, reszta; **small ~** drobne; **for a ~** dla odmiany; **~ of clothes** zmiana ubrania; *vt vi* zmieniać (się); wymieniać; przebierać się; rozmieniać (*pieniądze*); przesiadać się; **~ hands** zmieniać właściciela; **~ one's mind** rozmyślić się

change•a•ble [ˋtʃeɪndʒəbl] *adj* zmienny

chan•nel [ˋtʃænl] *s* kanał (*morski; telewizyjny*); koryto (*rzeki*); rowek; *przen.* droga, sposób; **the English Channel** kanał La Manche; **the Channel Tunnel** tunel pod kanałem La Manche

cha•os [ˋkeɪos] *s* chaos

cha•o•tic [keɪˋotɪk] *adj* chaotyczny

chap [tʃæp] *s bryt. pot.* facet, gość

chap•el [ˋtʃæpl] *s* kaplica

chap•ter [ˋtʃæptə(r)] *s* rozdział (*książki; życia*)

char•ac•ter [ˋkærɪktə(r)] *s* charakter; postać, rola; znak, litera; dziwak

char•ac•ter•is•tic [kærɪktəˋrɪstɪk] *adj* charakterystyczny, typowy; *s* cecha charakterystyczna

char•ac•ter•ize [ˋkærɪktəraɪz] *vt* charakteryzować, opisywać

charge [tʃɑdʒ] *s* obciążenie, zarzut; oskarżenie; opłata; odpowiedzialność; opieka; ładunek (*elektryczny; nabój*); **on a ~ of sth** pod zarzutem czegoś; **at a ~ of** za opłatą; **be in ~** opiekować się, zarządzać (**of sth** czymś); **take ~** zajmować się (**of sth** czymś); **free of ~** bezpłatny; *vi vt* pobie-

rać opłatę (**for sth** za coś); obciążać; oskarżać (**with sth** o coś); zobowiązywać (**with sth** do czegoś); ładować (*broń; akumulator*); **how much do you ~ for that?** ile za to żądasz?
char•i•ty [`tʃærɪtɪ] *s* miłosierdzie; dobroczynność; jałmużna
charm [tʃɑm] *s* czar, wdzięk; urok; amulet; *vt vi* czarować, urzekać
charm•ing [`tʃɑmɪŋ] *adj* uroczy, czarujący
chart [tʃɑt] *s* wykres; *mors.* mapa; *vt* nanosić na mapę; sporządzać mapę <wykres>
char•ter [`tʃɑtə(r)] *s* karta; statut; czarter; *vt* wynajmować (*samolot, statek*)
chase [tʃeɪs] *vt* gonić, ścigać; polować (**sth** na coś); *s* pogoń, pościg
chas•sis [`ʃæsɪ] *s mot.* podwozie
chaste [tʃeɪst] *adj* niewinny; cnotliwy; czysty; prosty
chat [tʃæt] *s* pogawędka; *vi* gawędzić
chat•ter [tʃætə(r)] *vi* świergotać, szczebiotać; paplać; *s* świergot; szczebiot, paplanina
chauf•feur [`ʃəʊfə(r)] *s* szofer, kierowca
cheap [tʃip] *adj* tani; marny, tandetny; *adv* tanio
cheat [tʃit] *vt vi* oszukiwać; *s* oszust; oszustwo
check [tʃek] *s* kontrola, inspekcja; powstrzymanie; numerek (*np. w szatni*); żeton; pokwitowanie; (*w szachach*) szach; *am.* czek; *vt* (*także* **~ up**) sprawdzać; powstrzymywać; szachować; *am.* oddawać bagaż na przechowanie; **~ in** meldować się (*w hotelu*); **~ out** wymeldować się; **~ up on sb** zbierać o kimś informacje
check•ers [`tʃekəz] *s pl am.* warcaby
check-up [`tʃekʌp] *s* kontrolne badanie lekarskie
cheek [tʃik] *s* policzek; *przen.* bezczelność, tupet

cheer [tʃɪə(r)] *s* usposobienie; nastrój; otucha; *pl* **~s** okrzyki (*radości*); *pl* **~s!** na zdrowie!; *vi* wiwatować; *vt* dopingować; zachęcać; **~ up!** głowa do góry!

cheer•ful [ˋtʃɪəfʊl] *adj* radosny, pogodny, zadowolony

cheer•ing [ˋtʃɪərɪŋ] *adj* zachęcający; podnoszący na duchu; pogodny

cheer•i•o [ˋtʃɪərɪˋəʊ] *bryt. pot.* cześć! czołem!; na zdrowie! (*przy toastach*)

cheese [tʃiz] *s* ser; **cottage <hard> ~** biały <żółty> ser

cheese•cake [ˋtʃizkeɪk] *s* sernik

chem•i•cal [ˋkemɪkəl] *adj* chemiczny; *s pl* **~s** chemikalia

chem•ist [ˋkemɪst] *s* chemik; *bryt.* aptekarz; *bryt.* **~'s (shop)** apteka

chem•is•try [ˋkemɪstrɪ] *s* chemia; *przen.* wzajemna sympatia

cheque [tʃek] *s bryt.* czek; **~ book** książeczka czekowa; **traveller's ~** czek podróżny

chequ•er•ed [ˋtʃekəd] *adj* w kratkę (*deseń*); *przen.* burzliwy; urozmaicony

cher•ry [ˋtʃerɪ] *s* wiśnia; czereśnia

chess [tʃes] *s* szachy

chess•board [ˋtʃesbɔd] *s* szachownica

chest [tʃest] *s* klatka piersiowa; skrzynia; kufer; **~ of drawers** komoda

chest•nut [ˋtʃesnʌt] *s* kasztan; **~ tree** kasztanowiec

chew [tʃu] *vt vi* żuć

chew•ing gum [ˋtʃuɪŋgʌm] *s* guma do żucia

chic [ʃɪk] *adj* elegancki, modny

chick [tʃɪk] *s* kurczę, pisklę; *pot.* laska (*dziewczyna*)

chick•en [ˋtʃɪkɪn] *s* kurczę; *pot.* tchórz; *vi*: *pot.* **~ out** stchórzyć

chick•en pox [ˋtʃɪkɪnpoks] *s med.* ospa wietrzna

chic•o•ry [ˋtʃɪkərɪ] *s* cykoria

chief [tʃif] *s* wódz; szef;

kierownik; *adj* główny, naczelny
chief•ly [`tʃiflɪ] *adv* głównie, przede wszystkim
child [tʃaɪld] *s* (*pl* **children** [`tʃɪldrən]) dziecko
child•birth [`tʃaɪldbɜθ] *s* poród; rodzenie
child•hood [`tʃaɪldhud] *s* dzieciństwo
child•ish [`tʃaɪldɪʃ] *adj* dziecinny
chil•dren *zob.* **child**
chill [tʃɪl] *s* chłód, ziąb; dreszcz; przeziębienie; **catch a ~** dostać dreszczy; *vt* oziębiać; studzić; *vi* stygnąć
chill•y [`tʃɪlɪ] *adj* zimny, chłodny
chim•ney [`tʃɪmnɪ] *s* komin
chin [tʃɪn] *s* podbródek, broda
chi•na [`tʃaɪnə] *s* porcelana
Chi•nese [tʃaɪ`niz] *s* Chińczyk; *adj* chiński
chip [tʃɪp] *s* wiór, drzazga; odłamek; szczerba; żeton; *komp.* kość; *bryt. pl* **~s** frytki; *vt vi* szczerbić (się); strugać; łupać
chiv•al•rous [`ʃɪvəlrəs] *adj* rycerski
chirp [tʃɜp] *vt vi* świergotać; *s* świergot
chives [tʃaɪvz] *s pl* szczypiorek
choc•o•late [`tʃoklɪt] *s* czekolada; *adj attr* czekoladowy
choice [tʃoɪs] *s* wybór; dobór; rzecz wybrana; **make one's ~** wybierać; *adj* wyborowy; wybrany; najlepszy
choir [`kwaɪə(r)] *s* chór
choke [tʃəʊk] *vt vi* dusić (się); dławić (się); *s* dławienie (się)
chol•e•ra [`kolərə] *s med.* cholera
cho•les•te•rol [kə`lestərol] *s* cholesterol; **~-free** *adj attr* bez cholesterolu
***choose** [tʃuz], **chose** [tʃəʊz], **cho•sen** [`tʃəʊzn] *vt* wybierać; postanawiać
choos•y [`tʃuzɪ] *adj* wybredny
chop [tʃop] *vt* krajać, rąbać, siekać; **~ down** zrąbać (*drzewo*); **~ up** posiekać; *s* kotlet; cięcie; rąbanie

chop•per [`tʃopə(r)] *s am. pot.* helikopter

chor•al [`kɔrəl] *adj* chóralny

chord [`kɔd] *s* akord; struna; cięciwa; **vocal ~s** struny głosowe

cho•rus [`kɔrəs] *s* chór; refren; **in ~** chórem

chose, cho•sen *zob.* **choose**

Christ [krɑɪst] *s rel.* Chrystus

chris•ten [`krɪsn] *vt* chrzcić

Chris•tian [`krɪstʃən] *s* chrześcijanin; *adj* chrześcijański

Christ•mas [`krɪsməs] *s* Boże Narodzenie; ~ **Eve** Wigilia; ~ **tree** choinka; **Merry ~** Wesołych Świąt!

chrome [krəʊm] *s* chrom

chron•ic [`kronɪk] *adj* chroniczny

chron•i•cle [`kronɪkl] *s* kronika

chron•o•log•i•cal [kronə`lodʒɪkəl] *adj* chronologiczny

chuck•le [`tʃʌkl] *s* chichot; *vi* chichotać

church [tʃɜtʃ] *s* kościół

church•yard [`tʃɜtʃjɑd] *s* cmentarz przykościelny

chute [ʃut] *s* zsyp; zsuwnia; zjeżdżalnia; *pot.* spadochron

ci•der [`sɑɪdə(r)] *s* jabłecznik (*napój alkoholowy*), cydr

ci•gar [sɪ`gɑ(r)] *s* cygaro

cig•a•rette [sɪgə`ret] *s* papieros; ~ **end <butt>** niedopałek

cin•der [`sɪndə(r)] *s* żużel, popiół

Cin•der•el•la [`sɪndə`relə] *s* Kopciuszek

cin•e•ma [`sɪnəmə] *s bryt.* kino

cin•na•mon [`sɪnəmən] *s* cynamon

ci•pher [`sɑɪfə(r)] *s* cyfra; zero; szyfr

cir•cle [`sɜkl] *s* koło, okrąg, krąg; **vicious ~** błędne koło; *vt vi* krążyć

cir•cuit [`sɜkɪt] *s* obieg; objazd; obwód; **short ~** spięcie

cir•cu•lar [`sɜkjʊlə(r)] *adj* kolisty, okrągły; okrężny; *s* okólnik

cir•cu•late [ˋsɜkjʊleɪt] *vi* krążyć; *vt* puszczać w obieg
cir•cum•stance [ˋsɜkəmstəns] *s*: *zw. pl* **~s** okoliczności, położenie; **under no ~s** w żadnym razie
cir•cus [ˋsɜkəs] *s* cyrk; okrągły plac (*u zbiegu ulic*), rondo
cit•i•zen [ˋsɪtɪzn] *s* obywatel; mieszkaniec miasta
cit•i•zen•ship [ˋsɪtɪznʃɪp] *s* obywatelstwo
cit•y [ˋsɪtɪ] *s* (wielkie) miasto; **~ council** rada miejska; *am.* **~ hall** ratusz; **the City** centrum finansowe Londynu
civ•il [ˋsɪvɪl] *adj* cywilny; obywatelski, społeczny; uprzejmy; **~ rights** prawa obywatelskie; **~ servant** urzędnik państwowy; **~ war** wojna domowa
ci•vil•ian [sɪˋvɪljən] *adj* cywilny; *s* cywil
ci•vil•i•ty [sɪˋvɪlɪtɪ] *s* grzeczność, uprzejmość
civ•il•i•za•tion ['sɪvəlaɪˋzeɪʃən] *s* cywilizacja
claim [kleɪm] *vt* żądać, zgłaszać pretensje (**sth** do czegoś); twierdzić; *s* żądanie (**to sth** czegoś), roszczenie; twierdzenie
clamp [klæmp] *s* kleszcze (*do przytrzymywania*); uchwyt; imadło; *vt* zaciskać, spajać
clan•des•tine [klænˋdestɪn] *adj* tajny, potajemny
clang [klæŋ] *s* szczęk; brzęk; *vt* brzęczeć; szczękać
clap [klæp] *vt vi* klaskać; klepać; *s* klaskanie; klepanie
clap•ping [ˋklæpɪŋ] *s* klaskanie; *zbior.* oklaski
clar•i•fy [ˋklærɪfaɪ] *vt vi* wyjaśnić (się); oczyszczać (się), klarować (się)
clar•i•ty [ˋklærɪtɪ] *s* czystość, klarowność; przejrzystość
clash [klæʃ] *s* szczęk; brzęk; zderzenie, kolizja; *vi* zderzyć się; ścierać się; kolidować
clasp [klɑsp] *s* uścisk;

klamra, sprzączka; zapinka; zatrzask; *vt* spiąć; uścisnąć

class [klɑs] *s* klasa (*zespół*); lekcja; zajęcia; kategoria; *vt* klasyfikować

clas•sic [`klæsɪk] *adj* klasyczny; *s* klasyka; klasyk

clas•si•cism [`klæsɪsɪzm] *s* klasycyzm

clas•si•fy [`klæsɪfɑɪ] *vt* klasyfikować, sortować

class•i•fied [`klæsɪfɑɪd] *adj* tajny, poufny; **~ advertisement** ogłoszenie drobne

class•mate [`klɑsmeɪt] *s* kolega <koleżanka> z klasy

class•room [`klɑsrʊm] *s* klasa (*sala szkolna*)

clat•ter [`klætə(r)] *s* stukot; klekot; brzęk; *vi* brzęczeć; stukać; klekotać

claw [klɔ] *s* pazur; szpon; *pl* **~s** szczypce, kleszcze; *vt* drapać; chwytać pazurami

clay [kleɪ] *s* glina

clean [klin] *adj* czysty; gładki; wyraźny; *vt* czyścić; **~ up** wyczyścić, uporządkować; *adv* czysto; do czysta

cleanse [klenz] *vt dosł.* i *przen.* oczyszczać

clear [klɪə(r)] *adj* jasny; wyraźny; zrozumiały; bezsprzeczny; czysty (*zysk; sumienie*); (*o drodze*) wolny; **all ~** droga wolna; *adv* jasno, wyraźnie; czysto; **keep ~** trzymać się z dala (**of sth** od czegoś); *vt* oczyszczać; sprzątać; usuwać; przeskakiwać; opróżniać; rozliczać (*długi, rachunki*); *vi* przejaśniać się; **~ away** usunąć; **~ off** zwiewać; **~ out** uprzątnąć, wyrzucić; **~ up** wyjaśniać; uporządkować; **~ one's throat** odchrząknąć; **make it ~** uzmysłowić

clear•ance [`klɪərəns] *s* usunięcie; oczyszczenie; wyprzedaż; rozliczenie; odprawa celna

clear•ing [`klɪərɪŋ] *s* polana; rozrachunek (*bankowy*)

clench [klentʃ] *vt* zaciskać; ściskać
cler•gy [ˋklɜdʒɪ] *s* duchowieństwo, kler
cler•gy•man [ˋklɜdʒɪmən] *s* duchowny
cler•i•cal [ˋklerɪkl] *adj* klerykalny; duchowny; urzędniczy
clerk [klɑk] *s* urzędnik; *am.* ekspedient(ka)
clev•er [ˋklevə(r)] *adj* zdolny, inteligentny; sprytny, zręczny; pomysłowy
clev•er•ness [ˋklevənɪs] *s* zdolność; inteligencja; zręczność; spryt
click [klɪk] *s* trzask; pstryknięcie; mlaśnięcie; kliknięcie; *vt vi* trzasnąć; mlasnąć; pstryknąć; kliknąć
cli•ent [ˋklɑɪənt] *s* klient
cliff [klɪf] *s* stroma ściana skalna, urwisko
cli•mate [ˋklɑɪmɪt] *s* klimat
cli•max [ˋklɑɪmæks] *s* punkt kulminacyjny <szczytowy>; orgazm
climb [klɑɪm] *vt vi* wspinać się (**sth** na coś <po czymś>); wznosić się; wchodzić (**the stairs** po schodach); ~ **down** schodzić; *s* wspinaczka; wzniesienie
climb•er [ˋklɑɪmə(r)] *s* amator wspinaczki, alpinista; *przen.* karierowicz; *bot.* pnącze
climb•ing [ˋklɑɪmɪŋ] *s* wspinaczka
cling [klɪŋ], **clung, clung** [klʌŋ] *vi* chwytać się, czepiać się (**to sth** czegoś)
clin•ic [ˋklɪnɪk] *s* klinika
clink [klɪŋk] *s* metaliczny dźwięk, brzęk (*szkła*)
clip[1] [klɪp] *s* sprzączka; spinacz (*do papieru*); klips; spinka (*do włosów*); *vt* spinać
clip[2] [klɪp] *vt* obcinać, strzyc; *s* strzyżenie (*żywopłotu, owiec*)
clip•pers [ˋklɪpəz] *s pl* sekator; cążki
clique [klik] *s* klika
cloak [ˋkləʊk] *s* peleryna; *przen.* płaszczyk; *vt* osłaniać, maskować
cloak•room [ˋkləʊkrʊm] *s bryt.* szatnia
clog [klog] *s* kłoda; *przen.*

przeszkoda; chodak; *vt vi* zatykać (się); zapychać (się); *przen.* zawadzać, przeszkadzać

clock [klok] *s* zegar; **round the ~** (przez) całą dobę; *zob.* **o'clock**

clock•wise [ˋklokwɑɪz] *adv* zgodnie z ruchem wskazówek zegara

clois•ter [ˋkloɪstə(r)] *s* krużganek; klasztor

close[1] [kləʊz] *vt vi* zamykać (się); kończyć (się); **~ down** zamykać (*interes*); **~ in** otaczać; *s* koniec; zamknięcie; zamknięta przestrzeń; **bring to a ~** doprowadzać do końca; **draw to a ~** zbliżać się do końca

close[2] [kləʊs] *adj* bliski; szczelny; zwarty; skupiony; duszny; *adv* blisko, tuż obok (**to sb <sth>** kogoś <czegoś>); szczelnie; ciasno; ściśle; **~ by** tuż obok; **it was a ~ shave** o mały włos

close•ly [ˋkləʊslɪ] *adv* z bliska; dokładnie; ściśle

clos•et [ˋklozɪt] *s bryt.* schowek, komórka; *am.* szafa w ścianie; *adj* utajony, tajny

cloth [kloθ] *s* tkanina, materiał; ścierka; obrus

clothes [kləʊðz] *s pl* ubranie, ubiór

cloth•ing [ˋkləʊθɪŋ] *s* odzież

cloud [klɑʊd] *s* chmura; obłok; *vi*: **~ over <up>** zachmurzyć się; *vt* zachmurzyć

cloud•y [ˋklɑʊdɪ] *adj* chmurny; pochmurny

clove [kləʊv] *s* ząbek (*czosnku*); *kulin.* goździk

clo•ver [ˋkləʊvə(r)] *s* koniczyna

clown [klɑʊn] *s* klaun, błazen; *vi* błaznować

club [klʌb] *s* klub; maczuga, pałka; kij; *pl* **~s** trefle (*w kartach*); *vt* bić pałką

clue [klu] *s* trop; wskazówka, klucz

clump [klʌmp] *s* kępa (*drzew, krzaków*); grupa; ciężki chód; *vi* ciężko stąpać

clum•sy [ˋklʌmzɪ] *adj* niezgrabny, niezdarny; nietaktowny

clung *zob.* **cling**
clus•ter [ˋklʌstə(r)] *s* grono, kiść, pęk; skupisko; *vi* rosnąć w kiściach <kępkach>; skupiać się
clutch [klʌtʃ] *vt* ściskać kurczowo; *vi* chwytać się (**at sth** czegoś); *s* chwyt, uścisk; *mot.* sprzęgło
clat•ter [ˋklʌtə(r)] *vt* zagracać; *s* graty
coach [kəʊtʃ] *s* powóz; autokar; wagon kolejowy; *sport.* trener; korepetytor; *vt* udzielać korepetycji, uczyć; *sport.* trenować
coal [kəʊl] *s* węgiel
coal•mine [ˋkəʊlmaɪn] *s* kopalnia węgla
coarse [kɔs] *adj* szorstki; prostacki, ordynarny
coast [kəʊst] *s* wybrzeże; *vi* pływać wzdłuż wybrzeża
coat [kəʊt] *s* płaszcz, palto; sierść; warstwa, powłoka; **~ of arms** herb; *vt* pokrywać, powlekać
coax [kəʊks] *vt* skłonić pochlebstwem, namówić; *vi* przymilać się, przypochlebiać się
cob•bles [koblz], **cob•blestones** [ˋkoblstəʊnz] *s pl* kocie łby
cob•web [ˋkobweb] *s* pajęczyna
cock [kok] *s* kogut; samiec (*u ptaków*); kurek; *wulg.* kutas; *vt* nastawiać (*uszu*); zadrzeć, podnieść (*głowę*)
cock•ney [ˋkoknɪ] *s* gwara londyńska; rodowity londyńczyk z East Endu
cock•pit [ˋkokpɪt] *s* kabina pilota, kokpit
cock•roach [ˋkokrəʊtʃ] *s* karaluch
cock•tail [ˋkoktcɪl] *s* koktajl
co•coa [ˋkəʊkəʊ] *s* kakao
co•co•nut [ˋkəʊkənʌt] *s* orzech kokosowy
co•coon [kəˋkun] *s* kokon, oprzęd
cod [kod] *s* dorsz
code [kəʊd] *s* kodeks; kod; szyfr; *vt* szyfrować; *bryt.* **post(al) ~** kod pocztowy
co•ef•fi•cient [kəʊɪˋfɪʃənt] *s mat.* współczynnik

co•erce [kəʊ`ɜs] *vt* zmuszać, wymuszać, zniewalać

co•ex•ist•ence ['kəʊɪg`zɪstəns] *s* współistnienie

cof•fee [`kofɪ] *s* kawa; **instant ~** kawa rozpuszczalna; **~ maker** ekspres do kawy; **~ bar** bar kawowy; **~ break** przerwa na kawę

cof•fin [`kofɪn] *s* trumna

co•gnac [`konjæk] *s* koniak

co•her•ent [kəʊ`hɪərənt] *adj* spójny; logiczny

coin [koɪn] *s* pieniądz, moneta; *vt* bić monety; ukuć <wymyślić> (*słowo*)

co•in•cide ['kəʊɪn`saɪd] *vi* zbiegać się; pokrywać się (*w czasie*)

co•in•ci•dence [kəʊ`ɪnsɪdəns] *s* zbieżność; zbieg okoliczności

coke[1] [kəʊk] *s* koks

coke[2] [kəʊk] *s pot.* kokaina

Coke[3] [kəʊk] *s pot.* coca-cola

cold [kəʊld] *adj* zimny, chłodny; zmarznięty; oziębły; **I'm ~** jest mi zimno; *s* zimno, chłód; przeziębienie; **have a ~** być przeziębionym

cold-blooded [`kəʊld'blʌdɪd] *adj* zimnokrwisty; nieczuły, bezlitosny

cole•slaw [`kəʊlslɔ] *s* surówka z białej kapusty

col•lab•o•rate [kə`læbəreɪt] *vi* współpracować; kolaborować

col•lab•o•ra•tion [kə'læbə`reɪʃən] *s* współpraca; kolaboracja

col•lapse [kə`læps] *vi* runąć; zawalić się; załamać się; opaść z sił; *s* zawalenie się; rozpad; krach; załamanie nerwowe

col•lar [`kolə(r)] *s* kołnierz; obroża; chomąto; *vt* chwycić za kołnierz; nałożyć obrożę <chomąto>

col•league [`kolig] *s* kolega <koleżanka> z pracy, współpracownik

col•lect [kə`lekt] *vt vi* zbierać (się); kolekcjonować; pobierać (*podatki*); odbierać (*dzieci ze szko-*

ły); ~ **one's thoughts** zebrać myśli
col•lect•ed [kə`lektɪd] *adj* opanowany; skupiony; ~ **works** dzieła zebrane
col•lec•tion [kə`lekʃən] *s* zbiór, kolekcja; zbiórka (*śmieci*); kwesta
col•lec•tive [kə`lektɪv] *adj* kolektywny; wspólny; zbiorowy; *s* kolektyw
col•lec•tor [kə`lektə(r)] *s* zbieracz, kolekcjoner; inkasent; *techn.* kolektor
col•lege [`kolɪdʒ] *s* kolegium, wyższa uczelnia
col•lide [kə`lɑɪd] *vi* zderzyć się; kolidować
col•li•sion [kə`lɪʒən] *s* kolizja, zderzenie
col•lo•qui•al [kə`ləʊkwɪəl] *adj* potoczny
co•lon [`kəʊlən] *s* dwukropek
col•o•nel [`kɜnl] *s* pułkownik
col•o•nist [`kolənɪst] *s* kolonista, osadnik
col•o•ny [`kolənɪ] *s* kolonia
col•o(u)r [`kʌlə(r)] *s* kolor, barwa; *vi vt* barwić (się); koloryzować
col•our•ful [`kʌləfʊl] *adj* kolorowy, barwny; pstry
col•our•less [`kʌləlɪs] *adj* bezbarwny; blady
colt [kəʊlt] *s* źrebak; kolt; *sport.* junior
col•umn [`koləm] *s* kolumna; rubryka (*w gazecie*)
comb [kəʊm] *s* grzebień; *vt* czesać; *przen.* przeczesywać, przeszukiwać
com•bat [`kombæt] *s* walka; *vt* [kom`bæt] walczyć, zwalczać
com•bine [kəm`bɑɪn] *vt vi* łączyć (się); *s* [`kombɑɪn]: ~ **harvester** kombajn
***come** [kʌm], **came** [keɪm], **come** [kʌm] *vi* przychodzić, przyjeżdżać; nadchodzić; pochodzić (**from France** z Francji); (*także* **up <down>**) sięgać, dochodzić (**to sth** do czegoś); wynosić; ~ **true** (*o marzeniach*) spełnić się; **nothing will ~ of it** nic z tego nie wyjdzie; ~ **about** zdarzyć się, stać się; ~ **across sth** natknąć się na coś; ~ **in**

wchodzić; ~ **into** odziedziczyć; ~ **into fashion** stawać się modnym; ~ **off** odpadać, odrywać się; dochodzić do skutku; ~ **on** nadchodzić; ~ **out** wychodzić; ukazywać się (*w druku*); wychodzić na jaw; ~ **round** odzyskiwać przytomność; przychodzić do siebie; ~ **up** (*o problemie*) pojawić się; ~ **up with** wymyślić

come•back [`kʌmbæk] *s* powrót (*np. na scenę*)

co•me•di•an [kə`midjən] *s* komik

com•e•dy [`komədɪ] *s* komedia

com•et [`komɪt] *s* kometa

com•fort [`kʌmfət] *s* wygoda; pociecha, otucha; *vt* pocieszać, dodawać otuchy

com•fort•a•ble [`kʌmfətəbl] *adj* wygodny; zadowolony; dobrze sytuowany; spokojny; **feel** ~ dobrze się czuć

com•ic [`komɪk] *adj* komiczny; komediowy; *s* komik; *pl* ~**s** (*także am.* ~ **strip**) komiks

com•ma [`komə] *s gram.* przecinek; **inverted** ~**s** cudzysłów

com•mand [kə`mɑnd] *vt* rozkazywać; dowodzić; panować, górować (**sb <sth>** nad kimś <czymś>); wymagać (**sth** czegoś); *s* rozkaz, polecenie; dowództwo; kierownictwo; panowanie; znajomość, opanowanie (**of sth** czegoś); **be in ~ of sth** mieć władzę nad czymś; **have a good ~ of English** biegle posługiwać się angielskim

com•mend [kə`mend] *vt* polecać, zalecać; pochwalać

com•ment [`koment] *s* komentarz, uwaga; **no** ~ bez komentarza; *vi* komentować (**on <upon> sth** coś)

com•merce [`komɜs] *s* handel

com•mer•cial [kə`mɜʃəl] *adj* handlowy; reklamowy; *s* reklama telewizyjna <radiowa>

com•mis•sion [kə`mɪʃən] *s* prowizja; zlecenie; komisja; **on ~** na zlecenie; *vt* zamawiać, zlecać; mianować

com•mit [kə`mɪt] *vt* popełniać; powierzać; przekazywać; *vr* **~ o.s. on sth** określać się (w sprawie); angażować się, wdawać się (**to sth** w coś); zobowiązywać się (**to do sth** do zrobienia czegoś)

com•mit•ment [kə`mɪtmənt] *s* popełnienie; przekazanie, odesłanie; zaangażowanie

com•mit•tee [kə`mɪtɪ] *s* komitet, komisja

com•mod•i•ty [kə`modɪtɪ] *s* towar, artykuł

com•mon [`komən] *adj* pospolity; powszechny; wspólny; **~ sense** zdrowy rozsądek; *s pl* błonie, wspólny teren; **have sth in ~** mieć coś wspólnego; **out of the ~** niezwykły

com•mon•place [`komənpleɪs] *s* komunał; frazes; *adj* banalny, pospolity

Com•mons [`komənz] *s pl bryt.*: **the House of Commons** Izba Gmin

com•mon•wealth [`komənwelθ] *s bryt.* wspólnota; **the (British) Commonwealth** (Brytyjska) Wspólnota Narodów

com•mu•ni•cate [kə`mjunɪkeɪt] *vt vi* komunikować (się), kontaktować (się)

com•mu•ni•ca•tion [kə'mjunɪ`keɪʃən] *s* komunikacja, łączność; komunikowanie (się), porozumiewanie się

com•mu•ni•ca•tive [kə`mjunɪkətɪv] *adj* rozmowny, komunikatywny

com•mun•ion [kə`mjunɪən] *s* wspólnota; łączność (*duchowa*); *rel.* komunia

com•mu•ni•que [kə`mjunɪkeɪ] *s* komunikat

com•mu•nism [`komjʊnɪzm] *s* komunizm

com•mu•ni•ty [kə`mjunɪtɪ] *s* społeczność; wspólnota; środowisko

com•mute [kə`mjut] *vi* dojeżdżać do pracy (*środ-*

kami komunikacji publicznej); *vt* zamieniać; *prawn.* złagodzić (*karę*)

com•pact [kəm`pækt] *adj* zwarty, gęsty, zbity; **~ disc, CD** płyta kompaktowa, CD; *vt* [kəm`pækt] stłoczyć, zgęścić; *s* [`kompækt] puderniczka; umowa, porozumienie

com•pan•ion [kəm`pænɪən] *s* towarzysz; podręcznik

com•pa•ny [`kʌmpənɪ] *s* przedsiębiorstwo, spółka, kompania; zespół teatralny; towarzystwo; **keep sb ~** dotrzymywać komuś towarzystwa

com•par•a•tive [kəm`pærətɪv] *adj* porównawczy; względny; *s gram.* stopień wyższy

com•par•a•tive•ly [kəm`pærətɪvlɪ] *adv* względnie, stosunkowo

com•pare [kəm`peə(r)] *vt* porównywać, zestawiać; *vi* dorównywać (**with sb <sth>** komuś <czemuś>); **~d to <with>...** w porównaniu z...

com•par•i•son [kəm`pærɪsn] *s* porównanie; **in ~ with...** w porównaniu z...

com•part•ment [kəm`pɑtmənt] *s* przedział (*w pociągu*); przegroda

com•pass [`kʌmpəs] *s* obręb, zasięg, zakres; kompas; *pl* **~es** cyrkiel

com•pas•sion [kəm`pæʃən] *s* współczucie, litość

com•pas•sion•ate [kəm`pæʃənɪt] *adj* współczujący, litościwy

com•pat•i•ble [kəm`pætɪbl] *adj* dający się pogodzić, zgodny; *komp.* kompatybilny

com•pel [kəm`pel] *vt* zmuszać, wymuszać

com•pel•ling [kəm`pelɪŋ] *adj* nieodparty

com•pen•sate [`kompənseɪt] *vt vi* rekompensować, wyrównywać; dawać odszkodowanie

com•pen•sa•tion ['kompən`seɪʃən] *s* rekompensata; odszkodowanie

com•pete [kəm`pit] *vi* współzawodniczyć; rywalizować; ubiegać się (**for sth** o coś)

com•pe•tence [`kompɪtəns] *s* kompetencja

com•pe•ti•tion ['kompə`tɪʃən] *s* konkurs; zawody; współzawodnictwo; *handl.* konkurencja

com•pet•i•tive [kəm`petɪtɪv] *adj* konkursowy; konkurencyjny

com•pet•i•tor [kəm`petɪtə(r)] *s* współzawodnik; konkurent; uczestnik konkursu

com•pile [kəm`paɪl] *vt* kompilować, zestawiać, opracowywać

com•plain [kəm`pleɪn] *vi* skarżyć się, narzekać (**to sb about <of> sb <sth>** do kogoś na kogoś <coś>)

com•plaint [kəm`pleɪnt] *s* skarga, narzekanie; reklamacja; dolegliwość; **lodge a ~** złożyć reklamację

com•ple•ment [`komplɪmənt] *s* uzupełnienie; *gram.* dopełnienie; *vt* [`komplɪment] uzupełniać

com•ple•men•ta•ry ['komplɪ`mentərɪ] *adj* uzupełniający

com•plete [kəm`plit] *adj* kompletny, zupełny; skończony; *vt* kompletować; wypełniać; kończyć

com•plex [`kompleks] *adj* skomplikowany, złożony; *s* kompleks

com•plex•ion [kəm`plekʃən] *s* cera, karnacja

com•pli•cate [`komplɪkeɪt] *vt* komplikować

com•pli•ca•tion ['komplɪ`keɪʃən] *s* komplikacja

comp•li•ment [`komplɪmənt] *s* komplement; *pl* **~s** gratulacje; *pl* **~s** pozdrowienia; **pay sb ~s** prawić komuś komplementy; *vt* [`komplɪment] prawić komplementy; gratulować (**sb on <upon> sth** komuś czegoś)

com•pli•men•ta•ry ['komplɪ`mentərɪ] *adj* pochlebny; grzecznościowy; gratisowy

com•ply [kəm`plaɪ] *vi* zgadzać się, stosować się (**with sth** do czegoś);

spełnić (**with a request** prośbę)

com•po•nent [kəm`pəʊnənt] *adj* wchodzący w skład, składowy; *s* składnik

com•pose [kəm`pəʊz] *vt* składać; komponować; stanowić; układać; *vr* **~ o.s.** uspokajać się

com•posed [kəm`pəʊzd] *adj* spokojny, opanowany

com•pos•er [kəm`pəʊzə(r)] *s* kompozytor

com•pos•ite [`kompəzɪt] *adj* łączny; zbiorowy; *s* połączenie

com•po•si•tion ['kompə`zɪʃən] *s* skład; układ; kompozycja; wypracowanie; mieszanina

com•pos•i•tor [kəm`pozɪtə(r)] *s* zecer

com•po•sure [kəm`pəʊʒə(r)] *s* spokój, opanowanie

com•pound [kəm`paʊnd] *vt* składać, mieszać, łączyć; [`kompaʊnd] *adj* złożony; mieszany; *s* [`kompaʊnd] rzecz złożona, mieszanina; *chem.* związek; teren zamknięty

com•pre•hend ['komprɪ`hend] *vt* pojmować, rozumieć

com•pre•hen•sible ['komprɪ`hensəbl] *adj* zrozumiały

com•pre•hen•sion ['komprɪ`henʃən] *s* zrozumienie, pojmowanie

com•pre•hen•sive ['komprɪ`hensɪv] *adj* pełny, całościowy; *bryt.* **~ school** państwowa szkoła średnia

com•press [`kompres] *s* kompres, okład; *vt* [kəm`pres] ścisnąć; skondensować

com•pres•sion [kəm`preʃən] *s* ściśnięcie, zgęszczenie; kompresja, sprężenie

com•prise [kəm`praɪz] *vt* składać się z, obejmować, zawierać

com•pro•mise [`komprəmaɪz] *s* kompromis, ugoda; *vi* iść na ustępstwa (**on <upon> sth** w sprawie czegoś); *vt* kompromitować

com•pul•sion [kəm`pʌlʃən] *s* przymus

com•pul•so•ry [kəm`pʌlsərɪ] *adj* obowiązkowy, przymusowy

com•pu•ta•tion [kompjʊ`teɪʃən] *s* obliczenie

com•pute [kəm`pjut] *vt* obliczać

com•put•er [kəm`pjutə(r)] *s* komputer; **~ science** informatyka

com•rade [`komrɪd] *s* towarzysz, kolega

con•cave [koŋ`keɪv] *adj* wklęsły

con•ceal [kən`sil] *vt* ukrywać, taić

con•cede [kən`sid] *vt* przyznawać, uznawać; *vi* ustępować

con•ceit [kən`sit] *s* zarozumiałość, próżność

con•ceit•ed [kən`sitɪd] *adj* zarozumiały, próżny

con•cei•va•ble [kən`sivəbl] *adj* wyobrażalny; możliwy, do pomyślenia

con•ceive [kən`siv] *vt vi* począć (*dziecko*), zajść w ciążę; wpaść na pomysł; wyobrazić sobie

con•cen•trate [`konsəntreɪt] *vt vi* koncentrować (się), skupiać (się); zgęszczać

con•cen•tra•tion ['konsən`treɪʃən] *s* koncentracja, skupienie (się); stężenie

con•cept [`konsept] *s* pojęcie; pomysł

con•cep•tion [kən`sepʃən] *s* pojęcie; pomysł; poczęcie, zajście w ciążę

con•cern [kən`sɜn] *vt vi* dotyczyć; niepokoić się, troszczyć się; **as ~s** co się tyczy; **be ~ed about sb <sth>** martwić się kimś <czymś>; **as far as I am ~ed** jeśli o mnie chodzi; **to whom it may ~** do zainteresowanych; *s* zainteresowanie; niepokój, troska; udział; sprawa

con•cerned [kən`sɜnd] *adj* zainteresowany; zaniepokojony; zamieszany; zaangażowany

con•cern•ing [kən`sɜnɪŋ] *praep* co się tyczy, odnośnie do; w sprawie

con•cert [`konsət] *s* koncert; zgoda, porozumienie; ~ **hall** sala koncertowa; **in ~ with...** we współpracy z...

con•ces•sion [kən`seʃən] *s* koncesja; ustępstwo; przyzwolenie

con•cise [kən`saɪs] *adj* zwięzły

con•clude [kən`klud] *vt vi* kończyć (się); wnioskować; zawierać

con•clu•sion [kən`kluʒən] *s* wniosek, konkluzja; zakończenie; zawarcie (*umowy*); **come to a ~** dojść do wniosku

con•clu•sive [kən`klusɪv] *adj* rozstrzygający, ostateczny; końcowy

con•crete [`koŋkrit] *s* beton; *adj* betonowy; konkretny; *vt* betonować

con•demn [kən`dem] *vt* potępiać; skazywać

con•dem•na•tion ['kondem`neɪʃən] *s* potępienie; skazanie

con•dense [kən`dens] *vt vi* skraplać (się); kondensować (się)

con•de•scend ['kondɪ`send] *vi* zniżać się; raczyć

con•di•tion [kən`dɪʃən] *s* położenie; stan; warunek; *pl* **~s** warunki, sytuacja; **on ~ that** pod warunkiem, że; *vt* uzależniać, uwarunkowywać; doprowadzać do odpowiedniego stanu

con•di•tion•al [kən`dɪʃənl] *adj* warunkowy; zależny (**on sth** od czegoś); *s gram.* tryb warunkowy

con•di•tion•er [kən`dɪʃənə(r)] *s* odżywka (*do włosów*); **fabric ~** płyn zmiękczający

con•do [`kondəʊ] *s am. skr. pot. zob.* **condominium**

con•do•lence [kən`dəʊləns] *s zw. pl* współczucie, wyrazy współczucia; kondolencje

con•dom [`kondəm] *s* kondom, prezerwatywa

con•do•mi•ni•um ['kondə`mɪnɪəm] *s am.* blok <dom> z mieszkaniami własnościowymi; mieszkanie własnościowe; kondominium

con•duc•ive [kən`djusɪv]

adj sprzyjający (**to sth** czemuś)
con•duct [kən`dʌkt] *vt vi* prowadzić; kierować; dyrygować; *vr* ~ **o.s.** prowadzić się; *s* [`kondʌkt] zachowanie; prowadzenie się
con•duc•tor [kən`dʌktə(r)] *s* dyrygent; konduktor (*w autobusie*); (*także fiz.*) przewodnik
cone [kəʊn] *s* stożek; szyszka
con•fec•tion•er [kən`fekʃənə(r)] *s* cukiernik
con•fec•tion•e•ry [kən`fekʃənrɪ] *s* wyroby cukiernicze; cukiernia
con•fer•ence [`konfərəns] *s* konferencja, narada
con•fess [kən`fes] *vt vi* wyznawać; przyznawać się; spowiadać (się)
con•fes•sion [kən`feʃən] *s* wyznanie; przyznanie się; spowiedź
con•fi•dence [`konfɪdəns] *s* pewność siebie; zaufanie; przeświadczenie
con•fi•dent [`konfɪdənt] *adj* pewny siebie; przekonany, pewny (**of sth** o czymś)
con•fi•den•tial ['konfɪ`denʃəl] *adj* poufny; zaufany
con•fine [`konfɑɪn] *vt* ograniczać; uwięzić; zamknąć (*w klatce*)
con•fined [`konfɑɪnd] *adj* ograniczony; ścieśniony; **be ~ for space** mieć mało miejsca; **be ~ to one's bed** być przykutym do łóżka *przen*.
con•firm [kən`fɜm] *vt* potwierdzać; utwierdzać; *rel.* bierzmować
con•fir•ma•tion ['konfə`meɪʃən] *s* potwierdzenie; utwierdzenie; *rel.* bierzmowanie
con•firmed [kən`fɜmd] *zob.* **confirm**; *adj* potwierdzony; zatwierdzony; zatwardziały, zaprzysięgły
con•fis•cate [`konfɪskeɪt] *vt* konfiskować
con•flict [`konflɪkt] *s* starcie, konflikt; *vi* [kən`flɪkt] ścierać się, walczyć; nie zgadzać się
con•form [kən`fɔm] *vt vi*

dostosować (się) (**to sth** do czegoś); zastosować się, podporządkować się
con•front [kən`frʌnt] *vt* stawać przed (*np. problemem*); stawiać czoło; konfrontować; porównywać
con•fuse [kən`fjuz] *vt* gmatwać; mieszać, wprawiać w zakłopotanie
con•fu•sion [kən`fjuʒən] *s* zamieszanie, zamęt; zażenowanie, zakłopotanie
con•grat•u•late [kən`grætʃʊleɪt] *vt* gratulować (**sb on <upon> sth** komuś czegoś)
con•grat•u•la•tion [kən'grætjʊ`leɪʃən] *s* (*zw. pl* **~s**) gratulacje (**on sth** z okazji czegoś)
con•gress [`koŋgres] *s* kongres
con•ic•(al) [`konɪk(əl)] *adj* stożkowy, stożkowaty
co•nif•er•ous [kəʊ`nɪfərəs] *adj* (*o drzewie*) iglasty
con•jun•tion [kən`dʒʌŋkʃən] *s* związek; *gram.* spójnik
con•nect [kə`nekt] *vt vi* łączyć (się), wiązać (się)
con•nec•tion [kə`nekʃən] *s* związek; połączenie (*kolejowe*); kontakt; *pl* **~s** znajomości, stosunki; **in ~ with...** w związku z...
con•nois•seur ['konə`sɜ(r)] *s* znawca, koneser
con•quer [`koŋkə(r)] *vt* zdobyć, podbić, pokonać
con•quer•er [`koŋkərə(r)] *s* zdobywca
con•quest [`koŋkwest] *s* zdobycie, podbój
con•science [`konʃəns] *s* sumienie; **bad <clear> ~** nieczyste <czyste> sumienie; **pangs of ~** wyrzuty sumienia
con•scious [`konʃəs] *adj* przytomny; świadomy (**of sth** czegoś)
con•scious•ness [`konʃəsnəs] *s* przytomność; świadomość; **lose <regain> ~** stracić <odzyskać> przytomność
con•script [`konskrɪpt] *adj* poborowy; *s* poborowy, rekrut; *vt* [kən`skrɪpt] wcielać do wojska
con•sent [kən`sent] *vi* zgadzać się (**to sth** na

coś); *s* zgoda; pozwolenie

con•se•quence [`konsıkwəns] *s* następstwo, konsekwencja; **take the ~s** ponosić konsekwencje; **in ~** w rezultacie

con•ser•va•tion ['konsə`veıʃən] *s* ochrona; konserwacja

con•ser•va•tive [kən`sɜvətıv] *adj* konserwatywny; *s bryt.* konserwatysta

con•serve [kən`sɜv] *vt* konserwować, przechowywać; chronić

con•sid•er [kən`sıdə(r)] *vt vi* rozpatrywać; rozważać, brać pod uwagę; uważać (**sb a fool** kogoś za głupca); **all things ~ed** wziąwszy wszystko pod uwagę

con•sid•er•a•ble [kən`sıdərəbl] *adj* znaczny

con•sid•er•ate [kən`sıdərıt] *adj* uważny; pełen względów

con•sid•er•a•tion [kən'sıdə`reıʃən] *s* zastanawianie się, namysł; wzgląd; uznanie; **take into ~** uwzględniać; **under ~** rozpatrywany

con•sist [kən`sıst] *vi* składać się, być złożonym (**of sth** z czegoś); polegać (**in sth** na czymś)

con•sist•ent [kən`sıstənt] *adj* konsekwentny; spójny, zgodny (**with sth** z czymś)

con•so•la•tion ['konsə`leıʃən] *s* pocieszenie; pociecha

con•sole [kən`səʊl] *vt* pocieszać (**sb with sth** kogoś czymś); *s* [`konsəʊl] konsola; podpora

con•sol•i•date [kən`solıdeıt] *vt vi* jednoczyć (się); umacniać (się), konsolidować (się)

con•so•nant [`konsənənt] *adj* harmonijny, zgodny; *s gram.* spółgłoska

con•spic•u•ous [kən`spıkjʊəs] *adj* widoczny, wyraźny; okazały; wybitny

con•spi•ra•cy [kən`spırəsı] *s* spisek; konspiracja

con•spire [kən`spɑıə(r)] *vi vt* spiskować; konspirować

con•sta•ble [ˋkʌnstəbl] *s* policjant

con•stant [ˋkonstənt] *adj* stały, trwały

con•stant•ly [ˋkonstəntlɪ] *adv* stale, ciągle

con•stel•la•tion ['konstəˋleɪʃən] *s* konstelacja, gwiazdozbiór

con•ster•na•tion ['konstəˋneɪʃən] *s* osłupienie, konsternacja

con•sti•pa•tion ['kɔnstɪˋpeɪʃən] *s* obstrukcja; *pot.* zaparcie

con•sti•tute [ˋkonstɪtjut] *vt* stanowić, tworzyć; ustanawiać; **be strongly ~d** mieć silny organizm

con•sti•tu•tion [konstɪˋtjuʃən] *s* konstytucja; skład; budowa fizyczna; struktura psychiczna; ustanowienie

con•strain [kənˋstreɪn] *vt* krępować, ograniczać

con•straint [kənˋstreɪnt] *adj* skrępowanie, ograniczenie

con•struct [kənˋstrʌkt] *vt* budować, konstruować

con•struc•tion [kənˋstrʌkʃən] *s* budowa; budowla; konstrukcja; **under ~** w budowie

con•sul [ˋkonsl] *s* konsul

con•sul•ate [ˋkonsjulɪt] *s* konsulat

con•sult [kənˋsʌlt] *vt* radzić się (**sb** kogoś); zaglądać, sięgać (**sth** do czegoś)

con•sul•tant [kənˋsʌltənt] *s* doradca, konsultant

con•sume [kənˋsjum] *vt* zużyć; skonsumować; zmarnować; strawić (czas)

con•sum•er [kənˋsjumə(r)] *s* konsument; odbiorca; **~ goods** artykuły konsumpcyjne

con•tact [ˋkontækt] *s* kontakt, styczność; **~ lenses** szkła kontaktowe; **make <come into> ~** nawiązać łączność <kontakt> (**with sb <sth>** z kimś <czymś>); *vt* kontaktować (się) (**sb** z kimś)

con•ta•gious [kənˋteɪdʒəs] *adj* zaraźliwy, zakaźny

con•tain [kənˋteɪn] *vt* zawierać, obejmować; po-

wstrzymywać; zapanować; *vr*: **~ o.s.** panować nad sobą
con•tain•er [kən`teɪnə(r)] *s* zbiornik, pojemnik, kontener
con•tam•i•nate [kən`tæmɪneɪt] *vt* skazić, zanieczyścić; skalać
con•tam•i•na•tion [kəntæmɪ`neɪʃən] *s* zanieczyszczenie, skażenie
con•tem•plate [`kontempleɪt] *vt* rozmyślać, kontemplować
con•tem•po•ra•ry [kən`tempərərɪ] *adj* współczesny, dzisiejszy; *s* współcześnie żyjący; rówieśnik
con•tempt [kən`tempt] *s* pogarda, lekceważenie
con•temp•tu•ous [kən`tem(p)tjʊəs] *adj* pogardliwy; gardzący
con•tend [kən`tend] *vi* spierać się, rywalizować; uporać się, borykać się (**with sth** z czymś); *vt* twierdzić, utrzymywać
con•tent[1] [kən`tent] *s* zadowolenie; *adj* zadowolony; *vt* zadowalać
con•tent[2] [`kontent] *s* zawartość; (*zw. pl* **~s**) treść (*np. książki*); **(table of) ~s** spis treści
con•tent•ment [kən`tentmənt] *s* zadowolenie
con•test [`kontest] *s* konkurs, zawody; rywalizacja; **beauty ~** konkurs piękności; [kən`test] *vt vi* ubiegać się; rywalizować (**sth** o coś); kwestionować
con•text [`kontekst] *s* kontekst
con•ti•nent [`kontɪnənt] *s* kontynent; *adj* wstrzemięźliwy; powściągliwy
con•tin•u•al [kən`tɪnjʊəl] *adj* ciągły, ustawiczny, bezustanny
con•tin•u•a•tion [kən'tɪnjʊ`eɪʃən] *s* kontynuacja
con•tin•ue [kən`tɪnju] *vt* kontynuować; **to be ~d** ciąg dalszy nastąpi; *vi* trwać, pozostawać
con•tin•u•ous [kən`tɪnjʊəs] *adj* nieprzerwany, stały
con•tra•cep•tion ['kontrə`sepʃən] *s* antykoncepcja
con•tra•cep•tive ['kontrə-

ˋseptɪv] *s* środek antykoncepcyjny

con•tract [ˋkontrækt] *s* umowa, kontrakt; *vt vi* [kənˋtrækt] kontraktować; zobowiązywać (się); zawierać (*umowę, przyjaźń*); nabawić się (*choroby*)

con•trac•tor [kənˋtræktə(r)] *s* zleceniobiorca, wykonawca

con•tra•dic•tion ['kontrəˋdɪkʃən] *s* zaprzeczenie; sprzeczność

con•tra•ry [ˋkontrərɪ] *s* przeciwieństwo; *adj* sprzeczny, przeciwny, przekorny (**to sth** czemuś); **on the ~** przeciwnie, na odwrót

con•trast [ˋkontrɑst] *s* kontrast; przeciwieństwo; **in ~ to <with>** w przeciwieństwie do; *vt vi* [kənˋtrɑst] porównywać, przeciwstawiać

con•trib•ute [kənˋtrɪbjut] *vt vi* wnieść udział <wkład>; dołożyć się; **~ money to sth** zasilać coś finansowo

con•tri•bu•tion ['kontrɪˋbjuʃən] *s* udział; wkład; datek; wsparcie; artykuł

con•trol [kənˋtrəʊl] *vt* kontrolować; sterować; rządzić, zarządzać; panować (**sth** nad czymś); *s* władza; zwierzchnictwo; kontrola; nadzór; **~ panel** pulpit sterowniczy; **under ~** pod kontrolą; **be in ~** mieć władzę; **take ~ of sth** przejąć kontrolę nad czymś; **remote ~** zdalne sterowanie

con•tro•ver•sial ['kontrəˋvɜʃəl] *adj* sporny, kontrowersyjny

con•tro•ver•sy [ˋkontrəvɜsɪ] *s* spór, kontrowersja

con•va•les•cence ['konvəˋlesns] *s* rekonwalescencja

con•ve•nience [kənˋvinɪəns] *s* wygoda; *pl* **~s** komfort; **at your ~** kiedy ci <panu> będzie wygodnie

con•ve•nient [kənˋvinɪənt] *adj* wygodny, dogodny

con•ven•tion [kənˋvenʃən] *s* zwyczaj; konwencja; zjazd

con•ven•tion•al [kən`venʃənl] *adj* umowny, zwyczajowy; konwencjonalny; typowy

con•ver•gence [kən`vɜdʒəns] *s* zbieżność

con•ver•sa•tion [konvə`seɪʃən] *s* rozmowa, konwersacja

con•verse [kən`vɜs] *vi* rozmawiać, prowadzić rozmowę; *adj* [`konvɜs] odwrotny; odwrócony; *s* odwrotność

con•ver•sion [kən`vɜʃən] *s* zamiana; przemiana; odwrócenie; *rel.* nawrócenie

con•vert [`konvɜt] *s* nawrócony; *vt* [kən`vɜt] zamieniać; przemieniać; odwracać; *rel.* nawracać

con•vex [`konveks] *adj* wypukły

con•vey [kən`veɪ] *vt* przewozić, przekazywać

con•vict [kən`vɪkt] *vt* uznać sądownie (kogoś) za winnego, skazywać; *s* [`konvɪkt] skazaniec, skazany

con•vic•tion [kən`vɪkʃən] *s* przekonanie; zasądzenie, skazanie

con•vince [kən`vɪns] *vt* przekonać (**sb of sth** kogoś o czymś)

con•vinc•ing [kən`vɪnsɪŋ] *adj* przekonujący

con•voy [`konvoɪ] *vt* konwojować; *s* konwój; konwojowanie

cook [kʊk] *vt vi* gotować (się); *pot.* zanosić się (*na coś*); *s* kucharz

cook•er [`kʊkə(r)] *s* kuchenka

cook•e•ry [`kʊkərɪ] *s* sztuka kulinarna; **~ book** książka kucharska

cool [kul] *adj* chłodny; opanowany; oziębły; *pot.* fajny, super; *vt vi* chłodzić (się); **~ down** ostygnąć; *przen.* ochłonąć

co•op•er•ate [kəʊ`opəreɪt] *vi* współdziałać, współpracować

co•op•er•a•tion [kəʊ'opə`reɪʃən] *s* współdziałanie, kooperacja

cop [kop] *s pot.* gliniarz

cope [kəʊp] *vi* zmagać się, borykać się; radzić sobie

cop•i•er [ˋkopıə(r)] *s* kopiarka

cop•per [ˋkopə(r)] *s* miedź; miedziak; *bryt. pot.* gliniarz

cop•u•late [ˋkopjʊleıt] *vi* spółkować, kopulować

cop•y [ˋkopı] *s* kopia; egzemplarz; *vt vi* kopiować; naśladować; przepisywać

cop•y•right [ˋkopırɑıt] *s* prawo autorskie

cop•y•writ•er [ˋkopırɑıtə(r)] *s* autor haseł reklamowych, copywriter

cor•al [ˋkorəl] *s* koral; *adj* koralowy; ~ **reef** rafa koralowa

cord [kɔd] *s* sznur, lina; przewód; **vocal** ~ struna głosowa; *vt* związać sznurem

cor•di•al [ˋkɔdjəl] *adj* serdeczny

cor•du•roy [ˋkɔdəroı] *s* sztruks; *pl* **~s** spodnie sztruksowe

core [kɔ] *s* rdzeń; sedno; ogryzek (*owocu*); *vt* wydrążyć (**sth** coś)

cork [kɔk] *s* korek; *vt* korkować

cork•screw [ˋkɔkskru] *s* korkociąg

corn[1] [kɔn] *s* ziarno, zboże; *am.* kukurydza

corn[2] [kɔn] *s* nagniotek, odcisk

corn•er [ˋkɔnə(r)] *s* róg; kąt; *sport.* rzut rożny; **round the** ~ za rogiem, niedaleko; *vt* przyprzeć do muru

corn•flakes [ˋkɔnfleıks] *s pl* płatki kukurydziane

cor•o•na•ry [ˋkorənərı] *adj anat.* wieńcowy

cor•po•ral [ˋkɔpərəl] *s* kapral; *adj* cielesny

corps [kɔ(r)] *s woj.* korpus; zespół; **Peace Corps** Korpus Pokoju

corpse [kɔps] *s* zwłoki

cor•pu•lent [ˋkɔpjʊlənt] *adj* otyły, korpulentny

cor•rect [kəˋrekt] *adj* poprawny, prawidłowy; *vt* poprawiać, robić korektę

cor•rec•tion [kəˋrekʃən] *s* poprawka, poprawa; korekta

cor•re•la•tion [ˈkorıˋleıʃən] *s* korelacja, współzależność

cor•re•spond ['korɪs`pond] *vi* odpowiadać (**to sth** czemuś), zgadzać się; korespondować

cor•re•spond•ence [korɪ`spondəns] *s* korespondencja; zgodność

cor•ri•dor [`korɪdɔ(r)] *s* korytarz

cor•ro•sion [kə`rəʊʒən] *s* korozja

cor•rupt [kə`rʌpt] *vt vi* korumpować; psuć (się); *adj* zepsuty, skorumpowany, przekupny

cor•rup•tion [kə`rʌpʃən] *s* zepsucie, korupcja; rozkład; sprzedajność

cos•met•ic [koz`metɪk] *adj* kosmetyczny; *s* kosmetyk

cos•mo•pol•i•tism ['kozmə`polɪtɪzəm] *s* kosmopolityzm

cos•mos [`kozmos] *s* kosmos

***cost** [kost], **cost, cost** [kost] *vi* kosztować; *s* koszt; **~ of living** koszty utrzymania; **at the ~ of** za cenę; **at all ~s** za wszelką cenę

cost•ly [`kostlɪ] *adj* kosztowny

cos•tume [`kostjum] *s* kostium, strój

co•sy, *am.* **cozy** [`kəʊzɪ] *adj* przytulny, wygodny

cot•tage [`kotɪdʒ] *s* domek, chata; **~ cheese** twarożek

cot•ton [`kotn] *s* bawełna (*roślina; materiał*); **~ wool** wata; *adj attr* bawełniany

cough [kof] *s* kaszel; *vi* kaszleć; *vt*: **~ up** wykrztusić, wykaszleć

could *zob.* **can**[1]

coun•cil [`kaʊnsl] *s bryt.* rada (*zespół ludzi*)

coun•cil•lor [`kaʊnsɪlə(r)] *s bryt.* członek rady; radny

coun•sel [`kaʊnsl] *s* rada, porada; doradca, prawnik; *vt* radzić

coun•sel•lor [`kaʊnslə(r)] *s* doradca

count[1] [kaʊnt] *vt vi* liczyć (się); policzyć; **~ on <upon> sb <sth>** liczyć na kogoś <coś>; *s* liczenie; obliczenie; **lose ~** stracić rachubę

count[2] [kaʊnt] *s* hrabia

coun•ter [`kaʊntə(r)] *s* lada, kontuar; okienko (*w banku*); kantor; licznik; żeton; *vt vi* przeciwstawiać (się); *adv* przeciwnie, w przeciwnym kierunku; *adj* przeciwny

coun•ter•act ['kaʊntər`ækt] *vt* przeciwdziałać

coun•ter•feit [`kaʊntəfɪt] *s* fałszerstwo; *adj* podrobiony, fałszywy; *vt* podrabiać, fałszować

coun•ter•part [`kaʊntəpɑt] *s* odpowiednik, kopia

coun•ter•weight [`kaʊntəweɪt] *s* przeciwwaga

coun•tess [`kaʊntɪs] *s* hrabina

count•less [`kaʊntlɪs] *adj* niezliczony

coun•try [`kʌntrɪ] *s* kraj; wieś; prowincja; teren; *adj attr* wiejski, ludowy; **in the ~** na wsi

coun•try•man [`kʌntrɪmən] *s* wieśniak; rodak

coun•try•side [`kʌntrɪsaɪd] *s* krajobraz wiejski

coun•ty [`kaʊntɪ] *s* hrabstwo

coup [ku] *s* wyczyn; **~ d'état** [kudeɪ`tɑ] zamach stanu

cou•ple [`kʌpl] *s* para (*małżeńska*); **a ~ of** parę, kilka; *vt vi* łączyć (się) w pary

cou•pon [`kupon] *s* kupon, odcinek; talon

cour•age [`kʌrɪdʒ] *s* odwaga, męstwo

cou•ra•geous [kə`reɪdʒəs] *adj* odważny, mężny

course [kɔs] *s* kurs (*trasa*); tok; seria; danie (*na stole*); **in the ~ of the year** w ciągu roku; **in due ~** we właściwym czasie; **of ~!** oczywiście!

court [kɔt] *s* sąd; dwór; dziedziniec; dwór królewski; *sport.* boisko, kort; *prawn.* **~ of appeal** sąd apelacyjny; *vt* zabiegać (**sth** o coś); zalecać się (**sb** do kogoś)

cour•te•sy [`kɜtəsɪ] *s* grzeczność, uprzejmość; **(by) ~ of** dzięki uprzejmości

court•yard [`kɔtjɑd] *s* dziedziniec

cous•in [`kʌzn] *s* kuzyn;

first ~ brat cioteczny <stryjeczny>, siostra cioteczna <stryjeczna>; **second ~** krewny

cov•er [ˈkʌvə(r)] *vt* pokrywać; przykrywać; ubezpieczać, osłaniać; omawiać (*np. temat*); pisać sprawozdanie, reportaż; **~ up** zatuszować; *s* pokrywa; narzuta; okładka; osłona; *przen.* przykrywka

cov•et [ˈkʌvɪt] *vt* pożądać (**sth** czegoś)

cov•et•ous [ˈkʌvɪtəs] *adj* pożądliwy; zawistny

cow [kɑʊ] *s* krowa; samica (*różnych ssaków*)

cow•ard [ˈkɑʊəd] *s* tchórz

cow•ard•ly [ˈkɑʊədlɪ] *adj* tchórzliwy

cow•boy [ˈkɑʊbɔɪ] *s* kowboj; *bryt. pot.* tępak

co•zy [ˈkəʊzɪ] *adj zob.* **cosy**

crab [kræb] *s* krab

crack [kræk] *vt vi* pękać; trzaskać; trzeszczeć; łupać; **~ a joke** opowiedzieć kawał; *s* pęknięcie; rysa, szczelina; trzask

crack•er [ˈkrækə(r)] *s* krakers; petarda

crack•le [ˈkrækl] *vi* trzeszczeć; trzaskać; skrzypieć; *s* trzaskanie; trzaski; skrzypienie

cra•dle [ˈkreɪdl] *s* kołyska; *przen.* kolebka; *vt przen.* tulić, kołysać

craft [krɑft] *s* biegłość; umiejętność; kunszt; rzemiosło

crafts•man [ˈkrɑftsmən] *s* rzemieślnik

craft•y [ˈkrɑftɪ] *adj* przebiegły, podstępny

cram [kræm] *vt vi* przepełniać (się), pchać (się), tłoczyć (się); *pot.* wkuwać (*do egzaminu*)

cramp [kræmp] *s* skurcz; *vt* wywoływać skurcz; ograniczać; zwierać

crane [kreɪn] *s* żuraw; *techn.* dźwig, żuraw

crash [kræʃ] *vt vi* zderzyć się; rozbić (się), roztrzaskać (się); upaść; zbankrutować; *s* zderzenie; trzask; łoskot; krach

crawl [krɔl] *vi* czołgać się; pełzać; *s* kraul; pełzanie; pływanie kraulem

cray•on [`kreıən] *s* kredka; *vt* malować kredką

cra•zy [`kreızı] *adj* szalony, zwariowany; **be ~ about sb <sth>** szaleć za kimś <czymś>; **go ~** zwariować, oszaleć; **drive sb ~** doprowadzać kogoś do szału

creak [krik] *vi* skrzypieć; trzeszczeć; *s* skrzypienie; trzask

cream [krim] *s dosł.* i *przen.* śmietanka; krem; **sour ~** kwaśna śmietana; *adj attr* kremowy; *vt* zbierać śmietankę; dodawać śmietanki

crease [kris] *s* fałda, zmarszczka; kant (*spodni*); *vt vi* marszczyć (się), gnieść (się)

cre•ate [kri`eıt] *vt* stwarzać; kreować

cre•a•tion [kri`eıʃən] *s* stworzenie; kreacja

cre•a•tor [kri`eıtə(r)] *s* twórca, stwórca

crea•ture [`kritʃə(r)] *s* stworzenie, stwór; istota

cre•den•tials [krı`denʃəlz] *s pl* listy uwierzytelniające

cred•i•bil•i•ty ['kredı`bılıtı] *s* wiarygodność

cred•i•ble [`kredəbl] *adj* wiarygodny

cred•it [`kredıt] *s* kredyt; wiara; zaufanie; uznanie; zaliczenie (*na uczelni*); **on ~** na kredyt; **be in ~** być wypłacalnym; **~ card** karta kredytowa; *pl film.* **~s** napisy końcowe; *vt* ufać; kredytować

cred•i•tor [`kredıtə(r)] *s* wierzyciel

creed [krid] *s* wiara; wyznanie wiary, kredo

***creep** [krip] **crept, crept** [krept] *vi* pełzać; czołgać się; skradać się; wkradać się; (*o roślinie*) piąć się; *s* pełzanie; czołganie; *pot.* **it gives me the ~s** skóra mi cierpnie

creep•er [`kripə(r)] *s bot.* pnącze

crept *zob.* **creep**

crew [kru] *s* załoga, ekipa

crew-cut [ˋkrukʌt] *s* fryzura na jeża
crib [krɪb] *s am.* łóżeczko dziecięce; żłób; *vi szk.* ściągać
crick•et [ˋkrɪkɪt] *s* świerszcz; *sport.* krykiet
crime [krɑɪm] *s* zbrodnia; przestępczość
crim•i•nal [ˋkrɪmɪnl] *adj* kryminalny; zbrodniczy; *s* przestępca; zbrodniarz
crim•son [ˋkrɪmzn] *s* purpura
crip•ple [ˋkrɪpl] *s* kaleka, inwalida; *vt* okaleczać; uszkadzać
cri•sis [ˋkrɑɪsɪs] *s* (*pl* **crises** [ˋkrɑɪsiz]) kryzys
crisp [krɪsp], **crisp•y** [ˋkrɪspɪ] *adj* chrupiący; kruchy; (*o powietrzu*) rześki; świeży; *s pl* **~s** *bryt.* chrupki, chipsy
cri•te•ri•on [krɑɪˋtɪərɪən] *s* (*pl* **criteria** [krɑɪˋtɪərɪə]) kryterium
crit•ic [ˋkrɪtɪk] *s* krytyk; recenzent
crit•i•cize [ˋkrɪtɪsɑɪz] *vt* krytykować; recenzować
croc•kery [ˋkrokərɪ] *s zbior.* naczynia
croc•o•dile [ˋkrokədɑɪl] *s* krokodyl
crook [kruk] *s* hak; zagięcie, zakrzywienie; *pot.* oszust(ka); *vt vi* skrzywić (się), zagiąć (się)
crop [krop] *s* zbiór, plon; masa; *vt* ścinać; zbierać (*plon*); *vi* obrodzić, dawać plon; *pot.* **~ up** pojawić się nagle
cross [kros] *s dosł.* i *przen.* krzyż; krzyżyk; krzyżówka, mieszanina; *adj* rozgniewany; **be ~** gniewać się (**with sb** na kogoś); *vt* przechodzić na drugą stronę; przemierzać (*kraj*); krzyżować (*ręce*; *zwierzęta*; *plany*); *vi* krzyżować się, przecinać się; *vr* **~ o.s.** przeżegnać się; **~ off** wykreślać; **~ out** przekreślać; *adj* poprzeczny; przeciwny
cross•ing [ˋkrosɪŋ] *s* przejście przez ulicę; przeprawa; przejazd kolejowy

cross•roads [ˋkrosrəʊdz] *s pl* skrzyżowanie dróg; *dosł.* i *przen.* rozstaje

cross•word [ˋkroswɜd] *s* (*także* **~ puzzle**) krzyżówka

crouch [kraʊtʃ] *vi* kucnąć; *s* kucnięcie

crow [krəʊ] *s* wrona; pianie; **as the ~ flies** w prostej linii; *vi* piać

crowd [kraʊd] *s* tłum, tłok; *vt vi* tłoczyć (się), pchać (się)

crown [kraʊn] *s* korona; szczyt; *vt* koronować; ukoronować, wieńczyć

cru•cial [ˋkruʃl] *adj* decydujący, rozstrzygający; kluczowy

cru•ci•fy [ˋkrusɪfaɪ] *vt* ukrzyżować

crude [krud] *adj* surowy; nieokrzesany, szorstki

cru•di•ty [ˋkrudɪtɪ] *s* surowość; szorstkość; niedelikatność

cru•el [ˋkrʊəl] *adj* okrutny

cru•el•ty [ˋkrʊəltɪ] *s* okrucieństwo

cruise [kruz] *vi* (*zw. o statku*) krążyć; *s* rejs (wycieczkowy)

crumb [krʌm] *s* okruszyna; odrobina; *pl* **~s** bułka tarta

crumb•le [ˋkrʌmbl] *vt vi* kruszyć (się), rozpadać (się)

crush [krʌʃ] *vt* rozgniatać, miażdżyć; kruszyć; *s* ścisk, tłok; gniecenie, miażdżenie; *pot.* **have a ~ on sb** zadurzyć się w kimś

crust [krʌst] *s* skórka; skorupka; skorupa

cry [kraɪ] *vi* płakać; krzyczeć; **~ for help** wołać o pomoc; *s* krzyk; płacz; wołanie

crys•tal [ˋkrɪstl] *s* kryształ; *adj attr* kryształowy; krystaliczny

Cu•ban [ˋkjubən] *s* Kubańczyk, Kubanka; *adj* kubański

cube [kjub] *s* kostka; sześcian; *vt mat.* podnieść do sześcianu

cu•bic [ˋkjubɪk] *adj* sześcienny

cuck•oo [ˋkʊku] *s* kukułka
cu•cum•ber [ˋkjukʌmbə(r)] *s* ogórek
cud•dle [kʌdl] *vt vi* tulić (się), przytulać (się)
cuff [kʌf] *s* mankiet
cui•sine [kwɪˋzin] *s* kuchnia (*sposób gotowania*)
cul•prit [ˋkʌlprɪt] *s* winowajca; podsądny
cult [kʌlt] *s* kult, cześć
cul•ti•vate [ˋkʌltɪveɪt] *vt dosł.* i *przen.* kultywować, uprawiać
cul•tur•al [ˋkʌltʃərəl] *adj* kulturalny; kulturowy
cul•ture [ˋkʌltʃə(r)] *s* kultura; uprawa; hodowla
cul•tured [ˋkʌltʃəd] *adj* kulturalny, wykształcony
cum•ber•some [ˋkʌmbəsəm] *adj* uciążliwy; nieporęczny; niewygodny
cu•mu•late [ˋkjumjʊleɪt] *vt vi* gromadzić (się), kumulować (się)
cun•ning [ˋkʌnɪŋ] *adj* podstępny, chytry; *s* chytrość; spryt
cup [kʌp] *s* filiżanka; kubek; *sport.* puchar
cup•board [ˋkʌbəd] *s* kredens; szafka
curb [ˋkɜb] *vt* ograniczać; przywoływać do porządku; *s am.* krawężnik
curd [kɜd] *s*: ~ **cheese** twaróg; ~**s** zsiadłe mleko
cure [kjʊə(r)] *vt dosł.* i *przen.* leczyć; konserwować; *s* lekarstwo; leczenie
cu•ri•os•i•ty ['kjʊərɪˋosɪtɪ] *s* ciekawość; ciekawostka, osobliwość
cu•ri•ous [ˋkjʊərɪəs] *adj* ciekawy; osobliwy; ciekawski
curl [kɜl] *s* lok; *vt vi* wić (się), kręcić (się); ~ **up** zwijać się w kłębek
cur•ly [ˋkɜlɪ] *adj* kręcony, poskręcany
cur•rant [ˋkʌrənt] *s* porzeczka; rodzynek
cur•ren•cy [ˋkʌrənsɪ] *s* waluta; obieg
cur•rent [ˋkʌrənt] *adj* bieżący; powszechny; obecny; *fin.* obiegowy; ~ **account** rachunek bieżący; *s* prąd; nurt

cur•rent•ly [`kʌrəntlɪ] *adv* obecnie
cur•ric•u•lum [kə`rɪkjʊləm] *s (pl* **cur•ric•ul•a** [kə-`rɪkjʊlə]*)* program *(nauki)*
cur•ric•u•lum vi•tae [kə-`rɪkjʊləm vitɑɪ], *skr.* **cv** *s* życiorys, CV
curse [kɜs] *vt vi* przeklinać, kląć; *s* klątwa; przekleństwo
cur•tain [`kɜtn] *s* zasłona; kurtyna; **lace ~** firanka
curve [kɜv] *s* krzywa; zagięcie; zakręt; *vt vi* zginać (się), zakręcać
cush•ion [`kʊʃən] *s* poduszka; wyściółka; watówka; *vt* wyściełać; tłumić
cus•to•dy [`kʌstədɪ] *s* opieka; areszt
cus•tom [`kʌstəm] *s* zwyczaj, obyczaj; **the ~s** punkt odprawy celnej; **~s duty** cło; **~s officer** celnik
cus•tom•a•ry [`kʌstəmərɪ] *adj* zwyczajowy; zwykły
cus•tom•er [`kʌstəmə(r)] *s* klient
***cut** [kʌt], **cut, cut** [kʌt] *vt* krajać, ciąć; kaleczyć; przecinać; **~ down** ścinać; **~ off** odcinać; odłączać; **~ out** wycinać; odrzucać; **~ open** rozciąć; **~ short** przerywać; *s* cięcie; skaleczenie; krój; redukcja; obniżka; **short ~** skrót
cute [kjut] *adj* uroczy, miły; *am. pot.* bystry, zdolny
cut•le•ry [`kʌtlərɪ] *s zbior.* sztućce
cut•let [`kʌtlɪt] *s* kotlet
cv [si`vi] *zob.* **curriculum vitae**
cy•cle [`sɑɪkl] *s* cykl; rower; *vi* jeździć na rowerze
cy•cling [`sɑɪklɪŋ] *s* kolarstwo; jazda rowerem
cyl•in•der [`sɪlɪndə(r)] *s* walec; *techn.* cylinder
cyn•ic [`sɪnɪk] *s* cynik
czar [zɑ] *s* car
cza•ri•na [zɑ`rinə] *s* caryca
Czech [tʃek] *s* Czech; *adj* czeski

D

dad [dæd], **daddy** [\`dædɪ] *s zdrob.* tatuś, tata

dag•ger [\`dægə(r)] *s* sztylet; **look ~s at sb** sztyletować kogoś wzrokiem

dai•ly [\`deɪlɪ] *adj* codzienny; *adv* codziennie; *s* dziennik, gazeta

dair•y [\`deərɪ] *s* mleczarnia; *adj* mleczny, mleczarski; **~ products** nabiał

dai•sy [\`deɪzɪ] *s* stokrotka

dam [dæm] *s* tama, zapora; *vt* przegrodzić tamą

dam•age [\`dæmɪdʒ] *s* szkoda, uszkodzenie; *pl* **~ s** odszkodowanie; **pay ~s** płacić odszkodowanie; *vt* uszkodzić; zaszkodzić (**sb** komuś)

damn [dæm] *adj* przeklęty, cholerny; *vt* potępiać; przeklinać; *wulg.* **~ it!** cholera!; **~ you!** niech cię cholera!

damp [dæmp] *adj* wilgotny; *s* wilgoć; *vt* namoczyć, zwilżyć; stłumić

dance [dɑns] *vt vi* tańczyć; *s* taniec; zabawa; **~ floor** parkiet do tańca

danc•er [\`dɑnsə(r)] *s* tancerz, tancerka

dan•druff [\`dændrəf] *s* łupież

dan•dy [\`dændɪ] *s* dandys, modniś; *am. pot.* świetny

Dane [deɪn] *s* Duńczyk, Dunka

dan•ger [\`deɪndʒə(r)] *s* niebezpieczeństwo

dan•ger•ous [\`deɪndʒrəs] *adj* niebezpieczny

dan•gle [\`dæŋgl] *vi* zwisać; wisieć

Dan•ish [\`deɪnɪʃ] *adj* duński; *s* język duński

dare [deə(r)] *vt vi* śmieć; ośmielać się, ważyć się (**do sth** coś zrobić); wyzwać; **I ~ say** śmiem twierdzić, sądzę; **how ~ you!** jak śmiesz!

dar•ing [\`deərɪŋ] *adj* śmiały, odważny; *s* śmiałość, odwaga

dark [dɑk] *adj* ciemny,

mroczny; ponury; ukryty; **it's getting ~** ściemnia się; **keep sth ~** trzymać coś w tajemnicy; *s* ciemność, zmrok

dark•en [ˋdɑkən] *vt vi* zaciemniać (się), ciemnieć

dark•ness [ˋdɑknəs] *s* ciemność, mrok

dar•ling [ˋdɑlɪŋ] *s* (*zwracając się*) kochanie; ukochany; *adj* drogi, kochany

darn [dɑn] *vt* cerować; *s* cera

darts [dɑts] *s pl* gra w rzutki

dash [dæʃ] *vt* rzucić, cisnąć; roztrzaskać; *vi* uderzyć się; rzucić się; przebiec; **~ out** wykreślić; wybiec; *s* plusk; uderzenie; myślnik, pauza; domieszka; **make a ~** rzucić się (**at sb <sth>** na kogoś <coś>)

da•ta [ˋdeɪtə] *s pl* dane

date[1] [deɪt] *s* data; *am.* umówione spotkanie, *pot.* randka; **to ~** do tej pory, do dzisiejszego dnia; **out of ~** przestarzały, niemodny; **up to ~** nowoczesny, modny; *vt vi pot.* spotykać się (**sb** z kimś)

date[2] [deɪt] *s* daktyl

da•tum [ˋdeɪtəm] *s* (*pl* **data** [ˋdeɪtə]) dany fakt <szczegół itp.>; (*zw. pl* **data**) dane

daugh•ter [ˋdɔtə(r)] *s* córka

daugh•ter-in-law [ˋdɔtərɪnlɔ] *s* synowa

dawn [dɔn] *s* świt; brzask; *vi* świtać; **it ~ed on me that...** przyszło mi do głowy, że...

day [deɪ] *s* dzień; doba; **~ off** dzień wolny (*od pracy*); **by ~** za dnia; **~ by ~** dzień za dniem; **the ~ before yesterday** przedwczoraj; **the ~ after tomorrow** pojutrze; **the other ~** kilka dni temu; **this ~ week** od dziś za tydzień

day•light [ˋdeɪlɑɪt] *s* światło dzienne

daze [deɪz] *vt* oszołomić; oślepić; *s* oszołomienie

dead [ded] *adj* martwy; zmarły; zepsuty, niesprawny; zdrętwiały; obojętny (**to sth** na coś); **be ~** nie żyć, nie funkcjonować; *adv* całkowicie, kompletnie; *pl* **the ~** zmarli

deaf [def] *adj* głuchy; **~-and-dumb** głuchoniemy; **turn a ~ ear** nie słuchać (**to sb <sth>** kogoś <czegoś>)

***deal** [dil], **dealt, dealt** [delt] *vt* rozdawać (*dary, karty*); **~ in sth** handlować czymś; postępować; mieć do czynienia; **~ with sth** zajmować się czymś; *s* interes, transakcja; układ; rozdanie kart; **a <good> great ~** wielka ilość, dużo (**of sth** czegoś); **it's a ~!** załatwione!, zgoda!

deal•er [`dɪlə(r)] *s* handlarz; rozdający karty; **drug ~** handlarz narkotykami

dear [dɪə(r)] *adj* drogi (*kosztowny, bliski*); (*zwracając się*) kochanie; *adv* drogo; *int* **~ me!, oh ~!** ojej!, o Boże!

death [deθ] *s* śmierć

de•bate [dɪ`beɪt] *s* debata, dyskusja; *vt vi* debatować, dyskutować (**sth <on sth>** nad czymś)

de•bit [`debɪt] *s* debet; *vt* obciążyć (*rachunek*)

de•bris [`deɪbri] *s* szczątki; gruzy, rumowisko

debt [det] *s* dług

debt•or [`detə(r)] *s* dłużnik

de•but [`deɪbju] *s* debiut

de•cay [dɪ`keɪ] *vi* gnić, rozpadać się, niszczeć; *s* gnicie, rozkład; rozpad; próchnica

de•cease [dɪ`sis] *vi* umierać; *s* zgon, zejście

de•ceased [dɪ`sist] *adj* zmarły; *s* **the ~** nieboszczyk, nieboszczka

de•ceit [dɪ`sit] *s* fałsz, oszustwo

de•ceive [dɪ`siv] *vt* oszukiwać, okłamywać

De•cem•ber [dɪ`sembə(r)] *s* grudzień

de•cent [`disənt] *adj dosł.* i *przen.* przyzwoity

de•cep•tion [dɪ`sepʃən] *s* oszustwo; okłamanie

de•cep•tive [dɪ`septɪv] *adj* zwodniczy; złudny

de•cide [dɪ`saɪd] *vi* po-

stanawiać, decydować się (**on sth** na coś); *vt* przekonać; rozstrzygać, decydować (**sth** o czymś)
de•ci•pher [dɪˋsaɪfə(r)] odcyfrować; rozszyfrować
de•ci•sion [dɪˋsɪʒən] *s* decyzja; zdecydowanie
de•ci•sive [dɪˋsaɪsɪv] *adj* decydujący, rozstrzygający; zdecydowany, stanowczy
deck [dek] *s* pokład statku; piętro (*w tramwaju, autobusie*); magnetofon bez wzmacniacza; *vt* stroić, zdobić
de•claim [dɪˋkleɪm] *vt* deklamować
dec•la•ra•tion ['dekləˋreɪʃən] *s* deklaracja; oświadczenie; wypowiedzenie (*wojny*)
de•clare [dɪˋkleə(r)] *vt vi* oświadczać, oznajmiać; deklarować (się); zgłaszać (*do oclenia*)
de•clared [dɪˋkleəd] *adj* otwarty; jawny; zdeklarowany
de•cline [dɪˋklaɪn] *vi* obniżać się; marnieć; podupadać; *vt* pochylać; odrzucać (*prośbę, wniosek*); *s* upadek; zanik; schyłek
de•code ['diˋkəʊd] *vt* rozszyfrować
de•com•pose ['dikəmˋpəʊz] *vt vi* rozkładać (się)
dec•o•rate [ˋdekəreɪt] *vt* ozdabiać; dekorować (*także orderem*); odnawiać, malować, tapetować
de•crease [dɪˋkris] *vt vi* zmniejszać (się), obniżać (się); *s* [ˋdikris] zmniejszanie się, obniżanie się; ubytek (**in sth** czegoś)
de•cree [dɪˋkri] *s* dekret; rozporządzenie; wyrok; zrządzenie (*losu*); *vt* zarządzić; zadekretować
de•di•cate [ˋdedɪkeɪt] *vt* poświęcać, dedykować
de•duce [dɪˋdjus] *vt* wyprowadzać; wnioskować
de•duct [dɪˋdʌkt] *vt* odliczać, odciągać, potrącać
deed [did] *s* czyn, uczynek; *prawn.* akt prawny; **authenticated ~** akt notarialny

deep [dip] *adj* głęboki; *adv* głęboko

deer [dɪə(r)] *s zool.* jeleń; *zbior.* zwierzyna płowa

de•fame [dɪˋfeɪm] *vt* zniesławić

de•fault [dɪˋfɔlt] *s* uchybienie (*obowiązkom*), zaniedbanie; brak; *prawn.* niestawiennictwo; **by ~** z powodu nieobecności, zaocznie; *vi* zaniedbać; uchybić; nie stawić się w sądzie; *vt* skazać zaocznie

de•feat [dɪˋfit] *s* porażka; klęska; *vt* pokonać, pobić; *prawn.* anulować

def•e•cate [ˋdefəkeɪt] *vi* wypróżniać się

de•fect [ˋdifekt] *s* brak, wada, defekt

de•fec•tive [dɪˋfektɪv] *adj* wadliwy

de•fence, *am.* **de•fense** [dɪˋfens] *s także prawn.* i *sport.* obrona

de•fend [dɪˋfend] *vt* bronić (**against sth** przed czymś)

de•fend•ant [dɪˋfendənt] *s prawn.* pozwany

de•fend•er [dɪˋfendə(r)] *s* obrońca

de•fense *am. zob.* **defence**

de•fen•sive [dɪˋfensɪv] *adj* obronny; *s* defensywa; **on the ~** w defensywie

de•fer [dɪˋfɜ(r)] *vt* odwlekać, odkładać

def•er•ence [ˋdefərəns] *s* szacunek, poważanie

de•fi•ance [dɪˋfɑɪəns] *s* wyzwanie; opór

de•fi•ant [dɪˋfɑɪənt] *adj* prowokujący, wyzywający; oporny

de•fi•cien•cy [dɪˋfɪʃənsɪ] *s* brak, niedostatek

de•fi•cient [dɪˋfɪʃənt] *adj* niedostateczny, wykazujący brak <niedobór>; wadliwy

def•i•cit [ˋdefɪsɪt] *s* deficyt

de•fine [dɪˋfɑɪn] *vt* określać, definiować

def•i•nite [ˋdefɪnɪt] *adj* określony; stanowczy

def•i•ni•tion ['defɪˋnɪʃən] *s* definicja; **by ~** z definicji

def•i•ni•tive [dɪˋfɪnɪtɪv]

adj definitywny, stanowczy

de•form [dɪ`fɔm] *vt* zniekształcać, deformować; szpecić

de•fraud [dɪ`frɔd] *vt* okraść, pozbawić (*kogoś czegoś*), zdefraudować

de•frost ['di`frost] *vt vi* odmrażać (się); rozmrażać (się)

deft [deft] *adj* zwinny, zgrabny, zręczny

de•fy [dɪ`faɪ] *vt* przeciwstawiać się, opierać się (**sb <sth>** komuś <czemuś>); wyzywać, prowokować; **~ description** być nie do opisania

de•gen•e•rate [dɪ`dʒenərɪt] *adj* zwyrodniały; zdegenerowany; *s* zwyrodnialec; degenerat; *vi* [dɪ`dʒenəreɪt] wyrodnieć, degenerować się

de•gen•e•ra•tion [dɪ'dʒenə`reɪʃən] *s* degeneracja; zwyrodnienie

de•gra•da•tion ['degrə`deɪʃən] *s* degradacja; poniżenie

de•grade [dɪ`greɪd] *vt vi* degradować (się); poniżać (się), upadlać

de•gree [dɪ`gri] *s* stopień; **24 ~s below <above> zero** 24 stopnie poniżej <powyżej> zera; **by ~s** stopniowo

de•lay [dɪ`leɪ] *vi* zwlekać; *vt* opóźniać; odkładać; wstrzymywać; *s* zwłoka, opóźnienie; **without ~** bezzwłocznie

del•e•gate [`delɪgɪt] *s* delegat; *vt* [`delɪgeɪt] delegować; zlecać

deli [`delɪ] *s pot. zob.* **delicatessen**

de•lib•e•rate [dɪ`lɪbəreɪt] *vi* obmyślać, naradzać się (**on <upon> sth** nad czymś); *vt* rozważać (**sth** coś); *adj* [dɪ`lɪbərɪt] rozmyślny; rozważny

de•lib•e•ra•tion [dɪ'lɪbə`reɪʃən] *s* rozważanie; zastanawianie się; naradzanie się

del•i•ca•cy [`delɪkəsɪ] *s* delikatność; subtelność; wrażliwość; przysmak, delikates

del•i•cate [`delɪkɪt] *adj* de-

likatny, subtelny; wrażliwy
del•i•ca•tes•sen ['delıkə`tesən] (*skr.* **deli**) *s* delikatesy; garmażeria
de•li•cious [dı`lıʃəs] *adj* pyszny; wyborny
de•light [dı`laıt] *s* zachwyt; radość, rozkosz; **take ~ in sth** lubować się w czymś; *vt vi* zachwycać (się), rozkoszować się (**in sth** czymś); **be ~ed** być zachwyconym, mieć wielką przyjemność (**at sth** w czymś)
de•light•ful [dı`laıtful] *adj* zachwycający, czarujący
de•lin•quen•cy [dı`lıŋkwənsı] *s* przestępstwo; przestępczość; wykroczenie; **juvenile ~** przestępczość wśród nieletnich
de•liv•er [dı`lıvə(r)] *vt* dostarczać, doręczać (**sth to sb** coś komuś); wygłaszać (*mowę*); odbierać poród; uwolnić, wybawić
de•liv•er•y [dı`lıvərı] *s* doręczenie; wygłoszenie (*mowy*); poród
de•lude [dı`lud] *vt* łudzić, zwodzić
del•uge [`deljudʒ] *s dosł.* i *przen.* potop, zalew; ulewa
de•lu•sion [dı`luʒən] *s* złudzenie; iluzja
de•mand [dı`mɑnd] *s* żądanie; wymaganie; popyt (**for sth** na coś); **on ~** na żądanie; *vt* żądać; wymagać (**sth of sb** czegoś od kogoś)
de•moc•ra•cy [dı`mokrəsı] *s* demokracja
dem•o•crat•ic ['demə`krætık] *adj* demokratyczny
de•mol•ish [dı`molıʃ] *vt* burzyć, demolować; obalać
dem•o•li•tion ['demə`lıʃən] *s* zburzenie; obalenie
dem•on•strate [`demənstreıt] *vt* wykazywać, dowodzić; demonstrować, pokazywać; *vi* brać udział w demonstracji (**against sth** przeciw czemuś)
dem•on•stra•tion ['deməns-

ˋtreıʃən] *s* demonstracja

dem•on•stra•tive [dıˋmonstrətıv] *adj* dowodzący; wykazujący

de•mor•al•i•za•tion [dı'morəlaıˋzeıʃən] *s* demoralizacja, zdeprawowanie

de•mor•al•ize [dıˋmorəlaız] *vt* zdeprawować; zdemoralizować

deni•al [dıˋnaıəl] *s* zaprzeczenie; odmowa

den•im [ˋdenım] *s* drelich, teksas; *pl* **~s** dżinsy

de•nounce [dıˋnauns] *vt* denuncjować, donosić, oskarżać; wypowiadać (*umowę*)

dense [dens] *adj* gęsty; zwarty; (*o człowieku*) tępawy

den•si•ty [ˋdensıtı] *s* gęstość; spoistość

dent [dent] *s* wklęśnięcie, wgniecenie; *vt* wgnieść, wygiąć

den•tal [ˋdentl] *adj* dentystyczny; zębowy; **~ floss** nić dentystyczna

den•tist [ˋdentıst] *s* dentysta

den•tures [ˋdentʃəz] *s pl* sztuczna szczęka

de•nun•ci•a•tion [dı'nʌnsıˋeıʃən] *s* ujawnienie, wydanie (*przestępcy*); donos; wypowiedzenie (*umowy*)

de•ny [dıˋnaı] *vt* zaprzeczać; odmawiać; wypierać się (**sb <sth>** kogoś <czegoś>)

de•o•do•rant [diˋəudrənt] *s* dezodorant

de•part [dıˋpat] *vi* wyruszać, odjeżdżać; odbiegać (*od tematu*); odstępować (*od reguły*)

de•part•ment [dıˋpatmənt] *s* departament; wydział; dział; ministerstwo; **~ store** dom towarowy

de•par•ture [dıˋpatʃə(r)] *s* odjazd; odlot; **~ lounge** hala odlotów; **point of ~** punkt wyjścia

de•pend [dıˋpend] *vi* zależeć (**on sb <sth>** od kogoś <czegoś>); polegać (**on sb <sth>** na kimś <czymś>)

de•pen•da•ble [dıˋpendəbl] *adj* pewny, niezawodny

de•pen•dence [dıˋpendəns] *s* zależność; uzależnienie; poleganie; zaufanie (**on sb <sth>** do kogoś <czegoś>)

de•pen•dent [dɪˋpendənt] *adj* podlegający, zależny (**on sb <sth>** od kogoś <czegoś>); *s* człowiek zależny od kogoś <będący na czyimś utrzymaniu>

de•plore [dɪˋplɔ(r)] *vt* opłakiwać; wyrażać żal, ubolewać

de•port [dɪˋpɔt] *vt* deportować

de•pos•it [dɪˋpozɪt] *vt* zdeponować (*pieniądze w banku*); oddać na przechowanie; wpłacać kaucję; *s* złoże; depozyt; kaucja

de•pot [ˋdepəʊ] *s* skład; *am.* dworzec (*kolejowy, autobusowy*); zajezdnia

de•prave [dɪˋpreɪv] *vt* deprawować

de•pre•ci•ate [dɪˋpriʃɪeɪt] *vt* obniżyć wartość; zdeprecjonować; zdewaluować; *vi* stracić na wartości

de•press [dɪˋpres] *vt* przygnębiać; obniżać; naciskać

de•pres•sion [dɪˋpreʃən] *s* depresja, przygnębienie; kryzys gospodarczy; obniżenie (*terenu*)

de•prive [dɪˋprɑɪv] *vt* pozbawiać (**sb of sth** kogoś czegoś)

depth [depθ] *s* głębokość; głąb, głębia

dep•u•ty [ˋdepjʊtɪ] *s* zastępca, wice-; delegat, poseł

de•ri•sion [dɪˋrɪʒən] *s* wyśmiewanie, wyszydzanie

de•rive [dɪˋrɑɪv] *vt* czerpać (*przyjemność*); *vi* pochodzić, wywodzić się

de•scend [dɪˋsend] *vi* schodzić; spadać; wyprowadzać; pochodzić, wywodzić się; *vt* schodzić (**a hill** z góry)

de•scen•dant [dɪˋsendənt] *s* potomek

de•scent [dɪˋsent] *s* zejście; stok; spadek; pochodzenie

de•scribe [dɪˋskrɑɪb] *vt* opisywać

de•scrip•tion [dɪˋskrɪpʃən] *s* opis

de•scrip•tive [dɪs`krɪptɪv] *adj* opisowy

des•ert¹ [`dezət] *s* pustynia; ~ **island** bezludna wyspa

de•sert² [dɪ`zɜt] *vt* opuszczać, zostawiać; *vi* dezerterować

de•serve [dɪ`zɜv] *vt vi* zasługiwać (**sth** na coś)

de•sign [dɪ`zɑɪn] *vt* projektować; planować; układać; *s* projekt; wzór, deseń; plan, zamiar

des•ig•nate [`dezɪgneɪt] *vt* wyznaczyć; mianować; nazwać

de•sign•er [dɪ`zɑɪnə(r)] *s* projektant

de•sir•a•ble [dɪ`zɑɪərəbl] *adj* pożądany; pociągający, atrakcyjny

de•sire [dɪ`zɑɪə(r)] *vt* pragnąć, pożądać; *s* pragnienie, życzenie; żądza; pożądanie

de•sir•ous [dɪ`zɑɪərəs] *adj* pragnący, spragniony (*czegoś*)

desk [desk] *s* biurko; ławka szkolna; **information** ~ informacja; **reception** ~ recepcja

des•o•late [`desəleɪt] *vt* pustoszyć, niszczyć; trapić; *adj* [`desəlɪt] wyludniony, opustoszały; samotny; niepocieszony

de•spair [dɪ`speə(r)] *vi* tracić nadzieję (**of sth** na coś); rozpaczać; *s* rozpacz

des•patch [dɪs`pætʃ] *vt s* *zob.* **dispatch**

des•pe•rate [`despərɪt] *adj* zdesperowany; rozpaczliwy; beznadziejny; **be ~ for sth** rozpaczliwie potrzebować czegoś

de•spise [dɪ`spɑɪz] *vt* pogardzać, gardzić

de•spite [dɪ`spɑɪt] *praep* mimo, wbrew

des•sert [dɪ`zɜt] *s* deser

des•ti•na•tion ['destɪ`neɪʃən] *s* cel (*podróży*), miejsce przeznaczenia

des•ti•ny [`destɪnɪ] *s* przeznaczenie, los

de•stroy [dɪ`strɔɪ] *vt* niszczyć, burzyć

de•struc•tion [dɪ`strʌkʃən] *s* zniszczenie

de•tach [dɪ`tætʃ] *vt* oddzielać; odłączać (**from sth** od czegoś)

de•tached [dɪˋtætʃt] *adj* oddzielny; bezstronny, obiektywny; ~ **house** dom jednorodzinny
de•tach•ment [dɪˋtætʃmənt] *s* odłączenie; oderwanie; bezstronność
de•tail [ˋditeɪl] *s* szczegół; **in ~** szczegółowo; *vt* wyszczególniać
de•tailed [ˋditeɪld] *adj* szczegółowy; drobiazgowy
de•tain [dɪˋteɪn] *vt* zatrzymywać; wstrzymywać; trzymać w areszcie
de•tect [dɪˋtekt] *vt* wykrywać, wyczuwać
de•tec•tive [dɪˋtektɪv] *s* detektyw; ~ **story** kryminał
de•ten•tion [dɪˋtenʃən] *s* zatrzymanie; areszt
de•ter [dɪˋtɜ(r)] *vt* odstraszać; powstrzymywać (**sb from sth** kogoś od czegoś)
de•te•ri•o•rate [dɪˋtɪərɪəreɪt] *vi* zepsuć się, pogorszyć się; podupaść
de•ter•mi•na•tion [dɪ'tɜmɪˋneɪʃən] *s* określenie; postanowienie; zdecydowanie
de•ter•mine [dɪˋtɜmɪn] *vt* postanawiać (**on sth** coś); ustalać, określać; wpływać (**sth** na coś)
de•ter•mined [dɪˋtɜmɪnd] *adj* zdecydowany; stanowczy
de•test [dɪˋtest] *vt* nienawidzić, nie cierpieć (**sb <sth>** kogoś <czegoś>)
det•o•nate [ˋdetəneɪt] *vt* detonować; *vi* wybuchać
det•o•na•tion [detoʊˋneɪʃən] *s* wybuch, eksplozja, detonacja
de•tour [ˋditʊə(r)] *s* objazd; **make a ~** zrobić objazd
de•val•ue ['diˋvælju] *vt* dewaluować
dev•as•tate [ˋdevəsteɪt] *vt* pustoszyć, dewastować
de•ve•lop [dɪˋveləp] *vt vi* rozwijać (się); zagospodarować (*teren*); nabawić się (*choroby*); popadać (*w nałóg*); *fot.* wywoływać
de•vel•op•ment [dɪˋveləpmənt] *s* rozwój; wyda-

rzenie; *fot.* wywoływanie; **housing ~** osiedle mieszkaniowe
de•vi•ate [`divɪeɪt] *vi* zboczyć, odchylić się
de•vi•a•tion ['divɪ`eɪʃən] *s* odchylenie, dewiacja
de•vice [dɪ`vɑɪs] *s* urządzenie; plan, sposób
dev•il [`devl] *s* diabeł
dev•il•ish [`devlɪʃ] *adj* diabelski, szatański
de•vise [dɪ`vɑɪz] *vt* wymyślić, wynaleźć; obmyślać
de•void [dɪ`vɔɪd] *adj* pozbawiony (**of sth** czegoś)
de•vote [dɪ`vəʊt] *vt* poświęcać (**sth to sb <sth>** coś komuś <czemuś>)
de•vot•ed [dɪ`vəʊtɪd] *adj* poświęcony, poświęcający się, oddany
de•vo•tion [dɪ`vəʊʃən] *s* poświęcenie, oddanie, przywiązanie; pobożność
dew [dju] *s* rosa
dex•ter•i•ty [deks`terɪtɪ] *s* zręczność
dex•ter•ous [`dekstrəs] *adj* zręczny
di•a•be•tes ['dɑɪə`bitiz] *s med.* cukrzyca
di•ag•nose [`dɑɪəgnəʊz] *vt* rozpoznać (*chorobę*), diagnozować
di•ag•no•sis ['dɑɪəg`nəʊsɪs] *s* (*pl* **diagnoses** ['dɑɪəg`nəʊsiz]) diagnoza
di•ag•o•nal [dɑɪ`ægənəl] *adj* przekątny; ukośny; *s* przekątna
di•al [`dɑɪl] *s* tarcza (*zegara, telefonu*); zegar słoneczny; *vt* wybierać numer telefonu
di•a•lect [`dɑɪəlekt] *s* dialekt
di•a•logue [`dɑɪəlog] *s* dialog
di•am•e•ter [dɑɪ`æmɪtə(r)] *s* średnica
di•a•mond [`dɑɪəmənd] *s* diament; brylant; *pl* **~s** karo (*w kartach*)
di•ap•er [`dɑɪəpə(r)] *s am.* pieluszka
di•ar•rh(o)e•a ['dɑɪə`rɪə] *s med.* biegunka
di•a•ry [`dɑɪərɪ] *s* dziennik, pamiętnik; terminarz; **keep a ~** prowadzić dziennik
dice [dɑɪs] *s* kostka; gra

w kości; *vt* kroić w kostkę
dic•tate [dɪk`teɪt] *vt vi* dyktować; narzucać; rozkazywać; *s* nakaz (*sumienia*)
dic•tion•a•ry [`dɪkʃənrɪ] *s* słownik
did *zob.* **do**
die [daɪ] *vi* umierać (**of sth** na coś); **~ away** zamierać, zanikać; **~ down** ucichnąć, uspokoić się; **~ out** wymierać, wygasać
diet [`daɪət] *s* dieta; **slimming ~** dieta odchudzająca; **go on a ~** przejść na dietę
dif•fer [`dɪfə(r)] *vi* różnić się (**from sb <sth>** od kogoś <czegoś>); być innego zdania
dif•fer•ence [`dɪfrəns] *s* różnica (*także poglądów*)
dif•fer•ent [`dɪfrənt] *adj* inny, różny, odmienny
dif•fi•cult [`dɪfɪkəlt] *adj* trudny
dif•fi•cul•ty [`dɪfɪkəltɪ] *s* trudność
dif•fuse [dɪ`fjuz] *vt vi* rozprzestrzeniać się; przenikać; *adj* [dɪ`fjus] rozproszony; rozwlekły (*styl*)
***dig** [dɪg], **dug, dug** [dʌg] *vt vi* kopać, ryć; grzebać (**for sth** w poszukiwaniu czegoś)
di•gest [daɪ`dʒest] *vt* trawić; *przen.* przetrawić (*informacje*); przemyśleć; *s* streszczenie; przegląd
di•ges•tion [daɪ`dʒestʃən] *s* trawienie
dig•it [`dɪdʒɪt] *s* cyfra; *anat.* palec
di•gi•tal [`dɪdʒɪtl] *adj* cyfrowy
dig•ni•fied [`dɪgnɪfaɪd] *adj* godny, pełen godności
dig•ni•ty [`dɪgnɪtɪ] *s* godność; dostojeństwo; **beyond one's ~** poniżej czyjejś godności
di•gres•sion [daɪ`greʃən] *s* dygresja
dil•i•gent [`dɪlɪdʒənt] *adj* pilny
dill [dɪl] *s* koper
di•lute [daɪ`ljut] *vt* rozcieńczać; *adj* rozcieńczony
dim [dɪm] *adj* przyćmiony; niewyraźny; mętny;

vt przyciemniać, zamglić; *vi* przygasnąć; zamazać się
dime [daɪm] *s am.* moneta dziesięciocentowa
di•men•sion [daɪ`menʃən] *s* wymiar, rozmiar
di•min•ish [dɪ`mɪnɪʃ] *vt vi* zmniejszać (się), obniżać (się), maleć
din [dɪn] *s* hałas, łoskot
dine [daɪn] *vi* jeść obiad; ~ **out** jeść obiad na mieście
din•ing room [`daɪnɪŋ`rʊm] *s* jadalnia
din•ner [`dɪnə(r)] *s* obiad; ~ **jacket** smoking
dip [dɪp] *vt vi* zanurzać (się), zamoczyć (się); opadać, obniżać się; *s* zanurzenie; nurkowanie; spadek; sos (*do maczania np. jarzyn*)
di•plo•ma [dɪ`pləʊmə] *s* dyplom
di•plo•ma•cy [dɪ`pləʊməsɪ] *s* dyplomacja
dip•lo•mat [`dɪpləmæt] *s* dyplomata
di•rect [dɪ`rekt] *vt* kierować, skierować; zarządzać, kierować; reżyserować; ~ **sb to sth** wskazać komuś drogę do czegoś; *adj* prosty, bezpośredni
di•rec•tion [dɪ`rekʃən] *s* kierunek; kierownictwo; reżyseria; *pl* ~**s** instrukcja (*dla użytkownika*)
di•rect•ly [dɪ`rektlɪ] *adv* wprost; bezpośrednio; zaraz; *conj* skoro tylko
di•rec•tor [dɪ`rektə(r)] *s* dyrektor, kierownik; reżyser
di•rec•to•ry [daɪ`rektrɪ] *s* książka telefoniczna; *komp.* katalog; ~ **enquiries** biuro numerów
dirt [dɜt] *s* brud; błoto
dirt-cheap ['dɜt`tʃip] *adj pot.* śmiesznie tani
dirt•y [`dɜtɪ] *adj* brudny; nieprzyzwoity; *vt vi* brudzić (się)
dis•a•bi•li•ty ['dɪsə`bɪlɪtɪ] *s* inwalidztwo; upośledzenie
dis•a•bled [dɪs`eɪbəld] *adj* niepełnosprawny; **the** ~ inwalidzi
dis•ad•van•tage ['dɪsəd`vɑntɪdʒ] *s* wada; **to**

one's ~ na czyjąś niekorzyść
dis•a•gree ['dɪsə`gri] *vi* nie zgadzać się; *vt (o pogodzie, jedzeniu)* nie służyć (**with sb** komuś)
dis•a•gree•ment ['dɪsə`grimənt] *s* niezgoda; niezgodność
dis•ap•pear ['dɪsə`pɪə(r)] *vi* znikać
dis•ap•point ['dɪsə`pɔɪnt] *vt* rozczarować, zawieść; **be ~ed** zawieść się (**in <by, with> sb <sth>** na kimś <czymś>); być rozczarowanym (**at sth** czymś)
dis•ap•point•ment ['dɪsə`pɔɪntmənt] *s* rozczarowanie, zawód; **to my ~** ku mojemu rozczarowaniu
dis•ap•prove ['dɪsə`pruv] *vt vi* dezaprobować, nie pochwalać
dis•arm [dɪs`ɑm] *vt vi* rozbrajać (się)
dis•ar•ma•ment [dɪs`ɑməmənt] *s* rozbrojenie
dis•ar•range [`dɪsə`reɪndʒ] *vt* dezorganizować, wprowadzać nieład
di•sas•ter [dɪ`zɑstə(r)] *s* nieszczęście, klęska; katastrofa
di•sas•trous [dɪ`zɑstrəs] *adj* zgubny; katastrofalny
dis•be•lief ['dɪsbɪ`lif] *s* niewiara, niedowierzanie
dis•be•lieve ['dɪsbɪ`liv] *vt vi* nie wierzyć
disc, *am.* **disk** [dɪsk] *s* krążek; płyta (*gramofonowa*); *komp.* dysk; **compact ~** płyta kompaktowa; **hard ~** twardy dysk; **floppy ~** dyskietka; **~ drive** stacja dysków
dis•card [dɪs`kɑd] *vt* odsunąć; odrzucić, zarzucić
dis•cern [dɪ`sɜn] *vt* rozróżniać; spostrzegać
dis•cern•ing [dɪ`sɜnɪŋ] *adj* bystry; wnikliwy
dis•charge [dɪs`tʃɑdʒ] *vt vi* wypuszczać; wydzielać; zwalniać; wystrzelić; *s* [`dɪstʃɑdʒ] wyładowanie; zwolnienie; wydzielanie; wystrzał

dis•ci•ple [dɪ`saɪpl] *s* uczeń, zwolennik
dis•ci•pline [`dɪsɪplɪn] *s* dyscyplina; kara; *vt* utrzymywać w karności, ćwiczyć; karać
dis•claim [dɪs`kleɪm] *vt* wypierać się
dis•close [dɪs`kləʊz] vt odsłaniać, odkrywać, ujawniać
dis•clo•sure [dɪs`kləʊʒə(r)] wyjawienie, ujawnienie; ujawniona tajemnica
dis•co [`dɪskəʊ] *zob.* **discotheque**
dis•com•fort [dɪs`kʌmfət] *s* niewygoda; złe samopoczucie; niepokój
dis•con•nec•ted ['dɪskə`nektɪd] *adj* bez związku, chaotyczny
dis•con•tent•ed ['dɪskən`tentɪd] *adj* niezadowolony; rozgoryczony
dis•con•tin•ue ['dɪskən`tɪnju] *vt* przestać, przerwać; *vi* ustać, skończyć się
dis•co•the•que [`dɪskətek] (*skr.* **disco**) *s* dyskoteka
dis•count [`dɪskaʊnt] *s handl.* zniżka, rabat; **at a ~** ze zniżką; *vt* [dɪs`kaʊnt] obniżać cenę; pomijać, nie brać pod uwagę
dis•cour•age [dɪs`kʌrɪdʒ] *vt* zniechęcać (**sb from sth** kogoś do czegoś)
dis•cov•er [dɪs`kʌvə(r)] *vt* odkrywać
dis•cov•er•y [dɪs`kʌvrɪ] *s* odkrycie
dis•cred•it [dɪs`kredɪt] *s* zła sława; *vt* dyskredytować; nie dawać wiary
dis•creet [dɪ`skrit] *adj* dyskretny; roztropny
dis•crep•an•cy [dɪs`krepənsɪ] *s* rozbieżność, niezgodność
dis•cre•tion [dɪ`skreʃən] *s* dyskrecja; rozsądek; **at sb's ~** według czyjegoś uznania
dis•crim•i•nate [dɪ`skrɪmɪneɪt] *vt vi* rozróżniać; dyskryminować
dis•cuss [dɪ`skʌs] *vt* dyskutować (**sth** nad czymś), omawiać
dis•cus•sion [dɪ`skʌʃən] *s* dyskusja, omówienie
dis•ease [dɪ`ziz] *s* choroba

dis•em•bark ['dɪsɪm`bɑk] *vt* wyładować, wysadzać na ląd; *vi* wysiadać ze statku
dis•en•gaged ['dɪsɪn-`geɪdʒd] *adj* wolny, nie zajęty
dis•en•tan•gle ['dɪsɪn-`tæŋgl] *vt vi* rozwikłać (się), rozplątać (się), wyplątać się
dis•fa•vo(u)r [dɪs`feɪvə(r)] *s* nieprzychylność, niełaska
dis•grace [dɪs`greɪs] *s* hańba; *vt* okryć hańbą, hańbić
dis•grace•ful [dɪs`greɪsful] *adj* haniebny
dis•guise [dɪs`gɑɪz] *vt* przebierać (**sb as sth** kogoś za coś); ukrywać; *s* przebranie; udawanie, maska; **in ~** w przebraniu
dis•gust [dɪs`gʌst] *s* wstręt; *vt* napawać wstrętem; **be ~ed** czuć wstręt (**with sth** do czegoś)
dis•gust•ing [dɪs`gʌstɪŋ] *adj* obrzydliwy; odrażający; wstrętny
dish [dɪʃ] *s* półmisek, naczynie; danie; **satellite ~** antena satelitarna; *vt*: **~ out** nakładać (*na talerz*); *pot.* rozdawać
dis•hon•est [dɪs`onɪst] *adj* nieuczciwy; oszukańczy
dis•hon•esty [dɪs`onɪstɪ] *s* nieuczciwość
dis•hon•our [dɪs`onə(r)] *s* hańba; *vt* hańbić
dish•wash•er [`dɪʃwoʃə(r)] *s* zmywarka do naczyń
dis•il•lu•sion ['dɪsɪ`luʒən] *s* rozczarowanie; *vt* rozczarować, pozbawić złudzeń
dis•in•fect ['dɪsɪn`fekt] *vt* dezynfekować
dis•in•her•it ['dɪsɪn`herɪt] *vt* wydziedziczyć
dis•in•te•grate [dɪs`ɪntə-greɪt] *vt vi* rozkładać (się), rozpadać się
disk [dɪsk] *s am. zob.* **disc**
dis•kette [dɪs`ket] *s komp.* dyskietka
dis•like [dɪs`lɑɪk] *vt* nie lubić; *s* niechęć, antypatia
dis•lo•ca•tion ['dɪslə`keɪ-

ʃən] *s* przesunięcie, przemieszczenie; zaburzenie; zwichnięcie
dis•loy•al [dɪs`lɔɪəl] *adj* nielojalny; niewierny
dis•man•tle [dɪs`mæntl] *vt* pozbawić (*części*); zdemontować
dis•miss [dɪs`mɪs] *vt* odrzucać (*pomysł*); zwalniać (*z pracy*); zwalniać, puszczać (*uczniów*); *prawn.* oddalać (*apelację*)
dis•o•be•di•ent ['dɪsə`bidjənt] *adj* nieposłuszny
dis•o•bey [dɪsə`beɪ] *vt vi* nie słuchać (**sb** kogoś), nie stosować się (**the rules** do przepisów)
dis•or•der [dɪs`ɔdə(r)] *s* nieporządek; zamieszki; *med.* zaburzenie
dis•par•age [dɪs`pærɪdʒ] *vt* wyrażać się ujemnie, dyskredytować
dis•patch [dɪs`pætʃ] *vt* wysłać; załatwić; *s* przesyłka; reportaż, korespondencja
di•spense [dɪs`pens] *vt* rozdawać, rozdzielać; *rel.* udzielać dyspensy; *vi* ~ **with sb <sth>** obywać się bez kogoś <czegoś>
dis•perse [dɪs`pɜs] *vt vi* rozpędzić; rozproszyć (się); rozbiec się
dis•place [dɪs`pleɪs] *vt* przesunąć, przemieścić; wyprzeć
dis•play [dɪ`spleɪ] *vt* wystawiać na pokaz; okazywać (*uczucia*); *s* pokaz, wystawa; **on ~** na wystawie
dis•plea•sure [dɪs`pleʒə(r)] *s* niezadowolenie
dis•po•sal [dɪ`spəʊzl] *s* usuwanie, pozbycie się (*śmieci*); rozporządzanie (**of sth** czymś); **at sb's ~** do czyjejś dyspozycji
dis•pose [dɪ`spəʊz] *vt vi* rozporządzać, dysponować; niszczyć, pozbywać się (**of sth** czegoś)
dis•po•si•tion ['dɪspə`zɪʃən] *s* rozmieszczenie; dyspozycja; usposobienie, skłonność
dis•prove [dɪs`pruv] *vt* odpierać; obalać (*twierdzenie, zarzuty*)
dis•pute [dɪs`pjut] *vt vi* rozprawiać, dyskutować

(**over sth** nad czymś); spierać się; *s* [`dɪspjut] dyskusja; spór
dis•qui•et [dɪs`kwaɪət] *s* niepokój; *vt* niepokoić
dis•re•gard ['dɪsrɪ`gɑd] *vt* lekceważyć, nie zważać (**sth** na coś); *s* lekceważenie
dis•rupt [dɪs`rʌpt] *vt* zakłócać
dis•sat•is•fac•tion [dɪs'sætɪs`fækʃən] *s* niezadowolenie
dis•sat•is•fy [dɪs`sætɪsfɑɪ] *vt* wywołać niezadowolenie (**sb** u kogoś)
dis•sent [dɪ`sent] *vi* nie zgadzać się, mieć odmienne poglądy; *s* różnica zdań <poglądów>
dis•sent•er [dɪ`sentə(r)] *s* dysydent
dis•so•lu•tion [dɪsə`luʃən] *s* rozwiązanie, rozpad
dis•solve [dɪ`zolv] *vt vi* rozpuszczać (się); rozwiązywać (się); zrywać
dis•suade [dɪ`sweɪd] *vt* odradzać (**sb from sth** komuś coś)
dis•tance [`dɪstəns] *s* odległość; *dosł.* i *przen.* dystans; *vt* dystansować się (**from sth** wobec czegoś)
dis•tant [`dɪstənt] *adj* odległy, daleki
dis•taste [dɪs`teɪst] *s* niesmak, wstręt
dis•tinct [dɪ`stɪŋkt] *adj* różny; wyraźny; oddzielny
dis•tinc•tion [dɪ`stɪŋkʃən] *s* różnica, rozróżnienie; wyróżnienie, odznaczenie; **draw a ~ between...** dostrzegać różnicę pomiędzy...
dis•tin•guish [dɪ`stɪŋgwɪʃ] *vt* odróżniać, rozróżniać; dostrzegać; *vr* **~ o.s.** wyróżniać się, odznaczać się
dis•tin•guished [dɪ`stɪŋgwɪʃt] *adj* wybitny, znakomity; dystyngowany
dis•tort [dɪ`stɔt] *vt* przekręcać, zniekształcać
dis•tract [dɪs`trækt] *vt* odciągać, rozpraszać (*uwagę*)
dis•tract•ed [dɪs`træktɪd] *adj* roztargniony
dis•trac•tion [dɪ`strækʃən] *s* rozrywka; roztargnienie

dis•tress [dɪs`tres] *s* zmartwienie; bieda, nieszczęście
dis•trib•ute [dɪ`strɪbjut] *vt* rozdzielać, rozdawać; rozprowadzać, rozmieszczać
dis•tri•bu•tion ['dɪstrɪ`bjuʃən] *s* rozdzielanie, dystrybucja
dis•trict [`dɪstrɪkt] *s* okręg (*administracyjny*); rejon; dzielnica; region
dis•trust [dɪs`trʌst] *s* nieufność; *vt* nie ufać (**sb** komuś)
dis•turb [dɪ`stɜb] *vt* przeszkadzać; niepokoić, zakłócać; **mentally ~ed** umysłowo chory
dis•turb•ance [dɪs`tɜbəns] *s* zaburzenie, zakłócenie; niepokój
dis•use [dɪs`jus] *s* nieużywanie; zarzucenie, odzwyczajenie; **fall into ~** wyjść z użycia; *vt* [dɪs`juz] zarzucić, zaprzestać (*używania*)
ditch [dɪtʃ] *s* rów, kanał; *pot.* zerwać, porzucić
dive [daɪv] *vi* nurkować; zanurzać się; *s* nurkowanie; skok do wody
di•ver [`daɪvə(r)] *s* nurek; skoczek do wody
di•verse [daɪ`vɜs] *adj* rozmaity; urozmaicony; odmienny
di•ver•si•fy [daɪ`vɜsɪfaɪ] *vt* urozmaicać; różnicować
di•ver•sion [daɪ`vɜʃən] *s* odwrócenie, zmiana kierunku; dywersja; rozrywka
di•ver•si•ty [daɪ`vɜsɪtɪ] *s* rozmaitość; urozmaicenie; różnorodność
di•vide [dɪ`vaɪd] *vt vi* dzielić (się)
di•vine [dɪ`vaɪn] *adj* boży, boski; *vt vi* przepowiadać, wróżyć
di•vi•sion [dɪ`vɪʒən] *s* podział; dział, oddział; *mat.* dzielenie; *woj.* dywizja
di•vorce [dɪ`vɔs] *s* rozwód; *vt* rozwieść się (**sb** z kimś)
di•vor•cee [dɪvɔ`si] *s* rozwodnik, rozwódka
diz•zy [`dɪzɪ] *adj* zawrotny, oszałamiający; przyprawiający o zawrót głowy; **I feel ~** kręci mi się w głowie

***do** [du], **did** [dɪd], **done** [dʌn] *3 pers sing praes* **does** [dʌz] *vt vi* robić, czynić; wystarczyć; załatwić; przebywać (*odległość*); **do away** usuwać, znosić (**with sth** coś); **do up** zapinać; zawiązywać; zreperować; uporządkować; **do without sth** obywać się bez czegoś; **do one's best** zrobić co w czyjejś mocy; **do sb a favour** oddać komuś przysługę; **do well <badly>** dobrze <źle> sobie radzić; **how do you do?** dzień dobry, miło mi poznać; *v aux* (*tworzy formę pytającą i przeczącą czasu Present Simple i Simple Past*): **do <did> you like him?** czy lubisz <lubiłeś> go?; **I do <did> not like him** nie lubię <lubiłem> go; (*zastępuje orzeczenie*) **you play better than he does** grasz lepiej od niego; **do you smoke? – yes, I do <no, I don't>** czy palisz? – tak, palę <nie, nie palę>; (*w zdaniach pytających*) **you don't like her, do you?** nie lubisz jej, prawda?; **you like her, don't you?** lubisz ją, nieprawdaż?; (*oznacza emfazę*) **I did go** przecież jednak poszedłem; **do come!** bardzo proszę, przyjdź!

dock [dok] *s bot.* szczaw; dok, basen portowy; *prawn.* ława oskarżonych

dock•er [`dokə(r)] *s* doker, robotnik portowy

doc•tor [`doktə(r)] *s* doktor; **call in the ~** wezwać lekarza

doc•u•ment [`dokjʊmənt] *s* dokument

dodge [dodʒ] *vt vi* wykręcić się; unikać; *s* wykręt; unik

does *zob.* **do**

dog [dog] *s* pies; *pot.* **go to the ~s** schodzić na psy; *vt* śledzić, tropić

dog•mat•ic [dog`mætɪk] *adj* dogmatyczny

do•ing [`duɪŋ] *s* sprawka, czyn; trud; *pl* **~s** poczynania

dole [dəʊl] *s bryt. pot.* za-

siłek; **be on the ~** pobierać zasiłek
doll [dol] *s* lalka
dol•lar [`dolə(r)] *s* dolar
dol•phin [`dolfın] *s* delfin
do•main [də`meın] *s* domena; dziedzina; posiadłość
dome [dəʊm] *s* kopuła; sklepienie
do•mes•tic [də`mestık] *adj* domowy; wewnętrzny; krajowy; **~ animal** zwierzę domowe
do•mes•ti•cate [də`mestıkeıt] *vt* oswoić (*zwierzę*); **her husband is very ~d** jej mąż dużo pomaga w domu
dom•i•nant [`domınənt] *adj* panujący, dominujący; górujący
dom•i•nate [`domıneıt] *vt vi* dominować (**sb <sth>** nad kimś <czymś>); panować
dom•i•neer•ing ['domı`nıərıŋ] *adj* apodyktyczny
dom•i•no [`domınəʊ] *s* domino; *pl* **~es** gra w domino
do•nate [dəʊ`neıt] *vt* podarować
do•na•tion [dəʊ`neıʃən] *s* darowizna
done *zob.* **do**
don•key [`doŋkı] *s* osioł
don•ut [`donʌt] *s am. zob.* **doughnut**
doom [dum] *s* los, przeznaczenie; *vt lit.* skazać, osądzać
door [dɔ(r)] *s* drzwi; drzwiczki; **next ~** tuż obok
door•keep•er [`dɔkipə(r)] *s* portier, odźwierny
door•way [`dɔweı] *s* wejście
dorm [dɔm] *s am. pot.* akademik
dor•mi•to•ry [`dɔmıtrı] *s* sala sypialna; *am.* dom akademicki
dose [dəʊs] *s* dawka, doza; *vt* dawkować
dot [dot] *s* kropka; punkcik; *vt* stawiać kropkę
doub•le [`dʌbl] *adj* podwójny; **~ room** pokój dwuosobowy (*w hotelu*); *przen.* **~ Dutch** chińszczyzna (*coś niezrozumiałego*); *s* podwójna ilość; sobowtór; dubler; *vt vi*

podwoić (się); składać na pół; dublować

doub•le bass [`dʌbl'beɪs] *s muz.* kontrabas

doubt [daʊt] *vt* wątpić (**sth** w coś); *s* wątpliwość; **without <beyond, no> ~** bez wątpienia; **be in ~** wątpić (**about sth** w coś)

doubt•ful [`daʊtfʊl] *adj* niepewny; wątpliwy; nieprawdopodobny

doubt•less [`daʊtlɪs] *adv* niewątpliwie, bez wątpienia

dough [dəʊ] *s* ciasto; *pot.* forsa, kasa

dough•nut, *am.* **donut** [`dəʊnʌt] *s kulin.* pączek

dove [dʌv] *s* gołąb; gołąbek (*symbol pokoju*)

dow•dy [`daʊdɪ] *adj* bez gustu; zaniedbany

down [daʊn] *adv* na dole, w dół, niżej; *adj* smutny, *pot.* zdołowany; poruszający się w dół; *praep* na dół; wzdłuż; **~ train** pociąg z centrum na prowincję; *vt sport.* rozłożyć (*przeciwnika*) na łopatki; *pot.* wychylić (*kieliszek*); zestrzelić; **~ tools** zastrajkować; *s* puch

down•fall [`daʊnfɔl] *s* upadek; zguba

down•hill ['daʊn`hɪl] *adv* z góry na dół; **go ~** iść w dół zbocza; *przen.* staczać się podupadać

down•pour [`daʊnpɔ(r)] *s* ulewa

down•right [`daʊnraɪt] *adj* całkowity; szczery, otwarty; oczywisty; *adv* całkowicie, otwarcie, po prostu

down•stairs ['daʊn`steəz] *adv* na dół (*po schodach*); na dole

down•ward [`daʊnwəd] *adv* ku dołowi, w dół; *adj attr* skierowany w dół

down•wards *zob.* **downward** *adv*

doze [dəʊz] *vi* drzemać

doz•en [`dʌzn] *s* tuzin; **~ eggs** tuzin jajek

draft [drɑft] *s* rysunek; szkic; projekt; przekaz (*bankowy*); *am.* pobór; *vt* sporządzać szkic; *zob.* **draught**

drag [dræg] *vt vi* wlec

(się); ~ **on** wlec się (*w czasie*); *s pot.* nuda; zawada

drag•on [`drægən] *s* smok

drain [dreɪn] *vt* suszyć; drenować; *vi* (*także* ~ **away**) wyciekać; *s* dren, ściek; *med.* sączek

drain•age [`dreɪnɪdʒ] *s* osuszenie; drenowanie

drake [dreɪk] *s* kaczor

dra•ma [`drɑmə] *s* dramat

dra•mat•ic [drə`mætɪk] *adj* dramatyczny

dram•a•tist [`dræmətɪst] *s* dramaturg

drank *zob.* **drink**

dra•pe•ry [`dreɪpərɪ] *s zbior.* materiały tekstylne; draperia

dras•tic [`dræstɪk] *adj* drastyczny, drakoński

draught, *am.* **draft** [drɑft] *s* przeciąg; ciąg; łyk; rysunek; *pl* **~s** warcaby; **beer on ~** piwo z beczki

***draw** [drɔ], **drew** [dru], **drawn** [drɔn] *vt vi* rysować; ciągnąć; zaciągać (*zasłony*); wyciągać; przyciągać; nadciągać; zremisować; ~ **back** wycofać się (**from sth** z czegoś); ~ **near** zbliżać się; ~ **out** przedłużać, wydłużać; ~ **up** nakreślać (*plan, szkic*); podjeżdżać (*samochodem*); ~ **air** wciągnąć powietrze; *s* remis; losowanie

draw•back [`drɔbæk] *s* wada, ujemna strona

draw•er [`drɔə(r)] *s* rysownik; [drɔ(r)] *s* szuflada; *pl* **~s** majtki

draw•ing [`drɔɪŋ] *s* rysowanie; rysunek

draw•ing room [`drɔɪŋrʊm] *s bryt.* pokój stołowy, salon

drawn *zob.* **draw**

dread [dred] *vt* bać się; *s* strach, przerażenie

dread•ful [`dredfʊl] *adj* straszny

***dream** [drim], **dreamt, dreamt** [dremt] *lub* **dreamed, dreamed** [drimd] *vt vi* śnić; marzyć (**of <about> sb <sth>** o kimś <czymś>); *s* sen; marzenie

dream•er [`drimə(r)] *s* marzyciel; fantasta
dreamt *zob.* **dream**
dream•y [`drimɪ] *adj* marzycielski; rozmarzony; cudowny
drear•y [`drɪərɪ] *adj* mroczny, ponury
dregs [dregz] *s pl* osad, fusy; *przen.* męty
drench [drentʃ] *vt* przemoczyć
dress [dres] *vt vi* ubierać (się); opatrywać (*ranę*); ~ **up** wystroić (się); przebierać się (**as sb** za kogoś); dekorować; *s* sukienka; strój, ubranie; **evening** ~ strój wieczorowy; suknia wieczorowa; **full** ~ strój uroczysty; ~ **coat** frak
dress•ing [`dresɪŋ] *s* ubieranie się, toaleta; dekoracja; opatrunek; sos (*do sałatek*)
dress•ing gown [`dresɪŋ-`gaʊn] *s* szlafrok
dress•ma•ker [`dresmeɪkə(r)] *s* krawiec damski
drew *zob.* **draw**
drift [drɪft] *vt vi dosł.* i *przen.* dryfować; (*o śniegu*) tworzyć zaspy; *s* zaspa; prąd (*morski*); tendencja; tok myśli
drill [drɪl] *s* wiertło, wiertarka; *woj.* musztra; ćwiczenie; *vt vi* wiercić; musztrować; ćwiczyć (**sb in sth** coś z kimś)
***drink** [drɪŋk], **drank** [dræŋk], **drunk** [drʌŋk] *vt vi* pić; ~ **to sth** wypić za coś; **get drunk** upić się; *s* napój, kieliszek trunku; **soft** ~ napój bezalkoholowy; **strong** ~ trunek
drip [drɪp] *vi* kapać; ociekać; ~ **with blood** ociekać krwią
***drive** [draɪv], **drove** [drəʊv], **driv•en** [`drɪvn] *vt vi* kierować, prowadzić (*samochód*); jechać; wieźć; wbijać (*gwóźdź*); zmierzać (**at sth** do czegoś); ~ **sb mad** doprowadzać kogoś do szału; *s* przejażdżka; wjazd, dojazd; potrzeba (*głód, pragnienie*); *komp.* **disk** ~ stacja dysków
driv•en *zob.* **drive**

driv•er [`draɪvə(r)] *s* kierowca

driv•er's li•cense [`draɪvəzlaɪsəns] *s am.* prawo jazdy

driv•ing li•cence [`draɪvɪŋlaɪsəns] *s bryt.* prawo jazdy

driz•zle [`drɪzl] *vi* mżyć; *s* drobny deszcz, mżawka

drop [drop] *vt* upuścić; zniżać (*głos, cenę*); opuścić, porzucić; *vi* spadać; ~ **in** wpaść, odwiedzić (**on sb** kogoś); ~ **off** zmniejszać się, spadać; ~ **out** wycofać się (**of sth** z czegoś); ~ **out of school** porzucić szkołę; *s* kropla; spadek; obniżka (*cen*)

drop•per [`dropə(r)] *s* kroplomierz; zakraplacz

drought [draʊt] *s* susza

drove *zob.* **drive**

drown [draʊn] *vt* topić; *vi* tonąć, topić się

drow•sy [`draʊzɪ] *adj* senny, ospały

drug [drʌg] *s* lek, lekarstwo; narkotyk; ~ **addict** narkoman; **be on ~s** brać narkotyki; *vt* podawać środki nasenne

drug•store [`drʌgstɔ(r)] *s am.* drogeria (*z działem sprzedaży lekarstw, kosmetyków, czasopism i napojów chłodzących)*

drum [drʌm] *s* bęben; *pl* **~s** perkusja; *vi* bębnić

drunk[1] *zob.* **drink**

drunk[2] [drʌŋk] *adj praed* pijany; *s* pijak

drunk•en [`drʌŋkən] *adj attr* pijany; pijacki

dry [draɪ] *adj* suchy; wyschnięty; (*o winie*) wytrawny; *vt* suszyć; wycierać; *vi* schnąć; ~ **up** wysuszyć; wyschnąć

dry-clean•er's ['draɪ`klinəz] *s* pralnia chemiczna

dry•er [`draɪə(r)] *s* suszarka

du•al [`djʊəl] *adj* dwoisty, podwójny

dub [dʌb] *vt* nadawać nazwę; dubbingować

du•bi•ous [`djubjəs] *adj* wątpliwy, dwuznaczny; niepewny

duch•ess [\`dʌtʃɪs] *s* księżna
duck [dʌk] *s* kaczka; *vt* zanurzać się; nagle schylić głowę; zrobić unik
duck•ling [\`dʌklɪŋ] *s* kaczątko
due [dju] *adj* należny; właściwy, odpowiedni; planowany, spodziewany; płatny; **~ to sth** z powodu czegoś; **the train is ~ at three** pociąg przyjeżdża (*planowo*) o trzeciej; *s*: *pl* **~s** opłaty; składki (*członkowskie*)
du•el [\`djuəl] *s* pojedynek
dug *zob.* **dig**
duke [djuk] *s* książę
dull [dʌl] *adj* matowy; tępy; (*o dźwięku*) głuchy; pochmurny; nudny
du•ly [\`djulɪ] *adv* należycie, słusznie; w porę
dumb [dʌm] *adj* niemy; **strike sb ~** wprawić kogoś w osłupienie
dum•my [\`dʌmɪ] *s* atrapa; manekin; smoczek; *am. pot.* przygłup
dump [dʌmp] *vt* ciskać, zrzucać, zsypywać; *s* stos; hałda
dune [djun] *s* wydma
dun•ga•ress ['dʌŋgə\`riz] *s* kombinezon; ogrodniczki
dun•geon [\`dʌndʒən] *s* loch
dupe [djup] *s* frajer, naiwniak; *vt przen.* naciągnąć, okpić
du•pli•cate [\`djuplɪkɪt] *adj* zapasowy, dodatkowy; podwojony; *s* duplikat; *vt* [\`djuplɪkeɪt] kopiować
dur•a•ble [\`djʊərəbl] *adj* trwały
du•ra•tion [djʊ\`reɪʃən] *s* czas trwania
dur•ing [\`djʊərɪŋ] *praep* podczas, w czasie
dusk [dʌsk] *s* zmierzch
dust [dʌst] *s* kurz, pył, proch; *vt* odkurzać
dust•bin [\`dʌstbɪn] *s bryt.* kosz na śmieci
dust•er [\`dʌstə(r)] *s* ścierka do kurzu
dust•man [\`dʌstmən] *s bryt.* śmieciarz
dust•y [\`dʌstɪ] *adj* zakurzony
Dutch [dʌtʃ] *adj* holen-

derski; *s* język holenderski

Dutch•man [ˋdʌtʃmən] *s* (*pl* **Dutchmen** [ˋdʌtʃmən]) Holender

du•ti•a•ble [ˋdjutjəbl] *adj* podlegający ocleniu

du•ti•ful [ˋdjutɪfʊl] *adj* posłuszny; sumienny

du•ty [ˋdjutɪ] *s* obowiązek; służba; cło; **on <off> ~** na <po> służbie

dwarf [dwɔf] *s* karzeł; *adj attr* karłowaty

dwell [dwel] *vi* (*pp* **dwelt** [dwelt] *lub* **dwel•led**) mieszkać, przebywać; **~ on <upon> sth** rozwodzić się nad czymś

dwell•er [ˋdwelə(r)] *s* mieszkaniec

dwell•ing [ˋdwelɪŋ] *s* mieszkanie

dye [dɑɪ] *s* barwa, farba; barwnik; *vt* farbować

dy•nam•ic [dɑɪˋnæmɪk] *adj* dynamiczny; *s pl* **~s** dynamika

dy•na•mite [ˋdɑɪnəmɑɪt] *s* dynamit; *vt* wysadzać dynamitem

dyn•as•ty [ˋdɪnəstɪ] *s* dynastia

E

each [itʃ] *adj pron* każdy; **~ other** siebie <sobie> nawzajem

ea•ger [ˋigə(r)] *adj* gorliwy; żądny (**for sth** czegoś); **be ~ to do sth** być chętnym do zrobienia czegoś

ea•gle [ˋigl] *s* orzeł

ear [ɪə(r)] *s* ucho; **by ~** ze słuchu; *pot.* **be all ~s** zamienić się w słuch

ear•ly [ˋɜlɪ] *adj* wczesny; *adv* wcześnie

earn [ɜn] *vt* zarabiać; zasługiwać; **~ one's living** zarabiać na życie

earn•ings [ˋɜnɪŋz] *s pl* zarobki, dochody

ear•phone [ˋɪəfəʊn] *s* słuchawka

ear•ring [ˋɪərɪŋ] *s* kolczyk

earth [ɜθ] *s* ziemia; świat; grunt, gleba; *vt elektr.* uziemiać; **why on ~...?** dlaczego u licha...?

earth•ly [`ɜθlɪ] *adj* ziemski; doczesny

earth•quake [`ɜθkweɪk] *s* trzęsienie ziemi

ease [iz] *s* łatwość; beztroska; wygoda; swoboda; **at ~** swobodnie, wygodnie; *vt* łagodzić; uspokajać

eas•i•ly [`izɪlɪ] *adj* lekko, swobodnie, łatwo

east [ist] *s* wschód; *adj* wschodni; *adv* na wschód, na wschodzie

East•er [`istə(r)] *s* Wielkanoc

east•ern [`istən] *adj* wschodni

east•ward [`istwəd] *adv* (*także* **~s**) ku wschodowi; na wschód; *adj* wschodni

eas•y [`izɪ] *adj* łatwy; beztroski; swobodny; spokojny; *adv* łatwo; lekko; swobodnie; delikatnie obchodzić się (**with sth** z czymś); **take it ~!** nie przejmuj się!

eas•y-go•ing [`izɪ`gəʊɪŋ] *adj* niefrasobliwy; biorący życie lekko; spokojny

***eat** [it], **ate** [et], **eat•en** [`itn] *vt vi* jeść; **~ out** jeść poza domem (*zw. w restauracji*); **~ up** zjeść do końca; *przen.* pochłonąć

eat•a•ble [`itəbl] *adj* jadalny

eat•en *zob.* **eat**

eaves•drop [`ivzdrop] *vi* podsłuchiwać

ec•cen•tric [ɪk`sentrɪk] *adj* ekscentryczny; *s* dziwak, ekscentryk

ech•o [`ekəʊ] *s* echo; *vi* odbijać się echem; *vt* powtarzać (*jak echo*)

e•clipse [ɪ`klɪps] *s astr.* zaćmienie; *vt* zaćmiewać; przyćmiewać

e•col•o•gy [ɪ`kolədʒɪ] *s* ekologia

e•co•nom•ic [ikə`nomɪk] *adj* ekonomiczny, gospodarczy

e•co•nom•i•cal [ikə`nomɪkl] *adj* oszczędny

e•co•nom•ics [ikə`nomɪks] *s* ekonomia, ekonomika

e•con•o•mize [ɪ`konəmaɪz] *vi* oszczędzać, oszczędnie gospodarować (**on sth** czymś)

e•con•o•my [ɪˈkonəmɪ] *s* gospodarka; oszczędność

ec•sta•sy [ˈekstəsɪ] *s* ekstaza, zachwyt, uniesienie

ec•ze•ma [ˈeksɪmə] *s med.* egzema

edge [edʒ] *s* krawędź, brzeg; kant; ostrze; *vt* okrawać; obrębiać; **~ one's way** przeciskać się; **be on ~** być rozdrażnionym

edg•ing [ˈedʒɪŋ] *s* brzeg, rąbek

ed•i•ble [ˈedəbl] *adj* jadalny

e•dict [ˈidɪkt] *s* edykt

ed•it [ˈedɪt] *vt* wydawać; redagować

e•di•tion [ɪˈdɪʃən] *s* wydanie; nakład

ed•i•tor [ˈedɪtə(r)] *s* redaktor; wydawca; *komp.* edytor (*tekstu*)

ed•u•cate [ˈedjʊkeɪt] *vt* kształcić; uświadamiać

ed•u•ca•tion [edjʊˈkeɪʃən] *s* wykształcenie; oświata

eel [il] *s* węgorz

ee•rie [ˈɪərɪ] *adj* niesamowity

ef•fect [ɪˈfekt] *s* skutek; efekt; wrażenie; *pl* **~s** dobytek; **in ~** w praktyce; w rzeczywistości; **to no ~** bezskutecznie; **bring <carry> into ~** wprowadzić w życie; *vt* spowodować

ef•fec•tive [ɪˈfektɪv] *adj* efektywny, skuteczny; efektowny; faktyczny

ef•fi•cient [ɪˈfɪʃənt] *adj* wydajny; sprawny

ef•fort [ˈefət] *s* wysiłek, próba

egg [eg] *s* jajko; **hard-boiled <soft-boiled> ~** jajko na twardo <na miękko>

egg•shell [ˈegʃel] *s* skorupka jajka

e•go•ist [ˈegəʊɪst] *s* egoista

E•gyp•tian [ɪˈdʒɪpʃən] *s* Egipcjanin; *adj* egipski

ei•der•down [ˈɑɪdədɑʊn] *s* narzuta na łóżko; (*dawniej*) pierzyna

eight [eɪt] *num* osiem

eight•een [eɪˈtin] *num* osiemnaście

eight•eenth [eɪˈtinθ] *adj* osiemnasty

eight•fold [ˋeɪtfəʊld] *adj* ośmiokrotny; *adj* ośmiokrotnie

eighth [eɪtθ] *adj* ósmy

eight•i•eth [ˋeɪtɪəθ] *adj* osiemdziesiąty

eight•y [ˋeɪtɪ] *num* osiemdziesiąt

ei•ther [ˋaɪðə(r),ˋiðə(r)] *adj pron* jeden lub drugi, jeden z dwóch; obaj, obie, oboje; którykolwiek z dwóch; *conj*: **~... or...** albo..., albo...; (*z przeczeniem*) ani..., ani...; *adv* (*z przeczeniem*) też (nie)

e•ject [ɪˋdʒekt] *vt* wyrzucić; wydalić

e•lab•o•rate [ɪˋlæbəreɪt] *vt* szczegółowo opracować; *adj* [ɪˋlæbərɪt] wypracowany, staranny

e•lapse [ɪˋlæps] *vi* (*o czasie*) minąć, przeminąć

e•las•tic [ɪˋlæstɪk] *adj* elastyczny; **~ band** gumka

e•lat•ed [ɪˋleɪtɪd] *adj* podniecony; przepełniony radością i dumą

el•bow [ˋelbəʊ] *s* łokieć; *vt* popychać, szturchać łokciem

eld•er [ˋeldə(r)] *adj attr* starszy (*z dwóch*)

el•der•ly [ˋeldəlɪ] *adj* starszy, podstarzały

eld•est [ˋeldɪst] *adj attr* najstarszy; *s* najstarsze (dziecko)

e•lect [ɪˋlekt] *vt* wybierać; *adj* wybrany, nowo obrany

e•lec•tion [ɪˋlekʃən] *s* wybory; **~ campaign** kampania wyborcza; **general ~** wybory powszechne

e•lec•tor [ɪˋlektə(r)] *s* wyborca

e•lec•tric(al) [ɪˋlektrɪk(l)] *adj* elektryczny

e•lec•tri•cian [ɪlekˋtrɪʃən] *s* elektryk

e•lec•tric•i•ty [ɪlekˋtrɪsɪtɪ] *s* elektryczność

e•lec•tron [ɪˋlektron] *s* elektron

el•ec•tron•ics [ɪlekˋtronɪks] *s* elektronika

el•e•gant [ˋelɪgənt] *adj* elegancki

el•e•ment [ˋeləmənt] *s* element; *chem.* pierwiastek; żywioł; **be in one's ~** być w swoim żywiole

el•men•ta•ry [elə`mentərɪ] *adj* elementarny; podstawowy; ~ **school** szkoła podstawowa
el•e•phant [`elɪfənt] *s* słoń
el•e•vate [`elɪveɪt] *vt* podnosić; (*wyróżniać*) wynosić
el•e•va•tion [elɪ`veɪʃən] *s* podnoszenie, wysokość; wzniesienie; dostojeństwo, godność; elewacja
el•e•va•tor [`eləveɪtə(r)] *s* *am.* winda; podnośnik
e•lev•en [ɪ`levn] *num* jedenaście
e•lev•enth [ɪ`levnθ] *adj* jedenasty
e•li•cit [ɪ`lɪsɪt] *vt* wydobywać, ujawniać; wywoływać; ~ **admiration** wywoływać podziw
el•i•gi•ble [`elɪdʒəbl] *adj* odpowiedni, nadający się; mający prawo (**for sth** do czegoś)
e•lim•i•nate [ɪ`lɪmɪneɪt] *vt* eliminować, wykluczać
elk [elk] *s* łoś
el•lipse [ɪ`lɪps] *s* elipsa
elm [elm] *s* wiąz
else [els] *adv* jeszcze (inny); **or** ~ bo inaczej; **someone** ~ ktoś inny; **something** ~ coś innego; **what** ~ **can I do?** co jeszcze mogę zrobić?
else•where [els`weə(r)] *adv* gdzie indziej
e•lu•ci•date [ɪ`lusɪdeɪt] *vt* wyjaśnić, wyświetlić
e•lude [ɪ`lud] *vt* umknąć; obchodzić (*prawo*); **his name ~s me** nie mogę sobie przypomnieć jego nazwiska
e•lu•sive [ɪ`lusɪv] *adj* nieuchwytny; wymykający się
e-mail [`imeɪl] *s skr.* (= **electronic mail**) poczta elektroniczna, e-mail
em•a•nate [`eməneɪt] *vi* emanować; wydobywać; pochodzić
em•bank•ment [ɪm`bæŋkmənt] *s* nasyp, grobla, nabrzeże
em•bark [ɪm`bɑk] *vi* zaokrętować się; wsiąść do samolotu
em•bar•ka•tion ['embɑ`keɪʃən] *s* ładowanie <wsiadanie> na statek <do samolotu>

em•bar•rass [ɪm`bærəs] *vt* wprawiać w zakłopotanie; sprawić kłopot; przeszkadzać

em•bas•sy [`embəsɪ] *s* ambasada

em•bod•y [ɪm`bodɪ] *vt* ucieleśniać; urzeczywistniać; wcielać; wyrażać (*w słowach, czynach*); zawierać

em•brace [ɪm`breɪs] *vt vi* obejmować (się), uścisnąć (się); ogarniać; zawierać; *s* uścisk, objęcie

em•broi•der [ɪm`broɪdə(r)] *vt* haftować; *przen.* upiększać

em•e•rald [`emərəld] *s* szmaragd

e•merge [ɪ`mɜdʒ] *vi* pojawiać się, ukazywać się, wyłaniać się

e•mer•gen•cy [ɪ`mɜdʒənsɪ] *s* nagły wypadek, krytyczne położenie; **in an ~** w razie niebezpieczeństwa; **~ exit** wyjście awaryjne; **state of ~** stan wyjątkowy

em•i•grant [`emɪgrənt] *s* emigrant

em•i•grate [`emɪgreɪt] *vi* emigrować

ém•i•gré [`emɪgreɪ] *s* uchodźca polityczny

em•i•nent [`emɪnənt] *adj* wybitny, sławny

e•mis•sion [ɪ`mɪʃən] *s* wysyłanie (*promieni*); wydawanie (*dźwięków*); wydzielanie (*ciepła*); emisja (*pieniądza*)

e•mit [ɪ`mɪt] *vt* emitować; wydzielać, wysyłać

e•mo•tion [ɪ`məʊʃən] *s* uczucie, wzruszenie

em•pha•sis [`emfəsɪs] *s* nacisk; emfaza

em•pha•size [`emfəsaɪz] *vt* podkreślać, kłaść nacisk

em•pire [`empaɪə(r)] *s* imperium, cesarstwo

em•ploy [ɪm`ploɪ] *vt* zatrudniać; używać, stosować

em•ploy•ee [ɪm`ploɪi] *s* pracownik

em•ploy•er [ɪm`ploɪə(r)] *s* pracodawca

em•ploy•ment [ɪm`ploɪmənt] *s* zatrudnienie, zajęcie; zastosowanie

em•pow•er [ɪm`paʊə(r)] *vt* upoważniać, umożliwiać (**sb to do sth** komuś zrobienie czegoś)
emp•ty [`emptɪ] *adj* pusty; czczy; **on an ~ stomach** na czczo; *vt vi* opróżnić (się)
en•a•ble [ɪ`neɪbl] *vt* umożliwiać
en•am•el [ɪ`næməl] *s* emalia; lakier; *vt* emaliować; lakierować
en•chant [ɪn`tʃɑnt] *vt* oczarować
en•cir•cle [ɪn`sɜkl] *vt* okrążać, otaczać
en•close [ɪn`kləʊz] *vt* otaczać, ogrodzić; dołączać, załączać (*w liście*)
en•core [`ɔŋkɔ(r)] *int* bis!; *s* bis, bisowanie; **as <for> an ~** na bis
en•coun•ter [ɪn`kaʊntə(r)] *vt* spotkać, natknąć się (**sb <sth>** na kogoś <coś>); *s* spotkanie; zetknięcie się
en•cour•age [ɪn`kʌrɪdʒ] *vt* zachęcać; popierać; dodawać odwagi
en•cour•ag•ing [ɪn`kʌrɪdʒɪŋ] *adj* zachęcający
en•cy•clo•pae•di•a [ɪn'saɪklə`pidɪə] *s* encyklopedia
end [end] *s* koniec; resztka, końcówka; kres; cel; **in the ~** w końcu; **to this ~** w tym celu; *vt vi* zakończyć (się); **~ up** skończyć (**in sth** się czymś; **as sb** jako ktoś)
en•dan•ger [ɪn`deɪndʒə(r)] *vt* narażać na niebezpieczeństwo
en•deav•our [ɪn`devə(r)] *vi* usiłować, starać się (**to do sth** coś zrobić); *s* dążenie, usiłowanie, zabiegi
end•less [`endlɪs] *adj* nie kończący się, ustawiczny
en•dow [ɪn`daʊ] *vt* ufundować, zapisać (**sb with sth** coś komuś); wyposażyć; **be ~ed with talents** być obdarzonym zdolnościami
en•dow•ment [ɪn`daʊmənt] *s* wyposażenie, dotacja; *pl* **~s** zdolności
en•dur•able [ɪn`djʊərəbl] *adj* znośny
en•dur•ance [ɪn`djʊərəns]

s wytrzymałość, cierpliwość; **past <beyond> ~** nie do zniesienia

en•dure [ɪn`djʊə(r)] *vt* znosić, wytrzymywać (*trudności*); *vi* przetrwać

en•e•my [`enəmɪ] *s* wróg, przeciwnik

en•er•gy [`enədʒɪ] *s* energia

en•force [ɪn`fɔs] *vt* narzucać (**sth on <upon> sb** coś komuś); wymuszać

en•gage [ɪn`geɪdʒ] *vt vi* angażować (się); zatrudniać; zobowiązywać (się); *wojsk.* nawiązać walkę; zajmować (**sb in sth** kogoś czymś); **be ~d** brać udział, zajmować się (**in sth** czymś); **get ~d** zaręczyć się (**to sb** z kimś)

en•gage•ment [ɪn`geɪdʒmənt] *s* zobowiązanie; umowa; zatrudnienie; zaręczyny

en•gine [`endʒɪn] *s* silnik; lokomotywa

en•gi•neer ['endʒɪ`nɪə(r)] *s* inżynier; mechanik; technik; *am.* maszynista; *vt pot.* ukartować, uknuć

en•gi•neer•ing ['endʒɪ`nɪərɪŋ] *s* inżynieria; mechanika; **civil ~** inżynieria budowlana

Eng•lish [`ɪŋglɪʃ] *adj* angielski; *s* język angielski; *pl* **the ~** Anglicy

En•glish•man [`ɪŋglɪʃmən] *s* (*pl* **Englishmen** [`ɪŋglɪʃmən]) Anglik

En•glish•wom•an [`ɪŋglɪʃwʊmən] *s* (*pl* **Englishwomen** [`ɪŋglɪʃwɪmɪn]) Angielka

en•grave [ɪn`greɪv] *vt* wyryć; wygrawerować

en•hance [ɪn`hɑns] *vt* podnieść, wzmóc, polepszyć

e•nig•ma [ɪ`nɪgmə] *s* zagadka

en•joy [ɪn`dʒoɪ] *vt* znajdować przyjemność (**sth** w czymś); cieszyć się (*zdrowiem*); *vr* **~ o.s.** dobrze się bawić

en•joy•a•ble [ɪn`dʒoɪəbl] *adj* przyjemny

en•large [ɪn`lɑdʒ] *vt vi* powiększać (się); rozszerzać (się); rozwodzić się (**on sth** nad czymś)

En•light•en•ment [ɪn`laɪtnmənt] *s*: **the ~** Oświecenie
en•list [ɪn`lɪst] *vt* werbować; *vi* **~ in** zaciągać się do wojska
en•mi•ty [`enmɪtɪ] *s* wrogość
e•nor•mous [ɪ`nɔməs] *adj* ogromny
en•ough [ɪ`nʌf] *pron adv* dość, dosyć; **big ~** wystarczająco duży; **~ money** wystarczająca ilość pieniędzy; **~!** dosyć tego!
en•rich [ɪn`rɪtʃ] *vt* wzbogacać
en•rol [ɪn`rəʊl] *vt* zarejestrować; wciągnąć na listę; *vi* zapisać się (*na kurs, do szkoły*)
en•sure [ɪn`ʃʊə(r)] *vt* zapewnić
en•tail [ɪn`teɪl] *vt* pociągnąć za sobą, powodować
en•tan•gle [ɪn`tæŋgl] *vt* uwikłać, zaplątać
en•ter [`entə(r)] *vt vi* wchodzić; wjechać; przystępować (**sth** do czegoś); wstępować (**a university** na uniwersytet); *komp.* wprowadzać (*dane*); **~ into sth** wchodzić w coś (*np. w szczegóły*)
en•ter•prise [`entəpraɪz] *s* przedsięwzięcie; *handl.* przedsiębiorstwo
en•ter•tain ['entə`teɪn] *vt* zabawiać; przyjmować (*gości*); brać pod uwagę
en•ter•tain•ment ['entə`teɪnmənt] *s* rozrywka; przedstawienie
en•thu•si•asm [ɪn`θjuzɪæzəm] *s* entuzjazm
en•thu•si•as•tic [ɪn'θjuzɪ`æstɪk] *adj* zachwycony, entuzjastyczny, zapalony; **be ~** zachwycać się (**about <over> sth** czymś)
en•tire [ɪn`taɪə(r)] *adj* cały, całkowity
en•tire•ly [ɪn`taɪəlɪ] *adv* całkowicie; wyłącznie
en•ti•tle [ɪn`taɪtl] *vt* zatytułować; upoważnić (**sb to sth** kogoś do czegoś)
en•ti•ty [`entɪtɪ] *s* jednostka, wyodrębniona całość; istnienie, byt
en•trance [`entrəns] *s* wejście; wstęp; **~ exam-**

ination egzamin wstępny

en•trust [ɪn`trʌst] *vt* powierzyć (**sth to sb** coś komuś)

en•try [`entrɪ] *s* wejście, wjazd; hasło (*w słowniku, encyklopedii*); **no ~** zakaz wjazdu

e•nu•mer•ate [ɪ`njuməreɪt] *vt* wyliczać

en•ve•lope [`envələʊp] *s* koperta; otoczka

en•vi•ous [`envɪəs] *adj* zazdrosny, zawistny (**of sb <sth>** o kogoś <coś>)

en•vi•ron•ment [ɪn`vaɪrənmənt] *s* środowisko, otoczenie; **the ~** środowisko naturalne; **~ friendly** przyjazny dla środowiska

en•vi•rons [ɪn`vaɪrənz] *s pl* okolice

en•voy [`envoɪ] *s* wysłannik (*dyplomatyczny*)

en•vy [`envɪ] *s* zazdrość, zawiść; **green with ~** zielony z zazdrości; *vt* zazdrościć

ep•ic [`epɪk] *adj* epicki; wielki; wspaniały; *s* epika, epos, epopeja

ep•i•dem•ic [epɪ`demɪk] *s* epidemia

ep•i•lep•sy [`epɪlepsɪ] *s* epilepsja, padaczka

ep•i•logue [`epɪlog] *s* epilog

ep•i•sode [`epɪsəʊd] *s* epizod

e•poch [`ipok] *s* epoka

e•qual [`ikwl] *adj* równy; **on ~ terms** na równych prawach; *vt* równać się; dorównywać (**sb** komuś)

e•qual•i•ty [ɪ`kwolɪtɪ] *s* równość

e•qua•tor [ɪ`kweɪtə(r)] *s* równik

e•quip [ɪ`kwɪp] *vt* zaopatrzyć, wyposażyć (**with sth** w coś)

e•quip•ment [ɪ`kwɪpmənt] *s* wyposażenie, sprzęt

e•quiv•a•lent [ɪ`kwɪvələnt] *adj* równoważny, równowartościowy; *s* równoważnik, ekwiwalent

e•quiv•o•cal [ɪ`kwɪvəkl] *adj* dwuznaczny; **~ reply** wymijająca odpowiedź

e•ra [`ɪərə] *s* era

e•rase [ɪ`reɪz] *vt* wytrzeć

(*gumką*); *przen.* wymazać

e•raser [ɪ`reɪzə(r)] *s* gumka (*do wycierania*)

e•rect [ɪ`rekt] *vt* wyprostować; wznieść, zbudować; *adj* prosty, wyprostowany

e•rec•tion [ɪ`rekʃən] *s* budowa, wzniesienie; erekcja

e•rode [ɪ`rəʊd] *vt* żłobić, powodować erozję

e•rot•ic [ɪ`rotɪk] *adj* erotyczny

err [ɜ(r)] *vi* błądzić, mylić się

er•rand [`erənd] *s* sprawa do załatwienia, zlecenie; **run ~s** załatwiać sprawy

er•ra•tum [e`rɑtəm] *s* (*pl* **errata** [e`rɑtə]) błąd drukarski

er•ro•neous [ɪ`rəʊnjəs] *adj* mylny, błędny

er•ror [`erə(r)] *s* omyłka, błąd; **in ~** przez pomyłkę

er•u•di•tion ['erʊ`dɪʃən] *s* erudycja

e•rupt [ɪ`rʌpt] *vi* wybuchać

e•rup•tion [ɪ`rʌpʃən] *s* wybuch; *med.* wysypka

es•ca•late [`eskəleɪt] *vt* wzmagać; *vi* nasilać się, narastać

es•ca•la•tor [`eskəleɪtə(r)] *s* schody ruchome

es•cape [ɪ`skeɪp] *vi* uciec; uniknąć; *vt* uniknąć; **~ notice** umknąć uwadze; *s* ucieczka

es•cort [`eskɔt] *s* eskorta, konwój, straż; towarzystwo; *vt* [ɪ`skɔt] eskortować; towarzyszyć

es•pe•cial•ly [ɪ`speʃlɪ] *adv* specjalnie, w szczególności

es•pi•o•nage ['espɪə`nɑʒ] *s* szpiegostwo

es•py [ɪs`pɑɪ] *vt* spostrzegać; wypatrzyć; wyśledzić

es•say [`eseɪ] *s* szkic; esej; wypracowanie szkolne

es•sence [`esns] *s* istota, sedno; esencja; **in ~** w gruncie rzeczy

es•sen•tial [ɪ`senʃl] *adj* niezbędny; istotny, zasadniczy; *s pl* **~s** rzeczy niezbędne, najważniejsze informacje

es•tab•lish [ɪˋstæblɪʃ] *vt* zakładać; ustanawiać; ustalać; *vr* ~ **o.s.** urządzać się

es•tab•lish•ment [ɪˋstæblɪʃmənt] *s* założenie; ustanowienie; placówka, instytucja; **the Establishment** establishment

es•tate [ɪˋsteɪt] *s* posiadłość; majątek ziemski; **real** ~ nieruchomość; majątek osobisty

es•teem [ɪsˋtim] *vt* cenić, szanować; docenić; *s* szacunek

es•ti•mate [ˋestɪmeɪt] *vt* oszacować; *s* [ˋestɪmət] oszacowanie; ocena

es•ti•ma•tion [ˈestɪˋmeɪʃən] *s* obliczenia; oszacowanie; ocena, opinia; **in my** ~ w moim odczuciu

e•ter•nal [ɪˋtɜnl] *adj* wieczny

e•ter•ni•ty [ɪˋtɜnɪtɪ] *s* wieczność

eth•i•cal [ˋeθɪkl] *adj* etyczny

eth•ics [ˋeθɪks] *s* etyka

eu•pho•ri•a [jʊˋfɔrɪə] *s* euforia

eu•ro [ˈjʊərəʊ] *n* euro

Eu•ro•pe•an [ˈjʊərəˋpɪən] *s* Europejczyk; *adj* europejski

e•vac•u•ate [ɪˋvækjʊeɪt] *vt* ewakuować

e•vade [ɪˋveɪd] *vt* uchylać się (**sth** od czegoś); unikać

e•val•u•ate [ɪˋvæljʊeɪt] *vt* szacować; oceniać

e•van•gel•ic(al) [ˈivænˋdʒelɪk(l)] *adj* ewangeliczny; ewangelicki; *s* ewangelik

e•vap•o•rate [ɪˋvæpəreɪt] *vi* parować, ulatniać się

e•va•sive [ɪˋveɪsɪv] *adj* wymijający

eve [iv] *s* wigilia, przeddzień; **Christmas Eve** Wigilia

e•ven [ˋivn] *adv* nawet; ~ **if** nawet jeśli; ~ **though** chociaż, pomimo że; *adj* równy; płaski; gładki; parzysty; *vt vi*: ~ **out** wyrównywać (się)

eve•ning [ˋivnɪŋ] *s* wieczór; **in the** ~ wieczorem; **on Sunday** ~ w niedzielę wieczorem; ~ **dress** strój wieczorowy

e•vent [ɪˋvent] *s* wydarzenie; *sport.* konkurencja; **in the ~ of sth** w razie czegoś

e•ven•tu•al•ly [ɪˋventʃʊəlɪ] *adv* ostatecznie, w końcu

ev•er [ˋevə(r)] *adv* zawsze; kiedyś; kiedykolwiek; **for ~** na zawsze; **hardly ~** prawie nigdy

ev•er•last•ing [ˈevəˋlɑstɪŋ] *adj* wieczny; nieustanny

eve•ry [ˋevrɪ] *adj* każdy; **~ day** codziennie; **~ other** co drugi; **~ ten minutes** co dziesięć minut

eve•ry•bod•y [ˋevrɪbodɪ] *pron* każdy, wszyscy

eve•ry•day [ˋevrɪdeɪ] *adj attr* codzienny; zwykły, powszechny

eve•ry•one [ˋevrɪwʌn] *pron* każdy, wszyscy

eve•ry•thing [ˋevrɪθɪŋ] *pron* wszystko

eve•ry•where [ˋevrɪweə(r)] *adv* wszędzie

e•vic•tion [ɪˋvɪkʃən] *s* wysiedlenie, eksmisja

ev•i•dence [ˋevɪdəns] *s* dowód; materiał dowodowy; zeznanie

ev•i•dent [ˋevɪdənt] *adj* oczywisty, jawny (**to sb** dla kogoś)

e•vil [ˋivl] *adj* zły; *s* zło; **the lesser ~** mniejsze zło

e•voke [ɪˋvəʊk] *vt* wywoływać

e•vo•lu•tion [ˈivəˋluʃən] *s* ewolucja; rozwój

e•volve [ɪˋvolv] *vt vi* rozwijać (się); ewoluować

ewe [ju] *s* owca (*samica*)

ex•act [ɪgˋzækt] *adj* dokładny; *vt* egzekwować, wymagać

ex•ag•ger•ate [ɪgˋzædʒəreɪt] *vt vi* przesadzać, wyolbrzymiać

ex•alt [ɪgˋzɔlt] *vt* wywyższać, wynosić (*ponad innych*); wychwalać

ex•al•ta•tion [ˈegzɔlˋteɪʃən] *s* zachwyt, egzaltacja

ex•am [ɪgˋzæm] *s zob.* **examination**

ex•am•i•na•tion [ɪgˈzæmɪˋneɪʃən] *s* egzamin; badanie (*lekarskie*); przesłuchanie (*sądowe*); kontrola; **pass an ~** zdać egzamin; **take <sit> an ~** zdawać egzamin

ex•am•ine [ɪg`zæmɪn] *vt* analizować; badać; przesłuchiwać; egzaminować

ex•am•ple [ɪg`zɑmpl] *s* przykład, wzór; **for ~** na przykład; **set an ~** dawać przykład; **give an ~** podać przykład (**of sth** czegoś)

ex•ceed [ɪk`sid] *vt* przekraczać

ex•cel [ɪk`sel] *vt* przewyższać, prześcigać; *vi* celować (**in <at> sth** w czymś)

ex•cel•lent [`eksələnt] *adj* wspaniały, doskonały

ex•cept [ɪk`sept] *praep* oprócz, poza; **~ for** z wyjątkiem; *vt* wyłączyć, wykluczyć

ex•cept•ing [ɪk`septɪŋ] *praep* wyjąwszy, oprócz

ex•cep•tion [ɪk`sepʃən] *s* wyjątek; **without ~** bez wyjątku

ex•cerpt [`eksɜpt] *s* wyjątek, urywek, fragment (*utworu*)

ex•cess [ɪk`ses] *s* nadmiar; nadwyżka; *adj* nadmierny; **~ baggage** nadbagaż; **in ~ of** powyżej; *pl* **~s** ekscesy, wybryki

ex•cess•ive [ɪk`sesɪv] *adj* nadmierny; nieumiarkowany

ex•change [ɪks`tʃeɪndʒ] *s* wymiana; **foreign ~** waluta obca; wymiana walut; **stock ~** giełda; **~ rate** kurs walut; **in ~ for sth** w zamian za coś; *vt* wymieniać (**sth for sth** coś na coś)

ex•ci•ta•ble [ɪk`sɑɪtəbl] *adj* pobudliwy

ex•cite [ɪk`sɑɪt] *vt* podniecać

ex•cit•ed [ɪk`sɑɪtɪd] *adj* podniecony; **get ~** podniecić się

ex•cite•ment [ɪk`sɑɪtmənt] *s* podniecenie

ex•cit•ing [ɪk`sɑɪtɪŋ] *adj* emocjonujący, pasjonujący

ex•claim [ɪks`kleɪm] *vt vi* zawołać, wykrzykiwać

ex•cla•ma•tion ['eksklə`meɪʃən] *s* okrzyk; **~ mark** wykrzyknik

ex•clude [ɪk`sklud] *vt* wykluczać, wyłączać

ex•clu•sive [ɪks`klusɪv] *adj* wyłączny; ekskluzywny; wyborowy; **~ of** wyłączając
ex•cur•sion [ɪk`skɜʃən] *s* wycieczka
ex•cu•sa•ble [ɪks`kjuzəbl] *adj* wybaczalny
ex•cuse [ɪk`skjus] *s* wytłumaczenie; wymówka; usprawiedliwienie; *vt* [ɪk`skjuz] wybaczać; usprawiedliwiać; zwalniać (**from sth** z czegoś); **~ me!** przepraszam!
ex•e•cute [`eksɪkjut] *vt* dokonać, wykonać; stracić (*skazańca*)
ex•ec•u•tive [ɪg`zekjutɪv] *s* osoba na kierowniczym stanowisku; kierownictwo, zarząd; *adj* wykonawczy
ex•em•pli•fy [ɪg`zemplɪfaɪ] *vt* być przykładem; ilustrować (*przykładami*)
ex•empt [ɪg`zempt] *adj* uwolniony, zwolniony; *vt* zwalniać, uwolnić (**from sth** od czegoś)
ex•er•cise [`eksəsaɪz] *s* ćwiczenie; zadanie; praktykowanie; *woj.* manewry; **~ book** zeszyt szkolny; *vt vi* ćwiczyć; praktykować; korzystać (*z prawa do czegoś*)
ex•ert [ɪg`zɜt] *vt* wytężać (*siły*); dokładać starań; wywierać (*nacisk*); stosować
ex•hale [eks`heɪl] *vt* wydychać; wydzielać
ex•haust [ɪg`zɔst] *vt* wyczerpać; **be ~ed** być bardzo zmęczonym; *s* spaliny; *mot.* **~ (pipe)** rura wydechowa
ex•hib•it [ɪg`zɪbɪt] *vt vi* wystawiać, eksponować; okazywać (*uczucia*); *s* eksponat; dowód rzeczowy; *am.* wystawa, pokaz
ex•hi•bi•tion ['eksɪ`bɪʃən] *s* wystawa, pokaz; **make an ~ of o.s.** robić z siebie widowisko
ex•hil•a•rate [ɪg`zɪləreɪt] *vt* rozbawiać, rozweselać
ex•ile [`eksaɪl] *s* wygnanie, emigracja; uchodźca, wygnaniec; **in ~** na emigracji; *vt* skazywać na wygnanie, zsyłać
ex•ist [ɪg`zɪst] *vi* istnieć; egzystować

ex•ist•ence [ɪgˋzɪstəns] *s* istnienie, byt; egzystencja; **come into ~** zacząć istnieć, pojawić się
ex•it [ˋeksɪt] *s* wyjście; zjazd (*z autostrady*); *vi* wychodzić
ex•ot•ic [ɪgˋzotɪk] *adj* egzotyczny
ex•pand [ɪkˋspænd] *vt vi* powiększać (się); rozszerzać (się), rozprzestrzeniać (się); rozrastać (się); **~ on sth** omawiać coś szczegółowo
ex•panse [ɪksˋpæns] *s* przestrzeń
ex•pan•sion [ɪksˋpænʃən] *s* rozszerzenie; rozwinięcie; ekspansja; rozwój
ex•pan•sive [ɪksˋpænsɪv] *adj* ekspansywny; rozszerzalny; obszerny
ex•pect [ɪkˋspekt] *vt* oczekiwać, spodziewać się; przypuszczać
ex•pec•ta•tion ['ekspekˋteɪʃən] *s* oczekiwanie, nadzieja
ex•pe•di•ent [ɪksˋpidjənt] *adj* celowy, stosowny; korzystny, dogodny; *s* środek, sposób
ex•pe•di•tion ['ekspɪˋdɪʃən] *s* wyprawa, ekspedycja
ex•pel [ɪkˋspel] *vt* wypędzać; wydalać (*ze szkoły*)
ex•pend [ɪksˋpend] *vt* wydawać (*pieniądze*); zużywać
ex•pen•di•ture [ɪksˋpendɪtʃə(r)] *s* wydatek; zużycie
ex•pense [ɪkˋspens] *s* koszt, wydatek; **at the ~ of** kosztem
ex•pen•sive [ɪkˋspensɪv] *adj* drogi, kosztowny
ex•pe•ri•ence [ɪkˋspɪərɪəns] *s* doświadczenie, przeżycie; *vt* doświadczać, przeżywać
ex•per•i•ment [ɪkˋsperɪmənt] *s* doświadczenie, eksperyment; *vi* [ɪkˋsperɪment] eksperymentować, robić doświadczenia
ex•pert [ˋekspɜt] *s* ekspert, rzeczoznawca; *adj* biegły
ex•pi•ate [ˋekspɪeɪt] *vt* pokutować
ex•pire [ɪkˋspaɪə(r)] *vi* wygasać, tracić ważność

ex•pir•y [ɪks`paɪərɪ] *s* utrata ważności; ~ **date** data ważności
ex•plain [ɪk`spleɪn] *vt* wyjaśniać, tłumaczyć
ex•pla•na•tion ['eksplə`neɪʃən] *s* wyjaśnienie, wytłumaczenie
ex•pli•ca•ble [`eksplɪkəbl] *adj* wytłumaczalny
ex•pli•cit [ɪks`plɪsɪt] *adj* jasny, wyraźny; szczery
ex•plode [ɪks`pləʊd] *vi* wybuchnąć, eksplodować; *vt* wysadzać w powietrze; dokonać eksplozji
ex•ploit[1] [ɪks`ploɪt] *vt* wyzyskiwać; eksploatować
ex•ploit[2] [`eksploɪt] *s* wyczyn; czyn bohaterski
ex•plore [ɪk`splɔ(r)] *vt vi* badać, zgłębiać
ex•plo•sion [ɪk`spləʊʒən] *s* wybuch
ex•plo•sive [ɪks`pləʊsɪv] *adj* wybuchowy; *s* materiał wybuchowy
ex•port [ɪk`spɔt] *vt* eksportować; *s* [`ekspɔt] eksport
ex•pose [ɪks`pəʊz] *vt* wystawiać; odsłaniać; demaskować; *fot.* naświetlać
ex•po•si•tion ['ekspə`zɪʃən] *s* ekspozycja; wystawa; wyjaśnienie
ex•po•sure [ɪks`pəʊʒə(r)] *s* wystawienie; odsłonięcie; *fot.* czas naświetlania; klatka (*filmu*)
ex•press [ɪk`spres] *s* pociąg pospieszny; list ekspresowy; *adv* ekspresem; *adj* ekspresowy; wyraźny; *vt* wyrażać, okazywać; wysłać ekspresem; *vr* ~ **o.s.** wypowiedzieć się, wyrazić opinię
ex•pres•sion [ɪk`spreʃən] *s* wyrażenie, zwrot; wyraz (*twarzy*); wyrażenie się
ex•tend [ɪks`tend] *vt vi* rozciągać (się); rozszerzać (się); przedłużać (się); rozwijać (się)
ex•ten•sion [ɪk`stenʃən] *s* przedłużenie; rozszerzenie; dobudówka; numer wewnętrzny; *elektr.* ~ **cord** przedłużacz
ex•ten•sive [ɪks`tensɪv] *adj* rozległy, obszerny
ex•tent [ɪk`stent] *s* ob-

szar; rozmiar, zasięg; **to some ~** w pewnej mierze, do pewnego stopnia

ex•te•ri•or [ɪk`stɪərɪə(r)] *adj* zewnętrzny; *s* strona zewnętrzna; powierzchowność

ex•ter•nal [ɪk`stɜnl] *adj* zewnętrzny; **~ affairs** sprawy zagraniczne

ex•tinct [ɪks`tɪŋkt] *adj* wygasły; wymarły

ex•tinc•tion [ɪks`tɪŋkʃən] *s* wygaśnięcie; wymarcie, wyginięcie

ex•tin•guish [ɪks`tɪŋgwɪʃ] *vt* gasić; niszczyć

ex•tin•guish•er [ɪk`stɪŋgwɪʃə(r)] *s* gaśnica

ex•tor•tion [ɪks`tɔʃən] *s* wymuszenie

ex•tra[1] [`ekstrə] *adj* dodatkowy; nadzwyczajny, ekstra; *adv* dodatkowo; *s* dodatek, dopłata; statysta

ex•tra[2] [`ekstrə] *praef* poza; bardzo; **extramarital** pozamałżeński; **extrasour** bardzo kwaśny

ex•tract [ɪk`strækt] *vt* wyrywać; usuwać; wyciągać; *s* [`ekstrækt] urywek, fragment; ekstrakt, wyciąg

ex•trac•tion [ɪks`trækʃən] *s* wyjęcie, ekstrakcja; wydobycie; pochodzenie

ex•tra•or•di•na•ry [ɪk`strɔdənrɪ] *adj* nadzwyczajny, niezwykły

ex•trav•a•gant [ɪk`strævəgənt] *adj* rozrzutny; ekstrawagancki

ex•treme [ɪk`strim] *adj* krańcowy; skrajny, *s* kraniec; skrajność

ex•treme•ly [ɪk`strimlɪ] *adv* niezmiernie; nadzwyczajnie

ex•tri•cate [`ekstrɪkeɪt] *vt* wyplątać

ex•u•ber•ance [ɪg`zjubərəns] *s* obfitość, bogactwo; bujność

ex•ult [ɪg`zʌlt] *vi* radować się, triumfować (**at, in sth** z powodu czegoś)

eye [ɑɪ] *s* oko; ucho (*igielne*); **keep an ~** mieć na oku (**on sb** kogoś); *vt* mierzyć wzrokiem

eye•ball [`ɑɪbɔl] *s* gałka oczna

eye•brow [`ɑɪbrɑʊ] *s* brew; **~ pencil** kredka do brwi

eye•lash [ˋaılæʃ] *s* rzęsa
eye•lid [ˋaılıd] *s* powieka
eye•lin•er [ˋaılaınə(r)] *s* ołówek do oczu

F

fa•ble [feıbl] *s* bajka
fab•ric [ˋfæbrık] *s* tkanina; struktura
fab•ri•cate [ˋfæbrıkeıt] *vt* zmyślać; produkować
fab•u•lous [ˋfæbjuləs] *adj* bajeczny, baśniowy
fa•cade [fəˋsɑd] *s* fasada
face [feıs] *s* twarz; mina, wyraz twarzy; ściana (*domu, skały*); tarcza (*zegara*); **~ value** wartość nominalna; **in the ~ of** wobec, w obliczu (*czegoś*); **pull ~s** robić miny (**at sb** do kogoś); *vt* zwracać się twarzą (**sb <sth>** do kogoś <czegoś>); być zwróconym w kierunku; stawić czoło (**sth** czemuś)
fa•cial [ˋfeıʃl] *adj* do twarzy, na twarz; *s* kosmetyka twarzy
fa•cil•i•tate [fəˋsılıteıt] *vt* ułatwić
fa•cil•i•ty [fəˋsılıtı] *s* łatwość; zręczność; *pl* **facilities** udogodnienia; urządzenia
fact [fækt] *s* fakt; **as a matter of ~** w istocie, faktycznie; **in ~** faktycznie
fac•tor [ˋfæktə(r)] *s* czynnik
fac•to•ry [ˋfæktrı] *s* fabryka
fac•tu•al [ˋfæktʃʊəl] *adj* faktyczny
fac•ul•ty [ˋfækəltı] *s* zdolność, umiejętność; wydział (*na uczelni*); *am.* wykładowcy (*na uczelni*)
fad [fæd] *s* fantazja, chwilowa moda
fail [feıl] *vi* nie zdołać; nie udać się; zaniedbać; *pot.* oblać (*egzamin*); zrobić zawód (**sb** komuś); (*o zdrowiu*) pogarszać się

fail•ing [ˋfeɪlɪŋ] *s* słabość, wada; *praep*: **~ his assistance** bez jego pomocy; **~ that** jeśli to się nie uda

fail•ure [ˋfeɪljə(r)] *s* zaniedbanie; niepowodzenie; uszkodzenie; nieudacznik; **crop ~** nieurodzaj

faint [feɪnt] *adj* słaby; nikły; *vi* zemdleć

fair[1] [feə(r)] *adj* sprawiedliwy; uczciwy; spory; jasny; blond; (*o niebie*) pogodny; (*o stopniu*) dostateczny; **~ play** uczciwa gra

fair[2] [feə(r)] *s* jarmark; targi; *bryt.* (*także* **funfair**) wesołe miasteczko

fair•y [ˋfeərɪ] *s* wróżka; *adj* czarodziejski, bajeczny; **~ tale** bajka, baśń

faith [feɪθ] *s* wiara; ufność; **keep ~** dotrzymywać wiary (**with sb** komuś)

faith•ful [ˋfeɪθfʊl] *adj* wierny

fake [feɪk] *vt* fałszować, podrabiać; udawać; *s* falsyfikat; podróbka; *adj* podrabiany; udawany

fal•con [ˋfɔkən] *s* sokół

***fall** [fɔl], **fell** [fel], **fall•en** [ˋfɔlən] *vi* upadać; spadać; padać; **~ down** upadać; **~ for** dawać się nabrać; **~ asleep** zasnąć; **~ ill** zachorować; **~ in love** zakochać się (**with sb** w kimś); *s* upadek; spadek; *am.* jesień; *pl* **~s** wodospad

fall•en *zob.* **fall**; *adj* upadły; poległy; leżący

false [fɔls] *adj* fałszywy; obłudny; **~ teeth** sztuczna szczęka

fal•si•fy [ˋfɔlsɪfaɪ] *vt* fałszować

fal•ter [ˋfɔltə(r)] *vi* załamywać się; chwiać się na nogach; wahać się; łamać się (*o głosie*)

fame [feɪm] *s* sława

fa•mil•iar [fəˋmɪlɪə(r)] *adj* (dobrze) znany, znajomy; **be ~ with sth** dobrze coś znać

fam•i•ly [ˋfæmɪlɪ] *s* rodzina; **~ allowance** dodatek rodzinny; **~ name** nazwisko

fam•ine [`fæmɪn] *s* głód

fa•mous [`feɪməs] *adj* sławny, znany; ~ **for** słynny z

fan[1] [fæn] *s* wachlarz; wentylator; *vt* wachlować; rozniecać

fan[2] [fæn] *s pot.* entuzjasta, fan; *sport.* kibic

fa•na•tic [fə`nætɪk] *s* fanatyk

fa•nat•i•cal [fə`nætɪkl] *adj* fanatyczny

fan•ci•ful [`fænsɪful] *adj* fantazyjny; dziwaczny; kapryśny

fan•cy [`fænsɪ] *s* upodobanie; fantazja; kaprys; **take a** ~ upodobać sobie (**to sb <sth>** kogoś <coś>); *vt* mieć ochotę na; wyobrażać sobie; *bryt.* ~ **that!** coś takiego!; *adj attr* fantazyjny; ~ **dress** przebranie, kostium

fan•tas•tic [fæn`tæstɪk] *adj* fantastyczny

fan•ta•sy [`fæntəsɪ] *s* fantazja, wyobraźnia; marzenie

far [fɑ(r)] *adj* (*comp* **farther** [`fɑðə(r)] lub **further** [`fɜðə(r)], *sup* **farthest** [`fɑðɪst] lub **furthest** [`fɜðɪst]) daleki; *adv* daleko; ~ **too hot** o wiele za gorąco; **by** ~ zdecydowanie; **as ~ as...** aż do...; ~ **from it** bynajmniej; **so** ~ dotąd, dotychczas; **how ~?** jak daleko?

far•a•way [`fɑrəweɪ] *adj* daleki; odległy; nieobecny (*wzrok*)

farce [fɑs] *s* farsa

fare [feə(r)] *s* opłata za przejazd; **bill of** ~ menu; *vi pot.* iść, powodzić się

fare•well [feə`wel] *s* pożegnanie; *int* żegnaj(cie)!; *adj attr* pożegnalny

farm [fɑm] *s* gospodarstwo (*wiejskie*); farma; *vt vi* uprawiać (*ziemię*); prowadzić gospodarstwo (*rolne*)

farm•er [`fɑmə(r)] *s* rolnik, farmer

far•sight•ed ['fɑ`saɪtɪd] *adj* dalekowzroczny

far•ther *zob.* **far**

far•thest *zob.* **far**

fas•ci•nate [`fæsɪneɪt] *vt* urzekać, fascynować

fas•cis•m [ˈfæʃɪzm] *s* faszyzm

fas•cist [ˈfæʃɪst] *s* faszysta; *adj* faszystowski

fash•ion [ˈfæʃən] *s* moda; sposób; **after a ~** tak sobie, jako tako; **after the fashion of sb <sth>** na wzór, w stylu kogoś <czegoś>; **out of ~** niemodny; **in ~** w modzie

fash•ion•a•ble [ˈfæʃnəbl] *adj* modny

fast[1] [fɑst] *adj* szybki; **~ food** szybkie dania; **my watch is (five minutes) ~** mój zegarek spieszy się (pięć minut); *adv* szybko

fast[2] [fɑst] *adj* mocny, trwały; *adv* mocno, trwale

fast[3] [fɑst] *s* post; *vi* pościć

fast•en [ˈfɑsn] *vt* przymocować; zapinać; *vi* zapinać się

fast•en•er [ˈfæsnə(r)] *s* zapięcie

fat [fæt] *adj* gruby; tłusty; *s* tłuszcz

fa•tal [ˈfeɪtl] *adj* śmiertelny; zgubny, fatalny

fate [feɪt] *s* przeznaczenie, los

fa•ther [ˈfɑðə(r)] *s* ojciec

fa•ther-in-law [ˈfɑðərənlɔ] *s* teść

fa•ther•land [ˈfɑðəlænd] *s* ojczyzna

fa•ther•ly [ˈfɑðəlɪ] *adj* ojcowski; *adv* po ojcowsku

fa•tigue [fəˈtig] *s* znużenie, zmęczenie

fault [fɔlt] *s* błąd; usterka; wada; wina; **at ~** wadliwy; w błędzie; **find ~** krytykować, czepiać się (**with sb <sth>** kogoś <czegoś>)

fault•y [ˈfɔltɪ] *adj* wadliwy, błędny

fa•vo(u)r [ˈfeɪvə(r)] *s* przychylność; faworyzowanie; przysługa; **in ~** na korzyść, na rzecz; **ask a ~ of sb** poprosić kogoś o przysługę; **do sb a ~** oddać komuś przysługę; *vt* sprzyjać; faworyzować

fa•vour•a•ble [ˈfeɪvərəbl] *adj* życzliwy, przychylny, sprzyjający

fa•vour•ite [ˈfeɪvrɪt] *adj*

ulubiony; *s* ulubieniec, faworyt

fax [fæks] *vt* faksować; *s* faks; ~ **machine** faks (*urządzenie*)

fear [fɪə(r)] *s* strach; obawa; *vt* bać się, obawiać się; ~ **for sb** lękać się o kogoś

fear•ful [`fɪəfʊl] *adj* straszliwy, straszny; bojaźliwy, bojący się

fear•less [`fɪəlɪs] *adj* nieustraszony

fear•some [`fɪəsəm] *adj* okropny, straszny

fea•si•ble [`fizəbl] *adj* wykonalny

feast [fist] *s* święto; uroczystość; uczta; *vi* ucztować

feat [fit] *s* wyczyn

feath•er [`feðə(r)] *s* pióro (*ptasie*); *vi* opierzyć się

fea•ture [`fitʃə(r)] *s* cecha; obszerny artykuł (*w prasie lub TV*); ~ **film** film fabularny; *pl* ~**s** rysy twarzy; *vt* przedstawiać; *vt* grać pierwszoplanową rolę; odgrywać ważną rolę

Feb•ru•ar•y [`februərɪ] *s* luty

fed *zob.* **feed**

fee [fi] *s* opłata; honorarium; **entrance** ~ wpisowe

feeble [`fibl] *adj* słaby, kiepski, marny

***feed** [fid], **fed, fed** [fed] *vt* karmić, żywić; *vi* żywić się (**on sth** czymś); **be fed up** mieć dość (**with sth** czegoś)

***feel** [fil], **felt, felt** [felt] *vt vi* dotykać, macać; czuć (się); ~ **sorry for** współczuć; ~ **like** mieć ochotę (**sth** na coś); **I don't ~ like dancing** nie mam ochoty tańczyć; **it ~s cold here** tu jest zimno; **it ~s soft** to jest miękkie (*w dotyku*); *s* wyczucie, odczucie (*w dotyku*)

feel•ing [`filɪŋ] *s* czucie, dotyk; uczucie; wyczucie

feet *zob.* **foot**

fe•li•ci•tous [fɪ`lɪsɪtəs] *adj* szczęśliwy, udany, trafny

fell *zob.* **fall**

fel•low [`feləʊ] *s* towarzysz, kolega; *pot.* gość, facet; ~ **citizen** współobywatel; ~ **creature** bliźni
fel•low•ship [`feloʊʃɪp] *s* towarzystwo, związek; wspólnota; członkostwo
felt *zob.* **feel**
fe•male [`fimeɪl] *adj* żeński; samiczy; *s* kobieta; samica
fem•i•nine [`femənɪn] *adj* kobiecy; *gram.* żeński
fence [fens] *s* ogrodzenie, płot; *pot.* paser; *przen.* **sit on the** ~ zachowywać neutralność; *vi* uprawiać szermierkę; *vt* ogradzać; ~ **off** odgradzać
fend•er [`fendə(r)] *s am.* błotnik
fern [fɜn] *s* paproć
fe•ro•cious [fə`rəuʃəs] *adj* dziki, okrutny
fe•ro•ci•ty [fə`rosɪtɪ] *s* dzikość, okrucieństwo
fer•ry [`ferɪ] *s* prom; *vt vi* przeprawiać (się) promem
fer•tile [`fɜtaɪl] *adj* płodny; żyzny
ferti•ti•lize [`fɜtɪlaɪz] *vt* użyźniać, nawozić; zapłodnić; zapylić
ferti•ti•liz•er [`fɜtɪlaɪzə(r)] *s* nawóz
fer•vo(u)r [`fɜvə(r)] *s* ferwor, zapał, żarliwość
fes•ti•val [`festɪvəl] *s* święto; festiwal
fetch [fetʃ] *vt* przynieść; przywieźć; przyprowadzać; osiągnąć (*cenę*)
fe•ver [`fivə(r)] *s* gorączka; rozgorączkowanie
fe•ver•ish [`fivərɪʃ] *adj* gorączkowy, rozgorączkowany
few [fju] *adj pron* mało, niewiele; **a** ~ nieco, kilka
fi•an•cé [fɪ`aŋseɪ] *s* narzeczony
fi•an•cée [fɪ`aŋseɪ] *s* narzeczona
fi•bre [`faɪbə(r)] *s* włókno; błonnik
fic•tion [`fɪkʃən] *s* fikcja; beletrystyka
fic•ti•tious [fɪk`tɪʃəs] *adj* fikcyjny, zmyślony
fid•dle [`fɪdl] *s pot.* skrzypki; *pot.* szwindel; *vt vi* rzępolić; ~ **with sth** ba-

wić się czymś bezmyślnie

fid•dler [ˋfɪdlə(r)] *s* skrzypek, grajek

fi•del•i•ty [fɪˋdelɪtɪ] *s* wierność

field [fild] *s* pole; boisko; dziedzina; ~ **events** zawody lekkoatletyczne

fierce [fɪəs] *adj* srogi; dziki; zacięty; gwałtowny

fif•teen [ˋfɪfˋtin] *num* piętnaście

fif•teenth [ˋfɪfˋtinθ] *adj* piętnasty

fifth [fɪfθ] *adj* piąty

fif•ti•eth [ˋfɪftɪəθ] *adj* pięćdziesiąty

fif•ty [ˋfɪftɪ] *num* pięćdziesiąt; ~ ~ pół na pół

fig [fɪg] *s bot.* figa

***fight** [fɑɪt], **fought, fought** [fɔt] *vt vi* walczyć, zwalczać; bić się; ~ **back** bronić się, odpierać; *s* walka, bójka; kłótnia

fight•er [ˋfɑɪtə(r)] *s* żołnierz; bojownik; *lotn.* myśliwiec

fig•u•ra•tive [ˋfɪgərətɪv] *adj* przenośny, metaforyczny

fig•ure [ˋfɪgə(r)] *s* figura; postać; cyfra; wykres; *vi* figurować; pojawić się; *vt*: ~ **out** wymyślić, wykombinować; sądzić, myśleć

file [fɑɪl] *s* teczka; segregator; kartoteka; akta; *komp.* plik; **on** ~ w aktach; *vt* składać do akt; *prawn.* wnosić sprawę

fill [fɪl] *vt vi* napełniać (się); wypełniać (się); spełniać; plombować; ~ **in** wypełniać (*formularz);* zastępować (**for sb** kogoś); *s* ładunek, porcja; **eat <drink> one's** ~ najeść <napić> się do syta

fill•ing [ˋfɪlɪŋ] *s* materiał wypełniający; plomba; nadzienie

fill•ing sta•tion [ˋfɪlɪŋˋsteɪʃən] *s* stacja benzynowa

film [fɪlm] *s* film; błona; powłoka; *bryt.* ~ **star** gwiazda filmowa; *vt* filmować

fil•ter [ˋfɪltə(r)] *s* filtr; *vt* filtrować

filth [fɪlθ] *s* brud; sprośność

filth•y [ˋfɪlθɪ] *adj* brudny; sprośny

fi•nal [ˋfɑɪnəl] *adj* końcowy, ostateczny; *s* finał; *pl* **~s** egzaminy końcowe

fi•nal•i•ty [fɑɪˋnælɪtɪ] *s* nieodwołaność, ostateczność

fi•nance [ˋfɑɪnæns] (*także pl* **~s**) fundusze; *vt* [fɑɪˋnæns] finansować

fi•nan•cial [fɑɪˋnænʃəl] *adj* finansowy

***find** [fɑɪnd], **found, found** [faʊnd] *vt* znajdować; natrafiać; odkrywać; uważać za; **~ sb guilty** uznawać kogoś za winnego; **~ out** dowiadywać się, odkrywać; *s* odkrycie; znalezisko

find•ings [ˋfɑɪndɪŋz] *s pl* wyniki; wnioski

fine[1] [fɑɪn] *adj* piękny; drobny; delikatny; *pot.* świetny; **~ arts** sztuki piękne; *adv* pięknie; dobrze; drobno; *int* dobrze!

fine[2] [fɑɪn] *s* grzywna; *vt* ukarać grzywną

fin•ger [ˋfɪŋgə(r)] *s* palec (*u ręki*); *vt* dotykać palcami; *przen.* **cross one's ~s** trzymać kciuki (*za kogoś*)

fin•ish [ˋfɪnɪʃ] *vt vi* kończyć (się), przestać; **~ off** dokończyć; *s* koniec; wykończenie; *sport.* finisz

Finn [fɪn] *s* Fin

Fin•nish [ˋfɪnɪʃ] *adj* fiński; *s* język fiński

fir [fɜ(r)] *s* jodła

fire [ˋfɑɪə(r)] *s* ogień, pożar; *przen.* żar, zapał; **~ alarm** alarm przeciwpożarowy; **be on ~** płonąć; **be under ~** być pod ostrzałem; **catch ~** zapalić się; **set sth on ~** podpalić coś; *vt vi* strzelać (**sth at sb** z czegoś do kogoś); *pot.* zwalniać z pracy; rozpalać, inspirować

fire bri•gade [ˋfɑɪəbrɪgeɪd] *s* straż pożarna

fire ex•tin•guish•er [ˋfɑɪərɪkstɪŋgwɪʃə(r)] *s* gaśnica

fire•man [ˋfɑɪəmən] *s* strażak

fire•place [ˋfaɪəpleɪs] *s* kominek

fire•works [ˋfaɪəwɜks] *pl* fajerwerki, sztuczne ognie

firm[1] [fɜm] *adj* trwały, solidny; mocny, pewny; stanowczy

firm[2] [fɜm] *s* firma, przedsiębiorstwo

first [fɜst] *num adj* pierwszy; ~ **aid** pierwsza pomoc; ~ **floor** pierwsze piętro, *am.* parter; ~ **name** imię; *s*: **the first (to do sth)** pierwszy, który (coś zrobi/zrobił); **at** ~ z początku; *adv* najpierw, po pierwsze; po raz pierwszy; ~ **thing in the morning** z samego rana; ~ **of all** przede wszystkim

first•ly [ˋfɜstlɪ] *adv* po pierwsze, najpierw

first•rate ['fɜstˋreɪt] *adj* pierwszorzędny, pierwszej kategorii

fish [fɪʃ] *s* (*pl* ~**es** *lub* ~) ryba; *vt vi* łowić ryby

fish•er•man [ˋfɪʃəmən] *s* rybak

fish•ing [ˋfɪʃɪŋ] *s* rybołówstwo; wędkarstwo; połów; ~ **rod** wędka

fish•y [ˋfɪʃɪ] *adj* podejrzany

fist [fɪst] *s* pięść

fit[1] [fɪt] *vt* dostosować, dopasować; (*o ubraniu*) pasować; być odpowiednim (**sth** do czegoś); *vi* nadawać się (**into <for> sth** do czegoś); ~ **in** mieścić się; pasować; *adj* odpowiedni, nadający się (**for sth** do czegoś); w dobrej kondycji; **feel** ~ czuć się dobrze, być w formie; *s* dostosowanie, dopasowanie; krój (*ubrania*)

fit[2] [fɪt] *s* atak (*choroby, śmiechu*)

fit•ter [ˋfɪtə(r)] *s* monter

fit•ness [ˋfɪtnɪs] *s* sprawność, kondycja fizyczna; stosowność; ~ **club** siłownia

fit•ting [ˋfɪtɪŋ] *s* zmontowanie, zainstalowanie; wyposażenie; oprawa; *pl* ~**s** instalacje; armatura; przymiarka; ~ **room** przymierzalnia

fluff [flʌf] *s* puszek, meszek; *vt* wstrząsnąć (*poduszkę*); *pot.* zawalić (*egzamin*)
fluff•y [ˈflʌfɪ] *adj* puszysty
flu•id [ˈfluɪd] *adj* płynny; *s* płyn
flush [flʌʃ] *s* rumieniec; strumień (*wody*); rozkwit; sekwens (*w kartach*); *vt* tryskać; rumienić się; **~ the toilet** spuszczać wodę w toalecie; *adj* równy z (*w poziomie*); *pot.* nadziany (*forsą*)
flute [flut] *s* flet
flut•ter [flʌtə(r)] *vt vi* trzepotać (się); machać; (*o sercu*) kołatać; *s* trzepot, trzepotanie; poruszenie
flux [flʌks] *s* płynność; ciągłe zmiany
fly[1] [flɑɪ] *s* mucha
***fly**[2] [flɑɪ], **flew** [flu], **flown** [fləʊn] *vi vt* latać, fruwać; pilotować; przewozić drogą powietrzną; *pot.* uciekać; **~ a kite** puszczać latawca
fly•er [ˈflɑɪə(r)] *s* lotnik; ulotka
foam [fəʊm] *s* piana; *vi* pienić się
fo•cus [ˈfəukəs] *s* (*pl* **foci** [ˈfəʊsɑɪ] *lub* **~es**) skupienie (*uwagi*); *fot.* ostrość; *vt vi* ogniskować (się), skupiać (się)
foe [fəu] *s lit.* wróg
f(o)e•tus [ˈfitəs] *s* płód
fog [fog] *s* (*gęsta*) mgła; *vt* zamglić
fog•gy [ˈfogɪ] *adj* mglisty
foi•ble [ˈfoɪbl] *s* słabostka
fold [fəʊld] *vt vi* składać (się), zaginać (się); **~ in half** składać (się) na pół; *s* zagięcie; fałda, zakładka
folk [fəʊk] *s* ludzie; lud; *am.* rodzice, bliscy; *adj attr* ludowy
folk•lore [ˈfəʊklɔ(r)] *s* folklor
fol•low [ˈfoləʊ] *vt vi* iść (**sb** za kimś); śledzić; następować (**sth** po czymś); obserwować; *pot.* rozumieć; stosować się (**sth** do czegoś); **as ~s** jak następuje
fol•low•er [ˈfoləʊə(r)] *s* zwolennik; uczeń

fol•ly [`folɪ] *s* szaleństwo

fond [fond] *adj* czuły; miły; **be ~ of sb <sth>** lubić kogoś <coś>

fon•dle [`fondl] *vt* pieścić

food [fud] *s* żywność, jedzenie, pokarm

fool [ful] *s* głupiec, wariat; błazen; *vi* wygłupiać się; *vt* oszukiwać, nabierać; **make a ~ of o.s.** robić z siebie durnia; *pot.* **~ about <around>** obijać się; wygłupiać się

fool•ish [`fulɪʃ] *adj* głupi

foot [fʊt] *s* (*pl* **feet** [fit]) stopa; dół, spód; **on ~** piechotą, pieszo; **get to one's feet** wstawać

foot•ball [`fʊtbɔl] *s* piłka nożna, futbol

foot•wear [`fʊtweə(r)] *s* obuwie

for [fɔ(r),fə(r)] *praep* dla; z powodu; przez; do; z; po; co do; o; jak na; **~ all that** mimo wszystko; **~ ever** na zawsze; **~ good** na dobre; **~ instance <example>** na przykład; **what ~?** na co?, po co?; *conj* gdyż, bowiem

for•bade *zob.* **forbid**

***for•bid** [fə`bɪd], **for•bade** [fə`beɪd], **for•bid•den** [fə`bɪdn] *vt* zakazywać, zabraniać

force [fɔs] *s* siła; przemoc; *pl* **the ~s** siły zbrojne; **by ~** siłą; **in ~** licznie; *vt* zmuszać; narzucać; **~ a smile** zmuszać się do uśmiechu; **~ the door** wyważać drzwi

fore [fɔ(r)] *s* przód, przednia część; **to the ~** ku przodowi, na przodzie, na widoku; *adj* przedni

fore•arm [`fɔrɑm] *s* przedramię

***fore•cast** [`fɔkɑst], **~**, **~** *lub* **~ed, ~ed** [`fɔkɑstɪd] *vt* przewidywać, zapowiadać; *s* przewidywanie, prognoza

fore•ground [`fɔgraʊnd] *s* pierwszy plan

fore•head [`forɪd] *s* czoło

for•eign [`forɪn] *adj* obcy, zagraniczny; **~ exchange** wymiana walut

for•eign•er [`forınə(r)] *s* obcokrajowiec, cudzoziemiec
***fore•see** [fɔ`si], **fore•saw** [fɔ `sɔ], **fore•seen** [fɔ`sin] *vt* przewidywać
fore•seen *zob.* **foresee**
for•est [`forıst] *s* las
for•est•er [`fɔrıstə(r)] leśniczy
fore•taste [`fɔteıst] *s* przedsmak
***fore•tell** [fɔ`tel], **fore•told, fore•told** [fɔ`təʊld] *vt* przepowiadać
for•ev•er [fə`revə(r)] *adv* na zawsze, zawsze
fore•word [`fɔwɜd] *s* wstęp, przedmowa
for•feit [`fɔfıt] *vt* tracić, zaprzepaszczać; *s* przepadek (*mienia*); zastaw, fant
for•gave *zob.* **forgive**
forge [`fɔdʒ] *s* kuźnia; *vt* kuć; fałszować, podrabiać
for•ger [`fɔdʒə(r)] *s* fałszerz
for•ger•y [`fɔdʒərı] *s* fałszerstwo
***for•get** [fə`get], **for•got** [fə`got], **for•got•ten** [fə`gotn] *vt vi* zapominać; pomijać
for•get•ful [fə`getfʊl] *adj* zapominający; nie zważający (**of sth** na coś); *pot.* zapominalski
***for•give** [fə`gıv], **for•gave** [fə`geıv], **for•given** [fə`gıvn] *vt* przebaczać, wybaczać
for•got *zob.* **forget**
for•got•ten *zob.* **forget**
fork [fɔk] *s* widelec; widły; rozwidlenie; *vt* rozwidlać się; *pot.* **~ out** wybulić *pot.*
for•lorn [fə`lɔn] *adj* opuszczony; beznadziejny; rozpaczliwy
form [fɔm] *s* forma, postać; formularz; przyjęta forma; *szk.* klasa; **in the ~ of sth** w kształcie czegoś; *vt vi* tworzyć (się), kształtować (się)
for•mal [`fɔməl] *adj* formalny; oficjalny
for•mal•i•ty [fɔ`mælıtı] *s* formalność; etykieta
for•ma•tion [fɔ`meıʃən] *s* formowanie, kształtowanie, tworzenie; formacja
for•mer [`fɔmə(r)] *adj* daw-

ny, były; *s* (ten) pierwszy (*z dwóch*)
for•mi•da•ble [`fɔmɪdəbl] *adj* straszny, groźny
form•less [`fɔmlɪs] *adj* bezkształtny
for•mu•la [`fɔmjʊlə] *s* (*pl* **formulae** [`fɔmjʊli] *lub* **formulas** [`fɔmjʊləs]) formułka; przepis; *mat.*, *chem.* wzór
for•mu•late [`fɔmjʊleɪt] *vt* formułować
***for•sake** [fə`seɪk], **forsook** [fə`sʊk], **for•saken** [fə`seɪkən] *vt* opuszczać, porzucać; zaniechać (**sth** czegoś)
forth [`fɔθ] *adv* naprzód; **and so ~** i tak dalej
forth•com•ing [fɔθ`kʌmɪŋ] *adj* zbliżający się; (*o książce*) mający się ukazać
for•ti•eth [`fɔtɪəθ] *adj* czterdziesty
for•tress [`fɔtrɪs] *s* forteca
for•tu•nate [`fɔtʃənɪt] *adj* szczęśliwy, pomyślny
for•tu•na•te•ly [`fɔtʃənətlɪ] *adv* na szczęście, szczęśliwie
for•tune [`fɔtʃən] *s* fortuna, majątek; szczęście, los; **tell sb's ~** przepowiadać komuś przyszłość
for•tune-tell•er [`fɔtʃən'telə(r)] *s* wróżbita; wróżka
for•ty [`fɔtɪ] *num* czterdzieści
for•ward [`fɔwəd] *adj* przedni; skierowany do przodu; śmiały; *adv* (*także* **~s**) naprzód; do przodu; **come ~** wystąpić; zgłosić się; *vt* wysyłać (dalej); *s sport.* napastnik
for•wards *zob.* **forward** *adv*
fos•sil [`fosl] *s* skamielina
fos•ter [`fostə] *adj*: **~ parents** przybrani rodzice; **~ child** przybrane dziecko
fought *zob.* **fight**
foul [faʊl] *adj* wstrętny, paskudny; cuchnący; sprośny; *s sport.* faul; *vt vi* faulować; zanieczyszczać, brudzić; *pot.* **~ sth up** popsuć coś (*np. okazję*)
found[1] *zob.* **find**
found[2] [faʊnd] *vt* kłaść fundament; zakładać,

ustanawiać; opierać (*na faktach*)

foun•da•tion [faʊnˈdeɪʃən] *s* podstawa, fundament; założenie (*spółki*); fundacja; *pl* **~s** fundamenty

found•er [ˈfaʊndə(r)] *s* założyciel

found•ling [ˈfaʊndlɪŋ] *s* podrzutek, znajda

foun•tain [ˈfaʊntɪn] *s* fontanna

foun•tain pen [ˈfaʊntɪn'pen] *s* wieczne pióro

four [fɔ(r)] *num* cztery

four•fold [ˈfɔfəʊld] *adj* czterokrotny; *adv* czterokrotnie

four•teen [fɔˈtin] *num* czternaście

four•teenth [ˈfɔˈtinθ] *adj* czternasty

fourth [fɔθ] *adj* czwarty

fourth•ly [ˈfɔθlɪ] *adv* po czwarte

fowl [faʊl] *s* ptak; *zbior.* drób, ptactwo

fox [foks] *s* lis

frac•tion [ˈfrækʃən] *s* ułamek; część

frac•ture [ˈfræktʃə(r)] *s* złamanie; *vt vi* złamać (się)

frag•ile [ˈfrædʒaɪl] *adj* kruchy, łamliwy; wątły, delikatny

frag•ment [ˈfrægmənt] *s* fragment; skrawek

fra•grance [ˈfreɪgrəns] *s* zapach

fra•grant [ˈfreɪgrənt] *adj* pachnący (**of <with>** czymś)

frail [freɪl] *adj* kruchy; słaby; wątły

frame [freɪm] *s* rama, oprawa; struktura, szkielet; system; *vt* oprawiać (*w ramę*); formułować, tworzyć; konstruować; *pot.* wrobić (*kogoś w coś*)

frame•work [ˈfreɪmwək] *s* struktura; szkielet, zarys

frank [fræŋk] *adj* otwarty, szczery

frank•fur•ter [ˈfræŋkfɜtə(r)] *s* (cienka) parówka

frank•ly [ˈfræŋklɪ] *adv* szczerze, otwarcie; szczerze mówiąc

fran•tic [ˈfræntɪk] *adj* szalony, oszalały

fra•ter•nal [frəˋtɜnəl] *adj* braterski, bratni
fra•ter•ni•ty [frəˋtɜnɪtɪ] *s* braterstwo; bractwo
fraud [frɔd] *s* oszustwo; oszust
freak [frik] *s* wybryk (*natury*); dziwak, ekscentryk; *adj* dziwaczny
freck•le [ˋfrekl] *s* pieg, plamka; *vt vi* pokryć (się) piegami
free [fri] *adj* wolny; swobodny; bezpłatny; **for ~** za darmo; **~ will** wolna wola; *vt* uwolnić, wyzwolić
free•dom [ˋfridəm] *s* wolność; swoboda; prawo (**of sth** do czegoś)
free•lance [ˋfrilɑns] *adj* niezależny, nie zatrudniony na stałe
***freeze** [friz], **froze** [frəʊz], **fro•zen** [ˋfrəʊzn] *vi* marznąć, zamarzać; zamierać w bezruchu; *vt* zamrażać; **~ to death** zamarznąć na śmierć; *s* przymrozek; zamrożenie (*cen*)
freez•er [ˋfrizə(r)] *s* chłodnia; zamrażarka
freight [freɪt] *s* fracht; ładunek; *am.* **~ car** wagon towarowy
French [frentʃ] *adj* francuski; *s* język francuski; **take ~ leave** wyjść po angielsku; **~ loaf** bagietka; *am.* **~ fries** frytki
French•man [ˋfrentʃmən] *s* (*pl* **Frenchmen** [ˋfrentʃmən]) Francuz
French•wo•man [ˋfrentʃwʊmən] *s* (*pl* **Frenchwomen** [ˋfrentʃwɪmɪn]) Francuzka
fren•zy [ˋfrenzɪ] *adj* szaleństwo; szał
fre•quen•cy [ˋfrikwənsɪ] *s* częstość; częstotliwość
fre•quent [ˋfrikwənt] *adj* częsty; *vt* [frɪˋkwent] uczęszczać, bywać
fresh [freʃ] *adj* świeży; nowy; **~ water** słodka woda
Fri•day [ˋfrɑɪdɪ] *s* piątek; **Good ~** Wielki Piątek
friend [frend] *s* przyjaciel, kolega; **be ~s** przyjaźnić się (**with sb** z kimś); **make ~s** zaprzyjaźnić się

friend•ly [ˋfrendlɪ] *adj* przyjazny, przychylny
friend•ship [ˋfrendʃɪp] *s* przyjaźń
fright [frɑɪt] *s* strach; **stage ~** trema; **take ~** przestraszyć się (**at sth** czegoś)
fright•en [ˋfrɑɪtn] *vt* nastraszyć, przerazić
fright•ful [ˋfrɑɪtfʊl] *adj* straszny, przerażający
fri•gid [ˋfrɪdʒɪd] *adj* zimny; oziębły
fringe [frɪndʒ] *s* frędzla; grzywka; skraj; *pl* **~s** obrzeża; *vt* obszyć frędzlami; graniczyć
friv•o•lous [ˋfrɪvələs] *adj* frywolny; lekkomyślny; błahy
fro [frou] *adv*: **to and ~** tam i z powrotem
frock [frok] *s* suknia, sukienka; habit; sutanna
frog [frog] *s* żaba
from [from, frəm] *praep* od, z, ze; **~ school** ze szkoły; **~ you** od ciebie
front [frʌnt] *s* przód; front, linia ognia; *przen.* **in ~ of** przed; *adj attr* frontowy, przedni
fron•tier [ˋfrʌntɪə(r)] *s* granica
frost [frost] *s* szron; mróz; *vt vi* pokrywać (się) szronem
frost•bite [ˋfrostbɑɪt] *s* odmrożenie
frost•y [ˋfrostɪ] *adj* mroźny, lodowaty
froth [froθ] *s* piana; *przen.* czcze słowa; *vt* pienić się
frown [frɑʊn] *vi* marszczyć brwi, krzywić się (*na coś*); *s* zmarszczenie brwi; wyraz dezaprobaty
froze *zob.* **freeze**
fru•gal [ˋfrʊgəl] *adj* oszczędny (**of sth** w czymś); (*o jedzeniu*) skromny
fruit [frʊt] *s* owoc; *zbior.* owoce; *vi* owocować
fruit•ful [ˋfrʊtfʊl] *adj* owocny; płodny
frus•trate [frʌsˋtreɪt] *vt* zniweczyć; udaremnić
fru•strat•ed [frʌsˋtreɪtɪd] *adj* sfrustrowany
fry [frɑɪ] *vt vi* smażyć (się)
fry•ing pan [ˋfrɑɪɪŋ'pæn] *s* patelnia
fu•el [ˋfjʊəl] *s* opał, paliwo
fuck [fʌk] *vt wulg.* pierdolić; pieprzyć; **~ off!**

odpierdol się!; *s wulg.* pieprzenie; *int wulg.* kurwa!
ful•fil(l) [fʊl`fɪl] *vt* spełniać
ful•fil(l)•ment [fʊl`fɪlmənt] *s* spełnienie; wypełnienie; wykonanie
full [fʊl] *adj* pełny; najedzony; kompletny; ~ **up** przepełniony; ~ **time** na pełnym etacie; ~ **stop** kropka; *adv* wprost, bezpośrednio; *s*: **in** ~ w całości
ful•ly [`fʊlɪ] *adv* w pełni, całkowicie
fum•ble [`fʌmbl] *vi* szperać, grzebać (*niezdarnie*) (**at <in, with> sth** w czymś); ~ **with sth** bawić się czymś
fun [fʌn] *s* zabawa; **have** ~ dobrze się bawić; **for** ~ dla rozrywki; **make** ~ żartować sobie (**of sb <sth>** z kogoś <czegoś>)
func•tion [`fʌŋkʃən] *s* funkcja, czynność; *vi* funkcjonować, działać
fund [fʌnd] *s* fundusz; zapas, rezerwa; *pl* ~**s** fundusze; *vt* finansować
fun•da•men•tal ['fʌndə`mentl] *adj* podstawowy; *s pl* ~**s** podstawy, zasady
fu•ner•al [`fjunərəl] *s* pogrzeb; ~ **home** dom pogrzebowy
fun•gus [`fʌngəs] *s pl* **fungi** [`fʌŋgɑɪ], ~**es** *bot.* grzyb
fun•ny [`fʌnɪ] *adj* zabawny, wesoły, śmieszny; dziwny
fur [fɜ(r)] *s* sierść, futro; ~ **coat** futro (*płaszcz*)
fu•ri•ous [`fjʊərɪəs] *adj* wściekły, szalony
fur•nish [`fɜnɪʃ] *vt* meblować; wyposażać; zaopatrywać (**with sth** w coś)
fur•ni•ture [`fɜnɪtʃə(r)] *s zbior.* meble; **piece of** ~ mebel
fur•ther[1] *zob.* **far**
fur•ther[2] [`fɜðə(r)] *vt* popierać
fur•ther•more ['fɜðə`mɔ(r)] *adv* co więcej, ponadto
fur•thest *zob.* **far**
fu•ry [`fjʊərɪ] *s* szał, furia; **fly into a** ~ wpadać w szał

fuse [fjuz] *s* bezpiecznik; zapalnik; *vt vi* stopić (się); łączyć się

fu•sion [`fjuʒən] *s* fuzja, zlanie się

fuss [fʌs] *s* zamieszanie; krzątanina; *vi* robić zamieszanie (**about sth** z powodu czegoś); *vt* zawracać głowę; niepokoić; **make a ~** robić zamieszanie (**of sb** wokół kogoś)

fuss•y [`fʌsɪ] *adj* hałaśliwy; kapryśny, wybredny; drobiazgowy

fu•tile [`fjutaɪl] *adj* daremny, próżny; nieistotny

fu•ture [`fjutʃə(r)] *s* przyszłość; **in the ~** w przyszłości; *adj* przyszły

G

gag [gæg] *vt* kneblować; *vi* krztusić się; *s* knebel

gai•e•ty [`geɪətɪ] *s* wesołość

gai•ly [`geɪlɪ] *adv* wesoło

gain [geɪn] *vt vi* zyskiwać; zdobywać; przybierać (*na wadze*); **~ ground** zdobywać popularność; *s* zysk, korzyść; wzrost

gale [geɪl] *s* wichura; wybuch śmiechu; poryw wiatru

gal•lant [`gælənt] *adj* dzielny, rycerski; szarmancki; wytworny

gal•lan•try [`gæləntrɪ] *s* dzielność, waleczność; rycerskość

gal•ler•y [`gælərɪ] *s* galeria; balkon (*w teatrze*)

gal•lon [`gælən] *s* galon

gal•lop [`gæləp] *s* galop; *vi* galopować

gal•lows [`gæləuz] *s* szubienica

gam•ble [`gæmbl] *vi* uprawiać hazard; ryzykować; **~ away one's fortune** przegrać majątek; *s* hazard; ryzyko

gam•bler [`gæmblə(r)] *s* hazardzista

game [geɪm] *s* gra; zabawa; *sport.* mecz; dziczyzna; *pl* **Olympic Games** igrzyska olimpijskie

gan•der [`gændə(r)] *s zool.* gąsior

gang [gæŋ] *s* banda, szajka; grupa (*ludzi*); brygada (*robotników*)

gang•ster [`gæŋstə(r)] *s* gangster

gang•way [`gæŋweɪ] *s* przejście (*w kinie, pociągu*); trap

gaol [dʒeɪl] *s bryt.* więzienie

gap [gæp] *s* luka, przerwa; odstęp; *przen.* przepaść

ga•rage [`gærɑʒ, gə`rɑʒ] *s* garaż; warsztat samochodowy; *vt* garażować

gar•bage [`gɑbɪdʒ] *s am. zbior.* odpadki, śmieci; bzdury; szmira; *am.* **~ can** pojemnik na śmieci

gar•den [`gɑdn] *s* ogród; *vi* pracować w ogrodzie

gar•den par•ty [`gɑdnpɑtɪ] *s* przyjęcie na wolnym powietrzu

gar•gle [`gɑgl] *vt vi* płukać gardło; *s* płukanie gardła

gar•land [`gɑlənd] *s* wieniec, girlanda; *vt* ozdobić wieńcem <girlandą>

gar•lic [`gɑlɪk] *s* czosnek; **clove of ~** ząbek czosnku

gar•ment [`gɑmənt] *s* część garderoby; *pl* **~s** odzież

gar•nish [`gɑnɪʃ] *vt* garnirować; ozdabiać; *s kulin.* przybranie, garnirunek

gas [gæs] *s* gaz; *am. pot.* benzyna; *vt* zagazować, zatruć gazem; *am.* **~ station** stacja benzynowa

gas•o•line [`gæsəlin] *s am.* benzyna

gas me•ter [`gæsmɪtə(r)] *s* gazomierz

gasp [gɑsp] *vi* chwytać <łapać> powietrze; ciężko oddychać; *s* łapanie tchu; chwytanie powietrza; **at one's last ~** u kresu sił

gas•tric [`gæstrɪk] *adj* żołądkowy; gastryczny

gate [geɪt] *s* brama, furtka

gate•way [`geɪtweɪ] *s* wejście, wjazd

gath•er [`gæðə(r)] *vt vi* zbie-

rać (się); sądzić; wnioskować
gath•er•ing [ˋgæðərɪŋ] *s* zebranie; zgromadzenie
gauge [geɪdʒ] *s* przyrząd pomiarowy; miernik; kaliber; *vt* mierzyć; szacować
gauze [ˋgɔz] *s* gaza
gave *zob.* **give**
gay [geɪ] *adj* homoseksualny; gejowski; *s* homoseksualista, gej
gaze [geɪz] *vi* wpatrywać się, gapić się (**at sth** na coś); *s* uporczywe spojrzenie
gear [gɪə(r)] *s* przekładnia; *mot.* bieg; *zbior.* sprzęt; *mot.* ~ **lever <stick>** dźwignia zmiany biegów
gear•box [ˋgɪəboks] *s mot.* skrzynia biegów
geese *zob.* **goose**
gem [dʒem] *s* klejnot; kamień szlachetny
gem•stone [ˋdʒemstəʊn] *s* kamień szlachetny
gen•der [ˋdʒendə(r)] *s gram.* rodzaj
gene [dʒin] *s biol.* gen
gen•e•ral [ˋdʒenərl] *adj* ogólny; powszechny; główny; ~ **practitioner** internista; *am.* ~ **delivery** poste restante; *s* generał; **in** ~ ogólnie; zwykle
gen•e•ral•ize [ˋdʒenrəlaɪz] *vt vi* uogólniać
gen•er•al•ly [ˋdʒenrəlɪ] *adv* ogólnie; powszechnie; zazwyczaj
gen•e•rate [ˋdʒenəreɪt] *vt* wytwarzać, produkować, *przen.* rodzić
gen•e•ra•tion [ˈdʒenəˋreɪʃən] *s* pokolenie, generacja; wytwarzanie; ~ **gap** luka pokoleniowa
gen•e•ra•tor [ˋdʒenəreɪtə(r)] *s techn.* generator, prądnica
gen•e•ros•i•ty [ˈdʒenəˋrosɪtɪ] *s* hojność; wspaniałomyślność; wielkoduszność
gen•er•ous [ˋdʒenərəs] *adj* wspaniałomyślny; wielkoduszny; hojny
gen•e•sis [ˋdʒenɪsɪs] *s* geneza
ge•net•ics [dʒɪˋnetɪks] *s* genetyka
ge•nial [ˋdʒɪnɪəl] *adj* mi-

ły; uprzejmy; towarzyski

gen•i•tals [`dʒenɪtlz] *s pl anat.* genitalia

ge•nius [`dʒinɪəs] *s* geniusz, talent; człowiek genialny

gent [dʒent] *s pot.* mężczyzna; **the ~s** (toaleta) dla panów

gen•tle [`dʒentl] *adj* delikatny, łagodny

gen•tle•man [`dʒentlmən] *s* (*pl* **gentlemen** [`dʒentlmən]) dżentelmen; pan; mężczyzna

gen•u•ine [`dʒenjʊɪn] *adj* prawdziwy, autentyczny; szczery

ge•og•ra•phy [dʒɪ`ogrəfɪ] *s* geografia

ge•ol•o•gy [dʒɪ`olədʒɪ] *s* geologia

ge•om•e•try [dʒɪ`omətrɪ] *s* geometria

germ [dʒɜm] *s* zalążek; zarazek

Ger•man [`dʒɜmən] *adj* niemiecki; *s* Niemiec; język niemiecki

ges•ture [`dʒestʃə(r)] *s* gest

***get** [get], **got, got** [got] *lub am.* **got•ten** [gotn] *vt vi* dostawać; nabywać, brać; przynosić, dostarczać; dostawać się, dochodzić; stawać się; **~ sb to do sth** nakłonić kogoś, żeby coś zrobił; **~ one's hair cut** ostrzyc sobie włosy; **~ sth ready** przygotować coś; **I have got = I have; have you got a watch?** czy masz zegarek?; **I have got to = I must; it has got to be done** to musi być zrobione; **~ to know** dowiedzieć się; **~ married** ożenić się, wyjść za mąż; **~ dressed** ubrać się; **~ rid** pozbyć się (**of sb <sth>** kogoś <czegoś>); **~ old** zestarzeć się; **~ ready** przygotować się; **it's getting late** robi się późno; **~ along** dawać sobie radę; posuwać (się); być w przyjacielskich stosunkach; **~ away** wyrwać się; uciekać; **~ back** wracać; odzyskiwać; **~ down** połykać; zanotować; przygnębiać; zabierać się (**to**

sth do czegoś); **~ in** przybywać, przyjeżdżać; zbierać (*zboże*); wzywać (*hydraulika*); **~ into** wsiadać (**the car** do samochodu); **~ off** wysiadać (**the bus** z autobusu); zdejmować (*ubranie*); **~ on** wsiadać (**the bus** do autobusu); posuwać się naprzód; być w dobrych stosunkach; **easy to ~ on with** łatwy w pożyciu; **~ out** wydostać (się); wysiadać (**of the car** z samochodu); wyjść na jaw; **~ through** przejść, przebrnąć (**sth** przez coś); połączyć się (*telefonicznie*); **~ together** zbierać (się), schodzić się; **~ up** podnosić (się), wstawać

ghast•ly [`gɑstlɪ] *adj* okropny, upiorny; upiornie blady

ghost [gəʊst] *s* duch; upiór widmo; **the Holy Ghost** Duch Święty; *vt*: **~ sb's books** pisać za kogoś książki

gi•ant [`dʒɑɪənt] *s* olbrzym; *adj attr* olbrzymi

gibe [dʒɑɪb] *vi* kpić (**at sb** z kogoś); *s* kpina

gid•dy [`gɪdɪ] *adj* zawrotny; oszołomiony; **feel ~** mieć zawrót głowy

gift [gɪft] *s* prezent; talent (**for sth** do czegoś)

gift•ed [`gɪftɪd] *adj* utalentowany

gi•gan•tic [dʒɑɪ`gæntɪk] *adj* olbrzymi, gigantyczny

gig•gle [`gɪgl] *vi* chichotać; *s* chichot

gild [gɪld] *vt* złocić, pozłacać

gills [gɪlz] *s pl* skrzela

gilt [gɪlt] *adj* pozłacany; *s* pozłota

gin [dʒɪn] *s* dżin

gin•ger [`dʒɪndʒə(r)] *s* imbir; *adj* rudy

gip•sy [`dʒɪpsɪ] *s* Cygan, Cyganka

gi•raffe [dʒɪ`rɑf] *s* żyrafa

girl [gɜl] *s* dziewczynka, dziewczyna; **Girl Guide** <*am.* **Girl Scout**> harcerka

girl•friend [`gɜlfrend] *s*

sympatia, dziewczyna; *am.* koleżanka

gist [dʒɪst] *s* sedno, istota rzeczy

***give** [gɪv], **gave** [geɪv], **giv•en** [`gɪvn] *vt* dawać; ~ **ground** cofać się, ustępować; ~ **rise** dawać początek (**to sth** czemuś); ~ **way** ustępować z drogi; ~ **away** rozdawać; wyjawiać (*sekret*); ~ **back** oddawać; ~ **in** poddawać się; wręczać, podawać; ~ **off** wydzielać (*zapach*); ~ **up** rezygnować; rzucać, porzucać

giv•en *zob.* **give**

gla•cier [`glæsɪə(r)] *s* lodowiec

glad [glæd] *adj* zadowolony; wdzięczny (**of sth** za coś); **I'm ~ to see you** cieszę się, że cię widzę

glam•our [`glæmə(r)] *s* urok, blask, świetność

glance [glɑns] *vi* zerkać (**at sth** na coś); *s* zerknięcie; **at first ~** na pierwszy rzut oka

gland [glænd] *s anat.* gruczoł

glare [gleə(r)] *vi* błyszczeć, jasno świecić, razić; patrzeć (*ze złością*); *s* blask; dzikie spojrzenie

glass [glɑs] *s* szkło; szklanka; kieliszek; *pl* **~es** okulary; **sun ~es** okulary słoneczne

glass•house [`glɑshɑʊs] *s* cieplarnia, szklarnia

glaze [gleɪz] *s* szkliwo; polewa, glazura; *vt* oszklić; pokryć szkliwem <polewą>; **~d** *adj* szklisty; glazurowany

gla•zier [`gleɪzɪə(r)] *s* szklarz

gleam [glim] *s* błysk, promień, blask; *vi* błyszczeć, migotać

glide [glɑɪd] *vi* ślizgać się; sunąć; szybować; *s* ślizganie się; szybowanie; ślizg

glim•mer [`glɪmə(r)] *vi* migotać; *s* migotanie; światełko; **~ of hope** przebłysk nadziei

glid•er [`glɑɪdə(r)] *s* szybowiec

glimpse [glɪmps] *vi* mignąć; dostrzec w przelocie (**at sth** coś); *s* przelotne spojrzenie; mignięcie; **catch a ~** dostrzec w przelocie (**of sth** coś)

glit•ter [`glɪtə(r)] *vi* błyszczeć, połyskiwać; *s* blask, połysk

glo•bal [`gləʊbl] adj globalny

globe [gləʊb] *s* kula ziemska; globus

gloom [glum] *s* mrok, ponurość; przygnębienie

gloom•y [`glumɪ] *adj* mroczny; *przen.* ponury, posępny

glor•i•fy [`glɔrɪfaɪ] *vt* sławić, gloryfikować

glo•ri•ous [`glɔrɪəs] *adj* sławny; wspaniały, znakomity

glo•ry [`glɔrɪ] *s* chwała, sława; *vi* chlubić się (**in sth** czymś)

glove [glʌv] *s* rękawiczka

glue [glu] *s* klej; *vt* kleić

glut•ton [`glʌtn] *s* żarłok

gnat [næt] *s* komar

gnome [nəʊm] *s* gnom

***go** [gəʊ], **went** [went], **gone** [gon], *3 pers sing praes* **goes** [gəʊz] *vi* iść, chodzić, poruszać się, jechać; **let go** puścić; **go bad** zepsuć się; **go mad** zwariować; **go red** poczerwienieć; **go wrong** popsuć się, nie udać się; **go after** gonić; ubiegać się o coś; **go ahead** iść przodem; rozpoczynać (**with sth** coś); **go back** wracać; **go down** schodzić; obniżać się, opadać; iść na dno; **go off** odchodzić; eksplodować; gasnąć; zepsuć się; **go on** kontynuować (**with sth <doing sth>** coś <robienie czegoś>); dziać się; **go out** wychodzić; chodzić, spotykać się (**with sb** z kimś); gasnąć; **go up** iść na <w> górę; wzrastać; **go without sth** obchodzić się bez czegoś; *s* kolej *(w grze)*; werwa; próba; **have a go at sth** spróbować czegoś

goal [gəʊl] *s* gol, bramka; cel; **score a ~** zdobyć bramkę

goal•keep•er [`gəʊlkipə(r)] *s* bramkarz

goat [gəʊt] *s* koza; kozioł

god [god] *s* bóg, bóstwo; **God** Bóg

god•dess [`godɪs] *s* bogini

god•fa•ther [`godfɑðə(r)] *s* ojciec chrzestny

god•mo•ther [`godmʌðə(r)] *s* matka chrzestna

goes *zob.* **go**

gold [gəʊld] *s* złoto; *adj attr* złoty; ~ **medal** złoty medal

gold•en [`gəʊldn] *adj* złoty; złocisty

gold•mine [`gəʊldmɑɪn] *s* kopalnia złota

gold•smith [`gəʊldsmɪθ] *s* złotnik

golf [golf] *s sport.* golf; ~ **course** pole golfowe

gone *zob.* **go**

good [gʊd] *adj* dobry (*comp* **better** [`betə(r)] lepszy, *sup* **best** [best] najlepszy); grzeczny; ~ **at sth** dobry w czymś; ~ **morning <afternoon>!** dzień dobry!; ~ **evening!** dobry wieczór!; ~ **night!** dobranoc!; *s* dobro; *pl* ~**s** towary; ~**s train** pociąg towarowy; **for** ~ na dobre, na zawsze; **it's no** ~ to się na nic nie zda; ~**!** dobrze!; ~ **for you!** wspaniale!, świetnie! (*chwaląc kogoś*)

good•bye [gʊd`bɑɪ] *int* do widzenia!

good-look•ing ['gʊd`lʊkɪŋ] *adj* przystojny

good•ness [`gʊdnɪs] *s* dobroć; **my** ~**!** mój Boże!

goods *zob.* **good**

good•will ['gʊd`wɪl] *s* dobra wola

goose [gus] *s* (*pl* **geese** [gis]) gęś; ~ **pimples** gęsia skórka

goose•ber•ry [`gʊzbərɪ] *s* agrest

gor•geous [`gɔdʒəs] *adj* wspaniały, okazały

go•ril•la [gə`rɪlə] *s* goryl

gos•pel [`gospl] *s*: *zw.* **The Gospel** Ewangelia; ~ **truth** święta prawda

gosh [goʃ] *int pot.* ojej!

gos•sip [`gosɪp] *s* plotki; plotkowanie; plotkarz, plotkarka; *vi* plotkować

got *zob.* **get**
Goth•ic [`goθɪk] *adj* gotycki; *s* gotyk
got•ten *zob.* **get**
gov•ern [`gʌvən] *vt vi* rządzić, panować
gov•ern•ment [`gʌvənmənt] *s* rząd; zarządzanie; **local ~** samorząd
gov•er•nor [`gʌvənə(r)] *s* gubernator; dyrektor naczelny; naczelnik
gown [gɑʊn] *s* długa suknia; toga
grab [græb] *vt* łapać, chwytać; porywać
grace [greɪs] *s* wdzięk; łaska; *vt* zaszczycać; ozdabiać
grace•ful [`greɪsfʊl] *adj* pełen wdzięku, wdzięczny; łaskawy
gra•cious [`greɪʃəs] *adj* łaskawy; **good ~!** mój Boże!
gra•da•tion [grə`deɪʃən] *s* stopniowanie, gradacja
grade [greɪd] *s* gatunek; ranga; ocena, stopień, *am. szk.* klasa; *vt* klasyfikować, szeregować
grad•u•al [`grædjʊəl] *adj* stopniowy
grad•u•ate [`grædjʊɪt] *s* absolwent wyższej uczelni, *am. także* maturzysta; *vi* [`grædjʊeɪt] kończyć studia, *am. także* zrobić maturę
grad•u•a•tion ['grædjʊ`eɪʃən] s ukończenie studiów; uroczystość wręczenia dyplomów
grain [greɪn] *s* ziarno; *zbior.* zboże
gram•mar [`græmə(r)] *s* gramatyka; **~ school** *bryt.* szkoła średnia, *am.* szkoła podstawowa
grand [grænd] *adj* wielki; wspaniały; uroczysty; **~ piano** fortepian
grand•child [`græntʃɑɪld] *s* wnuk, wnuczka; **great ~** prawnuk, prawnuczka
grand•fath•er [`grændfɑðə(r)] *s* dziadek; **great ~** pradziadek; **~ clock** zegar stojący
grand•ma [`grænmɑ] *s pot.* babcia
grand•moth•er [`grændmʌðə(r)] *s* babka; **great ~** prababka
gran•ite [`grænɪt] *s* granit

grand•pa [`grænpɑ] *s pot.* dziadek

grant [grɑnt] *vt* spełniać; nadawać (*na własność*); udzielać (*pozwolenia*); przyznawać (*rację*); **take sth for ~ed** przyjmować coś za rzecz oczywistą; *s* stypendium; subwencja

grape [greɪp] *s* winogrono; winorośl

grape•fruit [`greɪpfrut] *s* grejpfrut

grasp [grɑsp] *vt* uchwycić, ścisnąć; pojmować; **~ at sth** chwytać się czegoś; *s* chwyt, uścisk (*ręki*); pojmowanie; **within one's ~** w zasięgu ręki; **have a good ~ of sth** dobrze się w czymś orientować

grass [grɑs] *s* trawa; *pot.* marihuana, trawka; **keep off the ~!** nie deptać trawników!

grass•hop•per [`grɑshopə(r)] *s* konik polny

grate [greɪt] *s* krata; ruszt; *vt* ucierać na tarce; *vi* zgrzytać

grate•ful [`greɪtfʊl] *adj* wdzięczny (**for sth** za coś)

grat•i•fi•ca•tion ['grætɪfɪ`keɪʃən] *s* zadowolenie, satysfakcja; spełnienie

grat•i•fy [`grætɪfɑɪ] *vt* zadowolić, usatysfakcjonować

grat•i•tude [`grætɪtjud] *s* wdzięczność

gra•tu•i•ty [grə`tjuɪtɪ] *s* napiwek; *bryt.* odprawa (*pieniężna*)

grave [greɪv] *s* grób; *adj* poważny

grav•el [`grævl] *s* żwir

grav•i•ty [`grævɪtɪ] *s fiz.* ciężkość, ciężar (*gatunkowy*); grawitacja

gra•vy [`greɪvɪ] *s* sos (*mięsny*)

graze[1] [greɪz] *vt vi* paść (się)

graze[2] [greɪz] *vt* musnąć; drasnąć; *s* zadraśnięcie

gray [greɪ] *adj s am. zob.* **grey**

grease [gris] *s* tłuszcz; smar; *vt* tłuścić

greas•y [`grisɪ] *adj* tłusty, zatłuszczony; śliski

great [greɪt] *adj* wielki;

wspaniały, świetny; **~!** świetnie!

greed [`grid] *s* chciwość, żądza

greed•y [`gridɪ] *adj* chciwy, zachłanny

Greek [grik] *adj* grecki; *s* Grek; język grecki

green [grin] *adj* zielony; niedojrzały; *przen. pot.* niedoświadczony; *s* zieleń; trawa

green•gro•cer [`grin'grəʊsə(r)] *s bryt.* właściciel sklepu warzywniczego; **~('s)** sklep warzywny

green•house [`grinhaʊs] *s* cieplarnia, szklarnia; **~ effect** efekt cieplarniany

greet [grit] *vt* witać, pozdrawiać

greet•ing [`gritɪŋ] *s* przywitanie, pozdrowienie; *pl* **~s** pozdrowienia, życzenia

grew *zob.* **grow**

grey, *am.* **gray** [greɪ] *adj* szary, siwy; *s* szarość; kolor szary <siwy>; **go ~** siwieć

grey•hound [`greɪhaʊnd] *s zool.* chart

grid [grɪd] *s* krata; siatka; sieć elektryczna lub gazowa

grief [grif] *s* żal; zgryzota

griev•ance [`grivəns] *s* skarga, powód do skargi, krzywda

grieve [griv] *vt vi* smucić (się), martwić (się) (**at <for, over> sth** czymś)

griev•ous [`grivəs] *adj* bolesny; smutny; ciężki, poważny

grill [grɪl] *s* grill, ruszt; mięso z rusztu; *vt vi* piec (się) na ruszcie, grillować

grim [grɪm] *adj* ponury; srogi, nieubłagany

gri•mace [grɪ`meɪs] *s* grymas; *vi* wykrzywiać się

grin [grɪn] *vi* szeroko się uśmiechać, szczerzyć zęby; *s* szeroki uśmiech

grind [graɪnd], **ground** [graund], **ground** *vt* mleć; kruszyć; miażdżyć; ostrzyć; **~ one's teeth** zgrzytać zębami; *s* harówka

grip [grɪp] *s* chwyt; uścisk; oddziaływanie,

wpływ; rączka, rękojeść; *am.* torba podróżna; **come to ~s with** borykać się z; *vt* chwytać, ściskać; przyciągać, fascynować

groan [grəʊn] *vi* jęczeć; *s* jęk

gro•cer [`grəʊsə(r)] *s* właściciel(ka) sklepu spożywczego; **~('s)** sklep spożywczy

gro•cer•y [`grəʊsrɪ] *s am.* sklep spożywczy

groom [grum] *s* stajenny; pan młody

gross [grəʊs] *adj* gruby; duży; ordynarny; całkowity; *s* gros (*12 tuzinów*)

gro•tesque [grəʊ`tesk] *adj* groteskowy; *s* groteska

ground[1] *zob.* **grind**

ground[2] [grɑʊnd] *s* grunt, ziemia; podstawa; teren; **~ floor** parter; *pl* **~s** podstawa, powód; *vt vi* opierać (się); osiadać na mieliźnie

group [grup] *s* grupa; *vt vi* grupować (się)

***grow** [grəʊ], **grew** [gru], **grown** [grəʊn] *vi* rosnąć; stawać się; *vt* hodować; uprawiać; **~ old** starzeć się; **it's ~ing dark** ściemnia się; **~ out** wyrastać (**of sth** z czegoś); **~ up** dorastać, dojrzewać

growl [grɑʊl] *vi* warczeć, burczeć; *s* warczenie; pomruk

grown-up [`grəʊnʌp] *s* dorosły (*człowiek*); *adj* ['grəʊn`ʌp] dorosły

growth [grəʊθ] *s* wzrost; rozwój; porost; **~ rate** tempo wzrostu

grudge [grʌdʒ] *s* niechęć, uraza; **bear sb a ~** mieć do kogoś urazę; *vt* skąpić, żałować (**sb sth** komuś czegoś)

grue•some [`grusəm] *adj* straszny, makabryczny

grum•ble [`grʌmbl] *vt vi* gderać, narzekać (**at sb <sth>** na kogoś <coś>); *s* gderanie, narzekanie

guar•an•tee ['gærən`ti] *s* gwarancja; *vt* gwarantować

guard [gɑd] *s* straż, warta; strażnik, wartownik; *bryt.* konduktor (*kolejowy*); *pl* **~s** gwardia; *vt* pilnować, strzec; **stand ~** trzymać wartę; **be on one's ~** mieć się na baczności

guess [ges] *vt vi* zgadywać; przypuszczać, domyślać się; *am.* myśleć, sądzić; *s* zgadywanie; domysł; **have <make> a ~** zgadywać; **at a ~** na oko

guest [gest] *s* gość

guid•ance [`gaɪdəns] *s* porada; **under the ~ of** pod przewodnictwem

guide [gaɪd] *s* przewodnik (*książka, osoba*); poradnik; *bryt.* harcerka; *vt* oprowadzać, prowadzić

guide•book [`gaɪdbʊk] *s* przewodnik (*książka*)

guilt [gɪlt] *s* wina

guilt•y [`gɪltɪ] *adj* winny; **~ conscience** nieczyste sumienie

guin•ea pig [`gɪnɪpɪg] *s* świnka morska; *przen.* królik doświadczalny

gui•tar [gɪ`tɑ(r)] *s* gitara

gulf [gʌlf] *s* zatoka; *dosł.* i *przen.* przepaść

gull [gʌl] *s* mewa

gum[1] [gʌm] *s* dziąsło

gum[2] [gʌm] *s* klej; **chewing ~** guma do żucia; *vt* sklejać

gun [gʌn] *s* pistolet; strzelba; działo

gut [gʌt] *s pl*: **~s** wnętrzności, jelita; *pot.* odwaga; *vt* wypatroszyć

gut•ter [`gʌtə(r)] *s* rynsztok; rynna

guy [gaɪ] *s pot.* gość, facet; *am. pot.* **(you) ~s** (*zwracając się do grupy osób*) wy

gym [dʒɪm] *zob.* **gymnastics**; *zob.* **gymnasium**

gym•nas•ium [dʒɪm`neɪzɪəm] *s* sala gimnastyczna

gym•nas•tic [dʒɪm`næstɪk] *adj* gimnastyczny; *s pl* **~s** gimnastyka

gyn(a)e•colo•gist [`gaɪnɪ`kolədʒɪst] *s* ginekolog

gyp•sy [`dʒɪpsɪ] *s zob.* **gipsy**

H

hab•it [ˋhæbɪt] *s* zwyczaj; nawyk; nałóg; habit; **be in the ~ of doing sth** mieć w zwyczaju coś robić

hab•i•tat [ˋhæbɪtæt] *s* środowisko naturalne

hack•er [ˋhækə(r)] *s komp. pot.* haker

had *zob.* **have**

hadn't [ˋhædnt] = **had not**; *zob.* **have**

hail[1] [heɪl] *s* grad; *vi* (*o gradzie*) padać

hail[2] [heɪl] *vt* witać; wołać; przywołać; **~ a cab** zawołać taksówkę; **within ~** w zasięgu głosu

hair [heə(r)] *s* włos; *zbior.* włosy; owłosienie; **do one's ~** układać sobie włosy

hair•cut [ˋheəkʌt] *s* strzyżenie; **have a ~** pójść do fryzjera

hair•do [ˋheədu] *s* uczesanie, fryzura

hair•dress•er [ˋheədresə(r)] *s* fryzjer (*damski*)

hair dry•er <dri•er> [ˋheəˋdraɪə(r)] *s* suszarka do włosów

half [hɑf] *s* (*pl* **halves** [hɑvz]) połowa; **in ~** na połowę; **one and a ~** półtora; **by halves** połowicznie; **go halves** dzielić się po połowie; *adv* na pół, po połowie

half-time [ˋhɑftaɪm] *s sport.* przerwa

half•way [ˋhɑfweɪ] *adv* w połowie drogi; *adj attr* znajdujący się w połowie drogi; *przen.* połowiczny; **meet sb ~** wyjść komuś naprzeciw

hall [hɔl] *s* przedpokój, hol; sala, aula; gmach; ratusz; *bryt.* **~ of residence** dom studencki

hal•lo [həˋləʊ] *int* halo!; cześć!

halo [ˋheɪləʊ] *s* aureola; poświata

halt [hɔlt] *vt vi* zatrzymywać (się); *s* postój; **come to a ~** zatrzymać się

halve [hɑv] *vt* przepoławiać; zmniejszać o połowę

halves *zob.* **half**

ham [hæm] *s* szynka

ham•burg•er [ˋhæmbɜgə(r)] *s* hamburger

ham•mer [ˋhæmə(r)] *s* młotek; *vt vi* walić (*młotkiem*), wbijać; walić <tłuc> (**at sth** w coś)

ham•per [ˋhæmpə(r)] *vt* przeszkadzać, utrudniać; *s* kosz z pokrywką

ham•ster [ˋhæmstə(r)] *s* chomik

hand [hænd] *s* dłoń; ręka; wskazówka (*zegara*); charakter pisma; **at ~** pod ręką; **by ~** ręcznie; **on the one <other> ~** z jednej <drugiej> strony; **have sth in ~** mieć coś pod kontrolą; **lend <give> sb a ~** przyjść komuś z pomocą; **shake ~s** ściskać sobie dłonie; **change ~s** przechodzić z rąk do rąk; *vt* (*także* **~ in**) wręczać, podawać; **~ out** rozdawać; **~ over** przekazać

hand•bag [ˋhændbæg] *s* torebka damska

hand•book [ˋhændbʊk] *s* podręcznik; poradnik

hand•cuff [ˋhændkʌf] *vt* zakuwać w kajdanki; *s pl* **~s** kajdanki

hand•i•craft [ˋhændɪkrɑft] *s* rękodzielnictwo; rzemiosło (*artystyczne*)

hand•ker•chief [ˋhæŋkətʃɪf] *s* chusteczka (*do nosa*)

han•dle [ˋhændl] *s* rączka, uchwyt, ucho; klamka; *vt* trzymać (*w ręku*); dotykać (rękami); obchodzić się, radzić sobie (**sb <sth>** z kimś <czymś>); załatwiać; **~ with care!** (obchodzić się) ostrożnie!

hand•made [ˈhændˋmeɪd] *adj* ręcznie wykonany

hand•some [ˋhænsəm] *adj* przystojny; pokaźny

hand•writ•ing [ˋhændraɪtɪŋ] *s* charakter pisma, pismo

hand•y [ˋhændɪ] *adj* (*będący*) pod ręką; podręczny; zręczny; wygodny, poręczny

***hang** [hæŋ], **hung, hung** [hʌŋ] *vt vi* wieszać, zawieszać; wisieć; *lub* **hanged, hanged** [hæŋd] *vt vi* wieszać (*skazańca*); *vr* **~ o.s.** powiesić się; **~ about** <*am.* **around**> włóczyć się bez celu; obijać się; **~ on** trzymać się (**to sth** czegoś); *pot.* zaczekać; zależeć (od); **~ up** odkładać słuchawkę; **~ up on sb** rzucić słuchawkę

hang•er [ˋhæŋə(r)] *s* wieszak

hang•over [ˋhæŋəʊvə(r)] *s pot.* kac

hap•haz•ard [hæpˋhæzəd] *adj* przypadkowy; *adv* przypadkowo, na ślepo

hap•pen [ˋhæpən] *vi* zdarzyć się, trafić się; **~ to do sth** przypadkowo coś zrobić; **what ~ed?** co się stało?

hap•pen•ing [ˋhæpnɪŋ] *s* wydarzenie; przedstawienie, happening

hap•pi•ness [ˋhæpɪnəs] *s* szczęście

hap•py [ˋhæpɪ] *s* szczęśliwy; zadowolony; trafny (*pomysł*)

har•bo(u)r [ˋhɑbə(r)] *s* port; przystań; *vt* przygarnąć, dać schronienie

hard [hɑd] *adj* twardy; surowy; trudny; mocny; **~ cash** żywa gotówka; **~ work** ciężka praca; *komp.* **~ disk** twardy dysk; *adv* mocno, twardo; ciężko, z trudem

harden [ˋhɑdn] *vt* wzmocnić, utwardzić; uodpornić, hartować; *vi* twardnieć

hard-head•ed [ˈhɑdˋhedɪd] *adj* praktyczny, trzeźwy

hard•ly [ˋhɑdlɪ] *adv* z trudem; ledwo; **I can ~ say** trudno mi powiedzieć; **~ ever** rzadko, prawie nigdy

hard•ship [ˋhɑdʃɪp] *s* trud; trudności

hard•ware [ˋhɑdweə(r)] *s zbior.* towary żelazne; *komp.* hardware

hard-working [hɑdˋwɜkɪŋ] *adj* pracowity

hare [heə(r)] *s* zając

harm [hɑm] *s* krzywda, szkoda; **do ~** zaszkodzić; **mean no ~** nie

mieć nic złego na myśli; *vt* szkodzić, krzywdzić
harm•ful [`hamfʊl] *adj* szkodliwy
harm•less [`hamlɪs] *adj* nieszkodliwy
har•mon•i•ca [ha`monɪkə] *s* organki
har•mo•ny [`hamənɪ] *s* *muz.* harmonia; zgodność
har•ness [`hanɪs] *s* uprząż, zaprzęg; *vt* zaprzęgać
harp [hap] *s* harfa
harsh [`haʃ] *adj* szorstki; nieuprzejmy; surowy; (*o kolorze, świetle*) ostry
har•vest [`havɪst] *s* żniwa; zbiory, plon; *vt vi* zbierać (*zboże, plon*)
has *zob.* **have**
hash [hæʃ] *vt* siekać (*mięso*); *s* siekane mięso; *przen. pot.* bigos, galimatias; *także pot.* **hashish**
hash•ish [`hæʃɪʃ] *s* haszysz
hasn't [`hæznt] = **has not**; *zob.* **have**
haste [heɪst] *s* pośpiech; **make ~** śpieszyć się
has•ten [`heɪsn] *vt* przyśpieszać; *vi* śpieszyć się, popędzić
hast•y [`heɪstɪ] *adj* pośpieszny; pochopny, nie przemyślany
hat [hæt] *s* kapelusz
hatch[1] [hætʃ] *s* luk, właz
hatch[2] [hætʃ] *vt* wylęgać (*pisklęta*); wysiadywać (*jaja*); *vi* wylęgać się; *przen.* uknuć spisek
hate [heɪt] *vt* nienawidzić; nie cierpieć; *s* nienawiść
ha•tred [`heɪtrɪd] *s* nienawiść
haul [hɔl] *vt vi* ciągnąć; przewozić; *mors.* holować; *s* połów; łup; holowanie
haunt [hɔnt] *vt (o duchach)* straszyć; ukazywać się, nawiedzać; (*o myślach*) prześladować; bywać, odwiedzać (**a place** jakieś miejsce); *s* miejsce często odwiedzane
haunt•ing [`hɔntɪŋ] *adj* natrętny; powracający (*w myślach*)
***have** [hæv, həv], **had, had** [hæd, həd], *3 pers sing praes* **has** [hæz,

əz] *vt* mieć; posiadać; dostawać; ~ **sth on** mieć coś na sobie; ~ **sth done** kazać (sobie) coś zrobić, oddawać coś do zrobienia; **I must ~ my watch repaired** muszę dać zegarek do naprawy; ~ **(got) to do sth** musieć coś zrobić; **I ~ to go** muszę iść; ~ **a good time** dobrze się bawić; ~ **dinner** jeść obiad; ~ **a bath** wykąpać się; ~ **a swim** popływać

haven't [`hævnt] = **have not**

hawk [hɔk] *s* jastrząb

hay [heɪ] *s* siano; ~ **fever** katar sienny

haz•ard [`hæzəd] *s* niebezpieczeństwo, ryzyko; *vt* ryzykować

haz•ard•ous [`hæzədəs] *adj* ryzykowny, niebezpieczny

haze [heɪz] *s* mgiełka; *przen.* niepewność

ha•zel [`heɪzl] *s* leszczyna; *adj attr* (*o oczach*) piwny; ~ **nut** orzech laskowy

haz•y [`heɪzɪ] *adj* zamglony; mglisty, niejasny

he [hi] *pron* on

head [hed] *s* głowa; główka (*szpilki*); dyrektor; przywódca; nagłówek; **at the ~** na czele; **be ~ over heels in love** być zakochanym po uszy; **off the top of one's ~** bez namysłu; *vt* prowadzić, przewodzić; kierować; zatytułować; ~ **for** zmierzać, kierować się (**home** do domu)

head•ache [`hedeɪk] *s* ból głowy

head•light [`hedlaɪt] *s* reflektor

head•line [`hedlaɪn] *s* nagłówek, tytuł (*w gazecie*); *pl* ~**s** wiadomości w skrócie

head•phones [`hedfəʊnz] *s pl* słuchawki

heal [hil] *vi* goić się; *vt* leczyć, uzdrawiać

health [helθ] *s* zdrowie; ~ **food** zdrowa żywność; ~ **insurance** ubezpieczenie na wypadek choroby

health•y [ˋhelθɪ] *adj* zdrowy

heap [hip] *s* stos; *vt* układać w stos

***hear** [hɪə(r)], **heard, heard** [hɜd] *vt vi* słyszeć; przesłuchać; dowiedzieć się; *prawn.* rozpatrywać (*sprawę*); **~ from sb** otrzymać wiadomość od kogoś

hear•ing [ˋhɪərɪŋ] *s* słuch; *prawn.* rozprawa

hear•say [ˋhɪəseɪ] *s* wieść; pogłoska; **from ~** ze słyszenia

heart [hɑt] *s* serce; *pl* **~s** kiery (*w kartach*); **by ~** na pamięć; **~ to ~** szczerze; **have sth at ~** mieć coś na sercu; **~ attack <condition>** zawał serca

heart•brok•en [ˋhɑtbrəʊkən] *adj* ze złamanym sercem; zgnębiony

heart•burn [ˋhɑtbɜn] *s* zgaga

hearth [hɑθ] *s* palenisko; ognisko domowe

heart•y [ˋhɑtɪ] *adj* serdeczny; krzepki, rześki; obfity (*posiłek*)

heat [hit] *s* gorąco, upał; *fiz.* ciepło; *vt* grzać, ogrzewać; *vt vi*: **~ up** podgrzewać (się)

heat•er [ˋhitə(r)] *s* grzejnik

heath•er [ˋheðə(r)] *s* wrzos

heat•ing [ˋhitɪŋ] *s* ogrzewanie; **central ~** centralne ogrzewanie

heav•en [ˋhevn] *s* niebo, niebiosa; **for ~'s sake!** na miłość boską!; **good ~(s)!** wielki Boże!

heav•en•ly [ˋhevənlɪ] *adj* niebiański, boski

heav•y [ˋhevɪ] *adj* ciężki; ociężały; (*o ciosie*) silny; (*o stracie*) wielki; (*o deszczu*) rzęsisty; **~ smoker** nałogowy palacz; **~ duty** wytrzymały (*o sprzęcie*)

He•brew [ˋhibru] *adj* hebrajski; *s* język hebrajski

hec•tic [ˋhektɪk] *adj* gorączkowy

he'd [hid] = **he had; he would**

hedge [hedʒ] *s* żywopłot, ogrodzenie; *vt* ogradzać

hedge•hog [ˋhedʒhog] *s* jeż

heel [hil] *s* pięta; obcas; **high ~s** buty na wysokich obcasach; *pot.* **take to one's ~s** brać nogi za pas
height [hɑɪt] *s* wysokość; wzrost (*człowieka*); wzniesienie (*terenu*); szczyt; *pl* **~s** wzgórza
heighten [`hɑɪtn] *vt vi* podnieść, podwyższyć; wzmóc
heir [eə(r)] *s* spadkobierca; następca (*tronu*)
heir•ess [`eəres] *s* spadkobierczyni; następczyni (*tronu*)
held *zob.* **hold**
hell [hel] *s* piekło; *int* do diabła!; **it scared the ~ out of me** okropnie się przestraszyłem
he'll [hil] = **he will; he shall**
hel•lo [he`ləʊ] *int zob.* **hallo**
helm [helm] *s dosł.* i *przen.* ster
hel•met [`helmɪt] *s* hełm; kask
help [help] *vt vi* pomagać (**with sth** w czymś); **~ yourself** poczęstuj się (**to sth** czymś); **I can't ~ laughing** nie mogę się powstrzymać od śmiechu; **I can't ~ it** nic na to nie poradzę; *s* pomoc; **be of ~** być pomocnym (**to sb** komuś); **~!** ratunku!
help•er [`helpə(r)] *s* pomocnik
help•ful [`helpfʊl] *adj* pomocny, użyteczny
help•ing [`helpɪŋ] *s* porcja
help•less [`helplɪs] *adj* bez oparcia, bezradny
hem•i•sphere [`hemɪsfɪə(r)] *s* półkula
hen [hen] *s* kura; samica (*ptaków*)
hence [hens] *adv* stąd, odtąd; dlatego
her [hɜ(r), ɜ(r)] *pron* ją, jej
herald [`herəld] *s* herold; zwiastun; *vt* zwiastować
herb [hɜb] *s* zioło
herd [hɜd] *s* stado; tłum, motłoch; **the ~ instinct** owczy pęd; *vi* gromadzić się w stado; *vt* spędzać, zaganiać
here [hɪə(r)] *adv* tu, tu-

taj; **from ~** stąd; **in ~** tu (*wewnątrz*); **near ~** niedaleko stąd, tuż obok; **~ and there** tu i tam; **~ you are!** proszę bardzo!; **~ he is!** oto i on!; **he doesn't like it ~** nie podoba mu się tu; **~!** obecny!

here•a•bout(s) ['hɪərə`baʊt(s)] *adv* gdzieś tutaj

here•by ['hɪə`baɪ] *adv* niniejszym

her•i•tage [`herɪtɪdʒ] *s* dziedzictwo, spuścizna

her•mit [`hɜmɪt] *s* pustelnik

her•mit•age [`hɜmɪtɪdʒ] *s* pustelnia

he•ro [`hɪərəʊ] *s* (*pl* **~es** [`hɪərəʊz]) bohater

he•ro•ic [hɪ`rəʊɪk] *adj* heroiczny, bohaterski

her•o•ine [`herəʊɪn] *s* bohaterka

her•ring [`herɪŋ] *s* śledź

hers [hɜz] *pron* jej

her•self [hə`self] *pron* się, siebie; ona sama; **by ~** sama, samodzielnie

he's [hiz] = **he is; he has**

hes•i•tant [`hezɪtənt] *adj* niezdecydowany, niepewny

hes•i•tate [`hezɪteɪt] *vi* wahać się, być niezdecydowanym

hes•i•ta•tion ['hezɪ`teɪʃən] *s* wahanie, niezdecydowanie

hi [haɪ] *int* cześć!; hej!

hi•ber•nate [`haɪbəneɪt] *vi* zapadać w sen zimowy

hic•cup, hic•cough [`hɪkʌp] *s* (*także pl* **~s**) czkawka; *vi* mieć czkawkę, czkać

hid, hid•den *zob.* **hide**

***hide** [haɪd], **hid** [hɪd], **hid•den** [`hɪdn] *vt vi* ukrywać (się), chować (się)

hid•e•ous [`hɪdɪəs] *adj* ohydny, paskudny

hide•out [`haɪdaʊt] *s* kryjówka

hid•ing [`haɪdɪŋ] *s*: **be in ~** ukrywać się; *pot.* **give sb a ~** sprawić komuś lanie

hi-fi [`haɪfaɪ] *s* = **high fidelity** sprzęt o wysokiej jakości odtwarzania dźwięku, hi-fi

high [haɪ] *adj* wysoki; górny; (*o wietrze*) silny; *am.* **~ school** szkoła średnia; **the ~ life** życie wyższych sfer; **~ season** szczyt sezonu; **~ spirits** radosny nastrój; **it's ~ time you went there** najwyższy czas, żebyś tam poszedł; *pot.* **be ~** być na haju; *adv* wysoko; **~ and low** wszędzie

high•land•er [`haɪləndə(r)] *s* góral (*w Szkocji*)

high•light [`haɪlaɪt] *s* główna atrakcja; *vt* uwydatniać, podkreślać

high•ly [`haɪlɪ] *adv* wysoko; wysoce, w wysokim stopniu; wielce; **speak ~ of sb** wyrażać się pochlebnie o kimś

high•way [`haɪweɪ] *s am.* autostrada; szosa; *bryt.* **the Highway Code** kodeks drogowy

hi•jack [`haɪdʒæk] *vt* porywać (*samolot*); *s* (*także* **high•jack•ing**) porwanie (*samolotu*)

hike [haɪk] *s* wędrówka, piesza wycieczka; *vi* wędrować

hik•er [`haɪkə(r)] *s* turysta (*pieszy*)

hill [hɪl] *s* wzgórze, pagórek

hill•y [`hɪlɪ] *adj* pagórkowaty

him [hɪm] *pron* jemu, mu, jego, go; niego, niemu, nim

him•self [hɪm`self] *pron* się, siebie; sam; **by ~** sam, samodzielnie

hind[1] [haɪnd] *adj* tylny, zadni

hind[2] [haɪnd] *s* łania

hin•der [`hɪndə(r)] *vt* przeszkadzać; powstrzymywać (**sb from doing sth** kogoś od zrobienia czegoś)

hin•drance [`hɪndrəns] *s* przeszkoda

hinge [hɪndʒ] *s* zawias; *vt* zawieszać na zawiasach; *przen.* zależeć (**on sth** od czegoś)

hint [hɪnt] *s* aluzja; wzmianka; wskazówka; *vi* robić aluzję; dawać do zrozumienia (**at sth** coś)

hip [hɪp] *s* biodro

hip•po [`hɪpəʊ] *s zob.* **hippopotamus**

hip•po•pot•a•mus ['hɪpə-`potəməs] *s* hipopotam
hire [`haɪə(r)] *vt* wynajmować, najmować; *s* wynajem, najem; **car ~** wypożyczalnia samochodów; *bryt.* **~ purchase** kupno na raty
his [hɪz] *pron* jego
hiss [hɪs] *vi* syczeć; *vt* wygwizdać; *s* syk; wygwizdanie
his•to•ri•an [hɪs`tɔrɪən] *s* historyk
his•tor•ic(al) [hɪ`storɪk(l)] *adj* historyczny
his•to•ry [`hɪstrɪ] *s* historia, dzieje
***hit, hit, hit** [hɪt] *vt* uderzyć; trafiać; **~ back** oddawać cios; *pot.* **~ the road** ruszyć w drogę; *pot.* **~ the roof** wściec się; *s* uderzenie; trafienie; przebój
hitch [hɪtʃ] *vt* przyczepić; *vi* przyczepić się; *s* szarpnięcie; zaciśnięcie; przeszkoda
hitch-hike [`hɪtʃhaɪk] *vi* podróżować autostopem
hitch-hik•er [`hɪtʃhaɪkə(r)] *s* autostopowicz, autostopowiczka
hive [haɪv] *s dosł.* i *przen.* ul
hoard [hɔd] *s* zapas, zasób; *vt* gromadzić (*zapasy*)
hoax [həʊks] *s* oszustwo; *pot.* kawał, żart; *vt pot.* nabierać, oszukiwać
hob•ble [`hobl] *vi* kuleć, utykać; *s* utykanie
hob•by [`hobɪ] *s* hobby, konik
hock•ey [`hokɪ] *s* hokej; **field <ice> ~** hokej na trawie <na lodzie>
hoe [həʊ] *s* motyka; *vt* kopać motyką
***hold** [həʊld], **held, held** [held] *vt* trzymać; zawierać, mieścić; odbywać (*zebranie*); przetrzymywać; obchodzić (*święto*); twierdzić, uważać; *vi* obstawać (**to sth** przy czymś); (*o pogodzie*) utrzymywać się; **be held** odbywać się; **~ it!** zaczekaj!; **~ one's tongue** milczeć; **~ back** zatajać; powstrzymywać; **~ off** powstrzymywać, trzy-

mać z dala; opóźniać, wstrzymywać; **~ on** poczekać (*przy telefonie*); **~ up** podtrzymywać; podnosić; zatrzymywać; napadać (*z bronią*); *s* uchwyt; trzymanie; **get ~** pochwycić, złapać (**of sth** coś)

hold•er [ˋhəʊldə(r)] *s* posiadacz; właściciel; okaziciel; oprawka

hold•up [ˋhəʊldʌp] *s* zator (*drogowy*); napad (*rabunkowy*)

hole [həʊl] *s* dziura, otwór; *pot.* **pick ~s** szukać dziury (*w czymś*); *vt* dziurawić

hol•i•day [ˋhɒlɪdeɪ] *s* święto; *bryt.* wakacje; urlop; **be <go> on ~** wyjechać na wakacje

hol•low [ˋhɒləʊ] *adj* pusty, wydrążony; (*o policzkach*) zapadnięty; (*o dźwięku*) głuchy; *s* dziura, wydrążenie; *vt* wydrążać

hol•o•caust [ˋhɒləkɔst] *s* zagłada

ho•ly [ˋhəʊlɪ] *adj* święty, poświęcony; **~ orders** święcenia; **the Holy Ghost <Spirit>** Duch Święty

hom•age [ˋhɒmɪdʒ] *s* hołd; **pay ~** składać hołd

home [həʊm] *s* dom, ognisko domowe; kraj, ojczyzna; **at ~** w domu; w kraju; **make o.s. at ~** rozgościć się; *adj* domowy; krajowy; miejscowy; *adv* do domu

home•land [ˋhəʊmlænd] *s* ojczyzna; ziemia rodzinna

home•less [ˋhəʊmlɪs] *adj* bezdomny

home•ly [ˋhəʊmlɪ] *adj* przytulny, swojski; prosty, pospolity; *am.* (*o rysach twarzy*) niełładny

home-made [ˈhəʊmˋmeɪd] *adj* domowy, wykonany domowym sposobem

home•sick [ˋhəʊmsɪk] *adj* stęskniony za domem <krajem>

home•work [ˋhəʊmwɜk] *s szk.* praca domowa

homo•sexu•al [ˈhɒməʊˋsekʃʊəl] *s* homoseksualista; *adj* homoseksualny

hon•est [`onɪst] *adj* uczciwy; szczery

hon•es•ty [`onɪstɪ] *s* uczciwość; szczerość

hon•ey [`hʌnɪ] *s* miód; *am. pot.* (*zwracając się do kogoś*) kochanie

hon•ey•moon [`hʌnɪmun] *s* miesiąc miodowy

hon•o(u)r [`onə(r)] *s* honor; zaszczyt; **in ~ of** na cześć; *vt* honorować; zaszczycać

hon•o(u)r•a•ble [`onərəbl] *adj* honorowy, zaszczytny; szanowny, czcigodny

hood [hʊd] *s* kaptur; osłona; *am. mot.* maska; *bryt. mot.* składany dach

hoof [huf] *s* (*pl* **hooves, ~s** [huvz]) kopyto

hook [hʊk] *s* hak; haczyk; haftka; *vt* zahaczać, zaczepiać; łapać na haczyk

hoop [hup] *s* obręcz

hoot [hut] *vt vi* pohukiwać; (*o samochodzie*) trąbić (**at sb** na kogoś); (*o syrenie*) wyć

hoot•er [`hutə(r)] *s* syrena; klakson

hooves *zob.* **hoof**

hop[1] [hop] *s* skok; *vi* skakać, podskakiwać

hop[2] [hop] *s* (*także pl* **~s**) chmiel

hope [həʊp] *s* nadzieja; *vi* mieć nadzieję; spodziewać się (**for sth** czegoś); **~ for the best** być dobrej myśli; **I ~ so <not>** mam nadzieję, że tak <nie>

hope•ful [`həʊpfʊl] *adj* pełen nadziei, ufny; (*o sytuacji*) rokujący nadzieję

hope•less [`həʊplɪs] *adj* beznadziejny; zrozpaczony

ho•ri•zon [hə`raɪzn] *s* horyzont

hor•i•zon•tal ['horɪ`zontl] *adj* poziomy

horn [hɔn] *s* róg; klakson

hor•net [`hɔnɪt] *s* szerszeń

hor•ri•ble [`horɪbl] *adj* straszny, okropny

hor•ri•fy [`horɪfaɪ] *vt* przerażać

hor•ror [`horə(r)] *s* przerażenie; okropność; **~ film** horror

hors d'oeu•vre [ɔˋdɜvrə, ˋɔˋdɜv] *s kulin.* przystawka

horse [hɔs] *s* koń; ~ **racing** wyścigi konne

horse•back [ˋhɔsbæk] *s* grzbiet koński; **on** ~ konno, na koniu; *adv* konno

horse•rad•ish [ˋhɔsrædɪʃ] *s* chrzan

hose [həʊz] *s* wąż (*ogrodowy*)

ho•sier•y [ˋhəʊzɪərɪ] *s zbior.* wyroby pończosznicze

hos•pi•ta•ble [ˋhospɪtəbl] *adj* gościnny

hos•pi•tal [ˋhospɪtl] *s* szpital

host [həʊst] *s* gospodarz, pan domu; *vt* gościć, podejmować

hos•tage [ˋhostɪdʒ] *s* zakładnik

hos•tel [ˋhostl] *s* schronisko; **youth** ~ schronisko młodzieżowe

host•ess [ˋhəʊstɪs] *s* gospodyni, pani domu

hos•tile [ˋhostaɪl] *adj* wrogi (**to sb <sth>** komuś <czemuś>)

host•til•i•ty [hosˋtɪlɪtɪ] *s* wrogość; **~s** działania wojenne

hot [hot] *adj* gorący; (*o potrawie*) ostry; *przen.* ~ **line** gorąca linia; ~ **news** najświeższe wiadomości; ~ **temper** gwałtowne usposobienie; *przen.* ~ **potato** drażliwy temat

ho•tel [həʊˋtel] *s* hotel

hour [ɑʊə(r)] *s* godzina; **office ~s** godziny urzędowania

house [hɑʊs] *s* dom; gospodarstwo (*domowe*); izba (*w parlamencie*); firma; widownia; **keep** ~ prowadzić dom; **on the** ~ na koszt firmy; *vt* przydzielać mieszkanie; mieścić

house•break•ing [ˋhɑʊsbreɪkɪŋ] *s* włamanie (*do domu*)

house•hold [ˋhɑʊshəʊld] *s* domownicy, rodzina; gospodarstwo (*domowe*); ~ **goods** artykuły gospodarstwa domowego

house•hold•er [ˋhɑʊshəʊldə(r)] *s* właściciel domu

house•wife [`haʊswaɪf] *s* gospodyni domowa
hov•er [`hovə(r)] *vi* wisieć, unosić się; stać wyczekująco; ~ **round sb** kręcić się koło kogoś
hov•er•craft [`hovəkrɑft] *s* poduszkowiec
how [haʊ] *adv* jak, w jaki sposób; ~ **are you?** jak się czujesz?; ~ **do you do** miło mi poznać; ~ **much (many)?** ile?; ~ **nice of you to come** jak miło, że przyszedłeś
how•ev•er [haʊ`evə(r)] *adv* jakkolwiek; jednak(że), niemniej; *conj* jednak
howl [haʊl] *vi* wyć; *s* wycie, ryk
hue [hju] *s* barwa; odcień
hug [hʌg] *vt* tulić, obejmować; *s* uścisk
huge [hjudʒ] *adj* olbrzymi, ogromny
hu•man [`hjumən] *adj* ludzki; ~ **being** człowiek; *s* istota ludzka
hu•mane [hju`meɪn] *adj* humanitarny, ludzki
hu•man•i•ty [hju`mænɪtɪ] *s* ludzkość; człowieczeństwo; *pl* **the humanities** nauki humanistyczne
hu•man•ly [`hjumənlɪ] *adv* po ludzku
hum•ble [`hʌmbl] *adj* pokorny; skromny; *vt* upokarzać
hum•bug [`hʌmbʌg] *s* oszustwo; *polit.* demagogia
humid [`hjumɪd] *adj* wilgotny
hu•mid•i•ty [hju`mɪdɪtɪ] *s* wilgotność
hu•mil•i•ate [hju`mɪlɪeɪt] *vt* upokarzać, poniżać
hu•mil•i•ty [hju`mɪlɪtɪ] *s* pokora; uniżoność
hum•ming•bird [`hʌmɪŋbɜd] *s* koliber
hu•mor•ous [`hjumərəs] *adj* humorystyczny, śmieszny
hu•mo(u)r [`hjumə(r)] *s* humor; nastrój; **out of** ~ w złym humorze; **sense of** ~ poczucie humoru
hump [hʌmp] *s* garb
hun•dred [`hʌndrəd] *num* sto; *s* setka
hun•dredth [`hʌndrədθ] *adj* setny; *s* jedna setna

hung *zob.* **hang**

Hun•ga•ri•an [hʌŋ`geərɪən] *adj* węgierski; *s* Węgier; język węgierski

hun•ger [`hʌŋgə(r)] *s* głód (**for sth** czegoś); *vi* głodować; pożądać (**after <for> sth** czegoś)

hun•gry [`hʌŋgrɪ] *adj* głodny, wygłodzony; **be ~ for sth** pragnąć <pożądać> czegoś

hunt [hʌnt] *vt vi* polować (**animals** na zwierzynę); poszukiwać; ścigać; *s* polowanie; poszukiwanie; pościg

hunt•er [`hʌntə(r)] *s* myśliwy

hunt•ing [`hʌntɪŋ] *s* polowanie; myślistwo

hur•ri•cane [`hʌrɪkən] *s* huragan

hur•ry [`hʌrɪ] *vt* popędzać, ponaglać; *vi* (*także* **~ up**) śpieszyć się; *s* pośpiech

***hurt, hurt, hurt** [hɜt] *vt* kaleczyć, ranić; urazić; szkodzić; *vi* boleć; *s* uraz (*psychiczny*)

hus•band [`hʌzbənd] *s* mąż

hush [hʌʃ] *vt vi* uciszać; ucichnąć; **~ up** zataić, zatuszować; *s* cisza; *int* cicho, sza!

hus•tle [`hʌsl] *s pot.* zamieszanie, krzątanina; *vt* popychać, wypychać; szturchać; *am. pot.* puszczać się

hustl•er [`hʌslə(r)] *s am.* kombinator; *am. pot.* dziwka

hut [hʌt] *s* chata, szałas

hy•dro•foil [`haɪdrəfoɪl] *s* wodolot

hy•dro•gen [`haɪdrədʒən] *s chem.* wodór

hy•giene [`haɪdʒin] *s* higiena

hymn [hɪm] *s* hymn

hyp•er•ten•sion ['haɪpə`tenʃən] *s* nadciśnienie

hy•phen [`haɪfən] *s gram.* łącznik

hyp•no•sis [hɪp`nəʊsɪs] *s* (*pl* **hyp•no•ses** [hɪp`nəʊsiz]) hipnoza

hyp•o•crite [`hɪpəkrɪt] *s* hipokryta

hy•poth•e•sis [haɪ`poθəsɪs] *s* (*pl* **hy•poth•e•ses** [haɪ`poθəsiz]) hipoteza

hys•te•ri•a [hɪs`tɪərɪə] *s* histeria
hys•ter•ical [hɪ`sterɪkl] *adj* histeryczny

I

I [aɪ] *pron* ja
ice [aɪs] *s* lód; ~ **rink** lodowisko; ~ **cream** lody
ice•berg [`aɪsbɜg] *s* góra lodowa
i•ci•cle [`aɪsɪkl] *s* sopel
ic•ing [`aɪsɪŋ] *s* lukier, polewa
ic•y [`aɪsɪ] *adj* lodowaty; oblodzony
ID ['aɪ`di] = **identity card**
I'd [aɪd] = **I had; I should; I would**
i•de•a [aɪ`dɪə] *s* idea; myśl, pomysł; pojęcie; **what an ~!** co za pomysł!; **good ~!** dobry pomysł; **I don't have any ~** nie mam pojęcia
i•deal [aɪ`dɪəl] *adj* idealny; doskonały; *s* ideał
i•den•ti•cal [aɪ`dentɪkl] *adj* identyczny
i•den•ti•fy [aɪ`dentɪfaɪ] *vt* identyfikować; utożsamiać; rozpoznawać
i•den•ti•ty [aɪ`dentɪtɪ] *s* tożsamość; ~ **card** dowód osobisty <tożsamości>
i•de•ol•o•gy [aɪdɪ`olədʒɪ] *s* ideologia
id•i•om [`ɪdɪəm] *s* idiom, wyrażenie idiomatyczne; styl
id•i•ot [`ɪdɪət] *s* idiota
id•i•ot•ic ['ɪdɪ`otɪk] *adj* idiotyczny
i•dle [`aɪdl] *adj* bezczynny; leniwy; bezrobotny; czczy; jałowy; daremny; *vi* próżnować; *pot.* obijać się (*w pracy*)
i•dol [`aɪdl] *s* bożyszcze, idol
id•yll [`ɪdɪl] *s* sielanka, idylla
if [ɪf] *conj* jeżeli, jeśli; (*w zdaniach pytających zależnych*) czy; **I wonder if he is there** ciekaw jestem, czy on tam jest; **if I knew** gdybym wiedział; **if I were you...** na

twoim miejscu...; **if necessary** w razie potrzeby; **if not** w przeciwnym razie; **if so** w takim razie; **as if** jak gdyby

ig•ni•tion [ɪgˋnɪʃən] *s mot.* zapłon

ig•no•rance [ˋɪgnərəns] *s* ignorancja; nieznajomość (**of sth** czegoś)

ig•nore [ɪgˋnɔ(r)] *vt* ignorować, nie zwracać uwagi

ill [ɪl] *adj* (*comp* **worse** [wɜs], *sup* **worst** [wɜst]) chory (**with sth** na coś); szkodliwy; **fall <be taken> ~** zachorować; **think ~ of sb** źle o kimś myśleć; **be <feel> ~ at ease** być <czuć się> skrępowanym <zażenowanym>; *adv* źle; *s* zło

I'll [ɑɪl] = **I shall, I will**

il•le•gal [ɪˋligl] *adj* bezprawny, nielegalny

il•le•gib•le [ɪˋledʒɪbl] *adj* nieczytelny

il•le•git•i•mate ['ɪlɪˋdʒɪtɪmɪt] *adj* bezprawny; nieślubny

il•lit•er•ate [ɪˋlɪtərɪt] *adj* niepiśmienny; *s* analfabeta

ill•ness [ˋɪlnəs] *s* choroba

ill•tem•pered [ˋɪlˋtempəd] *adj* zły, rozdrażniony

il•lu•mi•nate [ɪˋlumɪneɪt] *vt* oświetlać; iluminować; oświecać

il•lu•sion [ɪˋluʒən] *s* złudzenie, iluzja

il•lus•tra•tion ['ɪləˋstreɪʃən] *s* ilustracja; objaśnienie

I'm [ɑɪm] = **I am**

im•age [ˋɪmɪdʒ] *s* obraz, podobizna; wyobrażenie, wizerunek

im•ag•i•na•tion ['ɪmædʒɪˋneɪʃən] *s* wyobraźnia

im•ag•ine [ɪˋmædʒɪn] *vt* wyobrażać sobie; mieć wrażenie; przypuszczać

im•i•tate [ˋɪmɪteɪt] *vt* naśladować, imitować; wzorować się (**sb <sth>** na kimś <czymś>)

im•i•ta•tion ['ɪmɪˋteɪʃən] *s* naśladownictwo, imitacja

im•ma•ture ['ɪməˋtjʊə(r)] *adj* niedojrzały, nierozwinięty

im•me•di•ate [ɪˋmidɪət]

adj natychmiastowy; najbliższy; bezpośredni

im•me•di•ate•ly [ɪ`midɪətlɪ] *adv* natychmiast; bezpośrednio; tuż obok

im•mense [ɪ`mens] *adj* ogromny, niezmierny

im•merse [ɪ`mɜs] *vt* zanurzać; *vr* ~ **o.s.** zatapiać się *(w pracy, w myślach)*

im•mi•grant [`ɪmɪgrənt] *s* imigrant; *adj* imigrujący

im•mi•grate [`ɪmɪgreɪt] *vi* imigrować

im•mor•al [`ɪ`morl] *adj* niemoralny

im•mune [ɪ`mjun] *adj* odporny (**to sth** na coś); wolny (**from sth** od czegoś) *(np. od obowiązku)*

im•pact [`ɪmpækt] *s* uderzenie, zderzenie; wpływ, oddziaływanie

im•pair [ɪm`peə(r)] *vt* uszkodzić; osłabić, nadwyrężyć

im•par•tial [ɪm`pɑʃl] *adj* bezstronny

im•pa•tience [ɪm`peɪʃəns] *s* niecierpliwość

im•pa•tient [ɪm`peɪʃənt] *adj* niecierpliwy, zniecierpliwiony (**with sth** czymś)

im•per•a•tive [ɪm`perətɪv] *adj* naglący; rozkazujący; *s gram.* tryb rozkazujący; imperatyw

im•per•fect [ɪm`pɜfɪkt] *adj* niedoskonały; wadliwy; *gram.* niedokonany

im•pe•ri•al [ɪm`pɪərɪəl] *adj* imperialny, cesarski

im•pe•ri•al•ism [ɪm`pɪərɪəlɪzm] *s* imperializm

im•per•son•al [ɪm`pɜsənl] *adj* nieosobowy, bezosobowy

im•per•ti•nent [ɪm`pɜtɪnənt] *s* impertynencki; niestosowny

im•pet•u•ous [ɪm`petjʊəs] *adj* zapalczywy, porywczy, impulsywny

im•ple•ment [`ɪmplɪmənt] *s* narzędzie; przyrząd; [`ɪmplɪment] *vt* wprowadzać w życie

im•pli•cate [`ɪmplɪkeɪt] *vt* wplątywać, wikłać; implikować

im•po•lite ['ɪmpə`laɪt] *adj*

nieuprzejmy, niegrzeczny

im•port [ɪm`pɔt] *vi* importować; *s* [`ɪmpɔt] import; towar importowany; znaczenie, doniosłość

im•por•tance [ɪm`pɔtəns] *s* znaczenie, ważność

im•por•tant [ɪm`pɔtənt] *adj* ważny, doniosły

im•pose [ɪm`pəʊz] *vt* nakładać, narzucać (**sth on sb** coś komuś); *vi*: **~ on sb** nadużywać czyjejś uprzejmości

im•pos•ing [ɪm`pəʊzɪŋ] *adj* imponujący, okazały

im•pos•si•ble [ɪm`posɪbl] *adj* niemożliwy

im•po•tence [`ɪmpətəns] *s med.* impotencja; niemożność

im•po•tent [`ɪmpətənt] *adj* bezsilny; *med.* **be ~** być impotentem

im•pov•e•rish [ɪm`povərɪʃ] *vt* zubażać; wyniszczać

im•press [ɪm`pres] *vt* imponować; zrobić <wywrzeć> wrażenie (**sb** na kimś); wryć (*w pamięć*)

im•pres•sion [ɪm`preʃən] *s* znak, piętno; wrażenie; *druk.* nakład; **be under the ~ that...** mieć wrażenie, że...

im•pres•sive [ɪm`presɪv] *adj* imponujący; robiący <wywierający> wrażenie

im•pris•on [ɪm`prɪzn] *vt* uwięzić

im•prob•a•ble [ɪm`probəbl] *adj* nieprawdopodobny

im•prop•er [ɪm`propə(r)] *adj* niewłaściwy, niestosowny, nieodpowiedni

im•prove [ɪm`pruv] *vt vi* poprawiać <udoskonalać, ulepszać> (się)

im•prove•ment [ɪm`pruvmənt] *s* poprawa; ulepszenie, udoskonalenie

im•pu•dent [`ɪmpjʊdənt] *s* zuchwały, bezczelny

im•pulse [`ɪmpʌls] *s* impuls; odruch; **on ~** pod wpływem impulsu

im•pul•sive [ɪm`pʌlsɪv] *adj* impulsywny; odruchowy

in [ɪn] *praep* (*miejsce*) w, we, wewnątrz, na, do; (*czas*) w ciągu, w czasie, za; **in a month** za miesiąc; **in the morning** rano; **in fact** faktycznie; **in order that** ażeby; **in writing** na piśmie; *adv* w środku, wewnątrz, w domu; do środka, do wewnątrz; **be in** być wewnątrz <w domu>; **come in** wejść

in•a•bil•i•ty ['ɪnə`bɪlɪtɪ] *s* niezdolność, niemożność

in•ac•ces•si•ble ['ɪnæk`sesɪbl] *adj* niedostępny, nieprzystępny

in•ac•cu•rate [ɪn`ækjʊrət] *adj* nieścisły, niedokładny

in•ad•e•quate [ɪn`ædɪkwɪt] *adj* nieodpowiedni; niedostateczny, niewystarczający

in•as•much ['ɪnəz`mʌtʃ] *adv*: ~ **as** o tyle, że; o tyle, o ile; jako że

in•at•ten•tive ['ɪnə`tentɪv] *adj* nieuważny

in•au•di•ble [ɪn`ɔdɪbl] *adj* niesłyszalny

in•born [ɪn`bɔn, `ɪmbɔn] *adj* wrodzony

in•ca•pa•ble [ɪn`keɪpəbl] *adj* niezdolny (**of sth** do czegoś)

in•ca•pa•ci•ty ['ɪnkə`pæsɪtɪ] *s* niezdolność

in•cen•tive [ɪn`sentɪv] *s* podnieta, bodziec

in•cest [`ɪnsest] *s* kazirodztwo

inch [ɪntʃ] s cal; **~ by ~** stopniowo

in•ci•dent [`ɪnsɪdənt] *s* wydarzenie, incydent

in•ci•den•tal ['ɪnsɪ`dentl] *adj* uboczny; związany (**to sth** z czymś), towarzyszący (**to sth** czemuś)

in•cli•na•tion ['ɪnklɪ`neɪʃən] *s* nachylenie; pochyłość; skłonność

in•cline [ɪn`klɑɪn] *vt vi* nachylać (się), pochylać (się); skłaniać (się) (**to <towards> sth** do czegoś)

in•close [ɪn`kləʊz] *zob.* **enclose**

in•clude [ɪn`klud] *vt* włączać, zawierać

in•co•her•ent ['ɪnkəʊ`hɪərənt] *adj* niespójny; bez związku; bezładny

in•come [`ɪnkəm] *s* dochód; ~ **tax** podatek dochodowy

in•com•ing [ˋɪnkʌmɪŋ] *adj* przybywający, nadchodzący

in•com•men•su•rate [ˈɪnkəˋmenʃərɪt] *adj* niewspółmierny

in•com•pa•ra•ble [ɪnˋkompərəbl] *adj* niezrównany; nie do porównania (**to <with> sb <sth>** z kimś <czymś>)

in•com•pat•i•ble [ˈɪnkəmˋpætɪbl] *adj* niezgodny; *komp.* niekompatybilny

in•com•pe•tent [ɪnˋkompɪtənt] *adj* niekompetentny; nieudolny; niezdolny

in•com•plete [ˈɪnkəmˋplit] *adj* niepełny, nie zakończony; niekompletny

in•com•pre•hen•si•ble [ɪnˈkomprɪˋhensɪbl] *adj* niezrozumiały, niepojęty

in•con•sist•ent [ˈɪnkənˋsɪstənt] *adj* niekonsekwentny; niezgodny, sprzeczny

in•con•spic•u•ous [ˈɪnkənˋspɪkjʊəs] *adj* niepozorny, niewidoczny

in•con•ven•ient [ˈɪnkənˋvɪnɪənt] *adj* niedogodny; kłopotliwy, uciążliwy

in•cor•rect [ˈɪnkəˋrekt] *adj* nieprawidłowy, błędny; niestosowny

in•crease [ɪnˋkris] *vt* zwiększać; podwyższać (*ceny, płace*); *vi* wzrastać, zwiększać się; *s* [ˋɪnkris] wzrost (**in sth** czegoś); **be on the ~** wzrastać

increasingly [ɪnˋkrisɪŋlɪ] *adv* coraz więcej <bardziej>

in•cred•i•ble [ɪnˋkredəbl] *adj* niewiarygodny

in•cred•u•lous [ɪnˋkredjʊləs] *adj* nie dowierzający, nieufny

in•debt•ed [ɪnˋdetɪd] *adj* zadłużony; zobowiązany (**to sb** komuś)

in•deed [ɪnˋdid] *adv* rzeczywiście, faktycznie, naprawdę; **I am very glad ~** ogromnie się cieszę; **yes, ~!** ależ oczywiście!

in•def•i•nite [ɪnˋdefnɪt] *adj* nieokreślony; niewyraźny

in•de•pend•ence [ˈɪndɪ-

ˋpendəns] *s* niezależność, niepodległość; **Independence Day** święto narodowe USA (4 lipca)

in•de•pend•ent [ɪndɪˋpendənt] *adj* niezależny, niepodległy; samodzielny

in•de•scri•ba•ble ['ɪndɪsˋkraɪbəbl] *adj* nie do opisania

in•dex [ˋɪndeks] *s* (*pl* **~es** [ˋɪndeksɪz] *lub* **indices** [ˋɪndɪsiz]) wskaźnik; wykaz, indeks; *mat.* wykładnik potęgi; **~ finger** palec wskazujący

In•di•an [ˋɪndɪən] *s* Indianin; Hindus; *adj* indyjski, hinduski; indiański; **~ summer** babie lato (*okres*)

in•di•cate [ˋɪndɪkeɪt] *vt* wskazywać (**sth** coś <na coś>); oznaczać, sygnalizować

in•di•ca•tor [ˋɪndɪkeɪtə(r)] *s* wskaźnik; *mot.* kierunkowskaz

in•dif•fer•ence [ɪnˋdɪfrəns] *s* obojętność

in•dif•fer•ent [ɪnˋdɪfrənt] *adj* obojętny (**to sb** <**sth**> dla kogoś <na coś>); marny, mierny

in•di•ges•ti•ble ['ɪndɪˋdʒestəbl] *adj* niestrawny

in•di•ges•tion ['ɪndɪˋdʒestʃən] *s* niestrawność

in•dig•nant [ɪnˋdɪgnənt] *adj* oburzony (**with sb** na kogoś; **at** <**about, over**> **sth** na coś)

in•di•rect [ɪndɪˋrekt] *adj* pośredni; wymijający; okrężny; *gram.* **~ speech** mowa zależna

in•dis•creet ['ɪndɪˋskrit] *adj* niedyskretny

in•dis•pen•sa•ble ['ɪndɪˋspensəbl] *adj* niezbędny, nieodzowny (**to sth** do czegoś, **for sb** dla kogoś)

in•dis•po•si•tion ['ɪndɪspəˋzɪʃən] *s* niedyspozycja; niechęć

in•dis•tinct ['ɪndɪsˋtɪŋkt] *adj* niewyraźny, niejasny

in•di•vid•u•al ['ɪndɪˋvɪdʒʊəl] *adj* pojedynczy; indywidualny; poszczególny; *s* jednostka; (*pojedyncza*) osoba

in•do•lence [`ındələns] *s* lenistwo, opieszałość

In•do•ne•sian ['ındə`nizıən] *s* Indonezyjczyk, Indonezyjka; *adj* indonezyjski

in•door [`ındɔ(r)] *adj attr* domowy, pokojowy; kryty

in•doors [ın`dɔz] *adv* wewnątrz, w domu; pod dachem; do środka (*np. wchodzić*)

in•duce [ın`djus] *vt* nakłaniać; powodować, wywoływać; *elektr.* indukować

in•dulge [ın`dʌldʒ] *vt* dogadzać, pobłażać; zaspokajać (*pragnienie czegoś*); *vi* oddawać się <dawać upust> (**in sth** czemuś)

in•dul•gent [ın`dʌldʒənt] *adj* pobłażliwy

in•dus•tri•al [ın`dʌstrıəl] *adj* przemysłowy

in•dus•tri•ous [ın`dʌstrıəs] *adj* pracowity, skrzętny

in•dus•try [`ındəstrı] *s* przemysł; pracowitość

in•ed•i•ble [ın`edıbl] *adj* niejadalny

in•ef•fec•tive ['ını`fektıv] *adj* bezskuteczny, daremny; nieefektywny

in•ef•fi•cient ['ını`fıʃənt] *adj* nieudolny; niewydajny, nieefektywny

in•ept [ı`nept] *adj* nieumiejętny, niekompetentny

in•e•qual•i•ty ['ını`kwolıtı] *s* nierówność

in•ert [ı`nɜt] *adj* bezwładny; bez ruchu; *chem.* obojętny

in•er•tia [ı`nɜʃə] *s* bezwład, bezczynność, inercja; *fiz.* bezwładność

in•es•ti•ma•ble [ın`estıməbl] *adj* nieoceniony; nie do oszacowania

in•ev•i•ta•ble [ın`evıtəbl] *adj* nieunikniony

in•ex•act ['ınıg`zækt] *adj* nieścisły, niedokładny

in•ex•cu•sa•ble ['ınıks`kjuzəbl] *adj* niewybaczalny

in•ex•haus•ti•ble ['ınıg`zɔstəbl] *adj* niewyczerpany; niestrudzony

in•ex•pen•sive ['ınıks`pensıv] *adj* niedrogi

in•ex•pe•ri•ence ['ınıks-

`pıərıəns] *s* brak doświadczenia

in•ex•pe•ri•enced ['ınıks`pıərıənst] *adj* niedoświadczony

in•ex•plic•a•ble ['ınıks`plıkəbl] *adj* niewytłumaczalny

in•fant [`ınfənt] *s* niemowlę; dziecko (*do 2 lat*); *bryt.* ~ **school** przedszkole

in•fan•tile [`ınfəntɑıl] *adj* niemowlęcy, dziecięcy; infantylny

in•fan•try [`ınfəntrı] *s* *woj.* piechota

in•fat•u•at•ed [ın`fætʃʊeıtıd] *adj* zaślepiony; zadurzony (**with sb** w kimś)

in•fect [ın`fekt] *vt* zarażać; zakażać

in•fec•tion [ın`fekʃən] *s* zakażenie; infekcja

in•fer [ın`fɜ(r)] *vt* wnioskować

in•fe•ri•or [ın`fıərıə(r)] *adj* podrzędny; niższy; gorszy (**to sb <sth>** od kogoś <czegoś>); *s* podwładny

in•fe•ri•or•i•ty [ın'fıərı`orətı] *s* niższość; podrzędność; słabość; ~ **complex** kompleks niższości

in•fern•al [ın`fɜnl] *adj* piekielny

in•fer•tile [ın`fɜtɑıl] *adj* nieurodzajny; niepłodny

in•fi•nite [`ınfınıt] *adj* nieograniczony, nieskończony; niezliczony

in•fin•i•ty [ın`fınıtı] *s* (*także mat.*) nieskończoność; bezkres

in•fir•ma•ry [ın`fɜmərı] *s* szpital; izba chorych

in•flame [ın`fleım] *vt* wzburzać; rozpalać

in•flam•ma•ble [ın`flæməbl] *adj* łatwo palny; *przen.* zapalny

in•flam•ma•tion [ınflə`meıʃən] *s* *med.* zapalenie

in•flate [ın`fleıt] *vt* nadmuchać, napompować; zawyżać (*cenę*)

in•fla•tion [ın`fleıʃən] *s* inflacja; nadmuchiwanie

in•flex•i•ble [ın`fleksıbl] *adj* nieelastyczny, sztywny; nieugięty

in•flu•ence [`ınflʊəns] *s* wpływ; oddziaływanie;

vt wpływać (**sb <sth>** na kogoś <coś>)

in•flu•en•tial ['ɪnflʊ`enʃl] *adj* wpływowy

in•flu•en•za ['ɪnflʊ`enzə] *s* grypa

in•form [ɪn`fɔm] *vt* informować, zawiadamiać (**sb of sth** kogoś o czymś); **~ on <against> sb** donosić na kogoś

in•for•mal [ɪn`fɔml] *adj* nieoficjalny, swobodny; nieformalny

in•for•ma•tion ['ɪnfə`meɪʃən] *s* informacja; **a piece of ~** wiadomość

in•form•a•tive [ɪn`fɔmətɪv] *adj* informacyjny; pouczający

in•fre•quent [ɪn`frikwənt] *adj* nieczęsty, rzadki

in•fringe [ɪn`frɪndʒ] *vt* naruszyć, przekroczyć (*także vi*: **~ on <upon> sth** coś)

in•fu•ri•ate [ɪn`fjʊərɪeɪt] *vt* doprowadzać do szału, rozwścieczać

in•gen•ious [ɪn`dʒinjəs] *adj* pomysłowy, wynalazczy; oryginalny

in•gen•u•ous [ɪn`dʒenjʊəs] *adj* otwarty, szczery; naiwny

in•grat•i•tude [ɪn`grætɪtjud] *s* niewdzięczność

in•gre•di•ent [ɪn`gridɪənt] *s* składnik

in•hab•it [ɪn`hæbɪt] *vt* zamieszkiwać

in•hab•it•ant [ɪn`hæbɪtənt] *s* mieszkaniec

in•hale [ɪn`heɪl] *vt* wdychać, wchłaniać, wciągać (*zapach*)

in•her•ent [ɪn`hɪərənt] *adj* wrodzony; nieodłączny; właściwy (**in sb <sth>** komuś <czemuś>)

in•her•it [ɪn`herɪt] *vt vi* dziedziczyć (**from sb** po kimś)

in•her•i•tance [ɪn`herɪtəns] *s* spadek; dziedzictwo, spuścizna

in•hib•it [ɪn`hɪbɪt] *vt* hamować, powstrzymywać

in•hi•bi•tion ['ɪnhɪ`bɪʃən] *s* zahamowanie, powstrzymanie; hamulec (*psychiczny*)

in•hos•pi•ta•ble [ɪn'hos`pɪtəbl] *adj* niegościnny

in•hu•man [ɪn`hjumən] *adj* nieludzki
in•hu•mane ['ɪnhju`meɪn] *adj* niehumanitarny
initial [ɪ`nɪʃl] *adj* początkowy, wstępny; *s* inicjał; *vt* parafować, podpisać inicjałami
in•i•ti•ate [ɪ`nɪʃɪeɪt] *vt* inicjować, zapoczątkować; wprowadzać <wtajemniczać, wdrażać> (**sb into sth** kogoś w coś)
in•i•ti•a•tive [ɪ`nɪʃətɪv] *s* inicjatywa; **on one's own ~** z własnej inicjatywy
in•jec•tion [ɪn`dʒekʃən] *s* zastrzyk
in•jure [`ɪndʒə(r)] *vt* uszkodzić; zranić; szkodzić (*np. reputacji*)
in•ju•ri•ous [ɪn`dʒʊərɪəs] *adj* szkodliwy; krzywdzący
in•ju•ry [`ɪndʒərɪ] *s* obrażenie, kontuzja; krzywda
in•jus•tice [ɪn`dʒʌstɪs] *s* niesprawiedliwość
ink [ɪŋk] *s* atrament
in•laid [ɪn`leɪd] *adj* wyłożony (*czymś*), inkrustowany
in•land [`ɪnlənd] *adj* wewnętrzny; *adv* [ɪn`lænd] w głębi kraju
in•let [`ɪnlet] *s* wlot; otwór wlotowy; mała zatoka
in•mate [`ɪnmeɪt] *s* mieszkaniec; pensjonariusz; pacjent; więzień
in•most [`ɪnməʊst] *adj* najgłębszy; najskrytszy
inn [ɪn] *s* gospoda, zajazd
in•nate [ɪ`neɪt] *adj* wrodzony, przyrodzony
in•ner [`ɪnə(r)] *adj attr* wewnętrzny
in•ner•most [`ɪnəməʊst] *zob.* **inmost**
in•no•cence [`ɪnəsns] *s* niewinność; prostoduszność, naiwność
in•no•cent [`ɪnəsnt] *adj* niewinny
in•no•va•tion [ɪnə`veɪʃən] *s* innowacja
in•nu•me•ra•ble [ɪ`njumrəbl] *adj* niezliczony
in•oc•u•late [ɪ`nokjʊleɪt] *vt* szczepić, zaszczepiać
in•quire [ɪn`kwaɪə(r)] *vi* pytać, dowiadywać się (**about sth** o coś); **~ after sb** pytać o czyjeś

zdrowie; ~ **into sth** badać coś, przeprowadzać dochodzenie

in•quir•y [ɪn`kwaɪərɪ] *s* pytanie; dochodzenie; ~ **office** biuro informacji

in•quis•i•tive [ɪn`kwɪzɪtɪv] *adj* dociekliwy

in•sane [ɪn`seɪn] *adj* umysłowo chory; obłąkany

in•scrip•tion [ɪn`skrɪpʃən] *s* napis; dedykacja

in•sect [`ɪnsekt] *s* owad

in•se•cure ['ɪnsɪ`kjʊə(r)] *adj* nie zabezpieczony; niepewny

in•sen•si•ble [ɪn`sensɪbl] *adj* nieprzytomny; niewrażliwy (**to sth** na coś)

in•sep•a•ra•ble [ɪn`seprəbl] *adj* nierozłączny, nieodłączny

in•sert [ɪn`s3t] *vt* wstawiać, wkładać; *s* [`ɪns3t] wstawka, wkładka

in•ser•tion [ɪn`s3ʃən] *s* wstawienie, włożenie, wsunięcie; ogłoszenie (*w gazecie*)

in•side [ɪn`saɪd] *s* wnętrze; ~ **out** na lewą stronę; *pl* **~s** wnętrzności; *adv praep* wewnątrz, do wnętrza; *adj attr* [`ɪnsaɪd] wewnętrzny

in•sight [`ɪnsaɪt] *s* intuicja; wgląd (**into sth** w coś)

in•sig•nif•i•cant ['ɪnsɪg`nɪfɪkənt] *adj* znikomy, nic nie znaczący; nieistotny

in•sin•cere ['ɪnsɪn`sɪə(r)] *adj* nieszczery

in•sin•u•ate [ɪn`sɪnjʊeɪt] *vt* insynuować; *vr*: ~ **o.s.** wkraść <wśliznąć> się (**into sth** w coś)

in•sin•u•a•tion [ɪn'sɪnjʊ`eɪʃən] *s* insynuacja; aluzja

in•sip•id [ɪn`sɪpɪd] *adj* bez smaku, mdły; bezbarwny, nudny

in•sist [ɪn`sɪst] *vi* nalegać; upierać się; domagać się (**on <upon> sth** czegoś)

in•sist•ence [ɪn`sɪstəns] *s* naleganie; uporczywość; domaganie się

in•sis•tent [ɪn`sɪstənt] *adj* uporczywy; naglący

in•so•lence [`ɪnsələns] *s* zuchwalstwo, bezczelność

in•so•lent [`ɪnsələnt] *adj* bezczelny, zuchwały
in•som•ni•a [ɪn`somnɪə] *s* bezsenność
in•spect [ɪn`spekt] *vt* badać, sprawdzać; robić inspekcję
in•spec•tion [ɪn`spekʃən] *s* badanie; przegląd, inspekcja
in•spi•ra•tion ['ɪnspə`reɪʃən] *s* natchnienie, inspiracja
in•spire [ɪn`spaɪə(r)] *vt* natchnąć, pobudzić (**sb with sth** kogoś do czegoś); inspirować
in•stall [ɪn`stɔl] *vt* instalować; obsadzać (*kogoś na stanowisku*)
in•stal•la•tion ['ɪnstə`leɪʃən] *s* wprowadzenie na urząd; instalacja, urządzenie
in•stal•(l)ment [ɪn`stɔlmənt] *s* odcinek (*powieści, serialu*); rata; **pay in ~s** płacić na raty
in•stance [`ɪnstəns] *s* przypadek; **for ~** na przykład
in•stant [`ɪnstənt] *s* chwila; *adj* natychmiastowy; **~ coffee** kawa rozpuszczalna; **the 3rd ~** trzeciego bieżącego miesiąca
in•stant•ly [`ɪnstəntlɪ] *adv* natychmiast
in•stead [ɪn`sted] *adv* zamiast tego; *praep*: **~ of** zamiast (*w miejsce*)
in•step [`ɪnstep] *s* podbicie stopy
in•stil(l) [ɪn`stɪl] *vt* wpajać (*zasady, idee*)
in•stinct [`ɪnstɪŋkt] *s* instynkt
in•stinc•tive [ɪn`stɪŋktɪv] *adj* instynktowny
in•sti•tu•tion ['ɪnstɪ`tjuʃən] *s* instytucja; towarzystwo; ustanowienie
in•struct [ɪn`strʌkt] *vt* instruować; szkolić (**sb in sth** kogoś w czymś)
in•struc•tion [ɪn`strʌkʃən] *s* szkolenie; polecenie; instrukcje; **~ manual** instrukcja obsługi
in•struc•tive [ɪn`strʌktɪv] *adj* pouczający; kształcący
in•stru•ment [`ɪnstrumənt] *s* instrument, przyrząd; *dosł.* i *przen.* narzędzie

in•sult•ing [ɪnˋsʌltɪŋ] *adj* obraźliwy

in•sult [ɪnˋsʌlt] *vt* znieważać, obrażać; *s* [ˋɪnsʌlt] obraza, zniewaga

in•sur•ance [ɪnˋʃʊərəns] *s* ubezpieczenie; zabezpieczenie; ~ **premium <policy>** składka <polisa> ubezpieczeniowa

in•sure [ɪnˋʃʊə(r)] *vt vi* ubezpieczać (się) (**against sth** od czegoś)

in•tact [ɪnˋtækt] *adj* nietknięty, nienaruszony, dziewiczy

in•teg•ri•ty [ɪnˋtegrɪtɪ] *s* integralność; rzetelność, prawość

in•tel•lect [ˋɪntəlekt] *s* intelekt; inteligencja

in•tel•lec•tu•al ['ɪntəˋlektʃʊəl] *adj* intelektualny; *s* intelektualista

in•tel•li•gence [ɪnˋtelɪdʒəns] *s* inteligencja; wywiad; ~ **service** służba wywiadowcza

in•tel•li•gent [ɪnˋtelɪdʒənt] *adj* inteligentny

in•tend [ɪnˋtend] *vt* zamierzać; przeznaczać

in•tense [ɪnˋtens] *adj* intensywny, silny, mocny

in•ten•si•fy [ɪnˋtensɪfaɪ] *vt vi* wzmocnić (się), napiąć, pogłębiać (się), wzmagać (się)

in•ten•si•ty [ɪnˋtensɪtɪ] *s* intensywność

in•ten•sive [ɪnˋtensɪv] *adj* intensywny, wzmożony

in•ten•tion [ɪnˋtenʃən] *s* zamiar, cel

in•ten•tion•al [ɪnˋtenʃnl] *adj* celowy, umyślny

in•ter•act ['ɪntərˋækt] *vi* oddziaływać (*na siebie*) wzajemnie

in•ter•com [ˋɪntəkom] *s* łączność wewnętrzna, intercom, domofon

in•ter•course [ˋɪntəkɔs] *s* stosunek płciowy

in•ter•est [ˋɪntrəst] *s* zainteresowanie; interes, zysk, udział (*w zyskach*); odsetki, procent; ~ **rate** stopa procentowa; **take an ~** interesować się (**in sth** czymś); *vt* interesować; **be ~ed** interesować się (**in sth** czymś)

in•ter•est•ing [ˋɪntrəstɪŋ]

adj interesujący, ciekawy

in•ter•fere ['ɪntə`fɪə(r)] *vi* wtrącać się (**in sth** w coś, do czegoś); **~ with sth** majstrować przy czymś *pot.*; przeszkadzać w czymś; kolidować z czymś; **don't ~** nie wtrącaj się

in•ter•fer•ence ['ɪntə`fɪərəns] *s* mieszanie <wtrącanie> się, ingerencja; *fiz.* interferencja

in•te•ri•or [ɪn`tɪərɪə(r)] *s* wnętrze domu; środek kraju; *adj* wewnętrzny; **~ design** architektura wnętrz

in•ter•ject ['ɪntə`dʒekt] *vt* wtrącać

in•ter•jec•tion ['ɪntə`dʒekʃən] *s gram.* wykrzyknik

in•ter•me•di•ate [`ɪntə`midɪət] *adj* pośredni; (*o uczniach, poziomie wiedzy*) średnio zaawansowany

in•ter•mis•sion ['ɪntə`mɪʃən] *s* (*w teatrze*) pauza, przerwa

in•tern [ɪn`tɜn] *vt* internować

in•ter•nal [ɪn`tɜnl] *adj* wewnętrzny

in•ter•na•tion•al ['ɪntə`næʃənl] *adj* międzynarodowy

In•ter•net ['ɪntə(r)net] *s* Internet

in•ter•pret [ɪn`tɜprɪt] *vt* wyjaśniać; interpretować; *vi* tłumaczyć (*ustnie*)

in•ter•pre•ta•tion ['ɪntɜprɪ`teɪʃən] *s* interpretacja

in•ter•pret•er [ɪn`tɜprɪtə(r)] *s* tłumacz (*ustny*)

in•ter•re•la•ted ['ɪntərɪ`leɪtɪd] *s* powiązany (*wzajemnie*)

in•ter•ro•gate [ɪn`terəgeɪt] *vt* indagować, przesłuchiwać

in•ter•rupt ['ɪntə`rʌpt] *vt vi* przerywać

in•ter•sect ['ɪntə`sekt] *vt vi* przecinać, krzyżować (się)

in•ter•val [`ɪntəvl] *s* przerwa, odstęp; *muz.* interwał; **at ~s** z przerwami, w odstępach

in•ter•vene ['ɪntə`vin] *vi* interweniować; ingerować, przeszkadzać

in•ter•ven•tion ['ɪntə`venʃən] *s* interwencja, wkroczenie (*w coś*)

in•ter•view [`ɪntəvju] *s* rozmowa kwalifikacyjna; wywiad; *vt* przeprowadzić rozmowę kwalifikacyjną <wywiad> (**sb** z kimś)

in•tes•tine [ɪn`testɪn] *s anat.* jelito

in•ti•ma•cy [`ɪntɪməsɪ] *s* zażyłość; poufałość; intymność

in•ti•mate [`ɪntɪmət] *adj* bliski, intymny; (*o wiedzy*) gruntowny

in•tim•i•date [ɪn`tɪmɪdeɪt] *vt* zastraszyć, onieśmielić

in•to [`ɪntu, `ɪntə] *praep* (*ruch, kierunek*) w, do; **far ~ the night** do późna w nocy; (*przemiana, wynik czynności*) na, w; **break ~ pieces** rozbić się na kawałki; **turn ~ a frog** zmienić (się) w żabę; **divide ~ groups** podzielić (się) na grupy

in•tol•e•ra•ble [ɪn`tolərəbl] *adj* nieznośny; nie do przyjęcia

in•tol•e•rant *adj* [ɪn`tolərnt] nietolerancyjny

in•to•na•tion ['ɪntə`neɪʃən] *s* intonacja

in•tox•i•ca•tion [ɪn'toksɪ`keɪʃən] *s* odurzenie, upicie; *med.* zatrucie

in•tra•ve•nous ['ɪntrə`vinəs] *adj* dożylny

in•tri•cate [`ɪntrɪkɪt] *adj* skomplikowany, zawiły

in•trigue [ɪn`trig] *s* intryga; *vt vi* intrygować

in•tro•duce ['ɪntrə`djus] *vt* przedstawiać (**sb to sb** kogoś komuś); wprowadzać

in•tro•duc•tion ['ɪntrə`dʌkʃən] *s* wprowadzenie; przedstawienie (*osób*); wstęp

in•trude [ɪn`trud] *vi* wtrącać się <wkraczać> (**into sth** do czegoś); przeszkadzać, narzucać się (**on <upon> sb** komuś); zakłócać (**on <upon> sth** coś)

in•tru•sion [ɪn`truʒən] *s* (*bezprawne*) wkroczenie, wtargnięcie

in•tu•i•tion ['ɪntu`ɪʃən] *s* intuicja

in•tu•i•tive [ɪnˋtuɪtɪv] *adj* intuicyjny

in•vade [ɪnˋveɪd] *vt* najeżdżać; *dosł.* i *przen.* atakować

in•va•lid [ˋɪnvəlɪd] *s* kaleka, inwalida; [ɪnˋvælɪd] *adj* nieważny, nieprawomocny

in•val•i•date [ɪnˋvælɪdeɪt] *vt* unieważniać

in•val•ua•ble [ɪnˋvæljʊəbl] *adj* bezcenny; nieoceniony

in•var•i•able [ɪnˋveərɪəbl] *adj* niezmienny, stały

in•va•sion [ɪnˋveɪʒən] *s* inwazja

in•vec•tive [ɪnˋvektɪv] *s* obelga; inwektywa

in•vent [ɪnˋvent] *vt* wynajdywać; wymyślać; zmyślać

in•ven•tion [ɪnˋvenʃən] *s* wynalezienie; wynalazek; wymysł

in•ven•to•ry [ˋɪnvəntrɪ] *s* spis inwentarza

in•vert [ɪnˋvɜt] *vt* odwrócić; przewrócić; **~ed commas** cudzysłów

in•ver•te•brate [ɪnˋvɜtɪbrət] *s zool.* bezkręgowiec

in•vest [ɪnˋvest] *vt* inwestować; **~ sb with sth** obdarzać kogoś czymś; *przen.* **don't ~ his words with too much importance** nie bierz jego słów zbyt serio

in•ves•ti•gate [ɪnˋvestɪgeɪt] *vt* badać; prowadzić śledztwo

in•ves•ti•ga•tion [ɪn'vestɪˋgeɪʃən] *s* badanie; śledztwo

in•vest•ment [ɪnˋvestmənt] *s* inwestowanie; inwestycja

in•vis•i•ble [ɪnˋvɪzəbl] *adj* niewidzialny, niewidoczny

in•vi•ta•tion ['ɪnvɪˋteɪʃən] *s* zaproszenie (**to sth** na coś); **by ~** za okazaniem zaproszenia

in•vite [ɪnˋvaɪt] *vt* zapraszać (**to sth** na coś); zachęcać (**sth** do czegoś); wywoływać

in•vit•ing [ɪnˋvaɪtɪŋ] *adj* nęcący; pociągający; zachęcający

in•voke [ɪn`vəʊk] *vt* przywołać; wywoływać

in•volve [ɪn`volv] *vt* wmieszać, wikłać (**sb in sth** kogoś w coś); wymagać; pociągać za sobą; obejmować, dotyczyć

in•volved [ɪn`volvd] *adj* zawiły; zaangażowany; **become ~ with sb** związać się z kimś

in•vul•ne•ra•ble [ɪn`vʌlnərəbl] *adj* niewrażliwy; niezniszczalny

in•ward [`ɪnwəd] *adj* wewnętrzny; *adv* (*także* **~s**) do wnętrza, w głąb

i•o•dine [`aɪədin] *s* jodyna

I•ra•ni•an [ɪ`reɪnɪən] *s* Irańczyk; *adj* irański

I•rish [`aɪrɪʃ] *adj* irlandzki

I•rish•man [`aɪrɪʃmən] (*pl* **Irishmen** [`aɪrɪʃmən]) *s* Irlandczyk

i•ron [`aɪən] *s* żelazo; żelazko; *vt* prasować

i•ron•ic(al) [aɪ`ronɪk(l)] *adj* ironiczny

ir•ra•tion•al [ɪ`ræʃənl] *adj* nieracjonalny, irracjonalny; niemądry

ir•reg•u•lar [ɪ`regjələ(r)] *adj* nieregularny; nieprawidłowy; nierówny

ir•rel•e•vant [ɪ`reləvənt] *adj* nieistotny, nie związany z tematem

ir•re•sis•ti•ble ['ɪrɪ`zɪstɪbl] *adj* nieodparty; taki, któremu nie można się oprzeć

ir•re•spec•tive ['ɪrɪs`pektɪv] *adj* nie biorący pod uwagę; niezależny; *adv* niezależnie; **~ of** bez względu na, niezależnie od

ir•re•spon•si•ble ['ɪrɪs`ponsɪbl] *adj* nieodpowiedzialny, lekkomyślny

ir•re•ver•si•ble ['ɪrɪ`vɜsɪbl] *adj* nieodwracalny

ir•ri•tate [`ɪrɪteɪt] *vt* irytować, drażnić; podrażniać

ir•ri•ta•tion ['ɪrɪ`teɪʃən] *s* irytacja, rozdrażnienie

is [ɪz] *zob.* **be**

Is•lam [`ɪzlɑm] *s* islam

is•land [`aɪlənd] *s* wyspa

isle [aɪl] *s* wyspa (*zw. przed nazwą własną*)

isn't [ɪznt] = **is not**; *zob.* **be**

i•so•late [\`ɑɪsəleɪt] *vt* izolować; wyodrębniać (**from sth** od czegoś)

i•so•la•tion ['ɑɪsə\`leɪʃən] *s* izolacja; odosobnienie

Is•rae•li [ɪz\`reɪlɪ] *s* Izraelczyk; *adj* izraelski

is•sue [\`ɪʃu] *s* sprawa, kwestia; wydanie; emisja; numer (*czasopisma*); **make an ~ of sth** robić z czegoś problem; *vt* wydawać; emitować

it [ɪt] *pron* ono, to; (*rzeczowniki nieżywotne i nazwy zwierząt*) on, ona

I•tal•ian [ɪ\`tælɪən] *adj* włoski; *s* Włoch; język włoski

i•tal•ics [ɪ\`tælɪks] *s* kursywa

itch [ɪtʃ] *vi* swędzić; *s* swędzenie

i•tem [\`ɑɪtəm] *s* rzecz; punkt; pozycja; **~ of news** wiadomość

i•tem•ize [\`ɑɪtəmɑɪz] *vt* wyszczególniać

i•tin•er•ar•y [ɑɪ\`tɪnərərɪ] *s* trasa <plan> podróży

its [ɪts] *pron* (*o dzieciach, zwierzętach i rzeczach*) jego, jej, swój

it's [ɪts] = **it is;** *zob.* **be; it has**

it•self [ɪt\`self] *pron* samo, sobie, siebie, się; **by ~** samo (jedno); samodzielnie

I've [ɑɪv] = **I have**

i•vo•ry [\`ɑɪvrɪ] *s* kość słoniowa

i•vy [\`ɑɪvɪ] *s* bluszcz

J

jab [dʒæb] *vt* kłuć; wbijać; *s pot.* zastrzyk

Jack[1] [dʒæk] *s zdrob.* od **John** Jaś; chłopak; walet (*w kartach*); **Union ~** narodowa flaga brytyjska; **everyman ~** każdy bez wyjątku; *przen.* **~ of all trades** złota rączka *przen.*

jack[2] [dʒæk] *s* podnośnik, lewarek; *vt*: **~ up** podnieść lewarkiem; *pot.* **~ sth in** zaprzestać, porzucić coś

jack•al [`dʒækl] *s* szakal
jack•et [`dʒækɪt] *s* marynarka; żakiet; kurtka; obwoluta; osłona; ~ **potatoes** ziemniaki w mundurkach
ja•cuz•zi [dʒə`kuzɪ] *s* duża wanna z masażem wodnym, jacuzzi
jag•u•ar [`dʒægjʊə(r)] *s* *zool.* jaguar
jail [dʒeɪl] *s* więzienie
jam[1] [dʒæm] *s* dżem
jam[2] [dʒæm] *vt* wpychać; zatykać, blokować; zagłuszać (*transmisję radiową*); *vi* wpychać się; (*o urządzeniach, drzwiach*) zacinać się; *s* ścisk; zator; zacięcie się; **traffic** ~ korek drogowy
jam•bo•ree ['dʒæmbə`ri] *s* zlot harcerski; jamboree, wielka zabawa
jan•i•tor [`dʒænɪtə(r)] *s* *am.* odźwierny, dozorca
Jan•u•ar•y [`dʒænjʊərɪ] *s* styczeń
Jap•a•nese ['dʒæpə`niz] *adj* japoński; *s* Japończyk; język japoński
jar [dʒa(r)] *s* słoik
jas•mine [`dʒæzmɪn] *s* jaśmin
jaun•dice [`dʒɔndɪs] *s* *med.* żółtaczka
jave•lin [`dʒævlɪn] *s* oszczep
jaw [dʒɔ] *s* szczęka
jazz [dʒæz] *s* jazz; *pot.* **all that** ~ cały ten kram
jeal•ous [`dʒeləs] *adj* zazdrosny (**of sb <sth>** o kogoś <coś>); zawistny
jeal•ous•y [`dʒeləsɪ] *s* zazdrość; zawiść
jeans [dʒinz] *s pl* dżinsy
jeep [dʒip] *s* *mot.* łazik, jeep, dżip
jeer [dʒɪə(r)] *vi* wyśmiewać, szydzić
jel•ly [`dʒelɪ] *s* galaret(k)a
jel•ly•fish [`dʒelɪfɪʃ] *s* meduza
jeop•ar•dize [`dʒepədaɪz] *vt* narażać na niebezpieczeństwo; ryzykować (**sth** coś)
jeop•ar•dy [`dʒepədɪ] *s* niebezpieczeństwo, ryzyko
jerk [dʒɜk] *vt vi* szarpnąć (się); *s* szarpnięcie; *pot.* palant *pot.*

jer•sey [`dʒɜzɪ] *s* sweter; dżersej

jet [dʒet] *s* silny strumień; dysza; odrzutowiec; ~ **lag** zmęczenie wywołane długą podróżą lotniczą i zmianą czasu strefowego; *vt vi* tryskać; *pot.* latać odrzutowcem;

Jew [dʒu] *s* Żyd

jew•el [`dʒuəl] *s* klejnot

jew•el•(l)er•y [`dʒuəlrɪ] *s* biżuteria

Jew•ess [`dʒuɪs] *s* Żydówka

Jew•ish [`dʒuɪʃ] *adj* żydowski

jin•gle [`dʒɪŋgl] *vt vi* dźwięczeć, brzęczeć; *s* brzęk, dźwięczenie

job [dʒob] *s* praca, zajęcie; zadanie, obowiązek; sprawa; **full-time <part-time>** ~ praca na cały etat <pół etatu>; **make a good <bad> ~ of sth** zrobić dobrą <złą> robotę

jock•ey [`dʒokɪ] *s* dżokej; *vi*: ~ **for position** walczyć o stanowisko nie przebierając w środkach

jog [dʒog] *vt* potrącać, szturchać; potrząsać; *vi* uprawiać jogging; *s* potrząśnięcie; szturchnięcie; jogging

jog•ging [`dʒogɪŋ] *s* jogging

join [dʒoɪn] *vt vi* łączyć; przyłączać się (**sb** do kogoś); wstępować (*do organizacji*); wiązać (się); ~ **hands** wziąć się za ręce; połączyć wysiłki

joint [dʒoɪnt] *s anat.* staw; *techn.* złącze; *pot.* lokal; *pot.* skręt *pot.*; **out of ~** zwichnięty; *adj* wspólny, łączny

joint-stock ['dʒoɪnt`stok] *adj attr*: ~ **company** spółka akcyjna

joke [dʒəʊk] *s* żart, dowcip; **practical ~** kawał; *pot.* **crack ~s** opowiadać kawały; *vi* żartować (**about sb <sth>** z kogoś <czegoś>)

jok•er [`dʒəʊkə(r)] *s* dowcipniś; dżoker (*w kartach*)

jol•ly [`dʒolɪ] *adj* wesoły; *adv bryt. pot.* bardzo, szalenie

jolt [dʒəʊlt] *vi* trząść się, podskakiwać; *vt* wstrząsać (**sb <sth>** kimś <czymś>); *s* wstrząs; szarpnięcie

jour•nal [`dʒɜnl] *s* czasopismo; dziennik (*pamiętnik*)

jour•nal•ist [`dʒɜnəlɪst] *s* dziennikarz

jour•ney [`dʒɜnɪ] *s* podróż (*zw. lądowa*); *vi* podróżować

joy [dʒoɪ] *s* radość

joy•ful [`dʒoɪfʊl] *adj* radosny, uradowany

jub•i•lant [`dʒubɪlənt] *adj* rozradowany, triumfujący

ju•bi•lee [`dʒubɪli] *s* jubileusz

judge [dʒʌdʒ] *vt vi* sądzić; sędziować; oceniać; *s* sędzia

judg(e)•ment [`dʒʌdʒmənt] *s* osąd; opinia; wyrok; **pass ~** wyrokować, osądzać (**on <upon> sb <sth>** kogoś <coś>)

jug [dʒʌg] *s* dzban

jug•gle [`dʒʌgl] *vi* żonglować; *vt* manipulować (**with sth** czymś)

juice [dʒus] *s* sok

juic•y [`dʒusɪ] *adj* soczysty

Ju•ly [dʒu`lɑɪ] *s* lipiec

jump [dʒʌmp] *vi* skakać; podskakiwać; *vt* przeskakiwać; **~ the queue** wpychać się bez kolejki; *s* skok, podskok

jump•er [dʒʌmpə(r)] *s* skoczek; *bryt.* pulower; *am.* fartuszek, bezrękawnik

junction [`dʒʌŋkʃən] *s* *bryt.* skrzyżowanie (*dróg*)

June [dʒun] *s* czerwiec

jun•gle [`dʒʌŋgl] *s* dżungla

jun•ior [`dʒunɪə(r)] *adj* młodszy; niższy rangą (**to sb** od kogoś); *s sport.* junior; *bryt.* uczeń szkoły podstawowej; *am.* student trzeciego roku

ju•ni•per [`dʒunɪpə(r)] *s* jałowiec

junk [dʒʌŋk] *s pot.* rupiecie, złom; dżonka; **~ food** marne <niezdrowe> jedzenie; *vt pot.* wyrzucać (*na śmietnik*)

jury [`dʒʊərɪ] *s* ława przysięgłych; jury

just [dʒʌst] *adj* sprawiedliwy; słuszny; *adv* właśnie, dokładnie; tylko, jedynie; dopiero co; po prostu

jus•tice [`dʒʌstɪs] *s* sprawiedliwość; *am.* słuszność; wymiar sprawiedliwości

jus•ti•fy [`dʒʌstɪfaɪ] *vt* usprawiedliwiać; uzasadniać

ju•ve•nile [`dʒuvənaɪl] *adj* młodociany, małoletni; dziecinny; *s* nieletni; ~ **deliquency** przestępczość wśród nieletnich

K

ka•lei•do•scope [kə`laɪdəskəʊp] *s* kalejdoskop

kan•ga•roo ['kæŋgə`ru] *s* kangur

keen [kin] *adj* gorliwy, zapalony; bystry, żywy; ostry, przenikliwy; *pot.* **be ~ on sb <sth>** interesować się kimś <czymś>

***keep** [kip], **kept, kept** [kept] *vt vi* trzymać; utrzymywać dotrzymywać; (*obietnicy*); przechowywać; przestrzegać (*zasad*); prowadzić (*sklep, rachunkowość*); hodować; zachowywać (*pozory*); chronić (**sb from sth** kogoś przed czymś); *vi* trzymać <mieć> się; ~ **sb waiting** kazać komuś czekać; ~ **clear** trzymać się z dala (**of sth** od czegoś); ~ **to the right** iść <jechać> prawą stroną; ~ **smiling** stale się uśmiechać; ~ **away** trzymać (się) z dala; ~ **on** kontynuować; **he ~s on working** on nadal pracuje; ~ **out** trzymać (się) z dala; zabraniać wstępu; ~ **up** podtrzymywać; utrzymywać (się) na odpowiednim poziomie; ~ **sb company** dotrzymywać komuś towarzystwa

keep•er [`kipə(r)] *s* dozorca; prowadzący (*sklep, zakład*)

keep•sake [`kipseɪk] *s* pamiątka

ken•nel [`kenl] *s* psia buda; *pl* **~s** schronisko dla psów

kept *zob.* **keep**

kerb, *am.* **curb** [kɜb] *s* krawężnik

ker•chief [`kɜtʃɪf] *s* chustka (*na głowę*)

ker•nel [`kɜnl] *s* jądro (*orzecha*), ziarno (*owocu*); sedno (*sprawy*)

ket•tle [`ketl] *s* czajnik; **put the ~ on** nastawić czajnik

key [ki] *s* klucz; klawisz; *vt*: *komp.* **~ in** wpisywać za pomocą klawiatury

key•board [`kibɔd] *s* klawiatura; *pl* **~s** instrumenty klawiszowe

key•hole [`kihəʊl] *s* dziurka od klucza

kick [kɪk] *vt* kopać; *vi* wierzgać; *s* kopnięcie, kopniak; *pot.* **~ the bucket** wyciągnąć kopyta

kid [kɪd] *s* koźlę; skóra koźla; *pot.* dziecko; *vt pot.*: **you are ~ding!** chyba sobie żartujesz!

kid•nap [`kɪdnæp] *vt* porywać, uprowadzać

kid•nap•per [`kɪdnæpə(r)] *s* kidnaper, porywacz

kid•ney [`kɪdnɪ] *s anat.* nerka

kill [kɪl] *vt* zabijać; **~ the pain** uśmierzać ból; **~ time** zabijać czas; *s* zabicie; zdobycz

kill•er [`kɪlə(r)] *s* morderca, zabójca

kil•o•gram(me) [`kɪləgræm] *s* kilogram

kil•o•me•tre [`kɪlə'mitə(r)] *s* kilometr

kilt [kɪlt] *s* męska spódnica szkocka

kind[1] [kɑɪnd] *s* rodzaj, gatunek; **a ~ of** coś w rodzaju; **nothing of the ~** nic podobnego; **what ~ of...?** jakiego rodzaju...?; *pot.* **~ of** trochę, poniekąd, jakby

kind[2] [kɑɪnd] *adj* miły, uprzejmy; **that's very ~ of you** to bardzo uprzejmie z pańskiej <twojej> strony

kin•der•gar•ten [`kɪndəgɑtn] *s* przedszkole

kind•ly [ˋkaɪndlɪ] *adj* uczynny, miły; *adv* uprzejmie

kind•ness [ˋkaɪndnɪs] *s* uprzejmość, życzliwość; przysługa

king [kɪŋ] *s* król

kiss [kɪs] *vt vi* całować (się); ~ **sb goodbye** całować kogoś na pożegnanie; *s* pocałunek

kit [kɪt] *s* zestaw, komplet; wyposażenie, ekwipunek

kitch•en [ˋkɪtʃɪn] *s* kuchnia; ~ **garden** ogród warzywny

kite [kaɪt] *s* latawiec; **fly a ~** puszczać latawca

knack [næk] *s* sztuka (*robienia czegoś*); talent (**of <for> sth** do czegoś)

knee [ni] *s* kolano

***kneel** [nil], **knelt, knelt** [nelt] *vi* (*także* ~ **down**) klękać, klęczeć

knew *zob.* **know**

knick•ers [ˋnɪkəz] *s pl bryt.* majtki, figi

knife [naɪf] *s* (*pl* **knives** [naɪvz]) nóż; *vt* pchnąć nożem

knight [naɪt] *s* rycerz; koń (*w szachach*)

***knit, knit, knit** [nɪt] *lub* **knit•ted, knit•ted** [ˋnɪtɪd] *vt* robić na drutach; ~ **one's brows** ściągać brwi

knit•ting [ˋnɪtɪŋ] *s* robienie na drutach; robótka

knives *zob.* **knife**

knob [nob] *s* gałka; sęk; kawałek

knock [nok] *vi* pukać, stukać (**at the door** do drzwi); *vt* stukać (**against sth** o coś); uderzać, walić; ~ **down** zburzyć; powalić; przejechać; obniżać (*cenę*); ~ **off** strącić; obniżać (*cenę*); skończyć (*pracę*); ~ **out** nokautować; ~ **over** przejechać; przewrócić; *s* stukanie, pukanie, uderzenie

knockout [ˋnokaʊt] *s* nokaut

knot [not] *s* węzeł, supeł; *vt* robić węzeł; wiązać

***know** [nəʊ], **knew** [nju], **known** [nəʊn] *vt vi* znać; poznawać; wiedzieć (**about sb <sth>** o kimś <czymś>); ~ **how to do sth** umieć <potrafić> coś zrobić; **as far as I ~** o ile wiem; **get to ~** dowiedzieć się; **let me ~** daj mi znać; **you never ~** nigdy nie wiadomo

know•ing [ˋnəʊɪŋ] *adj* porozumiewawczy; rozumny

knowl•edge [ˋnolɪdʒ] *s* wiedza; znajomość; świadomość; **to my ~** o ile mi wiadomo

known *zob.* **know**

knuck•le [ˋnʌkl] *s* kostka (*palca dłoni*)

L

lab [ˋlæb] *s zob.* **laboratory**

la•bel [ˋleɪbl] *s* nalepka, etykieta; *vt* naklejać nalepkę <etykietę>

la•bor•a•to•ry [ləˋborətrɪ] *s* laboratorium

la•bo•ri•ous [ləˋbɔrɪəs] *adj* mozolny, pracochłonny; wypracowany

la•bo(u)r [ˋleɪbə(r)] *s* mozolna praca; siła robocza; poród; *pot.* **hard ~** harówka; *vi* ciężko pracować, mozolić się; (*o kobiecie*) rodzić

la•bo(u)r•er [ˋleɪbərə(r)] *s* robotnik

lab•y•rinth [ˋlæbərɪnθ] *s* labirynt

lace [leɪs] *s* koronka; sznurowadło; **~ curtain** firanka; *vt* sznurować

lack [læk] *s* brak, niedostatek; **for ~ of sth** z braku czegoś; *vt* brakować; **I ~ money** brak mi pieniędzy

lac•quer [ˋlækə(r)] *s* lakier; *vt* lakierować

lad [læd] *s* chłopiec, chłopak; młodzieniec

lad•der [ˋlædə(r)] *s* drabina; *bryt.* oczko (*w rajstopach*); *przen.* drabina społeczna

la•dy [ˋleɪdɪ] *s* pani, kobieta; dama; **the ladies; ladies' (room)** (toaleta) dla pań

la•dy•bird [ˋleɪdɪbɜd] *s* biedronka

lag [læg] *vi* zwlekać, opóźniać się, (*także* ~ **behind**) wlec się z tyłu

lagoon [lə`gun] *s* laguna

laid *zob.* **lay**[1]

lain *zob.* **lie**[1]

lake [leɪk] *s* jezioro

lamb [læm] *s* jagnię, baranek; jagnięcina

lame [leɪm] *adj* chromy; ułomny; słaby, mętny; ~ **duck** pechowiec

la•ment [lə`ment] *s* skarga, lament; *vt* opłakiwać (**<over> sb <sth>** kogoś <coś>); *vi* lamentować

lam•en•ta•ble [lə`mentəbl] *adj* żałosny, opłakany

lamp [læmp] *s* lampa

lamp•post [`læmppəʊst] *s* latarnia (*uliczna*)

lamp•shade [`læmpʃeɪd] *s* abażur

lance [lɑns] *s* lanca; *vt med.* nacinać

land [lænd] *s* ziemia; ląd; kraj; grunt; **by** ~ drogą lądową; *vt* wysadzać <wyładowywać> (na ląd); *vi* lądować; wysiadać; trafić (*gdzieś*)

land•ing [`lændɪŋ] *s* półpiętro; lądowanie; ~ **stage** pomost

land•la•dy [`lændleɪdɪ] *s* właścicielka (*domu, hotelu*); gospodyni

land•lord [`lændlɔd] *s* właściciel (*domu, hotelu*); gospodarz

land•mark [`lændmɑk] *s* punkt orientacyjny; moment przełomowy

land•scape [`lændskeɪp] *s* krajobraz, pejzaż; *vt* projektować tereny zielone

lane [leɪn] *s* uliczka; dróżka; pas ruchu; tor

lan•guage [`læŋgwɪdʒ] *s* język, mowa

lan•tern [`læntən] *s* latarnia, lampion

lap [læp] *s* łono; **on one's** ~ na kolanach u kogoś; *sport.* okrążenie; *vt* chłeptać; chlupotać; zrobić okrążenie; zawinąć; **be ~ped in luxury** opływać w dostatki

la•pel [lə`pel] *s* klapa (*marynarki*)

lap•top [`læptop] *s* przenośny komputer, laptop

larch [lɑtʃ] *s* modrzew

lar•der [ˈlɑdə(r)] *s* spiżarnia

large [lɑdʒ] *adj* duży, obszerny; swobodny; **at ~** na wolności; w całości; **by and ~** w ogóle, ogólnie biorąc

large•ly [ˈlɑdʒlɪ] *adv* w dużej mierze, przeważnie

lark [lɑk] *s* skowronek; kawał, żart; *vi*: **~ about** dokazywać

la•ser [ˈleɪzə(r)] *s* laser; **~ printer** drukarka laserowa

last[1] [lɑst] *adj* ostatni; ubiegły; **~ week** w zeszłym tygodniu; *adv* ostatnio; na końcu; **~ but one** przedostatni; **~ but not least** ostatnie, choć nie mniej ważne; *s* ostatni; **at ~** na koniec, wreszcie

last[2] [lɑst] *vi* trwać; przetrwać; wystarczać (*na pewien czas*)

last•ing [lɑstɪŋ] *adj* trwały

latch [lætʃ] *s* zasuwa; zatrzask

late [leɪt] *adj* spóźniony; późny; (*o zmarłym*) świętej pamięci; **be ~** spóźniać się (**for sth** na coś); *adv* późno; do późna; **of ~** ostatnimi czasy

late•ly [ˈleɪtlɪ] *adv* ostatnio

lat•er [ˈleɪtə(r)] *adj* (*comp od* **late**) późniejszy; *adv* później; **~ on** później; **see you ~!** do zobaczenia!

lat•est [ˈleɪtəst] *adj* (*sup od* **late**) najpóźniejszy; najnowszy, ostatni

lath•er [ˈlɑðə(r)] *s* piana (*mydlana*); *vt vi* mydlić (się), pienić się

Lat•in [ˈlætɪn] *adj* łaciński; *s* łacina

lat•i•tude [ˈlætɪtjud] *s* szerokość geograficzna; *przen.* swoboda

lat•ter [ˈlætə(r)] *adj* drugi (*z dwóch*); późniejszy, nowszy

laugh [lɑf] *vi* śmiać się (**at sb <sth>** z kogoś <czegoś>); **~ off** obracać w żart; *s* śmiech

laugh•ter [ˈlɑftə(r)] *s* śmiech

launch [lɔntʃ] *vt* wodować (*statek*); wystrzelić

(*rakietę*); wszczynać (*śledztwo*); uruchamiać (*sprzedaż*); *s* wodowanie; wystrzelenie; motorówka

laun•dry [`lɔndrɪ] *s* pralnia; rzeczy do prania <świeżo uprane>

laur•el [`lɔrəl] *s* laur, wawrzyn

lav•a•to•ry [`lævətrɪ] *s* toaleta, ubikacja

lav•en•der [`lævəndə(r)] *s* lawenda

lav•ish [`lævɪʃ] *adj* rozrzutny; szczodry, hojny; obfity; *vt* hojnie obdarzać; szafować

law [lɔ] *s* prawo; ustawa; system prawny; wiedza prawnicza; **against the ~** niezgodny z prawem; **~ court** sąd; **go to ~** wnosić skargę do sądu; **break the ~** łamać prawo

law•ful [`lɔfʊl] *adj* prawny, legalny

law•less [`lɔlɪs] *adj* bezprawny; samowolny

lawn [lɔn] *s* trawnik

law•yer [`lɔjə(r)] *s* prawnik; adwokat

lax [læks] *adj* luźny; swobodny; niedbały

lax•a•tive [`læksətɪv] *s med.* środek przeczyszczający

***lay[1]** [leɪ], **laid, laid** [leɪd] *vt* kłaść; **~ eggs** znosić <składać> jaja; **~ proposals** przedstawiać propozycje (**before sb** komuś); **~ the table** nakrywać do stołu; **~ aside** odkładać (*na bok*); **~ off** zwalniać (*z pracy*); **be laid up** być złożonym chorobą

lay[2] [leɪ] *adj* świecki

lay[3] *zob.* **lie[1]**

lay•a•bout [`leɪəbaʊt] *s* obibok

lay•er [`leɪə(r)] *s* warstwa

lay•man [`leɪmən] *s* (*pl* **laymen** [`leɪmən]) laik, amator

lay•out [`leɪaʊt] *s* plan; układ (*graficzny*)

la•zy [`leɪzɪ] *adj* leniwy

***lead[1]** [lid], **led, led** [led] *vt vi* prowadzić; dowodzić, kierować; *s* przewodnictwo; prowadzenie;

główna rola; **be in the ~** prowadzić, wygrywać

lead[2] [led] *s* ołów; grafit (*w ołówku*)

lead•en [ˋledn] *adj* ołowiany

lead•er [ˋlidə(r)] *s* przywódca, lider; artykuł wstępny (*w gazecie*)

lead•er•ship [ˋlidəʃɪp] *s* przywództwo, kierownictwo

lead•ing [lidɪŋ] *adj* czołowy, główny

leaf [lif] *s* (*pl* **leaves** [livz]) liść; kartka

league [lig] *s* liga

leak [lik] *vi* cieknąć, przeciekać; ulatniać się; *s* przeciek; wyciek

lean[1] [lin] *adj* szczupły; chudy (*o mięsie*)

***lean**[2] [lin], **leant, leant** [lent] *lub* **~ed, ~ed** [lind] *vt vi* nachylać (się); opierać (się) (**against sth** o coś); **~ out** wychylać się

***leap** [lip], **leapt, leapt** [lept] *lub* **~ed, ~ed** [lipt] *vi* skakać; *vt* przeskakiwać; *s* skok; **by ~s and bounds** szybko, wielkimi krokami

***learn** [lɜn], **learnt, learnt** [lɜnt] *lub* **~ed, ~ed** [lɜnd] *vi* uczyć się; dowiadywać się

learn•ing [ˋlɜnɪŋ] *s* nauka, wiedza

lease [lis] *s* najem, dzierżawa; *vt* dzierżawić (**to <from> sb** komuś <od kogoś>)

leash [liʃ] *s* smycz

least [list] *adj* (*sup od* **little**) najmniejszy; *adv* najmniej; **at ~** przynajmniej; **not in the ~** bynajmniej

leath•er [ˋleðə(r)] *s* skóra (*wyprawiona*)

learnt *zob.* **learn**

***leave**[1] [liv], **left, left** [left] *vt vi* zostawiać, porzucać, opuszczać; **~ for Paris** wyjeżdżać do Paryża; **~ sb alone** dać komuś spokój; **~ off** przestać, zaniechać; **~ out** pomijać, przeoczyć

leave[2] [liv] *s* urlop; zwolnienie; **on sick ~** na zwolnieniu lekarskim; **take French ~** ulotnić się po angielsku, wyjść bez pożegnania; **take ~** pożegnać się (**of sb** z kimś)

leaves *zob.* **leaf**

lec•ture [`lektʃə(r)] *s* wykład; *vi* wykładać (**on sth** coś); *vt* pouczać, robić wymówki

led *zob.* **lead**[1]

leech [litʃ] *s* pijawka

leek [lik] *s bot.* por

leer [`lɪə(r)] *s* lubieżne spojrzenie <uśmiech>; *vi* patrzeć lubieżnie (**at sb** na kogoś)

lee•way [`liweɪ] *s* luz, swoboda; dryf; *bryt.* **have a lot of ~ to make up** mieć mnóstwo zaległości do odrobienia

left[1] *zob.* **leave**

left[2] [left] *adj* lewy; *adv* na lewo; *s* lewa strona; **on the ~** po lewej stronie

leg [leg] *s* noga; nogawka; etap (*podróży*); **pull sb's ~** żartować sobie z kogoś

leg•a•cy [`legəsɪ] *s* spadek; spuścizna

le•gal [`ligl] *adj* legalny; prawny

le•gal•i•ty [lɪ`gælɪtɪ] *s* legalność

le•gal•ize [`ligəlaɪz] *vt* legalizować

leg•end [`ledʒənd] *s* legenda

leg•i•ble [`ledʒəbl] *adj* czytelny

leg•is•la•tion ['ledʒɪs`leɪʃən] *s* ustawodawstwo, prawodawstwo

le•git•i•mate [lɪ`dʒɪtɪmɪt] *adj* prawny; prawowity; uzasadniony

lei•sure [`leʒə(r)] *s* czas wolny; **at ~** bez pośpiechu

lem•on [`lemən] *s* cytryna

***lend** [lend], **lent, lent** [lent] *vt* pożyczać (**sth to sb** coś komuś); **~ an ear** posłuchać; **~ a hand** przyjść z pomocą (**with sth** w czymś)

length [leŋθ] *s* długość; odległość; **ten metres in ~** dziesięć metrów długości; **at ~** obszernie; **go to the ~s of...** posunąć się aż do...

length•en [ˋleŋθən] *vt vi* przedłużyć (się), wydłużać (się)

le•ni•ent [ˋliːnɪənt] *adj* łagodny, pobłażliwy

lens [lenz] *s* soczewka; **contact ~es** szkła kontaktowe

lent[1] *zob.* **lend**

Lent[2] [lent] *s* wielki post

leop•ard [ˋlepəd] *s* lampart

lep•er [ˋlepə(r)] *s* trędowaty

les•bi•an [ˋlezbɪən] *s* lesbijka; *adj* lesbijski

less [les] *adj* (*comp od* **little**) mniejszy; *adv* mniej; **more or ~** mniej więcej; **~ and ~** coraz mniej

less•en [ˋlesn] *vt vi* zmniejszać (się), obniżać (się); maleć

less•er [ˋlesə(r)] *adj* mniejszy, pomniejszy

les•son [ˋlesn] *s* lekcja; nauczka

lest [lest] *conj* ażeby nie

***let, let, let** [let] *vt* pozwalać; puszczać; wynajmować; **"to ~"** do wynajęcia; **~ sb alone** zostawiać kogoś w spokoju; **~ go** puszczać, wypuszczać; **~ sb know** zawiadamiać kogoś; **~ down** podłużać; zawodzić (*kogoś*); **~ in** wpuszczać; **~ off** puszczać wolno; **~ out** wypuszczać; wynajmować; **~ me see** chwileczkę; niech się zastanowię

lethal [ˋliːθl] *adj* śmiertelny; śmiercionośny

let•ter [ˋletə(r)] *s* list; litera; **small <capital> ~** mała <wielka> litera

let•ter•box [ˋletəbɒks] *s bryt.* skrzynka na listy

let•tuce [ˋletɪs] *s* sałata

lev•el [ˋlevl] *adj* poziomy; równy (**with sth** z czymś); *s* poziom; płaszczyzna; *vt* zrównywać (*z ziemią*)

lev•er [ˋliːvə(r)] *s* dźwignia; lewar

li•a•ble [ˋlaɪəbl] *adj* skłonny, podatny (**to sth** na coś); odpowiedzialny (**for sth** za coś)

li•ai•son [lɪˋeɪzn] *s* powiązanie; związek, romans

li•ar [ˋlaɪə(r)] *s* kłamca
li•bel [ˋlaɪbl] *s* zniesławienie; *vt* zniesławiać
lib•er•al [ˋlɪbərl] *adj* liberalny; hojny; *s* liberał
lib•er•ate [ˋlɪbəreɪt] *vt* uwalniać, wyzwalać
lib•er•ty [ˋlɪbətɪ] *s* wolność; **be at ~** przebywać na wolności; **take the ~ of doing sth** pozwalać sobie na robienie czegoś
li•brar•y [ˋlaɪbrərɪ] *s* biblioteka
lice *zob.* **louse**
li•cence, *am.* **license** [ˋlaɪsns] *s* pozwolenie; licencja; **under ~** na licencji; **driving** <*am.* **driver's**> **~** prawo jazdy; *vt* dawać licencję, zezwalać
lick [lɪk] *vt* lizać, oblizywać
lid [lɪd] *s* wieko, pokrywa; powieka
***lie**[1] [laɪ], **lay** [leɪ], **lain** [leɪn] *vi* leżeć; (*o widoku*) rozciągać się; rozpościerać się; **~ idle** być bezczynnym; **~ third** plasować się na trzeciej pozycji; **~ down** położyć się
lie[2] [laɪ] *vi vt* kłamać; okłamywać (**to sb** kogoś); *s* kłamstwo
lieu•ten•ant [lefˋtenənt, *am.* luˋtenənt] *s* porucznik
life [laɪf] *s* (*pl* **lives** [laɪvz]) życie; werwa; **~ insurance** <**assurance**> ubezpieczenie na życie; **for ~** na całe życie
life•belt [ˋlaɪfbelt] *s* pas ratunkowy
life•boat [ˋlaɪf bəut] *s* łódź ratunkowa
life•guard [ˋlaɪfgad] *s* ratownik (*na plaży*)
life•long [ˋlaɪfloŋ] *adj* trwający całe życie
life•time [ˋlaɪftaɪm] *s* (*całe*) życie
lift [lɪft] *vt vi* podnosić (się); znosić (*zakaz*); *pot.* ściągać (*kopiować*); *pot.* kraść; *s* winda; **give sb a ~** podwieźć kogoś
light[1] [laɪt], **lit, lit** [lɪt] *lub* **~ed, ~ed** [ˋlaɪtɪd] *vt vi* świecić; zapalić (się); oświetlać; *s* światło, oświetlenie; ogień (*do pa-*

pierosa); **come to ~** wyjść na jaw; **~ bulb** żarówka; *adj* jasny, blady

light² [laɪt] *adj* lekki; *adv* lekko; **travel ~** podróżować z małym bagażem

light•en¹ [`laɪtn] *vt vi* rozjaśniać (się)

light•en² [`laɪtn] *vt* ulżyć; odciążyć; uczynić lżejszym; *vi* pozbyć się ciężaru; stać się lżejszym

light•er [`laɪtə(r)] *s* zapalniczka

light-head•ed ['laɪt`hedɪd] *adj* majaczący; beztroski

light-heart•ed ['laɪt`hatɪd] *adj* niefrasobliwy, wesoły

light•house [`laɪthaʊs] *s* latarnia morska

light•ning [`laɪtnɪŋ] *s* błyskawica

like¹ [laɪk] *vt* lubić; **I ~ watching TV** lubię oglądać telewizję; **I would ~ to go** chciałbym pójść; **would you ~ a cup of tea?** czy chciałbyś filiżankę herbaty?

like² [laɪk] *praep* podobny (do); taki jak; **it's just ~ him** to do niego pasuje; **it looks ~ rain** będzie padać; **I don't feel ~ working** nie mam ochoty pracować; **and the ~** i tym podobne

like•ly [`laɪklɪ] *adj* prawdopodobny; **he is ~ to come** on prawdopodobnie przyjdzie; *adv* prawdopodobnie

like•wise [`laɪkwaɪz] *adv* podobnie; ponadto

lik•ing [`laɪkɪŋ] *s* upodobanie, pociąg (**for sth** do czegoś)

li•lac [`laɪlək] *s bot.* bez; *adj* lila, liliowy (*kolor*)

li•ly [`lɪlɪ] *s* lilia; **~ of the valley** konwalia

limb [lɪm] *s* kończyna; konar

lime¹ [laɪm] *s* wapno; *vt* wapnować

lime² [laɪm] *s bot.* lipa

lime•stone [`laɪmstəʊn] *s* wapień

lim•it [`lɪmɪt] *s* granica; limit; **within ~s** w pewnych (rozsądnych) granicach; *vt* ograniczać

lim•i•ta•tion ['lɪmɪ`teɪʃən]

s ograniczenie; zastrzeżenie

lim•it•ed [`lɪmɪtɪd] *adj* ograniczony; **~ (liability) company**, *skr.* **Ltd** spółka z ograniczoną odpowiedzialnością

limp [lɪmp] *vi* utykać na nogę; *adj* miękki, słaby

lin•den [`lɪndən] *s bot.* lipa

line [laɪn] *s* linia; rząd, szereg; kolejka (*ludzi*); lina; linijka (*tekstu*); zmarszczka; *vt* rysować linie; **~ up** ustawiać (się) w rzędzie

lin•en [`lɪnɪn] *s* płótno; *zbior.* bielizna (*pościelowa*)

lin•er [`laɪnə(r)] *s* liniowiec, statek żeglugi liniowej

lin•ger [`lɪŋgə(r)] *vi* zwlekać, ociągać się; zasiedzieć się, przeciągać pobyt; (*także* **~ on**) trwać

lin•ge•rie [`læŋʒəri] *s* bielizna damska

lin•guis•tics [lɪŋ`gwɪstɪks] *s* językoznawstwo

lin•ing [`laɪnɪŋ] *s* podszewka; podbicie; *techn.* okładzina

link [lɪŋk] *s* ogniwo; więź; *vt vi* łączyć (się)

li•on [`laɪən] *s* lew

lip [lɪp] *s* warga; brzeg; *pl* **~s** usta

lip•stick [`lɪpstɪk] *s* szminka

li•queur [lɪ`kjʊə(r)] *s* likier

liq•uid [`lɪkwɪd] *adj* płynny; *s* płyn

liq•ui•date [`lɪkwɪdeɪt] *vt* likwidować

liq•uor [`lɪkə(r)] *s am.* alkohol, trunek; *am.* **~ store** sklep monopolowy

list [lɪst] *s* lista, spis; *vt* umieszczać na liście, spisywać; wyliczać

lis•ten [`lɪsn] *vi* słuchać (**to sb <sth>** kogoś <czegoś>)

lis•ten•er [`lɪsnə(r)] *s* słuchacz; radiosłuchacz

lit *zob.* **light**[1]

lit•a•ny [`lɪtənɪ] *s* litania

lit•e•ra•cy [`lɪtərəsɪ] *s* umiejętność czytania i pisania

lit•er•al [`lɪtərl] *adj* dosłowny

lit•e•ra•ry [`lɪtərərɪ] *adj* literacki

lit•er•ate [ˋlɪtərɪt] *adj (o człowieku)* piśmienny

lit•er•a•ture [ˋlɪtrətʃə(r)] *s* literatura

li•tre, *am.* **li•ter** [ˋlitə(r)] *s* litr

lit•ter [ˋlɪtə(r)] *s* śmieci, odpadki; miot, młode; *bryt.* ~ **bin** kosz na śmieci; *vt* zaśmiecać

lit•tle [ˋlɪtl] *adj* (*comp* **less** [les], *sup* **least** [list]) mały, drobny; *adv* mało; rzadko; *s* mało, niewiele; **a** ~ niewiele, trochę; ~ **by** ~ stopniowo, po trochu

live[1] [lɪv] *vi* żyć; mieszkać; ~ **on sth** żyć z czegoś; żywić się czymś; ~ **through** przeżyć (**war** wojnę)

live[2] [laɪv] *adj attr* żywy; na żywo; *adv* na żywo

live•ly [ˋlaɪvlɪ] *adj* żwawy, ożywiony; jaskrawy; (*o kolorach*) żywy

liv•er [ˋlɪvə(r)] *s* wątroba

lives *zob.* **life**

live•stock [ˋlaɪvstok] *s* żywy inwentarz

liv•ing [ˋlɪvɪŋ] *adj* żyjący, żywy; ~ **conditions** warunki życia; ~ **standard** stopa życiowa; *s*: **earn <make> a** ~ zarabiać na życie

liz•ard [ˋlɪzəd] *s* jaszczurka

lla•ma [ˋlɑmə] *s zool.* lama

load [ləʊd] *s* ładunek; obciążenie; *vt* ładować

loaf [ləʊf] *s* (*pl* **loaves** [ləʊvz]) bochenek (*chleba*)

loan [ləʊn] *s* pożyczka; *vt* pożyczać (**sth to sb** coś komuś)

loath [ləʊθ] *adj* niechętny; **be** ~ **to do sth** z niechęcią coś robić; **nothing** ~ chętnie

loathe [ləʊð] *vt* nie cierpieć (**sb <sth>** kogoś <czegoś>)

loath•ing [ˋləʊðɪŋ] *s* odraza, obrzydzenie

loath•some [ˋləʊðsəm] *adj* wstrętny, obrzydliwy

loaves *zob.* **loaf**

lob•by [ˋlobɪ] *s* hall; poczekalnia; kuluary (*w parlamencie*); lobby, grupa nacisku

lob•ster [ˋlobstə(r)] *s* homar; **spiny** ~ langusta

lo•cal [ˈləukl] *adj* miejscowy; ~ **government** samorząd lokalny
lo•cate [ləuˈkeɪt] *vt* lokalizować; **be ~d** znajdować się, być umiejscowionym
lo•ca•tion [ləuˈkeɪʃən] *s* zlokalizowanie; położenie; *film.* **on ~** w plenerach
lock [lok] *s* zamek, zamknięcie; *vt vi* zamykać (się) na klucz
lock•er [ˈlokə(r)] *s* szafka szkolna; schowek na bagaż
lock•smith [ˈloksmɪθ] *s* ślusarz
lo•cust [ˈləukəst] *s* szarańcza
lodge [lodʒ] *vt* kwaterować; deponować; wnosić (*protest, skargę*); wsadzać; *vi* mieszkać; znaleźć nocleg; *s* domek (*służbowy, myśliwski*); stróżówka; kryjówka
lodg•er [ˈlodʒə(r)] *s* lokator
lodg•ing [ˈlodʒɪŋ] *s* zakwaterowanie
log [log] *s* kloc; pień; kłoda; *mors.* log; *vi komp.* ~ **on <in>** zalogować się; ~ **off <out>** wylogować się
log•ic [ˈlodʒɪk] *s* logika
loin [loɪn] *s* polędwica; *anat. pl* **~s** lędźwie
lone [ləun] *adj attr* samotny, pojedynczy
lone•ly [ˈləunlɪ] *adj* samotny; odludny
lone•some [ˈləunsəm] *adj am. zob.* **lonely**
long[1] [loŋ] *adj* długi; *adv* długo; dawno; ~ **ago** dawno temu; *s*: **before ~** wkrótce; **it won't take ~** to nie potrwa długo
long[2] [loŋ] *vi* pragnąć; tęsknić (**for sb <sth>** za kimś <czymś>)
long•ing [ˈloŋgɪŋ] *s* pragnienie; tęsknota
lon•gi•tude [ˈlondʒɪtjud] *s* długość geograficzna
long•sight•ed [ˈloŋˈsaɪtɪd] *adj*: **be ~** być dalekowidzem
look [luk] *s* spojrzenie; wygląd; **have <take> a ~ at sth** spojrzeć na coś; **good ~s** uroda; *vi* patrzeć; wyglądać; ~

after opiekować się (**sb <sth>** kimś <czymś>); **~ ahead** patrzeć przed siebie <w przyszłość>; **~ at** patrzeć (**sb <sth>** na kogoś <coś>); **~ down** pogardzać (**on sb** kimś); **~ for** szukać (**sb <sth>** kogoś <czegoś>); **~ forward** oczekiwać z niecierpliwością (**to sth** czegoś); **~ like** wyglądać jak (**sb <sth>** ktoś <coś>); **~ on** przypatrywać się; **~ out** uważać, mieć się na baczności; **~ up** patrzeć w górę; sprawdzać (*w słowniku*); **~ up to** podziwiać (**sb** kogoś)

look•out [ˈlukaʊt] *s* miejsce obserwacji; obserwator; **be on the ~ for sth** rozglądać się za czymś

loom [lum] *vi* wynurzać się, wyłaniać się; **~ large** wywołać zaniepokojenie; *s* warsztat tkacki

loop [lup] *s* pętla; *vt* robić pętlę

loose [lus] *adj* luźny, swobodny; (*o włosach*) rozpuszczony; **at a ~ end** bez zajęcia; **break ~** zerwać się; **let ~** uwolnić

loos•en [ˈlusn] *vt* rozluźniać; obluzowywać; rozwiązywać; *vi* obluzować się; **~ up** rozluźnić się

loot [lut] *vt vi* grabić; *s* grabież; łupy

lord [lɔd] *s* lord; pan; **the Lord** Pan Bóg

lor•ry [ˈlɔrɪ] *s bryt.* ciężarówka

***lose** [luz], **lost, lost** [lost] *vt* tracić; gubić; *vi* przegrywać; **~ one's temper** stracić panowanie nad sobą; **~ one's way** zabłądzić; **~ sight** stracić (**of sth** coś) z oczu

los•er [ˈluzə(r)] *s* pechowiec, ofiara życiowa

loss [los] *s* strata; utrata; **be at a ~** nie wiedzieć, co robić

lost *zob.* **lose**

lot[1] [lot] *s* mnóstwo; **a ~ of money** (*także pl* **~s of money**) masa pieniędzy; **a ~ more** znacznie więcej; **thanks a ~** wielkie dzięki

lot[2] [lot] *s* los, dola; działka, parcela; *am.* **parking ~** parking

lo•tion [ˋləʊʃən] *s* płyn kosmetyczny

lot•ter•y [ˋlotərɪ] *s* loteria

loud [lɑʊd] *adj* głośny; *adv* głośno

loud•speak•er [lɑʊdˋspikə(r)] *s* głośnik

lounge [lɑʊndʒ] *s* hol hotelowy; poczekalnia na lotnisku; *vi*: **~ about <around>** próżnować

louse [lɑʊs] *s* (*pl* **lice** [lɑɪs]) wesz

lous•y [ˋlɑʊzɪ] *adj* wszawy; *pot.* wstrętny; **feel ~** czuć się podle

lov•a•ble [ˋlʌvəbl] *adj* miły, sympatyczny

love [lʌv] *s* miłość; zamiłowanie; **~ affair** romans; **~ at first sight** miłość od pierwszego wejrzenia; **in ~** zakochany; **fall in ~** zakochać się (**with sb** w kimś); **make ~** kochać się (**to sb** z kimś); *vt vi* kochać, bardzo lubić; **I would ~ to come** bardzo chciałbym przyjść

love•ly [ˋlʌvlɪ] *adj* śliczny; uroczy

lov•er [ˋlʌvə(r)] *s* kochanek; miłośnik, wielbiciel

lov•ing [ˋlʌvɪŋ] *adj* kochający

low [ləʊ] *adj* niski; przygnębiony; (*o głosie*) cichy; *adv* nisko; cicho; *s* niż (*atmosferyczny*)

low•brow [ˋləʊbrɑʊ] *adj* niewyszukany, pospolity

low•er [ˋləʊə(r)] *adj attr* dolny; niższy; *vt vi* obniżać (się), opuszczać (się)

loy•al [ˋloɪəl] *adj* lojalny

loy•al•ty [ˋloɪəltɪ] *s* lojalność

lub•ri•cate [ˋlubrɪkeɪt] *vt* smarować, oliwić

lu•cid [ˋlusɪd] *adj* jasny; wyraźny, zrozumiały

luck [lʌk] *s* szczęście; **bad ~** pech; **good ~!** powodzenia!

luckily [ˋlʌkɪlɪ] *adv* na szczęście, szczęśliwie

luck•y [ˋlʌkɪ] *adj* szczęśliwy, pomyślny; **be ~** mieć szczęście

lu•cra•tive [ˋlukrətɪv] *adj* dochodowy, intratny

lug•gage [ˋlʌgɪdʒ] *s* bagaż; ~ **rack** półka bagażowa

luke•warm [ˋlukwɔm] *adj* letni, ciepławy

lull [lʌl] *vt* ukołysać; uspokoić; uciszyć; *s* chwila ciszy; zastój

lul•la•by [ˋlʌləbɑɪ] *s* kołysanka

lu•mi•nous [ˋlumɪnəs] *adj* świecący, lśniący

lump [lʌmp] *s* kawałek; bryła; guz; ~ **sugar** cukier w kostkach; ~ **sum** ogólna suma

lu•nar [ˋlunə(r)] *adj* księżycowy

lu•na•tic [ˋlunətɪk] *adj* obłąkany, szalony; *s* szaleniec, wariat; ~ **asylum** zakład psychiatryczny

lunch [lʌntʃ] *s* lunch; *vi* spożywać lunch

lung [lʌŋ] *s* płuco

lure [lʊə(r)] *s* przynęta; pułapka; *vt* nęcić, wabić

lurk [lɜk] *vi* czaić się, czyhać (**for sb** na kogoś); *s* ukrycie; **be on the** ~ czaić się

lust [lʌst] *s* pożądanie; żądza; *vi* pożądać (**after <for> sth** czegoś)

lust•ful [ˋlʌstfʊl] *adj* lubieżny, pożądliwy

lux•u•ry [ˋlʌkʃərɪ] *s* przepych, luksus; *adj attr* luksusowy

lynch [lɪntʃ] *vt* linczować

lynx [lɪŋks] *s* ryś

lyr•ic [ˋlɪrɪk] *adj* liryczny; *s* utwór liryczny; *pl* **~s** tekst (*piosenki*)

M

mac(k) [mæk] *s bryt. zob.* **mackintosh**

mac•a•ro•ni ['mækəˋrəʊnɪ] *s* makaron

mach•i•na•tion ['mækɪˋneɪʃən] *s* machinacja, knowanie

ma•chine [məˋʃin] *s* maszyna

ma•chine gun [məˋʃingʌn] *s* karabin maszynowy

ma•chin•er•y [məˋʃinərɪ] *s* maszyny; mechanizm

mack•er•el [ˋmækrl] *s* makrela

mack•in•tosh [`mækıntoʃ] *s bryt.* płaszcz nieprzemakalny

mad [mæd] *adj* szalony; zwariowany (**about sth** na punkcie czegoś); wściekły (**with sb <sth>** na kogoś <coś>); **go ~** zwariować; **drive sb ~** doprowadzić kogoś do szaleństwa

mad•am [`mædəm] *s* (*w zwrotach grzecznościowych*) proszę pani; słucham panią

mad•cap [`mædkæp] *adj* wariacki, szalony, zwariowany

mad•den [`mædn] *vt* doprowadzać do szału

made *zob.* **make**

mad•house [`mædhaʊs] *s pot.* dom wariatów *pot.*

mad•ly [`mædlı] *adv* szalenie; wściekle

mad•man [`mædmən] *s* obłąkaniec, wariat

mad•ness [`mædnıs] *s* obłęd; szaleństwo

maf•i•a [`mæfıə] *s* mafia

mag•a•zine ['mægə`zin] *s* czasopismo; program (*radiowy, telewizyjny*)

mag•ic [`mædʒık] *adj* magiczny, czarodziejski; *s* magia, czary

ma•gi•cian [mə`dʒıʃən] *s* magik; czarodziej

mag•net [`mægnıt] *s* magnes

mag•net•ic [mæg`netık] *adj* magnetyczny

mag•nif•i•cent [mæg`nıfısnt] *adj* wspaniały

mag•ni•fy [`mægnıfaı] *vt* powiększać

mag•ni•tude [`mægnıtjud] *s* wielkość, ogrom; ważność, znaczenie

mag•no•li•a [mæg`nəʊlıə] *s* magnolia

mag•pie [`mægpaı] *s* sroka

ma•hog•a•ny [mə`hogənı] *s* mahoń

maid [meıd] *s* panna; pokojówka

maid•en [`meıdn] *s* dziewica, panna; *adj* panieński; **~ name** nazwisko panieńskie

mail [meıl] *s* poczta; **by ~** pocztą; *vt am.* wysyłać pocztą

main [meın] *adj attr* główny

main•land [ˋmeɪnlənd] *s* ląd stały

main•ly [ˋmeɪnlɪ] *adv* głównie

main•tain [meɪnˋteɪn] *vt* utrzymywać; konserwować (*naprawiać*)

main•te•nance [ˋmeɪntənəns] *s* utrzymanie; konserwacja; *bryt. prawn.* alimenty

maize [meɪz] *s* kukurydza

ma•jes•tic [məˋdʒestɪk] *adj* majestatyczny

ma•jor [ˋmeɪdʒə(r)] *adj* większy; ważny; główny; *s woj.* major

ma•jor•i•ty [məˋdʒorɪtɪ] *s* większość

***make** [meɪk], **made, made** [meɪd] *vt vi* robić; tworzyć, produkować; zarabiać; posłać (**the bed** łóżko); zawierać (**peace** pokój); wygłaszać (**a speech** mowę); okazać się (**a good soldier** dobrym żołnierzem); ~ **friends** zaprzyjaźnić się; ~ **known** podać do wiadomości; ~ **ready** przygotowywać się; ~ **sure** **<certain>** upewnić się; ~ **for** kierować się (**the wood** w stronę lasu); ~ **into** przemienić; ~ **out** wystawiać (*rachunek*); zrozumieć, odgadnąć; ~ **up** wymyślać (*historię*); robić makijaż; pogodzić się; ~ **up one's mind** postanowić; **he made me laugh <sad>** rozśmieszył <zasmucił> mnie; **I made it!** udało mi się!; *s* marka (*samochodu*)

make-be•lieve [ˋmeɪkbɪ'liv] *s* pozory; zmyślenia

mak•er [ˋmeɪkə(r)] *s* wytwórca, producent

make•shift [ˋmeɪkʃɪft] *adj* prowizoryczny

make-up [ˋmeɪkʌp] *s* makijaż; charakteryzacja

male [meɪl] *adj* męski; samczy; *s* mężczyzna; samiec

mal•ice [ˋmælɪs] *s* złośliwość

ma•li•cious [məˋlɪʃəs] *adj* złośliwy

ma•lign [məˋlaɪn] *vt* oczerniać, rzucać oszczerstwa; *adj* szkodliwy, zły

ma•lig•nant [məˋlɪgnənt]

adj złośliwy (*guz*); wrogi, zły
mall [mɔl] *s* centrum handlowe
mam [mæm] *s bryt. pot.* mamusia, mama
mam•mal [`mæməl] *s* ssak
man [mæn] *s* (*pl* **men** [men]) mężczyzna; człowiek; mąż; **the ~ in the street** szary <przeciętny> człowiek
man•age [`mænɪdʒ] *vt* zarządzać, kierować; zdołać (**to do sth** coś zrobić); dawać sobie radę (**sb <sth>** z kimś <czymś>)
man•age•ment [`mænɪdʒmənt] *s* zarząd; kierowanie, zarządzanie
man•ag•er [`mænɪdʒə(r)] *s* dyrektor; kierownik; menedżer
mane [meɪn] *s* grzywa
man•hood [`mænhʊd] *s* męskość; wiek męski; *zbior.* mężczyźni
ma•ni•a [`meɪnɪə] *s* mania
man•i•fest [`mænɪfest] *adj* oczywisty, jawny; *vt* ujawniać, manifestować
ma•nip•u•late [mə`nɪpjʊleɪt] *vt* manipulować (**sth** czymś); zręcznie urabiać (**sb** kogoś); zręcznie kierować (**sth** czymś)
man•kind [mæn`kaɪnd] *s* ludzkość, rodzaj ludzki
man•ner [`mænə(r)] *s* sposób; sposób bycia; *pl* **~s** obyczaje, maniery
ma•noeu•vre [mə`nuvə(r)] *s* manewr, posunięcie; *vi* manewrować; *vt* manipulować
man•or [`mænə(r)] *s* dwór; rezydencja ziemska
man•sion [`mænʃən] *s* pałac; rezydencja
man•tle [`mæntl] *s* opończa; pokrywa, powłoka; *pl* obowiązki
man•u•al [`mænjʊəl] *adj* ręczny; (*o pracy*) fizyczny; *s* podręcznik
man•u•fac•ture ['mænjʊ`fæktʃə(r)] *vt* produkować; tworzyć, wymyślać, fabrykować; *s* produkcja
man•y [`menɪ] *adj* (*comp* **more** [mɔ(r)], *sup* **most** [məʊst]) dużo, wiele, wielu, liczni; **~ a** nieje-

den; ~ **a time** nieraz; **as ~ as** nie mniej niż; aż; **how ~?** ile?

map [mæp] *s* mapa

ma•ple [`meɪpl] *s* klon

mar•ble [`mɑbl] *s* marmur

march [mɑtʃ] *vi* maszerować; *s* marsz

March [mɑtʃ] *s* marzec

mare [meə(r)] *s* klacz

mar•ga•rine [`mɑdʒərin] *s* margaryna

mar•gin [`mɑdʒɪn] *s* margines; krawędź, skraj

mar•gin•al [`mɑdʒɪnl] *adj* marginesowy, marginalny

ma•rine [mə`rɪn] *adj* morski; *s* marynarz (*na okręcie wojennym*); *am.* żołnierz piechoty morskiej

mar•i•tal [`mærɪtl] *adj* małżeński; ~ **status** stan cywilny

mar•jo•ram [`mɑdʒərəm] *s* majeranek

mark [mɑk] *s* znak; ślad; *szk.* ocena; cel; *vt* zostawiać ślady; oznaczać; cechować; oceniać; **miss the ~** chybić celu

marked [mɑkt] *adj* wyraźny

mark•ed•ly [`mɑkɪdlɪ] *adv* wyraźnie, dobitnie

mar•ket [`mɑkɪt] *s* rynek; targ; **black ~** czarny rynek; **be on the ~** być dostępnym na rynku; **play the ~** grać na giełdzie, *vt* sprzedawać

mar•riage [`mærɪdʒ] *s* małżeństwo; ślub

mar•ried [`mærɪd] *adj* żonaty; zamężna; małżeński; **get ~** brać ślub, pobierać się

mar•row [`mærəʊ] *s* szpik (*kostny*); kabaczek

mar•ry [`mærɪ] *vt* żenić się (**sb** z kimś), wychodzić za mąż (**sb** za kogoś)

marsh [mɑʃ] *s* bagno

mar•shal [`mɑʃl] *s* *woj.* marszałek

mar•tial [`mɑʃl] *adj* wojenny; ~ **law** stan wojenny

mar•tyr [`mɑtə(r)] *s* męczennik; *vt* zamęczać

mar•vel [`mɑvəl] *s* cud; fenomen; *vi* zachwycać

się (**at sb <sth>** kimś <czymś>); dziwić się

mar•vel•(l)ous [ˋmɑvləs] *adj* cudowny

mas•cu•line [ˋmæskjʊlɪn] *adj* męski; *gram.* rodzaju męskiego

mash [mæʃ] *vt* tłuc; gnieść; **~ed potatoes** purée ziemniaczane

mask [mɑsk] *s* maska; *vt* maskować

mas•que•rade [ˈmæskəˋreɪd] *s* maskarada

mass [mæs] *s* masa; msza; *adj attr* masowy; **~ media** środki masowego przekazu

mas•sa•cre [ˋmæsəkə(r)] *s* masakra; *vt* masakrować

mas•sage [ˋmæsaʒ] *s* masaż; *vt* masować

mas•seur [mæˋsɜ(r)] *s* masażysta

mas•sive [ˋmæsɪv] *adj* masywny

mast [mɑst] *s* maszt

mas•ter [ˋmɑstə(r)] *s* pan, właściciel; mistrz; majster; **Master of Arts (M.A.)** magister; *vt* opanować (*język*); przezwyciężać

mas•ter•piece [ˋmɑstəpis] *s* arcydzieło

mat [mæt] *s* mata; słomianka

match [mætʃ] *s* mecz; zapałka; **be a good ~** dobrze pasować; dorównywać; *vt* pasować (**sth** do czegoś); dorównywać (**sb <sth>** komuś <czemuś>)

match•box [ˋmætʃboks] *s* pudełko od zapałek

mate [meɪt] *s* kolega, koleżanka; *mors.* oficer; pomocnik; *vi* (*o zwierzętach*) kojarzyć się w pary

ma•te•ri•al [məˋtɪərɪəl] *s* materiał; tkanina; **raw ~** surowiec; *adj* materialny; istotny

ma•ter•ni•ty [məˋtɜnɪtɪ] *s* macierzyństwo; **~ allowance <benefit>** zasiłek macierzyński; **~ leave** urlop macierzyński

math•e•mat•ics [ˈmæθəˋmætɪks] *s* matematyka

math(s) [mæθ(s)] *s zob.* **mathematics**

mat•i•nee [ˋmætɪneɪ] *s* popołudniowy spektakl

mat•ter [`mætə(r)] *s* sprawa; kwestia; materia, substancja; **as a ~ of course** samo przez się; **as a ~ of fact** w istocie rzeczy; **reading ~** lektura; **what's the ~ with you?** o co ci <panu> chodzi?; co ci <panu> dolega?; *vi* mieć znaczenie; **it doesn't ~** to nie ma znaczenia

mat•ter-of-fact ['mætərəv`fækt] *adj attr* rzeczowy, realny, praktyczny

mat•tress [`mætrəs] *s* materac

ma•ture [mə`tʃʊə(r)] *adj* dojrzały (*człowiek; ser, wino*); *vi* dojrzewać

max•i•mum [`mæksɪməm] *s* (*pl* **maxima** [`mæksɪmə], **~s**) maksimum; *adj attr* maksymalny

may [meɪ] *v aux* (*p* **might** [maɪt]) móc; (*pozwolenie*) **~ I come in?** czy mogę wejść?; (*możliwość*) **he ~ be back soon** może szybko wrócić; (*życzenie*) **~ he win!** oby wygrał!

May [meɪ] *s* maj

may•be [`meɪbi] *adv* (być) może

may•on•naise ['meɪə`neɪz] *s* majonez

may•or [meə(r)] *s* mer, burmistrz

maze [meɪz] *s* labirynt

me [mi] *pron* mi, mnie; **with me** ze mną; *pot.* **it's me** to ja

mead•ow [`medəʊ] *s* łąka

mea•gre [`migə(r)] *adj* chudy, cienki; *pot.* marny

meal [mil] *s* posiłek

mean[1] [min] *adj* skąpy; podły; marny

mean[2] [min] *adj* średni; *s* środkowa; średnia; *pl* **~s** środki; sposób; **~s of payment** środki płatnicze; **by this ~s** tym sposobem; **by ~s of sth** za pomocą czegoś; **by no ~s** wcale; **by all ~s!** jak najbardziej!

***mean**[3] [min], **meant**, **meant** [ment] *vt vi* znaczyć, oznaczać; mieć na myśli; mieć zamiar; przeznaczać (**sth for sb** coś dla kogoś); **I ~ it** mówię poważnie; **~ business** poważnie traktować spra-

wę; **~ well** mieć dobrą wolę <intencję>
mean•ing [`minɪŋ] *s* znaczenie, sens
mean•ing•less [`minɪŋlɪs] *adj* bez znaczenia, bez sensu
meant *zob.* **mean**
mean•time [`mintaɪm] *s*: **(in the) ~** tymczasem; w tym czasie
mean•while [`minwaɪl] *zob.* **meantime**
mea•sles [`mizlz] *s med.* odra
meas•ure [`meʒə(r)] *s* środek zaradczy; miara; miarka; **to ~** na miarę; **in large ~** w dużym stopniu; *vt vi* mierzyć
mea•sured [`meʒəd] *adj* przemyślany; wymierzony; miarowy
meas•ure•ment [`meʒəmənt] *s* pomiar; rozmiar
meat [mit] *s* mięso; *pl* **cold ~s** wędliny
meat•ball [`mitbɔl] *s* klopsik
me•chan•ic [mɪ`kænɪk] *s* mechanik
mechanical [mɪ`kænɪkl] *adj* mechaniczny
mechanism [`mekənɪzm] *s* mechanizm
med•al [`medl] *s* medal
med•dle [`medl] *vi* wtrącać się (**in sth** do czegoś)
me•dia [`midɪə] *s pl* środki (masowego) przekazu
me•di•(a)e•val ['medɪ`ivl] *adj* średniowieczny
me•di•ate [`midɪeɪt] *adj* pośredni; *vt vi* pośredniczyć
me•di•a•tor [`midɪeɪtə(r)] *s* pośrednik, rozjemca
med•i•cal [`medɪkl] *adj* lekarski, medyczny
med•i•cine [`medsɪn] *s* lekarstwo; medycyna
me•di•o•cre ['midɪ`əʊkə(r)] *adj* mierny
me•di•oc•ri•ty ['midɪ`okrɪtɪ] *s* mierność; miernota
meditate [`medɪteɪt] *vt vi* rozmyślać, medytować
meditation ['medɪ`teɪʃən] *s* rozmyślania, medytacja
Med•i•ter•ra•ne•an ['medɪtə`reɪnɪən] *adj* śródziemnomorski; **the ~ Sea** Morze Śródziemne

me•di•um [ˋmidɪəm] *s* (*pl* **media** [ˋmidɪə] *lub* **~s**) środek <forma> przekazu; środowisko; medium; *adj* średni, pośredni

med•ley [ˋmedlɪ] *s* mieszanina; rozmaitości; składanka (*muzyczna*)

***meet** [mit], **met, met** [met] *vt vi* spotykać (się); zobaczyć się (**with sb** z kimś); natknąć się, natrafić (**sb <sth>** na kogoś <coś>); poznawać (się); wyjść naprzeciw (*komuś*); łączyć się

meet•ing [ˋmitɪŋ] *s* spotkanie; zebranie

mel•an•chol•y [ˋmelənkəlɪ] *s* melancholia, smutek; *adj attr* smutny, przygnębiający

mel•low [ˋmeləʊ] *adj* dojrzały (*owoc, wino*); łagodny, przyjemny, ciepły; *vi* dojrzewać

mel•o•dy [ˋmelədɪ] *s* melodia

melt [melt] *vt* topić, roztapiać; *vi* topnieć

mem•ber [ˋmembə(r)] *s* członek (*organizacji*); **Member of Parliament** (*skr.* **MP**) poseł

mem•ber•ship [ˋmembəʃɪp] *s* członkostwo

me•mo•ri•al [məˋmɔrɪəl] *s* pomnik; tablica pamiątkowa; *adj* pamiątkowy

mem•o•rize [ˋmemərɑɪz] *vt* zapamiętywać

mem•o•ry [ˋmemərɪ] *s* pamięć; wspomnienie

men *zob.* **man**

men•ace [ˋmenɪs] *s* groźba; *vt vi* grozić, zagrażać

mend [mend] *vt* naprawiać

men•tal [ˋmentl] *adj* umysłowy; psychiczny; (*o szpitalu*) psychiatryczny; *pot.* stuknięty *pot.*

men•tal•i•ty [menˋtælɪtɪ] *s* umysłowość, mentalność

men•tion [ˋmenʃən] *vt* nadmieniać; wspominać (**sth** o czymś); **don't ~ it!** (*odpowiedź na podziękowania*) nie ma o czym mówić!; *s* wzmianka

mer•chan•dise [ˋmɜtʃəndɑɪz] *s zbior.* towar(y)

mer•chant [`mɜtʃənt] *s* kupiec, handlowiec
mer•ci•ful [`mɜsɪfʊl] *adj* miłosierny, litościwy
mer•ci•less [`mɜsɪlɪs] *adj* bezlitosny
mer•cu•ry [`mɜkjʊrɪ] *s* rtęć
mer•cy [`mɜsɪ] *s* litość; łaska; miłosierdzie
mere [mɪə(r)] *adj* czczy, zwykły, zwyczajny; ~ **words** puste słowa; **he is a ~ child** on jest tylko <po prostu> dzieckiem
mere•ly [`mɪəlɪ] *adv* po prostu, jedynie; zaledwie
merge [mɜdʒ] *vt vi* łączyć (się), zlewać (się), stapiać (się)
merg•er [`mɜdʒə(r)] *s* połączenie się, fuzja
me•rid•i•an [mə`rɪdɪən] *adj* południowy; *s* południk
me•ringue [mə`ræŋ] *s* beza
mer•it [`merɪt] *s* zasługa; zaleta; *vt* zasłużyć (**sth** na coś)
mer•maid [`mɜmeɪd] *s* syrena (*z baśni*)
mer•ry [`merɪ] *adj* wesoły; **Merry Christmas!** Wesołych Świąt!
mer•ry-go-round ['merɪgəʊraʊnd] *s* karuzela
mes•mer•ize [`mezməraɪz] *vt* hipnotyzować
mess [mes] *s* nieporządek, bałagan; *pot.* kłopot; kantyna; *vi* brudzić; ~ **up** popsuć; *pot.* spartaczyć (*sprawę*)
mes•sage [`mesɪdʒ] *s* wiadomość; przesłanie
mes•sen•ger [`mesəndʒə(r)] *s* posłaniec
mess•y [`mesɪ] *adj* nieporządny, brudny
met *zob.* **meet**
met•al [`metl] *s* metal
met•a•phor [`metəfə(r)] *s* przenośnia
me•te•or [`mitɪə(r)] *s* meteor
me•te•o•rol•o•gy ['mitɪə`rolədʒɪ] *s* meteorologia
me•ter [`mitə(r)] *s* licznik; *am.* metr; **gas ~** licznik gazowy
meth•od [`meθəd] *s* metoda
me•tic•u•lous [mɪ`tɪkjʊləs]

adj drobiazgowy, skrupulatny

me•tre, *am.* **meter** [`mitə(r)] *s* metr

met•ric [`metrɪk] *adj* metryczny

met•ro•pol•i•tan ['metrə`polɪtn] *adj* wielkomiejski

mew [mju] *vi* miauczeć

Mex•i•can [`meksɪkən] *s* Meksykanin; *adj* meksykański

mi•aow *zob.* **mew**

mice *zob.* **mouse**

mi•cro•phone [`maɪkrəfəʊn] *s* mikrofon

mi•cro•scope [`maɪkrəskəʊp] *s* mikroskop

mi•cro•wave [`maɪkrəweɪv] *s* (*także* ~ **oven**) kuchenka mikrofalowa

mid [mɪd]: **in ~ summer** w środku lata; **in ~ air** w powietrzu

mid•day ['mɪd`deɪ] *s* południe

mid•dle [`mɪdl] *adj attr* środkowy; pośredni; **~ class** klasa średnia; **~ name** drugie imię; *s* środek; połowa

mid•dle-aged [`mɪdleɪdʒd] *adj* w średnim wieku

mid•dle•man [`mɪdlmən] *s* pośrednik

mid•night [`mɪdnaɪt] *s* północ; **at ~** o północy

midst [mɪdst] *s*: **in the ~ of** wśród, pośród

mid•way ['mɪd`weɪ] *adj attr* leżący w połowie drogi; *adv* w połowie drogi

mid•wife [`mɪdwaɪf] *s* (*pl* **mid•wives** [`mɪdwaɪvz]) położna

might[1] *zob.* **may**

might[2] [maɪt] *s* moc, potęga; **with all his ~** z całej mocy

mi•graine [`migreɪn] *s* migrena

mi•grate [maɪ`greɪt] *vi* wędrować; emigrować

mike [maɪk] *s pot. zob.* **microphone**

mild [maɪld] *adj* łagodny

mil•dew [`mɪldju] *s* pleśń

mile [maɪl] *s* mila

mile•age [`maɪlɪdʒ] *s* odległość w milach

mil•i•tar•y [`mɪlɪtrɪ] *adj* wojskowy; *s zbior.*: **the ~** wojsko; **~ police** żandarmeria wojskowa

milk [mɪlk] *s* mleko; *vt vi*

doić; *przen.* eksploatować
milk•y [`mılkı] *adj* mleczny
mill [mıl] *s* młyn; fabryka; *vt* mleć
mil•len•ni•um [mı`lenıəm] *s* tysiąclecie
mil•ler [`mılə(r)] *s* młynarz
mil•li•me•tre [`mılımitə(r)] *s* milimetr
mil•lion [`mıljən] *s* milion
mil•lion•aire ['mıljə`neə(r)] *s* milioner
mim•ic [`mımık] *s* mimik; naśladowca; *vt* naśladować
mince [mıns] *vt* krajać (*drobno*), siekać, kruszyć; **not to ~ one's words** mówić bez ogródek; *s bryt.* siekane mięso
mind [maınd] *s* umysł; myśli; pamięć; **bear sth in ~** pamiętać o czymś; **call sth to ~** przywodzić coś na myśl; **change one's ~** zmieniać zdanie; **make up one's ~** postanowić; **speak one's ~** wypowiedzieć się, wygarnąć prawdę; **to my ~** moim zdaniem; *vt vi* zwracać uwagę; mieć coś przeciw (**sth** czemuś); **~ you...** zwróć uwagę, że...; **do you ~ if I smoke?, do you ~ my smoking?** czy masz coś przeciwko temu, żebym zapalił?; **I don't ~** wszystko mi jedno; **never ~!** mniejsza o to!
mind•ful [`maındful] *adj* uważający (**of sth** na coś); troskliwy
mine[1] [maın] *pron* mój, moja, moje, moi
mine[2] [maın] *s* kopalnia; mina; *vt* wydobywać (**for coal** węgiel); minować
min•er [`maınə(r)] *s* górnik
min•er•al [`mınərəl] *s* minerał; *pl* **~s** wody mineralne; *adj* mineralny
min•i•a•ture [`mınıtʃə(r)] *s* miniatura; *adj* miniaturowy
min•i•mize [`mınımaız] *vt* sprowadzać do minimum; minimalizować
min•i•mum [`mınıməm] *s*

(*pl* **minima** [ˋmɪnɪmə], **~s**) minimum; *adj attr* minimalny
min•is•ter [ˋmɪnɪstə(r)] *s* minister; pastor
min•is•try [ˋmɪnɪstrɪ] *s* ministerstwo; stan duchowny
mink [mɪŋk] *s* norka; **~ coat** norki (*futro*)
mi•nor [ˋmaɪnə(r)] *adj* mniejszy; drugorzędny; młodszy (*z rodzeństwa*); *s* niepełnoletni
mi•nor•i•ty [maɪˋnorɪtɪ] *s* mniejszość (*narodowa*); niepełnoletność
mint [mɪnt] *s* mięta
mi•nus [ˋmaɪnəs] *praep* minus
min•ute[1] [ˋmɪnɪt] *s* minuta; *pl* **~s** protokół; **any ~** lada chwila; **wait a ~!** chwileczkę!
mi•nute[2] [maɪˋnjut] *adj* drobny, nieznaczny; drobiazgowy
mir•a•cle [ˋmɪrəkl] *s* cud; **work ~s** czynić cuda
mir•a•cul•ous [mɪˋrækjʊləs] *adj* cudowny
mi•rage [ˋmɪrɑʒ, mɪˋrɑʒ] *s* miraż; iluzja
mir•ror [ˋmɪrə(r)] *s* lustro; *vt* odzwierciedlać
mis•car•riage [mɪsˋkærɪdʒ] *s* poronienie
mis•cel•la•ne•ous ['mɪsəˋleɪnɪəs] *adj* rozmaity; różnorodny
mis•cel•la•ny [mɪˋselənɪ] *s* zbiór; zbieranina
mis•chief [ˋmɪstʃɪf] *s* figlarność; kłopot; szkoda
mi•ser [ˋmaɪzə(r)] *s* skąpiec
mis•er•a•ble [ˋmɪzrəbl] *adj* nieszczęśliwy; żałosny; nędzny
mi•ser•ly [ˋmaɪzəlɪ] *adj* skąpy
mis•er•y [ˋmɪzərɪ] *s* nieszczęście; cierpienie; nędza
mis•fit [ˋmɪsfɪt] *s* człowiek nieprzystosowany, odmieniec
mis•for•tune [mɪsˋfɔtʃən] *s* nieszczęście, pech
mis•giv•ing [mɪsˋgɪvɪŋ] *s* niepokój, złe przeczucie
mis•hap [ˋmɪshæp] *s* niepowodzenie, nieszczęśliwy przypadek

***mis•lay** [mɪsˋleɪ], **mis-laid, mis•laid** [mɪsˋleɪd] *vt* zapodziać, zawieruszyć

***mis•lead** [mɪsˋlid], **mis-led, mis•led** [mɪsˋled] *vt* wprowadzić w błąd, zmylić

mis•lead•ing [mɪsˋlidɪŋ] *adj* mylący, zwodniczy

mis•place [mɪsˋpleɪs] *vt* źle umieszczać

miss[1] [mɪs] *vt* chybiać, nie trafiać; stracić (*okazję*); spóźnić się (**the bus <train>** na autobus <pociąg>); przeoczyć; tęsknić (**sb** za kimś); *s* chybienie

miss[2] [mɪs] *s* (*przed nazwiskiem*) panna; panienka

mis•sile [ˋmɪsaɪl] *s* pocisk

mis•sion [ˋmɪʃən] *s* misja

mis•sion•a•ry [ˋmɪʃənrɪ] *s* misjonarz

mist [mɪst] *s* mgła, mgiełka; *vi*: ~ **over** zachodzić mgłą

***mis•take** [mɪˋsteɪk], **mis-took** [mɪˋstʊk], **mis•tak-en** [mɪˋsteɪkn] *vt* pomylić; źle zrozumieć; brać (**sb <sth> for sb <sth> else** kogoś <coś> za kogoś <coś> innego); *s* pomyłka, błąd; **make a ~** popełnić błąd; **by ~** przez pomyłkę

mis•tak•en [mɪˋsteɪkən] *adj* mylny, błędny; **be ~** mylić się, być w błędzie (**about sb <sth>** co do kogoś <czegoś>)

mis•ter [ˋmɪstə(r)] *s* (*przed nazwiskiem*) pan; (*w piśmie*) *skr*. = **Mr**

mis•took *zob.* **mistake**

mis•tress [ˋmɪstrəs] *s* pani, pani domu; kochanka; *bryt*. nauczycielka

mis•trust ['mɪsˋtrʌst] *s* nieufność, brak zaufania; *vt* nie ufać

mist•y [ˋmɪstɪ] *adj* mglisty

***mis•un•der•stand** ['mɪsʌndəˋstænd], **mis•under-stood, mis•under•stood** ['mɪsʌndəˋstʊd] *vt* źle rozumieć

mis•un•der•stand•ing ['mɪsʌndəˋstændɪŋ] *s* nieporozumienie

mis•un•der•stood *zob.* **misunderstand**

mix [mɪks] *vt* mieszać; *vi* utrzymywać kontakty towarzyskie; ~ **up** mylić (**with sb** z kimś); *s* mieszanka

mix•ed [`mɪkst] *adj* mieszany; zmieszany; koedukacyjny; ~ **up** (*o osobie*) zagubiony

mix•er [`mɪksə(r)] *s* mikser; **a good** ~ człowiek towarzyski

mix•ture [`mɪkstʃə(r)] *s* mieszanina, mieszanka

moan [məʊn] *vi* jęczeć; *s* jęk

moat [məʊt] *s* fosa

mob [mob] *s* tłum, motłoch; *pot.* paczka kumpli; *vi* tłoczyć się

mo•bile [`məʊbaɪl] *adj* ruchomy; ~ **police** lotna brygada policji

mo•bil•i•ty [məʊ`bɪlɪtɪ] *s* ruchliwość, mobilność

mock [mok] *vt* wyśmiewać; *adj* udawany; sztuczny

mock•e•ry [`mokərɪ] *s* wyśmiewanie się; pośmiewisko

mode [məʊd] *s* sposób; tryb (*życia*); *gram., komp.* tryb

mod•el [`modl] *s* model, wzór; model(ka); *vt* modelować; prezentować (*ubrania*); *vi* pozować

mod•erate [`modrət] *adj* umiarkowany; wstrzemięźliwy; *s* człowiek umiarkowany; *vt* [`modəreɪt] uspokajać, hamować

mod•er•a•tion ['modə`reɪʃən] *s* umiarkowanie

mod•ern [`modən] *adj* współczesny; nowoczesny; nowożytny

mod•ern•ize [`modənaɪz] *vt* modernizować

mod•est [`modɪst] *adj* skromny

mod•i•fy [`modɪfaɪ] *vt* modyfikować, zmieniać

moist [moɪst] *adj* wilgotny

moist•en [`moɪsn] *vt* zwilżać

mois•ture [`moɪstʃə(r)] *s* wilgoć

mole [məʊl] *s* kret; pieprzyk (*na twarzy*)

mol•e•cule [ˋmolɪkjul] *s* cząsteczka, molekuła
mole•hill [ˋməʊlhɪl] *s* kretowisko
mo•lest [məˋlest] *vt* napastować
mom [ˋmom] *s am. pot. zob.* **mum**
mo•ment [ˋməʊmənt] *s* moment, chwila; **at the ~** w tej chwili; **for the ~** na razie; **in a ~** za chwilę, po chwili
mo•men•tar•y [ˋməʊməntərɪ] *adj* chwilowy
mo•men•tous [məʊˋmentəs] *adj* ważny, doniosły
mo•men•tum [məʊˋmentəm] *s* pęd, rozpęd
momma [ˋmomə], **mommy** [ˋmomɪ] *s am. zob.* **mummy**
mon•as•ter•y [ˋmonəstərɪ] *s* klasztor
Mon•day [ˋmʌndɪ] *s* poniedziałek
mon•ey [ˋmʌnɪ] *s* pieniądze; **ready ~** gotówka; **~ order** przekaz pieniężny
mon•grel [ˋmʌŋgrəl] *s* kundel; mieszaniec
mon•i•tor [ˋmonɪtə(r)] *s* monitor; *vi vt* monitorować, kontrolować
monk [mʌŋk] *s* mnich
mon•key [ˋmʌŋkɪ] *s* małpa
mon•o•logue [ˋmonəlog] *s* monolog
mo•nop•oly [məˋnopəlɪ] *s* monopol
mo•not•o•nous [məˋnotənəs] *adj* monotonny
mo•not•o•ny [məˋnotənɪ] *s* monotonia, jednostajność
mon•ster [ˋmonstə(r)] *s* potwór
mon•strous [ˋmonstrəs] *adj* potworny, monstrualny
month [mʌnθ] *s* miesiąc
month•ly [ˋmʌnθlɪ] *adj* miesięczny; *adv* miesięcznie; co miesiąc; *s* miesięcznik
mon•u•ment [ˋmonjʊmənt] *s* pomnik; zabytek
mood [mud] *s* nastrój, humor
mood•y [ˋmudɪ] *adj* markotny; humorzasty
moon [mun] *s* księżyc; **full ~** pełnia Księżyca

moon•light [`munlaɪt] *s* światło księżyca

moor [mʊə(r)] *s* wrzosowisko

mop [mop] *s* zmywak na kiju; ~ **of hair** czupryna; *vt* wycierać, zmywać

mor•al [`morl] *adj* moralny; *s* morał; *pl* ~**s** moralność

mo•ral•i•ty [mə`ræləti] *s* moralność

mor•al•ize [`morəlaɪz] *vi* moralizować; *vt* umoralniać

mor•bid [`mɔbɪd] *adj* chorobliwy

more [mɔ(r)] *adj* (*comp od* **much, many**); *adv* więcej, bardziej; *pron* więcej; ~ **and** ~ coraz więcej; ~ **or less** mniej więcej; ~ **than** ponad; **never** ~ nigdy więcej; dość; **once** ~ jeszcze raz; **the** ~ tym bardziej; **the** ~**... the** ~**...** im więcej..., tym więcej <bardziej>...

more•o•ver [mɔr`əʊvə(r)] *adv* co więcej, ponadto

mor•gue [mɔg] *s* kostnica

morn•ing [`mɔnɪŋ] *s* rano, poranek; przedpołudnie; **good** ~**!** dzień dobry!; **in the** ~ rano; **this** ~ dziś rano

mor•tal [`mɔtl] *adj* śmiertelny; *s* śmiertelnik (*człowiek*)

mort•gage [`mɔgɪdʒ] *s* kredyt hipoteczny; *vt* oddawać w zastaw hipoteczny

mor•ti•fy [`mɔtɪfaɪ] *vt* zawstydzać

mo•sa•ic [məʊ`zeɪɪk] *s* mozaika

Mos•lem [`mozləm] *s* muzułmanin; *adj* muzułmański

mosque [mosk] *s* meczet

mos•qui•to [mə`skitəʊ] *s* moskit; komar

moss [mos] *s* mech

most [məʊst] *adj* (*sup od* **much, many**) najwięcej, najbardziej; *adv* najbardziej, najwięcej; *pron* większość, maksimum; **at (the)** ~ najwyżej, w najlepszym razie; **make the** ~ **of sth** wykorzystać coś maksymalnie

most•ly [`məʊstlɪ] *adv* głównie, przeważnie

mo•tel [məʊ`tel] *s* motel

moth [moθ] *s* ćma

moth•er [`mʌðə(r)] *s* matka; ~ **country** ojczyzna; ~ **tongue** mowa ojczysta; *vt* matkować

moth•er•hood [`mʌðəhʊd] *s* macierzyństwo

moth•er-in-law [`mʌðərɪnlɔ] *s* (*pl* **moth•ers-in-law** [`mʌðəzɪnlɔ]) teściowa

moth•er•ly [`mʌðəlɪ] *adj* macierzyński

mo•tif [məʊ`tɪf] *s* motyw (*w muzyce, literaturze*)

mo•tion [`məʊʃən] *s* ruch; gest; wniosek; ~ **picture** film; **put <set> sth in** ~ wprawiać coś w ruch; *vt vi* nadać bieg; ~ **(to) sb to do sth** skinąć na kogoś, żeby coś zrobił

mo•tion•less [`məʊʃənlɪs] *adj* bez ruchu, unieruchomiony

mo•tive [`məʊtɪv] *s* motyw, bodziec; *adj* napędowy

mo•tor [`məʊtə(r)] *s* silnik

mo•tor•bike [`məʊtəbaɪk] *s bryt. pot.* motocykl, motor

mo•tor•boat [`məʊtəbəʊt] *s* łódź motorowa

mo•tor•cycle [`məʊtəsaɪkl] *s* motocykl

mo•tor•ist [`məʊtərɪst] *s* kierowca

mo•tor•way [`məʊtəweɪ] *s bryt.* autostrada

mot•tled [`motld] *adj* cętkowany, w cętki

mot•to [`motəʊ] *s* (*pl* **~es, ~s**) motto

mo(u)ld [məʊld] *s* czarnoziem, luźna gleba; pleśń; forma, odlew; *vt* modelować; kształtować; *przen.* urabiać

mo(u)ld•er [məʊldə(r)] *vi* butwieć, rozpadać się

mo(u)ld•y [məʊldɪ] *adj* spleśniały, stęchły

mount [maʊnt] *vt vi* wsiadać (*na konia, rower*); narastać; podnosić się; montować; wspinać się; *s* podstawa; wierzchowiec

moun•tain [`maʊntɪn] *s* góra; ~ **bike** rower górski

moun•tain•eer ['mauntɪ`nɪə(r)] *s* alpinista, taternik

moun•tain•eer•ing ['mauntɪ`nɪərɪŋ] *s* wspinaczka górska

mourn [mɔn] *vt* opłakiwać; *vi* być w żałobie; płakać <lamentować> (**for <over> sb** nad kimś)

mourn•ing [`mɔnɪŋ] *s* żałoba; **in ~** w żałobie

mourn•ful [`mɔnful] *adj* żałobny; smutny

mouse [maus] *s* (*pl* **mice** [maɪs]) mysz

mous•tache [mə`staʃ] *s* wąsy

mouth [mauθ] *s* usta; pysk; ujście (*rzeki*); otwór, wylot; **big ~** plotkarz, papla

mouth or•gan [`mauθ`ɔgən] *s* harmonijka ustna, organki

mov•a•ble [`muvəbl] *adj* ruchomy

move [muv] *vt vi* ruszać (się); posuwać się; przeprowadzać (się); wzruszać; **~ in** wprowadzać się; **~ out** wyprowadzać się; *s* ruch; przeprowadzka; posunięcie

move•ment [`muvmənt] *s* ruch; ruch społeczny; część (*utworu muzycznego*)

movie [`muvɪ] *s am.* film; *am.* **~ star** gwiazda filmowa

mov•ies [`muvɪz] *s pl am.* kino

***mow** [məu], **mowed** [məud], **mown** [məun] *vt* kosić

mown *zob.* **mow**

Mr = mister

Mrs [`mɪsɪz] *s skr.* (*przed nazwiskiem*) pani (*o mężatce*)

Ms [mɪz, məz] *s skr.* (*przed nazwiskiem*) pani

much [mʌtʃ] *adj* i *adv* dużo, wiele; bardzo; **~ the same** mniej więcej taki sam <tak samo>; **as ~ as** tyle samo, co; **so ~** tak bardzo; **so ~ the better <worse>** tym lepiej <gorzej>; **too ~** zbyt dużo; za bardzo; **how ~?** ile?

mud [mʌd] *s* błoto, muł

mud•dle [`mʌdl] *vt* po-

plątać, pogmatwać; *s* zamęt, bałagan
mud•dy [`mʌdɪ] *adj* błotnisty; mętny, brudny
mud•guard [`mʌdgɑd] *s* błotnik
muff [mʌf] *s* mufka; *vt pot.* zmarnować (*okazję*)
muf•fle [`mʌfl] *vt* stłumić; owinąć, opatulić
muf•fler [`mʌflə(r)] *s* szalik; *am. mot.* tłumik
mug [mʌg] *s* kubek; kufel; *pot.* gęba; *pot.* frajer; **it's a ~'s game** to robota dla frajera; *vt* napadać
mug•ger [`mʌgə(r)] *s* rabuś (*uliczny*)
mug•gy [`mʌgɪ] *adj* duszny, parny
mule [mjul] *s* muł
mul•ti•ple [`mʌltɪpl] *adj* wieloraki; wielostronny; wielokrotny; *s* wielokrotność
mul•ti•pli•ca•tion ['mʌltɪplɪ`keɪʃən] *s* mnożenie; pomnożenie się; **~ table** tabliczka mnożenia
mul•ti•ply [`mʌltɪplɑɪ] *vt vi* mnożyć (się); rozmnażać się; **~ 4 by 6** pomnóż 4 przez 6
mul•ti•tude [`mʌltɪtjud] *s* mnóstwo; tłum, rzesza
mum [mʌm] *s pot.* mamusia; *pot.* **keep ~** nie wygadać się (**about sth** z czymś)
mum•ble [`mʌmbl] *vt vi* mruczeć, mamrotać
mum•my [`mʌmɪ] *s pot.* mamusia; mumia
mumps [mʌmps] *s med.* świnka
munch [mʌntʃ] *vt vi* żuć, przeżuwać
mu•nic•i•pal [mju`nɪsɪpəl] *adj* komunalny, miejski
mu•ni•tions [mju`nɪʃənz] *s* sprzęt wojenny, amunicja
mu•ral [`mjʊərl] *s* malowidło ścienne, fresk
mur•der [`mɜdə(r)] *s* morderstwo; *vt* mordować
mur•der•er [`mɜdərə(r)] *s* morderca
mur•mur [`mɜmə(r)] *vt vi* mruczeć; szemrać; *s* szept, szmer; pomruk
mus•cle [`mʌsl] *s* mięsień
mus•cu•lar [`mʌskjʊlə(r)]

adj mięśniowy; muskularny, krzepki

muse [mjuz] *s* muza; natchnienie; *vi* dumać (**on <upon, over> sth** nad czymś)

mu•se•um [mju`zɪəm] *s* muzeum

mush•room [`mʌʃrʊm] *s* grzyb

mu•sic [`mjuzɪk] *s* muzyka

mu•si•cal [`mjuzɪkl] *adj attr* muzyczny; muzykalny; *s* musical

mu•si•cian [mju`zɪʃən] *s* muzyk

Mus•lim [`mʌzlɪm] *s* muzułmanin; *adj* muzułmański

must [mʌst, məst] *v aux* musieć; **I ~ leave** muszę wyjść; **I ~ not smoke** nie wolno mi palić; **you ~ be tired** z pewnością jesteś zmęczony

mus•tard [`mʌstəd] *s* musztarda

mute [mjut] *adj* niemy; *s* niemowa

mu•ti•late [`mjutɪleɪt] *vt* kaleczyć; uszkadzać

mu•ti•nous [`mjutɪnəs] *adj* buntowniczy

mu•ti•ny [`mjutɪnɪ] *s* bunt; *vi* buntować się

mut•ter [`mʌtə(r)] *vt vi* mamrotać (**at <against> sb <sth>** na kogoś <coś>)

mut•ton [`mʌtn] *s* baranina

mu•tu•al [`mjutʃʊəl] *adj* wzajemny; wspólny

muz•zle [`mʌzl] *s* pysk; kaganiec; *vt* nałożyć kaganiec

muz•zy [`mʌzɪ] *adj* niewyraźny; ogłupiały, przytępiony

my [maɪ] *pron* mój, moja, moje, moi

my•o•pi•a [maɪ`əʊpɪə] *s* krótkowzroczność

my•self [maɪ`self] *pron* się; siebie, sobą, sobie; sam sobie; **by ~** samodzielnie

mys•te•ri•ous [mɪ`stɪərɪəs] *adj* tajemniczy

mys•ter•y [`mɪstrɪ] *s* tajemnica

mys•tic [`mɪstɪk] *adj* mistyczny; *s* mistyk

mys•ti•fy [`mɪstɪfaɪ] *vt* zadziwiać

myth [mɪθ] *s* mit
myth•i•cal [`mɪθɪkl] *adj* mityczny
my•thol•o•gy [mɪ`θolədʒɪ] *s* mitologia

N

nag [næg] *vt* dokuczać (**sb** komuś); *vi* naprzykrzać się, zrzędzić; gderać; *s* zrzęda
nail [neɪl] *s* gwóźdź; paznokieć; **~ polish <varnish>** lakier do paznokci; *vt* (*także* **~ down**) przybijać (*gwoździami*); *przen.* nakryć (*złodzieja*)
na•ive [naɪ`iv] *adj* naiwny
na•ked [`neɪkɪd] *adj* nagi, goły; **with the ~ eye** gołym okiem
name [neɪm] *s* imię; nazwisko; nazwa; **family ~** nazwisko; **first <Christian> ~** imię; **full ~** imię i nazwisko; **by ~** po imieniu <nazwisku>; **~ day** imieniny; **call sb ~s** obrzucać kogoś wyzwiskami; *vt* nazywać; wymieniać imię <nazwę>
name•less [`neɪmlɪs] *adj* bezimienny; nieznany; niesłychany
name•ly [`neɪmlɪ] *adv* mianowicie
nap [næp] *s* drzemka; **take a ~** zdrzemnąć się; *vi* drzemać
nap•kin [`næpkɪn] *s* serwetka
nap•py [`næpɪ] *s bryt.* pieluszka
nar•cis•us [nɑ`sɪsəs] *s* narcyz
nar•cot•ic [nɑ`kotɪk] *adj* narkotyczny; *s* narkotyk
nar•rate [nə`reɪt] *vt* opowiadać
nar•ra•tion [nə`reɪʃən] *s* opowiadanie; narracja
nar•ra•tive [`nærətɪv] *s* narracja; opowiadanie
nar•row [`nærəʊ] *adj* wąski; (*o poglądach*) ograniczony; *vt vi* zwężać

(się); zmniejszać (się); zawężać

nar•row-mind•ed ['nærəʊ`maɪndɪd] *adj* ograniczony, o wąskich horyzontach

na•sal [`neɪzl] *adj* nosowy; *s gram.* głoska nosowa

nas•ty [`nɑstɪ] *adj* wstrętny, paskudny; złośliwy, niemiły

na•tion [`neɪʃən] *s* naród; państwo

na•tion•al [`næʃənl] *adj* narodowy; państwowy; ~ **service** obowiązkowa służba wojskowa; *s* obywatel

na•tion•al•i•ty ['næʃə`nælɪtɪ] *s* narodowość

na•tive [`neɪtɪv] *adj* rodzimy; ojczysty; rodowity; tubylczy; *s* tubylec; ~ **of Poland** rodowity Polak

nat•u•ral [`nætʃrəl] *adj* naturalny; wrodzony; ~ **musician** urodzony muzyk

na•ture [`neɪtʃə(r)] *s* natura, przyroda; charakter; **by** ~ z natury; ~ **reserve** rezerwat przyrody

naugh•ty [`nɔtɪ] *adj* (*o dziecku*) niegrzeczny

nau•sea [`nɔzɪə] *s* nudności, mdłości

nau•se•ate [`nɔzɪeɪt] *vt* przyprawiać o mdłości, budzić wstręt; czuć wstręt (**sth** do czegoś); *vi* dostawać mdłości

nau•ti•cal [`nɔtɪkl] *adj* żeglarski; morski

na•val [`neɪvl] *adj* morski; okrętowy

na•vel [`neɪvl] *s anat.* pępek

nav•i•gate [`nævɪgeɪt] *vt* żeglować; pilotować

nav•i•ga•tion ['nævɪ`geɪʃən] *s* żegluga, nawigacja

na•vy [`neɪvɪ] *s* marynarka wojenna

na•vy-blue ['neɪvɪ `blu] *adj* granatowy

near [nɪə(r)] *adj* bliski; *adv praep* blisko, obok; *vt vi* zbliżać się (**sth** do czegoś)

near•by [`nɪəbaɪ] *adj* bliski, sąsiedni; *adv* w pobliżu

near•ly [ˋnɪəlɪ] *adv* prawie (że)
neat [nit] *adj* schludny; staranny; porządny
nec•es•sar•y [ˋnesəsrɪ] *adj* konieczny, niezbędny (**for sth** do czegoś); **if ~** w razie potrzeby
ne•ces•si•ty [nɪˋsesətɪ] *s* konieczność, potrzeba; **of <by> ~** z konieczności; *pl* **necessities** artykuły pierwszej potrzeby
neck [nek] *s* szyja; kark; szyjka; **~ and ~** łeb w łeb
neck•lace [ˋneklɪs] *s* naszyjnik
neck•line [ˋneklaɪn] *s* dekolt; **low ~** głęboki dekolt
neck•tie [ˋnektaɪ] *s am.* krawat
need [nid] *s* potrzeba; konieczność; ubóstwo; **be in ~ of sth** potrzebować czegoś; *vt* potrzebować, wymagać; *vi* być w potrzebie; **you ~ not worry** nie musisz się martwić
nee•dle [ˋnidl] *s* igła
need•less [ˋnidlɪs] *adj* niepotrzebny; **~ to say** nie trzeba dodawać, że...
need•n't [ˋnidnt] = **need not**
need•y [ˋnidɪ] *adj* ubogi; *s pl* **the ~** ubodzy
ne•ga•tion [nɪˋgeɪʃn] *s* przeczenie, negacja
neg•a•tive [ˋnegətɪv] *adj* przeczący, negatywny; odmowny; *mat.* ujemny; *s* zaprzeczenie; odmowa; *fot.* negatyw
neg•lect [nɪˋglekt] *vt* zaniedbywać, lekceważyć; *s* zaniedbanie
neg•li•gence [ˋneglɪdʒəns] *s* niedbalstwo, zaniedbanie
neg•li•gi•ble [ˋneglɪdʒəbl] *adj* niegodny uwagi, mało znaczący
ne•go•ti•ate [nɪˋgəʊʃɪeɪt] *vt* negocjować, pertraktować; *pot.* pokonywać
ne•go•ti•a•tion [nɪ'gəʊʃɪˋeɪʃən] *s* negocjacje; **under ~** w fazie negocjacji
Ne•gress [ˋnigrɪs] *s* Murzynka; *pejor.* czarna

Ne•gro [`nigrəʊ] *s* Murzyn; *pejor. adj* murzyński

neigh•bo(u)r [`neɪbə(r)] *s* sąsiad

neigh•bo(u)r•hood [`neɪbəhʊd] *s* sąsiedztwo; okolica, dzielnica

nei•ther [`naɪðə(r), `niðə(r)] *pron* ani jeden, ani drugi, żaden z dwóch; *adv* ani; **~... nor...** ani..., ani...; **he could ~ eat nor drink** nie mógł jeść ani pić; *conj* też nie; **he doesn't like it, ~ do I** on tego nie lubi, ja też nie

neph•ew [`nefju] *s* siostrzeniec; bratanek

nerve [nɜv] *s* nerw; *przen.* odwaga; opanowanie; tupet; **get on sb's ~s** działać komuś na nerwy; **lose one's ~** stracić panowanie (nad sobą)

nerv•ous [`nɜvəs] *adj* zdenerwowany; nerwowy; **be ~ about sth** denerwować się o coś

nest [nest] *s* gniazdo; *vi* gnieździć się; wić gniazdo

nes•tle [`nesl] *vi* gnieździć się; wygodnie się usadowić, tulić się

net[1] [net] *s dosł.* i *przen.* sieć; siatka; *sport.* net; *vt* złapać (jak) w sieć

net[2] [net] *adj attr* (*o zysku*) netto; *vt* zarobić na czysto

net•tle [`netl] *s* pokrzywa; *vt* irytować, drażnić

net•work [`netwɜk] *s* sieć (*telewizyjna; kolejowa*)

neu•rol•o•gy [nju`rolədʒɪ] *s* neurologia

neu•ro•sis [njʊ`rəʊsɪs] *s* (*pl* **neuroses** [njuə`rəʊsiz]) *med.* nerwica

neu•rot•ic [njʊə`rotɪk] *adj* neurotyczny; przewrażliwiony

neu•ter [njutə(r)] *adj gram.* rodzaju nijakiego; *(o roślinach i zwierzętach)* bezpłciowy

neu•tral [`njutrəl] *adj* bezstronny; neutralny; nieokreślony

nev•er [`nevə(r)] *adv* nigdy

nev•er•more ['nevə`mɔ(r)] *adv* już nigdy, nigdy więcej

nev•er•the•less ['nevəðə-`les] *adv* pomimo to, niemniej

new [nju] *adj* nowy; młody

new•com•er [`njukʌmə(r)] *s* przybysz

new•ly-weds [`njulɪwedz] *s pl* nowożeńcy

news [njuz] *s* wiadomość; aktualności; **the ~** wiadomości (*telewizyjne, radiowe*)

news•pa•per [`njuzpeɪpə(r)] *s* gazeta

next [nekst] *adj* najbliższy; następny; **~ year** w przyszłym roku; *adv* następnie, zaraz potem; **~ to** obok

next door ['nekst`dɔ] *adv* obok; *adj attr* sąsiedni; (*o sąsiedzie*) najbliższy

nice [naɪs] *adj* miły; przyjemny

nice•ly [`naɪsɪlɪ] *adv* ładnie; *pot.* doskonale

nick [nɪk] *s* nacięcie; **in the ~ of time** w samą porę; *vt* naciąć

nick•el [`nɪkl] *s* nikiel; *am.* pięciocentówka

nick•name [`nɪkneɪm] *s* przezwisko, przydomek; *vt* przezywać, nadawać przydomek

niece [nis] *s* siostrzenica; bratanica

night [naɪt] *s* noc; wieczór; **by <at> ~** nocą, w nocy; **last ~** ubiegłej nocy; wczoraj wieczorem; **~ and day** dzień i noc; **first ~** premiera; **~ school** szkoła wieczorowa

night•dress [`naɪtdres] *s* koszula nocna

night•fall [`naɪtfɔl] *s* zmierzch

night•gown [`naɪtgaʊn] *am. zob.* **nightdress**

night•in•gale [`naɪtɪŋgeɪl] *s* słowik

night•mare [`naɪtmeə(r)] *s* koszmarny sen; *pot.* koszmar

nim•ble [`nɪmbl] *adj* zwinny, żwawy; bystry

nine [naɪn] *num* dziewięć

nine•fold [`naɪnfəʊld] *adj* dziewięciokrotny; *adv* dziewięciokrotnie

nine•teen ['naɪn`tin] *num* dziewiętnaście

nine•teenth ['naɪn`tinθ] *adj* dziewiętnasty
nine•ti•eth [`naɪntɪəθ] *adj* dziewięćdziesiąty
nine•ty [`naɪntɪ] *num* dziewięćdziesiąt
ninth [naɪnθ] *adj* dziewiąty
nip [nɪp] *vt* szczypnąć; popędzić; zmrozić (*roślinę*); ~ **in** wpaść; ~ **sth in the bud** zdusić coś w zarodku; *s* uszczypnięcie
nip•ple [`nɪpl] *s* sutek; smoczek
nip•py [`nɪpɪ] *adj pot.* mroźny; żwawy, szybki
ni•tro•gen [`naɪtrədʒən] *s* azot
no [nəʊ] *adv* nie; *adj* żaden; **no entrance** wstęp wzbroniony; **no end** bez końca; **no smoking** palenie wzbronione; *s* odmowa; głos przeciw
no•ble [`nəʊbl] *adj* szlachetny; okazały, imponujący; szlachecki; *s* szlachcic
no•ble•man [`nəʊblmən] *s* szlachcic
no•bod•y [`nəʊbədɪ] *pron* nikt; *s* (*o człowieku*) nikt, zero
nod [nod] *vt vi* przytakiwać; skinąć (*głową*); ~ **off** drzemać; *s* skinienie; przytaknięcie
noise [noɪz] *s* odgłos; hałas; szum
noise•less [`noɪzlɪs] *adj* bezgłośny
nois•y [`noɪzɪ] *adj* hałaśliwy
nom•i•nate [`nomɪneɪt] *vt* mianować; wyznaczyć; wysunąć jako kandydata
nom•i•na•tion ['nomɪ`neɪʃən] *s* nominacja
non•cha•lant [`nonʃələnt] *adj* nonszalancki
none [nʌn] *pron* nikt, żaden; ani trochę, nic; ~ **of my friends** żaden z moich przyjaciół; **there's ~ left** nic nie zostało
non•sense [`nonsəns] *s* nonsens; ~**!** bzdura!
non•smok•er ['non`sməʊkə(r)] *s* niepalący; wagon <przedział> dla niepalących
non•stop ['non`stop] *adj*

attr bezpośredni; bez postoju, non stop

noo•dles [`nudlz] *s pl* makaron, kluski

noon [nun] *s* południe (*pora dnia*)

nor [nɔ(r)] *adv* ani; także <też> nie; **he doesn't know her, ~ do I** on jej nie zna, ani ja <i ja też nie>

norm [nɔm] *s* norma

nor•mal [`nɔml] *adj* normalny

north [nɔθ] *s geogr.* północ; *adj attr* północny; *adv* na północ; na północy; **~ of London** na północ od Londynu; **North Pole** biegun północny

north-east ['nɔθ`ist] *s* północny wschód; *adj* północno-wschodni; *adv* na północny wschód

nor•thern [`nɔθən] *adj* północny

north-west ['nɔθ`west] *s* północny zachód; *adj* północno-zachodni; *adv* na północny zachód

Nor•we•gian [nɔ`wɪdʒən] *s* Norweg; *adj* norweski

nose [nəʊz] *s* nos; **runny ~** katar; **blow one's ~** wydmuchiwać nos

nos•y [`nəuzɪ] *adj* wścibski

not [not] *adv* nie; **~ at all** nie ma za co; **~ a word** ani słowa

no•ta•ble [`nəʊtəbl] *adj* wybitny; *s* dostojnik

no•ta•ry [`nəʊtərɪ] *s* notariusz (*także* **~ public**)

note [nəʊt] *s* notatka; przypis; banknot; nuta; **take ~s** notować; *vt* zauważać; **~ down** notować, zapisywać

note•book [`nəʊtbʊk] *s* notatnik, notes

not•ed [`nəʊtɪd] *adj* wybitny, znany, (**for sth** z czegoś)

noth•ing [`nʌθɪŋ] *s* nic; **for ~** za darmo; na próżno; **~ much** nic wielkiego

no•tice [`nəʊtɪs] *s* ogłoszenie; wywieszka; wypowiedzenie, wymówienie; **~ board** tablica ogłoszeń; **take ~** zwracać uwagę (**of sth** na coś); *vt* zauważyć, spostrzec

no•tice•a•ble [`nəʊtɪsəbl] *adj* widoczny, dostrzegalny

no•ti•fy [`nəʊtɪfaɪ] *vt* obwieścić (**sth to sb** coś komuś), zawiadomić (**sb of sth** kogoś o czymś)

no•tion [`nəʊʃən] *s* pojęcie, wyobrażenie; pogląd

no•tor•i•ous [nəʊ`tɔrɪəs] *adj* notoryczny; osławiony

not•with•stand•ing ['notwɪθ`stændɪŋ] *praep* mimo, nie bacząc na; *adv* mimo to, niemniej, jednakże

noun [naʊn] *s gram.* rzeczownik

nour•ish [`nʌrɪʃ] *vt* karmić, odżywiać; *przen.* żywić

nour•ish•ment [`nʌrɪʃmənt] *s* pokarm; żywienie

nov•el [`novl] *s* powieść

nov•el•ist [`novəlɪst] *s* powieściopisarz

nov•el•ty [`novəltɪ] *s* nowość; oryginalność

No•vem•ber [nəʊ`vembə(r)] *s* listopad

nov•ice [`novɪs] *s* nowicjusz

now [naʊ] *adv* obecnie, teraz; ~ **and again** od czasu do czasu; *s* chwila obecna; **by** ~ już; do tego czasu; **from** ~ **on** od tej pory; **up to <until>** ~ dotąd, dotychczas; *conj* ~ **(that)** teraz, gdy

now•a•days [`naʊədeɪz] *adv* obecnie, w dzisiejszych czasach

no•where [`nəʊweə(r)] *adv* nigdzie

nu•cle•ar [`njuklɪə(r)] *adj biol., fiz.* jądrowy, nuklearny

nu•cle•us [`njuklɪəs] *s biol., fiz.* jądro, zawiązek

nude [njud] *adj* nagi; *s (w malarstwie, rzeźbie)* akt

nudge [nʌdʒ] *s* trącenie łokciem; *vt* trącić łokciem

nui•sance [`njusns] *s* utrapienie; niedogodność

nul•li•fy [`nʌlɪfaɪ] *vt* unieważniać, anulować

numb [nʌm] *adj* zdrętwiały (**with sth** z po-

wodu czegoś); *vt* ścierpnąć, zdrętwieć
num•ber [ˋnʌmbə(r)] *s* liczba; numer; **a ~ of** kilka; **beyond ~** bez liku; *bryt.* **~ plate** tablica rejestracyjna; *vt vi* numerować; liczyć (sobie)
num•ber•less [ˋnʌmbəlɪs] *adj* niezliczony
nu•mer•al [ˋnjumərəl] *s* cyfra; *gram.* liczebnik
nu•mer•ous [ˋnjumərəs] *adj* liczny
nun [nʌn] *s* zakonnica
nurse [nɜs] *s* pielęgniarka; *vt* pielęgnować; karmić (*piersią*)
nurs•er•y [ˋnɜsərɪ] *s* żłobek; pokój dziecinny; **~ school** przedszkole
nur•ture [ˋnɜtʃə(r)] *vt* karmić; wychowywać; kształcić; *s* opieka, wychowanie; kształcenie
nut [nʌt] *s* orzech; *pot.* świr; *pot.* **be ~s** zwariować (*pot.*); *pot.* **hard <tough> ~ to crack** twardy orzech do zgryzienia
nut•crak•er(s) [ˋnʌtkrækə(r)z] *s* dziadek do orzechów
nut•house [ˋnʌthaʊs] *s* *pot.* dom wariatów (*pot.*)
nut•meg [ˋnʌtmeg] *s* gałka muszkatołowa
nu•tri•a [ˋnjutrɪə] *s* nutria; nutrie (*futro*)
nu•tri•tion [njuˋtrɪʃən] *s* odżywianie; wartość odżywcza
nu•tri•tious [njuˋtrɪʃəs] *adj* pożywny, odżywczy
nut•shell [ˋnʌtʃel] *s* łupina orzecha; **in a ~** jak najkrócej, w paru słowach
ny•lon [ˋnaɪlon] *s* nylon
nymph [nɪmf] *s* nimfa

O

oak [əʊk] *s* dąb
oar [ɔ(r)] *s* wiosło
oars•man [ˋɔzmən] *s* wioślarz
o•a•sis [əʊˋeɪsɪs] *s* (*pl* **oases** [əʊˋeɪsiz]) oaza
oats [əʊt] *s pl* owies
oath [əʊθ] *s* przysięga;

przekleństwo; **on <under> ~** pod przysięgą; **take the ~** składać przysięgę

oat•meal [ˋəʊtmil] *s* płatki owsiane

o•be•dient [əˋbidɪənt] *adj* posłuszny (**to sb <sth>** komuś <czemuś>)

o•bese [əʊˋbis] *adj* otyły

o•bey [əʊˋbeɪ] *vt vi* słuchać, być posłusznym

o•bit•u•ar•y [əˋbɪtjʊərɪ] *adj* pośmiertny, żałobny; *s* nekrolog; **~ notice** klepsydra

ob•ject [ˋobdʒɪkt] *s* przedmiot; cel; [əbˋdʒekt] *vi* sprzeciwiać się (**to sth** czemuś)

ob•jec•tion [əbˋdʒekʃən] *s* sprzeciw; zarzut

ob•jec•tive [əbˋdʒektɪv] *adj* obiektywny; *s* cel

ob•li•ga•tion ['oblɪˋgeɪʃən] *s* zobowiązanie; obowiązek; **be under an ~ to do sth** być zobowiązanym coś zrobić

ob•lig•a•to•ry [əˋblɪgətərɪ] *adj* obowiązkowy

o•blige [əˋblaɪdʒ] *vt* zobowiązywać; **~ sb** wyświadczać komuś przysługę

o•blig•ing [əˋblaɪdʒɪŋ] *adj* usłużny, uczynny

o•blit•er•ate [əˋblɪtəreɪt] *vt* zatrzeć, zetrzeć; wykreślić (*z pamięci*)

o•bliv•i•on [əˋblɪvɪən] *s* zapomnienie, niepamięć

o•bliv•i•ous [əˋblɪvɪəs] *adj* niepomny (**of sth** czegoś <na coś>)

ob•long [ˋoblonŋ] *adj* prostokątny; *s* prostokąt

ob•nox•ious [əbˋnokʃəs] *adj* wstrętny, odpychający, przykry

ob•scene [əbˋsin] *adj* nieprzyzwoity

ob•scen•i•ty [əbˋsenɪtɪ] *s* sprośność; nieprzyzwoitość

ob•scure [əbˋskjʊə(r)] *adj* niejasny; niezrozumiały; mało znany; *vt* zaciemniać, przyćmiewać

ob•scu•ri•ty [əbˋskjʊərɪtɪ] *s* zapomnienie; niejasność

ob•serv•ance [əbˋzɜvəns] *s* przestrzeganie (*prawa, zwyczaju*); obchodzenie (*świąt*); obrzęd, rytuał

ob•ser•va•tion ['obzə`veɪʃən] *s* obserwacja; spostrzeżenie; uwaga
ob•serve [əb`zɜv] s obserwować; spostrzegać; przestrzegać
ob•serv•er [əb`zɜvə(r)] *s* obserwator; człowiek przestrzegający (*prawa, zwyczaju*)
ob•sess [əb`ses] *vt* prześladować, opętać
obsession [əb`seʃən] *s* obsesja, opętanie; natręctwo (*myślowe*)
ob•so•lete [`obsəlit] *adj* przestarzały
ob•sta•cle [`obstəkl] *s* przeszkoda; ~ **race** bieg z przeszkodami
ob•sti•nate [`obstɪnɪt] *adj* uparty, zawzięty
ob•struct [əb`strʌkt] *vt* blokować; utrudniać
ob•tain [əb`teɪn] *vt* nabywać, uzyskać; *vi* istnieć, panować
ob•tru•sive [əb`trusɪv] *adj* narzucający się, natrętny
ob•vi•ous [`obvɪəs] *adj* oczywisty
oc•ca•sion [ə`keɪʒən] *s* sytuacja; wydarzenie; **on ~** od czasu do czasu
oc•ca•sion•al [ə`keɪʒənl] *adj* sporadyczny; okolicznościowy
oc•cult [`okʌlt] *adj* tajemny, magiczny; okultystyczny; *s* **the ~** okultyzm
oc•cu•pant [`okjʊpənt] *s* lokator; użytkownik; pasażer
oc•cu•pa•tion ['okjʊ`pəɪʃən] *s* zawód; zajęcie; okupacja
occupy [`okjʊpɑɪ] *vt* okupować; zajmować
oc•cur [ə`kɜ(r)] *vi* zdarzać się; występować; **~ to sb** przychodzić komuś do głowy
oc•cu•rence [ə`kʌrəns] *s* wydarzenie, wypadek; występowanie
o•cean [`əʊʃən] *s* ocean
o'clock [ə`klok]: **it's six ~** jest godzina szósta
oc•ta•gon [`oktəgən] *s* ośmiokąt; ośmiobok
Oc•to•ber [ok`təʊbə(r)] *s* październik
odd [od] *adj* dziwny, osobliwy; (*o liczbie*) niepa-

rzysty; przypadkowy; nie pasujący; ~ **job** dorywcze zajęcie; **the ~ man out** odmienny, wyróżniający się

odd•ly [`odlı] *adv* dziwnie, osobliwie; ~ **enough** co dziwne

odds [odz] *s pl* prawdopodobieństwo; szanse powodzenia; **be at ~** nie zgadzać się (**with sb** z kimś)

o•di•ous [`əʊdıəs] *adj* wstrętny, odpychający

o•dour [`əʊdə(r)] *s* zapach, woń

of [ov, əv] *praep* od, z, ze, na; (*tworzenie dopełniacza*) **the author of the book** autor książki; **bag of potatoes** torba ziemniaków; (*miejsce pochodzenia*) **a man of London** londyńczyk; (*przyczyna*) **die of cancer** umrzeć na raka; (*tworzywo*) **made of wood** zrobione z drewna; (*zawartość*) **a bottle of milk** butelka mleka

off [of] *praep* od, z, ze; od strony; spoza; z dala od; na boku; w odległości; **take the picture ~ the wall** zdjąć obraz ze ściany; **stand ~ the road** stać w pewnej odległości od drogi; **jump ~ the bus** wyskoczyć z autobusu; **borrow some money ~ sb** pożyczyć pieniędzy od kogoś; *adv* daleko od (*środka, celu, tematu*); nie na miejscu; **hands ~!** precz z rękami!; **two miles ~** dwie mile stąd; **go ~** (*o jedzeniu*) zepsuć się; **the button came ~** guzik się urwał; **be well <badly> ~** być dobrze <źle> sytuowanym; **~ and on, on and ~** od czasu do czasu; *adj* gorszy; wyłączony; zakręcony; odwołany; ~ **street** boczna ulica; **day ~** dzień wolny od pracy

of•fence, *am.* **of•fense** [ə`fens] *s* przestępstwo; obraza; **take ~** obrażać się (**at sth** z powodu czegoś); **give ~** obrazić, urazić (**to sb** kogoś)

of•fend [ə`fend] *vt* obrazić, urazić

of•fend•er [ə`fendə(r)] *s* winowajca; przestępca

of•fense, *am. zob.* **offence**

of•fer [`ofə(r)] *vt* oferować; proponować; ofiarować; *s* propozycja; oferta

off•hand [of`hænd] *adv* szybko, z miejsca, bez przygotowania; *adj attr* szybki; improwizowany; obcesowy

of•fice [`ofɪs] *s* biuro; urząd; ~ **hours** godziny urzędowania; **be in** ~ piastować urząd

of•fi•cer [`ofɪsə(r)] *s* oficer; funkcjonariusz; urzędnik, policjant(ka)

of•fi•cial [ə`fɪʃl] *adj* oficjalny, urzędowy; *s* wyższy urzędnik

of•fi•cial•ly [ə`fɪʃəlɪ] *adv* urzędowo, oficjalnie, z urzędu

off-li•cence [`oflɑɪsəns] *s bryt.* sklep monopolowy

off•set [`ofset] *vt* równoważyć

of•ten [`ofn, `oftn] *adv* często; **how ~?** jak często?

oil [oɪl] *s* olej, oliwa; ropa naftowa; *pot.* obraz olejny, olej; *vt* oliwić

oil•cloth [`oɪlkloθ] *s* cerata

oilpaint [`oɪlpeɪnt] *s* farba olejna

oilpaint•ing [`oɪl'peɪntɪŋ] *s* obraz olejny

oil•y [`oɪlɪ] *adj* oleisty; natłuszczony; *przen.* służalczy

oint•ment [`oɪntmənt] *s* maść

okay, O.K. [əʊ`keɪ] *adv pot.* dobrze, w porządku, okej, Ok; *int* dobrze! okej! **~?** zgoda?; *adj* w porządku, w dobrym stanie, na miejscu; *s pot.* zgoda (*na coś*); **the ~** aprobata; *vt* aprobować

old [əʊld] *adj* stary; dawny; były; ~ **age** starość; **how ~ are you?** ile masz lat?

old-fash•ioned ['əʊld`fæʃnd] *adj* staromodny, niemodny

ol•ive [`olɪv] *s* oliwka; ~ **branch** gałązka oliwna

O•lym•pic [ə`lımpık] *adj* olimpijski; **the ~ Games** igrzyska olimpijskie

ome•lette [`omlıt] *s* omlet

o•men [`əumen] *s* zły znak, omen

om•i•nous [`omınəs] *adj* złowieszczy

o•mis•sion [əu`mıʃən] *s* pominięcie, przeoczenie

o•mit [əu`mıt] *adj* pominąć, przeoczyć

on [on] *praep* na, nad, u, przy, po, w; o; **on foot** piechotą; **on horseback** konno; **on Monday** w poniedziałek; **on my arrival** po moim przybyciu; **on a train** pociągiem, w pociągu; **book on India** książka na temat Indii; *adv* bez przerwy; dalej; **read on** czytaj dalej; (*o ubraniu*) na sobie; **with his coat on** w palcie; **and so on** i tak dalej; **from now on** od tej chwili; *adj* włączony; odkręcony; w toku; **the light is on** światło jest zapalone; **the play is on** sztuka jest grana na scenie

once [wʌns] *adv* raz, jeden raz; kiedyś (*w przeszłości*); **~ upon a time** pewnego razu; niegdyś; **~ again <more>** jeszcze raz; **~ for all** raz na zawsze; **all at ~** nagle; *s* raz; **at ~** natychmiast; **for ~** tylko tym razem; *conj* skoro, gdy tylko

one [wʌn] *num adj* jeden; jedyny; niejaki, pewien; *pron*: **this <that> ~** ten <tamten>; **the red ~** ten czerwony; **no ~** nikt; **they love ~ another** kochają się (wzajemnie); **~ never knows** nigdy nie wiadomo; **I don't want this book, give me another ~** nie chcę tej książki, daj mi inną

one•self [wʌn`self] *pron* się, siebie, sobie, sobą; sam, sam jeden, samodzielnie

one-sid•ed ['wʌn`saıdıd] *adj* jednostronny

one•time [`wʌntaım] *adj* były, ówczesny

one•way [`wʌnweı] *adj*

jednokierunkowy; w jedną stronę (*bilet*)

on•ion [`ʌnɪən] *s* cebula

on•line ['on`laɪn] *adj komp.* włączony; dostępny przez cały czas

on•look•er [`onlʊkə(r)] *s* widz

on•ly [`əʊnlɪ] *adj* jedyny; *adv* tylko, jedynie; **not ~... but also** nie tylko..., lecz także

on•ward(s) [`onwəd(s)] *adj* postępujący naprzód; *adv* dalej

o•pac•i•ty [əʊ`pæsɪtɪ] *s* nieprzezroczystość; nieprzejrzystość

o•paque [əʊ`peɪk] *adj* nieprzezroczysty; *przen.* mętny, nieprzejrzysty

o•pen [`əʊpən] *adj* otwarty; rozpięty; **in the ~ air** na świeżym powietrzu; **be ~ to sth** być narażonym <otwartym> na coś; *vt vi* otwierać (się); ujawniać; rozpoczynać (się)

o•pen•ing [`əʊpnɪŋ] *s* otwarcie; otwór, wylot; początek; wakat; *adj* początkowy, inauguracyjny; **~ hours** godziny otwarcia

open-mind•ed ['əʊpən`maɪndɪd] *adj* mający szerokie horyzonty myślowe; z otwartą głową; bez uprzedzeń

op•er•a [`opərə] *s* opera; **~ house** opera (*budynek*)

op•er•ate [`opəreɪt] *vt vi* obsługiwać (*maszynę, urządzenie*); działać; operować (**on sb** kogoś)

op•er•a•tion ['opə`reɪʃən] *s* obsługa; działanie; operacja

op•e•ra•tive [`opərətɪv] *adj* działający; skuteczny; *s* operator

op•er•a•tor [`opəreɪtə(r)] *s* operator (*maszyny*); telefonista, telefonistka

op•er•et•ta ['opə`retə] *s* operetka

o•pin•ion [ə`pɪnɪən] *s* opinia; zdanie; **in my ~** moim zdaniem; **public ~** opinia publiczna; **~ poll** badanie opinii publicznej

op•po•nent [ə`pəʊnənt] *s* przeciwnik; oponent

op•por•tu•ni•ty ['opə`tjunɪtɪ] *s* sposobność; **take the ~** skorzystać ze sposobności (**of doing sth** zrobienia czegoś)

op•pose [ə`pəʊz] *vt* sprzeciwiać się (**sb <sth>** komuś <czemuś>); **be ~d** sprzeciwiać się (**to sb <sth>** komuś <czemuś>)

op•posed [ə`pəʊzd] *adj* przeciwny; **as ~ to...** w przeciwieństwie do...

op•po•site [`opəzɪt] *adj* przeciwległy, przeciwny; *praep* naprzeciw(ko)

op•po•si•tion ['opə`zɪʃən] *s* opozycja, opór; przeciwstawienie

oppress [ə`pres] *vt* uciskać, ciemiężyć; gnębić

op•pres•sion [ə`preʃən] *s* ucisk

op•pres•sive [ə`presɪv] *adj* okrutny, niesprawiedliwy; przytłaczający, uciążliwy

opt [opt] *vi* optować (**for sth** za czymś)

op•tic [`optɪk] *adj* optyczny

op•ti•cian [op`tɪʃən] *s* optyk

op•tics [`optɪks] *s* optyka

op•ti•mis•tic ['optɪ`mɪstɪk] *adj* optymistyczny

op•tion [`opʃən] *s* opcja

op•tion•al [`opʃənl] *adj* dowolny, nadobowiązkowy

op•u•lent [`opjʊlənt] *adj* zasobny; obfity; bogaty

or [ɔ(r)] *conj* lub, albo; bo inaczej; **tea or coffee?** herbatę czy kawę?

o•ral [`ɔrl] *adj* ustny; *med.* doustny; *s pot.* ustny (*egzamin*)

or•ange [`orɪndʒ] *s* pomarańcza; *adj* pomarańczowy

or•ange•ade ['orɪndʒ`eɪd] *s* oranżada

or•bit [`ɔbɪt] *s* orbita

or•chard [`ɔtʃəd] *s* sad

or•ches•tra [`ɔkɪstrə] *s* orkiestra

or•chid [`ɔkɪd] *s* orchidea, storczyk

or•dain [ɔ`deɪn] *vt* wyświęcać (**sb priest** kogoś na księdza); zarządzić

or•deal [ɔ`dil] *s* ciężka sytuacja, trudne doświadczenie

or•der [`ɔdə(r)] *s* kolejność; porządek; rozkaz; order; zamówienie; zakon; **out of ~** niesprawny, zepsuty; nie po kolei; **to ~** na zamówienie; **money ~** przekaz pieniężny; **in ~ to <that>** ażeby; *vt* rozkazywać; zamawiać; porządkować

or•der•ly [`ɔdəlɪ] *adj* uporządkowany; porządny; systematyczny; zdyscyplinowany, spokojny; *s* sanitariusz; ordynans

or•di•nal [`ɔdɪnl] *adj* porządkowy; *s gram.* liczebnik porządkowy

or•di•na•ry [`ɔdnrɪ] *adj* zwyczajny; pospolity; **out of the ~** niezwykły

ore [ɔ(r)] *s* ruda, kruszec

or•gan [`ɔgən] *s anat.* narząd, organ; *muz.* organy; **mouth ~** organki

or•gan•ic [ɔ`gænɪk] *adj* organiczny

or•gan•ism [`ɔgənɪzm] *s* organizm

or•gan•i•za•tion ['ɔgənɑɪ`zeɪʃən] *s* organizacja

or•gan•ize [`ɔgənɑɪz] *vt* organizować

or•gy [`ɔdʒɪ] *s* orgia

o•ri•en•tate [`ɔrɪənteɪt] *vt* orientować, nadawać kierunek; *vr* **~ o.s.** orientować się (*w terenie, według stron świata*)

o•ri•en•ta•tion ['ɔrɪən`teɪʃən] *s* orientacja

or•i•gin [`orɪdʒɪn] *s* pochodzenie, początek

o•rig•i•nal [ə`rɪdʒɪnl] *adj* początkowy, pierwotny; oryginalny; *s* oryginał

o•rig•i•nate [ə`rɪdʒɪneɪt] *vt* dawać początek, zapoczątkowywać, tworzyć; *vi* powstawać (**in sth** z czegoś); pochodzić (**from sth** od czegoś)

or•na•ment [`ɔnəmənt] *s* ornament, ozdoba; *vt* [`ɔnəment] ozdabiać, upiększać

or•phan [`ɔfn] *s* sierota; *vt* osierocić

or•phan•age [`ɔfənɪdʒ] *s* sierociniec

or•tho•dox [`ɔθədoks] *adj* ortodoksyjny, konwencjonalny; *rel.* prawosławny

os•cil•late [`ɔsɪleɪt] *vi* oscylować; wahać się

os•trich [`ostrɪtʃ] *s* struś

oth•er [`ʌðə(r)] *adj pron* inny, drugi, jeszcze jeden; **each ~** jeden drugiego, nawzajem; **every ~ day** co drugi dzień; **on the ~ hand** z drugiej strony; **the ~ day** parę dni temu

oth•er•wise [`ʌðəwaɪz] *adv* inaczej; poza tym; w przeciwnym razie; bo inaczej

ought [ɔt] *v aux* powinienem, powinnaś...; **I ~ to go now** powinienem już iść; **it ~ to be done** powinno się <należy> to zrobić

ounce [aʊns] *s* uncja (*28,35 g*)

our [`aʊə(r)] *pron* nasz

ours [`aʊəz] *pron* nasz; **this house is ~** ten dom jest nasz

our•selves [aʊə`selvz] *pron* się, siebie, sobie, sobą; sami, samodzielnie

oust [aʊst] *vt* wyrzucić, usunąć

out [aʊt] *adv* na zewnątrz; poza domem; na dworze; **he is ~** nie ma go; **the fire is ~** ogień zgasł; *praep* **~ of** z; przez; bez; **~ of curiosity** przez ciekawość; **~ of doors** na świeżym powietrzu; **~ of place** nie na miejscu; **~ of work** bez pracy; **three ~ of four people** trzech z czterech ludzi

out•break [`aʊtbreɪk] *s* wybuch (*wojny, epidemii*)

out•burst [`aʊtbɜst] *s* wybuch (*śmiechu, gniewu*)

out•come [`aʊtkʌm] *s* wynik, rezultat

***out•do** [aʊt`du], **out•did** [aʊt`dɪd], **out•done** [aʊt`dʌn] *vt* przewyższać, prześcigać

out•door [`aʊtdɔ] *adj attr* będący poza domem; (*o sportach*) na świeżym powietrzu

out•doors [aʊt`dɔz] *adv* na zewnątrz, na świeżym powietrzu

out•er [`aʊtə(r)] *adj attr* zewnętrzny; odległy; **~ space** przestrzeń kosmiczna

out•fit [`aʊtfɪt] *s* sprzęt,

strój; *pot.* ekipa; *vt* wyposażać, ekwipować

out•go•ing [aʊt`gəʊɪŋ] *adj* ustępujący; otwarty; *bryt. s pl* ~ **s** wydatki, rozchody

out•ing [`aʊtɪŋ] *s* wycieczka, wypad

out•last [aʊt`lɑst] *vt* trwać dłużej (**sth** niż coś); przetrwać <przeżyć> (**sb** <**sth**> kogoś <coś>)

out•let [`aʊtlet] *s* wylot, ujście

out•line [`aʊtlaɪn] *s* zarys; *vt* przedstawiać w zarysie

out•look [`aʊtlʊk] *s* widok; prognoza; pogląd

out-of-date ['aʊtəv`deɪt] *adj* przestarzały, niemodny; nieważny

out•pa•tient [`aʊtpeɪʃənt] *s* pacjent ambulatoryjny

out•put [`aʊtpʊt] *s* produkcja; wydajność; twórczość; *komp.* dane wyjściowe

out•rage [`aʊtreɪdʒ] *s* oburzenie; skandal; akt przemocy; *vt* oburzać

out•ra•geous [aʊt`reɪdʒəs] *adj* oburzający; szokujący, skandaliczny

out•right [`aʊtraɪt] *adj* otwarty, szczery; całkowity; *adv* [aut`rait] otwarcie, szczerze, wprost; natychmiast, z miejsca

***out•run** ['aʊt`rʌn], **out•ran** ['aut`ræn], **out•run** *vt* wyprzedzić; przekroczyć (*granicę czegoś*)

out•set [`aʊtset] *s* początek; **at the** ~ początkowo

out•side [aʊt`saɪd] *s* zewnętrzna strona; *adv* na zewnątrz; *praep* na zewnątrz; *adj attr* [`aʊtsaɪd] zewnętrzny; leżący poza domem

out•sid•er ['aʊt`saɪdə(r)] *s* osoba postronna, obcy

out•size [aʊt`saɪz] *adj (o rozmiarze)* nietypowy

out•skirts [`aʊtskɜts] *s pl* peryferie

out•spo•ken [aʊt`spəʊkən] *adj* szczery, otwarty

out•stand•ing [aʊt`stændɪŋ] *adj* wybitny; zaległy; rzucający się w oczy

out•ward [`aʊtwəd] *adj*

zewnętrzny; widoczny; odjeżdżający

out•wards [\`aʊtwədz] *adv* na zewnątrz

out•weigh ['aʊt\`weɪ] *vt* przeważać; przewyższać

out•wit ['aʊt\`wɪt] *vt* przechytrzyć

o•val [\`əʊvl] *adj* owalny; *s* owal

o•va•ry [\`əʊvərɪ] *s* jajnik

o•va•tion [əʊ\`veɪʃən] *s* owacja

ov•en [\`ʌvn] *s* piekarnik; **microwave ~** kuchenka mikrofalowa

o•ver [\`əʊvə(r)] *praep* nad; przez; po drugiej stronie; ponad, powyżej; podczas; **~ 3 books** ponad 3 książki; **~ the winter** podczas zimy; **~ the telephone** przez telefon; **~ the street** po drugiej stronie ulicy; *adv* na drugą stronę; całkowicie; więcej, zbytnio; ponownie; **all ~** wszędzie; **~ again** raz jeszcze; **be ~** skończyć się

o•ver... [\`əʊvə(r)] *praef* nad..., na..., prze...

o•ver•all [\`əʊvərɔl] *adj* całkowity; ogólny; [əʊvər\`ɔl] *adv* w sumie; ogólnie (*biorąc*)

o•ver•alls [\`əuvərɔlz] *s* kombinezon (*roboczy*)

o•ver•bear•ing ['əʊvə\`beərɪŋ] *adj* wyniosły, butny; władczy

o•ver•came *zob.* **overcome**

o•ver•charge ['əʊvə\`tʃɑdʒ] *vt* przeładować, przeciążyć; żądać zbyt wysokiej ceny; *s* przeciążenie; nałożenie <żądanie> zbyt wysokiej ceny

o•ver•coat [\`əʊvəkəʊt] *s* palto, płaszcz

***o•ver•come** ['əʊvə\`kʌm], **over•came** ['əʊvə\`keɪm], **over•come** *vt* pokonywać, przezwyciężać

***o•ver•do** ['əʊvə\`du], **over•did** ['əʊvə\`dɪd], **over•done** ['əʊvə\`dʌn] *vt* przebrać miarę, przesadzać

o•ver•done ['əʊvə\`dʌn] *adj* przesmażony; przegotowany

o•ver•draft [\`əʊvədrɑft] *s* *handl.* przekroczenie stanu konta

o•ver•due ['əʊvə`dju] *adj* opóźniony; *(o rachunku)* zaległy; *(o terminie)* przekroczony

***o•ver•eat** ['əʊvər`it], **o•ver•ate** ['əʊver`eɪt], **o•ver•eat•en** ['əʊvər`itn] *vt* przejadać się

o•ver•es•ti•mate ['əʊver`estɪmeɪt] *vt* przeceniać (*wartość*) (**sb <sth>** kogoś <czegoś>; *s* ['əʊver`estɪmɪt] zbyt wysokie oszacowanie

o•ver•flow ['əʊvə`fləʊ] *vt vi* przelewać (się); przepełniać (się); *s* wylew; przepływ

o•ver•haul ['əʊvə`hɔl] *vt* gruntownie przeszukać, dokładnie zbadać; poddać kapitalnemu remontowi; *s* [`əʊvəhɔl] gruntowny przegląd; **general ~** remont kapitalny

***o•ver•hear** ['əʊvə`hɪə(r)], **over•heard, over•heard** ['əʊvə`hɜd] *vt* usłyszeć przypadkiem

o•ver•lap ['əʊvə`læp] *vt vi* zachodzić jedno na drugie <na siebie>; (*częściowo*) pokrywać się

o•ver•look ['əʊvə`lʊk] *vt* (*o oknie*) wychodzić (**sth** na coś); górować (**sth** nad czymś); przeoczyć, pominąć

o•ver•pass ['əʊvə`pɑs] *s am.* wiadukt; estakada

o•ver•pay ['əʊvə`peɪ] *vt* przepłacać

o•ver•seas ['əʊvə`siz] *adv* za granicą; *adj attr* zagraniczny

o•vert [`əʊvɜt, əʊ`vɜt] *adj* otwarty, jawny

***o•ver•take** ['əʊvə`teɪk], **o•ver•took** ['əʊvə`tʊk], **o•ver•tak•en** ['əʊvə`teɪkn], *vt* wyprzedzać; dopaść, zaskoczyć; owładnąć

***o•ver•throw** ['əʊvə`θrəʊ], **o•ver•threw** ['əʊvə`θru], **o•ver•thrown** ['əʊvə`θrəʊn] *vt* obalić, przewrócić

o•ver•time [`əʊvətaɪm] *s* godziny nadliczbowe; *adv* nadliczbowo, po godzinach

o•ver•took *zob.* **overtake**

o•ver•weight ['əʊvə`weɪt] *adj*: **be ~** mieć nadwagę

o•ver•whelm ['əʊvə`welm] *vt* przytłaczać; zalewać, zasypywać

o•ver•work ['əʊvə`wɜk] *vt* przeciążać pracą; *vi* przepracowywać się; *s* przepracowanie

owe [əʊ] *vt* być winnym <dłużnym>; zawdzięczać (**sth to sb** coś komuś)

ow•ing [`əʊɪŋ] *adj* dłużny; ~ **to** na skutek, dzięki (*czemuś*)

owl [ɑʊl] *s* sowa

own[1] [əʊn] *adj* własny; **on one's ~** samotnie; samodzielnie, bez pomocy

own[2] [əʊn] *vt* posiadać, mieć; ~ **up (to sth)** przyznać się (do czegoś)

own•er [`əʊnə(r)] *s* właściciel

ox [oks] *s* (*pl* **~en** [`oksən]) wół

ox•y•gen [`oksɪdʒən] *s* tlen

oy•ster [`ɔɪstə(r)] *s* ostryga

oz *zob.* **ounce**

o•zone [`əʊzəʊn] *s chem.* ozon; *pot.* świeże powietrze; ~ **hole** dziura ozonowa

P

pace [peɪs] *s* krok; chód; tempo; **keep ~ with sb** dotrzymywać komuś kroku; *vt vi* kroczyć

pa•ci•fic [pæ`sɪfɪk] *adj* spokojny; pokojowy; *s* **the Pacific (Ocean)** Ocean Spokojny, Pacyfik

pack [pæk] *s* pakiet; paczka; sfora (*psów*), stado; talia (*kart*); *vt vi* (*także* ~ **up**) pakować (się)

pack•age [`pækɪdʒ] *s* pakunek; *am.* paczka (*papierosów*); pakiet; ~ **holiday <tour>** wczasy zorganizowane

pack•et [`pækɪt] *s* pakunek, paczka

pact [pækt] *s* pakt

pad [pæd] *s* poduszka (*np. w żakiecie*); *sport.* ochraniacz; tampon; bloczek (*papieru*); *vt* obijać, wyściełać

pad•dle [`pædl] *s* wiosło; rakietka; *vt vi* wiosłować; brodzić; ~ **one's**

own canoe** zależeć tylko od siebie samego

pad•lock [ˋpædlok] *s* kłódka; *vt* zamykać na kłódkę

page [peɪdʒ] *s* stronica

pag•eant [ˋpædʒənt] *s* pokaz; widowisko; parada

paid *zob.* **pay**

pail [peɪl] *s* wiadro

pain [peɪn] *s* ból; *pot.* utrapienie; *vt vi* boleć; smucić; *pot.* **~ in the neck** utrapieniec, zakała

pain•ful [ˋpeɪnful] *adj* bolesny, przykry

pain•less [ˋpeɪnlɪs] *adj* bezbolesny

pains•tak•ing [ˋpaɪnzteɪkɪŋ] *adj* pracowity; dbały, staranny

paint [ˋpeɪnt] *s* farba; *vt* malować; **~ sth blue** malować coś na niebiesko

paint•er [ˋpeɪntə(r)] *s* malarz

paint•ing [ˋpeɪntɪŋ] *s* malarstwo; obraz

pair [peə(r)] *s* para; **in ~s** parami; *vt vi* łączyć (się) w pary

pa•jam•as [pəˋdʒɑməz] *s am. zob.* **pyjamas**

pal [pæl] *s pot.* kumpel

pal•ace [ˋpælɪs] *s* pałac

pal•ate [ˋpælɪt] *s* podniebienie; *przen.* smak, gust

pale [peɪl] *adj* blady; **turn ~** zblednąć; *vi* blednąć

palm [pɑm] *s* palma; dłoń

palm•ist•ry [ˋpɑmɪstrɪ] *s* chiromancja

pam•phlet [ˋpæmflɪt] *s* broszura

pan [pæn] *s* rondel; **frying ~** patelnia

pan•cake [ˋpænkeɪk] *s* naleśnik

pan•cre•as [ˋpæŋkrɪəs] *s anat.* trzustka

pane [ˋpeɪn] *s* szyba

pan•el [ˋpænl] *s* płyta; kaseton; zespół (*ekspertów, doradców*); **~ game** quiz; *tech.* **control ~** tablica rozdzielcza; *vt* pokrywać boazerią <kasetonami>

pan•el•ling [ˋpænlɪŋ] *s* boazeria

pang [pæŋ] *s* ostry ból, spazm bólu; **~s of conscience** wyrzuty sumienia

pan•ic [`pænɪk] *s* panika; *vi* wpadać w panikę (**at sth** z powodu czegoś)
pan•o•ra•ma ['pænə`rɑmə] *s* panorama
pant [pænt] *vi* dyszeć, sapać; ~ **out** mówić przerywanym głosem; pragnąć (**for sth** czegoś)
pan•ther [`pænθə(r)] *s* pantera
pan•ties [`pæntɪz] *s* majteczki (*dziecięce, damskie*)
pan•to•mime [`pæntəmɑɪm] *s* pantomima
pan•try [`pæntrɪ] *s* spiżarnia
pants [pænts] *s bryt.* majtki; *am.* spodnie
panty•hose [`pæntɪhəʊz] *s am.* rajstopy
pap [pæp] *s dosł.* i *przen.* papka
pa•pa [pə`pɑ,`pæpə] *s* tata, tatuś
pa•pa•cy [`peɪpəsɪ] *s* papiestwo
pa•pal [`peɪpəl] *adj* papieski
pa•per [`peɪpə(r)] *s* papier; gazeta; praca pisemna, esej; referat; *pl* ~**s** papiery, dokumenty
pa•per•back [`peɪpəbæk] *s* książka w miękkiej okładce
pap•ri•ka [`pæprɪkə] *s* papryka
par•a•chute [`pærəʃut] *s* spadochron
par•a•chut•ist [`pærəʃutɪst] *s* spadochroniarz
pa•rade [pə`reɪd] *s* parada; pochód; popis; *vi* pokazywać się, popisywać się
par•a•dise [`pærədɑɪs] *s* raj
par•a•dox [`pærədoks] *s* paradoks
par•a•gon [`pærəgən] *s* wzór (*doskonałości*)
par•a•graph [`pærəgrɑf] *s* ustęp (*w tekście*); akapit
par•al•lel [`pærəlel] *adj* równoległy; analogiczny; *s* równoległa; podobieństwo
par•a•lyse [`pærəlɑɪz] *vt* paraliżować
pa•ral•y•sis [pə`ræləsɪs] *s* paraliż
par•a•mount [`pærəmɑʊnt]

adj najważniejszy, główny

par•a•site [`pærəsaɪt] *s* pasożyt

par•cel [`pasl] *s* paczka; przesyłka; parcela

parch•ment [`patʃmənt] *s* pergamin

par•don [`padn] *s* ułaskawienie; przebaczenie; **~ me, I beg your ~** przepraszam; **~?** słucham, nie dosłyszałem?; *vt* przebaczać

par•don•a•ble [`padnəbl] *adj* wybaczalny

par•ent [`peərənt] *s* rodzic; *pl* **~s** rodzice

par•ish [`pærɪʃ] *s* parafia; gmina

park [pak] *s* park; **car ~** parking; *vt vi* parkować

park•ing [`pakɪŋ] *s* parkowanie; *am.* **~ lot** miejsce do parkowania

par•lia•ment [`paləmənt] *s* parlament

par•lo(u)r [`palə(r)] *s am.* salon, lokal; **beauty ~** salon piękności

pa•ro•dy [`pærədɪ] *s* parodia; *vt* parodiować

pa•role [pə`rəʊl] *s prawn.* zwolnienie warunkowe

par•rot [`pærət] *s* papuga; *vt* powtarzać (coś) jak papuga

pars•ley [`paslɪ] *s* pietruszka

par•son [`pasn] *s* pastor; duchowny, proboszcz

part [pat] *s* część; udział; strona; rola; **for my ~** co do mnie; **for the most ~** przeważnie, w większości przypadków; **in ~** w części; **on my ~** z mojej strony; **take ~** brać udział (**in sth** w czymś); *vt* rozdzielać; rozwierać; *vi* rozdzielać się; rozstawać się

par•tial [`paʃəl] *adj* częściowy; stronniczy; **be ~ to sth** lubić coś, mieć słabość do czegoś

par•tic•i•pant [pa`tɪsɪpənt] *s* uczestnik

par•tic•i•pate [pa`tɪsɪpeɪt] *vi* uczestniczyć (**in sth** w czymś)

par•ti•cle [`patɪkl] *s* cząstka; cząsteczka; odrobina; *gram.* partykuła

par•tic•u•lar [pə`tɪkjʊlə(r)]

adj szczególny, specjalny; wybredny; *s* szczegół; **in ~** w szczególności

par•tic•u•lar•ly [pə`tɪkjʊləlɪ] *adv* szczególnie, w szczególności, zwłaszcza

par•ti•tion [pɑ`tɪʃən] *s* przegroda; przepierzenie; podział

part•ly [`pɑtlɪ] *adv* częściowo, po części

part•ner [`pɑtnə(r)] *s* partner; wspólnik; *vt* partnerować

part•ner•ship [`pɑtnəʃɪp] *s* współudział; współuczestnictwo; spółka

par•tridge [`pɑtrɪdʒ] *s* kuropatwa

part-time ['pɑt`taɪm] *adj attr* niepełnoetatowy; *adv* na niepełnym etacie

par•ty [`pɑtɪ] *s* przyjęcie towarzyskie; towarzystwo; grupa; partia; *prawn.* strona; **be a ~** współuczestniczyć (**to sth** w czymś)

pass [pɑs] *vt vi* przechodzić, przejeżdżać; mijać; przekraczać; podawać; spędzać (*czas*); zdać (*egzamin*); wydawać (*wyrok, opinię*); **~ away** umrzeć; **~ for sb <sth>** uchodzić za kogoś <coś>; **~ off** (prze)mijać; **~ o.s. off** podawać się (**as sb <sth>** za kogoś <coś>); **~ out** zemdleć; **~ over** pomijać, ignorować; **~ up** przepuszczać (*okazję*); *s* przejście; przepustka; przełęcz

pas•sage [`pæsɪdʒ] *s* korytarz; przejście, przejazd; ustęp (*w tekście*)

pas•sen•ger [`pæsɪndʒə(r)] *s* pasażer

pas•ser•by ['pɑsə`baɪ] *s* (*pl* **pas•sers•by** ['pɑsəz`bɑi]) przechodzień

pas•sion [`pæʃən] *s* namiętność, pasja (**for sth** do czegoś)

pas•sion•ate [`pæʃənɪt] *adj* namiętny; żarliwy; zapalczywy, porywczy

pas•sive [`pæsɪv] *adj* bierny

pass•port [`pɑspɔt] *s* paszport; **~ control** kontrola paszportowa

pass•word [`pɑswɜd] *s* hasło

past [pɑst] *adj* miniony, przeszły; ubiegły; *praep* obok; po; za; **ten ~ two** dziesięć po drugiej; **she is ~ fifty** ona jest po pięćdziesiątce; *s*: **the ~** przeszłość; *adv* obok, mimo

paste [peɪst] *s* ciasto; klej; pasta; *vt* kleić, lepić; **~ up** naklejać; smarować pastą

pas•time [`pɑstaɪm] *s* rozrywka

pas•tor [`pɑstə(r)] *s* pastor

pas•tor•al [`pɑstərl] *adj* duszpasterski; sielski

pas•ture [`pɑstʃə(r)] *s* pastwisko

past•y [`pæstɪ] *s bryt.* pasztecik; *adj* ziemisty, blady

pat [pæt] *s* klepnięcie; *vt* klepnąć; **~ sb on the back** pochwalić kogoś

patch [pætʃ] *s* łata; zagon; **eye ~** przepaska na oko; *vt* łatać; **~ up** załagodzić (*spór*); połatać

patch•work [`pætʃwɜk] *s* patchwork

pa•tent [`peɪtənt] *adj* opatentowany, zastrzeżony; otwarty, jawny; **~ lie** oczywiste kłamstwo; *s* patent; *vt* opatentować

path [pɑθ] *s dosł.* i *przen.* ścieżka, droga

pa•thet•ic [pə`θetɪk] *adj* żałosny; rozpaczliwy; beznadziejny, niezdarny

pa•tience [`peɪʃns] *s* cierpliwość; *bryt.* pasjans

pa•tient [`peɪʃnt] *s* pacjent; *adj* cierpliwy

pa•tri•ot [`peɪtrɪət] *s* patriota

pa•trol [pə`trəʊl] *s* patrol; *vt vi* patrolować

pat•ron•ize [`pætrənaɪz] *vt* patronować; otaczać opieką; traktować protekcjonalnie

pat•tern [`pætn] *s* wzór; szablon

pause [pɔz] *s* pauza, przerwa; *vi* robić przerwę, zatrzymywać się

pave [peɪv] *vt* brukować; **~ the way for sth** utorować drogę do czegoś

pave•ment [`peɪvmənt] *s bryt.* chodnik, bruk; *am.* nawierzchnia jezdni

pa•vil•ion [pəˋvɪlɪən] *s* pawilon (*wystawowy*); *sport.* szatnia

paw [pɔ] *s* łapa; *vi* (*o zwierzętach*) grzebać łapą; *pot.* obłapiać

pawn [pɔn] *s* pionek (*także przen.*); zastawiać (*towar*); ~ **shop** lombard

***pay** [peɪ], **paid, paid** [peɪd] *vt vi* płacić; opłacać (się); ~ **attention** zwracać uwagę (**to sth** na coś); ~ **(in) cash** <**by cheque**> płacić gotówką <czekiem>; ~ **(sb) a compliment** powiedzieć (komuś) komplement; ~ **a visit** składać wizytę; ~ **back** zwracać pieniądze; odpłacać; ~ **off** spłacać; *s* płaca; ~ **day** dzień wypłaty

pay•a•ble [ˋpeɪəbl] *adj* płatny; do zapłaty; ~ **to** wystawione na

pay•ment [ˋpeɪmənt] *s* zapłata; wpłata; opłata

pea [pi] s groch, groszek

peace [pis] *s* pokój; spokój; **at** ~ w spokoju; **make** ~ **with sb** pogodzić się z kimś

peace•ful [ˋpisfʊl] *adj* spokojny; pokojowy

peach [pitʃ] *s* brzoskwinia

pea•cock [ˋpikok] *s* paw

peak [pik] *s* szczyt; szpic

pea•nut [ˋpinʌt] *s* orzeszek ziemny; *pl pot.* **~s** (marne) grosze; ~ **butter** masło orzechowe

pear [ˋpeə(r)] *s* gruszka

pearl [pɜl] *s* perła

peas•ant [ˋpeznt] *s* chłop, wieśniak

peat [pit] *s* torf

peb•ble [ˋpebl] *s* kamyk

pe•cul•iar [pɪˋkjulɪə(r)] *adj* osobliwy; właściwy (**to sb** <**sth**> komuś <czemuś>)

pe•cu•li•ar•i•ty [pɪ'kjulɪˋærɪtɪ] *s* osobliwość, dziwaczność; właściwość

ped•al [ˋpedl] *s* pedał; *vi* pedałować

ped•ant•ic [pɪˋdæntɪk] *adj* pedantyczny

ped•es•tal [ˋpedəstl] *s* piedestał

pe•des•tri•an [pɪˋdestrɪən] *s* pieszy, przechodzień; *adj attr* pieszy

ped•i•gree [ˋpedɪgri] *s* rodowód; ~ **dog** pies z rodowodem

pee [pi] *vi pot.* siusiać; *s* siusianie

peel [pil] *vt* obierać (*ze skórki*); *vi* łuszczyć się; *s* łupinka, skórka

peep [pip] *vi* zerkać (**at sb <sth>** na kogoś <coś>); podglądać (**at sb <sth>** kogoś <coś>); *s* zerknięcie

peep•hole [`piphəʊl] *s* wizjer (*w drzwiach*)

peer [piə(r)] *vi* (*badawczo*) patrzeć; wpatrywać się; *s bryt.* par; człowiek równy rangą; rówieśnik

pee•vish [`pivɪʃ] *adj* drażliwy

peg [peg] *s* wieszak, kołek; **clothes ~** spinacz do bielizny

pel•i•can [`pelɪkən] *s* pelikan

pel•vis [`pelvɪs] *s anat.* miednica

pen [pen] *s* pióro, długopis; **fountain ~** pióro wieczne; **ballpoint ~** długopis; **felt-tip ~** pisak; wybieg, zagroda; *am. pot.* pudło *pot.*; *vt* zagonić do zagrody

penal [`pɪnl] *adj prawn.* karny; ~ **code** kodeks karny

pen•al•ty [`penltɪ] *s prawn.* kara sądowa; grzywna; **death ~** kara śmierci; *sport.* ~ **kick** rzut karny

pence *zob.* **penny**

pen•cil [`pensl] *s* ołówek

pen•dant [`pendənt] *s* wisząca ozdoba, wisiorek

pend•ing [`pendɪŋ] *adj* nie rozstrzygnięty; nadchodzący; *praep* w oczekiwaniu; do czasu

pen•du•lum [`pendjʊləm] *s* wahadło

pen•e•trate [`penɪtreɪt] *vt vi* przeniknąć, przebić; wcisnąć się

pen•e•tra•tion ['penɪ`treɪʃən] *s* przenikanie; penetracja; wnikliwość

pen•guin [`peŋgwɪn] *s* pingwin

pen•i•cil•lin ['penɪ`sɪlɪn] *s* penicylina

pe•nin•su•la [pe`nɪnsjʊlə] *s* półwysep

pen•i•tent [`penɪtənt] *adj* skruszony; *s* pokutnik

pe•nis [`pinıs] *s* członek, penis
pen•i•ten•tia•ry ['penı`tenʃərı] *s am.* więzienie
pen•knife [`pennaıf] *s (pl* **penknives** [`pennaıvz]) scyzoryk
pen•ni•less [`penılıs] *adj* bez grosza
pen•ny [`penı] *s (pl* **pennies** [penız] *lub* **pence** [pens]) pens; *am.* jednocentówka
pen•sion [`penʃən] *s* emerytura; renta
pen•sion•er [`penʃənə(r)] *s* emeryt
Pen•te•cost [`pentıkost] *s* Zielone Świątki
pent•house [`penthaʊs] *s* luksusowy apartament na ostatnim piętrze
pe•o•ny [`pıənı] *s* piwonia
peo•ple [`pipl] *s pl* ludzie; naród, lud; *vt* zaludniać
pep•per [`pepə(r)] *s* pieprz; papryka
pep•per•y [`pepərı] *adj* pieprzny; porywczy
per•ceive [pə`siv] *vt* zauważyć, spostrzec; dostrzec
per cent [pə`sent] *s* procent
per•cent•age [pə`sentıdʒ] *s* procent, odsetki
per•cep•tion [pə`sepʃən] *s* wrażenie; opinia; spostrzeżenie
perch [pɜtʃ] *s* grzęda; okoń; *vt vi* usadowić (się)
per•co•late [`pɜkəleıt] *vt vi* przesączać (się), filtrować
per•cus•sion [pə`kʌʃən] *s* perkusja
per•fect [`pɜfıkt] *adj* doskonały; *vt* [pə`fekt] doskonalić
per•fec•tion [pə`fekʃən] *s* doskonałość, perfekcja
per•fect•ly [`pɜfıktlı] *adj* doskonale; zupełnie, całkowicie
per•form [pə`fɔm] *vt* wykonywać; grać (*rolę*); *vi* występować (*na scenie*)
per•form•ance [pə`fɔməns] *s* wykonanie; występ; przedstawienie
per•fume [`pɜfjum] *s* perfumy

per•haps [pə`hæps] *adv* może, być może
per•il [`perɪl] *s* niebezpieczeństwo, zagrożenie; **at one's ~** na własne ryzyko
per•il•ous [`perɪləs] *adj* niebezpieczny; ryzykowny
pe•ri•od [`pɪərɪəd] *s* okres, czas; *am. gram.* kropka; *med.* miesiączka
pe•ri•od•i•cal ['pɪərɪ`odɪkl] *adj* okresowy; *s* czasopismo, periodyk
per•ish [`perɪʃ] *vi* ginąć; niszczeć
per•ju•ry [`pɜdʒərɪ] *s prawn.* krzywoprzysięstwo
perm [pɜm] *s pot.* trwała (*ondulacja*); *vt* robić trwałą (*ondulację*)
per•ma•nent [`pɜmənənt] *adj* stały; ciągły; trwały; **~ wave** trwała ondulacja
per•me•a•ble [`pɜmɪəbl] *adj* przepuszczalny, przenikalny
per•me•ate [`pɜmɪeɪt] *vt* przenikać, przesiąkać
per•mis•si•ble [pə`mɪsəbl] *adj* dozwolony, dopuszczalny
per•mis•sion [pə`mɪʃən] *s* pozwolenie, zezwolenie
per•mis•sive [pə`mɪsɪv] *adj* przyzwalający, pobłażliwy
per•mit [pə`mɪt] *vt* pozwalać (**sth** na coś); *s* [`pɜmɪt] zezwolenie (*pisemne*); przepustka
per•pen•dic•u•lar ['pɜpən`dɪkjulə(r)] *adj* prostopadły (**to** do); pionowy; *s* linia prostopadła
per•se•cu•tion ['pɜsɪ`kjuʃən] *s* prześladowanie
per•se•vere ['pɜsɪ`vɪə(r)] *vi* trwać (**in sth** przy czymś), nie ustawać (**sth** w czymś)
Per•sian [`pɜʃən] *adj* perski; *s* Pers; język perski
per•sist [pə`sɪst] *vi* upierać się <obstawać> (**in sth** przy czymś); (*o pogodzie, plotkach*) utrzymywać się
per•sis•tent [pə`sɪstənt] *adj* wytrwały; uporczywy
per•son [`pɜsn] *s* osoba, osobnik; **in ~** osobiście

per•son•al [`p3snl] *adj* osobisty; prywatny; własny

per•son•a•li•ty ['p3sə`nælɪtɪ] *s* osobowość; osobistość

per•son•i•fy [pə`sonɪfaɪ] *vi* uosabiać, ucieleśniać

per•son•nel ['p3sə`nel] s personel; ~ **officer** kierownik działu kadr

per•spec•tive [pə`spektɪv] *s* perspektywa; **in ~** z właściwej perspektywy

per•spi•ra•tion ['p3spə`reɪʃən] *s* pocenie się; pot

per•spire [pə`spaɪə(r)] *vi* pocić się

per•suade [pə`sweɪd] *vt* przekonywać, namawiać (**sb into sth** kogoś do czegoś); **I was ~d that...** byłem przekonany, że...

per•sua•sion [pə`sweɪʒən] *s* przekonywanie, perswazja, namowa

per•sua•sive [pə`sweɪsɪv] *adj* przekonujący

per•verse [pə`v3s] *adj* przewrotny, przekorny; perwersyjny, zepsuty

per•ver•sion [pə`v3ʃən] *s* przekręcenie, wypaczenie; perwersja, zboczenie

per•vert [pə`v3t] *vt* deprawować; wypaczać; *s* [`p3v3t] zboczeniec

pes•si•mis•m [`pesɪmɪzəm] *s* pesymizm

pes•si•mist [`pesɪmɪst] *s* pesymista

pest [pest] *s* szkodnik; *pot.* utrapienie

pet [pet] *s* (*o zwierzęciu*) pieszczoch, ulubieniec; *vt* pieścić

pet•al [`petl] *s* płatek

pe•ti•tion [pə`tɪʃən] *s* petycja; *vi* składać petycję (**for <against> sth** o coś <przeciw czemuś>)

petrify [`petrɪfaɪ] *vt* przerażać; paraliżować (*ze strachu*); *vi* skamienieć

pet•rol [`petrəl] *s bryt.* benzyna; *bryt.* ~ **station** stacja benzynowa

pe•tro•le•um [pə`trəulɪəm] *s* ropa naftowa

pet•tish [`petɪʃ] *adj* drażliwy, opryskliwy

pet•ty [`petɪ] *adj* drobny, mało znaczący; małostkowy

phase [feɪz] *s* faza; *vt*: **~ sth in** wprowadzać coś; **~ sth out** wycofać coś
pheas•ant [`feznt] *s* bażant
phe•nom•e•non [fɪ`nomɪnən] *s* (*pl* **phe•nom•e•na** [fɪ`nomɪnə]) zjawisko
phi•lol•o•gy [fɪ`lolədʒɪ] *s* filologia
phi•los•o•phy [fɪ`losəfɪ] *s* filozofia
phone [fəʊn] *s pot. zob.* **telephone**; *vt vi* dzwonić, telefonować
pho•net•ics [fəʊ`netɪks] *s* fonetyka
pho•ney [`fəʊnɪ] *adj pot.* fałszywy, udawany
photo [`fəʊtəʊ] *s skr. zob.* **photograph**
pho•to•graph [`fəʊtəgrɑf] *s* fotografia, zdjęcie; **take a ~** robić zdjęcie (**of sb** komuś); *vt* fotografować
pho•tog•ra•pher [fə`togrəfə(r)] *s* fotograf
pho•tog•ra•phy [fə`togrəfɪ] *s* fotografia (*dziedzina*)
phrase [freɪz] *s* zwrot, fraza
phys•i•cal [`fɪzɪkl] *adj* fizyczny
phy•si•cian [fɪ`zɪʃən] *s* lekarz
phys•ics [`fɪzɪks] *s* fizyka
pi•an•ist [`pɪənɪst] *s* pianista
pi•an•o [pɪ`ænəʊ] *s* (*także* **grand ~**) fortepian; **upright ~** pianino
pick [pɪk] *vt* wybierać; zrywać (*kwiaty*); zbierać (*owoce, grzyby*); **~ one's nose <teeth>** dłubać w nosie <zębach>; **~ sb's pocket** dobierać się do czyjejś kieszeni; **~ off** zrywać; **~ out** wybierać; dostrzegać; **~ up** podnosić (*z ziemi*); zbierać; nauczyć się; odebrać (*osobę; paczkę*); (*o kierowcy*) zabierać (**sb** kogoś); *pot.* podrywać (*dziewczynę*); *s* wybór
pick•le [`pɪkl] *s* marynata; *pl* **~s** marynowane warzywa, pikle; *vt* marynować
pick•pock•et [`pɪkpokɪt] *s* kieszonkowiec
pic•ture [`pɪktʃə(r)] *s* obraz; zdjęcie; film; *vt* wyobrażać, przedstawiać

pic•tures [`pɪktʃəz] *s bryt. pot.* kino
pic•tur•esque ['pɪktʃə`resk] *adj* malowniczy
pidg•in [`pɪdʒɪn] *s:* ~ **English** łamana angielszczyzna
pie [pɑɪ] *s* pasztecik, pierożek; placek
piece [pis] *s* kawałek; część; ~ **of furniture** mebel; ~ **of music** utwór muzyczny; **in ~s** w kawałkach; ~ **by** ~ po kawałku; **go to ~s** rozpadać się na kawałki
piece•work [`piswɜk] *s* praca na akord
pier [pɪə(r)] *s* molo, pomost
pierce [pɪəs] *vt* przebijać, przekłuwać
pierc•ing [`pɪəsɪŋ] *adj* ostry, przeszywający, przenikliwy
pig [pɪg] *s* (*także przen.*) świnia
pig•eon [`pɪdʒən] *s* gołąb
pig•eon•hole [`pɪdʒənhəʊl] *s* przegródka; *pot.* dziupla; *vt* umieścić w przegródce
pig•gy•back [`pɪgɪbæk] *adv* **give sb a ~** wziąć kogoś na barana
pig•head•ed ['pɪg`hedəd] *adj pot.* uparty (*jak osioł*)
pike [pɑɪk] *s* pika, włócznia; szczupak
pile [pɑɪl] *s* stos, sterta; *vt* układać w stertę
pil•grim [`pɪlgrɪm] *s* pielgrzym
pil•grim•age [`pɪlgrɪmɪdʒ] *s* pielgrzymka
pill [pɪl] *s* pigułka; **the ~** pigułka antykoncepcyjna
pil•lar [`pɪlə(r)] *s* filar
pil•low [`pɪləʊ] *s* poduszka
pi•low•case [`pɪləʊkeɪs] *s* poszewka
pi•lot [`pɑɪlət] *s* pilot; *vt* pilotować
pim•ple [`pɪmpl] *s* pryszcz
pin [pɪn] *s* szpilka; **safety ~** agrafka; *vt* przypinać szpilką <szpilkami>; ~ **down** przyszpilać *pot.*
pin•cers [`pɪnsəz] *s pl* szczypce; obcęgi, obcążki
pinch [pɪntʃ] *vt vi* szczypać; (*o butach*) uciskać,

uwierać; *s* uszczypnięcie; szczypta

pine [paɪn] *s* sosna

pine•ap•ple [`paɪnæpl] *s* ananas

pink [pɪŋk] *adj* różowy; *s* kolor różowy; *bot.* goździk

pin•na•cle [`pɪnəkl] *s* szczyt; wieżyczka

pin•point [`pɪnpoɪnt] *s* drobny punkt; *vt* dokładnie określić

pint [paɪnt] *s* pół kwarty

pi•o•neer ['paɪə`nɪə(r)] *s* pionier; *vt vi* wykonywać pionierską pracę, torować drogę

pi•ous [`paɪəs] *adj* pobożny

pip [pɪp] *s* pestka (*jabłka, pomarańczy*)

pipe [paɪp] *s* rura; fajka; fujarka; *vt* doprowadzać rurami

pipe•line [`paɪplaɪn] *s* rurociąg; gazociąg; **be in the ~** być w przygotowaniu

pi•rate [`paɪrət] *s* pirat; *vt* nielegalnie kopiować

piss [pɪs] *vi wulg.* sikać, szczać; *wulg.* **~ off!** odpieprz się!; *wulg.* **be ~ed off with sth** być wkurzonym czymś; *s* siki

pis•tol [`pɪstl] *s* pistolet

pit [pɪt] *s* dół, wykop, dziura; kopalnia; kanał (*dla orkiestry*)

pitch[1] [pɪtʃ] *s* smoła; **as black as ~** czarny jak smoła

pitch[2] [pɪtʃ] *s* boisko (*do piłki nożnej*); tonacja; poziom, stopień; *vt* ustawić na poziomie; rzucać; rozbić (*namiot, obóz*); (na)stroić; upaść, runąć

pit•i•ful [`pɪtɪful] *adj* żałosny

pit•i•less [`pɪtɪlɪs] *adj* bezlitosny

pit•tance [`pɪtəns] *s* nędzne wynagrodzenie, grosze

pit•y [`pɪtɪ] *s* litość, współczucie; szkoda; **take <have> ~** litować się (**on sb** nad kimś); **what a ~!** jaka szkoda!; *vt* współczuć

place [pleɪs] *s* miejsce; posada; **give ~** ustąpić; **take ~** mieć miejsce, wydarzyć się; **take the ~ of** zastępować; **in ~** na miejscu; **in ~ of** zamiast; **out of ~** nie na miejscu, nieodpowiedni; **in the first ~** po pierwsze; *vt* umieszczać; stawiać; umiejscowić; **~ an order** składać zamówienie

plac•id [`plæsɪd] *adj* łagodny, spokojny

plague [pleɪg] *s* zaraza, plaga; dżuma; *vt* dotknąć plagą; *przen.* dręczyć

plaid [plæd] *s* pled (*zw. w kratę*)

plain [pleɪn] *adj* prosty; gładki; wyraźny; otwarty, szczery; brzydki; *s* równina

plan [plæn] *s* plan, projekt, zamiar; *vt* planować, zamierzać

plane [pleɪn] *s* samolot; płaszczyzna; hebel; *adj* płaski, równy; *vt* heblować

plan•et [`plænɪt] *s* planeta

plant [plɑnt] *s* roślina; fabryka; *vt* sadzić; siać

plan•ta•tion [plæn`teɪʃən] *s* plantacja

plaque [plɑk] *s* plakietka; tablica pamiątkowa; osad nazębny

plas•ma [`plæzmə] *s* plazma

plas•ter [`plɑstə(r)] *s* tynk; gips; plaster; *vt* tynkować

plas•tic [`plæstɪk] *s* plastyk; *adj* plastyczny; plastykowy

plas•ti•cine [`plæstɪsin] *s* plastelina

plate [pleɪt] *s* talerz; płyt(k)a

plat•eau [`plætəʊ] *s* płaskowyż

plat•form [`plætfɔm] *s* peron; platforma; trybuna

plat•i•num [`plætɪnəm] *s* platyna

pla•toon [plə`tun] *s* pluton

plau•si•ble [`plɔzəbl] *adj* możliwy do przyjęcia, prawdopodobny

play [pleɪ] *s* gra, zabawa; sztuka sceniczna; *sport.* gra; *vt vi* bawić się (**with sth** czymś); grać (*na scenie, instrumen-*

cie); odgrywać rolę; *sport.* grać; ~ **cards <football>** grać w karty <w piłkę nożną>; ~ **the piano <the guitar>** grać na pianinie <gitarze>; ~ **a joke** robić kawał (**on sb** komuś)

play•er [`pleɪə(r)] *s* gracz; muzyk

play•ground [`pleɪgraʊnd] *s* plac zabaw

play•ing field [`pleɪɪŋfild] *s* boisko

play-off [`pleɪof] *s sport.* dogrywka; baraż

play•wright [`pleɪraɪt] *s* dramaturg

plea [pli] *s* błaganie; *prawn.* ~ **of (not) guilty** (nie)przyznanie się do winy; usprawiedliwienie, wymówka

plead [plid] *vi* błagać (**with sb for sth** kogoś o coś); *prawn.* wygłaszać mowę obrończą; ~ **not guilty** nie przyznawać się do winy; ~ **sb's case** bronić czyjejś sprawy

pleas•ant [`pleznt] *adj* przyjemny, miły

please [pliz] *vt* zadowalać; sprawiać przyjemność; **if you** ~ proszę bardzo; **be ~d** być zadowolonym (**with sth** z czegoś); **I am ~d to say** z przyjemnością stwierdzam; **do as you** ~ rób, jak chcesz; *int* proszę; ~ **come in!** proszę wejść!

pleas•ing [`plizɪŋ] *adj* przyjemny

pleas•ure [`pleʒə(r)] *s* przyjemność; **take ~ in doing sth** znajdować przyjemność w robieniu czegoś; **with** ~ z przyjemnością; **it's a <my>** ~ cała przyjemność po mojej stronie

pledge [pledʒ] *s* przyrzeczenie, ślubowanie; zastaw; *vt* przyrzekać, ślubować; dawać w zastaw; ~ **one's word** dać słowo honoru

plen•ti•ful [`plentɪful] *adj* obfity, liczny

plen•ty [`plentɪ] *s* obfitość, duża ilość; ~ **of** dużo

pli•ers [`plaɪəz] *s pl* szczypce, kombinerki

plight [plaɪt] *s* trudna sytuacja
plot [plot] *s* fabuła, akcja; spisek, intryga; kawałek gruntu, działka; *vt vi* spiskować, intrygować
plough, *am.* **plow** [plaʊ] *s* pług; *vt* orać; pruć (*fale, powietrze*)
plow *am. zob.* **plough**
pluck [plʌk] *vt* skubać, rwać, szarpać; wyrywać
plug [plʌg] *s* korek, zatyczka; *pot.* gniazdko (*elektryczne*); świeca (*w silniku*); *vt* zatykać; **~ in** wetknąć wtyczkę (*do kontaktu*)
plum [plʌm] *s* śliwka
plumb•er [ˋplʌmə(r)] *s* hydraulik
plump [plʌmp] *adj* pulchny, tłusty
plun•der [ˋplʌndə(r)] *vt* plądrować, rabować; *s* grabież, rabunek; łup
plunge [plʌndʒ] *vt vi* zanurzać, pogrążać; zagłębiać (się) (**into sth** w coś); nurkować, rzucać się; *s* zanurzenie (się), nurkowanie
plu•ral [ˋplʊərəl] *adj* mnogi; *s gram.* liczba mnoga
plus [plʌs] *praep* plus; *adj attr* dodatni; *s* plus
plush [plʌʃ] *s* plusz
pneu•mo•ni•a [njuˋməʊnɪə] *s med.* zapalenie płuc
poach [pəʊtʃ] *vi* kłusować; *vt* przywłaszczać sobie
poach•er [ˋpəʊtʃə(r)] *s* kłusownik
pock•et [ˋpokɪt] *s* kieszeń; **~ money** kieszonkowe; *vt* wkładać do kieszeni; przywłaszczać sobie
pod [pod] *s* strąk
po•em [ˋpəʊɪm] *s* poemat, wiersz
po•et [ˋpəʊɪt] *s* poeta, poetka
po•et•ry [ˋpəʊɪtrɪ] *s* poezja
point [poɪnt] *s* czubek; punkt; sedno sprawy; sens; **this is not the ~** nie o to chodzi; **to the ~** do rzeczy; **off the ~** nie na temat; **be on the ~ of doing sth** mieć właśnie coś zrobić; **I see your ~** rozumiem, o co

ci chodzi; ~ **of view** punkt widzenia; *vi* wskazywać (**at sb <sth>** na kogoś <coś>); *vt* celować (**at sb** do kogoś); ~ **out** wskazywać, podkreślać

point•er [`pɔɪntə(r)] *s* wskaźnik; wskazówka, strzałka; pointer (*pies myśliwski*)

point•less [`pɔɪntlɪs] *adj* bezcelowy

poi•son [`pɔɪzn] *s* trucizna; *vt* truć

poke [pəʊk] *vt* wpychać, szturchać; grzebać (*w czymś*); ~ **fun** żartować sobie (**at sb <sth>** z kogoś <czegoś>); *vi* szperać, myszkować; szturchać (**at sb <sth>** kogoś <coś>)

pok•er [`pəʊkə(r)] *s* poker; pogrzebacz

po•lar [`pəʊlə(r)] *adj* polarny

pole[1] [pəʊl] *s geogr.* biegun

pole[2] [pəʊl] *s* drąg, słup; ~ **jump** skok o tyczce

Pole[3] [pəʊl] *s* Polak, Polka

po•lem•ic [po`lemɪk] *adj* polemiczny; *s* polemika

po•lice [pə`lis] *s* policja

po•lice•man [pə`lismən] *s* policjant

po•lice station [pə`lis-`steɪʃən] *s* komisariat

po•li•cy [`pɒlɪsɪ] *s* polityka, taktyka; polisa

pol•ish [`pɒlɪʃ] *vt* polerować; czyścić (*buty*); *s* pasta; połysk; polerowanie

Pol•ish [`pəʊlɪʃ] *adj* polski; *s* język polski

po•lite [pə`laɪt] *adj* grzeczny, uprzejmy

po•lit•i•cal [pə`lɪtɪkl] *adj* polityczny

pol•i•ti•cian ['polə`tɪʃən] *s* polityk

pol•i•tics [`pɒlɪtɪks] *s* polityka; poglądy polityczne

poll [pəʊl] *s* (*także* **the polls**) głosowanie, wybory; obliczanie głosów; ankieta, sondaż; **go to the ~s** pójść do urn wyborczych; *vt* ankietować; otrzymać (*głosy*)

pol•len [`pɒlən] *s* pyłek kwiatowy

pol•li•nate [`polɪneɪt] *vi* zapylać
pol•lute [pə`lut] *vt* zanieczyszczać
pol•lu•tion [pə`luʃən] *s* zanieczyszczenie, skażenie
pol•y•tech•nic ['polɪ`teknɪk] *s* wyższa szkoła zawodowa, politechnika
pomp [pomp] *s* pompa, wystawność, parada
pond [pond] *s* staw
pon•toon [pon`tun] *s* ponton; oko (*gra*)
pon•y [`pəunɪ] *s* kucyk
poo•dle [`pudl] *s* pudel
pool [pul] *s* sadzawka; kałuża; **swimming ~** basen (*pływacki*)
poor [puə(r)] *adj* biedny, nędzny; marny
pop [pop] *vt* wsuwać; *vi* strzelać, rozrywać się z trzaskiem, pękać; *pot.* **~ in** zajrzeć <wpaść> (**on sb** do kogoś); wychodzić na wierzch (*o oczach*); **~ out** wyskoczyć; **~ up** pojawić się; *s* trzask, wystrzał; napój musujący; **~ music** muzyka pop; *am. pot.* tata
Pope [pəup] *s* papież
pop•lar [`poplə(r)] *s* topola
pop•lin [`poplɪn] *s* popelina
pop•py [`popɪ] *s* mak
pop•u•lar [`popjulə(r)] *adj* popularny, powszechny
pop•u•lar•i•ty [popju`lærɪtɪ] *s* popularność
pop•u•lar•ize [`pɔpjuləraɪz] *vt* popularyzować, propagować
pop•u•la•tion ['popju`leɪʃən] *s* zaludnienie; ludność; populacja
porce•lain [`pɔslɪn] *s* porcelana
porch [pɔtʃ] *s* portyk; ganek; *am.* weranda
pore [pɔ(r)] *s anat.* por; *vi* ślęczeć (**over sth** nad czymś), zagłębiać się
pork [pɔk] *s* wieprzowina; **~ chop** kotlet schabowy
por•ridge [`porɪdʒ] *s* owsianka
port [pɔt] *s* port; porto (*alkohol*)
port•a•ble [`pɔtəbl] *adj* przenośny

por•ter [ˋpɔtə(r)] *s* bagażowy; portier

port•fo•li•o [pɔtˋfəʊlɪəʊ] *s* teczka; teka (*ministerialna*); *fin.* portfel

por•tion [ˋpɔʃən] *s* część; udział; porcja

por•trait [ˋpɔtrɪt] *s* portret

por•tray [pɔˋtreɪ] *vt* portretować; przedstawiać; opisywać

Por•tu•guese [pɔtjʊˋgiz] *s* Portugalczyk; *adj* portugalski

pose [pəʊz] *s* poza, postawa; *vi* pozować; *vt* stawiać (*pytanie*); stanowić (*problem*)

pos•er [ˋpəʊzə(r)] *s* łamigłówka; **give sb a ~** zabić komuś klina *pot.*

po•seur [pəʊˋzɜ(r)] *s* pozer, pozerka

posh [pɔʃ] *adj pot.* elegancki, luksusowy; z wyższych sfer

po•si•tion [pəˋzɪʃən] *s* pozycja, położenie; pozycja społeczna; stanowisko; **be in a ~ to do sth** być w stanie coś zrobić; *vt* umieszczać

pos•i•tive [ˋpozɪtɪv] *adj* pewny, przekonany; pozytywny; *s fot.* pozytyw

pos•sess [pəˋzes] *vt* posiadać; opętać

pos•ses•sion [pəˋzeʃən] *s* posiadanie; władanie (**of sth** czymś); posiadłość, posiadany przedmiot; **take ~ of sth** objąć coś w posiadanie, zawładnąć czymś

pos•ses•sive [pəˋzesɪv] *adj* zaborczy; zazdrosny; *gram.* dzierżawczy

pos•si•bil•i•ty ['posɪˋbɪlɪtɪ] *s* możliwość

pos•si•ble [ˋposɪbl] *adj* możliwy; ewentualny; **as soon as ~** jak najszybciej

pos•si•bly [ˋposɪblɪ] *adv* możliwie; być może

post [pəʊst] *s* poczta; **by ~** pocztą; *bryt.* **by return of ~** odwrotną pocztą; *vt* wysyłać pocztą

post•age [ˋpəʊstɪdʒ] *s* opłata pocztowa

pos•tal [ˋpəʊstl] *adj* pocztowy; *bryt.* **~ order** przekaz pocztowy

post•box [ˋpəʊstboks] *s*

bryt. skrzynka pocztowa
post•card [ˋpəʊstkɑd] *s* pocztówka
post•code [ˋpəʊstkəʊd] *s* *bryt.* kod pocztowy
post•er [ˋpəʊstə(r)] *s* plakat, afisz
post•man [ˋpəʊstmən] *s* listonosz
post•mark [ˋpəʊstmɑk] *s* stempel pocztowy
post of•fice [ˋpəʊst'ofɪs] *s* urząd pocztowy
post•pone [pəˋspəʊn] *vt* odraczać, odwlekać
pos•tu•late [ˋpostjʊleɪt] *vt* domagać się; postulować; *s* postulat
pos•ture [ˋpostʃə(r)] *s* postawa; poza; *vi* pozować
post•war [pəʊstˋwɔ] *adj attr* powojenny
pot [pot] *s* garnek; doniczka; dzbanek; nocnik
po•tas•si•um [pəˋtæsɪəm] *s* potas
po•ta•to [pəˋteɪtəʊ] *s* ziemniak; *przen.* **hot ~** drażliwa sprawa
po•ten•cy [ˋpəʊtnsɪ] *s* siła, moc; potencja
po•ten•tial [pəˋtenʃl] *adj* potencjalny; *s* potencjał
po•tion [ˋpəʊʃən] *s* napój (*zw. leczniczy*)
pot•ter•y [ˋpotərɪ] *s* garncarstwo; wyroby garncarskie; garncarnia
poul•try [ˋpəʊltrɪ] *s* drób
pound[1] [paʊnd] *s* funt; funt szterling
pound[2] [paʊnd] *s* schronisko dla zwierząt; miejsce, gdzie odholowuje się źle zaparkowane samochody
pound[3] [paʊnd] *vt vi* tłuc, walić (**sth** coś); **at sth** w coś); ucierać
pour [pɔ(r)] *vt* nalewać, rozlewać, lać; *vi* lać się
pov•er•ty [ˋpovətɪ] *s* ubóstwo, bieda
pow•der [ˋpaʊdə(r)] *s* proszek; puder; proch; *vt* posypywać proszkiem; pudrować
pow•er [ˋpaʊə(r)] *s* władza; uprawnienie; zdolność; siła, moc; *elektr.* energia; *mat.* potęga
pow•er•ful [ˋpaʊəfʊl] *adj* potężny, mocny; wpływowy

pow•er sta•tion [`pauə'steɪʃən] *s* elektrownia
prac•ti•ca•ble [`præktɪkəbl] *adj* możliwy do przeprowadzenia, wykonalny
prac•ti•cal [`præktɪkl] *adj* praktyczny
prac•ti•cally [`præktɪklɪ] *adv* praktycznie; właściwie; prawie, niemal
prac•tice [`præktɪs] *s* praktyka, ćwiczenie; zwyczaj; **be out of ~** wyjść z wprawy; **put into ~** zrealizować
prac•tise, *am.* **prac•tice** [`præktɪs] *vt* praktykować; ćwiczyć; *sport.* trenować; *vi* ćwiczyć; prowadzić praktykę
prac•ti•tion•er [præk`tɪʃɪnə(r)] *s* (*zw. o lekarzu*) praktyk; **general ~** lekarz ogólny
prag•mat•ic [præg`mætɪk] *adj* pragmatyczny
prai•rie [`preərɪ] *s* preria
praise [preɪz] *vt* chwalić; *s* pochwała
pram [præm] *s bryt.* wózek dziecięcy
pray [preɪ] *vt vi* modlić się (**for sth** o coś); błagać
prayer [`preə(r)] *s* modlitwa
preach [pritʃ] *vt* wygłaszać kazanie; głosić; prawić kazanie
preach•er [`pritʃə(r)] *s* kaznodzieja
pre•cau•tion [prɪ`kɔʃən] *s* ostrożność, środek ostrożności; **to take ~s** zastosować środki ostrożności
pre•cede [prɪ`sid] *vt vi* poprzedzać (*w czasie*); mieć pierwszeństwo (**sb <sth>** przed kimś <czymś>)
pre•ced•ence [prɪ`sidəns] *s* pierwszeństwo
pre•ce•dent [`presɪdənt] *s* precedens; **set a ~** stwarzać precedens
pre•ced•ing [prɪ`sidɪŋ] *adj* poprzedzający, poprzedni
pre•cious [`preʃəs] *adj* cenny, wartościowy; (*o kamieniu*) szlachetny
prec•i•pice [`presɪpɪs] *s* przepaść

pre•cip•i•tate [prɪˋsɪpɪteɪt] *vt* przyspieszyć; wytrącić (*osad*); *adj* [prəˋsɪpɪtɪt] pośpieszny, gwałtowny
pre•cise [prɪˋsaɪs] *adj* dokładny, precyzyjny; (*o człowieku*) skrupulatny
pre•cise•ly [prɪˋsaɪslɪ] *adv* dokładnie; **~!** właśnie!
pre•ci•sion [prɪˋsɪʒən] *s* precyzja
pre•clude [prɪˋklud] *vt* uniemożliwiać, zapobiegać
pre•con•ceive [ˈprikənˋsiv] *vt* powziąć z góry (*sąd, opinię*); uprzedzić się (**sth** do czegoś)
pre•cur•sor [priˋkɜsə(r)] s prekursor
pred•a•tor [ˋpredətə(r)] *s* drapieżnik
pred•a•to•ry [ˋpredətərɪ] *adj* drapieżny; łupieżczy
pre•de•ces•sor [ˋpridɪsesə(r)] *s* poprzednik
pre•dict [prɪˋdɪkt] *vt* przewidywać
pre•dom•i•nate [prɪˋdomɪneɪt] *vi* przeważać, dominować; przewyższać (**over sb <sth>** kogoś <coś>)
pref•ace [ˋprefɪs] *s* przedmowa; *vt* poprzedzać przedmową
pre•fer [prɪˋfɜ(r)] *vt* woleć (**sb <sth> to sb <sth>** kogoś <coś> od kogoś <czegoś>)
pref•e•ra•ble [ˋprefərəbl] *adj* preferowany; bardziej pożądany (**to sb <sth>** niż ktoś <coś>)
pref•er•ence [ˋprefərəns] *s* pierwszeństwo; preferencja; przedkładanie (**of sth to sth** czegoś nad coś)
preg•nan•cy [ˋpregnənsɪ] *s* ciąża
preg•nant [ˋpregnənt] *adj* w ciąży, ciężarna
pre•ju•dice [ˋpredʒʊdɪs] *s* uprzedzenie; złe nastawienie (**against sb <sth>** wobec kogoś <czegoś>); przychylne nastawienie (**in favour of sb <sth>** do kogoś <czegoś>); przesąd; szkoda; *vt* uprzedzić; z góry źle usposobić (**sb against sb <sth>**

kogoś do kogoś <czegoś>); przychylnie nastawić (**sb in favour of sb <sth>** kogoś do kogoś <czegoś>)

pre•ma•ture [`premətʃ(u)ə(r)] *adj* przedwczesny

pre•med•i•tate ['pri`medɪteɪt] *vt* z góry obmyślić

pre•mi•er [`premɪə(r)] *s* premier; *adj* pierwszy

prem•ise [`premɪs] *s* przesłanka; *pl* **~s** teren, siedziba; **on the ~s** na miejscu, na terenie

pre•mi•um [`primɪəm] *s* składka ubezpieczeniowa; premia

pre•mo•ni•tion ['primə`nɪʃən] *s* przeczucie

pre•oc•cu•pa•tion [pri'okjʊ`peɪʃən] *s* zaabsorbowanie

prep•a•ra•tion ['prepə`reɪʃən] *s* przygotowanie

pre•par•a•to•ry [prɪ`pærətərɪ] *adj* przygotowawczy

pre•pare [prɪ`peə(r)] *vt vi* przygotowywać (się)

pre•pared [prɪ`peəd] *adj* gotowy, przygotowany

prep•o•si•tion ['prepə`zɪʃən] *s gram.* przyimek

per•scribe [prɪ`skrɑɪb] *vt med.* przepisywać; nakazywać

pre•scrip•tion [prɪ`skrɪpʃən] *s* recepta (**for sth** na coś); **only on ~** tylko na receptę

pres•ence [`prezns] *s* obecność; prezencja; **~ of mind** przytomność umysłu

pre•sent[1] [`preznt] *s* prezent; *vt* [prɪ`zent] dawać prezent; podarować (**sb with sth** komuś coś); przedstawiać; prowadzić (*program, audycję*)

pre•sent[2] [`preznt] *adj* obecny; teraźnicjszy; *s*: **the ~** teraźniejszość; **at ~** teraz, obecnie; **for the ~** na razie

pre•sent•a•ble [prɪ`zentəbl] *adj* (*o człowieku*) mający dobrą prezencję; reprezentacyjny

pres•en•ta•tion ['prezn`teɪʃən] *s* przedstawienie;

przedłożenie; podarowanie; wystąpienie

pres•ent•day ['preznt`deɪ] *adj* dzisiejszy, obecny, współczesny

pres•ent•ly [`prezntlɪ] *adv* wkrótce; obecnie

pre•ser•va•tive [prɪ`zɜvətɪv] *s* środek konserwujący

pre•serve [prɪ`zɜv] *vt* zachowywać; ochraniać; konserwować (*jedzenie*); *s* konserwa; rezerwat

pres•i•dent [`prezɪdənt] *s* prezydent; prezes, przewodniczący

press [pres] *vt vi* przyciskać; naciskać; ściskać; prasować; nalegać; **~ for sth** domagać się czegoś; *s* prasa (*także drukarska*); naciśnięcie; **in ~** w druku; *pot.* **go to ~** iść do druku; **a good ~** dobra recenzja <prasa>; **the ~** prasa (*gazety*); **the Press** prasa (*zespół*)

pressed [prest] *adj* prasowany, tłoczony; odczuwający brak; **be ~ for time** nie mieć czasu

pres•sure [`preʃə(r)] *s* ciśnienie; nacisk

pres•tige [pres`tɪʒ] *s* prestiż

pre•su•ma•bly [prɪ`zjuməblɪ] *adv* przypuszczalnie

pre•sume [prɪ`zjum] *vt vi* przypuszczać, domyślać się; za dużo sobie pozwalać, ośmielać się

pre•sump•tion [prɪ`zʌmpʃən] *s* przypuszczenie, założenie; *prawn.* domniemanie; zarozumiałość, arogancja

pre•sump•tuous [prɪ`zʌmptʃuəs] *adj* arogancki

pre•tence, *am.* **pre•tense** [prɪ`tens] *s* udawanie; pozory; pretekst

pre•tend [prɪ`tend] *vt vi* udawać

pre•text [`pritekst] *s* pretekst

pret•ty [`prɪtɪ] *adj* ładny; *adv* dość, całkiem

pre•vail [prɪ`veɪl] *vi* przeważać; brać górę (**over sb** nad kimś); skłonić (*kogoś*); wymóc (**on sb to do sth** na kimś, aby coś zrobił); być powszechnie przyjętym, panować

pre•vail•ing [prɪˋveɪlɪŋ] *adj* przeważający, panujący

pre•vent [prɪˋvent] *vt* zapobiegać; uniemożliwiać (**sb from doing sth** komuś zrobienie czegoś)

pre•ven•tion [prɪˋvenʃən] *s* zapobieganie

pre•vi•ous [ˋpriviəs] *adj* poprzedni; poprzedzający (**to sth** coś)

prey [preɪ] *s* łup, ofiara; **fall ~** paść ofiarą (**to sth** czegoś); *vi* grabić; żerować (**on sb <sth>** na kimś <czymś>); polować (**on sth** na coś)

price [praɪs] *s* cena; **~ tag** metka; *vt* wyceniać

price•less [ˋpraɪslɪs] *adj* bezcenny, nieoceniony

prick [prɪk] *s* ukłucie; kolec; **~s of conscience** wyrzuty sumienia; *vt* ukłuć; **~ up one's ears** nadstawiać uszu

pride [praɪd] *s* duma; **take ~** być dumnym (**in sth** z czegoś); *vr*: **~ o.s. on sth** szczycić się czymś

priest [prist] *s* ksiądz; kapłan

pri•ma•ry [ˋpraɪmrɪ] *adj* główny; początkowy; **~ school** szkoła podstawowa

pri•mate[1] [ˋpraɪmɪt] *s* prymas

pri•mate[2] [ˋpraɪmɪt] *s* ssak z rzędu naczelnych

prime [praɪm] *adj* pierwszy, najważniejszy; pierwszorzędny; **Prime Minister** premier

prim•i•tive [ˋprɪmɪtɪv] *adj* pierwotny; prymitywny

prim•rose [ˋprɪmrəʊz] *s* pierwiosnek

prince [prɪns] *s* książę

prin•cess [prɪnˋses] *s* księżna, księżniczka

prin•ci•pal [ˋprɪnsɪpl] *adj* główny; *s* kierownik, dyrektor (*szkoły*)

prin•ci•ple [ˋprɪnsɪpl] *s* zasada

print [prɪnt] *s* druk; ślad; (*o zdjęciu*) odbitka; (*o książce*) **in ~** będący w sprzedaży; **out of ~** nakład wyczerpany; *vt* drukować; pisać drukowanymi literami; **~ed matter** druki

print•ing house [`prɪntɪŋ'haʊs] *s* drukarnia

pri•or [`praɪə(r)] *adj attr* uprzedni, wcześniejszy; ważniejszy; **~ to sth** przed czymś

pri•or•i•ty [praɪ`orɪtɪ] *s* pierwszeństwo, priorytet

pris•on [`prɪzn] *s* więzienie

pris•on•er [`prɪznə(r)] *s* więzień

pri•va•cy [`prɪvəsɪ] *s* prywatność; **in the ~ of one's own home** w zaciszu własnego domu

pri•vate [`praɪvɪt] *adj* osobisty; prywatny; **keep sth ~** trzymać coś w tajemnicy; *s woj.* szeregowy

priv•i•lege [`prɪvɪlɪdʒ] *s* przywilej; zaszczyt

prize [praɪz] *s* nagroda; wygrana (*na loterii*); *vt* wysoko cenić

prob•a•bil•i•ty ['probə`bɪlɪtɪ] *s* prawdopodobieństwo; **in all ~** według wszelkiego prawdopodobieństwa

prob•a•ble [`probəbl] *adj* prawdopodobny

pro•ba•tion [prə`beɪʃən] *s* staż; próba; nowicjat; **on ~** na stażu

probe [prəʊb] *s* sonda; *vt* sondować; *przen.* badać; *vi* zagłębiać się (**into sth** w coś)

prob•lem [`probləm] *s* problem; **no ~!** nie ma problemu!

pro•ce•dure [prə`sidʒə(r)] *s* procedura, postępowanie, sposób postępowania

pro•ceed [prə`sid] *vi* kontynuować (**with sth** coś); przystępować, zabierać się (**to sth** do czegoś); podążać, udawać się (*dokądś*)

pro•ceed•ings [prə`sidɪŋz] *s pl* przebieg (*uroczystości*); sprawozdanie, protokoły; **legal ~** postępowanie prawne

pro•cess [`prəʊses] *s* proces; przebieg, tok; **in the ~ of doing sth** w trakcie robienia czegoś; *vt* przetwarzać; rozpatrywać

pro•ces•sion [prə`seʃən] *s* procesja; pochód
pro•claim [prə`kleɪm] *vt* proklamować, ogłaszać
pro•duce [prə`djus] *vt* produkować; wytwarzać; (*o zwierzętach*) rodzić; wystawiać (*sztukę*); wyjmować, okazywać; *s* [`prodjus] produkt (*rolny*)
pro•duc•er [prə`djusə(r)] *s* producent
prod•uct [`prodʌkt] *s* produkt; wytwór
pro•duc•tion [prə`dʌkʃən] *s* produkcja; wystawienie (*sztuki*)
pro•duc•tive [prə`dʌktɪv] *adj* produktywny; wydajny
pro•fane [prə`feɪn] *adj* bluźnierczy; *vt* profanować, bezcześcić
pro•fes•sion [prə`feʃən] *s* zawód; **by ~** z zawodu
pro•fes•sion•al [prə`feʃənl] *adj* zawodowy; fachowy; *s* zawodowiec, fachowiec
pro•fes•sor [prə`fesə(r)] *s* profesor
pro•fi•cien•cy [prə`fɪʃənsɪ] *s* biegłość, sprawność
pro•fi•cient [prə`fɪʃənt] *adj* biegły (**at <in> sth** w czymś)
pro•file [`prəʊfaɪl] *s* profil
prof•it [`profɪt] *s* zysk; korzyść; **make a ~** osiągać zysk; *vi* odnosić korzyść (**by sth** z czegoś)
prof•it•a•ble [`profɪtəbl] *adj* korzystny, pożyteczny; zyskowny
prog•no•sis [prog`nəʊsɪz] *s* (*pl* **prog•no•ses** [prog`nəʊsiz]) prognoza; przewidywanie
pro•gram(me) [`prəʊgræm] *s* program; *vt* programować, planować
pro•gress [`prəʊgres] *s* postęp; rozwój; *vi* [prə`gres] posuwać się naprzód; robić postępy
pro•gres•sive [prə`gresɪv] *adj* postępowy; progresywny
pro•hib•it [prə`hɪbɪt] *vt* zakazywać
pro•hi•bi•tion ['prəʊ(h)ɪ`bɪʃən] *s* zakaz, prohibicja
pro•ject [`prodʒekt] *s* projekt; *vt* [prə`dʒekt] projektować; rzutować; wy-

świetlać; *vi* wystawać, sterczeć

pro•jec•tion [prə`dʒekʃən] *s* rzut, wyrzucenie; rzutowanie; projekcja; projektowanie; występ, wystawanie

pro•lif•ic [prə`lɪfɪk] *adj* płodny

pro•long [prə`loŋ] *vt* przedłużać

prom•i•nent [`promɪnənt] *adj* wystający; widoczny; wybitny

prom•ise [`promɪs] *s* obietnica; **keep a ~** dotrzymać obietnicy; **show ~** dobrze się zapowiadać; *vt vi* obiecywać (**sb sth <sth to sb>** komuś coś)

prom•is•ing [`promɪsɪŋ] *adj* obiecujący; rokujący nadzieje

pro•mote [prə`məʊt] *vt* dawać awans; popierać; promować; **be ~d** awansować

pro•mo•tion [prə`məʊʃən] *s* awans; promocja

prompt [prompt] *vt vi* powodować; nakłaniać; podpowiadać; podsuwać; *adj* natychmiastowy; punktualny

pro•noun [`prəʊnaʊn] *s gram.* zaimek

pro•nounce [prə`naʊns] *vt* wymawiać; wypowiadać się, oświadczać

pro•nounce•ment [prə`naʊnsmənt] *s* wypowiedź, oświadczenie

pro•nun•ci•a•tion [prə'nʌnsɪ`eɪʃən] *s* wymowa

proof [pruf] *s* dowód; *pl* **~s** korekta; *adj* odporny (**against sth** na coś); **be x% ~** zawierać x% alkoholu

prop [prop] *s* podpórka, stempel; *vt* podpierać

prop•a•gan•da ['propə`gændə] *s* propaganda

prop•er [`propə(r)] *adj* właściwy, odpowiedni, stosowny

prop•er•ty [`propətɪ] *s* własność, mienie; posiadłość, nieruchomość; właściwość, cecha

proph•e•cy [`profəsɪ] *s* proroctwo

pro•por•tion [prə`pɔʃən] *s* proporcja, stosunek;

in ~ proporcjonalny; **out of ~** nieproporcjonalny

pro•pos•al [prə`pəʊzl] *s* propozycja; oświadczyny

pro•pose [prə`pəʊz] *vt* proponować; wysuwać (*wniosek, kandydaturę*); zamierzać; *vi* oświadczać się (**to sb** komuś)

prop•o•si•tion ['propə`zɪʃən] *s* propozycja; *vt pot.* proponować seks (*kobiecie*)

pro•pri•e•tor [prə`praɪətə(r)] *s* właściciel; posiadacz

pro•sa•ic [prə`zeɪɪk] *adj* prozaiczny; nudny

prose [prəʊz] *s* proza

pros•e•cute [`prosɪkjut] *vt* zaskarżać, występować na drogę sądową; oskarżać

pros•e•cu•tion ['prosɪ`kjuʃən] *s* oskarżenie

pros•ecu•tor [`prosɪkjutə(r)] *s* oskarżyciel; **public ~** prokurator

pros•pect [`prospekt] *s* perspektywa; widok

pro•spec•tive [prə`spektɪv] *adj* odnoszący się do przyszłości; przewidywany

pros•per [`prospə(r)] *vi* prosperować

pro•sper•i•ty [pro`sperɪtɪ] *s* dobrobyt; dobra koniunktura

pros•per•ous [`prospərəs] *adj* kwitnący, prosperujący

pros•ti•tute [`prostɪtjut] *s* prostytutka; *vr* **~ o.s.** prostytuować się

pro•tect [prə`tekt] *vt* chronić (**from <against> sb <sth>** przed kimś <czymś>)

pro•tec•tion [prə`tekʃən] *s* ochrona, zabezpieczenie (**against sth** przed czymś)

pro•tec•tor [prə`tektə(r)] *s* obrońca, opiekun; ochraniacz

pro•test [`prəʊtest] *s* protest; zapewnienie; *vi* [prə`test] protestować (**against <at> sth** przeciw czemuś); zapewniać (**sth** o czymś)

Prot•es•tant [`protɪstənt] *s* protestant; *adj* protestancki

pro•trude [prə`trud] *vi* wystawać, sterczeć

proud [praud] *adj* dumny (**of sth** z czegoś)
prove [pruv] *vt* udowadniać; *vi* okazywać się
prov•erb [`provəb] *s* przysłowie
pro•ver•bi•al [prə`vɜbɪəl] *adj* przysłowiowy
pro•vide [prə`vaɪd] *vt vi* dostarczać (**sb with sth** <**sth for sb**> komuś coś); zaspokajać potrzeby, utrzymywać (**for sb** kogoś); uwzględniać
pro•vid•ed [prə`vaɪdɪd] *conj*: **~ that** o ile; pod warunkiem że
Prov•i•dence [`provɪdəns] *s* opatrzność
prov•i•dent [`provɪdənt] *adj* przezorny, oszczędny
pro•vid•ing that [prə`vaɪdɪŋ] *conj zob.* **provided that**
prov•ince [`provɪns] *s* prowincja; dziedzina
pro•vi•sion [prə`vɪʒən] *s* zaopatrzenie (**of sth** w coś); zabezpieczenie (**for sth** przed czymś); poczynienie kroków; zastrzeżenie; warunek; *pl* **~s** zapasy żywności, prowianty; *vt* zaprowiantować
pro•vi•sion•al [prə`vɪʒənl] *adj* tymczasowy, prowizoryczny
pro•voke [prə`vəuk] *vt* prowokować; wywołać (*reakcję*)
pru•dent [`prudənt] *adj* rozważny; roztropny
pru•dish [`prudɪʃ] *adj* pruderyjny
prune [prun] *s* suszona śliwka
pry [praɪ] *vi* podpatrywać; wścibiać nos (**into sth** w coś); szperać
pseu•do [`sjudəu] *praef* pseudo-; *adj* rzekomy
psy•chi•a•try [saɪ`kaɪətrɪ] *s* psychiatria
psy•chic [`saɪkɪk] *adj* psychiczny; *s* medium
psy•cho•a•nal•y•sis ['saɪkəuə`næləsɪs] *s* psychoanaliza
psy•cho•lo•gy [saɪ`kolədʒɪ] *s* psychologia
pub [pʌb] *s pot.* pub, piwiarnia
pub•lic [`pʌblɪk] *adj* pub-

liczny; jawny; *bryt.* ~ **school** prywatna szkoła średnia (*z internatem*); *am.* państwowa szkoła średnia; ~ **service** służba państwowa; ~ **house** = **pub**; *s*: **the** ~ publiczność; społeczeństwo; **in** ~ publicznie

pub•li•ca•tion ['pʌblɪ`keɪʃən] *s* publikacja; ogłoszenie

pub•lic•i•ty [pʌb`lɪsɪtɪ] *s* reklama; rozgłos

pub•lish [`pʌblɪʃ] *vt* publikować, wydawać; **~ing house** wydawnictwo

pub•lish•er [`pʌblɪʃə(r)] *s* wydawca

pud•ding [`pʊdɪŋ] *s* pudding; *bryt.* deser

pud•dle [`pʌdl] *s* kałuża

puff [pʌf] *vt vi* dmuchać; pykać; sapać; *s* podmuch, dmuchnięcie; kłąb (*dymu*); puszek (*do pudru*)

pull [pʊl] *vt vi* ciągnąć; pociągnąć; wyciągać; ~ **down** rozbierać (*dom*); ~ **out** odjeżdżać; wyrywać (*ząb*); ~ **up** zatrzymywać (się); podciągać; ~ **over** zjeżdżać na bok

pull•o•ver [`pʊləʊvə(r)] *s* pulower

pul•pit [`pʊlpɪt] *s* ambona

pul•sate [pʌl`seɪt] *vi* pulsować, tętnić

pulse [pʌls] *s* puls, tętno; **feel sb's** ~ badać komuś puls; *vi* pulsować

pul•ver•ize [`pʌlvəraɪz] *vt* sproszkować; zetrzeć na proch

pu•ma [`pjumə] *s* puma

pump [pʌmp] *s* pompa; *vt* pompować; *pot.* wypytywać

pump•kin [`pʌmpkɪn] *s* dynia

punch[1] [pʌntʃ] *vt* uderzać pięścią; *s* uderzenie pięścią

punch[2] [pʌntʃ] *vt* dziurkować; kasować (*bilet*); *s* dziurkacz; **ticket** ~ kasownik

punc•tu•al [`pʌŋktʃʊəl] *adj* punktualny

punc•tu•a•tion ['pʌŋktʃʊ`eɪʃən] *s* interpunkcja; ~ **mark** znak przestankowy

punc•ture [`pʌŋktʃə(r)] *s* przekłucie; przebicie (*dętki*); *pot.* **get a ~** złapać gumę; *vt vi* przekłuwać; przedziurawiać (się)
pun•ish [`pʌnɪʃ] *vt* karać (**for sth** za coś)
pun•ish•ment [`pʌnɪʃmənt] *s* kara; **capital ~** kara śmierci
pu•pil [`pjupl] *s* uczeń; źrenica
pup•pet [`pʌpɪt] *s* kukiełka; marionetka
pup•py [`pʌpɪ] *s* szczeniak
pur•chase [`pɜtʃəs] *vt* zakupywać, nabywać; *s* kupno, zakup
pure [pjʊə(r)] *adj* czysty
pur•ga•tive [`pɜgətɪv] *adj* przeczyszczający; *s* środek przeczyszczający
purge [pɜdʒ] *vt* oczyszczać; *s* oczyszczanie; czystka
pu•ri•fy [`pjʊərɪfaɪ] *vt vi* oczyszczać (się)
pu•ri•tan [`pjʊərɪtən] *adj* purytański; *s* purytanin
pu•ri•ty [`pjʊərɪtɪ] *s* czystość
pur•ple [`pɜpl] *s* purpura; *adj* purpurowy
pur•pose [`pɜpəs] *s* cel; **on ~** umyślnie, celowo
pur•pose•ful [`pɜpəsfʊl] *adj* celowy, rozmyślny
pur•pose•ly [`pɜpəslɪ] *adv* celowo, rozmyślnie
purr [pɜ] *vi* mruczeć; *s* mruczenie
purse [pɜs] *s bryt.* portmonetka; *am.* torebka damska; *vt vi* ściągnąć (*usta*)
pur•sue [pə`sju] *vt* ścigać; wykonywać; kontynuować
pur•suit [pə`sjut] *s* pościg; **in ~ of sth** w pościgu za czymś
push [pʊʃ] *vt vi* pchać; przepychać się; naciskać (**sb** na kogoś); **~ through** przepychać; *s* naciśnięcie; pchnięcie
pus•sy [`pʊsɪ] *s* (*także* **~ cat**) kotek
***put, put, put** [pʊt] *vt vi* kłaść, stawiać, umieszczać; zadawać (*pytania*); zapisywać; zaprzęgać (**sb to work** kogoś do pracy); **~ in order** doprowadzić do porządku; **~ right**

poprawiać; ~ **a stop** położyć kres (**to sth** czemuś); ~ **away** schować; odkładać (*pieniądze*); ~ **down** stłumić (*powstanie*); zapisywać; ~ **off** odkładać na później; zniechęcać; ~ **on** zakładać (*ubranie*); nakładać; włączać; przybierać (*na wadze*); wystawiać (*sztukę*); ~ **out** gasić; wyciągać (*rękę*); ~ **through** łączyć telefonicznie (**to sb** z kimś); ~ **together** składać; montować; ~ **up** stawiać (*namiot*); wywieszać (*ogłoszenie*); podnosić (*cenę, rękę*); przenocować (**sb** kogoś); stawiać (*opór*); wystawiać (*na sprzedaż*)

puz•zle [ˋpʌzl] *s* zagadka; układanka, puzzle; **crossword** ~ krzyżówka; *vt* zaintrygować; *vi* głowić się (**over sth** nad czymś)

py•ja•mas [pəˋdʒɑməz] *s pl* piżama

pyr•a•mid [ˋpɪrəmɪd] *s* piramida

Q

quad•ran•gle [ˋkwodræŋgl] *s* dziedziniec; *mat.* czworokąt

quag•mire [ˋkwægmaɪə(r)] *s* bagno, trzęsawisko

quail [kweɪl] *s* przepiórka; *vi* zlęknąć się; ~ **at sth** drżeć przed czymś

quake [kweɪk] *vi* trząść się, drżeć; *s* drżenie; (*także* **earthquake**) trzęsienie ziemi

qual•i•fi•ca•tion [ˈkwolɪfɪˋkeɪʃən] *s* kwalifikacja; określenie; zastrzeżenie

qual•i•fied [ˋkwolɪfaɪd] *adj* wykwalifikowany; połowiczny, z ograniczeniami

qual•i•fy [ˋkwolɪfaɪ] *vt vi* kwalifikować (się); upoważniać; zdobywać kwalifikacje

qual•i•ty [ˋkwolɪtɪ] *s* jakość; cecha, właściwość; zaleta

qualm [kwɑm] *s* niepokój; *pl* ~**s** skrupuły

quan•da•ry [`kwondərɪ] *s* kłopot, dylemat; **be in a ~** być w rozterce

quan•ti•ty [`kwontɪtɪ] *s* ilość

quar•rel [`kworl] *s* kłótnia; *vi* kłócić się

quar•rel•some [`kworəlsəm] *adj* kłótliwy

quar•ter [`kwotə(r)] *s* ćwierć; kwadrans; kwartał; dzielnica; *am.* moneta 25-centowa

quar•ter•ly [`kwɔtəlɪ] *adj* kwartalny; *adv* kwartalnie; *s* kwartalnik

quar•tet [kwɔ`tet] *s* kwartet

quartz [kwɔts] *s* kwarc

qua•si [`kwɑzɪ] *praef* prawie, niemal; niby

quay [ki] *s* nabrzeże

quea•sy [`kwizɪ] *adj* wrażliwy; grymaśny; skłonny do mdłości

queen [kwin] *s* królowa; dama (*w kartach*)

queer [kwɪə(r)] *adj* dziwaczny; *pot. pejor.* pedał

quell [kwel] *vt przen.* dusić, dławić (*uczucie*)

quench [kwentʃ] *vt* gasić (*pragnienie*)

que•ry [`kwɪərɪ] *s* pytanie; wątpliwość; *vt vi* zapytywać; kwestionować

ques•tion [`kwestʃən] *s* pytanie; kwestia; **ask a ~** zadawać pytanie; **call into ~** podawać w wątpliwość; **beyond ~** bez wątpienia; **out of the ~** nie wchodzący w rachubę; *vt* zadawać pytania; kwestionować

ques•tion•a•ble [`kwestʃənəbl] *adj* wątpliwy, sporny

ques•tion mark [`kwestʃən'mɑk] *s* znak zapytania

ques•tion•aire ['kwestʃə`neə(r)] *s* kwestionariusz

queue [kju] *s* kolejka (*ludzi*); **jump the ~** wpychać się bez kolejki; *vi* stać w kolejce

quick [kwɪk] *adj* szybki, bystry; *adv* szybko

quick•en [`kwɪkən] *vt vi* przyspieszać; ożywiać (się)

quick-tem•pered ['kwɪk`tempəd] *adj* nieopanowany, porywczy

qui•et [`kwɑɪət] *adj* cichy; spokojny; **keep ~**

zachowywać się cicho; *s* cisza; spokój; *vt am.* uspokajać; uciszać

quilt [kwɪlt] *s* narzuta; kołdra

quin•tet [kwɪn`tet] *s* kwintet

quit [kwɪt], **quit, quit** (*lub* **~ed, ~ed** [`kwɪtɪd]) *vt vi* opuszczać (*miejsce, posadę*); rezygnować; odjechać

quite [kwɑɪt] *adv* zupełnie; całkiem; **~ so!** no właśnie!

quiz [kwɪz] *vt* wypytywać (**sb** kogoś); *am.* egzaminować; badać (*inteligencję*); *s* test, kwiz

quo•rum [`kwɔrəm] *s* kworum

quo•ta [`kwəʊtə] *s* określony udział; kontyngent

quo•ta•tion [kwəʊ`teɪʃən] *s* cytat; cytowanie; **~ marks** cudzysłów

quote [kwəʊt] *vt* cytować; powoływać się (**sth** na coś); *s* cytat; *pot.* **~s** cudzysłów

quo•tient [`kwəʊʃənt] *s mat.* iloraz

R

rab•bit [`ræbɪt] *s* królik

ra•bies [`reɪbiz] *s med.* wścieklizna

race [reɪs] *s* bieg, wyścig; rasa; *pl* **~s** wyścigi konne; *vt vi* ścigać się (**sb <against sb>** z kimś); pędzić; brać udział w wyścigach

race•course [`reɪskɔs] *s* tor wyścigowy

race•horse [`reɪshɔs] *s* koń wyścigowy

ra•cial [`reɪʃəl] *adj* rasowy

rac•ing [`reɪsɪŋ] *adj* wyścigowy; *s* wyścig(i)

rack [ræk] *s* półka (*na bagaż*); wieszak; stojak; *vt* dręczyć, męczyć; **~ one's brains** łamać sobie głowę

rack•et [`rækɪt] *s sport.* rakieta; *pot.* wrzawa; *pot.* szantaż, wymuszanie

rack•e•teer [rækɪ`tɪə(r)] *s* szantażysta

ra•dar [ˋreɪdə(r)] *s* radar
ra•di•al [ˋreɪdɪəl] *adj* promienisty; **~ tyre** opona radialna
ra•di•ate [ˋreɪdɪeɪt] *vt vi* promieniować; wysyłać, emitować (*promienie, energię*)
ra•di•a•tion [ˈreɪdɪˋeɪʃən] *s* promieniowanie; radiacja
ra•di•a•tor [ˋreɪdɪeɪtə(r)] *s* kaloryfer, grzejnik; *mot.* chłodnica
rad•i•cal [ˋrædɪkl] *adj* radykalny; *s* radykał
ra•di•o [ˋreɪdɪəʊ] *s* radio; **on the ~** w radiu
ra•di•o•ac•tive [ˈreɪdɪəʊˋæktɪv] *adj* promieniotwórczy, radioaktywny
rad•ish [ˋrædɪʃ] *s* rzodkiewka
raft [rɑft] *s* tratwa
rag [ræg] *s* szmata, szmatka; **~s** łachmany; *pot.* szmatławiec; *vt* dokuczać
rage [reɪdʒ] *s* wściekłość; *pot.* ostatni krzyk mody; *vi* wściekać się (**at <against> sb** na kogoś); szaleć
rag•ged [ˋrægɪd] *adj* obszarpany, obdarty; poszarpany, nierówny
raid [reɪd] *s* najazd, napad; **air ~** nalot; *vt vi* najeżdżać, napadać
rail [reɪl] *s* poręcz; szyna; **by ~** koleją
rail•road [ˋreɪlrəʊd] *am.* *zob.* **railway**
rail•way [ˋreɪlweɪ] *s* linia kolejowa; kolej
rain [reɪn] *s* deszcz; *vi* (*o deszczu*) padać
rain•bow [ˋreɪnbəʊ] *s* tęcza
rain•coat [ˋreɪnkəʊt] *s* płaszcz przeciwdeszczowy
rain•fall [ˋreɪnfɔl] *s* opad (*deszczu*); ulewa
rain•proof [ˋreɪnpruf] *adj* nieprzemakalny
rain•y [ˋreɪnɪ] *adj* deszczowy, dżdżysty; *przen.* **~ day** czarna godzina
raise [reɪz] *vt* podnosić; zbierać (*pieniądze*); hodować; wychowywać (*dzieci*); wnosić (*sprzeciw*); wznosić (*budynek*)
rai•sin [ˋreɪzn] *s* rodzynek

rake [reɪk] *s* grabie; *vt vi* grabić, zgarniać; **~ up** odgrzebywać (**the past** przeszłość)

ral•ly [`rælɪ] *s* wiec, zlot; rajd; wymiana piłek (*w tenisie*); *vt vi* mobilizować (się); pozyskiwać; dochodzić do siebie

ram [ræm] *s* baran; taran; *vt* uderzać (*taranem*); ubijać; **~ sth down someone's throat** zanudzać kogoś czymś

ram•ble [`ræmbl] *s* wędrówka; *vi* wędrować; przeskakiwać z tematu na temat; piąć się (*o roślinach*)

ram•bler [`ræmblə(r)] *s* wędrowiec, włóczęga

ran *zob.* **run**

ranch [rɑntʃ] *s* ranczo

ran•cid [`rænsɪd] *adj* zjełczały

ran•dom [`rændəm] *s*: **at ~** na chybił trafił; *adj* przypadkowy, pierwszy lepszy

rang *zob.* **ring**

range [reɪndʒ] *s* zasięg; zakres (*badań*); łańcuch (*górski*); *vt vi* rozciągać się (**from sth to sth** od czegoś do czegoś)

rank [ræŋk] *s* ranga, stopień; warstwa społeczna; szereg; *vt* klasyfikować; **he is ~ed third** on jest klasyfikowany na trzecim miejscu

ran•som [`rænsəm] *s* okup; **hold (sb) to ~** wymuszać okup (za kogoś)

rape [reɪp] *vt* gwałcić; *s* gwałt

rap•id [`ræpɪd] *adj* szybki; gwałtowny

rare [reə(r)] *adj* rzadki

rare•ly [`reəlɪ] *adv* rzadko

rar•i•ty [`reərɪtɪ] *s* rzadkość, niezwykłość

rash [ræʃ] *adj* pospieszny, nieroztropny, pochopny; *s med.* wysypka, nalot

rasp•ber•ry [`rɑzbrɪ] *s* malina

rat [ræt] *s* szczur; *przen.* **smell a ~** przeczuwać podstęp

rate [reɪt] *s* stosunek (*ilościowy*); tempo; taryfa, stawka; **at any ~** w każdym razie, za każdą cenę; **birth ~** wskaźnik urodzeń; **exchange ~** kurs walutowy; **interest ~** stopa procentowa; *vt* szacować, oceniać; *pot.* zasługiwać (**sth** na coś)

ra•ther [ˋrɑðə(r)] *adv* raczej; **I would ~ go** wolałbym pójść

rat•i•fy [ˋrætɪfɑɪ] *vt* ratyfikować, zatwierdzać

rat•ing [ˋreɪtɪŋ] *s* ocena; wskaźnik; *bryt.* marynarz; **~s** notowania

ra•ti•o [ˋreɪʃɪəʊ] *s* stosunek, proporcja

ra•tion [ˋræʃən] *s* racja, przydział; *vt* racjonować, przydzielać

ra•tion•al [ˋræʃənl] *adj* racjonalny; rozumny

rat•tle [ˋrætl] *vi* grzechotać; terkotać; *s* grzechotanie; grzechotka

rave [reɪv] *vi* szaleć; bredzić; zachwycać się (**about sb <sth>** kimś <czymś>); *adj pot.* entuzjastyczny; *s pot.* impreza

ra•ven [ˋreɪvn] *s* kruk

rav•ish [ˋrævɪʃ] *vt* zachwycić, oczarować; porwać

raw [rɔ] *adj* surowy; nierafinowany; (*o człowieku*) niewyrobiony; **~ material** surowiec

ray [reɪ] *s* promień

ra•zor [ˋreɪzə(r)] *s* brzytwa; **~ blade** żyletka; **safety ~** maszynka do golenia; **electric ~** elektryczna maszynka do golenia

reach [ritʃ] *vt vi* docierać; sięgać; dosięgnąć; *s* zasięg; **within ~** w zasięgu; **out of ~** poza zasięgiem

re•act [rɪˋækt] *vi* reagować (**to sth** na coś); oddziaływać (**upon sth** na coś); przeciwdziałać (**against sth** czemuś)

re•ac•tion [rɪˋækʃən] *s* reakcja

***read** [rid], **read, read** [red] *vt vi* czytać; **~ out** odczytać na głos; **this book ~s well** tę książkę dobrze się czyta

rea•da•ble [ˋridəbl] *adj* wart przeczytania; czytelny

read•er [ˋridə(r)] *s* czytelnik; *bryt.* wykładowca; wypisy szkolne
read•i•ly [ˋredɪlɪ] *adv* chętnie, z gotowością; z łatwością
read•i•ness [ˋredɪnɪs] *s* gotowość
read•ing [ˋridɪŋ] *s* czytanie; lektura; odczyt (*licznika*); ~ **room** czytelnia
read•y [ˋredɪ] *adj* gotowy; chętny; szybki; ~ **money** gotówka; **get** ~ przygotować się; *vt* przygotowywać
ready-to-wear *am. zob.* **ready-made**
ready-made [ˈredɪˋmeɪd] *adj* (*o ubraniu*) gotowy, nie na miarę; *przen.* poręczny
real [rɪəl] *adj* rzeczywisty, prawdziwy; *am.* ~ **estate** nieruchomość; *adv am.* naprawdę; bardzo
re•al•ism [ˋrɪəlɪzm] *s* realizm
re•al•i•ty [rɪˋælɪtɪ] *s* rzeczywistość; **in** ~ w rzeczywistości
rea•li•za•tion [ˈrɪəlaɪˋzeɪʃən] *s* uświadomienie sobie, zrozumienie; realizacja, urzeczywistnienie
rea•lize [ˋrɪəlaɪz] *vt* uświadamiać sobie, zdawać sobie sprawę; urzeczywistniać
real•ly [ˋrɪəlɪ] *adv* naprawdę, rzeczywiście; ~! coś takiego!
rear[1] [rɪə(r)] *vt* hodować; wychowywać; ~ **up** stawać dęba
rear[2] [rɪə(r)] *s* tył, tylna strona; *pot.* tyłek; **in the** ~ w tylnej części
rea•son [ˋrizn] *s* powód, przyczyna (**for sth** czegoś); rozum; rozwaga; **by** ~ **of sth** z powodu czegoś; **with** ~ słusznie; **within** ~ w granicach zdrowego rozsądku; *vt vi* rozumować, rozważać; perswadować (**sb out of sth** komuś coś); przekonywać, namawiać (**sb into sth** kogoś do czegoś)
rea•son•a•ble [ˋriznəbl] *adj* rozsądny; (*o cenach*) umiarkowany
re•as•sure [ˈriəˋʃʊə(r)] *vt*

dodawać otuchy, uspokajać

re•bate [`ribeɪt] *s* zwrot (*nadpłaty*)

re•bel•lion [rɪ`belɪən] *s* bunt, rebelia

re•buff [rɪ`bʌf] *vt* odepchnąć, odtrącić; odmówić; *s* odmowa; odepchnięcie, odprawa

re•buke [rɪ`bjuk] *s* wymówka, zarzut, nagana; *vt* robić wymówki, ganić, karcić

re•call [rɪ`kɔl] *vt* przypominać sobie; odwoływać (*ambasadora*); wycofywać (*produkt*)

re•ceipt [rɪ`sit] *s* odbiór; pokwitowanie, paragon; **on ~ of** po otrzymaniu

re•ceive [rɪ`siv] *vt* otrzymywać, odbierać; doznawać; przyjmować (*gości*)

re•ceiv•er [rɪ`sivə(r)] *s* słuchawka (*telefoniczna*); odbiornik (*radiowy, telewizyjny*)

re•cent [`risnt] *adj* niedawny, ostatni

re•cent•ly [`risntlɪ] *adv* niedawno, ostatnio

re•cep•tion [rɪ`sepʃən] *s* przyjęcie; odbiór (*radiowy*); **~ desk** recepcja

re•cep•tive [rɪ`septɪv] *adj* chłonny (*umysł*); podatny, otwarty

re•cess [rɪ`ses] *s* przerwa w obradach (*sądu lub parlamentu*); zakątek, ustronie; wnęka, zakamarek; *vi* zaprzestać (*działalności*)

re•ces•sion [rɪ`seʃən] *s* recesja, cofnięcie się; *handl.* zastój

re•ci•pe [`resəpɪ] *s* przepis (**for sth** na coś)

re•cit•al [rɪ`saɪtl] *s* recital

re•ci•ta•tion ['resɪ`teɪʃən] *s* recytacja

re•cite [rɪ`saɪt] *vt* recytować, deklamować; wyliczać

reck•less [`reklɪs] *adj* beztroski, lekkomyślny; niebaczny (**of danger** na niebezpieczeństwo)

reck•on [`rekən] *vt* być zdania, sądzić; uznawać (**sb a great actress** kogoś za wielką aktorkę); *vi* liczyć się (**with sth** z czymś); **he is sb to be ~ed with** z nim trzeba się liczyć

reck•on•ing [ˋrekənɪŋ] *s* rachunek, obliczenie, kalkulacja

re•claim [rɪˋkleɪm] *vt* żądać zwrotu; odebrać; utylizować

rec•og•ni•tion [ˈrekəgˋnɪʃən] *s* rozpoznanie; uznanie; **in ~ of** w uznaniu (*czegoś*); **beyond ~** nie do poznania

rec•og•nize [ˋrekəgnaɪz] *vt* rozpoznawać; uznawać; doceniać

rec•ol•lect [rekəˋlekt] *vt* przypominać sobie, wspominać

rec•ol•lec•tion [ˈrekəˋlekʃən] *s* przypomnienie, pamięć; wspomnienie

rec•om•mend [ˈrekəˋmend] *vt* polecać; zalecać

rec•om•men•da•tion [ˈrekəmenˋdeɪʃən] *s* polecenie, rekomendacja

rec•on•cile [ˋrekənsaɪl] *vt* pojednać; godzić; **become ~d** pogodzić się (**with sb** z kimś; **to o.s. sth** z czymś)

re•con•si•der [ˈrikənˋsɪdə(r)] *vt* ponownie rozważyć, przemyśleć

re•con•struct [ˈrikənˋstrʌkt] *vt* odtworzyć, zrekonstruować

re•cord [ˋrekɔd] *s* zapis; rejestr; akta; rekord; płyta (*gramofonowa*); **break the ~** pobić rekord; *vt* [rɪˋkɔd] zapisywać, rejestrować; nagrywać

re•cord•ing [rɪˋkɔdɪŋ] *s* nagranie

re•count [rɪˋkaʊnt] *vt* opowiadać, relacjonować

re•cov•er [ˈrɪˋkʌvə(r)] *vt* odzyskiwać; wydobywać; *vi* przyjść do siebie; wyzdrowieć

re•cov•e•ry [rɪˋkʌvərɪ] *s* odzyskanie, zwrot; powrót do zdrowia; poprawa; **past ~** w beznadziejnym stanie

re•cre•ate [ˈrikrɪˋeɪt] *vt* odtwarzać

rec•re•a•tion [ˈrekrɪˋeɪʃən] *s* rekreacja, rozrywka

re•cruit [rɪˋkrut] *s* rekrut; nowicjusz; *vt vr* rekrutować

rec•tan•gle [`rektæŋgl] *s* prostokąt
rec•tan•gu•lar [rek`tæŋgjʊlə(r)] *adj* prostokątny
re•cur•rent [rɪ`kʌrənt] *adj* powtarzający się, periodyczny; powrotny
re•cy•cle [ri`saɪkl] *vt* przerabiać (*powtórnie*)
red [red] *adj* czerwony; rudy
re•deem [rɪ`dim] *vt* uratować (*sytuację*); odkupić (*winy*); **~ o.s.** zrehabilitować się; wykupić
re•deem•er [rɪ`dimə(r)] *s* zbawca, zbawiciel
re•duce [rɪ`djus] *vt* zmniejszać, redukować; obniżać (*cenę*)
re•duc•tion [rɪ`dʌkʃən] *s* redukcja; zmniejszenie; obniżka (*cen*)
re•dun•dant [rɪ`dʌndənt] *adj* zbędny, zbyteczny; *bryt.* zwolniony z pracy
reef [rif] *s* rafa
reel [ril] *s* szpulka; rolka; *vi* (*o osobie*) zataczać się
re•fer [rɪ`fɜ(r)] *vt vi* odsyłać; odnosić (się) (**to sth** do czegoś)
ref•er•ee [refə`ri] *s sport.* sędzia; *vt* sędziować
ref•er•ence [`refrəns] *s* wzmianka; odniesienie (**to sth** do czegoś); **~ book** książka podręczna (*słownik*); **with <in> ~ to** odnośnie do, co się tyczy; *pl* **~s** referencje; bibliografia
re•fill ['ri`fɪl] *vt vi* ponownie napełnić (się); *s* [`rifɪl] wkład (*do długopisu*); *pot.* dolewka
re•fine [rɪ`faɪn] *vt* oczyszczać, rafinować; uszlachetniać
re•fined [rɪ`faɪnd] *adj* rafinowany; wytworny, wyrobiony (*gust*)
re•fine•ment [rɪ`faɪnmənt] *s* zmiana, udoskonalenie; wyrafinowanie
re•flect [rɪ`flekt] *vt* odbijać (*fale, światło*); odzwierciedlać; *vi* zastanawiać się (**on sth** nad czymś)
re•flec•tion [rɪ`flekʃən] *s* odbicie; odzwierciedlenie; namysł, refleksja
re•flex [`rifleks] *s* odruch, refleks

re•form [rɪˋfɔm] *vt* reformować; *vi* poprawiać (się); *s* reforma; poprawa

ref•or•ma•tion ['refəˋmeɪʃən] *s* poprawa; **the Reformation** reformacja

re•frain [rɪˋfreɪn] *vi* powstrzymywać się (**from sth** od czegoś); *s* refren

re•fresh [rɪˋfreʃ] *vt* odświeżać; orzeźwiać; pokrzepiać

re•fresh•ment [rɪˋfreʃmənt] *s* odświeżenie; pokrzepienie; odpoczynek; *pl* **~s** przekąski

re•frig•er•ate [rɪˋfrɪdʒəreɪt] *vt* chłodzić

re•frig•er•a•tor [rɪˋfrɪdʒəreɪtə(r)] *s* lodówka, chłodziarka

ref•uge [ˋrefjudʒ] *s* schronienie; azyl; **take ~** chronić się

ref•u•gee ['refjuˋdʒi] *s* uchodźca

re•fund [rɪˋfʌnd] *vt* zwracać pieniądze; *s* [ˋrifʌnd] zwrot pieniędzy

re•fus•al [rɪˋfjuzl] *s* odmowa

re•fuse [rɪˋfjuz] *vt vi* odmawiać; odrzucać (*propozycję*)

re•gain [rɪˋgeɪn] *vt* odzyskiwać

re•gard [rɪˋgɑd] *s* szacunek, uznanie; wzgląd; **with ~ to sth** przez wzgląd na coś; *pl* **~s** pozdrowienia; *vt* patrzeć na; uważać (**sb <sth> as...** kogoś <coś> za...); **~ing, as ~s** co się tyczy..., co do..., odnośnie do...

re•gard•less [rɪˋgɑdlɪs] *adv* bez względu (**of sth** na coś); nie licząc się, nie zważając (**of sth** na coś)

re•gen•e•rate [ˋridʒənəreɪt] *vt vi* odnowić (się), odrodzić (się)

re•gime [reɪˋʒim] *s* reżim

re•gi•ment [ˋredʒɪment] *s* pułk; *przen.* zastęp(y)

re•gion [ˋridʒən] *s* rejon, okolica; region

re•gion•al [ˋridʒənl] *adj* regionalny; rejonowy

reg•is•ter [ˋredʒɪstə(r)] *s* rejestr; wykaz; *szk.* dziennik; **~ office** urząd sta-

nu cywilnego; *vt vi* rejestrować (się); meldować się; (*o liście, bagażu*) nadawać jako polecony
re•gis•tra•tion ['redʒɪ`streɪʃən] *s* rejestracja, zapis; *bryt.* ~ **number(s)** numery rejestracyjne
re•gis•try [`redʒɪstrɪ] *s* archiwum; ~ **office** urząd stanu cywilnego
re•gress [rɪ`gres] *vi* cofać się, przechodzić regres
re•gres•sion [rɪ`greʃən] *s* regres, regresja, cofanie się
re•gret [rɪ`gret] *vt* żałować; opłakiwać; *s* żal
re•gret•ful•ly [rɪ`gretfʊlɪ] *adv* z żalem
re•greta•ble [rɪ`gretəbl] *adj* godny pożałowania, opłakany, żałosny
reg•u•lar [`regjʊlə(r)] *adj* regularny; stały; normalny; **on a ~ basis** regularnie
reg•u•lar•i•ty ['regjʊ`lærɪtɪ] *s* prawidłowość; regularność; systematyczność
reg•u•late [`regjʊleɪt] *vt* regulować; porządkować; kontrolować
reg•u•la•tion ['regjʊ`leɪʃən] *s* regulamin; przepis, zarządzenie; kontrola
re•ha•bil•i•tate ['ri(h)ə`bɪlɪteɪt] *vt* rehabilitować; przywracać do dobrego stanu
re•ha•bil•i•ta•tion ['ri(h)əbɪlɪ`teɪʃən] *s* rehabilitacja; przywrócenie do normalnego stanu; uzdrowienie
re•hears•al [rɪ`hɜsəl] *s* próba (*przedstawienia, występu*); **dress ~** próba generalna
re•hearse [rɪ`hɜs] *vt* robić próbę (*w teatrze*); powtarzać (*lekcje*), ćwiczyć
reign [reɪn] *s* panowanie; *vi* panować
rein [reɪn] *s pl*: **~s** lejce; *przen.* wodze, ster; **give sb free ~** dawać komuś wolną rękę; *przen.* **keep a tight ~ on** trzymać krótko; *vt*: **~ in** ściągnąć cugle
re•in•force [riɪn`fɔs] *vt* wzmacniać, zasilać

re•ject [rɪ`dʒekt] *vt* odrzucać

re•jec•tion [rɪ`dʒekʃən] *s* odrzucenie, odmowa

re•joice [rɪ`dʒoɪs] *vi* radować się (**at <over> sth** czymś)

re•join [ri`dʒoɪn] *vt* połączyć na nowo; wrócić (**one's company** do towarzystwa)

re•late [rɪ`leɪt] *vt* relacjonować; wiązać, łączyć (*fakty*); odnosić się (**to sb <sth>** do kogoś <czegoś>)

re•lat•ed [rɪ`leɪtɪd] *adj* spokrewniony (**to sb** z kimś); powiązany (**to sth** z czymś)

re•la•tion [rɪ`leɪʃən] *s* krewny; pokrewieństwo; relacja, związek; *pl* **~s** stosunki

re•la•tion•ship [rɪ`leɪʃənʃɪp] *s* związek; stosunek; powiązanie

rel•a•tive [`relətɪv] *adj* względny; dotyczący (**to sth** czegoś); *s* krewny

rel•a•tive•ly [`relətɪvlɪ] *adv* względnie, stosunkowo

rel•a•tiv•i•ty ['relə`tɪvɪtɪ] *s* względność

re•lax [rɪ`læks] *vr vt* odprężyć się, rozluźnić (się)

re•lax•a•tion ['rɪlæk`seɪʃən] *s* relaks, odpoczynek; rozluźnienie, złagodzenie

re•lay [rɪ`leɪ] *vt* retransmitować; przekazywać; *s* [`rileɪ] luzowanie; zmiana; retransmisja; *sport.* sztafeta; **~ race** bieg sztafetowy

re•lease [rɪ`lis] *vt* uwalniać; zwalniać (*sprzęgło*); wypuszczać na rynek (*film, płytę*); opublikować; *s* uwolnienie; (*o filmie, płycie*) nowość

rel•e•vant [`reləvənt] *adj* dotyczący (**to sth** czegoś); związany (**to sth** z czymś); istotny

re•li•a•ble [rɪ`laɪəbl] *adj* godny zaufania; pewny, niezawodny

re•li•ance [rɪ`laɪəns] *s* zaufanie; **have <place, feel> ~ in <upon> sb <sth>** mieć zaufanie do kogoś <czegoś>; polegać na kimś <na czymś>

rel•ic [`relɪk] *s* relikt; relikwia

re•lief [rɪ`lif] *s* ulga; pomoc, zapomoga; płaskorzeźba; uwypuklenie

re•lieve [rɪ`liv] *vt* łagodzić, przynosić ulgę; zmieniać, zluzowywać (*wartownika*)

re•li•gion [rɪ`lɪdʒən] *s* religia

re•li•gious [rɪ`lɪdʒəs] *adj* religijny; kościelny, zakonny

rel•ish [`relɪʃ] *s* rozkosz; przyprawa smakowa (*sos, marynata*); *vt* rozkoszować się; **I don't ~ the prospecf of...** nie uśmiecha mi się perspektywa...

re•luc•tant [rɪ`lʌktənt] *adj* niechętny

re•ly [rɪ`laɪ] *vi* polegać (**on sb <sth>** na kimś <czymś>)

re•main [rɪ`meɪn] *vi* pozostawać; *s pl* **~s** resztki; szczątki

re•maind•er [rɪ`meɪndə(r)] *s* pozostałość, reszta

re•mark [rɪ`mak] *vt* zauważyć; *vi* zrobić uwagę (**on sb <sth>** na temat kogoś <czegoś>); *s* uwaga, spostrzeżenie

re•mark•a•ble [rɪ`makəbl] *adj* godny uwagi, niezwykły

rem•e•dy [`remədɪ] *s* lekarstwo, środek; *vt* zaradzić; naprawić

re•mem•ber [rɪ`membə(r)] *vt* pamiętać; przypominać (sobie); **~ me to your sister** pozdrów siostrę ode mnie

re•mem•brance [rɪ`membrəns] *s* pamięć; pamiątka

re•mind [rɪ`maɪnd] *vt* przypominać (**sb of sth** komuś o czymś); **he ~s me of his brother** przypomina mi swojego brata

re•mind•er [rɪ`maɪndə(r)] *s* przypomnienie; upomnienie

rem•i•nis•cence [remɪ`nɪsns] *s* wspomnienie, reminiscencja

re•mit•tance [rɪ`mɪtns] *s* przesyłka pieniężna

rem•nant [`remnənt] *s* pozostałość; resztka

re•morse [rɪ`mɔs] *s* wyrzut sumienia; **without** ~ bez skrupułów

re•mote [rɪ`məʊt] *adj* odległy; ~ **control** zdalne sterowanie

re•mov•al [rɪ`muvl] *s* usunięcie; zwolnienie; *bryt.* przewóz mebli

re•move [rɪ`muv] *vt* usuwać; zwalniać (*ze służby*); pozbywać się

Re•nais•sance [rɪ`neɪsns] *s* Odrodzenie, Renesans

ren•der [`rendə(r)] *vt* czynić; wyświadczać; oddawać, odpłacać; przetłumaczyć (**into English** na angielski); okazać (*pomoc*)

re•new [rɪ`nju] *vt* odnawiać; wznawiać; prolongować

ren•o•vate [`renəveɪt] *vt* odnawiać, odświeżać; naprawiać

rent [rent] *s* czynsz; *vt* wynajmować, dzierżawić

re•or•gan•ize ['ri`ɔgənaɪz] *vt* reorganizować

re•pair [rɪ`peə(r)] *vt* naprawiać, reperować; *s* naprawa; **in good <bad>** ~ w dobrym <złym> stanie; **beyond** ~ nie do naprawienia; **under** ~ w naprawie

rep•a•ra•tion ['repə`reɪʃən] *s* zadośćuczynienie; *pl* ~**s** odszkodowania wojenne

re•pay [rɪ`peɪ] *vt* spłacać; *vi* odpłacać, odwdzię-czać się

re•pay•ment [rɪ`peɪmənt] *s* spłata

re•peat [rɪ`pit] *vt* powtarzać

re•pel [rɪ`pel] *vt* odpychać, odrzucać, odpierać

re•pel•lent [rɪ`pelənt] *adj* odpychający, wstrętny; *s* środek odstraszający (*owady*)

re•pen•tance [rɪ`pentəns] *s* żal, skrucha

re•per•cus•sions ['ripə`kʌʃənz] *pl* reperkusje

rep•er•toire [`repətwɑ(r)] *s* repertuar

rep•e•ti•tion ['repə`tɪʃən] *s* powtórzenie, powtórka

re•place [rɪ`pleɪs] *vt* zastępować (**sb <sth> with sb <sth>** kogoś

<coś> kimś <czymś>); odkładać na swoje miejsce

re•ply [rɪ`plaɪ] *vi* odpowiadać (**to a question** na pytanie); *s* odpowiedź

re•port [rɪ`pɔt] *s* raport, sprawozdanie; doniesienie; świadectwo szkolne (*także am.* ~ **card**); *vt vi* składać raport; relacjonować; donosić

re•port•er [rɪ`pɔtə(r)] *s* reporter, dziennikarz, sprawozdawca

rep•re•sent ['reprɪ`zent] *vt* reprezentować; przedstawiać, wyobrażać; symbolizować

rep•re•sen•ta•tion ['reprɪzen`teɪʃən] *s* przedstawienie, wyobrażenie; reprezentacja, przedstawicielstwo

rep•re•sen•ta•tive ['reprɪ`zentətɪv] *adj* reprezentatywny; *s* przedstawiciel

re•press [rɪ`pres] *vt* powstrzymywać, hamować; tłumić

re•pres•sion [rɪ`preʃən] *s* tłumienie; ucisk, represja

re•pres•sive [rɪ`presɪv] *adj* represyjny

rep•ri•mand [`reprɪmɑnd] *vt* udzielać nagany, ganić; *s* nagana, reprymenda

re•print ['ri`prɪnt] *vt* przedrukowywać; wznawiać; [`riprɪnt] *s* przedruk; wznowienie

re•pris•al [rɪ`praɪzəl] *s* odwet; **in** ~ w odwecie

re•proach [rɪ`prəʊtʃ] *vt* wyrzucać (**sb for sth** komuś coś); zarzucać (**sb with sth** komuś coś); *s* wyrzut; zarzut

re•proach•ful [rɪ`prəʊtʃful] *adj* pełen wyrzutu

re•pro•duce ['riprə`djus] *vt* reprodukować, odtwarzać; rozmnażać

re•pro•duc•tion ['riprə`dʌkʃən] *s* odtwarzanie, reprodukcja; rozmnażanie się

reproof [rɪ`pruf] *s* wyrzut, wymówka, zarzut

re•prove [rɪ`pruv] *vt* ganić, czynić wyrzuty

rep•tile [`reptaɪl] *s* gad

re•pub•lic [rɪ`pʌblɪk] *s* republika
re•pul•sive [rɪ`pʌlsɪv] *adj* odrażający, odpychający
rep•u•ta•tion ['repjʊ`teɪʃən] *s* reputacja
re•quest [rɪ`kwest] *s* prośba; życzenie; ~ **stop** przystanek na żądanie; **on** ~ na życzenie; *vt* prosić (**sth** o coś)
re•quire [rɪ`kwaɪə(r)] *vt* życzyć sobie; wymagać, żądać; **if ~d** w razie potrzeby
re•quire•ment [rɪ`kwaɪəmənt] *s* potrzeba; wymaganie
res•cue [`reskju] *vt* uratować, ocalić; *s* ratunek
re•search [rɪ`sɜtʃ] *s* badanie, badania (*naukowe*); ~ **work** praca naukowa; *vi* prowadzić badania; *vt* badać
re•sem•blance [rɪ`zembləns] *s* podobieństwo
re•sem•ble [rɪ`zembl] *vt* być podobnym, przypominać
re•sent [rɪ`zent] *vt* czuć się urażonym (**sth** z powodu czegoś); mieć za złe
re•sent•ful [rɪ`zentfʊl] *adj* urażony, rozżalony, dotknięty (**of sth** czymś)
re•sent•ment [rɪ`zentmənt] *s* uraza; rozżalenie
res•er•va•tion ['rezə`veɪʃən] *s* zastrzeżenie; rezerwacja; rezerwat
re•serve [rɪ`zɜv] *vt* rezerwować; zastrzegać sobie; *s* rezerwa; zapas; rezerwat; gracz rezerwowy; **in** ~ w rezerwie
re•served [rɪ`zɜvd] *adj* powściągliwy; zarezerwowany; **all rights** ~ wszelkie prawa zastrzeżone
re•ser•voir [`rezəvwɑ(r)] *s* zbiornik, rezerwuar; **~s** *przen.* kopalnia, skarbnica (*wiedzy*)
res•i•dence [`rezɪdəns] *s* rezydencja; pobyt
res•i•dent [`rezɪdənt] *adj* zamieszkały; *s* mieszkaniec
res•i•den•tial ['rezɪ`denʃəl] *adj* mieszkaniowy; ~ **course** kurs wyjazdowy
re•sign [rɪ`zaɪn] *vt vi* rezygnować; ustępować; *vr*

~ **o.s.** pogodzić się (**to sth** z czymś)
res•ig•na•tion ['rezɪ`gneɪʃən] *s* rezygnacja
re•signed [rɪ`zaɪnd] *adj* zrezygnowany
re•sin [`rezɪn] *s* żywica
re•sist [rɪ`zɪst] *vt* opierać się (**sth** czemuś), przeciwstawiać się
re•sist•ance [rɪ`zɪstəns] *s* opór; odporność; *elektr.* oporność; **the ~** ruch oporu
res•o•lu•tion ['rezə`luʃən] *s* rezolucja; mocne postanowienie; stanowczość, zdecydowanie; (*o problemie*) rozwiązanie
re•solve [rɪ`zolv] *vt* rozwiązać; zdecydować, postanawiać
re•sort [rɪ`zɔt] *s* kurort; uciekanie się; **health ~** uzdrowisko; **as a last ~** w ostateczności; *vi* uciekać się (**to sth** do czegoś)
re•source [rɪ`zɔs] *s* zapas; *pl* **~s** zasoby; **natural ~s** bogactwa naturalne
re•source•ful [rɪ`sɔsfʊl] *adj* pomysłowy; wynalazczy
re•spect [rɪ`spekt] *s* szacunek; *pl* **~s** wyrazy uszanowania; **with ~ to sth** w odniesieniu do czegoś; **in ~ of sth** pod względem czegoś; *vt* szanować
re•spect•a•ble [rɪs`pektəbl] *adj* godny szacunku, szanowany, poważany
respective [rɪs`pektɪv] *adj* odnośny; poszczególny; **they returned to their ~ homes** wrócili, każdy do swego domu
re•spond [rɪ`spond] *vi* odpowiadać; reagować (**to sth** na coś)
re•sponse [rɪ`spons] *s* odpowiedź; reakcja
re•spon•si•bil•i•ty [rɪ'sponsə`bɪlɪtɪ] *s* odpowiedzialność; obowiązek; **take ~** wziąć na siebie odpowiedzialność (**for sth** za coś)
re•spon•si•ble [rɪ`sponsəbl] *adj* odpowiedzialny (**to sb for sth** przed kimś za coś)
rest[1] [rest] *s* odpoczynek; **have <take> a ~** wypo-

czywać; *vi* odpoczywać; opierać się (**on sth** na czymś)

rest[2] [rest] *s* reszta; **for the ~** co do reszty, poza tym

res•tau•rant [`restəront, `restəroŋ] *s* restauracja

rest•ful [`restful] *adj* spokojny; uspokajający, kojący

rest•less [`restlɪs] *adj* niespokojny

res•to•ra•tion ['restə`reɪʃən] *s* odrestaurowanie; przywrócenie (*mienia*)

re•store [rɪ`stɔ(r)] *vt* przywracać (*porządek*); odnawiać, restaurować

re•strain [rɪ`streɪn] *vt* powstrzymywać (**sb <o.s.> from doing sth** kogoś <się> od zrobienia czegoś); hamować (*popyt*)

re•strained [rɪs`treɪnd] *adj* powściągliwy

re•straint [rɪs`treɪnt] *s* umiar; ograniczenie; powściągliwość

re•strict [rɪ`strɪkt] *vt* ograniczać

re•stric•tion [rɪ`strɪkʃən] *s* ograniczenie

rest room [`restrum] *s am.* toaleta (*w miejscu publicznym*)

re•sult [rɪ`zalt] *vt* wynikać (**from sth** z czegoś); kończyć się (**in sth** czymś); *s* wynik; **as a ~** w wyniku

re•sume [rɪ`zjum] *vt* podjąć na nowo, wznowić; *vi* rozpocząć się od nowa

ré•su•mé [`rezjumeɪ] *s* streszczenie; *am.* życiorys

re•sum•ption [rɪ`zʌmpʃən] *s* wznowienie; ponowne podjęcie

res•ur•rect ['rezə`rekt] *vt* wskrzesić; wznowić

res•ur•rec•tion ['rezə`rekʃən] *s* wskrzeszenie; wznowienie; *rel.* **Resurrection** Zmartwychwstanie

re•tail [`riteɪl] *s* sprzedaż detaliczna; *vt* sprzedawać detalicznie

re•tain [rɪ`teɪn] *vt* zatrzymywać; zachowywać (*w pamięci*)

re•tire [rɪ`taɪə(r)] *vt vi* przechodzić na emeryturę; oddalać się; wycofywać się

re•tired [rɪ`taɪəd] *adj* emerytowany

re•tire•ment [rɪ`taɪəment] *s* wycofanie się; emerytura

re•treat [rɪ`trit] *s* odwrót; ustronie; *rel.* rekolekcje; *vi* wycofywać się

re•trieve [rɪ`triv] *vt* odzyskać; naprawić; przywrócić; aportować

re•turn [rɪ`tɜn] *vt vi* wracać; zwracać; odwzajemniać; *s* powrót; zwrot; *pl* **~s** wpływy (*kasowe*); **by ~ (of post)** odwrotną pocztą; **in ~** w zamian (**for sth** za coś); **many happy ~s (of the day)!** wszystkiego najlepszego (z okazji urodzin)!; *adj attr* powrotny; **~ ticket** bilet powrotny

re•u•nion [ri`junɪən] *s* zjazd (*rodzinny, szkolny*); spotkanie po latach

re•veal [rɪ`vil] *vt* odsłonić; objawić; ujawnić

rev•e•lation ['revə`leɪʃən] *s* odkrycie; rewelacja; *rel.* objawienie

re•venge [rɪ`vendʒ] *s* zemsta; **take ~** zemścić się; *vt* mścić; *vr* **~ o.s.** mścić się (**on sb** na kimś)

rev•e•rent [`revərənt] *adj* pełen szacunku

re•verse [rɪ`vɜs] *adj* odwrotny, przeciwny; *vt vi* cofać (się); odwracać; unieważniać; *s* porażka; odwrotna strona; *mot.* **~ gear** wsteczny bieg; **in ~** w odwrotnej kolejności

re•view [rɪ`vju] *s* przegląd; recenzja; *vt* dokonywać przeglądu; rewidować; recenzować

re•view•er [rɪ`vjuə(r)] *s* recenzent

re•vise [rɪ`vaɪz] *vt vi* rewidować, przeglądać, poprawiać; powtarzać (*do egzaminu*)

re•vi•sion [rɪ`vɪʒən] *s* rewizja, przegląd; powtórka

re•vi•val [rɪ`vaɪvəl] *s* ożywienie; wznowienie

re•vive [rɪ`vaɪv] *vt* ożywiać, przywracać do życia; *vi* odradzać się, ożywiać się

re•voke [rɪˈvəʊk] *vt* odwoływać; unieważniać

re•volt [rɪˈvəʊlt] *vi* buntować się, powstawać; *vt* budzić odrazę; *s* rewolta, bunt

re•volt•ing [rɪˈvəʊltɪŋ] *adj* odrażający

rev•o•lu•tion ['revəˈluʃən] *s* rewolucja; pełny obrót

re•volve [rɪˈvolv] *vt vi* obracać (się)

re•volv•er [rɪˈvolvə(r)] *s* rewolwer

re•vue [rɪˈvju] *s teatr.* rewia

re•ward [rɪˈwɔd] *s* nagroda; *vt* nagradzać

rheu•ma•tism [ˈruməṭɪzəm] *s* reumatyzm

rhyme [raɪm] *s* rym; wiersz; **neither <without> ~ nor <or> reason** bez ładu i składu; *vt vi* rymować

rhythm [rɪðm] *s* rytm

rib [rɪb] *s* żebro; *kulin.* **spare ~s** żeberka

rib•bon [ˈrɪbən] *s* wstążka, tasiemka

rice [raɪs] *s* ryż

rich [rɪtʃ] *adj* bogaty; obfity; żyzny; *n pl* **the ~** bogaci

***rid** [rɪd], **rid, rid** *vt* uwolnić, oczyścić (**of sth** z czegoś); **get ~** uwolnić się, pozbyć się (**of sth** czegoś)

rid•den *zob.* **ride**

rid•dle [ˈrɪdl] *s* zagadka; *vt* dziurawić; **~d with holes** podziurawiony

***ride** [raɪd], **rode** [rəʊd], **rid•den** [ˈrɪdn] *vt vi* jeździć (*konno, rowerem*); jechać (**the street** ulicą); *s* jazda; przejażdżka

rid•er [ˈraɪdə(r)] *s* jeździec

ridge [rɪdʒ] *s* grzbiet (*górski*); krawędź

rid•i•cule [ˈrɪdɪkjul] *s* śmieszność; pośmiewisko; szyderstwo, kpiny; *vt* wyśmiewać, ośmieszać

ri•dic•u•lous [rɪˈdɪkjələs] *adj* śmieszny; absurdalny

right[1] [raɪt] *adj attr* (*o stronie*) prawy; **on the ~ side** po prawej stronie; *adv* na prawo, w prawo; *s* prawa strona; **to the ~** na prawo

right² [raɪt] *adj* prawidłowy, słuszny; właściwy, odpowiedni; **~ angle** kąt prosty; **be ~** mieć rację; **all ~** wszystko w porządku; *int* dobrze!, zgoda!; *adv* słusznie, prawidłowo; **~ away** natychmiast; *s*: **~ of way** pierwszeństwo przejazdu

right•eous [`raɪtʃəs] *adj* sprawiedliwy, prawy; słuszny

ri•gid [`rɪdʒɪd] *adj* sztywny; (*o człowieku*) nieugięty

rig•or•ous [`rɪgərəs] *adj* rygorystyczny, surowy

rig•o(u)r [`rɪgə(r)] *s* rygor; surowość; dyscyplina

rim [rɪm] *s* brzeg (*naczynia*); obwódka; oprawa (*okularów*)

ring¹ [rɪŋ] *s* pierścień; koło; pierścionek; *sport.* ring; *vt* tworzyć koło; wziąć w kółko

***ring²** [rɪŋ], **rang** [ræŋ], **rung** [rʌŋ] *vt vi* dzwonić; (*także* **~ up**) *bryt.* telefonować (**sb** do kogoś); *bryt.* **~ back** oddzwaniać; *bryt.* **~ off** odkładać słuchawkę; *s* dźwięk dzwonka, dzwonienie (*telefonu*); *bryt. pot.* **give sb a ~** zadzwonić do kogoś; **~ the bell** dzwonić; **it ~s a bell (with me)** coś mi to przypomina

rink [rɪŋk] *s* lodowisko; tor do jazdy

rinse [rɪns] *vt* (*także* **~ out**) płukać, spłukiwać; przemywać; *s* płukanie

ri•ot [`raɪət] *s* bunt; rozruchy; zamieszki; **run ~** *przen.* szaleć; wszczynać rozruchy

rip [rɪp] *vt vi* rwać, rozrywać; **~ open** rozpruć, rozerwać (*kopertę*); **~ off** odpruć, oderwać; *pot.* ukraść, buchnąć *pot.*; **~ up** podrzeć; *s* rozdarcie

rip-off [`rɪpof] *s pot.* zdzierstwo

ripe [raɪp] *adj* dojrzały

rip•en [`raɪpən] *vi* dojrzewać

rip•ple [`rɪpl] *s* marszczenie się, falowanie (*wody*); szmer; *vt* marszczyć (*powierzchnię wody*); *vi* (*o powierzchni wody*) marszczyć się; szemrać

***rise** [raɪz], **rose** [rəʊz], **risen** [`rɪzn] *vi* podnosić się; wstawać; wzrastać; (*o słońcu*) wschodzić; *s* wzrost; podwyżka; wzniesienie; wschód (*słońca*); **give ~** dać początek (**to sth** czemuś)

risk [rɪsk] *s* ryzyko; **take a ~** podejmować ryzyko; **at a ~** zagrożony; *vt* ryzykować

risk•y [`rɪskɪ] *adj* ryzykowny

rite [raɪt] *s* obrządek; ceremonia

rit•u•al [`rɪtjʊəl] *adj* rytualny; *s* rytuał, obrządek

ri•val [`raɪvəl] *s* rywal; konkurent; *adj attr* rywalizujący, konkurencyjny; *vt* równać się (**sb** z kimś)

riv•er [`rɪvə(r)] *s* rzeka

riv•er•bed [`rɪvəbed] *s* koryto rzeki

riv•er•side [`rɪvəsaɪd] *s* brzeg rzeki

road [rəʊd] *s* droga; szosa; ulica; **on the ~** w drodze, w podróży; **~ works** roboty drogowe

road•side [`rəʊdsaɪd] *s* pobocze; **by the ~** na poboczu

road•way [`rəʊdweɪ] *s* szosa, jezdnia

roam [rəʊm] *vt vi* wędrować, włóczyć się

roar [rɔ(r)] *s* ryk; *vi* ryczeć

roast [rəʊst] *vt vi* piec (się); *s* pieczeń; *adj attr* pieczony

rob [rob] *vt* okradać, obrabowywać; okradać (**sb of sth** kogoś z czegoś)

rob•ber [`robə(r)] *s* bandyta, rabuś

rob•ber•y [`robərɪ] *s* rozbój, grabież; **armed ~** napad z bronią w ręku

robe [rəʊb] *s* szata, suknia; szlafrok

ro•bot [`rəʊbot] *s* robot

rock [rok] *s* skała; kamień; **on the ~s** z lodem (*o whisky*); *vt vi* kołysać (się), bujać (się)

rock•er [`rokə(r)] *s am.* fotel bujany

rock•et [`rokɪt] *s* rakieta

(*pocisk*); *vi* (*o cenach*) gwałtownie skoczyć w górę

rock•ing chair [`rokɪŋ`tʃeə] *s* fotel bujany

rock•y [`rokɪ] *adj* skalisty

rod [rod] *s* pręt; rózga; wędka

rode *zob.* **ride**

roe [rəʊ] (*także* **roe•deer** [`rəʊdɪə(r)]) *s* sarna

rogue [rəʊg] *s* łajdak, łobuz

role [rəʊl] *s* rola

roll [rəʊl] *vt vi* zwijać; toczyć (się); ~ **up** podwijać (*rękawy*); *pot.* przybyć; ~ **out** rozwałkować; rozwijać; *s* rolka; zwój; walec; bułka (*okrągła*); lista (*członków*)

roll•er [`rəʊlə(r)] *s* walec; wałek; duża fala, bałwan (*morski*); *pl* ~**s** rolki; ~ **blind** roleta

roll•er skates [`rəʊləskeɪts] *s pl* wrotki

ro•mance [rəʊ`mæns] *s* romans; urok, czar

ro•man•tic [rəʊ`mæntɪk] *adj* romantyczny

Ro•man•ti•cis•m [rəʊ`mæntɪsɪzəm] *s* romantyzm

roof [ruf] *s* dach

room [rum] *s* pokój; miejsce, przestrzeń; **single <double>** ~ pokój jednoosobowy <dwuosobowy>; **make ~ for sb <sth>** zrobić miejsce dla kogoś <czegoś>

room•mate [`rummeɪt] *s* współlokator

roost [rust] *s* grzęda; *vi* siedzieć na grzędzie

roost•er [`rustə(r)] *s am.* kogut

root [rut] *s* korzeń; *mat.* pierwiastek; *vi* ukorzeniać się

rope [rəʊp] *s* lina, sznur; *vt* przywiązywać

ro•sa•ry [`rəʊzərɪ] *s rel.* różaniec

rose[1] [rəʊz] *zob.* **rise**

rose[2] [rəʊz] *s* róża; *adj attr* różowy, różany

rose•ma•ry [`rəʊzmərɪ] *s* rozmaryn

ros•y [`rəʊzɪ] *adj* różowy, różany

rot [rot] *vi* gnić; *vt* powodować gnicie; *s* gnicie

ro•tate [rəʊ`teɪt] *vt vi* o-

bracać (się), wirować; zmieniać (się) kolejno
ro•ta•tion [rəʊˋteɪʃən] *s* obrót; kolejność; rotacja
ro•tor [ˋrəʊtə(r)] *s* wirnik
rot•ten [ˋrotn] *adj* zgniły, zepsuty; wstrętny; *pot.* cholerny
rough [rʌf] *adj* szorstki, chropowaty; (*o morzu*) wzburzony; grubiański; przybliżony
round [raʊnd] *adj* okrągły; *s* runda; objazd; (*przy częstowaniu*) kolejka; *adv* naokoło, dookoła; **all (the) year ~** przez cały rok; **all ~ about** dookoła; *praep* wokół, dookoła; **~ the corner** za rogiem; **~ the clock** całą dobę; *vt* okrążać
round•a•bout [ˋraʊndəbaʊt] *s bryt.* rondo; karuzela; *adj* okrężny
round-the-clock ['raʊndðəˋklok] *adj attr* całodobowy
round•up [ˋraʊndʌp] *s* obława, łapanka; *am.* przegląd (*wiadomości itp.*)
rouse [raʊz] *vi* pobudzić; obudzić
route [rut] *s* droga, trasa
rou•tine [ruˋtin] *s* rozkład zajęć; monotonne zajęcia; *adj* rutynowy; **the ~ procedure** zwykła procedura
row[1] [rəʊ] *s* rząd, szereg; **in a ~** z rzędu (*kilka razy*)
row[2] [rəʊ] *vt vi* wiosłować
row[3] [raʊ] *s pot.* awantura; zgiełk, hałas; *pot.* **kick a ~** zrobić awanturę; *vi pot.* kłócić się, hałasować
row•dy [ˋraʊdɪ] *adj* chuligański; awanturniczy; *s* awanturnik
roy•al [ˋroɪəl] *adj* królewski; wspaniały
roy•al•ty [ˋroɪəltɪ] *s* władza królewska; honorarium (*autorskie*)
rub [rʌb] *vt vi* trzeć, ocierać się; wcierać; **~ out** wycierać, wymazywać
rub•ber [ˋrʌbə(r)] *s* guma; gumka; *am. pot.* kondom; rober (*w brydżu*); **~ stamp** pieczątka

rub•bish [ˋrʌbɪʃ] *s* śmieci; tandeta; **talk ~** pleść bzdury; *int* **~!** bzdura!

ruck•sack [ˋrʌksæk] *s* plecak

rude [rud] *adj* niegrzeczny, ordynarny; **be ~** być niegrzecznym (**to sb** dla kogoś)

ruf•fle [ˋrʌfl] *vt* zwichrzyć, zmierzwić; wzburzyć

rug [rʌg] *s* dywanik; pled

rug•by [ˋrʌgbɪ] *s sport.* rugby

rug•ged [ˋrʌgɪd] *adj* chropowaty, nierówny; (*o charakterze*) szorstki, surowy; mocny

ruin [ˋruɪn] *s* ruina; *vt* rujnować

ru•in•ous [ˋruɪnəs] *adj* rujnujący, zgubny, niszczący

rule [rul] *s* reguła, zasada; rządy; **as a ~** z reguły; **~s and regulations** regulamin; *vt vi* rządzić, panować; **~ out** wykluczać

rul•er [ˋrulə(r)] *s* władca; linijka

rum [rʌm] *s* rum

rum•ble [ˋrʌmbl] *vi* huczeć, grzmieć, dudnić; *s* huk, dudnienie, grzmot

ru•mo(u)r [ˋrumə(r)] *s* pogłoska

rum•ple [ˋrʌmpl] *vt* miąć, miętosić

***run** [rʌn], **ran** [ræn], **run** [rʌn] *vi* biec; (*o pojazdach*) jechać; kursować; (*o płynie*) ciec; działać, funkcjonować; *vt* prowadzić (*interes*); uruchamiać; **~ after** gonić, ścigać; **~ away** uciekać; **~ down** potrącać, przejechać; (*o bateriach*) wyczerpywać się; **~ out** kończyć się, wyczerpywać się; **~ over** przejechać; *s* bieg; przejażdżka; seria; trasa; **in the long <short> ~** na dłuższą <krótszą> metę; **at a ~** biegiem; *pot.* **on the ~** w biegu, w pędzie; **the play had a ~ of three months** sztuka szła przez trzy miesiące

run•a•way [ˋrʌnəweɪ] *adj attr* zbiegły; *s* zbieg, uciekinier

rung[1] *zob.* **ring**

rung[2] [rʌŋ] *s* szczebel
run•ner [ˋrʌnə(r)] *s* biegacz; koń wyścigowy
run•ning [ˋrʌnɪŋ] *s* bieganie; zarządzanie, kierowanie; *adj attr* (*o wodzie*) bieżący; *adv*: **six months ~** sześć miesięcy z rzędu
run•ny [ˋrʌnɪ] *adj* rzadki (*o cieście*); **have a ~ nose** mieć katar
run•way [ˋrʌŋweɪ] *s* pas startowy
rup•ture [ˋrʌptʃə(r)] *s* zerwanie; *med.* przepuklina; pęknięcie; *vt vi* zrywać, przerywać się
ru•ral [ˋrʊərəl] *adj* wiejski; rolny
rush [rʌʃ] *vi* pędzić; *vt* popędzać, ponaglać; *s* pęd; pośpiech; nagły popyt; **gold ~** gorączka złota; **~ hours** godziny szczytu; **be in a ~** bardzo się spieszyć
Rus•sian [ˋrʌʃən] *adj* rosyjski; *s* Rosjanin; język rosyjski
rust [rʌst] *s* rdza; *vi* rdzewieć
rus•tic [ˋrʌstɪk] *adj* wiejski; nieokrzesany, prosty
rus•tle [ˋrʌsl] *vi vt* szeleścić; *am.* kraść (*bydło*); *s* szelest
rust•y [ˋrʌstɪ] *adj* zardzewiały; rdzawy; (*o języku*) zaniedbany, mało płynny
ruth•less [ˋruθlɪs] *adj* bezlitosny, bezwzględny
rye [rɑɪ] *s* żyto

S

sable [ˋseɪbl] *s* soból; *adj lit.* czarny kolor, czerń
sab•o•tage [ˋsæbətɑʒ] *s* sabotaż; *vt* sabotować
sab•o•teur ['sæbəˋtɜ(r)] *s* sabotażysta
sa•bre [ˋseɪbə(r)] *s* szabla
sack [sæk] *s* worek; *pot.* **give sb the ~** wyrzucić kogoś z pracy
sac•ra•ment [ˋsækrəmənt] *s* sakrament

sa•cred [ˋseɪkrɪd] *adj* święty, poświęcony
sac•ri•fice [ˋsækrɪfɑɪs] *s* ofiara; poświęcenie; *vt* składać ofiarę; *przen.* poświęcać
sad [sæd] *adj* smutny
sad•den [ˋsædn] *vt* smucić, zasmucać
sad•dle [ˋsædl] *s* siodło; *vt* siodłać
safe [seɪf] *adj* bezpieczny; pewny; ~ **and sound** cały i zdrowy; **be on the ~ side** na wszelki wypadek; *s* sejf
safe•guard [ˋseɪfgɑd] *s* ochrona; zabezpieczenie; *vt* chronić, zabezpieczać
safe•ty [ˋseɪftɪ] *s* bezpieczeństwo
safe•ty belt [ˋseɪftɪbelt] *s* pas bezpieczeństwa
safe•ty pin [ˋseɪftɪpɪn] *s* agrafka
safety razor [ˋseɪftɪreɪzə(r)] *s* maszynka do golenia
sag [sæg] *vi* opadać, zwisać
sa•ga [ˋsɑgə] *s* saga
sage [seɪdʒ] *s* szałwia; mędrzec; *adj* mądry, rozważny
said *zob.* **say**
sail [seɪl] *s* żagiel; podróż (*morska, żaglówką*); *vt vi* żeglować; płynąć (*statkiem*)
sail•board [ˋseɪlbɔd] *s* deska z żaglem
sail•ing [ˋseɪlɪŋ] *s* żeglarstwo; żeglowanie
sail•ing boat [ˋseɪlɪŋbəʊt] *s* żaglówka
sail•or [ˋseɪlə(r)] *s* marynarz; żeglarz
saint [seɪnt] *adj* (*skr.* **St.** [snt]) święty; *s* święty
sake [seɪk] *s*: **for the ~ of sb <sth>** ze względu na kogoś <coś>; **for heaven's ~!** na miłość boską!; **art for art's ~** sztuka dla sztuki
sal•ad [ˋsæləd] *s* sałatka; ~ **dressing** sos do sałatek
sal•a•ry [ˋsælərɪ] *s* uposażenie, pensja
sale [seɪl] *s* sprzedaż; **for ~** na sprzedaż; **on ~** w sprzedaży
sales•man [ˋseɪlzmən] *s*

sprzedawca, ekspedient; akwizytor

sa•li•va [sə`laɪvə] *s* ślina

salm•on [`sæmən] *s* łosoś

sa•loon [sə`lun] *s bryt.* salon; *am.* bar; *bryt. mot.* **~ car** sedan, limuzyna

salt [sɔlt] *s* sól; *adj* słony; *vt* solić

salt•y [`sɔltɪ] *adj* słony

sa•lute [sə`lut] *vt* salutować; oddawać honory; pozdrawiać; *s* salutowanie; honory (*wojskowe*); pozdrowienie

sal•vage [`sælvɪdʒ] *s* ratowanie; ratunek; uratowane mienie; *vt* ratować

sal•va•tion [sæl`veɪʃən] *s rel.* zbawienie; ratunek

same [seɪm] *adj* taki sam; ten sam; *adv* tak samo; **all the ~** niemniej

sam•ple [`sampl] *s* wzór, próbka

san•a•to•ri•um, *am. także* **san•i•ta•ri•um** ['sænə`tɔrɪəm] *s* (*pl* **~s** *lub* **san•a•tor•ia** ['sænə`tɔrɪə]) sanatorium

sanc•tu•a•ry [`sæŋktʃʊərɪ] *s* sanktuarium; azyl; rezerwat (*zwierząt*)

sand [sænd] *s* piasek

san•dal [`sændl] *s* sandał

sand•stone [`sændstəʊn] *s* piaskowiec

sand•wich [`sænwɪdʒ] *s* kanapka; **cheese ~** kanapka z serem

sane [seɪn] *adj* zdrowy na umyśle; rozumny, rozsądny

sang *zob.* **sing**

san•i•ta•ry [`sænɪtərɪ] *adj* sanitarny, higieniczny; *bryt.* **~ towel** podpaska higieniczna

sank *zob.* **sink**

San•ta Claus [`sæntə'klɔz] *s* Święty Mikołaj

sar•cas•tic [sa`kæstɪk] *adj* sarkastyczny

sar•dine ['sa`din] *s* sardynka

sat *zob.* **sit**

sa•tan [`seɪtn] *s* szatan

sa•tan•ic [sə`tænɪk] *adj* szatański

satch•el [`sætʃəl] *s* tornister

sat•el•lite [`sætəlaɪt] *s* satelita; ~ **dish** antena satelitarna; ~ **television** telewizja satelitarna

sat•in [`sætɪn] *s* atłas, satyna; *adj attr* atłasowy, satynowy

sat•ire [`sætaɪə(r)] *s* satyra

sa•tir•i•cal [sə`tɪrɪkəl] *adj* satyryczny

sat•ir•ize [`sætəraɪz] *vt* wyśmiewać

sat•is•fac•tion ['sætɪs`fækʃən] *s* zadowolenie, satysfakcja

sat•is•fac•to•ry ['sætɪs`fæktərɪ] *adj* zadowalający, dostateczny

sat•is•fy [`sætɪsfaɪ] *vt* zadowalać; spełniać

sat•u•rate [`sætʃəreɪt] *vt* nasycić; przepoić

sat•u•ra•tion ['sætʃə`reɪʃən] *s* nasycenie; przepojenie; przesiąknięcie; ~ **point** punkt nasycenia

Sat•ur•day [`sætədɪ] *s* sobota

sauce [sɔs] *s* sos; *pot.* **have a** ~ mieć czelność <tupet>

sauce•pan [`sɔspən] *s* rondel

sauc•er [`sɔsə(r)] *s* spodek; **flying** ~ latający spodek

sauc•y [`sɔsɪ] *adj* zuchwały, impertynencki; pikantny (*dowcip*)

sau•er•kraut [`saʊəkraʊt] *s* kiszona kapusta

saus•age [`sosɪdʒ] *s* kiełbasa

sav•age [`sævɪdʒ] *adj* dziki; *s* dzikus

save [seɪv] *vt* ratować; oszczędzać; *vi* (*także* ~ **up**) robić oszczędności

sav•ings [`seɪvɪŋz] *pl* oszczędności

sav•iour [`seɪvɪə(r)] *s* zbawca; *rel.* **the Saviour** Zbawiciel

sa•vour [`seɪvə(r)] *vt* rozkoszować się smakiem (*czegoś*); *s* smak, posmak (**of sth** czegoś)

***saw**[1] [sɔ], **sawed** [sɔd], **sawn** [sɔn] *vt vi* piłować, przepiłowywać; *s* piła

saw[2] *zob.* **see**

sawn *zob.* **saw**[1]

sax•o•phone [`sæksəfəʊn] *s* saksofon

***say** [seɪ], **said** [sed], **said** [sed] *vt vi* mówić, powiedzieć (**to sb** komuś); (*o zegarku*) wskazywać; **I ~!** słuchaj!; **so to ~** że tak powiem; **that is to ~** to znaczy; **~ nothing of...** nie mówiąc o...

say•ing [ˋseɪɪŋ] *s* powiedzenie

scaf•fold•ing [ˋskæfəldɪŋ] *s* rusztowanie

scald [skɔld] *vt* parzyć; *s* oparzenie

scale [skeɪl] *s* skala; podziałka; *muz.* gama; *pl* **~s** waga; *zool.* łuski; *vt* **~ up <down>** zwiększać <zmniejszać>; skrobać (*rybę*)

scan•dal [ˋskændl] *s* skandal; obmowa; zgorszenie

scan•dal•ize [ˋskændəlɑɪz] *vt* gorszyć

scan•dal•ous [ˋskændələs] *adj* skandaliczny, gorszący

scape•goat [ˋskeɪpgəʊt] *s przen.* kozioł ofiarny

scar [skɑ(r)] *s* blizna; *vt* pokryć bliznami; *przen.* wywołać uraz

scarce [skeəs] *adj* niedostateczny; rzadki

scarce•ly [ˋskeəslɪ] *adv* ledwo, zaledwie

scar•ci•ty [ˋskeəsɪtɪ] *s* niedobór

scare [skeə(r)] *vt* straszyć, napędzić strachu; **be ~d** bać się; **~ away <off>** odstraszać, wypłoszyć; **~ the hell out of sb** śmiertelnie kogoś przestraszyć; *s* strach, panika

scare•crow [ˋskeəkrəʊ] *s* strach na wróble

scarf [skɑf] *s* (*pl* **scarves** [skɑvz]) szal, chusta

scar•let [ˋskɑlɪt] *s* szkarłat; *adj attr* szkarłatny; *med.* **~ fever** szkarlatyna

scat•ter [ˋskætə(r)] *vt vi* rozrzucać, rozsypać (się), rozpraszać (się)

scene [sin] *s* scena; miejsce (*zdarzenia*); widok, obraz; **behind the ~s** za kulisami

sce•ne•ry [ˋsinərɪ] *s* sceneria; dekoracja teatralna

scent [sent] *s* zapach; perfumy; trop; *vt* zwietrzyć

sched•ule [`ʃedjʊl, *am.* `skedʒʊl] *s* spis, plan; rozkład jazdy; **on ~** według planu; **behind ~** z opóźnieniem; *vt* planować
scheme [skim] *s* plan; program; *vi* planować; spiskować, knuć
schol•ar [`skolə(r)] *s* uczony (*w naukach humanistycznych*); stypendysta
schol•ar•ship [`skoləʃɪp] *s* stypendium; wiedza, erudycja
school [skul] *s* szkoła; nauka (*w szkole*); *vt* szkolić
school•boy [`skulboɪ] *s* uczeń
school•girl [`skulgɜl] *s* uczennica
sci•ence [`saɪəns] *s* wiedza, nauka; **natural ~** nauki przyrodnicze; **~ fiction** fantastyka naukowa; **computer ~** informatyka; *szk.* **the ~s** przedmioty ścisłe
sci•en•tif•ic ['saɪən`tɪfɪk] *adj* naukowy
sci•en•tist [`saɪəntɪst] *s* uczony; naukowiec
scis•sors [`sɪzəz] *s pl* nożyce, nożyczki
scold [skəʊld] *vt* besztać, łajać
scoot•er [`skutə(r)] *s* skuter; hulajnoga
scope [skəʊp] *s* cel; zakres; pole działania; **be within the ~** wchodzić w zakres
score [skɔ(r)] *s* nacięcie; rysa; *sport.* wynik, liczba zdobytych punktów; *muz.* partytura; **keep (the) ~** notować punkty w grze; *vt vi* liczyć; liczyć punkty (*w grze*); notować punkty; zdobywać (*punkty*)
scorn [skɔn] *s* pogarda; *vt* pogardzać
scorn•ful [`skɔnfʊl] *adj* pogardliwy
scor•pi•on [`skɔpɪən] *s* skorpion
Scot [skot] *s* Szkot, Szkotka; *adj* szkocki
Scotch [skotʃ] *adj* szkocki; *s* szkocka whisky
Scots [skots] *adj* szkocki; *s* język szkocki
Scot•tish [`skotɪʃ] *adj* szkocki (*taniec, akcent*)

Scots•man [ˋskotsmən] *s* Szkot

scoun•drel [ˋskaʊndrəl] *s* łajdak

scram•ble [ˋskræmbl] *vi* wdrapywać się; przedzierać się; *vt* bezładnie rzucać; bełtać; *s* wdrapywanie; przedzieranie; popychanie się

scram•bled eggs [ˋskræmbləd ˋegz] *s* jajecznica

scrap [skræp] *s* skrawek; złom; *pl* **~s** resztki, odpadki; *pot.* bójka; *vt* przeznaczyć na złom; *vi* wdać się w bójkę

scrape [skreɪp] *vt* skrobać; drapać; zgrzytać; *s* skrobanie; zgrzyt

scratch [skrætʃ] *vt* zadrapać, zarysować; wydrapać; **~ the surface** *przen.* ledwie coś liznąć; *s* rysa, zadrapanie

scream [skrim] *vi* piszczeć, wrzeszczeć; krzyczeć; *s* pisk, wrzask, krzyk

screen [skrin] *s* osłona; parawan; ekran; *vt* osłaniać; wyświetlać (*na ekranie*); badać (*chorego; kandydata*)

screw [skru] *s* śruba; wkręt; *pot. wulg.* pieprzenie; *vt* przykręcać; *pot.* orżnąć; *wulg.* pieprzyć (się); *wulg.* **~ up** spieprzyć, spartolić

screw•driv•er [ˋskru'draɪvə(r)] *s* śrubokręt

scrib•ble [ˋskrɪbl] *vt* bazgrać, gryzmolić; *s* gryzmoły, bazgranina

script [skrɪpt] *s* pismo; rękopis; skrypt; scenariusz (*filmowy*)

scrip•ture [ˋskrɪptʃə(r)] *s* *pl* **~s** święte księgi; **the Holy Scripture** Pismo Święte

scrub [skrʌb] *vt* szorować; ścierać; *pot.* odrzucać (*projekt*); *s* zarośla

scru•ple [ˋskrupl] *s* skrupuł; *vi* mieć skrupuły, wahać się

scru•pu•lous [ˋskrupjələs] *adj* skrupulatny, sumienny

scru•ti•ny [ˋskrutɪnɪ] *s* dokładne badanie <obserwowanie>; **be under ~**

być dokładnie badanym <obserwowanym>
sculp•tor [`skʌlptə(r)] *s* rzeźbiarz
sculp•ture [`skʌlptʃə(r)] *s* rzeźba; rzeźbiarstwo; *vt* rzeźbić
sea [si] *s* morze; **at ~** na morzu; **by the ~** nad morzem; **by ~** morzem; *adj attr* morski
sea•food [`sifud] *s* owoce morza
sea•gull [`sigʌl] *s* mewa
seal [sil] *s* pieczęć; stempel; uszczelnienie; foka; *vt* pieczętować; zaklejać, uszczelniać
sea•man [`simən] *s* żeglarz, marynarz
search [sɜtʃ] *vt vi* szukać; przeszukiwać; poszukiwać (**for sth** czegoś); *s* szukanie, przeszukiwanie; badanie; rewizja; **~ warrant** nakaz rewizji
search•light [`sɜtʃlɑɪt] *s* reflektor
sea•sick [`sisɪk] *adj* cierpiący na chorobę morską
sea•side [`sisɑɪd] *s* wybrzeże morskie; **at <by> the ~** nad morzem
sea•son [`sizn] *s* pora (*roku*); sezon; **in ~** w sezonie; **out of ~** poza sezonem; **~ ticket** bilet okresowy; abonament
seat [sit] *s* siedzenie, miejsce siedzące; siedziba; **take a ~** zajmować miejsce; *vt* sadzać; **be ~ed** siedzieć
sec•ond [`sekənd] *adj* drugi; **every ~ day** co drugi dzień; **~ floor** drugie piętro, *am.* pierwsze piętro; *adv* po drugie; *s* sekunda
sec•ond•a•ry [`sekəndərɪ] *adj* drugorzędny; wtórny; **~ school** szkoła średnia
sec•ond-hand ['sekənd-`hænd] *adj attr* pochodzący z drugiej ręki, używany
sec•ond•ly [`sekəndlɪ] *adv* po drugie
sec•ond-rate [`sekəndreɪt] *adj attr* drugorzędny; kiepski
se•cret [`sikrət] *adj* tajny; tajemny; *s* sekret

sec•re•ta•ry [`sekrətərı] *s* sekretarz, sekretarka; minister, sekretarz (*stanu*)
sect [sekt] *s* sekta
sec•tion [`sekʃən] *s* część; odcinek; oddział; sekcja; przekrój; rozdział; **cross ~** przekrój poprzeczny
sec•u•lar [`sekjʊlə(r)] *adj* świecki
se•cure [sı`kjʊə(r)] *adj* bezpieczny; pewny; *vt* zabezpieczać, zapewniać
se•cu•ri•t|y [sı`kjʊərıtı] *s* bezpieczeństwo; pewność; zabezpieczenie; *pl* **~ies** papiery wartościowe
sed•a•tive [`sedətıv] *s* środek uspokajający
se•duce [sı`djus] *vt* uwodzić; kusić
***see** [si], **saw** [sɔ], **seen** [sin] *vt vi* widzieć, zobaczyć; zauważać; rozumieć; **I ~** rozumiem; **~ that...** dopilnować, żeby...; **~ sb off** odprowadzać kogoś; **~ to sth** zajmować się czymś; dopilnować czegoś; **~ you tomorrow!** do jutra!; **let me ~** pokaż; niech się zastanowię, chwileczkę
seed [sid] *s* nasienie; ziarno; *vt vi* siać
***seek** [sik], **sought, sought** [sɔt] *vt* szukać; *vi* próbować, usiłować; dążyć
seem [sim] *vi* wydawać się, robić wrażenie; **it ~s to me** wydaje mi się; **he ~s (to be) ill** wygląda na chorego
seen *zob.* **see**
see•saw [`sisɔ] *s* huśtawka (*na desce*); *vt vi* huśtać (się)
seg•re•gate [`segrıgeıt] *vt* segregować, oddzielać
seize [siz] *vt* chwytać, łapać; opanować; **~ the opportunity** wykorzystać okazję
sel•dom [`seldəm] *adv* rzadko
se•lect [sı`lekt] *vt* wybierać; *adj* wybrany, doborowy; ekskluzywny
se•lec•tion [sı`lekʃən] *s* wybór, dobór, selekcja
self [self] *s* (*pl* **selves** [selvz]) (swoje) ja, osobowość; *pron* sam, sobie

self-con•fi•dence ['self`konfɪdəns] *s* pewność siebie
self-con•scious ['self`konʃəs] *adj* zakłopotany, skrępowany; świadomy
self-con•trol ['selfkən`trəʊl] *s* panowanie nad sobą
self-de•fence, *am.* **self-de•fense** ['selfdɪ`fens] *s* samoobrona
self-help ['self`help] *s* samopomoc
self•ish [`selfɪʃ] *adj* samolubny
self-made ['self`meɪd] *adj*: ~ **man** człowiek zawdzięczający wszystko samemu sobie
self-pos•sessed ['selfpə`zest] *adj* spokojny, opanowany
self-re•spect ['selfrɪs`pekt] *s* poczucie własnej godności
self-ser•vice ['self`sɜvɪs] *s* samoobsługa; *adj attr* samoobsługowy
self-suf•fi•cient ['selfsə`fɪʃənt] *adj* samowystarczalny
***sell** [sel], **sold, sold** [səʊld] *vt* sprzedawać; *vi* sprzedawać się, mieć zbyt; ~ **out** wyprzedawać się; *s pot.* oszukaństwo
sell•er [`selə(r)] *s* sprzedawca; sprzedający
selves *zob.* **self**
se•mes•ter [sɪ`mestə(r)] *s* semestr
sem•i•cir•cle [`semɪsɜkl] *s* półkole
sem•i•de•tached (house) ['semɪdɪ`tætʃt (haʊs)] *s* bliźniak (*dom*)
semi•fi•nal ['semɪ`faɪnl] *s sport.* półfinał
Se•mit•ic [sɪ`mɪtɪk] *adj* semicki
sen•ate [`senət] *s* senat
sen•a•tor [`senətə(r)] *s* senator
***send** [send], **sent, sent** [sent] *vt* wysyłać; *vi* posyłać (**for sb** po kogoś); ~ **back** odsyłać; ~ **out** rozsyłać, wysyłać
send•er [`sendə(r)] *s* nadawca; wysyłający
sen•ior [`sinɪə(r)] *adj* starszy (*rangą, wiekiem*); senior, człowiek starszy; *am.* student czwartego roku

sen•sa•tion [sen`seɪʃən] *s* uczucie, wrażenie; sensacja

sense [sens] *s* rozsądek; zmysł; poczucie, uczucie; sens; **common ~** zdrowy rozsądek; **in a ~** w pewnym sensie; **make ~** mieć sens; *vt* wyczuwać; (*o urządzeniach*) wykrywać

sense•less [`senslɪs] *adj* nieprzytomny; bezsensowny, niedorzeczny

sen•si•bil•i•ty ['sensɪ`bɪlɪtɪ] *s* wrażliwość; uczuciowość

sen•si•ble [`sensɪbl] *adj* rozsądny; znaczny, zauważalny

sen•si•tive [`sensətɪv] *adj* czuły, wrażliwy (**to sth** na coś)

sen•sor [`sensə(r)] *s* czujnik

sen•su•al [`senʃʊəl] *adj* zmysłowy

sent *zob.* **send**

sen•tence [`sentəns] *s* *gram.* zdanie; wyrok; **death ~** kara śmierci; **life ~** dożywocie; **pass ~** wydać wyrok (**on sb** na kogoś); *vt* skazywać (**to sth** na coś)

sen•ti•ment [`sentɪmənt] *s* sentyment, uczucie

sep•a•rate [`sepəreɪt] *vt vi* rozdzielać (się), rozłączać (się), rozstawać (się); *adj* [`seprɪt] oddzielny, osobny

sep•a•ra•tion ['sepə`reɪʃən] *s* separacja, rozłączenie; **~ allowance** dodatek (*do pensji*) za rozłąkę; *prawn.* separacja (*małżonków*)

Sep•tem•ber [sep`tembə(r)] *s* wrzesień

se•quence [`sikwəns] *s* ciąg; kolejność; **in ~** w kolejności

se•rene [sɪ`rin] *adj* spokojny, pogodny

ser•geant [`sɑdʒənt] *s* sierżant

se•ri•al [`sɪərɪəl] *s* serial; *adj* seryjny

se•ries [`sɪəriz] *s* (*pl* **~**) seria; serial

se•ri•ous [`sɪərɪəs] *adj* poważny

ser•mon [`sɜmən] *s* kazanie

ser•pent [`sɜpənt] *s lit.* wąż

serv•ant [`sɜvənt] *s* służący, sługa; **civil ~** urzędnik państwowy

serve [sɜv] *vt vi* służyć; obsługiwać; podawać (*przy stole*); odpowiadać (*celowi*); odbywać (*karę, służbę, praktykę*); *sport.* serwować; **it ~s you right** dobrze ci tak; **~ time** odsiadywać karę; *s sport.* serwis, serw

ser•vice [`sɜvɪs] *s* obsługa; usługa; służba; przysługa; nabożeństwo; *sport.* serwis; **civil ~** służba państwowa; **public ~s** instytucje użyteczności publicznej; **social ~s** świadczenia społeczne; **~ station** stacja obsługi; **in ~** w użyciu; *vt* dokonywać przeglądu

ser•vile [`sɜvɑɪl] *adj* niewolniczy; służalczy

serv•ing [`sɜvɪŋ] *s* porcja (*jedzenia*)

ses•sion [`seʃən] *s* posiedzenie; sesja

***set, set, set** [set] *vt vi* stawiać, kłaść, umieszczać; przygotowywać; nastawiać; ustalać; (*o słońcu*) zachodzić; regulować (*zegarek*); **~ an example** dać przykład; **~ fire** podłożyć ogień, podpalić (**to sth** coś); **~ sth on fire** podpalić coś; **~ sb free** uwolnić kogoś; **~ sth in motion** uruchamiać coś; **~ the table** nakrywać do stołu; **~ about sth** zabierać się do czegoś; **~ aside** odkładać (*pieniądze*); ignorować; **~ back** opóźniać; **~ off** wyruszyć w drogę; detonować; wywołać, powodować; **~ on** nasyłać; **~ out** rozpoczynać, przedsiębrać; wyruszać w drogę; **~ up** ustawiać; ustanawiać; stwarzać, powodować; *adj* ustalony; stały; *s* komplet; odbiornik (*telewizyjny, radiowy*); dekoracje; *film.* plan; ułożenie (*włosów*); *sport.* set

set•ting [`setɪŋ] *s* układ; położenie; oprawa; nakrycie

set•tle [`setl] *vt vi* usadowić (się); siadać; osiadać; uspokajać (się); ustalać, postanawiać; osiedlać się; ~ **down** usadowić (się); ustabilizować się; ~ **for sth** zadowalać się czymś; ~ **on sth** decydować się na coś

set•tle•ment [`setlmənt] *s* porozumienie; rozstrzygnięcic; osada; osiedlenie się; załatwianie; uregulowanie (*długu*)

sev•en [`sevn] *num* siedem

sev•en•teen ['sevn`tin] *num* siedemnaście

sev•en•teenth ['sevn`tinθ] *adj* siedemnasty

sev•enth [`sevnθ] *adj* siódmy

sev•en•ti•eth [`sevntɪəθ] *adj* siedemdziesiąty

sev•en•ty [`sevəntɪ] *num* siedemdziesiąt

sev•er•al [`sevərəl] *pron* kilka

se•vere [sə`vɪə(r)] *adj* poważny; surowy, srogi

***sew** [səʊ], **sewed** [səʊd], **sewn** [səʊn] *vt vi* szyć

sew•age [`suɪdʒ] *s* ścieki *pl*; ~ **farm** oczyszczalnia (ścieków)

sew•er [`suə(r)] *s* ściek, rynsztok

sew•er•age [`suərɪdʒ] *s* kanalizacja

sew•ing [`səʊɪŋ] *s* szycie

sew•ing ma•chine [`səʊɪŋmə`ʃin] *s* maszyna do szycia

sewn *zob.* **sew**

sex [seks] *s* płeć; seks

sex•u•al [`sekʃʊəl] *adj* płciowy

sex•y [`seksɪ] *adj pot.* seksowny

shab•by [`ʃæbɪ] *adj* zaniedbany; obdarty; niechlujny; nędzny

shade [ʃeɪd] *s* cień; mrok; abażur; odcień; *am.* roleta; *vt* zacieniać, rzucać cień; *vi* stopniowo przechodzić (**into a colour** w jakiś kolor)

shad•ow [`ʃædəʊ] *s* cień (*także przen.*); *vt* śledzić; zacieniać

shad•ow•y [`ʃædəʊɪ] *adj* cienisty; zacieniony; niewyraźny

shad•y [`ʃeɪdɪ] *adj* cienisty; *pot.* mętny, podejrzany

shag•gy [`ʃægɪ] *adj* włochaty, kudłaty

***shake** [ʃeɪk], **shook** [ʃʊk], **shak•en** [`ʃeɪkn]) *vt vi* trząść (się); drżeć; **~ hands** podawać sobie ręce; **~ one's head** kręcić głową; **~ up** wstrząsać; mieszać; *s* potrząsanie, drżenie; *pl* **~s** dreszcze

shall [ʃæl, ʃəl] *v aux* (*bryt. future tense*): **I <we> ~ be there** będę <będziemy> tam; (*podkreślenie pewności*) **you ~ not see him** nie zobaczysz go; (*pytanie o pozwolenie*) **~ I help you?** czy mogę ci <pani, panu> pomóc?

shal•low [`ʃæləʊ] *adj* płytki; *przen.* powierzchowny

sham [ʃæm] *vt vi* udawać, pozorować; *s* udawanie, fikcja; *adj* udawany; fałszywy

shame [ʃeɪm] *s* wstyd; *vt* zawstydzać; **~ on you!** jak ci nie wstyd!

shame•ful [`ʃeɪmfʊl] *adj* haniebny, sromotny

shame•less [`ʃeɪmlɪs] *adj* bezwstydny

sham•poo [ʃæm`pu] *s* szampon; *vt* myć szamponem

shan't [ʃɑnt] = **shall not**

shape [ʃeɪp] *s* kształt, postać; **in the ~ of** w postaci, w kształcie; **in good <bad> ~** w dobrej <złej> formie; *vt* kształtować, tworzyć; *vi*: **~ up** rozwijać się; *pot.* wziąć się w garść

shape•less [`ʃeɪplɪs] *adj* bezkształtny

shape•ly [`ʃeɪplɪ] *adj* ładnie zbudowany, kształtny, zgrabny

share [ʃeə(r)] *s* część; udział; *fin.* akcja; *vt vi* dzielić (*między siebie*); uczestniczyć; **~ in** mieć udział w...; **~ out** rozdzielać

shark [ʃɑk] *s* rekin

sharp [ʃɑp] *adj* ostry; spiczasty; bystry; *adv*: **at 3 o'clock ~** punktualnie o trzeciej

sharp•en [`ʃɑpən] *vt* ostrzyć

sharp•en•er [`ʃɑpənə(r)] *s* temperówka; przyrząd do ostrzenia

shat•ter [`ʃætə(r)] *vt vi* roztrzaskać (się); *przen.* rujnować

shave [ʃeɪv] *vt vi* golić (się); *s* golenie; **have a ~** ogolić się; **it was a close ~** o mały włos

shav•ing [`ʃeɪvɪŋ] *s* golenie; **~s** *pl* strużyny, wióry

shawl [ʃɔl] *s* szal

she [ʃi] *pron* ona

she'd [ʃid] = **she had, she would**

shed [ʃed] *s* szopa; *vt* wylewać (*łzy*); przelewać (*krew*); zrzucać (*liście*); gubić (*bagaż*); rzucać (*światło*)

sheep [ʃip] *s* (*pl* ~) owca

sheep•dog [`ʃipdog] *s* owczarek

sheep•ish [`ʃipɪʃ] *adj* zakłopotany, zmieszany

sheep•skin [`ʃipskɪn] *s* owcza skóra; **~ coat** kożuch

sheer [ʃɪə(r)] *adj* czysty, istny; stromy; lekki, przejrzysty; *adv* stromo, pionowo

sheet [ʃit] *s* prześcieradło; arkusz; kartka (*papieru*); tafla; warstwa

shelf [ʃelf] *s* (*pl* **shelves** [ʃelvz]) półka

shell [ʃel] *s* muszla; skorup(k)a; łupina; pocisk

she'll [ʃil] = **she will**

shel•ter [`ʃeltə(r)] *s* schronienie; osłona; schron; *vt vi* chronić (się); osłonić

shelves *zob.* **shelf**

shep•herd [`ʃepəd] *s* pasterz; *vt* prowadzić (*grupę dzieci*)

sher•iff [`ʃerɪf] *s am.* szeryf

she's [ʃiz] = **she is, she has**

shield [ʃild] *s* tarcza; osłona; *vt* osłaniać

shift [ʃɪft] *vt vi* przesuwać (się); zmieniać (*miejsce pobytu; am. biegi*); *s* zmiana; przesunięcie; **work ~s** pracować na zmiany

***shine** [ʃɑɪn], **shone, shone** [ʃon] *vi* świecić,

lśnić; błyszczeć; *s* blask; połysk
shin•y [`ʃɑɪnɪ] *adj* błyszczący
ship [ʃɪp] *s* statek; okręt; *vt* przewozić (*statkiem, pociągiem*)
ship•ment [`ʃɪpmənt] *s* transport
ship•ping [`ʃɪpɪŋ] *s* żegluga; flota (*handlowa*); transport morski
ship•wreck [`ʃɪprek] *s* rozbicie okrętu; wrak (*okrętu*); *vt:* **be ~ed** ocaleć z katastrofy morskiej
ship•yard [ʃɪp`jɑd] *s* stocznia
shirt [ʃ3t] *s* koszula (*męska*); bluzka koszulowa
shiv•er [`ʃɪvə(r)] *vi* drżeć; *s* drżenie, dreszcz
shock [ʃok] *s* wstrząs, szok; **electric ~** porażenie prądem; *vt* wstrząsać, szokować
shock ab•sorb•er [`ʃokəb'sɔbə(r)] *s* amortyzator
shoe [ʃu] *s* but, pantofel; podkowa; **~ polish** pasta do butów; *vt* podkuć; **be in sb's ~s** *przen.* znaleźć się w czyjejś skórze
shoe•lace [`ʃuleɪs] *s* sznurowadło
shoe•mak•er [`ʃumeɪkə(r)] *s* szewc
shone *zob.* **shine**
shook *zob.* **shake**
***shoot** [ʃut], **shot, shot** [ʃot]) *vt vi* strzelać (**at sb** do kogoś); zastrzelić; polować; przemykać, pędzić; fotografować; kręcić (*film*); (*o bólu*) rwać; *s* pęd; kiełek; polowanie; seans zdjęciowy
shoot•ing [`ʃutɪŋ] *s* strzelanina, strzelanie; kręcenie filmu
shop [ʃop] *s* sklep; warsztat; **~ window** witryna sklepowa; *vi* robić zakupy; **go ~ping** iść na zakupy
shop as•sis•tant [`ʃopəsɪstənt] *s* ekspedient(ka)
shop•keep•er [`ʃopkipə(r)] *s* sklepikarz
shop•lift•ing [`ʃoplɪftɪŋ] *s* kradzież sklepowa
shop•ping cen•tre [`ʃopɪŋsentə(r)] *s* centrum handlowe

shore [ʃɔ(r)] *s* brzeg (*morza, jeziora*), wybrzeże

short [ʃɔt] *adj* krótki; niski; ~ **circuit** krótkie spięcie; ~ **cut** skrót; ~ **story** opowiadanie; nowela; ~ **of breath** bez tchu; **be ~ of sth** brakować czegoś; *s pot.* zwarcie; *pl* **~s** szorty; **in ~** krótko mówiąc

short•age [ˋʃɔtɪdʒ] *s* niedobór

short•com•ing [ˋʃɔtkʌmɪŋ] *s* wada, brak

short•en [ˋʃɔtən] *vt* skrócić; *vi* skrócić się, zmaleć

short•hand [ˋʃɔthænd] *s* stenografia

short•ly [ˋʃɔtlɪ] *adv* wkrótce; pokrótce

short•sight•ed [ˈʃɔtˋsaɪtɪd] *adj* krótkowzroczny

shot[1] *zob.* **shoot**

shot[2] [ʃot] *s* strzał; śrut; strzelec; próba; *fot.* zdjęcie; *pot.* zastrzyk; *pot.* **big ~** gruba ryba; *przen.* **have a ~ at sth** próbować czegoś

should [ʃʊd] *aux* (*tryb warunkowy*): **I ~ go** poszedłbym; (*powinność*) **you ~ work** powinieneś pracować; (*przypuszczenie*) **I ~ say so** chyba tak

shoul•der [ˋʃəʊldə(r)] *s* ramię, bark; **~ to ~** ramię w ramię; **shrug one's ~s** wzruszać ramionami; *vt* brać na ramię; *przen.* brać na siebie; *anat.* **~ blade** łopatka

shouldn't [ˋʃʊdnt] = **should not**

shout [ʃaʊt] *vi* krzyczeć (**at sb** na kogoś); *s* krzyk

shovel [ˋʃʌvl] *s* szufla, szufelka; łopata; *vt* przerzucać, ładować (*szuflą, łopatą*)

***show** [ʃəʊ], **showed** [ʃəʊd], **shown** [ʃəʊn]) *vt vi* pokazywać (się); wystawiać; **~ around** oprowadzać; **~ in** wprowadzić; **~ off** popisywać się; **~ up** pojawiać się; *s* przedstawienie; pokaz; **~ business** przemysł rozrywkowy

show•case [ˋʃəʊkeɪs] *s* gablota, gablotka; *przen.* wizytówka

show•er [ˋʃɑʊə(r)] *s* przelotny deszcz; prysznic; **have <take> a ~** brać prysznic; *vi* brać prysznic; *vt* obsypywać (*prezentami, pocałunkami*)

show•girl [ˋʃəʊgɜl] *s* piosenkarka <tancerka> (*w nocnym klubie*)

shown *zob.* **show**

show•room [ˋʃəʊrum] *s* salon wystawowy

shrank *zob.* **shrink**

shrewd [ʃrud] *adj* bystry, przenikliwy

show•y [ˋʃəʊɪ] *adj* ostentacyjny; krzykliwy

shriek [ʃrik] *vt vi* krzyczeć, piszczeć; *s* krzyk, pisk

shrimp [ʃrɪmp] *s* krewetka

shrine [ʃrɑɪn] *s* sanktuarium; relikwiarz

***shrink** [ʃrɪŋk], **shrank** [ʃræŋk], **shrunk** [ʃrʌŋk]) *vt vi* kurczyć (się); wzdragać się (**from sth** przed czymś)

shrub [ʃrʌb] *s* krzew; krzak

shrug [ʃrʌg] *vi vt* wzruszać ramionami; *s* wzruszenie ramionami; **~ off** *vt* bagatelizować

shud•der [ˋʃʌdə(r)] *vi* drżeć, dygotać; wzdrygać się; *s* dreszcz

shuf•fle [ˋʃʌfl] *vi* powłóczyć <szurać> nogami; *vt* tasować (*karty*); przekładać (*papiery*); **~ (one's feet)** przestępować z nogi na nogę; *s* tasowanie kart; szuranie nogami

shun [ʃʌn] *vt* unikać

***shut, shut, shut** [ʃʌt] *vt vi* zamykać (się); **~ down** zamykać, likwidować; *pot.* **~ up!** cicho bądź!, zamknij się!

shut•tle [ˋʃʌtl] *s* czółenko; wahadłowiec; **~ service** linia lokalna; **space ~** prom kosmiczny; *vi* kursować tam i z powrotem; przewozić

shut•tle•cock [ˋʃʌtlkok] *s* lotka

shut•ter [ˋʃʌtə(r)] *s* okiennica; *fot.* przesłona

shy [ʃɑɪ] *adj* nieśmiały; płochliwy; **be ~ of sth** unikać czegoś

sick [sɪk] *adj* chory; **feel ~** mieć mdłości; **be ~**

and tired mieć dosyć <powyżej uszu> (**of sth** czegoś); *s* **the ~** chorzy

sick•en [`sıkən] *vt* przyprawiać o mdłości; *vi* zachorować (**of sth** na coś)

sick leave [`sıkliv] *s* zwolnienie lekarskie

sick•ness [`sıknəs] *s* choroba; mdłości

side [saıd] *s* strona; bok; **~ by ~** jeden przy drugim; **by the ~ of sth** przy czymś; *sport.* **off ~** na pozycji spalonej; **on my ~** po mojej stronie, z mojej strony; *pot.* **on the ~** na boku, potajemnie; *adj attr* boczny

side•board [`saıdbɔd] *s* kredens

side•walk [`saıdwɔk] *s am.* chodnik

sigh [saı] *vi* wzdychać; *s* westchnienie

sight [saıt] *s* wzrok; widok; celownik; *pot.* pośmiewisko; **at first ~** na pierwszy rzut oka; **love at first ~** miłość od pierwszego wejrzenia; **at <on> ~** natychmiast, bez uprzedzenia; **by ~** z widzenia; **in ~** w polu widzenia; **out of ~** poza zasięgiem wzroku; *vt* zobaczyć

sight•see•ing [`saıtsiıŋ] *s* zwiedzanie; **go ~** udawać się na zwiedzanie

sign [saın] *s* znak; objaw; **road ~** znak drogowy; *vt vi* podpisywać (się); **~ up** zapisywać się (**for sth** na coś)

sig•nal [`sıgnl] *s* sygnał; *vt vi* dawać sygnały, sygnalizować

sig•na•ture [`sıgnətʃə(r)] *s* podpis

sig•nif•i•cant [sıg`nıfıkənt] *adj* znaczący, ważny

sig•nif•i•ca•tion ['sıgnıfı`keıʃən] *s* znaczenie, sens

sig•ni•fy [`sıgnıfaı] *vt* oznaczać, znaczyć; wyrazić

sign•post [`saınpəust] *s* drogowskaz

si•lence [`saıləns] *s* milczenie, cisza; **in ~** w milczeniu; **keep ~** zachowywać ciszę; *vt* uciszać; *int* spokój!, cisza!

si•lenc•er [`saılənsə(r)] *s mot.* tłumik

si•lent [`saılənt] *adj* cichy; milczący
sil•hou•ette [sılʊ`et] *s* sylwetka, zarys
sil•i•con [`sılıkən] *s* krzem
silk [sılk] *s* jedwab
silk•y [`sılkı] *adj przen.* jedwabisty
sill [sıl] *s* próg (*samochodu*); parapet
sil•ly [`sılı] *adj* głupi; niedorzeczny
sil•ver [`sılvə(r)] *s* srebro; *adj* srebrny; srebrzysty
sim•i•lar [`sımılə(r)] *adj* podobny (**to sb <sth>** do kogoś <czegoś>)
sim•i•lar•i•ty ['sımı`lærıtı] *s* podobieństwo
sim•mer [`sımə(r)] *vt vi* gotować (się) na wolnym ogniu; *przen.* być podnieconym
sim•ple [`sımpl] *adj* prosty; (*o człowieku*) ograniczony
sim•pli•ci•ty [sım`plısıtı] *s* prostota
sim•pli•fy [`sımplıfaı] *vt* upraszczać, ułatwiać
sim•ply [`sımplı] *adv* prosto; po prostu
sim•u•late [`sımjʊleıt] *vt* naśladować; symulować
sim•ul•ta•ne•ous ['sıməl`teınıəs] *adj* równoczesny
sin [sın] *s* grzech; *vi* grzeszyć
since [sıns] *adv* od tego czasu; **long ~** dawno temu; *praep* od (*określonego czasu*); **~ Sunday** od niedzieli; **~ when?** od kiedy?; *conj* odkąd; ponieważ, skoro
sin•cere [sın`sıə(r)] *adj* szczery
sin•ful [`sınfʊl] *adj* grzeszny
***sing** [sıŋ], **sang** [sæŋ], **sung** [sʌŋ] *vt vi* śpiewać
sing•er [`sıŋə(r)] *s* śpiewak
sin•gle [`sıŋgl] *adj* pojedynczy; jeden; nieżonaty; niezamężna; pokój jednoosobowy; *s bryt.* bilet w jedną stronę; *vt*: **~ out** wyróżniać, wybierać
sin•gu•lar [`sıŋgjʊlə(r)] *adj* pojedynczy; szczególny, niezwykły; *s gram.* liczba pojedyncza

sin•is•ter [`sınıstə(r)] *adj* złowieszczy, złowrogi; ponury, groźny

***sink** [sıŋk], **sank** [sæŋk], **sunk** [sʌŋk] *vt vi* zanurzać (się); topić (się); tonąć; opadać; *s* zlew

sin•ner [`sınə(r)] *s* grzesznik

sip [sıp] *vt* wolno pić, sączyć; *s* łyczek

si•phon [`saıfən] *s* syfon

sir [sɜ(r)] *s*: (*forma grzecznościowa*) **yes, ~** tak, proszę pana; (*w listach*) **Dear Sir!** Szanowny Panie!; (*tytuł szlachecki*) **Sir James Wilson** Sir James Wilson

si•ren [`saırın] *s* syrena

sis•ter [`sıstə(r)] *s* siostra

sis•ter-in-law [`sıstərınlɔ] *s* szwagierka, bratowa

***sit** [sıt], **sat, sat** [sæt] *vi* siedzieć; zasiadać; obradować; przystępować (*do egzaminu*); wysiadywać; **~ down** siadać; **~ for sth** przystępować do czegoś; **~ up** podnieść się (*do pozycji siedzącej*); nie kłaść się spać do późna

site [saıt] *s* miejsce; **construction ~** plac budowy

sit•ting room [`sıtıŋrʊm] *s bryt.* duży pokój, salon(ik)

sit•u•ate [`sıtʃʊeıt] *vt* umieszczać; **be ~d** być położonym, mieścić się

sit•u•a•tion [sıtʃʊ`eıʃən] *s* sytuacja; stanowisko; położenie

six [sıks] *num* sześć

six•fold [`sıksfəʊld] *adj* sześciokrotny; *adv* sześciokrotnie

six•teen ['sık`stin] *num* szesnaście

six•teenth ['sık`stinθ] *adj* szesnasty

sixth [`sıksθ] *adj* szósty

six•ti•eth [`sıkstıəθ] *adj* sześćdziesiąty

six•ty [`sıkstı] *num* sześćdziesiąt

size [saız] *s* rozmiar, numer; wielkość

skate [skeıt] *vi* jeździć (*na łyżwach*); *s* łyżwa; (*także* **roller ~**) wrotka

skel•e•ton [`skelıtn] *s* szkielet

sketch [sketʃ] *s* szkic; skecz; *vt* szkicować
ski [ski] *s* narta; *vi* jeździć na nartach
skid [skɪd] *s* poślizg; *vi* poślizgnąć się; (*o samochodzie*) zarzucić, wpaść w poślizg
ski•er [`skiə(r)] *s* narciarz
ski•ing [`skiɪŋ] *s* narciarstwo
skil•ful [`skɪlfʊl] *adj* zręczny, wprawny
skill [skɪl] *s* umiejętność; zręczność, wprawa
skilled [skɪld] *adj* wprawny; (*o robotniku*) wykwalifikowany
skin [skɪn] *s* skóra (*ludzi, zwierząt*); skórka (*owoców i warzyw*); łupina; *vt* zdejmować skórę
skin•deep ['skɪn`dip] *adj* powierzchowny
skin•ny [`skɪnɪ] *adj* chudy
skip [skɪp] *vt vi* podskakiwać; skakać (*na skakance*); przeskakiwać, pomijać; *s* podskok
skirt [skɜt] *s* spódnica; *vt* objeżdżać; *przen.* obchodzić
skull [skʌl] *s* czaszka; *pot.* **thick ~** tępa głowa
sky [skɑɪ] *s* niebo
sky•lark [`skɑɪlɑk] *s* skowronek; *vt* dokazywać
sky•light [`skɑɪlɑɪt] *s* świetlik, okno dachowe
sky•line [`skɑɪlɑɪn] *s* linia horyzontu; sylwetka (*miasta*) na tle nieba
sky•scrap•er [`skɑɪskreɪpə(r)] *s* drapacz chmur, wieżowiec
slack [slæk] *adj* luźny; rozluźniony; wiotki; niedbały; *s pl* **~s** spodnie; *vi pot.* obijać się
slam [slæm] *vt vi* trzaskać (*drzwiami*); zatrzasnąć (się); *s* trzaśnięcie, trzask; (*w brydżu*) szlem
slan•der [`slɑndə(r)] *s* oszczerstwo, potwarz; *vt* rzucać oszczerstwa
slang [slæŋ] *s* slang, żargon
slant [slɑnt] *vi* skośnie padać; *vt* nadawać skośny kierunek; *s* skośny kierunek, skos; nachylenie; **on the ~** skośnie

slap [slæp] *s* klaps; **~ in the face** policzek; *vt* dawać klapsa
slaugh•ter [ˋslɔtə(r)] *s* rzeź; *vt* dokonywać rzezi
Slav [slɑv] *s* Słowianin; *adj* słowiański
slave [sleɪv] *s* niewolnik; *vi* harować
sla•ve•ry [ˋsleɪvərɪ] *s* niewolnictwo
Slav•ic [ˋslɑvɪk] *adj* słowiański
Sla•von•ic [sləˋvonɪk] *adj* słowiański; *s* język słowiański
sled [sled] *am. zob.* **sledge**
sledge [sledʒ] *s* sanie; sanki; *vi* jechać saniami
sleek [slik] *adj* gładki; lśniący
***sleep** [slip], **slept, slept** [slept] *vi* spać; *s* sen
sleep•er [ˋslipə(r)] *s* wagon sypialny
sleep•ing bag [ˋslipɪŋbæg] *s* śpiwór
sleep•ing car [ˋslipɪŋkɑ(r)] *s* wagon sypialny
sleep•less [ˋsliplɪs] *adj* bezsenny
sleep•y [ˋslipɪ] *adj* senny, śpiący; ospały
sleep•y•head [ˋslipɪhed] *s pot.* śpioch
sleet [slit] *s* deszcz ze śniegiem; *vi*: **it ~s** pada deszcz ze śniegiem
sleeve [sliv] *s* rękaw; okładka (*płyty*); **have sth up one's ~** mieć coś w zanadrzu
sleigh [sleɪ] *s* sanie
slen•der [ˋslendə(r)] *adj* smukły, szczupły; znikomy
slept *zob.* **sleep**
slice [slɑɪs] *s* kromka, kawałek; plasterek (*szynki*); *vt* kroić w plasterki
***slide** [slɑɪd], **slid, slid** [slɪd] *vi* ślizgać się; wyślizgnąć się; *vt* przesuwać; *s* zsuwanie się; zjeżdżalnia; *fot.* slajd; *bryt.* spinka (*do włosów*), wsuwka
slight [slɑɪt] *adj* nieznaczny, drobny
slim [slɪm] *adj* szczupły; nikły; *vt vi* odchudzać (się); wyszczupleć
slime [slɑɪm] *s* szlam; śluz
slip [slɪp] *vi* poślizgnąć się; wślizgnąć się (**into**

the room do pokoju); wymknąć się (**out of the house** z domu); ~ **out** wyślizgnąć się; *vt* zrzucić (*ubranie*); *s* poślizgnięcie się; omyłka; halka; ~ **of the tongue** przejęzyczenie

slip•per [ˋslɪpə(r)] *s* pantofel (*domowy*), kapeć

slip•per•y [ˋslɪpərɪ] *adj* śliski; (*o osobie*) niepewny

slip•shod [ˋslɪpʃəd] *adj* niedbały; niechlujny

***slit, slit, slit** [slɪt] *vt* rozcinać; podrzynać; *s* szczelina, szpara; nacięcie

slith•er [ˋslɪðə(r)] *vi* ślizgać się; wślizgiwać się; poślizgnąć się

slope [sləʊp] *s* pochyłość, nachylenie; zbocze; *vt vi* nachylać (się), być pochylonym

slop•py [ˋslopɪ] *adj pot.* niechlujny, zaniedbany; ckliwy, łzawy

slot [slot] *s* szpara, otwór; *vt*: ~ **in** wrzucać; ~ **into** wchodzić, pasować

slov•en•ly [ˋslʌvənlɪ] *adj* niechlujny, niedbały

slow [sləʊ] *adj* wolny, powolny, **be** ~ działać powoli, (*o zegarku*) spóźniać się; *vt vi* (*zw.* ~ **down** <**up**>) zwalniać, zmniejszać szybkość; *adv* wolno, powoli

slow•ly [ˋsləʊlɪ] *adv* powoli

slug [slʌg] *s* ślimak (*bez muszli*); *pot. am.* kula, nabój

slug•gish [ˋslʌgɪʃ] *adj* leniwy, powolny, ospały

sluice [slus] *s* śluza; *vt* spłukiwać

slush [slʌʃ] *s* śnieg z błotem, chlapa

slut [slʌt] *s pejor.* dziwka; *pot.* fleja

sly [slɑɪ] *adj* przebiegły, sprytny

smack[1] [smæk] *vi* mieć posmak; trącić (**of sth** czymś)

smack[2] [smæk] *vt vi* dawać klapsa; ~ **one's lips** mlasnąć; cmoknąć; *s* klaps; policzek; cmoknięcie; trzask, trzaśnięcie

small [smɔl] *adj* mały; ~ **change** drobne (*pienią-*

dze); ~ **hours** wczesne godziny ranne; ~ **talk** rozmowa towarzyska

small•pox [ˋsmɔlpoks] *s med.* ospa

smart [smɑt] *adj* elegancki; modny; *am.* bystry, inteligentny; *vi* boleć, kłuć, piec

smash [smæʃ] *vt* rozbijać, roztrzaskiwać; *s* trzask; silny cios; kraksa; *pot.* przebój

smat•ter•ing [ˋsmætərɪŋ] *s* powierzchowna wiedza; *pot.* blade pojęcie

smear [smɪə(r)] *s* plama, smuga; *med.* wymaz; oszczerstwo; *vt* usmarować, umazać; rozmazywać

***smell** [smel], **smelt, smelt** [smelt] *lub* **~ed, ~ed** [smeld] *vi* pachnieć; śmierdzieć (**of sth** czymś); *vt* wąchać, węszyć; *pot.* ~ **a rat** przeczuwać podstęp; *s* węch; zapach; smród

smell•y [ˋsmelɪ] *adj pot.* śmierdzący

smelt *zob.* **smell**

smile [smɑɪl] *s* uśmiech; *vi* uśmiechać się (**at sb** do kogoś)

smith•y [ˋsmɪðɪ] *s* kuźnia

smog [smog] *s* smog

smoke [sməʊk] *s* dym; **have a** ~ zapalić papierosa; *vt vi* palić (*tytoń*); dymić (się); wędzić

smok•er [ˋsməʊkə(r)] *s* palacz (*tytoniu*); przedział <wagon> dla palących

smoke•screen [ˋsməʊkskrin] *s dosł.* i *przen.* zasłona dymna

smok•ing [ˋsməʊkɪŋ] *s* palenie; **no** ~ palenie wzbronione

smok•y [ˋsməʊkɪ] *adj* zadymiony; pachnący dymem

smooth [smuð] *adj* gładki; równy; *vt* wygładzać

smug•gle [ˋsmʌgl] *vt* przemycać

snack [snæk] *s* przekąska; ~ **bar** bar, bufet; **have a** ~ przekąsić, przegryźć

snail [sneɪl] *s* ślimak

snake [sneɪk] *s* wąż

snap [snæp] *vt vi* pękać;

łamać; chwytać; *fot.* robić zdjęcie; ~ **one's fingers** pstrykać palcami; ~ **at** warczeć; kłapać zębami; *s* trzask; *pot.* zdjęcie; *adj* nagły

snap•py [ˋsnæpɪ] *adj* opryskliwy; *pot.* żwawy; szykowny; ~ **dresser** elegant, elegantka; **make it** ~ pośpiesz się

snap•shot [ˋsnæpʃot] *s pot.* zdjęcie

snarl [snɑl] *vi* warczeć; *s* warczenie

snatch [snætʃ] *vt* porywać, chwytać; *vi* chwytać się (**at sth** czegoś); ~ **a look** rzucić ukradkowe spojrzenie; *s* szybki chwyt; urywek

sneak [snik] *vi* zakradać się; *bryt. pot.* skarżyć (**on sb** na kogoś); *vt pot.* zwędzić, podkraść; *s pot.* donosiciel

sneak•ers [ˋsnikəz] *pl am.* tenisówki

sneer [snɪə(r)] *vi* szydzić (**at sb <sth>** z kogoś <czegoś>); *s* szyderczy uśmiech; szyderstwo

sneeze [sniz] *vi* kichać; *s* kichnięcie

sniff [snɪf] *vi* pociągać nosem; *vt* wąchać, węszyć; *s* pociąganie nosem

snob [snob] *s* snob

snob•be•ry [ˋsnobərɪ] *s* snobizm

snob•bish [ˋsnobɪʃ] *adj* snobistyczny

snore [snɔ(r)] *vi* chrapać; *s* chrapanie

snor•kel [ˋsnɔkl] *s* fajka (*do nurkowania*)

snort [snɔt] *vt vi* parsknąć, prychnąć, sapnąć; *s* parskanie

snow [snəʊ] *s* śnieg; *vi* (*o śniegu*) padać

snow•ball [ˋsnəʊbɔl] *s* śnieżka; *vi przen.* rosnąć w szybkim tempie

snow•drift [ˋsnəʊdrɪft] *s* zaspa śnieżna

snow•drop [ˋsnəʊdrop] *s* przebiśnieg

snow•flake [ˋsnəʊfleɪk] *s* płatek śniegu

snow•man [ˋsnəʊmæn] *s* bałwan (*ze śniegu*)

snow•storm [ˋsnəʊstɔm] *s* burza śnieżna, śnieżyca

snub [snʌb] *vt* ignorować, zrobić afront; *s* afront; *adj* (*o nosie*) zadarty

snug [snʌg] *adj* miły, wygodny; przytulny; (*o ubraniu*) przylegający

so [səʊ] *adv* tak, w ten sposób; **he is so fat** on jest taki gruby; **I hope so** mam nadzieję, że tak; **so as to** ażeby, żeby; **so far** jak dotąd, na razie; **so many** tak wiele; **so much** tak dużo; **so so** tak sobie; **so to say** że tak powiem; **ten or so** z dziesięć; **so long!** tymczasem!; na razie!; *conj* więc, a więc

soak [səʊk] *vt* zmoczyć, przemoczyć; *vi* nasiąkać; moczyć się; ~ **up** wchłaniać

soap [səʊp] *s* mydło; **bar of** ~ kostka mydła; ~ **opera** telenowela, mydlana opera; *vt* mydlić

soar [sɔ] *vi* unosić się, wzbijać się

sob [sob] *vi* łkać, szlochać; *s* szloch

so•ber [ˋsəʊbə(r)] *adj* trzeźwy; trzeźwo myślący; ~ **up** *vt* otrzeźwić; *vi* wytrzeźwieć

so•called [ˈsəʊˋkɔld] *adj* tak zwany

soc•cer [ˋsokə(r)] *s sport.* piłka nożna (*europejska*); ~ **pitch** boisko piłkarskie

so•cia•ble [ˋsəʊʃəbl] *adj* towarzyski

so•cial [ˋsəʊʃl] *adj* społeczny; socjalny; towarzyski; ~ **security** ubezpieczenia społeczne

so•cial•is•m [ˋsəʊʃəlɪzəm] *s* socjalizm

so•cial•ize [ˋsəʊʃəlɑɪz] *vi* utrzymywać stosunki towarzyskie (**with sb** z kimś); udzielać się towarzysko

so•ci•e•ty [səˋsɑɪətɪ] *s* społeczeństwo; społeczność; stowarzyszenie

so•ci•ol•o•gy [ˈsəʊsɪˋolədʒɪ] *s* socjologia

sock [sok] *s* skarpetka

sock•et [ˋsokɪt] *s bryt. techn.* gniazdko; wgłębienie, jama; oczodół

so•da [ˋsəʊdə] *s* soda; (*także* ~ **water**) woda sodowa; napój gazowany

so•fa [ˋsəʊfə] *s* sofa, kanapa
soft [soft] *adj* miękki; delikatny; cichy; ~ **drink** napój bezalkoholowy
soft-boiled [ˋsoftbɔɪld] *adj*: ~ **egg** jajko na miękko
soft•en [ˋsofn] *vt* zmiękczać; *vi* mięknąć
soft•heart•ed [softˋhɑtɪd] *adj* o miękkim sercu
soft•ware [ˋsoftweə(r)] *s komp.* software
sog•gy [ˋsogɪ] *adj* rozmokły; mokry
soil [sɔɪl] *s* gleba, ziemia; *vt* plamić, brudzić
so•lar [ˋsəʊlə(r)] *adj* słoneczny
sold *zob.* **sell**
sol•dier [ˋsəʊldʒə(r)] *s* żołnierz
sole [səʊl] *s* podeszwa, zelówka; *zool.* sola; *adj* jedyny; wyłączny; *vt* zelować
sol•emn [ˋsoləm] *adj* uroczysty
so•lem•ni•ty [səˋlemnɪtɪ] *s* powaga
so•lic•i•tor [səˋlɪsɪtə(r)] *s bryt.* prawnik, adwokat
sol•id [ˋsolɪd] *adj* stały; lity; solidny; pewny, niezawodny; *s* ciało stałe; *pl* ~**s** pokarm stały
sol•i•dar•i•ty [ˈsolɪˋdærɪtɪ] *s* solidarność
so•lid•i•ty [səˋlɪdɪtɪ] *s* solidność; masywność, trwałość
sol•i•tude [ˋsolɪtjud] *s* samotność
so•lo•ist [ˋsəʊləʊɪst] *s* solista
so•lu•tion [səˋluʃən] *s* rozwiązanie (*problemu*); *chem.* roztwór
solve [solv] *vt* rozwiązywać (*zagadkę*)
sol•vent [ˋsolvənt] *s* rozpuszczalnik; *adj* wypłacalny
some [sʌm] *adj pron* pewien, jakiś; trochę; kilka; *adv* około, mniej więcej
some•bod•y [ˋsʌmbədɪ] *pron* ktoś
some•how [ˋsʌmhɑʊ] *adv* jakoś
some•one [ˋsʌmwʌn] *pron* ktoś
some•thing [ˋsʌmθɪŋ] *pron* coś; ~ **old <new>** coś starego <nowego>

some•time [ˋsʌmtaɪm] *adv* kiedyś; *adj attr* były
some•times [ˋsʌmtaɪmz] *adv* czasem, niekiedy
some•what [ˋsʌmwot] *adv* nieco, w pewnym stopniu
some•where [ˋsʌmweə(r)] *adv* gdzieś; ~ **else** gdzieś indziej
son [sʌn] *s* syn
so•na•ta [səˋnɑtə] *s* sonata
song [soŋ] *s* pieśń; piosenka; śpiew (*ptaka*)
son-in-law [ˋsʌnɪnlɔ] *s* zięć
son•net [ˋsonɪt] *s* sonet
soon [sun] *adv* wkrótce; wcześnie; **as ~ as** skoro tylko; **as ~ as possible** możliwie najwcześniej; **I would ~er die than marry you** wolałabym umrzeć niż ciebie poślubić; **no ~er had we sat than...** ledwie usiedliśmy, gdy...
soon•er [ˋsunə(r)] *adv* prędzej
soot [sut] *s* sadza
soothe [suð] *vt* łagodzić, koić, uspokajać
so•phis•ti•cat•ed [səˋfɪstɪkeɪtɪd] *adj* wyszukany, wymyślny, wyrafinowany
soph•o•more [ˋsofəmɔ(r)] *s am.* student drugiego roku
sore [sɔ(r)] *adj* bolesny, obolały; drażliwy; **he has a ~ throat** boli go gardło; *s* owrzodzenie; rana
sor•row [ˋsorəʊ] *s* smutek
sor•ry [ˋsorɪ] *adj* smutny; zmartwiony; **feel ~** współczuć (**for sb** komuś); **be ~** przepraszać (**about sth** za coś); **(I'm) ~** przykro mi; przepraszam; **I'm ~ for you** żal mi ciebie; **I'm ~ to tell you that...** z przykrością muszę ci powiedzieć, że...
sort [sɔt] *s* rodzaj; gatunek; **nothing of the ~** nic podobnego; *pot.* **~ of** coś w tym rodzaju, jakiś taki; **it's ~ of strange** to jest jakieś takie dziwne; **what ~ of...?** jaki to...?; *vt* sortować

sor•tie [`sɔtɪ] *s* wypad (*także woj.*)
so-so ['səʊ`səʊ] *adj pot.* taki sobie, znośny; *adv* jako tako, tak sobie, znośnie
sought *zob.* **seek**
soul [səʊl] *s* dusza; duch; **poor ~** biedactwo; **heart and ~** całą duszą; **not a ~** ani żywej duszy
sound[1] [saʊnd] *s* dźwięk; odgłos; *vi* dzwonić; wydawać się; brzmieć; *vt* włączać (*alarm*); dawać sygnał (**sth** do czegoś)
sound[2] [saʊnd] *adj* zdrowy; rozsądny (*argument*); solidny, dogłębny; (*o śnie*) głęboki
sound[3] [saʊnd] *s med. mors.* sonda; *vt* sondować
sound•proof [`saʊndpruf] *adj* dźwiękoszczelny
sound•track [`saʊndtræk] *s* ścieżka dźwiękowa
soup [sup] *s* zupa
sour [`saʊə(r)] *adj* kwaśny; skwaśniały; cierpki; **~ cream** śmietana; **go <turn> ~** kwaśnieć
source [sɔs] *s dosł.* i *przen.* źródło
south [saʊθ] *s geogr.* południe; *adj attr* południowy; *adv* na południe; **~ of sth** na południe od czegoś
south•ern [`sʌðən] *adj* południowy
sou•ve•nir ['suvə`nɪə(r)] *s* pamiątka
sove•reign [`sovrɪn] *s* władca; monarcha; *adj* suwerenny; najwyższy
***sow** [səʊ], **sowed** [səʊd], **sown** [səʊn] *lub* **sowed** [səʊd] *vt* siać, zasiewać
spa [spɑ] *s* uzdrowisko
space [speɪs] *s* przestrzeń; miejsce (*puste*); (*o czasie*) okres; *druk.* spacja; **(outer) ~** przestrzeń kosmiczna; rozmieścić; *adj pot.* **~d out** oszołomiony
space•man [`speɪsmæn] *s* kosmonauta
space•ship [`speɪsʃɪp] *s* statek kosmiczny
spa•cious [`speɪʃəs] *adj* obszerny, przestronny
spade [speɪd] *s* łopata; pik (*w kartach*); **call a ~ a ~** nazywać rzeczy po imieniu

spade•work [ˋspeɪdwɜk] *s przen.* czarna robota

span [spæn] *s* rozpiętość; okres; zasięg; *vt* obejmować; rozciągać się

Span•iard [ˋspænjəd] *s* Hiszpan, Hiszpanka

Span•ish [ˋspænɪʃ] *adj* hiszpański; *s* język hiszpański

spank [spæŋk] *s* uderzenie dłonią, klaps; *vt* dawać klapsa

spare [speə(r)] *vt* oszczędzać (*kłopotu*); mieć w zapasie; **I have no time to ~** nie mam ani chwili wolnego czasu; *adj* zapasowy; wolny; **~ room** pokój gościnny; **~ parts** części zapasowe; **~ time** wolny czas; *s* część zamienna

spark [spɑk] *s* iskra; *przen.* przebłysk; *vi* iskrzyć (się)

spark•(ing) plug [ˋspɑk(ɪŋ)plʌg] *s techn.* świeca zapłonowa

spar•kle [ˋspɑkl] *s* połysk, migotanie; *vi* skrzyć się, połyskiwać

spark•ling [ˋspɑklɪŋ] *adj* gazowany; (*o winie*) musujący; *przen.* błyskotliwy

spar•row [ˋspærəʊ] *s* wróbel

sparse [spɑs] *s* rzadki; skąpy; nieliczny

spat *zob.* **spit**

spa•tial [ˋspeɪʃəl] *adj* przestrzenny

spat•ter [ˋspætə(r)] *vt* chlapać, rozpryskiwać

***speak** [spik], **spoke** [spəʊk], **spo•ken** [ˋspəʊkn] *vt vi* mówić (**about <of> sb <sth>** o kimś <czymś>); rozmawiać; przemawiać; **~ one's mind** wyrażać swoje myśli; **~ for sb** przemawiać w czyimś imieniu; **~ out** otwarcie wypowiadać się; **~ up** głośno powiedzieć

speak•er [ˋspikə(r)] *s* mówca; głośnik

speak•ing [ˋspikɪŋ] *adj* mówiący; *bryt.* **~ clock** zegarynka; **not to be on ~ terms** nie rozmawiać ze sobą, gniewać się

spear [spɪə(r)] *s* włócznia; *vt* przebić włócznią

spe•cial [ˋspeʃəl] *adj* spe-

cjalny, szczególny; **nothing** ~ nic szczególnego
spe•cial•ist [ˋspeʃəlɪst] *s* specjalista
spe•cial•ize [ˋspeʃəlaɪz] *vi* specjalizować się
spe•ci•al•i•ty, *am.* **spe•cial•ty** ['speʃɪˋælɪtɪ, ˋspeʃəltɪ] *s* specjalność
spe•cial•ty *zob.* **speciality**
spe•cies [ˋspiʃiz] *s* (*pl* ~) rodzaj; *biol.* gatunek
spe•cif•ic [spəˋsɪfɪk] *adj* swoisty; ściśle określony; charakterystyczny
spec•i•fy [ˋspesɪfaɪ] *vt* wyszczególniać; precyzować
spe•ci•men [ˋspesɪmən] *s* okaz; próbka
spec•ta•cle [ˋspektəkl] *s* widowisko; niezwykły widok; *pl* **~s** okulary
spec•ta•tor [spekˋteɪtə(r)] *s* widz
spec•u•late [ˋspekjuleɪt] *vi* spekulować (**in sth** czymś); grać na giełdzie; rozważać (**on <about> sth** coś)
sped *zob.* **speed**
speech [spitʃ] *s* mowa; przemówienie; **deliver <make> a ~** wygłosić mowę
speech•less [ˋspitʃlɪs] *adj* oniemiały
***speed** [spid], **sped, sped** [sped] *vi* pędzić, śpieszyć się; **~ up** przyśpieszać; *s* prędkość, szybkość; **at top <full> ~** z dużą prędkością; **~ limit** ograniczenie prędkości; **more haste, less ~** śpiesz się powoli
speed•y [ˋspidɪ] *adj* szybki, pośpieszny
***spell¹** [spel], **spelt, spelt** [spelt] *lub* **~ed, ~ed** [speld] *vt* literować; przeliterować
spell² [spel] *s* urok, czar; **cast a ~** rzucać urok
spell•bound [ˋspelbaʊnd] *adj* oczarowany, urzeczony
spell•ing [ˋspelɪŋ] *s* pisownia; ortografia
spelt *zob.* **spell¹**
***spend** [spend], **spent, spent** [spent] *vt* wydawać (*pieniądze*); spędzać (*czas*)
spend•thrift [ˋspendθrɪft] *s* rozrzutnik

spent *zob.* **spend**
sphere [`sfɪə(r)] *s* kula; sfera, zakres
spice [spaɪs] *s* przyprawa; *vt* przyprawiać
spic•y [`spaɪsɪ] *adj* pikantny, ostry
spi•der [`spaɪdə(r)] *s* pająk
spike [spaɪk] *s* kolec, ostrze; ~ **heels** szpilki (*pantofle*); *vt* przebić ostrzem
spik•y [`spaɪkɪ] *adj* kolczasty; najeżony kolcami
***spill** [spɪl], **spilt, spilt** [spɪlt] *lub* **~ed, ~ed** [spɪld] *vt vi* rozlewać (się), wylewać (się); *s* rozlanie
***spin** [spɪn], **span** [spæn], **spun** [spʌn] *vt vi* obracać (się), kręcić (się); prząść; *s* kręcenie się, wirowanie; *pot.* przejażdżka (*samochodem*); *bryt.* ~ **dryer** wirówka
spin•ach [`spɪnɪdʒ] *s* szpinak
spine [spaɪn] *s anat.* kręgosłup; kolec; grzbiet (*książki*)
spi•ral [`spaɪərəl] *adj* spiralny; *s* spirala
spire [`spaɪə(r)] *s* iglica
spir•it [`spɪrɪt] *s* duch; dusza; męstwo; zapał; (*także* **~s**) spirytus; *pl* **~s** nastrój; napoje alkoholowe; **in high <low> ~s** w doskonałym <złym> nastroju
spir•i•tu•al [`spɪrɪtʃʊəl] *adj* duchowy; *s* religijna pieśń murzyńska
spir•i•tu•al•is•m [`spɪrɪtʃʊəlɪzəm] *s* spirytyzm
***spit** [spɪt], **spat, spat** [spæt] *vt vi* pluć; siąpić; *pot.* ~ **it out!** gadaj, co myślisz!; *s* plwocina
spite [spaɪt] *s* złość; złośliwość; **in ~ of sth** pomimo czegoś; **out of ~** ze złośliwości
spite•ful [`spaɪtfʊl] *adj* złośliwy
splash [splæʃ] *vt vi* pluskać (się), chlapać (się); *s* plusk; chlapnięcie; plama; *pot.* sensacja; **make a ~** wzbudzić sensację
spleen [splin] *s anat.* śledziona; *przen.* chandra

splen•did [ˋsplendɪd] *adj* wspaniały, doskonały
splen•do(u)r [ˋsplendə(r)] *s* wspaniałość; przepych
splin•ter [ˋsplɪntə(r)] *s* drzazga, odłamek; *vt vi* rozszczepić (się), rozłupać (się)
***split, split, split** [splɪt] *vt vi* dzielić (się); rozdzierać (się); *s* pęknięcie; podział
split•ting [ˋsplɪtɪŋ] *adj* ostry; rozsadzający
***spoil** [spɔɪl], **spoilt, spoilt** [spɔɪlt] *vt* psuć, niszczyć; psuć, rozpieszczać (*dziecko*); *vi* psuć się, niszczeć
spoilt *zob.* **spoil**
spoke¹ *zob.* **speak**
spoke² [spəʊk] *s* szprycha; szczebel
spo•ken *zob.* **speak**
spokes•man [ˋspəʊksmən] *s* rzecznik
sponge [spʌndʒ] *s* gąbka; *vt* wycierać gąbką
spon•sor [ˋsponsə(r)] *s* sponsor
spon•sor•ship [ˋsponsəʃɪp] *s* sponsorowanie
spon•ta•ne•ous [sponˋteɪnɪəs] *adj* spontaniczny
spool [spul] *s* szpula; cewka
spoon [spun] *s* łyżka
spoon•ful [ˋspunfʊl] *s* (pełna) łyżka (**of sth** czegoś)
sport [spɔt] *s* (*także pl* **~s**) sport; równy gość; **make ~ of sb <sth>** wyśmiewać się z kogoś <czegoś>
sport•ing [ˋspɔtɪŋ] *adj* sportowy; szlachetny
sports•man [ˋspɔtsmən] *s* sportowiec
sports•wo•man [ˋspɔtswʊmən] *s* sportsmenka
spot [spot] *s* plama; kropka; cętka; krosta; miejsce; **on the ~** natychmiast; na miejscu; *vt* zauważać; nakrapiać
spot•less [ˋspotlɪs] *adj* nieskazitelny, bez skazy
spot•light [ˋspɔtlɑɪt] *s* reflektor; centrum uwagi; *vt* zwrócić na coś uwagę
spot•ted [ˋspotɪd] *adj* cętkowany; nakrapiany; w plamy

spot•ty [ˋspotɪ] *s* krostowaty; pryszczaty
sprain [spreɪn] *vt* zwichnąć; *s* zwichnięcie
sprang *zob.* **spring**[1]
sprat [spræt] *s* szprot, szprotka
spray [spreɪ] *s* pył wodny; rozpylacz; *vt vi* rozpylać (się); opryskiwać
***spread** [spred], **spread, spread** [spred] *vt vi* rozpościerać (się); rozciągać (się); rozwijać (się); **~ one's wings** rozwinąć skrzydła; rozprzestrzeniać (się); smarować (się); *s* rozprzestrzenianie (się); zasięg; pasta (*do smarowania pieczywa*); rozkładówka (*w prasie*)
***spring**[1] [sprɪŋ], **sprang** [spræŋ], **sprung** [sprʌŋ] *vi* skakać; **~ up** pojawić się znikąd; zaskoczyć; **he sprang the news on me** zaskoczył mnie tą wiadomością; **~ a leak** zaczynać przeciekać; *s* źródło; sprężyna; skok; **walk with a ~ in one's step** chodzić sprężystym krokiem
spring[2] [sprɪŋ] *s* wiosna
spring•board [ˋsprɪŋbɔd] *s* trampolina
spring•y [ˋsprɪŋɪ] *adj* elastyczny; sprężysty
sprin•kle [ˋsprɪŋkl] *vt vi* skrapiać, spryskiwać, zraszać; *s* kropienie, spryskiwanie; drobny deszcz
sprout [ˋspraʊt] *s* kiełek; odrośl; *vi* zakiełkować; wyrosnąć; *vt* wypuszczać (*pędy, liście*)
spruce[1] [sprus] *s* świerk
spruce[2] [sprus] *adj* wymuskany, schludny; *vt* wyszykować, wystroić
sprung *zob.* **spring**[1]
spun *zob.* **spin**
spurt [spɜt] *vt vi* tryskać; *s* zryw; strumień; **put on a ~** przyśpieszać
spy [spaɪ] *s* szpieg; *vi* szpiegować (**on sb** kogoś)
squab•ble [ˋskwobl] *s* kłótnia, sprzeczka; *vi* sprzeczać się, kłócić
squad [skwod] *s woj.* oddział; grupa; **firing ~** pluton egzekucyjny

squad•ron [ˋskwodrən] *s* szwadron; eskadra
square [skweə(r)] *s* kwadrat; (*kwadratowy*) plac; ekierka; *adj* kwadratowy; solidny; **six ~ metres** sześć metrów kwadratowych; *mat.* **~ root** pierwiastek; *vt* nadawać kwadratowy kształt; pokratkować (*papier*); *mat.* podnieść do kwadratu; **~ one's shoulders** rozprostowywać ramiona
squash [skwoʃ] *vt vi* rozgniatać; gnieść (się); zdusić, stłumić; *s* miazga; sok z cytrusów; *sport.* squash; kabaczek
squat [skwot] *vi* kucać, przykucnąć; mieszkać nielegalnie; *s* kucnięcie; opuszczony budynek; *adj* przysadzisty
squat•ter [ˋskwotə(r)] *adj* dziki lokator
squawk [skwɔk] *vi* skrzeczeć; *s* skrzek
squeak [skwik] *vi* skrzypieć, piszczeć; *s* pisk
squeal [skwil] *vi* piszczeć, kwiczeć; *s* pisk, kwiczenie
squeeze [skwiz] *vt vi* ściskać; wciskać (się); **~ out** wyciskać; *s* uścisk
squint [skwɪnt] *s* zez; ukradkowe spojrzenie; *vi* patrzeć przez przymrużone oczy
squir•rel [ˋskwɪrəl] *s* wiewiórka
stab [stæb] *vt* pchnąć nożem; **~ to death** zasztyletować; *s* ukłucie, pchnięcie; **have a ~ at sth** próbować coś zrobić
sta•bil•i•ty [stəˋbɪlɪtɪ] *s* stabilność
sta•bil•ize [ˋsteɪbɪlɑɪz] *vt vi* ustabilizować (się)
sta•ble [ˋsteɪbl] *adj* stały, trwały
sta•di•um [ˋsteɪdɪəm] *s* (*pl* **sta•di•ums** [ˋsteɪdɪəmz], **sta•dia** [ˋsteɪdɪə]) stadion
staff [stɑf] *s* personel; załoga; laska, kij; *vt* obsadzić (*stanowisko pracownikami*)
stage [steɪdʒ] *s* scena; stadium, okres; etap; **~ manager** reżyser teatralny; *vt* wystawiać (*na scenie*)
stain [steɪn] *vt vi* plamić

(się); *s* plama; ~ **remover** wywabiacz plam

stain•less [ˋsteɪnlɪs] *adj* nierdzewny

stair [steə(r)] *s* schodek; *pl* ~**s** schody

stair•case [ˋsteəkeɪs] *s* klatka schodowa

stair•way [ˋsteəweɪ] *s zob.* **staircase**

stake [steɪk] *s* pal, słup; stos; stawka; udział; **be at** ~ wchodzić w grę; **life is at** ~ tu chodzi o życie; *vt* stawiać, zaryzykować (*sumę pieniędzy*); wzmocnić, podeprzeć; palikować; ~ **a claim** rościć sobie prawo (**to sth** do czegoś)

stale [steɪl] *adj* nieświeży; zwietrzały, stęchły; (*o chlebie*) czerstwy

stall [stɔl] *s* przegroda (*w stajni*); *pl* ~**s** *bryt. teatr.* parter; stoisko; stalle (*w kościele*); *vi* (*o pojeździe*) utknąć; (*o silniku*) zgasnąć; *vt vi* opóźniać, grać na zwłokę

stal•lion [ˋstæljən] *s* ogier

stam•i•na [ˋstæmɪnə] *s* siły życiowe, energia, wytrzymałość

stam•mer [ˋstæmə(r)] *vi* jąkać się; *s* jąkanie

stamp [stæmp] *vt vi* tupać; stemplować; nakleić znaczek pocztowy; *s* znaczek pocztowy; pieczątka, stempel

stance [stæns] *s sport.* pozycja; *przen.* postawa, stanowisko

***stand** [stænd], **stood, stood** [stʊd] *vi* stać; wstawać; *vt* stawiać; znosić, wytrzymywać; zachowywać ważność; ~ **sb a drink** stawiać komuś drinka; ~ **by** być w gotowości; *przen.* stać bezczynnie; ~ **by sb** wspomagać kogoś; ~ **for** oznaczać; reprezentować; ~ **out** rzucać się w oczy; wyróżniać się; ~ **up** wstawać; ~ **up to sth** wytrzymywać, znosić coś; *s* stoisko; stojak; *pl* ~**s** trybuny; **bring to a** ~ zatrzymać, unieruchomić; **come to a** ~ zatrzymać się; **take a** ~

zajmować stanowisko (**on sth** w jakiejś sprawie)

stan•dard [ˋstændəd] *s* norma; poziom, standard; sztandar; **living ~** stopa życiowa; *pl* **~s** obyczaje; *adj* standardowy

stan•dard•ize [ˋstændədɑɪz] *vt* standaryzować, ujednolicać

stand-by [ˋstændbɑɪ] *s* rezerwa; środek awaryjny; **on ~** w pogotowiu

stand-in [ˋstændɪn] *s* zastępca

stand•ing [ˋstændɪŋ] *s* stanie; miejsce; stanowisko; trwanie; *adj* stojący; trwający; obowiązujący

stand•point [ˋstændpoɪnt] *s* punkt widzenia, stanowisko

stand•still [ˋstændstɪl] *s* zastój; *przen.* martwy punkt

stank *zob.* **stink**

stan•za [ˋstænzə] *s* zwrotka

star [stɑ(r)] *s* gwiazda; **the Stars and Stripes** flaga St. Zjednoczonych; *vi teatr., film.* występować w głównej roli

stare [steə(r)] *vi* gapić się; utkwić wzrok; (**at sb <sth>** w kimś <czymś>); *vt* patrzeć (**sb in the face** komuś prosto w oczy); **ruin ~d him in the face** stanął w obliczu ruiny; *s* uważne spojrzenie; uporczywy wzrok

star•ling [ˋstɑlɪŋ] *s* szpak

start [stɑt] *vt vi* rozpoczynać (się); zaczynać (się); uruchamiać (się); startować; **~ off <out>** wyruszyć (**on <for> sth** w drogę, w kierunku...); rozpoczynać; **~ up** rozpoczynać (się); zakładać (*firmę*); uruchamiać (*samochód*); **~ over** rozpoczynać od nowa; **to ~ with** na początek; po pierwsze; *s* start; początek; podskok

start•le [ˋstɑtl] *vt vi* zaskoczyć, przestraszyć

starve [stɑv] *vi* głodować, umierać z głodu; *vt* głodzić; pozbawiać (**sb of sth** kogoś czegoś)

starve•ling [`stavlɪŋ] *s* głodomór

state [steɪt] *s* stan; państwo; **in ~** uroczyście; **~ of affairs** stan rzeczy; **~ of emergency** stan wyjątkowy; **the United States** Stany Zjednoczone; *vt* stwierdzać; oświadczać

state•ment [`steɪtmənt] *s* stwierdzenie; oświadczenie

states•man [`steɪtsmən] *s* mąż stanu

stat•ic [`stætɪk] *adj* statyczny; nieruchomy

sta•tion [`steɪʃən] *s* stacja, dworzec; miejsce, położenie; **police ~** posterunek policji; *vt* wystawiać, lokować; rozmieszczać

sta•tion•er•y [`steɪʃənrɪ] *s* artykuły piśmienne

sta•tis•tics [stə`tɪstɪks] *s* statystyka; dane statystyczne

stat•ue [`stætʃu] *s* statua, posąg

sta•tus [`steɪtəs] *s* status

stat•ute [`stætjut] *s* ustawa; *pl* **~s** statut; **~ book** kodeks

stave [steɪv] *s* *muz.* pięciolinia

stay [steɪ] *vi* pozostawać; przebywać, mieszkać (**at a hotel** w hotelu; **with friends** u przyjaciół); **~ in** pozostawać w domu; **~ out** pozostawać poza domem; *s* pobyt

stay-at-home [`steɪəthəʊm] *s* domator

stead•y [`stedɪ] *adj* stały; równomierny; solidny; *vt vi* stabilizować (się); uspokajać (się)

steak [steɪk] *s* stek

***steal** [stil], **stole** [stəʊl], **stol•en** [`stəʊln] *vt* kraść; *vi* skradać się; **~ away** wykradać się

stealth•y [`stelθɪ] *adj* ukradkowy, potajemny

steam [stim] *s* para (*wodna*); *vi* parować; *vt* gotować na parze

steel [stil] *s* stal; **stainless ~** stal nierdzewna; *adj attr* stalowy

steel•y [`stilɪ] *adj przen.* stalowy

steep [stip] *adj* stromy; *pot.* (*o wymaganiach, cenach*) wygórowany; *vt* zamoczyć

steer [ˋstɪə(r)] *vt vi* sterować; kierować się (**for sth** w stronę czegoś)

steer•ing wheel [ˋstɪərɪŋwil] *s* kierownica

stem [stem] *s* trzon; łodyga; nóżka (*kieliszka*); *vt* zatamować, powstrzymać; *vi* pochodzić (**from sth** z czegoś)

stench [stentʃ] *s* smród

step [step] *s* krok; stopień; **~ by ~** krok za krokiem; stopniowo; **take ~s** poczynić kroki; *vi* kroczyć

step•broth•er [ˋstepbrʌðə(r)] *s* brat przyrodni

step•child [ˋsteptʃaɪld] *s* pasierb, pasierbica

step•fath•er [ˋstepfɑðə(r)] *s* ojczym

step•moth•er [ˋstepmʌðə(r)] *s* macocha

step•sis•ter [ˋstepsɪstə(r)] *s* siostra przyrodnia

ster•e•o [ˋsterɪəʊ] *s* zestaw stereo; *adj* stereofoniczny

ster•e•o•type [ˋstɪərɪətaɪp] *s* stereotyp

ster•il•ize [ˋsterɪlaɪz] *vt* sterylizować; wyjaławiać

stern [stɜn] *adj* surowy, srogi; *s mors.* rufa

stew [stju] *vt kulin.* dusić; *vi* dusić się; *s* duszona potrawa z mięsem i jarzynami, gulasz

stew•ard [ˋstjuəd] *s* steward

stew•ard•ess [ˋstjuədes] *s* stewardesa

***stick** [stɪk], **stuck, stuck** [stʌk] *vt* wbijać; przyklejać; przymocować; *vi* kleić się, lepić się; utkwić; zacinać się; trwać (**to sth** przy czymś); **~ out** wystawać; *s* patyk, kijek; kij; laska

stick•er [ˋstɪkə(r)] *s* naklejka

stick•y [ˋstɪkɪ] *adj* lepki, kleisty; parny

stiff [stɪf] *adj* sztywny; (*o rywalizacji*) zacięty; mocny (*alkohol, lek*); surowy (*wyrok*)

sti•fle [ˋstaɪfl] *vt vi* dusić (się); dławić (się)

still [stɪl] *adv* jeszcze,

nadal, ciągle; mimo to; *adj* nieruchomy; cichy, spokojny; ~ **life** martwa natura

stim•u•lant [`stɪmjʊlənt] *s* bodziec; środek pobudzający

stim•u•late [`stɪmjʊleɪt] *vt* podniecać; zachęcać, pobudzać

sti•mu•lus [`stɪmjʊləs] *s* (*pl* **sti•mu•li** [`stɪmjʊlɑɪ]) bodziec

***sting** [stɪŋ], **stung, stung** [stʌŋ] *vt vi* żądlić; kłuć; parzyć; (*o oczach*) szczypać; *s* żądło; użądlenie, ukąszenie

stin•gy [`stɪndʒɪ] *adj* skąpy

***stink** [stɪŋk], **stank** [stæŋk], **stunk** [stʌŋk] *vi* śmierdzieć (**of sth** czymś); *s* smród

stir [stɜ(r)] *vt* mieszać; poruszać; *vi* poruszać się; *s* poruszenie; wzburzenie; *dosł.* i *przen.* **not to ~ a finger** nie kiwnąć palcem

stitch [stɪtʃ] *s* szew; ścieg; oczko; kolka (*w boku*); *vt* zszywać

stock [stok] *s* zapas; inwentarz; (*także* **live ~**) żywy inwentarz; ród; wywar; *am. fin.* akcja; **in ~** na składzie; **out of ~** wyprzedany; *vt* mieć na składzie; ~ **up** robić zapasy

stock•brok•er [`stokbrəʊkə(r)] *s* makler giełdowy

stock ex•change [`stokɪkstʃeɪndʒ] *s* giełda papierów wartościowych

stock•ing [`stokɪŋ] *s* pończocha

sto•ic [`stəʊɪk] *s* stoik; *adj* **~(al)** stoicki

stole *zob.* **steal**

sto•len *zob.* **steal**

stom•ach [`stʌmək] *s anat.* żołądek; *pot.* brzuch; **on an empty ~** na czczo

stom•achache [`stʌməkeɪk] *s* ból brzucha

stone [stəʊn] *s* kamień; pestka; *vt* kamienować; drylować

stood *zob.* **stand**

stool [stul] *s* stołek; *med.* stolec

stoop [stup] *vt* pochylić się, zgarbić; poniżyć się

(**to sth** do czegoś); ugiąć się (**to sb** przed kimś)
stop [stop] *vt* zatrzymać; zaprzestać; powstrzymywać; *vi* zatrzymywać się; przestać; ~ **by** wpadać (*z wizytą*); ~ **up** zatykać (*dziurę*); *s* zatrzymanie (się); przystanek; przerwa; **come to a** ~ zatrzymywać się; **put a** ~ **to sth** kłaść kres czemuś
stop•light [`stoplaɪt] *s mot.* światło stopu
stop•o•ver [`stopəʊvə(r)] *s* przerwa (*w podróży*)
stor•age [`stɔrɪdʒ] *s* magazynowanie; składowanie; *komp.* pamięć
store [stɔ(r)] *s* zapasy; skład, magazyn; *am.* sklep; *bryt.* dom towarowy; **in** ~ na przechowaniu; *vt* przechowywać; magazynować
store•house [`stɔhaʊs] *s am.* magazyn
sto•rey, *am.* **sto•ry** [`stɔrɪ] *s* piętro
stork [stɔk] *s* bocian
storm [stɔm] *s* burza; sztorm; **take by** ~ brać szturmem
sto•ry[1] [`stɔrɪ] *s* historia; opowiadanie; historyjka, pogłoska; artykuł (*w prasie*); **short** ~ nowela; opowiadanie
sto•ry[2] *zob.* **storey**
stout [staʊt] *adj* korpulentny; niezłomny
stove [stəʊv] *s* piec; kuchenka
strad•dle [`strædl] *vi* siedzieć okrakiem; stać w rozkroku
straight [streɪt] *adj* prosty; uczciwy; (*o alkoholu*) czysty; *adv* prosto; *s* prosta
straight•en [`streɪtn] *vt* wyprostować (się); *przen.* ~ **things** załagodzić nieporozumienie
strain [streɪn] *vt* nadwerężać; odcedzać; naginać (*fakty, prawdę*); *vi* wytężać się; *s* napięcie, stres; nadwerężenie; *pl* ~**s** dźwięki (*muzyki*); obciążenie
strand[1] [strænd] *s* brzeg, nabrzeże; **be** ~**ed** osiąść

na mieliźnie; znaleźć się w tarapatach

strand[2] [strænd] *s* nitka; sznurek; kosmyk (*włosów*)

strange [streɪndʒ] *adj* dziwny, niezwykły; obcy; **feel ~** czuć się nieswojo

strang•er [ˈstreɪndʒə(r)] *s* obcy (*człowiek*); nieznajomy

stran•gle [ˈstræŋgl] *vt* dusić, dławić

strap [stræp] *s* pasek, rzemień; ramiączko (*sukienki*); *vt* przypinać

stra•ta *zob.* **stratum**

strat•e•gy [ˈstrætədʒɪ] *s* strategia

stra•tum [ˈstrɑtəm, ˈstreɪtəm] *s* (*pl* **stra•ta** [ˈstrɑtə, ˈstreɪtə]) *geol.* warstwa; *przen.* grupa <warstwa> społeczna

straw [strɔ] *s* słoma; słomka

straw•ber•ry [ˈstrɔbrɪ] *s* truskawka

stray [streɪ] *vi* błąkać się, błądzić; zbaczać; *s* przybłęda; *adj* zabłąkany; (*o zwierzętach*) bezpański

streak [strik] *s* smuga; pasmo; (*o predyspozycji, talencie*) żyłka; okres, passa; **like a ~ of lightning** jak błyskawica; *vi* przemykać; *vt* pokryć się smugami

stream [strim] *s* strumień; nurt; **down ~** z prądem; **up ~** pod prąd; *vi* płynąć strumieniem

street [strit] *s* ulica; **~ map** plan miasta; **the man in the ~** szary <przeciętny> człowiek

street•car [ˈstritkɑ(r)] *s* *am.* tramwaj

strength [ˈstreŋθ] *s* siła, moc

strength•en [ˈstreŋθən] *vt vi* wzmacniać (się)

stress [stres] *s* stres; presja; nacisk; akcent; *vt* podkreślać, kłaść nacisk; akcentować

stretch [stretʃ] *vt vi* wyciągać (się); rozciągać (się); przeciągać się; *s* przeciągnięcie się; rozciągliwość; obszar; (*o czasie*) okres; rozpostarcie; rozpiętość; **at a ~** jednym ciągiem

strick•en [ˋstrɪkən] *adj* dotknięty (*chorobą, nieszczęściem*)

strict [strɪkt] *adj* surowy; ścisły, dokładny

strife [strɑɪf] *s* spór, konflikt

***strike** [strɑɪk], **struck, struck** [strʌk] *vt vi* uderzać; atakować; (*o zegarze*) bić; strajkować; ~ **a match** zapalać zapałkę; **be struck dumb** oniemieć; ~ **down** powalić; ~ **out** skreślać; uniezależnić się; *s* strajk; uderzenie, atak; **be on** ~ strajkować

strik•ing [ˋstrɑɪkɪŋ] *adj* uderzający

***string** [strɪŋ], **strung, strung** [strʌŋ] *vt* nawlekać; związywać; *s* sznur; struna; seria; *pl* **the ~s** instrumenty smyczkowe; *przen.* **pull the ~s** pociągać za sznurki; ~ **bean** fasolka szparagowa

strip [strɪp] *s* pasek; skrawek; ~ **cartoon** komiks; *vt* zrywać, zdzierać (**sth of sth** coś z czegoś); rozbierać; odzierać (*z czegoś*); *vi* rozbierać się

stripe [strɑɪp] *s* pasek; prążek; *woj.* belka

striped [strɑɪpt] *adj* pasiasty, w paski

strip•tease [ˋstrɪptiz] *s* striptiz

stroke [strəʊk] *s* uderzenie; udar, wylew; *sport.* strzał; styl (*pływania*); pociągnięcie (*pióra, pędzla*); **a ~ of luck** szczęście, uśmiech losu; **a ~ of genius** przebłysk geniuszu; **at a ~** za jednym zamachem; *vt* głaskać; gładzić

stroll [strəʊl] *vi* przechadzać się; *s* przechadzka, spacer

strong [strɒŋ] *adj* silny, mocny; ~ **drink** napój alkoholowy; ~ **language** przekleństwa

strong•hold [ˋstrɒŋhəʊld] *s* twierdza, forteca

struck *zob.* **strike**

struc•ture [ˋstrʌktʃə(r)] *s* struktura; budowa, konstrukcja; *vt* konstruować; organizować

strug•gle [ˋstrʌgl] *vi* wal-

czyć; zmagać się; *s* walka
strung *zob.* **string**
stub•born [`stʌbən] *adj* uparty; uporczywy; **as ~ as a mule** uparty jak osioł
stuck[1] *zob.* **stick**
stuck[2] [stʌk] *adj* zablokowany; **be <get> ~** utknąć, zaciąć się
stu•dent [`stjʊdənt] *s* student; *am.* uczeń szkoły średniej
stu•di•o [`stjʊdɪəʊ] *s* studio; atelier; **~ flat** <*am.* **apartment**> kawalerka
stud•y [`stʌdɪ] *s* nauka; badanie; gabinet; *pl* **studies** studia; *vt* studiować, badać; *vi* studiować (*odbywać studia*); uczyć się (**for an exam** do egzaminu)
stuff [stʌf] *s* coś, substancja, tworzywo; rzeczy; **green ~** warzywa; *vt* wypychać; faszerować; **get ~ed!** wypchaj się!
stuff•ing [`stʌfɪŋ] *s* nadzienie, farsz; wypełnienie
stuff•y [`stʌfɪ] *adj* duszny; staromodny
stum•ble [`stʌmbl] *vi* potykać się (**over sth** o coś); *przen.* robić błędy; **~ across <on> sth** natknąć się na coś; *s* potknięcie się; błąd
stung *zob.* **stink**
stunk *zob.* **stink**
stun•ning [`stʌnɪŋ] *adj* oszałamiający
stunt[1] [stʌnt] *s pot.* pokaz, popis; wyczyn
stunt[2] [stʌnt] *vt* zahamować; powstrzymać rozwój (**sb <sth>** czyjś <czegoś>)
stu•pid [`stjupɪd] *adj* głupi
stu•pid•i•ty [stju`pɪdɪtɪ] *s* głupota
stu•por [`stjupə(r)] *s* osłupienie; odrętwienie
stur•geon [`stɜdʒən] *s* jesiotr
style [staɪl] *s* styl; fason; moda; szyk; **out of ~** niemodny
styl•ish [`staɪlɪʃ] *adj* szykowny, elegancki
suave [swav] *adj* przyjemny, uprzejmy

sub•con•scious ['sʌb`konʃəs] *adj* podświadomy

sub•due [səb`dju] *vt* ujarzmić, przytłumić

sub•ject [`sʌbdʒɪkt] *s* temat; przedmiot (*nauki*); *filoz., gram.* podmiot; poddany; *adj* podlegający; narażony (**to sth** na coś); *vt* [səb`dʒekt] podporządkować; poddawać (**sb to sth** kogoś czemuś)

sub•jec•tive [səb`dʒektɪv] *adj* subiektywny

sub•lime [sə`blɑɪm] *adj* wzniosły, wysublimowany

sub•ma•rine [`sʌbmərin] *adj* podwodny; *s* łódź podwodna

sub•merge [səb`mɜdʒ] *vt vi* zanurzać (się)

sub•mis•sion [səb`mɪʃən] *s* poddanie się; uległość; posłuszeństwo; propozycja

sub•mit [səb`mɪt] *vt* przedkładać (*propozycję*); składać (*podanie, rezygnację*); *vi* poddawać się (**to sth** czemuś)

sub•or•di•nate [sə`bɔdɪnət] *adj* podporządkowany; *s* podwładny; *vt* [sə`bɔdɪneɪt] podporządkować (**sth to sth** coś czemuś)

sub•scribe [səb`skrɑɪb] *vi*: **~ to** wspierać finansowo; prenumerować; wyznawać (*teorię*)

sub•scrip•tion [səb`skrɪpʃən] *s* składka (*członkowska*); prenumerata

sub•se•quent [`sʌbsɪkwənt] *adj* następny, późniejszy; **~ to sth** wynikający z czegoś

sub•se•quent•ly [`sʌbsɪkwɪntlɪ] *adv* później, następnie

sub•si•dy [`sʌbsɪdɪ] *s* subwencja, dotacja

sub•sist•ence [səb`sɪstəns] *s* utrzymanie się przy życiu, przetrwanie

sub•stance [`sʌbstəns] *s* substancja; istota, znaczenie

sub•stan•tial [səb`stænʃəl] *adj* solidny, mocny; pokaźny

sub•sti•tute [`sʌbstɪtjut] *s* zastępca; substytut; *vt* zastępować (**sth for sth** coś czymś)

sub•ti•tles [`sʌbtaɪtlz] *pl* napisy (*w filmie*)
sub•tle [`sʌtl] *adj* subtelny
sub•tract [səb`trækt] *vt mat.* odejmować
sub•trac•tion [səb`trækʃən] *s mat.* odejmowanie
sub•urb [`sʌbɜb] *s* przedmieście
sub•ur•ban [sə`bɜbən] *adj* podmiejski
sub•ver•sive [sʌb`vɜsɪv] *adj* wywrotowy
sub•way [`sʌbweɪ] *s* przejście podziemne, *am.* metro
suc•ceed [sək`sid] *vi* odnieść sukces; *vt* następować (**sb <sth>** po kimś <czymś>); **I ~ed in finishing my work** udało mi się skończyć pracę
suc•cess [sək`ses] *s* sukces; powodzenie
suc•cess•ful [sək`sesfʊl] *adj* udany, pomyślny; **I was ~ in doing that** udało mi się to zrobić
suc•ces•sion [sək`seʃən] *s* następstwo; seria; sukcesja; **in ~** kolejno
suc•ces•sive [sək`sesɪv] *adj* kolejny
suc•ces•sor [sək`sesə(r)] *s* następca (**to sb** czyjś); sukcesor
such [sʌtʃ] *adj pron* taki; **~ a nice day** taki piękny dzień; **~ as...** taki, jak...; **~ that...** taki <tego rodzaju>, że...; **as ~** jako taki; **~ and ~** taki a taki
suck [sʌk] *vt* ssać; zasysać
suck•er [`sʌkə(r)] *s zool.* przyssawka; *bot.* odrost; *pot.* frajer
sud•den [`sʌdn] *adj* nagły; **all of a ~** nagle
sud•den•ly [`sʌdənlɪ] *adv* nagle
suds [sʌdz] *s pl* mydliny
sue [sju] *vt* skarżyć do sądu (**sb for sth** kogoś o coś); *vi* procesować się
suede [sweɪd] *s* zamsz
suf•fer [`sʌfə(r)] *vi* cierpieć (**from sth** na coś, **for sth** z powodu czegoś); *vt* ponosić (*konsekwencje*); cierpieć; doświadczać; **~ hunger** cierpieć głód

suf•fer•ing [`sʌfərɪŋ] *s* cierpienie
suf•fice [sə`faɪs] *vi* wystarczać
suf•fi•cient [sə`fɪʃənt] *adj* wystarczający, dostateczny
suf•fo•cate [`sʌfəkeɪt] *vt vi* dusić (się)
sug•ar [`ʃʊgə(r)] *s* cukier
sug•gest [sə`dʒest] *vt* proponować; sugerować; wskazywać (**sth** na coś)
sug•ges•tion [sə`dʒestʃən] *s* propozycja; oznaka
su•i•cide [`suɪsaɪd] *s* samobójstwo; samobójca; **commit ~** popełnić samobójstwo
suit [sut] *s* garnitur; kostium (*damski*); *prawn.* proces; kolor (*w kartach*); *vt vi* odpowiadać, nadawać się; pasować; dostosowywać (**sth to sth** coś do czegoś); **~ yourself!** rób, jak chcesz!
suit•a•ble [`sutəbl] *adj* odpowiedni
suit•case [`sutkeɪs] *s* walizka
suite [swit] *s* apartament (*w hotelu*); komplet (*mebli*); *muz.* suita
sul•phur [`sʌlfə(r)] *s chem.* siarka
sul•tan [`sʌltən] *s* sułtan
sul•try [`sʌltrɪ] *adj* duszny, parny
sum [sʌm] *s* obliczenie; suma; kwota; **in ~** krótko mówiąc; *vt*: **~ up** podsumowywać; oceniać
sum•mar•ize [`sʌməraɪz] *vt* streszczać
sum•ma•ry [`sʌmərɪ] *s* streszczenie; *adj* doraźny, natychmiastowy
sum•mer [`sʌmə(r)] *s* lato; **Indian ~** babie lato; **~ camp** obóz, kolonie letnie; **~ school** kurs wakacyjny
sum•mit [`sʌmɪt] *s* (*także przen.*) szczyt; **~ conference** konferencja na szczycie
sum•mon [`sʌmən] *vt* wzywać; zwoływać; **~ up** zebrać (*siły*)
sum•mons [`sʌmənz] *s* wezwanie (*także prawn.*); *vt* wzywać do sądu
sun [sʌn] *s* słońce; **in the ~** na słońcu

sun•bathe [`sʌnbeɪð] *vi* opalać się
sun•burn [`sʌnbɜn] *s* oparzenie słoneczne
sun•burnt [`sʌnbɜnt] *adj* opalony; spalony (*słońcem*)
sun•dae [`sʌndeɪ] *s* deser lodowy z owocami i orzechami
Sun•day [`sʌndɪ] *s* niedziela
sun•flow•er [`sʌnflɑʊə(r)] *s* słonecznik
sung *zob.* **sing**
sunk *zob.* **sink**
sunk•en [`sʌŋkən] *adj* (*np. o statku*) zatopiony; (*np. o oczach*) zapadnięty
sun•ny [`sʌnɪ] *adj* słoneczny; (*o usposobieniu*) pogodny
sun•rise [`sʌnrɑɪz] *s* wschód słońca; **at ~** o świcie
sun•set [`sʌnset] *s* zachód słońca; **at ~** o zmroku
sun•shade [`sʌnʃeɪd] *s* parasol od słońca, *am.* markiza
sun•shine [`sʌnʃɑɪn] *s* słońce; (słoneczna) pogoda
sun•stroke [`sʌnstrəʊk] *s* udar słoneczny
sun•tan [`sʌntæn] *s* opalenizna; **~ cream** krem do opalania
su•per [`supə(r)] *adj pot.* wspaniały, super
su•perb [su`pɜb] *adj* znakomity, pierwszorzędny
su•per•fi•cial [supə`fɪʃəl] *adj* powierzchowny
su•per•flu•ous [su`pɜfluəs] *adj* zbyteczny
su•pe•ri•or [su`pɪərɪə(r)] *adj* lepszy (**to sb <sth>** od kogoś <czegoś>); starszy rangą; wyniosły; *s* przełożony
su•per•la•tive [su`pɜlətɪv] *adj* doskonały; *gram.* stopień najwyższy
su•per•mar•ket [`supə'mɑkət] *s* supermarket
su•per•nat•u•ral ['supə`nætʃərl] *adj* nadprzyrodzony; *s*: **the ~** zjawiska nadprzyrodzone
su•per•pow•er [`supəpɑʊə(r)] *s* supermocarstwo
su•per•sti•tion ['supə`stɪʃən] *s* przesąd, zabobon
su•per•sti•tious ['supə`stɪ-

ʃəs] *adj* przesądny, zabobonny

su•per•vise [`supəvaɪz] *vi* nadzorować; pilnować (*dzieci*)

su•per•vi•sion ['supə`vɪʒən] *s* nadzór

sup•per [`sʌpə(r)] *s* kolacja

sup•ple•ment [`sʌplɪmənt] *s* uzupełnienie; dodatek; suplement; *vt* uzupełniać

sup•ply [sə`plaɪ] *vt* dostarczać (**sb with sth** komuś czegoś); zaspokajać (*potrzeby*); **~ the demand** zaspokoić popyt; *s* zapas; dostawa; podaż; **water <gas> ~** dostawy wody <gazu>

sup•port [sə`pɔt] *vt* podpierać, podtrzymywać; utrzymywać; popierać; kibicować; potwierdzać (*teorię*); *s* podpora; poparcie; wsparcie; utrzymanie; **in ~** na znak poparcia (**of sth** czegoś)

sup•pose [sə`pəʊz] *vt vi* przypuszczać; sądzić; **he is ~d to go there** on ma <powinien> tam pójść; **I ~ so <not>** myślę, że tak <nie>

sup•po•sed•ly [sə`pəʊzɪdlɪ] *adv* podobno

sup•pos•ing [sə`pəʊzɪŋ] *conj* jeśli, jeżeli

sup•po•si•tion [sʌpə`zɪʃən] *s* przypuszczenie, domniemanie

sup•press [sə`pres] *vt* stłumić; zakazać; ukryć, zataić

su•prem•a•cy [su`preməsɪ] *s* zwierzchnictwo; supremacja

su•preme [su`prim] *adj* najwyższy

sure [ʃʊə(r)] *adj* pewny; niezawodny; **be ~ to come** przyjdź koniecznie; **he is ~ to do it** on z pewnością to zrobi; **make ~ that <of sth>** upewnić się, że <co do czegoś>; *adv* na pewno; *pot.* **for ~** na pewno tak, oczywiście; **~!** jasne!

sure•ly [`ʃʊəlɪ] *adv* na pewno

surf [sɜf] *s* spieniona fala morska

sur•face [`sɜfɪs] *s* powierzchnia; *vi* wynurzać

się, wypływać (*na powierzchnię*); *przen.* pojawiać się
sur•feit [`s3fɪt] s nadmiar
surf•ing [`s3fɪŋ] *s* surfing, pływanie na desce
surge [s3dʒ] *s* nagły wzrost, skok; *przen.* przypływ (*uczucia*); *vi* przelewać się; wzbierać; rzucać się
sur•geon [`s3dʒən] *s* chirurg
sur•ger•y [`s3dʒərɪ] *s* chirurgia; operacja; *bryt.* gabinet (lekarski); **plastic ~** chirurgia plastyczna
sur•name [`s3neɪm] *s* nazwisko
sur•pass [s3`pɑs] *vt przen.* przewyższać, przekraczać
sur•plus [`s3pləs] *s* nadwyżka; **it is ~ to our requirements** to wykracza poza nasze potrzeby
sur•prise [sə`praɪz] *s* zdziwienie, zaskoczenie; niespodzianka; *vt* zaskoczyć; zdziwić; **take sb by ~** zaskoczyć kogoś
sur•pris•ing [sə`praɪzɪŋ] *adj* zaskakujący, niespodziewany
sur•ren•der [sə`rendə(r)] *vt* zrzekać się; *vi* poddawać się; *s* poddanie się
sur•round [sə`raʊnd] *vt* otaczać
sur•round•ings [sə`raʊndɪŋz] *s pl* otoczenie, okolica
sur•vey [`s3veɪ] *s* pomiar (*w terenie*); oględziny; przegląd; *vt* [s3`veɪ] dokonywać pomiarów; przyglądać się, oceniać
sur•viv•al [sə`vaɪvl] *s* przeżycie, przetrwanie; pozostałość
sur•vive [sə`vaɪv] *vt vi* przeżyć; przetrwać
sus•cep•ti•ble [sə`septəbl] *adj* wrażliwy, podatny (**to sth** na coś)
sus•pect [sə`spekt] *vt vi* podejrzewać (**sb of sth** kogoś o coś); powątpiewać; *s* [`sʌspekt] podejrzany; *adj* podejrzany
sus•pend [sə`spend] *vt dosł.* i *przen.* zawieszać
sus•pend•ers [səs`pendəz] *s* podwiązki; *am.* szelki

sus•pense [səˋspens] *s* niepewność; napięcie (*w filmie*); **keep sb in ~** trzymać kogoś w niepewności

sus•pen•sion [səˋspenʃən] *s* zawieszenie; zawiesina; **~ bridge** most wiszący

sus•pi•cion [səsˋpɪʃən] *s* podejrzenie

sus•pi•cious [səˋspɪʃəs] *adj* podejrzliwy; podejrzany

sus•tain [səˋsteɪn] *vt* podtrzymywać; krzepić; odnosić (*obrażenia*)

swal•low[1] [ˋswoləʊ] *s* jaskółka

swal•low[2] [ˋswoləʊ] *vt* połykać; przełykać; *s* łyk; kęs

swam *zob.* **swim**

swamp [swomp] *s* bagno; mokradło

swan [swon] *s* łabędź

swarm [swɔm] *s* rój; mrowie; *vi* roić się; tłoczyć się

sway [sweɪ] *vt vi* kołysać (się), chwiać (się)

***swear** [sweə(r)], **swore** [swɔ(r)], **sworn** [swɔn] *vi* kląć (**at sb <sth>** na kogoś <coś>); *vt* przysięgać; **~ an oath** składać przysięgę

sweat [swet] *vi* pocić się; *s* pot; *przen.* trud, harówka; *pot.* **no ~!** nie ma problemu!

sweat•er [ˋswetə(r)] *s* sweter

sweat•shirt [ˋswetʃ3t] *s* bluza

Swede [swid] *s* Szwed

Swed•ish [ˋswidɪʃ] *adj* szwedzki; *s* język szwedzki

***sweep** [swip], **swept, swept** [swept] *vt* zamiatać; zgarniać; **~ away** znosić; zniszczyć; *s* zamiatanie; łuk, krzywizna; **chimney ~** kominiarz

sweet [swit] *adj* słodki; miły; *s* cukierek; *bryt.* deser; *pl* **~s** słodycze

sweet•en [ˋswitn] *vt* słodzić; *przen.* osłodzić

sweet•ener [ˋswitnə(r)] *s* słodzik

sweet•heart [ˋswithɑt] *s* ukochany; (*zwracając się*) kochanie

sweet tooth [ˋswitˋtuθ] *s*: **have a ~** uwielbiać słodycze

***swell** [swel], **swel•led** [sweld], **swol•len** [ˋswəʊlən] *vi* wzrastać; narastać; (*także* **~ up**) puchnąć; *s* fala (*morska*); *adj am. pot.* świetny, kapitalny

swell•ing [ˋswelɪŋ] *s* opuchlizna, obrzęk

swept *zob.* **sweep**

swift [swɪft] *adj* szybki; wartki

***swim** [swɪm], **swam** [swæm], **swum** [swʌm] *vi* pływać; płynąć; *vt* przepłynąć; *s* pływanie; **go for a ~** iść popływać

swim•ming [ˋswɪmɪŋ] *s* pływanie; **go ~** iść popływać

swim•ming pool [ˋswɪmɪŋpul] *s* basen pływacki, pływalnia

swin•dle [ˋswɪndl] *vt pot.* kantować; *s pot.* szwindel, kant

swine [swɑɪn] *s pot.* świnia *pot.*

***swing** [swɪŋ], **swung, swung** [swʌŋ] *vt vi* kołysać (się), huśtać (się); obracać (się); *s* kołysanie; huśtawka; *muz.* swing; zwrot; zmiana (*opinii*)

swing•ing [ˋswɪŋɪŋ] *adj* wahadłowy, obrotowy; *przen.* rozbawiony

swirl [swɜl] *s* wir; wirowanie; *vi* wirować

Swiss [swɪs] *s* Szwajcar; *adj* szwajcarski

switch [swɪtʃ] *s* wyłącznik, przełącznik; zmiana, zwrot; wymiana; *vt vi* zmieniać (się); wymieniać (się); zamieniać (się); przełączać; **~ off** wyłączać; **~ on** włączać

switch•board [ˋswɪtʃbɔd] *s* centrala (*telefoniczna*)

swol•len[1] *zob.* **swell**

swol•len[2] [swəʊlən] *adj* spuchnięty

swoon [swun] *s* omdlenie; *vi* omdlewać

sword [sɔd] *s* miecz

swore *zob.* **swear**

sworn *zob.* **swear**; *adj* (za)przysięgły

swum *zob.* **swim**

swung *zob.* **swing**

syl•la•ble [`sıləbl] *s* sylaba
syl•la•bus [`sıləbəs] *s* (*pl* **syl•la•bi** [`sıləbɑı] *lub* **~es**) program <plan> zajęć <kursów>
sym•bol [`sımbl] *s* symbol
sym•bol•ize [`sımbəlɑız] *vt* symbolizować
sym•me•try [`sımıtrı] *s* symetria
sym•pa•thet•ic ['sımpə`θetık] *adj* współczujący; życzliwy; sympatyczny
sym•pa•thize [`sımpəθɑız] *vi* współczuć; sympatyzować
sym•pa•thy [`sımpəθı] *s* współczucie; solidaryzowanie się; **letter of ~** list kondolencyjny
sym•pho•ny [`sımfənı] *s* symfonia
symp•tom [`sımptəm] *s* symptom, objaw; *przen.* oznaka
symp•to•mat•ic ['sımptə`mætık] *adj* znamienny, symptomatyczny
syn•a•gogue [`sınəgog] *s* synagoga
syn•chro•nize [`sıŋkrənɑız] *vi* przebiegać równocześnie; *vt* synchronizować
syn•o•nym [`sınənım] *s* synonim
syn•tax [`sıntæks] *gram.* składnia
syn•the•sis [`sınθəsıs] *s* (*pl* **syn•thes•es** [`sınθəsiz]) synteza
syn•thet•ic [sın`θetık] *adj* syntetyczny
syr•inge [sı`rındʒ] *s* strzykawka
syr•up [`sırəp] *s* syrop
sys•tem [`sıstəm] *s* system; organizm; *anat.* układ
sys•tem•at•ic ['sıstə`mætık] *adj* systematyczny

T

ta•ble [`teıbl] *s* stół; tabela; płyta; **at ~** przy jedzeniu; *mat.* **multiplication ~** tabliczka mnożenia; **~ of contents**

spis rzeczy; **lay <set> the ~** nakryć do stołu; **clear the ~** sprzątnąć ze stołu; *vt bryt.* przedstawiać

ta•ble•cloth [`teɪblkloθ] *s* obrus

tab•let [`tæblət] *s* tabletka; tabliczka; tablica (*pamiątkowa*); *bryt.* kostka (*mydła*)

tab•loid [`tæbloɪd] *s* pismo brukowe, brukowiec

ta•boo [tə`bu] *s* tabu; *adj* zakazany; **~ words** wyrazy nieprzyzwoite

ta•cit [`tæsɪt] *adj* milczący, cichy

tack [tæk] *s* pinezka; *vt* przypinać pinezkami; *bryt.* fastrygować; *przen.* zmieniać kurs; **~ sth on to** dołączyć coś do

tack•le [`tækl] *vt* borykać się (**sb <sth>** z kimś <czymś>); uporać się; przystąpić (**sth** do czegoś); *s* sprzęt (*rybacki*)

tact•ful [`tæktfʊl] *adj* taktowny

tac•ti•cal [`tæktɪkl] *adj* taktyczny

tac•tics [`tæktɪks] *s* taktyka

tact•less [`tæktlɪs] *adj* nietaktowny

tag [tæg] *s* metka; **name ~** identyfikator

tail [teɪl] *s* ogon; *pl* **~s** frak; reszka; **heads or ~s?** orzeł czy reszka?; *vt* śledzić; *vi*: **~ off** maleć; zamierać

tai•lor [`teɪlə(r)] *s* krawiec męski; *vt* dostosowywać, dopasowywać

taint [teɪnt] *vt* zanieczyszczać; plamić, brukać

***take** [teɪk], **took** [tʊk], **tak•en** [`teɪkən] *vt* brać; zabierać; zajmować; przyjmować (*ofertę*); podejmować (*decyzję*); mieścić, pomieścić; zażywać (*lekarstwo*); zdawać (*egzamin*); wsiadać (*do pociągu, tramwaju*); robić (*zdjęcie*); *vi* działać; **~ sth into account** brać coś pod uwagę; **~ advantage** wykorzystać (**of sth** coś); **~ care** troszczyć się (**of sth** o coś); **~ a fancy** znaleźć upodobanie, polubić (**to sth**

coś); ~ **hold** pochwycić (**of sth** coś); **be ~n ill** zachorować; ~ **interest** zainteresować się (**in sth** czymś); ~ **it easy!** nie przejmuj się!; ~ **part** brać udział (**in sth** w czymś); ~ **place** odbywać się; ~ **sb for a doctor** brać kogoś za lekarza; **it ~s time** to wymaga czasu; ~ **trouble** zadawać sobie trud; ~ **after** przypominać (*kogoś*); ~ **apart** rozbierać na części; ~ **away** zabierać; ~ **down** zapisać; zdemontować; ~ **in** przygarniać; zwężać (*ubranie*); przyjmować do wiadomości; oszukiwać; ~ **off** zdejmować (*ubranie*); naśladować; (*o samolocie*) wystartować; ~ **on** zatrudniać; brać na siebie (*obowiązki*); ~ **out** zabierać (*do teatru, restauracji*); ~ **to sb <sth>** polubić kogoś <coś>; *s film.* ujęcie

tak•en *zob.* **take**

take•a•way [`teıkəweı] *s bryt.* danie na wynos; restauracja z daniami na wynos

take•off [`teık of] *s* start (*samolotu*)

tale [teıl] *s* opowieść; bajka; **fairy ~** baśń

tal•ent [`tælənt] *s* talent

tal•ent•ed [`tæləntəd] *adj* utalentowany

tal•is•man [`tælızmən] *s* talizman

talk [tɔk] *vi* mówić, rozmawiać; *vt* ~ **over** omawiać; ~ **nonsense** gadać bzdury; ~ **sb into sth** namówić kogoś do czegoś; *s* rozmowa; pogadanka; wykład; **small ~** rozmowa o niczym; **give a ~** wygłaszać wykład <pogadankę>; *polit.* **the ~s** rozmowy

talk•a•tive [`tɔkətıv] *adj* gadatliwy

talk•er [`tɔkə(r)] *s* gawędziarz; mówca

tall [tɔl] *adj* wysoki; **be six feet ~** mieć sześć stóp wzrostu

tame [teım] *adj* oswojony; *vt* oswajać

tam•per [`tæmpə(r)] *vi*: ~

with sth majstrować przy czymś
tan [tæn] *s* opalenizna; *vt vi* opalać (się); **get a ~** opalić się
tan•gi•ble [ˋtændʒɪbl] *adj* namacalny, rzeczywisty, faktyczny
tan•gle [ˋtæŋgl] *vt vi* gmatwać, plątać (się); *s* plątanina; *pot.* **~ with sb** wdawać się w bójkę <kłótnię>
tank [tæŋk] *s* zbiornik; *woj.* czołg; **fish ~** akwarium
tan•ta•lize [ˋtæntəlaɪz] *vt* dręczyć; zwodzić
tap [tæp] *s* kran; zawór; klepnięcie; (*o piwie*) **on ~** z beczki; *vt* klepać; **~ sb's telephone** zakładać podsłuch na czyjś telefon
tape [teɪp] *s* taśma; kaseta; **~ deck** magnetofon (*bez wzmacniacza*); **(sticky) ~** taśma samoprzylepna; **magnetic ~** taśma magnetyczna; *przen.* **red ~** biurokracja; *vt* nagrywać; przyklejać (*taśmą*)
tape re•cord•er [ˋteɪprɪkɔdə(r)] *s* magnetofon
tap•es•try [ˋtæpɪstrɪ] *s* dekoracyjne obicie; gobelin
tape•worm [ˋteɪpwɔrm] *s* *med.* tasiemiec
tar [tɑ(r)] *s* smoła; *vt* smołować
tar•get [ˋtɑgɪt] *s* cel; *przen.* obiekt
tar•iff [ˋtærɪf] *s* taryfa celna; *bryt.* cennik
tar•pau•lin [tɑˋpɔlɪn] *s* brezent
tar•ra•gon [ˋtærəgən] *s* estragon
tart [tɑt] *s* ciastko z owocami; *bryt. pejor.* dziwka; *adj* cierpki; *vt*: **~ up** *bryt. pot.* odstawiać; **~ o.s. up** stroić się
task [tɑsk] *s* zadanie; **set sb a ~** dać komuś zadanie; **take sb to ~** udzielać komuś nagany
taste [teɪst] *s* smak; zmysł smaku; **have a ~ of this cake** spróbuj tego ciasta; **in good <bad> ~** w dobrym <złym> guście; **to ~** do smaku; *vt* próbować, kosztować;

vi mieć smak (**of sth** czegoś)

taste•ful [ˋteɪstfʊl] *adj* gustowny

taste•less [ˋteɪstlɪs] *adj* bez smaku; niesmaczny (*żart*); niegustowny

tast•y [ˋteɪstɪ] *adj* smaczny

tat•too [təˋtu] *s* tatuaż; *vt* tatuować

taught *zob.* **teach**

tav•ern [ˋtævən] *s* tawerna, karczma

tax [tæks] *s* podatek; *vt* opodatkowywać; *przen.* wystawiać na próbę; ~ **relief** ulga podatkowa; ~ **return** deklaracja podatkowa

tax•a•tion [tækˋseɪʃən] *s* opodatkowanie; podatki

tax-free ['tæksˋfri] *adj* wolny od podatku

tax•i [ˋtæksɪ] *s* taksówka; *bryt.* ~ **rank** <*am.* **stand**> postój taksówek; *vi lotn.* kołować

tax•i•cab [ˋtæksɪkæb] *s* taksówka

tax•pay•er [ˋtækspeɪə(r)] *s* podatnik

tea [ti] *s* herbata; *bryt.* herbatka, podwieczorek

***teach** [titʃ], **taught, taught** [tɔt] *vt* uczyć (**sb sth** <**sth to sb**> kogoś czegoś); *przen.* ~ **sb a lesson** dać komuś nauczkę

teach•er [ˋtitʃə(r)] *s* nauczyciel

tea•cup [ˋtikʌp] *s* filiżanka do herbaty

team [tim] *s* zespół; *sport.* drużyna; ~ **games** *pl* gry zespołowe

tea•pot [ˋtipɔt] *s* imbryk, czajniczek

tear[1] [tɪə(r)] *s* łza; **burst into ~s** wybuchnąć płaczem

***tear**[2] [teə(r)], **tore** [tɔ(r)], **torn** [tɔn] *vt vi* rwać (się), drzeć (się); ~ **apart** rozrywać; rozdzierać; ~ **out** wyrywać; ~ **up** porwać, podrzeć; ~ **to shreds** drzeć na strzępy; *s* rozdarcie, dziura

tear•ful [ˋtɪəfʊl] *adj* zapłakany

tease [tiz] *vt* dokuczać, drażnić

tea•spoon [ˋtispun] *s* łyżeczka do herbaty

teat [tit] *s* smoczek (*na butelkę*)

tech•ni•cal [ˋteknɪkl] *adj* techniczny; *bryt.* ~ **college** technikum

tech•nique [tekˋnik] *s* technika (*sposób, metoda*)

tech•nol•o•gy [tekˋnolədʒɪ] *s* technologia; technika

ted•dy (bear) [ˋtedɪbeə(r)] *s* (pluszowy) miś

te•di•ous [ˋtidɪəs] *adj* nużący

teem [tim] *vi* roić się; obfitować; **the book ~s with mistakes** w książce roi się od błędów; **it is ~ing down** leje jak z cebra

teen•ag•er [ˋtineɪdʒə(r)] *s* nastolatek, nastolatka

teens [tinz] *s pl*: **be in one's ~** mieć naście lat *pot.*

teeth *zob.* **tooth**

tee•to•tal [tiˋtəʊtl] *adj* niepijący

tee•to•tal•(l)er [tiˋtəʊtlə(r)] *s* abstynent

tel•e•gram [ˋtelɪgræm] *s* telegram

tel•e•graph [ˋtelɪgrɑf] *s* telegraf

te•lep•a•thy [təˋlepəθɪ] *s* telepatia

tel•e•phone [ˋtelɪfəʊn] *s* telefon; **cellular <mobile> ~** telefon komórkowy; **by ~** telefonicznie; **~ box <booth>** budka telefoniczna; **be on the ~** rozmawiać przez telefon; *vt vi* telefonować (**sb** do kogoś)

tel•e•scope [ˋtelɪskəʊp] *s* teleskop; *vt* składać (*teleskopowo*)

Tel•e•text [ˋtelɪtekst] *s* telegazeta

tel•e•vise [ˋtelɪvɑɪz] *vt* transmitować w telewizji

tel•e•vi•sion [ˋtelɪvɪʒən] *s* telewizja; (*także* **~ set**) telewizor; **cable ~** telewizja kablowa; **on ~** w telewizji

tel•ex [ˋteləks] *s* dalekopis, teleks; *vt vi* przesyłać teleksem

***tell** [tel], **told, told** [təʊld] *vt vi* mówić; opowiadać;

kazać (**sb to do sth** komuś coś zrobić); odróżniać (**sth from sth** coś od czegoś); **~ the time** podawać godzinę; **~ the way** wskazywać drogę; **~ sb off** zbesztać kogoś

tell•er [ˋtelə(r)] *s* kasjer (*bankowy*)

tell•ing [ˋtelɪŋ] *adj* wymowny, wiele mówiący

tell•tale [ˋtelteɪl] *adj* charakterystyczny (*np. cecha*); *s* skarżypyta

tel•ly [ˋtelɪ] *s bryt. pot.* telewizja

tem•per [ˋtempə(r)] *s* usposobienie; nastrój, humor; **in a bad ~** w złym humorze; **lose one's ~** stracić panowanie nad sobą

tem•per•a•ment [ˋtemprəmənt] *s* temperament, usposobienie

tem•per•ate [ˋtemprɪt] *adj* umiarkowany

tem•pe•ra•ture [ˋtemprətʃə(r)] *s* temperatura; **have <run> a ~** mieć gorączkę; **take sb's ~** zmierzyć komuś gorączkę

tem•ple [ˋtempl] *s* świątynia; *anat.* skroń

tem•po [ˋtempəʊ] *s* tempo

tem•po•ral [ˋtempərl] *adj* ziemski, doczesny; świecki; czasowy

tem•po•ra•ry [ˋtemprərɪ] *adj* tymczasowy, przejściowy

tem•po•rize [ˋtempəraɪz] *vi* grać na zwłokę

tempt [tempt] *vt* kusić, wabić; **be ~ed** mieć ochotę (**to do sth** coś zrobić)

temp•ta•tion [tempˋteɪʃən] *s* pokusa, kuszenie

ten [ten] *num* dziesięć

te•nac•i•ty [təˋnæsətɪ] *s* upór; nieustępliwość

ten•ant [ˋtenənt] *s* lokator; dzierżawca

tend [tend] *vi* mieć w zwyczaju; zmierzać, dążyć; doglądać

tend•en•cy [ˋtendənsɪ] *s* tendencja; skłonność; zwyczaj

ten•der [ˋtendə(r)] *adj* czuły; obolały; (*o mięsie*) miękki, kruchy; *handl.* oferta; *vt* składać (*ofertę*)

ten•don [`tendən] *s* ścięgno

ten•nis [`tenɪs] *s* tenis; **table ~** tenis stołowy; **~ player** tenisista

tense[1] [tens] *adj* napięty; spięty; *vt* napinać, naprężać

tense[2] [tens] *s gram.* czas

ten•sion [`tenʃən] *s* napięcie; naprężenie

tent [tent] *s* namiot

ten•ta•cle [`tentəkl] *s zool.* macka; czułek; *przen.* macka

ten•ta•tive [`tentətɪv] *adj* wstępny; niepewny

tenth [tenθ] *num* dziesiąty

tep•id [`tepɪd] *adj* letni, chłodny

term [tɜm] *s* kadencja; termin; semestr; fachowy termin; *pl* **~s** warunki; **be on good ~s** być w dobrych stosunkach (**with sb** z kimś); **in ~s of** pod względem; **come to ~s with** pogodzić się z; *vt* określać, nazywać

ter•mi•nal [`tɜmɪnl] *adj* (*o chorobie*) nieuleczalny; *s* dworzec lotniczy; *komp.* terminal

ter•mi•nate [`tɜmɪneɪt] *vt* kończyć; przerywać (*ciążę*); rozwiązywać (*umowę*)

ter•mi•na•tion ['tɜmɪ`neɪʃən] *s* zakończenie; wygaśnięcie, rozwiązanie; *med.* przerwanie ciąży

ter•mi•nol•o•gy ['tɜmɪ`nolədʒɪ] *s* terminologia

ter•mite [`tɜmaɪt] *s* termit

ter•race [`terəs] *s* taras; *bryt.* szereg segmentów jednorodzinnych

ter•ra•in [te`reɪn] *s* teren

ter•ri•ble [`terəbl] *adj* straszny, okropny

ter•rif•ic [tə`rɪfɪk] *adj* straszny, okropny; *pot.* wspaniały

ter•ri•fy [`terɪfaɪ] *vt* przerażać

ter•ri•to•ry [`terɪtərɪ] *s* terytorium

ter•ror [`terə(r)] *s* przerażenie, strach

ter•ror•ist [`terərɪst] *s* terrorysta

ter•ror•ize [`terəraɪz] *vt* terroryzować

terse [tɜs] *adj* lapidarny; lakoniczny
ter•tia•ry [`tɜʃərɪ] *adj* trzeciorzędny
test [test] *s* próba; badanie; sprawdzian, test; *vt* testować; badać; sprawdzać
tes•ta•ment [`testəmənt] *s* testament
tes•ti•fy [`testɪfaɪ] *vt vi* zeznawać; poświadczać
tes•ti•mo•ni•al [testɪ`məʊnɪəl] *s bryt.* referencje
tes•ti•mo•ny [`testɪmənɪ] *s* świadectwo; zeznanie
test tube [`testtjub] *s* probówka
tes•ty [`testɪ] *adj* rozdrażniony; drażliwy
text [tekst] *s* tekst
text•book [`tekstbʊk] *s* podręcznik
tex•tiles [`tekstaɪlz] *pl* wyroby tekstylne <włókiennicze>
tex•ture [`tekstʃə(r)] *s* faktura; struktura
than [ðæn, ðən] *conj* niż; **he is older ~ me** on jest ode mnie starszy
thank [θæŋk] *vt* dziękować (**for sth** za coś); **~ you (very much)** dziękuję (bardzo); **~ God!** dzięki Bogu!
thank•ful [`θæŋkfʊl] *adj* wdzięczny
thank•less [`θæŋklɪs] *adj* niewdzięczny
thanks [θæŋks] *pl* podziękowania; **~ a lot** wielkie dzięki; **~ to** dzięki (*czemuś*)
that [ðæt] *adj pron* (*pl* **those** [ðəʊz]) ten, tamten; to, tamto; który, którzy; kiedy, gdy; **who's ~?** kto to?; **the man ~ I met** człowiek, którego spotkałem; *conj* że; ażeby; **he knows ~ you are here** on wie, że tutaj jesteś; *adv* (aż) tak <taki>; **it isn't ~ bad** nie jest (aż) tak źle
thaw [θɔ] *vi* tajać, topnieć; *vt* topić, roztapiać; *s* odwilż
the [ðə, ðɪ] *rodzajnik <przedimek> określony*: **what was ~ result?** jaki był wynik?; **~ best way** najlepszy sposób; (*w funkcji zaimka wskazującego*) **call ~ man** zawo-

łaj tego człowieka; *adv*: **all ~ better** tym lepiej; **~ sooner ~ better** im wcześniej, tym lepiej

thea•tre, *am.* **theater** [`θɪətə(r)] *s* teatr; **(operating) ~** sala operacyjna

the•at•ri•cal [θɪ`ætrɪkl] *adj* teatralny

theft [θeft] *s* kradzież

their [ðeə(r)] *adj* ich, swój; **they love ~ country** kochają swój kraj

theirs [ðeəz] *pron* ich; **it's ~** to jest ich

them [ðem, ðəm] *pron* im, ich, nich; **give ~ some** daj im trochę

theme [θim] *s* temat

them•selves [ðəm`selvz] *pron pl* się; sobie, siebie, sobą; sami

then [ðen] *adv* wtedy; następnie, potem; zresztą; *conj* a więc, zatem; **but ~** ale przecież; **by ~** do tego czasu; **from ~ on** od tego czasu; *adj attr* ówczesny

the•ol•o•gy [θɪ`olədʒɪ] *s* teologia

the•o•ret•i•cal [θɪə`retɪkl] *adj* teoretyczny

theo•ry [`θɪərɪ] *s* teoria; **in ~** teoretycznie

ther•a•pist [`θerəpɪst] *s* terapeuta

ther•a•py [`θerəpɪ] *s* terapia

there [ðeə(r), ðə(r)] *adv* tam; **~ is, ~ are** jest, są; istnieje, istnieją; **from ~** stamtąd; **over ~** tam, po drugiej stronie; **~ ~!** (no) już dobrze!

there•a•bouts ['ðeə`bauts] *adv* w okolicy; niedaleko; coś koło tego, mniej więcej

there•by ['ðeə`baɪ] *adv* przez to; tym samym; skutkiem tego

there•fore [`ðeəfɔ(r)] *adv* dlatego (też), zatem

ther•mal [`θɜml] *adj* cieplny; termiczny

ther•mom•e•ter [θə`momɪtə(r)] *s* termometr

ther•mos [`θɜməs] *s* (*także* **~ flask**) termos

these *zob.* **this**

the•sis [`θisɪs] *s* (*pl* **theses** [`θisiz]) teza; rozprawa, praca (*doktorska*)

they [ðeɪ] *pron* oni, one
they'd [ðeɪd] = **they had, they should, they would**
they'll [ðeɪl] = **they shall, they will**
they're [ðeə(r)] = **they are**
they've [ðeɪv] = **they have**
thick [θɪk] *adj* gruby; gęsty; tępy
thick•en [`θɪkən] *vt* zagęszczać; *vi* gęstnieć
thick•et [`θɪkɪt] *s* gąszcz, zarośla
thick-skinned ['θɪk`skɪnd] *adj* gruboskórny
thief [θif] *s* (*pl* **thieves** [θivz]) złodziej
thieves *zob.* **thief**
thigh [θaɪ] *s anat.* udo
thin [θɪn] *adj* cienki; chudy; rzadki; *adv* cienko; *vt* rozcieńczać; *vi* przerzedzać się
thing [θɪŋ] *s* rzecz; sprawa; *pl* **~s** rzeczy; **poor (little) ~!** biedactwo!; **first ~ in the morning** z samego rana; **how are ~s (going)?** co słychać?; **the ~ is** chodzi o to, że; **for one ~** po pierwsze, przede wszystkim
***think** [θɪŋk], **thought, thought** [θɔt] *vt vi* myśleć (**about <of sth>** o czymś); sądzić; **~ sb silly** uważać kogoś za głupca; **~ over** przemyśleć; rozważyć ponownie; **~ up** wymyślić
think•ing [`θɪŋkɪŋ] *s* myślenie; opinia
third [θɜd] *adj* trzeci
third•ly [`θɜdlɪ] *adv* po trzecie
thirst•y [`θɜstɪ] *adj* spragniony
thir•teen ['θɜ`tin] *num* trzynaście
thir•teenth ['θɜ`tinθ] *adj* trzynasty
thir•ti•eth [`θɜtɪəθ] *adj* trzydziesty
thir•ty [`θɜtɪ] *num* trzydzieści; **the thirties** lata trzydzieste
this [ðɪs] *adj pron* (*pl* **these** [ðiz]) ten, ta, to; **~ man** ten człowiek; **~ morning <evening>** dziś rano <wieczór>; **~ way** tędy
this•tle [`θɪsl] *s* oset
thorn [θɔn] *s* cierń, kolec
thor•ough [`θʌrə] *adj* grun-

towny; (*o osobie*) skrupulatny

thor•ough•fare [`θʌrəfeə(r)] *s* arteria komunikacyjna; *bryt.* **no ~** przejazd zabroniony

thor•ough•ly [`θʌrəlɪ] *adv* gruntownie

those *zob.* **that**

though [ðəʊ] *conj* chociaż; **as ~** jak gdyby; *adv* jednak

thought[1] *zob.* **think**

thought[2] [θɔt] *s* myśl; namysł; *pl* **~s** zdanie, opinia; **on second ~s** po namyśle; **be lost in ~** być pogrążonym w myślach

thought•ful [`θɔtfʊl] *adj* zamyślony; troskliwy

thought•less [`θɔtlɪs] *adj* bezmyślny

thou•sand [`θaʊzənd] *num* tysiąc

thou•sandth [`θaʊzənθ] *adj* tysięczny

thread [θred] *s* nić; wątek; gwint; *vt* nawlekać

thread•bare [`θredbeə(r)] *adj* wytarty, przetarty

threat [θret] *s* groźba; zagrożenie

threat•en [`θretn] *vi* grozić, zagrażać; *vt* grozić (**sb with sth** komuś czymś)

three [θri] *num* trzy

three•fold [`θrifəʊld] *adj* potrójny; trzykrotny; *adv* potrójnie; trzykrotnie

thresh•old [`θreʃhəʊld] *s* próg; *przen.* **be on the ~ of** być u progu

threw *zob.* **throw**

thrift•y [`θrɪftɪ] *adj* oszczędny, gospodarny

thrill [θrɪl] *s* dreszcz; dreszczyk emocji; *vt* przejmować dreszczem, ekscytować; *vi* drżeć, dygotać (*z emocji*)

thrill•er [`θrɪlə(r)] *s* dreszczowiec

throat [θrəʊt] *s* gardło; **I have a sore ~** boli mnie gardło; **clear one's ~** odchrząknąć

throne [θroʊn] *s* tron

through [θru] *praep* przez, poprzez; z powodu, dzięki; *adv* bezpośrednio, prosto; **~ and ~** całkowicie; *am.* **(from) Monday ~ Friday** od poniedziałku do piątku włącznie; **be ~** mieć połączenie (*telefoniczne*); skończyć (**with sb <sth>** z kimś <czymś>); **let sb ~** przepuszczać kogoś; **put sb ~** połączyć kogoś telefonicznie (**to sb** z kimś); *adj* bezpośredni; **a ~ train** pociąg bezpośredni

through•out [θru`aʊt] *praep* w całym (*np. domu*); przez cały (*np. dzień*); **~ his life** przez całe (swoje) życie; *adv* wszędzie; pod każdym względem

***throw** [θrəʊ], **threw** [θru], **thrown** [θrəʊn] *vt* rzucać; zrzucać; **~ a glance** rzucić okiem (**at sb** na kogoś); **~ open** otwierać na oścież; **~ away** odrzucać; trwonić; **~ off** zrzucać; pozbywać się (**sth** czegoś); **~ out** wyrzucać, wypędzać; odrzucać; rzucać (*pomysły*); *pot.* **~ up** wymiotować; *s* rzut

thru [θru] *am. zob.* **through**

thrust [θrʌst] *vt* pchać; *s* pchnięcie; *techn.* ciąg; *przen.* kierunek, cel

thud [θʌd] *s* łomot

thumb [θʌm] *s* kciuk; *vt*: **~ a lift** zatrzymywać samochody (*na autostopie*); **~ through** kartkować

thun•der [`θʌndə(r)] *s* grzmot; *vi* grzmieć

thun•der•bolt [`θʌndəbəʊlt] *s* piorun

thun•der•storm [`θʌndəstɔm] *s* burza z piorunami

Thurs•day [`θɜzdɪ] *s* czwartek

thus [ðʌs] *adv* tak, w ten sposób; **~ far** dotąd; do tego stopnia

tick [tɪk] *vt vi* (*o zegarze*) tykać; *pot.* odfajkować, odhaczyć; **what makes him ~?** co jest motorem jego działania?; *s* tykanie; *pot.* ptaszek, odfajkowanie; *bryt.* chwilka; *zool.* kleszcz; *bryt. pot.* **buy sth on ~** kupować coś na kredyt

tick•et [`tɪkɪt] *s* bilet; etykieta, metka; paragon; mandat; **single <return>**

~ bilet w jedną stronę <powrotny>; **~ office** kasa biletowa

tick•le [ˋtɪkl] *vt vi* łaskotać; *przen.* bawić; *vi* swędzić

tide [taɪd] *s* pływ (*morza*); *przen.* fala; **high <low> ~** przypływ <odpływ>

ti•dy [ˋtaɪdɪ] *adj* czysty, schludny, porządny; *vt* (*także* **~ up**) porządkować, sprzątać

tie [taɪ] *s* krawat; wiązanie; *przen.* więź; *sport.* remis; *vt* wiązać, łączyć; zawiązywać; **~ up** związywać, krępować

ti•ger [ˋtaɪgə(r)] *s* tygrys

tight [taɪt] *adj* napięty; obcisły; ciasny; mocny; *adv* ciasno; szczelnie; mocno; *s pl* **~s** rajstopy

tight•en [ˋtaɪtn] *vt* ściskać, zaciskać; napiąć, naprężyć

tile [taɪl] *s* dachówka; kafelek; *vt* wykładać kafelkami

till¹ [tɪl] *praep* do, aż do; *conj* aż; *zob.* **until**

till² [tɪl] *s* kasa (*sklepowa*)

tim•ber [ˋtɪmbə(r)] *s* drewno

time [taɪm] *s* czas; godzina, pora; raz; **spare <free> ~** czas wolny; **all the ~** cały czas; **a long ~ ago** dawno temu; **at ~s** czasami; **at the same ~** równocześnie; **for the ~ being** na razie, chwilowo; **in ~** na czas; z czasem; **many ~s** wielokrotnie, często; **most of the ~** przeważnie; najczęściej; **once upon a ~** pewnego razu; **one at a ~** pojedynczo; **on ~** na czas (*o czasie*); **~ is up** czas upłynął; **have a good ~** dobrze się bawić; **take one's ~** nie spieszyć się; **what ~ is it?, what is the ~?** która godzina?; *vt* wyznaczać czas; mierzyć czas

time•ly [ˋtaɪmlɪ] *adj* w porę

time•ta•ble [ˋtaɪmteɪbl] *s* rozkład jazdy; *szk.* plan lekcji, program, plan

tim•id [ˋtɪmɪd] *adj* nieśmiały; bojaźliwy

tin [tɪn] *s* cyna; puszka; blacha do pieczenia; *vt* wkładać do puszek

tin•ned [tɪnd] *adj* konserwowy

tin o•pen•er [`tɪnəʊpnə(r)] *s bryt.* otwieracz do konserw

tint [tɪnt] *s* odcień, zabarwienie; *vt* farbować

ti•ny [`taɪnɪ] *adj* drobny, malutki

tip[1] [tɪp] *s* koniuszek, czubek; **on the ~ of one's tongue** na końcu języka

tip[2] [tɪp] *s* rada, wskazówka; napiwek; *vt vi* dawać napiwek; przechylać; wysypywać; *pot.* **~ off** dawać cynk

tip•sy [`tɪpsɪ] *adj pot.* wstawiony

tip•toe [`tɪptəʊ] *s*: **on ~** na palcach; *vt* chodzić na palcach

tip•top [`tɪp`top] *s pot.* szczyt (*doskonałości*); *adj* super

tire[1] [`taɪə(r)] *vt vi* męczyć (się)

tire[2], *am.* **tyre** [`taɪə(r)] *s* opona

tired [`taɪəd] *adj* zmęczony (**of sth** czymś); **be sick and ~ of sth** mieć czegoś dość <po uszy>

tire•less [`taɪəlɪs] *adj* niestrudzony

tire•some [`taɪəsəm] *adj* męczący, dokuczliwy

tis•sue [`tɪʃu] *s* tkanka; chusteczka higieniczna; **~ paper** bibułka

tit [tɪt] *s* sikorka; *wulg.* cycek; **~ for tat** wet za wet

ti•tle [`taɪtl] *s* tytuł; *prawn.* **~ to...** tytuł do...

ti•tled [`taɪtəld] *adj* zatytułowany; utytułowany

to [tu, tə] *praep* (*kierunek*) do, ku; **go to Poland** jechać do Polski; **to me** według mnie; **to the right** na prawo; **to this day** do dzisiejszego dnia; (*stosunek*) dla, na, wobec; **he is good to me** on jest dla mnie dobry; (*wynik*) ku; **to my surprise** ku memu zdziwieniu; (*cel*) żeby, ażeby; **man eats to live**

człowiek je, ażeby żyć; (*tłumaczy się celownikiem*) **give it to me** daj mi to; (*z czasownikiem w bezokoliczniku*) **to see** widzieć; **I want to eat** chcę jeść; *adv* w wyrażeniach: **to and fro** tam i z powrotem

toad [təʊd] *s* ropucha

toad•stool [ˋtəʊdstul] *s* muchomor

toast [təʊst] *s* grzanka, tost; toast; *vt* opiekać; wznosić toast (**sb** na czyjąś cześć)

to•bac•co [təˋbækəʊ] *s* tytoń

to•day [təˋdeɪ] *adv* dziś; *s* dzisiaj; dzisiejsze czasy

tod•dle [ˋtodl] *vi* dreptać

tod•dler [ˋtodlə(r)] *s* berbeć, szkrab

toe [təʊ] *s* palec (*u nogi*)

to•geth•er [təˋgeðə(r)] *adv* razem; **get ~** gromadzić się; **~ with sth** razem z czymś

toil•et [ˋtoɪlət] *s* toaleta; **~ paper <tissue>** papier toaletowy

to•ken [ˋtəʊkən] *s* znak; pamiątka; talon; żeton; *adj* symboliczny

told *zob.* **tell**

tol•e•ra•ble [ˋtolərəbl] *adj* znośny

tol•e•rance [ˋtolərəns] *s* tolerancja

tol•e•rate [ˋtoləreɪt] *vt* tolerować, znosić

toll[1] [təʊl] *s* opłata (*za przejazd*); liczba ofiar; **~ road** droga z płatnym przejazdem

toll[2] [təʊl] *vi* (*o dzwonie*) bić

to•ma•to [təˋmɑtəʊ, *am.* təˋmeɪtəʊ] *s* pomidor

tomb [tum] *s* grobowiec

to•mor•row [təˋmorəʊ] *adv s* jutro; **the day after ~** pojutrze

tone [toʊn] *s* ton; sygnał (*w telefonie*); *vt*: **~ down** tonować, łagodzić

tongs [toŋz] *s pl* szczypce, obcęgi

tongue [tʌŋ] *s* język; *kulin.* ozór; **mother ~** język ojczysty; **slip of the ~** przejęzyczenie; **hold one's ~** trzymać język za zębami

ton•ic [ˋtonɪk] *s* (*także* ~ **water**) tonik
to•night [təˋnaɪt] *adv* dziś w nocy <wieczorem>; *s* dzisiejsza noc; dzisiejszy wieczór; **(I'll) see you ~** do zobaczenia wieczorem
tonne [tʌn] *s* tona
ton•sil [ˋtonsɪl] *s anat.* migdałek
ton•sil•li•tis [ˈtonsɪˋlaɪtɪs] *s* zapalenie migdałków
too [tu] *adv* zbyt, za; też, także; **it's ~ small** to jest za małe; **you're ~ kind** jesteś bardzo uprzejmy; **I like it ~** ja też to lubię
took *zob.* **take**
tool [tul] *s* narzędzie; **~ kit** zestaw narzędzi
toot [tut] *vi* trąbić (*klaksonem*); *s* trąbienie (*klaksonu*)
tooth [tuθ] *s* (*pl* **teeth** [tiθ]) ząb; **have a sweet ~** przepadać za słodyczami; **by the skin of one's teeth** o mały włos
tooth•ache [ˋtuθeɪk] *s* ból zęba
tooth•brush [ˋtuθbrʌʃ] *s* szczoteczka do zębów
tooth•paste [ˋtuθpeɪst] *s* pasta do zębów
tooth•pick [ˋtuθpɪk] *s* wykałaczka
top [top] *s* szczyt; wierzchołek; zakrętka; wieczko; blat; (*o ubraniu*) góra; bąk (*zabawka*); **be at the ~** być najlepszym (**in the class** w klasie); *adj* najwyższy; *vt vi* znajdować się na czele; wznosić się; przewyższać; pokrywać od góry; *pot.* **go over the ~** przesadzić, przeholować; **~ hat** cylinder
top•ic [ˋtopɪk] *s* temat
top•i•cal [ˋtopɪkl] *adj* aktualny, bieżący
top•most [ˋtopməʊst] *adj* najwyższy
top•ple [ˋtopl] *vt* (*także* **~ down <over>**) powalić; *vi* zwalić się
top se•cret [ˈtopˋsikrɪt] *adj* ściśle tajny
top•sy-tur•vy [ˈtopsɪˋtɜvɪ] *adv* do góry nogami; *adj* przewrócony do góry nogami

torch [tɔtʃ] *s bryt.* latarka; pochodnia
tore *zob.* **tear²**
torn *zob.* **tear²**
tor•ment [`tɔment] *s* męczarnia, męka; *vt* [tɔ`ment] męczyć, dręczyć
tor•na•do [tɔ`neɪdəʊ] *s* tornado
tor•so [`tɔsəʊ] *s* tors, tułów
tor•toise [`tɔtəs] *s* żółw
tor•ture [`tɔtʃə(r)] *adj* tortury; *przen.* tortura, męczarnia; *vt* torturować; *przen.* zadręczać
toss [tos] *vt* rzucać; podrzucać; przewracać; (*także* ~ **up,** ~ **a coin**) rzucać monetą
tot [tot] *s bryt. pot.* brzdąc; kropelka (*alkoholu*); *vt bryt. pot.* ~ **up** podliczać, sumować
to•tal [`təʊtl] *adj* całkowity, totalny; *s* suma, wynik; **in** ~ w sumie; *vt vi* sumować; wynosić (*w sumie*)
to•tal•i•tar•i•an [toʊ'tælɪ`teərɪən] *adj* totalitarny
to•tal•i•ty [təʊ`tælɪtɪ] *s* całość; ogół
touch [tʌtʃ] *vt vi* dotykać (się); poruszać; wzruszać; ~ **down** lądować; ~ **on** poruszać (*temat*); *s* dotyk; dotknięcie; **get in** ~ skontaktować się; **keep in** ~ utrzymywać kontakt (**with sb** z kimś); ~ **wood!** odpukać (w nie malowane drewno)!
touch•and•go ['tʌtʃən`gəʊ] *adj* niepewny
touch•ing [`tʌtʃɪŋ] *adj* wzruszający
touch•y [`tʌtʃɪ] *adj* drażliwy; przewrażliwiony
tough [tʌf] *adj* twardy, mocny; wytrzymały; *przen.* trudny; ~ **luck!** trudno!
tough•en [`tʌfən] *vt* hartować, wzmacniać; utwardzać
tour [tʊə(r)] *s* podróż (**of Europe** po Europie); wycieczka (*objazdowa*); tournée; **on** ~ w trasie; na tournée; *vt vi* objeżdżać; zwiedzać
tour•is•m [`tʊərɪzm] *s* turystyka
tour•ist [`tʊərɪst] *s* turysta; ~ **class** klasa tu-

rystyczna; ~ **office** biuro turystyczne

tow [təʊ] *vt* holować; *s* holowanie; **take sth in ~** brać coś na hol

to•ward(s) [təˈwɔdz] *praep* ku, w kierunku; wobec, w stosunku do; (*o czasie*) około

tow•el [ˈtaʊəl] *s* ręcznik; **sanitary ~** podpaska higieniczna

tow•er [ˈtaʊə(r)] *s* wieża; *vi* wznosić się (**over sth** nad czymś)

town [taʊn] *s* miasto; **out of ~** na prowincji

tox•ic [ˈtoksɪk] *adj* toksyczny, trujący

toy [toɪ] *s* zabawka; *vt* bawić się (**with sth** czymś)

trace [treɪs] *s* ślad; *vt* odnaleźć (*po śladach*); śledzić, iść śladem; kalkować

track [træk] *s* ślad; szlak, ścieżka; tor (*wyścigowy*); bieżnia; *pl* **~s** tory kolejowe; **keep ~** śledzić (*bieg wydarzeń*); **lose ~** stracić kontakt (**of sb <sth>** z kimś <czymś>); *vt* tropić; **~ down** wytropić

tract [trækt] *s* przestrzeń; traktat; **respiratory ~** drogi oddechowe

trade [treɪd] *s* handel; branża; zawód; **by ~** z zawodu; **home <foreign> ~** handel wewnętrzny <zagraniczny>; **~ name** nazwa firmowa; **~ union** związek zawodowy; *vi* handlować (**in sth** czymś; **with sb** z kimś); wymieniać (**sth for sth** coś za coś)

trade•mark [ˈtreɪdmak] *s* znak fabryczny

trad•er [ˈtreɪdə(r)] *s* handlowiec, kupiec

tra•di•tion [trəˈdɪʃən] *s* tradycja

tra•di•tion•al [trəˈdɪʃənl] *adj* tradycyjny

traf•fic [ˈtræfɪk] *s* komunikacja; ruch uliczny; transport; handel (*narkotykami*); **~ jam** korek uliczny; **~ lights** sygnalizacja świetlna; **~ regulations** przepisy drogowe; *am.* **~ circle** rondo; **~ sign** znak drogowy

trag•e•dy [`trædʒədɪ] *s* tragedia

tra•gic [`trædʒɪk] *adj* tragiczny

trail [treɪl] *s* ślad; trop; szlak; smuga; *vt* ciągnąć; wlec; tropić; *vi* ciągnąć się; wlec się

trail•er [`treɪlə(r)] *s* przyczepa; *am.* przyczepa kempingowa; *film.* zwiastun

train [treɪn] *s* pociąg; sznur (*ludzi, wozów*); tren; **go by ~** jechać pociągiem; **slow <fast> ~** pociąg osobowy <pośpieszny>; *vt vi* szkolić (się); trenować; tresować

train•er [`treɪnə(r)] *s* trener; treser; but sportowy, adidas

train•ing [`treɪnɪŋ] *s* szkolenie; trening, ćwiczenia; tresura

trait [treɪt] *s* cecha, rys

trai•tor [`treɪtə(r)] *s* zdrajca

tram [træm] *s* tramwaj

tramp [træmp] *vt vi* włóczyć się; przemierzać; *s* włóczęga

tram•ple [`træmpl] *vt* deptać; podeptać (**on sth** coś)

tran•quil [`træŋkwɪl] *adj* spokojny

tran•quil•lizer [`træŋkwɪlaɪzə(r)] *s* środek uspokajający

trans•ac•tion [træn`zækʃən] *s* transakcja

tran•scend [træn`send] *vt* wykraczać poza

trans•scrip•tion [træns`skrɪpʃən] *s* transkrypcja

trans•fer [træns`fɜ(r)] *vt vi* przenosić (się); przesiadać się; przekazywać (*prawo własności*); *s* [`trænsfɜ(r)] przeniesienie; przelew (*pieniężny*)

trans•form [træns`fɔm] *vt* przekształcać

trans•fu•sion [træns`fjuʒən] *s* transfuzja; **blood ~** transfuzja krwi

trans•gress [trænz`gres] *vt* przekraczać; naruszać (*przepisy*)

tran•sit [`trænzɪt] *s* tranzyt; przejazd; **~ visa** wiza tranzytowa

tran•si•tion [træn`zɪʃn] *s*

przejście; okres przejściowy

trans•late [træns`leɪt] *vt* tłumaczyć (**from Polish** z polskiego; **into English** na angielski)

trans•la•tion [træns`leɪʃən] *s* tłumaczenie

trans•la•tor [træns`leɪtə(r)] *s* tłumacz

trans•mis•sion [trænz`mɪʃən] *s* transmisja; przekazywanie; *techn.* przekładnia

trans•mit [trænz`mɪt] *vt* przesyłać, transmitować; nadawać; przenosić (*chorobę*)

trans•mit•ter [trænz`mɪtə(r)] *s* przekaźnik

trans•par•ent [træn`spærənt] *adj* przezroczysty; przejrzysty

trans•plant [træns`plɑnt] *vt* przesadzać (*rośliny*); przeszczepiać (*organy*); *s* [`trænsplənt] przeszczep

trans•port [`trænspɔt] *s* transport; **public ~** komunikacja miejska; *vt* [træn`spɔt] przewozić

trans•por•ta•tion ['trænspɔ`teɪʃən] *s am.* transport, przewóz

trap [træp] *s* pułapka; sidła; zasadzka; *vt* łapać w pułapkę; przytrzasnąć

trash [træʃ] *s* tandeta; szmira; bzdury; *am.* śmieci; *am.* hołota; **~ can** kosz na śmieci

trau•ma [`trɔmə] *s* bolesne przeżycie; *med.* uraz

trav•el [`trævl] *vi* podróżować; jechać; poruszać się; rozchodzić się; *vt* przejeżdżać (*odległość*); *s* podróżowanie, podróż; **~ agency <bureau>** biuro podróży

trav•el•(l)er [`trævlə(r)] *s* podróżny; podróżnik; **~'s cheque <check>** czek podróżny

trav•el•(l)ing [`trævəlɪŋ] *adj* podróżny; wędrowny; objazdowy; **~ expenses** koszty podróży; *s* podróżowanie

trav•es•ty [trævəstɪ] *s* parodia

tray [treɪ] *s* taca

treach•e•ry [`tretʃərɪ] *s* zdrada

tread [tred], **trod** [trod], **trod•den** [trodn] *vi* stąpać; *vt* deptać; *s* chód; stopień (*schodów*); *mot.* bieżnik

trea•son [`trizn] *s* zdrada stanu

treas•ure [`treʒə(r)] *s dosł.* i *przen.* skarb; *vt* wysoko cenić

treat [trit] *vt* traktować; obchodzić się (**sth** z czymś); uważać (**sth as sth** coś za coś); leczyć (**sb for sth** kogoś na coś); stawiać (**sb to sth** komuś coś); *s* przyjemność; poczęstunek

treat•ment [`tritmənt] *s* traktowanie, obchodzenie się; leczenie; **be under ~** być leczonym

trea•ty [`tritɪ] *s* traktat

tree [tri] *s* drzewo

trek [trek] *s* wędrówka; wyprawa; *vi* wędrować

tremble [`trembl] *vi* trząść się; dygotać; drżeć; **~ with anger** trząść się z gniewu; *s* drżenie

tre•men•dous [trɪ`mendəs] *adj* ogromny, olbrzymi; wspaniały

trench [trentʃ] *s* rów; okop; **~ coat** trencz (*płaszcz*)

trend [trend] *s* trend, tendencja

tres•pass [`trespəs] *vi*: **~ on private property** wkraczać na teren prywatny

tres•pass•er [`trespəsə(r)] *s* osoba wkraczająca na teren prywatny bez zgody właściciela

tri•al [`traɪl] *s prawn.* proces; próba; utrapienie; **on ~** na próbę; **~ period** okres próbny; **put to ~** poddawać próbie

tri•an•gle [`traɪæŋgl] *s* trójkąt

tri•an•gu•lar [traɪ`æŋgjulə(r)] *adj* trójkątny

tribe [`traɪb] *s* plemię

trib•ute [`trɪbjut] *s* hołd; uznanie; wyrazy uznania; danina; **pay ~ to** wyrażać uznanie dla

trick [trɪk] *s* sztuczka; figiel; lewa (*w kartach*); **play a ~** spłatać figla (**on sb** komuś); **do ~s** pokazywać sztuczki; *vt* oszukiwać

trick•e•ry [`trɪkərɪ] *s* oszustwo

trick•y [ˋtrɪkɪ] *adj* skomplikowany; podstępny
tri•fle [ˋtrɑɪfl] *s* drobnostka, drobiazg; *vi* traktować lekceważąco (**with sb <sth>** kogoś <coś>)
trig•ger [ˋtrɪgə(r)] *s* spust; cyngiel; *vt*: **~off** wywoływać
trim [trɪm] *vt* przycinać, przystrzygać; ozdabiać (**with sth** czymś); *s* podcięcie, przystrzyżenie; *adj* szczupły; (*o ogrodzie*) zadbany
trip [trɪp] *vi* potykać się (**over sth** o coś); *s* wycieczka; podróż; **go on a business ~** wyjechać w podróż służbową
triple [ˋtrɪpl] *adj* potrójny; *vt* potroić
tri•umph [ˋtrɑɪəmf] *s* tryumf; *vi* tryumfować
triv•i•al [ˋtrɪvɪəl] *adj* błahy; pospolity, banalny
trol•ley [ˋtrolɪ] *s* wózek (*sklepowy*); stolik na kółkach; (*także* **~ bus**) trolejbus
trom•bone [tromˋbəʊn] *s* *muz.* puzon
troop [trup] *s* grupa, gromada; stado; oddział wojska; *teatr.* trupa; *pl* **~s** wojsko
tro•phy [ˋtrəʊfɪ] *s* trofeum
trop•ic [ˋtropɪk] *s* zwrotnik; *pl* **the ~s** tropik, tropiki
trop•ical [ˋtropɪkl] *adj* tropikalny; zwrotnikowy
trot [trot] *s* trucht; kłus; *vi* biec truchtem; kłusować; **~ out** recytować, klepać
trou•ble [ˋtrʌbl] *s* kłopot; zamieszki; **be in ~** mieć kłopoty; **get into ~** popaść w tarapaty; *vt* niepokoić; martwić; *vi*: **~ to do sth** zadawać sobie trud zrobienia czegoś
trou•ble•some [ˋtrʌblsəm] *adj* kłopotliwy, uciążliwy
trou•sers [ˋtrɑʊzəz] *s pl* spodnie
trout [trɑʊt] *s* pstrąg
tru•ant [ˋtruənt] *s* wagarowicz; *bryt.* **play ~** iść na wagary
truck [trʌk] *s* samochód

ciężarowy; wózek (*na bagaż*)

true [tru] *adj* prawdziwy; wierny (**to sb <sth>** komuś <czemuś>); **come ~** sprawdzić się; spełnić się; **it's ~** to prawda

tru•ly [`trulɪ] *adv* prawdziwie, wiernie; naprawdę; **~ yours** (*w liście*) z poważaniem

trump [trʌmp] *s* atut; *vt* przebić atutem

trum•pet [`trʌmpɪt] *s* trąbka

trun•cheon [`trʌntʃən] *s bryt.* pałka policyjna

trunk [trʌŋk] *s* pień; kufer; trąba słonia; tułów; *am.* bagażnik; *pl* **~s** kąpielówki; *bryt.* **~ road** główna droga, magistrala

trust [trʌst] *s* zaufanie; wiara, ufność; *ekon.* trust; *vi* ufać, wierzyć (**sb** komuś)

trust•ee [trʌs`ti] *s* powiernik; członek zarządu

trust•ful [`trʌstfʊl] *adj* ufny

trust•wor•thy [`trʌstwɜðɪ] *adj* godny zaufania

trust•y [`trʌstɪ] *adj* wierny; sprawdzony

truth [truθ] *s* prawda; **in ~** w rzeczywistości; **tell the ~** mówić prawdę

truth•ful [`truθfʊl] *adj* prawdomówny; zgodny z prawdą

try [trɑɪ] *vt* próbować; sądzić (**sb for sth** kogoś za coś); *vi* usiłować; starać się; **~ on** przymierzać; **~ out** wypróbować; *s* próba; usiłowanie; **have a ~** próbować

tub [tʌb] *s* kadź; balia; wanna

tube [tjub] *s* tuba; rur(k)a; dętka; tubka; *anat.* przewód; *bryt. pot.* metro

tu•ber•cu•lo•sis [tju'bɜkjʊ`ləʊsɪs] *s* gruźlica

Tues•day [`tjuzdɪ] *s* wtorek

tug [tʌg] *vt vi* ciągnąć; holować; szarpać; *s* holownik

tu•i•tion [tju`ɪʃən] *s bryt.* nauka; *am.* czesne

tu•lip [`tjulɪp] *s* tulipan

tum•my [`tʌmɪ] *s pot.* brzuch

tu•mo(u)r [ˈtjumə(r)] *s med.* guz

tu•na [ˈtjunə] *s* (*także* **~ fish**) tuńczyk

tune [tjun] *s* ton; melodia; **be in ~** (*o instrumencie*) być nastrojonym; śpiewać <grać> czysto; **be out of ~** (*o instrumencie*) być rozstrojonym; fałszować; *vt vi* stroić; regulować (*silnik*); **~ in** nastawiać (*odbiornik*)

tun•nel [ˈtʌnl] *s* tunel; *vt* przekopywać tunel

tun•ny [ˈtʌnɪ] *s* tuńczyk

tur•bu•lent [ˈtɜbjulənt] *adj* niespokojny; gwałtowny; burzliwy

Turk [tɜk] *s* Turek

tur•key [ˈtɜkɪ] *s* indyk

Turk•ish [ˈtɜkɪʃ] *adj* turecki; *s* język turecki

tur•moil [ˈtɜmoɪl] *s* zamieszanie, wrzawa

turn [tɜn] *vt vi* obracać (się); odwracać (się); przewracać (się); zwracać (się); skręcać; **~ the corner** skręcić na rogu (*ulicy*); **~ pale** zblednąć; **~ forty** skończyć czterdzieści lat; **~ right <left>** skręcać w prawo <lewo>; **~ back** odwracać się (*tyłem*); zawracać; **~ down** przyciszać (*radio*); odrzucać (*ofertę*); **~ off** zakręcać (*kran*); wyłączać (*światło, radio*); skręcać (*w drogę podrzędną*); **~ on** odkręcać (*kran*); włączać (*światło, radio*); nastawić; **~ out** wyłączać (*światło*); opróżniać (*kieszenie*); okazać się; **he ~ed out (to be) a nice boy** okazał się (być) miłym chłopcem; **~ up** pogłaśniać; podkręcać; pojawiać się; *s* obrót, zwrot; zakręt; kolej; **it's my ~** teraz na mnie kolej; **at every ~** przy każdej sposobności; **in <by> ~s** po kolei

turn•a•bout [ˈtɜnəbaʊt] *s przen.* zwrot o 180 stopni

turn•coat [ˈtɜnkəʊt] *s* renegat

turn•ing [ˈtɜnɪŋ] *s* zakręt; **take the first ~**

on the left skręcić w pierwszą (ulicę) w lewo; **~ point** punkt zwrotny

turn•out [`tɜnaʊt] *s* zgromadzenie, frekwencja

turn•o•ver [`tɜnəʊvə(r)] *s handl.* obroty; fluktuacja (*kadr*); *kulin.* rolada owocowa

turn•pike [`tɜnpaɪk] *s am.* autostrada (*zw. płatna*)

tur•pen•tine [`tɜpəntaɪn] *s* terpentyna

tur•quoise [`tɜkwoɪz] *s* turkus

tur•ret [`tʌrɪt] *s* wieżyczka

tur•tle [`tɜtl] *s* żółw wodny

tu•tor [`tjutə(r)] *s bryt.* korepetytor; wykładowca

tux•e•do [tʌk`sidəʊ] *s am.* smoking

tweed [twid] *s* tweed

twee•zers [`twizəz] *s pl* pinceta

twelfth [twelfθ] *adj* dwunasty

twelve [twelv] *num* dwanaście

twen•ti•eth [`twentɪəθ] *adj* dwudziesty

twen•ty [`twentɪ] *num* dwadzieścia

twice [twaɪs] *adv* dwa razy, dwukrotnie; **~ as much** dwa razy tyle

twid•dle [`twɪdl] *vt* bawić się (czymś) bezmyślnie, kręcić (czymś); *pot.* **~ one's thumbs** zbijać bąki

twi•light [`twaɪlaɪt] *s* zmierzch; brzask

twin [twɪn] *s* bliźniak; *adj attr* bliźniaczy; **~ brother <sister>** bliźniak <bliźniaczka>

twin•kle [`twɪŋkl] *vi* migotać; błyszczeć; *s* migotanie; błysk

twist [twɪst] *vt vi* skręcać (się); kręcić (się); wykręcać; przekręcać *(znaczenie)*; **~ off** odkręcać; *s* skręt, skręcenie; ostry zakręt; zwrot

twist•ed [`twɪstɪd] *adj* poskręcany; skręcony; pokręcony; skrzywiony

two [tu] *num* dwa; *s* dwójka; **in ~s** dwójkami

two•faced ['tu`feɪst] *adj* dwulicowy

two•fold [`tufəʊld] *adj* dwukrotny; podwójny; *adv* dwukrotnie

two-way ['tu`weɪ] *adj* dwukierunkowy; **~ radio** krótkofalówka

type [taɪp] *s* typ; czcionka; **in bold ~** tłustym drukiem; *vt* pisać na maszynie

type•script [`taɪpskrɪpt] *s* maszynopis

type•writ•er [`taɪp'raɪtə(r)] *s* maszyna do pisania

type•writ•ten [`taɪprɪtən] *adj* napisany na maszynie

ty•phoon [taɪ`fun] *s* tajfun

ty•phus [`taɪfəs] *s* tyfus plamisty

typ•i•cal [`tɪpɪkl] *adj* typowy (**of sth** dla czegoś)

typ•ist [`taɪpɪst] *s* maszynistka

tyr•an•ny [`tɪrənɪ] *s* tyrania

ty•rant [`taɪərənt] *s* tyran

tyre, *am.* **tire** [taɪə(r)] *s* opona

U

UFO [`jufəʊ] *s* (**Unidentified Flying Object**) UFO (nie zidentyfikowany obiekt latający)

ug•ly [`ʌglɪ] *adj* brzydki; **~ duckling** brzydkie kaczątko

U•krain•i•an [jʊ`kreɪnɪən] *adj* ukraiński; *s* język ukraiński

ul•cer [`ʌlsə(r)] *s med.* wrzód

ul•te•ri•or [ʌl`tɪərɪə(r)] *adj* ukryty (*motyw*)

ul•ti•mate [`ʌltɪmɪt] *adj* ostateczny; najwyższy; największy

ul•ti•mate•ly [`ʌltɪmətlɪ] *adv* ostatecznie

ul•tra•vi•o•let ['ʌltrə`vaɪəlɪt] *adj* ultrafioletowy

um•brel•la [ʌm`brelə] *s* parasol, parasolka; *przen.* parasol (*ochronny*)

um•pire [`ʌmpaɪə(r)] *s* arbiter, sędzia; *vt vi* sędziować; rozsądzać

un•a•ble [ʌn`eɪbl] *adj* niezdolny; **be ~ to do sth** nie być w stanie czegoś zrobić

un•ac•cept•a•ble ['ʌnək-ˋseptəbl] *adj* nie do przyjęcia

un•ac•com•pa•nied ['ʌnə-ˋkʌmpənɪd] *adj* sam (*bez towarzystwa, bez opieki, bez akompaniamentu)*

u•nan•i•mous [juˋnænɪməs] *adj* jednomyślny

un•as•sum•ing ['ʌnəˋsjuːmɪŋ] *adj* bezpretensjonalny, skromny

un•at•tached ['ʌnəˋtætʃt] *adj* samotny; nie związany (**to** z)

un•a•void•a•ble ['ʌnəˋvoɪdəbl] *adj* nieunikniony

un•a•ware ['ʌnəˋweə(r)] *adj* nieświadomy (**of sth** czegoś)

un•a•wares ['ʌnəˋweəz] *adv* znienacka

un•bal•anc•ed [ʌnˋbælənst] *adj* niezrównoważony

un•bear•a•ble [ʌnˋbeərəbl] *adj* nieznośny, nie do wytrzymania

un•be•com•ing ['ʌnbɪˋkʌmɪŋ] *adj* nie na miejscu, niestosowny; **it's ~ of you to...** nie wypada ci...

un•be•lie•va•ble ['ʌnbɪˋliːvəbl] *s* niewiarygodny

un•born ['ʌnˋbɔn] *adj* nie narodzony

un•bound•ed [ʌnˋbaʊndɪd] *adj* bezgraniczny

un•bro•ken [ʌnˋbrəʊkən] *adj* nie złamany; nie uszkodzony; nieprzerwany

un•bur•den [ʌnˋbɜdn] *vtr* zdjąć ciężar (**sb <sth>** z kogoś <czegoś>); odciążyć

un•but•ton [ʌnˋbʌtn] *vt* rozpiąć

un•called-for [ʌnˋkɔldfɔ(r)] *adj* niestosowny; nie na miejscu

un•can•ny [ʌnˋkænɪ] *adj* niesamowity

un•ceas•ing [ʌnˋsisɪŋ] *adj* nieustający

un•cer•tain [ʌnˋsɜtn] *adj* niepewny

un•checked [ʌnˋtʃekt] *adj* nie kontrolowany

un•ci•vil [ʌnˋsɪvɪl] *adj* nieuprzejmy; niekulturalny

un•cle [`ʌŋkl] *s* wuj; stryj
un•clear [ʌn`klɪə(r)] *adj* niejasny
un•com•for•ta•ble [ʌn`kʌmftəbl] *adj* niewygodny; (*o osobie*) nieswój, zażenowany
un•com•mon [ʌn`komən] *adj* niezwykły
un•com•pro•mis•ing [ʌn`kɔmprəmɑɪzɪŋ] *adj* bezkompromisowy
un•con•cerned ['ʌnkən`sɜnd] *adj* nie zainteresowany; niefrasobliwy; **be ~ about sth** nie przejmować się czymś
un•con•di•tion•al ['ʌnkən`dɪʃənl] *adj* bezwarunkowy
un•con•scious [ʌn`konʃəs] *adj* nieprzytomny; nieświadomy
un•con•vin•cing ['ʌnkən`vɪnsɪŋ] *adj* nieprzekonujący
un•cov•er [ʌn`kʌvə(r)] *vt* odkrywać
un•de•cid•ed ['ʌndɪ`sɑɪdɪd] *adj* niezdecydowany; nie rozstrzygnięty
un•de•ni•a•ble ['ʌndɪ`nɑɪəbl] *adj* niezaprzeczalny
un•der [`ʌndə(r)] *praep* pod, poniżej; pod rządami; w myśl, według; w trakcie (*leczenia*); *adv* poniżej
un•der•age ['ʌndər`eɪdʒ] *adj* niepełnoletni
un•der•clothes [`ʌndəkləʊðz] *s pl* bielizna
un•der•de•vel•oped ['ʌndədɪ`veləpt] *adj* nierozwinięty, zacofany
un•der•done ['ʌndə`dʌn] *adj* (*o mięsie*) nie dogotowany
un•der•es•ti•mate ['ʌndər`estɪmeɪt] *vt* nie doceniać
un•der•foot ['ʌndə`fʊt] *adv* pod nogami
***un•der•go** ['ʌndə`gəʊ], **un•der•went** ['ʌndə`wənt], **un•der•gone** ['ʌndə`gon] *vt* ulegać (*zmianom*); przechodzić (*operację*)
un•der•grad•u•ate ['ʌndə`grædʒʊət] *s* student (*przed dyplomem BA*)
un•der•ground ['ʌndə`grɑʊnd] *adv* pod ziemią; *adj* podziemny; *s* [`ʌndəgrɑʊnd] *bryt.* metro; podziemie

un•der•hand ['ʌndə`hænd] *adj* podstępny; *adv* podstępnie
un•der•line ['ʌndə`laɪn] *vt* podkreślać
un•der•ling [`ʌndəlɪŋ] *s pejor*. podwładny
un•der•mine ['ʌndə`maɪn] *vt* podkopać
un•der•neath ['ʌndə`niθ] *praep* pod; *adv* poniżej, pod spodem
un•der•nour•ished ['ʌndə`nʌrɪʃt] *adj* niedożywiony
un•der•paid ['ʌndə`peɪd] *adj* źle opłacany
un•der•pants [`ʌndəpænts] *s pl* majtki, slipy
un•der•rate ['ʌndə`reɪt] *vt* nie doceniać
un•der•signed ['ʌndə`saɪnd] *adj attr* niżej podpisany; *s*: **the ~** niżej podpisany
***un•der•stand** ['ʌndə`stænd], **un•der•stood, un•der•stood** ['ʌndə`stʊd] *vt vi* rozumieć; **make o.s. understood** porozumieć się, dogadać się
un•der•stand•ing ['ʌndə`stændɪŋ] *s* rozumienie; znajomość (*tematu*); porozumienie; wyrozumiałość; *adj* wyrozumiały
un•der•state ['ʌndə`steɪt] *vt* pomniejszyć; zaniżyć
un•der•state•ment ['ʌndə`steɪtmənt] *s* niedomówienie; **that's an ~!** to mało powiedziane!
un•der•stood *zob.* **understand**
un•der•stud•y [`ʌndəstʌdɪ] *s teatr*. dubler, dublerka
***un•der•take** ['ʌndə`teɪk], **un•der•took** ['ʌndə`tʊk], **un•der•tak•en** ['ʌndə`teɪkən] *vt vi* brać na siebie, podejmować się
un•der•tak•er [`ʌndəteɪkə(r)] *s* przedsiębiorca pogrzebowy
un•der•tak•ing ['ʌndə`teɪkɪŋ] *s* przedsięwzięcie; zobowiązanie
un•der•took *zob.* **undertake**
un•der•wear [`ʌndəweə(r)] *s* bielizna
un•der•went *zob.* **undergo**
un•der•world [`ʌndəwɜld] *s* półświatek
un•de•sir•a•ble ['ʌndɪ`zaɪərəbl] *adj* niepożądany

un•de•vel•oped ['ʌndɪ`veləpt] *adj* nie rozwinięty; nie zagospodarowany
un•did *zob.* **undo**
un•di•vid•ed ['ʌndɪ`vaɪdɪd] *adj* całkowity; niepodzielny; **you have my ~ attention** słucham cię z całą uwagą
***un•do** [ʌn`du], **un•did** [ʌn`dɪd], **un•done** [ʌn`dʌn], *vt* rozwiązywać (*sznurowadła*); rozpinać (*guziki*); rozpakowywać; niweczyć
un•doubt•ed [ʌn`daʊtɪd] *adj* niewątpliwy
un•dress [ʌn`dres] *vt vi* rozbierać (się)
un•eas•y [ʌn`izɪ] *adj* zaniepokojony; niespokojny
un•ed•u•cat•ed [ʌn`edʒukeɪtɪd] *adj* niewykształcony
un•em•ployed ['ʌnɪm`plɔɪd] *adj* bezrobotny; nie wykorzystany
un•em•ploy•ment ['ʌnɪm`plɔɪmənt] *s* bezrobocie
un•end•ing [ʌn`endɪŋ] *adj* nie kończący się, wieczny
un•e•qual [ʌn`ikwəl] *adj* nierówny; **be ~ to** nie móc sprostać
un•err•ing [ʌn`ɜrɪŋ] *adj* nieomylny
un•e•ven [ʌn`ivən] *adj* nierówny; nieparzysty
un•fair [ʌn`feə(r)] *adj* nieuczciwy; niesprawiedliwy; (*o grze*) nieprzepisowy
un•faith•ful [ʌn`feɪθfʊl] *adj* niewierny (**to sb** komuś)
un•fa•mil•iar ['ʌnfə`mɪlɪə(r)] *adj* nie zaznajomiony, nie przyzwyczajony; obcy, nieznany
un•fashion•able [ʌn`fæʃənəbl] *adj* niemodny
un•fa•vour•a•ble [ʌn`feɪvərəbl] *adj* nieprzychylny, niepomyślny
un•feel•ing [ʌn`filɪŋ] *adj* okrutny, bez serca
un•fit [ʌn`fɪt] *adj* w słabej kondycji; nieodpowiedni, nie nadający się (**for sth** do czegoś)
un•fold [ʌn`fəʊld] *vt* rozwinąć; odsłaniać; wyjawiać
un•for•get•ta•ble ['ʌnfə`ge-

təbl] *adj* niezapomniany

un•for•giv•a•ble ['ʌnfə`gɪvəbl] *adj* niewybaczalny

un•for•tu•nate [ʌn`fɔtʃənət] *adj* pechowy; niefortunny, nieszczęśliwy

un•found•ed [ʌn`faʊndɪd] *adj* bezpodstawny

un•friend•ly [ʌn`frendlɪ] *adj* nieprzyjazny; nieprzyjemny

un•grate•ful [ʌn`greɪtfʊl] *adj* niewdzięczny

un•hap•py [ʌn`hæpɪ] *adj* nieszczęśliwy; niezadowolony

un•harmed [ʌn`hɑmd] *adj* nie uszkodzony, nietknięty, bez szwanku

un•health•y [ʌn`helθɪ] *adj* niezdrowy

un•heard [ʌn`hɜd] *adj* nie słyszany; **~ of** niesłychany, niebywały

un•hurt [ʌn`hɜt] *adj* nie uszkodzony; bez szwanku; bez obrażeń

un•i•den•ti•fied ['ʌnɑɪ`dentɪfɑɪd] *adj* nie zidentyfikowany; nieznany

u•ni•form [`junɪfɔm] *s* mundur; *adj* jednolity

u•ni•form•i•ty [`junɪ`fɔmɪtɪ] *s* jednolitość

u•ni•fy [`junɪfɑɪ] *vt* jednoczyć się, ujednolicać

un•im•por•tant ['ʌnɪm`pɔtənt] *adj* nieważny, nieistotny

un•ion [`junjən] *s* unia, zjednoczenie; (*także* **trade ~**) związek zawodowy; **the Union Jack** flaga brytyjska

u•nique [ju`nik] *adj* jedyny, unikatowy; wyjątkowy

u•nit [`junɪt] *s* jednostka; **kitchen ~** szafka kuchenna

u•nite [ju`nɑɪt] *vt vi* jednoczyć (się)

u•nit•ed [ju`nɑɪtɪd] *adj* połączony; wspólny; zjednoczony

u•ni•ty [`junɪtɪ] *s* jedność

u•ni•ver•sal ['junɪ`vɜsl] *adj* uniwersalny, powszechny

u•ni•verse [`junɪvɜs] *s* wszechświat

u•ni•ver•si•ty ['junɪ`vɜsɪtɪ] *s* uniwersytet

un•just ['ʌn`dʒʌst] *adj* niesprawiedliwy
un•kempt ['ʌn`kempt] *adj* rozczochrany; zaniedbany, niechlujny
un•kind ['ʌn`kaɪnd] *adj* nieuprzejmy; nieżyczliwy
un•known ['ʌn`nəʊn] *adj* nieznany; nieznajomy; *s* nieznane; **the journey into the ~** podróż w nieznane
un•leash [ʌn`liʃ] *vt* wyładować (*gniew*) (**upon sb** na kimś); przypuścić (*atak*); rozpętać (*walkę*)
un•less [ən`les] *conj* jeśli nie, chyba że; **~ he agrees** jeśli się nie zgodzi
un•like ['ʌn`laɪk] *praep* w odróżnieniu od; niepodobny do; *adj* niepodobny
un•like•ly [ʌn`laɪklɪ] *adj* nieprawdopodobny; nieoczekiwany; **he is ~ to come** on prawdopodobnie nie przyjdzie
un•load ['ʌn`ləʊd] *vt* rozładować; wyładować
un•lock ['ʌn`lok] *vt* otworzyć (*kluczem*)
un•luck•y [ʌn`lʌkɪ] *adj* nieszczęśliwy, pechowy
un•mar•ried ['ʌn`mærɪd] *adj* nieżonaty; niezamężna
un•matched ['ʌn`mætʃt] *adj* niezrównany
un•mis•tak•a•ble ['ʌnmɪs`teɪkəbl] *adj* niewątpliwy, oczywisty
un•nat•u•ral [ʌn`nætʃrəl] *adj* nienaturalny
un•nec•es•sa•ry [ʌn`nesɪsərɪ] *adj* niepotrzebny, zbyteczny
un•nerve [ʌn`nɜv] *vt* wytrącić z równowagi
un•no•ticed ['ʌn`nəʊtɪst] *adj* nie zauważony
un•of•fi•cial ['ʌnə`fɪʃəl] *adj* nieoficjalny; nie potwierdzony
un•pack ['ʌn`pæk] *vt, vi* rozpakowywać (się)
un•par•don•a•ble [ʌn`pɑdənəbl] *adj* niewybaczalny
un•pleas•ant [ʌn`plezənt] *adj* nieprzyjemny
un•plug ['ʌn`plʌg] *vt* wyłączać z sieci
un•prec•e•dent•ed [ʌn`pre-

sɪdəntɪd] *adj* bez precedensu

un•pre•ten•tious ['ʌnprɪ`tenʃəs] *adj* bezpretensjonalny

un•prin•ci•pled [ʌn`prɪnsɪpəld] *adj* bez zasad

un•ques•tion•a•ble [ʌn`kwestʃənəbl] *adj* niewątpliwy, bezsporny

un•qui•et ['ʌn`kwɑɪət] *adj* niespokojny

un•real ['ʌn`rɪəl] *adj* nierealny; nieprawdziwy

un•rea•son•a•ble [ʌn`rizənəbl] *adj* nierozsądny; niedorzeczny; (*o cenie*) wygórowany

un•rest [ʌn`rest] *s* niepokój

un•set•tled ['ʌn`setəld] *adj* nie rozstrzygnięty; zmienny, niepewny; niespokojny

un•skilled ['ʌn`skɪld] *adj* nie mający wprawy; niewykwalifikowany

un•so•cia•ble [ʌn`səʊʃəbl] *adj* nietowarzyski

un•spea•ka•ble [ʌn`spikəbl] *adj* niewymowny, niewypowiedziany; okropny

un•suc•cess•ful ['ʌnsʌk`sesfʊl] *adj* nie mający powodzenia; nieudany

un•suit•a•ble ['ʌn`sutəbl] *adj* nieodpowiedni, nie nadający się

un•think•a•ble [ʌn`θɪnkəbl] *adj* nie do pomyślenia

un•ti•dy [ʌn`tɑɪdɪ] *adj* nieporządny; nie posprzątany

un•tie [ʌn`tɑɪ] *vt* rozwiązywać; odwiązywać

un•til [ʌn`tɪl] *praep* (aż) do; *conj* aż; dopóki nie; **~ now** dotychczas; **wait ~ he comes** poczekaj aż przyjdzie, *zob*. **till**

un•time•ly [ʌn`tɑɪmlɪ] *adj* nie w porę; niedogodny; przedwczesny

un•told ['ʌn`təʊld] *adj* nieopisany, niesłychany

un•true [ʌn`tru] *adj* niezgodny z prawdą

un•u•su•al [ʌn`juʒʊəl] *adj* niezwykły

un•war•rant•ed [ʌn`worəntɪd] *adj* nieuzasadniony

un•wel•come [ʌn`welkəm] *adj* niepożądany; niewygodny (*fakt*)

un•well [ʌnˋwel] *adj praed* niezdrowy

un•will•ing [ʌnˋwɪlɪŋ] *adj* niechętny

un•wise [ˈʌnˋwɑɪz] *adj* niemądry

un•want•ed [ˈʌnˋwontɪd] *adj* niepotrzebny; niechciany

un•wor•thy [ʌnˋwɜðɪ] *adj* niegodny, niewart

up [ʌp] *adv* w górze; na górze; do góry, w górę; w pozycji stojącej; **up and down** w górę i w dół; **up to** aż do, po (*kolana*); do (*południa*); **up to date** na czasie, w modzie; **be up** być na nogach; **there is sth up** coś się szykuje; **it's up to you** to zależy od ciebie; **he is not up to that job** on nie podoła tej pracy; **go up the road** iść drogą; **up (with) Tom!** niech żyje Tom!; **burn up** spalić doszczętnie; (*zakończenie czynności*) **your time is up** twój czas minął; *praep* w górę (*po czymś*); **up the stairs** w górę po schodach; **live up the road** mieszkać przy końcu drogi; *adj*: **road up** naprawa drogi; *pot.* **what's up?** co się dzieje?; *s*: **ups and downs** wzloty i upadki

up•bring•ing [ˋʌpbrɪŋɪŋ] *s* wychowanie

up•heav•al [ʌpˋhivl] *s* wstrząs; *polit.* wrzenie

up•hill [ʌpˋhɪl] *adv adj* pod górę; *przen.* żmudny

up•hol•ster•y [ʌpˋhəʊlstrɪ] *s* tapicerka, obicie

up•keep [ˋʌpkip] *s* utrzymanie, koszty utrzymania

up•on [əˋpon] = **on**

up•per [ˋʌpə(r)] *adj attr* górny, wyższy; **~ classes** klasy wyższe; **get the ~ hand** zdobywać przewagę

up•per•most [ˋʌpəməʊst] *adj* najwyższy; *adv* na samej górze

up•right [ˋʌprɑɪt] *adj* wyprostowany, pionowy; uczciwy, prawy; *adv* pionowo

up•ris•ing [ˋʌprɑɪzɪŋ] *s* powstanie

up•roar [`ʌprɔ(r)] *s* wrzawa, poruszenie

***up•set** [ʌp`set], **up•set, up•set** [ʌp'set] *vt* przewracać; udaremniać; denerwować; martwić; *adj* zaniepokojony; zdenerwowany; **become <get>** ~ zdenerwować się; *s* [`ʌpset] niepokój, przygnębienie; rozstrój (*żołądka*)

up•side-down ['ʌpsaɪd-`daʊn] *adv* do góry nogami

up•stairs ['ʌp`steəz] *adv* na piętro (*po schodach*); na górze, na piętrze; *s*: **the** ~ piętro, góra

up•stream ['ʌp`strim] *adv* w górę rzeki

up-to-date ['ʌptə`deɪt] *adj* nowoczesny; aktualny; dobrze poinformowany

up•turn [`ʌptɜn] *s* zmiana na lepsze

up•turned ['ʌp`tɜnd] *adj* zadarty (*nos*); przewrócony do góry nogami (*samochód*)

up•ward [`ʌpwəd] *adj* (*o ruchu*) w górę

up•wards [`ʌpwədz] *adv* w górę; ~ **of** z górą, powyżej

u•ra•ni•um [ju`reɪnɪəm] *s* uran

ur•ban [`ɜbən] *adj attr* miejski

urge [ɜdʒ] *vt* nalegać; ponaglać, popędzać; *s* chęć; popęd

ur•gen•cy [`ɜdʒənsɪ] *s* pośpiech; nagła potrzeba

ur•gent [`ɜdʒənt] *adj* pilny; naglący; natarczywy

u•rine [`jʊərɪn] *s* mocz

urn [ɜn] *s* urna

us [ʌs, əs] *pron* nas, nam, nami

us•age [`juzɪdʒ] *s* używanie, stosowanie (*wyrazu*)

use [juz] *vt* używać, stosować; wykorzystywać (*kogoś*); ~ **up** zużywać, wyczerpywać; *s* [jus] użycie, stosowanie; użytek, zastosowanie; **in** ~ w użyciu; **out of** ~ nie używany, przestarzały; **be of** ~ być użytecznym, przydawać się; **go out of** ~ wychodzić z użycia; **have no** ~ **for a thing** nie potrzebować czegoś; **make ~ of sth** używać czegoś; wykorzystywać coś; **it's no ~ going there** nie ma sensu tam chodzić; **what's the ~ of worrying?** po co się martwić?

used [juzd] *adj* używany; **~ up** zużyty, wyczerpany, skończony

used to[1] [ˋjustu,ˋjustə]: **be ~ sth <doing sth>** być przyzwyczajonym do czegoś <robienia czegoś>; **get <become> ~ sth <doing sth>** przyzwyczaić się do czegoś <robienia czegoś>

used to[2] [ˋjustu,ˋjustə] *v aux* (*powtarzanie się czynności w przeszłości*) **I ~ play tennis** kiedyś grywałem <zwykłem grać> w tenisa; **he ~ say** mawiał, zwykł mawiać

use•ful [ˋjusfʊl] *adj* użyteczny

use•less [ˋjuslɪs] *adj* bezużyteczny

us•er [ˋjuzə(r)] *s* użytkownik

ush•er [ˋʌʃə(r)] *s* (*w teatrze, kinie, na weselu*) osoba sadzająca gości na wyznaczonych miejscach

u•su•al [ˋjuʒʊəl] *adj* zwyczajny, zwykły; **as ~** jak zwykle

u•su•al•ly [ˋjuʒʊəlɪ] *adv* zwykle, zazwyczaj

u•sur•er [ˋjuʒərə(r)] *s* lichwiarz

u•surp [juˋzɜp] *vt* uzurpować sobie

u•ten•sil [juˋtensl] *s* naczynie; narzędzie; *pl* **~s** naczynia; przybory

u•til•i•ty [juˋtɪlɪtɪ] *s* użyteczność; *pl* **public utilities** usługi komunalne

u•til•ize [ˋjutɪlaɪz] *vt* zużytkować, wykorzystać

ut•most [ˋʌtməʊst] *adj* krańcowy, najwyższy; *s*: **I'll do my ~** uczynię wszystko, co w mojej mocy

ut•ter[1] [ˋʌtə(r)] *adj* kompletny; całkowity

ut•ter[2] [ˋʌtə(r)] *vt* wydawać (*okrzyk*); wypowiadać

ut•ter•ance [ˋʌtərəns] *s* wypowiedź

ut•ter•ly [ˋʌtəlɪ] *adv* zupełnie

U-turn [`jutɜn] *s mot.* zawracanie; *przen.* zwrot o 180 stopni

V

va•can•cy [`veɪkənsɪ] *s* wolny pokój (*w hotelu*); wolny etat, wakat

va•cant [`veɪkənt] *adj* wolny, nie zajęty; (*o wzroku*) nieobecny

va•cate [və`keɪt] *vt* zwolnić (*pokój, posadę*)

va•ca•tion [və`keɪʃən] *s am.* urlop; wakacje; **go on ~** pojechać na urlop

vac•cin•ate [`væksɪneɪt] *vt* szczepić

vac•cin•ation ['væksɪ`neɪʃən] *s* szczepienie (**against sth** przeciwko czemuś)

vac•cine [`væksin] *s* szczepionka

vac•u•um [`vækjuəm] *s* próżnia; **~ cleaner** odkurzacz; **~ flask** termos

va•gi•na [ve`dʒaɪnə] *s anat.* pochwa

vague [veɪg] *adj* niewyraźny; niejasny; ogólnikowy

vain [veɪn] *adj* próżny; daremny; **in ~** na próżno

val•id [`vælɪd] *adj* uzasadniony; przekonujący (*argument*); ważny (*paszport*)

va•lid•i•ty [və`lɪdɪtɪ] *s* wiarygodność; ważność

val•ley [`vælɪ] *s* dolina, kotlina

val•u•a•ble [`væljʊəbl] *adj* cenny, wartościowy; *s pl* **~s** kosztowności

val•u•a•tion ['væljʊ`eɪʃən] *s* oszacowanie; ocena

val•ue [`vælju] *s* wartość; znaczenie; **of great <little> ~** dużej <małej> wartości; **of no ~** bezwartościowy; *pl* **~s** wartości; *vt* wyceniać; cenić, doceniać

vam•pire [`væmpaɪə(r)] *s* wampir

van [væn] *s* furgonetka; *bryt.* wagon bagażowy

van•dal [`vændəl] *s* wandal

van•dal•ize [`vændəlɑız] *vt* dewastować
va•nil•la [və`nılə] *s* wanilia
van•ish [`vænıʃ] *vi* znikać
van•i•ty [`vænıtı] *s* próżność; ~ **bag** kosmetyczka
va•por•ize [`veıpərɑız] *vt* odparować; *vi* parować
va•po(u)r [`veıpə(r)] *s* para; opary
var•i•a•ble [`veərıəbl] *adj* zmienny; regulowany; *s* czynnik; *mat.* zmienna
var•i•ance [`veərıəns] *s* niezgodność, sprzeczność; **be at** ~ nie zgadzać się, być w sprzeczności
var•i•ant [`veərıənt] *s* odmiana, wariant; *adj attr* różny
var•i•a•tion ['veərı`eıʃən] *s* odmiana; zmiany; *muz.* wariacja; **price** ~ wahania cen
var•i•cose veins ['værıkəus`veınz] *pl anat.* żylaki
va•ried [`veərıd] *adj* różnorodny; urozmaicony
va•ri•e•ty [və`rɑıətı] *s* urozmaicenie; wybór; rodzaj, odmiana
var•i•ous [`veərıəs] *adj* różny, rozmaity; *attr* kilka; **at ~ times** o różnych porach
var•nish [`vɑnıʃ] *s* lakier; *vt* lakierować
var•y [`veərı] *vi* różnić się (**in sth** czymś); *vt* urozmaicać
vase [vɑz] *s* wazon
Vas•e•line [`væsılin] *s* wazelina
vast [vɑst] *adj* ogromny; rozległy
vault [volt] *s* krypta; grobowiec; skarbiec; skok; *vt* przeskoczyć (**over the wall** przez mur)
veal [vil] *s* cielęcina
vege•ta•ble [`vedʒıtəbl] *s* warzywo; *adj attr* roślinny; warzywny
ve•ge•tar•i•an ['vedʒı`teərıən] *s* wegetarianin; *adj* wegetariański
veg•e•ta•tion ['vedʒı`teıʃən] *s* roślinność
ve•hi•cle [`viıkl] *s* pojazd; *przen.* narzędzie, środek (*wyrazu*)

veil [veɪl] *s* woalka; welon; zasłona; *przen.* maska; *vt* zasłaniać; *przen.* ukrywać, maskować
vein [veɪn] *s* żyła; żyłka
vel•vet [`velvɪt] *s* aksamit; *adj* aksamitny
vend•ing ma•chine [`vendɪŋmə`ʃin] *s* automat (*do sprzedaży papierosów, napojów itp.*)
vendor [`vendə(r)] *s* sprzedający; **street ~** sprzedawca uliczny
ven•e•ra•ble [`venərəbl] *adj* czcigodny; szacowny
ve•ne•re•al [vɪ`nɪərɪəl] *adj med.* weneryczny; **~ disease** choroba weneryczna
venge•ance [`vendʒəns] *s* zemsta
ve•nom [`venəm] *s* jad
ven•om•ous [`venəməs] *adj* jadowity
ven•ti•late [`ventɪleɪt] *vt* wietrzyć
ven•ti•la•tor [`ventɪleɪtə(r)] *s* wentylator; *med.* respirator
ven•ture [`ventʃə(r)] *s* przedsięwzięcie; **joint ~** wspólne przedsięwzięcie; *vi* odważyć się; *vt* zaryzykować; **~ an opinion** ośmielić się wyrazić opinię
ve•rac•i•ty [vɪ`ræsɪtɪ] *adj* prawdomówność; prawdziwość
ve•ran•da(h) [və`rændə] *s* weranda
verb [vɜb] *s* czasownik
verb•al [`vɜbəl] *adj* ustny; słowny; werbalny
ver•dict [`vɜdɪkt] *s* werdykt, orzeczenie; *przen.* opinia
verge [vɜdʒ] *s* kraniec, krawędź; *bryt.* pobocze; **she was on the ~ of tears** była bliska płaczu; *vt*: **~ on...** graniczyć z...
ver•i•fy [`verɪfaɪ] *vt* sprawdzić, potwierdzić
ver•nac•u•lar [və`nækjulə(r)] *s* język rodzimy, mowa ojczysta
ver•sa•tile [`vɜsətaɪl] *adj* wszechstronny; mający wiele zastosowań
verse [vɜs] *s* wiersze; strofa, zwrotka; werset (*biblijny*)

versed [vɜst] *adj* obeznany (**in sth** z czymś)
ver•sion [ˋvɜʃn] *s* wersja
ver•sus [ˋvɜsəs] *praep* przeciw
ver•te•brate [ˋvɜtɪbrɪt] *s* kręgowiec
ver•ti•cal [ˋvɜtɪkl] *adj* pionowy
verve [vɜv] *s* werwa; zapał
ver•y [ˋverɪ] *adv* bardzo; **~ much** bardzo; *adj*: **in the ~ same place** dokładnie w tym samym miejscu; **the ~ last time** naprawdę ostatni raz; **to the ~ end** do samego końca; **he used this ~ pen** on używał tego właśnie długopisu
ves•sel [ˋvesl] *s* statek; naczynie; **blood ~** naczynie krwionośne
vest[1] [vest] *s* podkoszulek; *am.* kamizelka
vest[2] [vest] *vt* powierzać (**sth in sb <sb with sth>** coś komuś)
vet [vet] *s* weterynarz
vet•e•ran [ˋvetərən] *s* weteran, kombatant
vet•e•ri•na•ri•an [vetərɪˋne(ə)rɪən] *s am.* weterynarz
vet•e•ri•nar•y [ˋvetrɪnərɪ] *adj* weterynaryjny; *bryt.* **~ surgeon** weterynarz
vex [veks] *vt* drażnić; irytować
via [ˋvaɪə] *praep* przez (*miejscowość*)
vi•a•duct [ˋvaɪədʌkt] *s* wiadukt
vi•brate [vaɪˋbreɪt] *vi* wibrować, drgać
vi•bra•tion [vaɪˋbreɪʃən] *s* wibracja, drganie
vic•ar [ˋvɪkə(r)] *s* pastor (*w Kościele anglikańskim*); wikary (*w Kościele rzymskokatolickim*)
vice [vaɪs] *s* wada, przywara; *techn.* imadło
vice- [ˋvaɪs] *praef* wice...
vi•ce ver•sa ['vaɪs ˋvɜsə] *adv* na odwrót, vice versa
vi•cin•i•ty [vɪˋsɪnɪtɪ] *s*: **in the ~** w pobliżu <sąsiedztwie> (**of sth** czegoś)
vi•cious [ˋvɪʃəs] *adj* brutalny; gwałtowny; **~ circle** błędne koło

vic•tim [`vɪktɪm] *s* ofiara; **fall ~ to sth** ucierpieć z powodu czegoś
vic•tor [`vɪktə(r)] *s* zwycięzca
vic•to•ri•ous [vɪk`tɔrɪəs] *adj* zwycięski
vic•to•ry [`vɪktrɪ] *s* zwycięstwo; **win a ~** odnieść zwycięstwo (**over sb** nad kimś)
vid•e•o [`vɪdɪəʊ] *s* film wideo; wideo; **~ cassette** kaseta wideo; **~ cassette recorder** magnetowid
vid•e•o cam•e•ra [`vɪdɪəʊ'kæmərə] *s* kamera wideo
vid•e•o•tape [`vɪdɪəʊteɪp] *s* taśma wideo; *vt pot.* nagrywać na taśmę wideo
vie [vɑɪ] *vi* współzawodniczyć (**for sth** o coś)
Viet•na•mese ['vjetnə`miz] *s* Wietnamczyk; język wietnamski; *adj* wietnamski
view [vju] *s* widok; pogląd; **be in ~** być widocznym; **have sth in ~** mieć coś na oku; **point of ~** punkt widzenia; **on ~** (*o obrazie*) wystawiony; **in ~ of sth** zważywszy; **in my ~** moim zdaniem; *vt* oglądać; uważać (**sth as sth** coś za coś)
view•er [`vjuə(r)] *s* widz
view•find•er [`vjufɑɪndə(r)] *s* wizjer, celownik
view•point [`vjupɔɪnt] *s* punkt widzenia; punkt widokowy
vig•il [`vɪdʒɪl] *s* czuwanie; **keep ~** czuwać
vig•i•lance [`vɪdʒɪləns] *s* czujność
vig•o(u)r [`vɪgə(r)] *s* wigor, energia
vile [vɑɪl] *adj* podły; *pot.* wstrętny
vil•i•fy [`vɪlɪfɑɪ] *vt* oczerniać; szkalować
vil•la [`vɪlə] *s* willa
vil•lage [`vɪlɪdʒ] *s* wieś
vil•lag•er [`vɪlɪdʒə(r)] *s* mieszkaniec wsi
vil•lain [`vɪlən] *s* łajdak, nikczemnik; czarny charakter
vin•dic•tive [vɪn`dɪktɪv] *adj* mściwy
vine [vɑɪn] s winorośl

vin•e•gar [`vɪnɪgə(r)] *s* ocet

vine•yard [`vɪnjəd] *s* winnica

vi•o•late [`vaɪəleɪt] *vt* pogwałcić, naruszać; zakłócać

vi•o•lence [`vaɪələns] *s* gwałtowność; przemoc

vi•o•lent [`vaɪələnt] *adj* gwałtowny

vi•o•let [`vaɪələt] *s bot.* fiołek; fiolet; *adj* fioletowy

vi•o•lin ['vaɪə`lɪn] *s* skrzypce

vi•o•lin•ist ['vaɪə`lɪnɪst] *s* skrzypek, skrzypaczka

vi•per [`vaɪpə(r)] *s zool.* żmija

vir•gin [`vɜdʒɪn] *s* dziewica; prawiczek; *adj attr* dziewiczy

vir•gin•i•ty [vɜ`dʒɪnɪtɪ] *s* dziewictwo

vi•ril•i•ty [vɪ`rɪlɪtɪ] *s* męskość

vir•tu•al [`vɜtjʊəl] *adj* faktyczny, rzeczywisty; *komp.* **~ reality** rzeczywistość wirtualna

vir•tu•ous [`vɜtjʊəs] *adj* cnotliwy, prawy

vir•tue [`vɜtʃu] *s* cnota; zaleta; **by ~ of** z racji

vi•rus [`vaɪərəs] *s* wirus

vi•sa [`vizə] s wiza; **entry <exit> ~** wiza wjazdowa <wyjazdowa>

vis•i•ble [`vɪzəbl] *adj* widzialny; widoczny

vi•sion [`vɪʒən] *s* wzrok; zdolność przewidywania; wizja

vis•it [`vɪzɪt] *vt* zwiedzać; odwiedzać; wizytować; *s* wizyta; **be on a ~** być z wizytą; **pay a ~ to sb** złożyć komuś wizytę

vis•i•tor [`vɪzɪtə(r)] *s* gość

vis•ta [`vɪstə] *s* perspektywa; widok

vi•su•al [`vɪʒʊəl] *adj* wizualny; wzrokowy

vi•su•al•ize [`vɪʒʊəlaɪz] *vt* wyobrażać sobie

vi•tal [`vaɪtl] *adj* żywotny; istotny

vi•tal•i•ty [vaɪ`tælɪtɪ] *s* żywotność, witalność

vit•a•min [`vɪtəmɪn] *s* witamina

viv•id [`vɪvɪd] *adj* jaskrawy; żywy

vo•cab•u•la•ry [və`kæb-

jʊlərɪ] *s* słownictwo; zasób słów
vo•cal [ˋvəʊkəl] *adj* głosowy; wokalny; **~ cords** *pl* wiązadła głosowe
vo•cal•ist [ˋvəʊkəlɪst] *s* wokalista
vo•ca•tion [vəʊˋkeɪʃən] *s* powołanie
vo•ca•tio•nal [vəʊˋkeɪʃənl] *adj* zawodowy
vodka [ˋvodkə] *s* wódka
vogue [vəʊg] *s* powodzenie; moda; **be in ~** być w modzie
voice [vɔɪs] *s* głos; *gram.* strona (*czasownika*); *vt* głosić, wyrażać
void [vɔɪd] *adj* pusty; *prawn.* nieważny; pozbawiony; **~ of** pozbawiony (**sth** czegoś); *s* przepaść; *przen.* pustka
vol•a•tile [ˋvolətaɪl] *adj* *chem.* lotny; przelotny, zmienny
vol•can•ic [volˋkænɪk] *adj* wulkaniczny
vol•ca•no [volˋkeɪnəʊ] *s* wulkan
vol•ley•ball [ˋvolɪbɔl] *s* *sport.* siatkówka
vol•tage [ˋvəʊltɪdʒ] *s* *elektr.* napięcie
vol•ume [ˋvoljum] *s* głośność; objętość; natężenie (*ruchu*); tom
vo•lu•mi•nous [vəˋlumɪnəs] *adj* obszerny; obfity
vol•un•ta•ry [ˋvoləntrɪ] *adj* dobrowolny
vol•un•teer ['volənˋtɪə(r)] *s* ochotnik; *vi* zgłaszać się na ochotnika (**for sth** do czegoś); ofiarować się (**to do sth** że się coś zrobi)
vo•lup•tu•ous [vəˋlʌptjʊəs] *adj* lubieżny; zmysłowy
vom•it [ˋvomɪt] *vt vi* wymiotować; *s* wymiociny
vote [vəʊt] *s* głos; prawo do głosowania; *vi* głosować (**for sb** na kogoś; **on sth** nad czymś; **against sb <sth>** przeciwko komuś <czemuś>)
vot•er [ˋvəʊtə(r)] *s* głosujący, wyborca
vot•ing [ˋvəʊtɪŋ] *s* głosowanie
vouch•er [ˋvaʊtʃə(r)] *s* kupon, talon; kwit
vow [vaʊ] *s* ślubowanie;

take <make> a ~ ślubować; **take ~s** złożyć śluby zakonne; *vt* ślubować

vow•el [ˋvaʊəl] *s gram.* samogłoska

voy•age [ˋvoɪɪdʒ] *s* podróż; **go on a ~** wyruszyć w podróż

voy•ag•er [ˋvoɪɪdʒə(r)] *s* podróżnik

vul•gar [ˋvʌlgə(r)] *adj* ordynarny; wulgarny

vul•ner•a•ble [ˋvʌlnərəbl] *adj* podatny na *(zranienie)*, narażony na *(ciosy)*; wrażliwy

vul•ture [ˋvʌltʃə(r)] *s* sęp; *przen. (o osobie)* hiena

W

wade [weɪd] *vt vi* brnąć, brodzić; *przen.* **~ through** przebrnąć

wa•fer [ˋweɪfə(r)] *s* wafel; *rel.* opłatek

wag [wæg] *vt* merdać *(ogonem)*; kiwać *(palcem)*; *vi* kiwać się

wage [weɪdʒ] *s (także pl* **~s***)* zarobek, płaca *(zw. tygodniowa)*

wag•(g)on [ˋwægən] *s* wóz *(zaprzęgowy)*; *bryt.* wagon

waist [weɪst] *s* talia, pas

waist•coat [ˋweɪstkəʊt] *s bryt.* kamizelka

wait [weɪt] *vi* czekać (**for sb <sth>** na kogoś <coś>); *vt*: **~ on** obsługiwać *(w restauracji)*; **~ a minute!** zaraz, zaraz!, chwileczkę!

wait•er [ˋweɪtə(r)] *s* kelner

wait•ing room [ˋweɪtɪŋrʊm] *s* poczekalnia

wait•ress [ˋweɪtrəs] *s* kelnerka

wake** [weɪk], **woke** [wəʊk], **wok•en** [ˋwəʊkən] *lub* **~d, ~d** [weɪkt] *(także* **~ up)* *vt vi* budzić (się)

wak•en [ˋweɪkən] *vt vi zob.* **wake**

walk [wɔk] *vi* chodzić; przechadzać się; *vt* odprowadzać; wyprowadzać *(psa)*; przechodzić *(od-*

ległość); ~ **away** wyjść bez szwanku (**from the accident** z wypadku); ~ **away** porzucić (**from one's duties** swoje obowiązki); ~ **out** wychodzić (*nagle*); *am.* strajkować; ~ **out on sb** porzucić kogoś; ~ **over** wygrać walkowerem; ~ **through** przećwiczyć; *s* spacer; chód; alejka, ścieżka; **go for a** ~ iść na spacer; *przen.* **a** ~ **of life** profesja; warstwa

walk•er [`wɔkə(r)] *s* piechur

walkie-talkie ['wɔkɪ`tɔkɪ] *s* krótkofalówka

walk•ing stick [`wokɪŋ-`stɪk] *s* laska

walk•o•ver [`wɔk'əʊvə(r)] *s* walkower; *pot.* łatwe zwycięstwo

Walk•man [`wɔkmən] *s* walkman

wall [wɔl] *s* mur; ściana; *vt* otaczać murem

wal•let [`wolɪt] *s* portfel

wall•pa•per [`wɔlpeɪpə(r)] *s* tapeta; *vt* tapetować

wal•nut [`wɔlnʌt] *s* orzech włoski

waltz [wɔls] *s* walc; *vi* tańczyć walca

wand [wond] *s* różdżka; **magic** ~ czarodziejska różdżka

wan•der [`wondə(r)] *vi* wędrować; *vt* przemierzać; *przen.* (*o myślach*) błądzić

wan•der•ing [`wondərɪŋ] *adj* wędrowny

wane [weɪn] *vi* zanikać, ubywać; marnieć; *s* zanik; schyłek; zmniejszanie się; **on the** ~ w zaniku

want [wont] *vt* chcieć; potrzebować; **be ~ed** być poszukiwanym (*przez policję*); **he ~s you to wait here** on chce, żebyś tu poczekała; **the car ~s repairing** samochód wymaga naprawy; *s* potrzeba; brak; **be in ~ of sth** potrzebować czegoś

want•ing [`wontɪŋ] *adj* brakujący; pozbawiony (**in sth** czegoś); **be** ~ brakować

want ads [`wont`ædz] *s* *am.* ogłoszenia drobne

war [wɔ(r)] *s* wojna; **be at**

~ być w stanie wojny; **go to ~** wszczynać wojnę

ward [wɔd] *s* oddział (*szpitalny*); okręg, dzielnica; **casualty ~** oddział urazowy

war•den [ˋwɔdn] *s* przełożony; naczelnik; *bryt.* strażnik ruchu ulicznego

ward•er [ˋwɔdə(r)] *s bryt.* strażnik więzienny

ward•robe [ˋwɔdrəʊb] *s* szafa; garderoba, ubranie; *teatr.* garderoba

ware [weə(r)] *s* towar

ware•house [ˋweəhaʊs] *s* magazyn; hurtownia

war•fare [ˋwɔfeə(r)] *s* działania wojenne, wojna

war•like [ˋwɔlaɪk] *adj* wojenny; wojowniczy

warm [wɔm] *adj* ciepły; serdeczny; *vt vi* ogrzewać (się); **~ up** ocieplać się; odgrzewać; rozgrzewać (się)

warmth [wɔmθ] *s* ciepło

warn [wɔn] *vt* ostrzegać (**sb of <against> sth** kogoś przed czymś)

warn•ing [ˋwɔnɪŋ] *s* ostrzeżenie; uprzedzenie

warp [wɔp] *vt vi* paczyć (się), wykrzywiać (się); *s* osnowa; spaczenie

war•rant [ˋworənt] *s* nakaz; (*także* **search ~**) nakaz rewizji; *vt* usprawiedliwiać; gwarantować

war•ran•ty [ˋworəntɪ] *s* gwarancja; **under ~** na gwarancji

war•ship [ˋwɔʃɪp] *s* okręt wojenny

wart [wɔt] *s* brodawka

was [woz, wəz] *zob.* **be**

wash [woʃ] *vt vi* myć (się); prać; **~ away** wymywać; **~ down** spłukiwać; *bryt.* **~ up** zmywać naczynia, *am.* myć się; *s* pranie

wash•a•ble [ˋwoʃəbl] *adj* zmywalny; nadający się do prania

wash•ba•sin [ˋwoʃbeɪsn] *s* umywalka

wash•bowl [ˋwoʃbəʊl] *s am.* umywalka

wash•er [ˋwoʃə(r)] *s techn.* uszczelka; *pot.* pralka; pomywacz, pomywaczka

wash•ing [ˋwoʃɪŋ] *s* pranie; bielizna do prania; ~ **machine** pralka; ~ **powder** proszek do prania

wasn't [ˋwoznt] = **was not**

wasp [wosp] *s* osa

WASP [wosp] *s am. pot.* = **White Anglo-Saxon Protestant** biały protestant pochodzenia anglosaskiego

waste [weɪst] *s* marnowanie; strata; marnotrawstwo; odpady; *pl* ~**s** nieużytki; ~ **of time** strata czasu; *vt* tracić; marnować; ~ **away** (*o człowieku*) marnieć; *adj* odpadowy; nie wykorzystany; jałowy; ~ **paper** makulatura; ~ **products** odpady produkcyjne

waste•ful [ˋweɪstfʊl] *adj* marnotrawny; rozrzutny; nieekonomiczny

watch [wotʃ] *vt vi* przyglądać się; oglądać; obserwować; uważać na (*coś*); ~ **for** oczekiwać; ~ **out for sb <sth>** uważać na kogoś <coś>; ~ **over** pilnować, chronić; ~ **out!** uważaj!; *s* zegarek; obserwacja; warta; wachta; **be on the** ~ uważać (**for sb <sth>** na kogoś <coś>); **keep** ~ obserwować, pilnować (**on sb <sth>** kogoś <czegoś>)

watch•ful [ˋwotʃfʊl] *adj* czujny; badawczy

watch•man [ˋwotʃmən] *s* (*także* **night** ~) nocny stróż

wa•ter [ˋwotə(r)] *s* woda; *pl* ~**s** fale; wody lecznicze; **by** ~ drogą wodną; **running** ~ bieżąca woda; ~ **skiing** narciarstwo wodne; *vt* podlewać; poić; ~ **down** rozwadniać; *vi* łzawić; **my mouth is** ~**ing** cieknie mi ślinka

wa•ter•col•o(u)r [ˋwotəkʌlə(r)] *s* akwarela

wa•ter•fall [ˋwɔtəfɔl] *s* wodospad

wa•ter•proof [ˋwɔtəpruf] *adj* wodoszczelny, nieprzemakalny

wa•ter•way [ˋwɔtəweɪ] *s* droga wodna; kanał

wave [weɪv] *vt vi* machać; wymachiwać; powiewać; skinąć ręką (**to sb** na kogoś); *vi* falować, powiewać; *s* fala; machnięcie
wave-band [`weɪvbænd] *s* zakres częstotliwości
wav•y [`weɪvɪ] *adj* falisty; falujący
wax [wæks] *s* wosk; *vt* woskować
wax•en [wæksn] *adj* woskowo blady
way [weɪ] *s* droga; kierunek; sposób; zwyczaj; *bryt.* **~ in** „wejście"; *bryt.* **~ out** „wyjście"; **on the ~** po drodze; **by ~ of London** przez Londyn; **by ~ of** zamiast; w celu; **by the ~** à propos, nawiasem mówiąc; **in a ~** w pewnym sensie; **in some ~s** pod pewnymi względami; **this ~** tędy; w ten sposób; **be on one's ~** być w drodze; **be in the ~** zawadzać; **get one's own ~** stawiać na swoim; **give ~** ustępować (*także pierwszeństwa przejazdu*); **lose one's ~** zabłądzić; **which ~?** którędy?; *pot.* **no ~!** nie ma mowy!
we [wi] *pron pl* my
weak [wik] *adj* słaby
weak•en [`wikn] *vi* słabnąć; *vt* osłabiać
weak•ling [`wiklɪŋ] *s* słabeusz
weak•ness [`wiknɪs] *s* słabość
wealth [welθ] *s* bogactwo
wealth•y [`welθɪ] *adj* bogaty
weap•on [`wepən] *s* broń; **nuclear ~** broń nuklearna
***wear** [weə(r)], **wore** [wɔ(r)], **worn** [wɔn] *vt vi* mieć na sobie (*ubranie*); nosić (*okulary, brodę*); zużywać (się); **~ off** mijać, przechodzić; **~ out** zdzierać (się), niszczyć (się); wyczerpywać; *s* noszenie; zużycie; **men's <women's> ~** odzież męska <damska>
wear•i•some [`wɪərɪsəm] *adj* nużący
wear•y [`wɪərɪ] *adj* znużony; męczący, nużący;

vt vi męczyć (się), nużyć (się) (**of sth** czymś)
weath•er [`weðə(r)] *s* pogoda
weath•er fore•cast [`weðəfɔkɑst] *s* prognoza pogody
***weave** [wiv], **wove** [wəʊw], **wov•en** [`wəʊvən] *vt* tkać; pleść; *vi* przemykać się
weav•er [`wivə(r)] *s* tkacz, tkaczka
web [web] *s* pajęczyna; *przen.* sieć
we'd [wid] = **we had, we should, we would**
wed•ding [`wedɪŋ] *s* ślub; wesele; ~ **ring** obrączka ślubna
Wednes•day [`wenzdɪ] *s* środa
weed [wid] *s* chwast; *pot.* cherlak; *pot.* papierosy; trawka *pot.*; *vt* odchwaszczać
week [wik] *s* tydzień
week•day [`wikdeɪ] *s* dzień powszedni
week•end [wik`end] *s* koniec tygodnia, weekend
week•ly [`wiklɪ] *adj* cotygodniowy; *adv* co tydzień; *s* tygodnik
***weep** [wip], **wept, wept** [wept] *vi* płakać, łkać
weigh [weɪ] *vt vi* ważyć; *przen.* rozważać (*także* ~ **up**); ~ **down** obciążać, przygniatać; ~ **out** odważać
weight [weɪt] *s* waga; ciężar; odważnik; **put on <lose>** ~ przybierać <tracić> na wadze
weird [wɪəd] *adj* dziwny, dziwaczny; niesamowity
wel•come [`welkəm] *vt* witać; *adj* mile widziany; ~ **to Poland** witamy w Polsce; **make sb** ~ życzliwie kogoś przyjmować; **be** ~ **to do sth** mieć swobodę w zrobieniu czegoś; **you are** ~ proszę bardzo; *am.* **you're** ~**!** proszę bardzo! (*odpowiedź na „dziękuję"*); *s* powitanie
weld [weld] *vt* spawać; *s* spaw
weld•er [`weldə(r)] *s* spawacz
wel•fare [`welfeə(r)] *s* dobrobyt; *am.* opieka spo-

łeczna; *am.* zasiłek (*z opieki społecznej*)

well [wel] *s* studnia; *adv* (*comp* **better**, *sup* **best**) dobrze; **as ~** również; **as ~ as** zarówno jak, jak również; **~ done!** brawo!, doskonale!; *adj praed* zdrowy; w porządku; **be ~** być zdrowym; mieć się dobrze; **get ~** wyzdrowieć; *int* **~ then?** no więc?

we'll [wil] = **we shall, we will**

well-be•haved ['welbɪ`heɪvd] *adj* dobrze wychowany, układny

well-be•ing ['wel`biɪŋ] *s* pomyślność; dobre samopoczucie

well-in•formed ['welɪn`fɔmd] *adj* dobrze poinformowany; wykształcony

well-known ['wel`nəʊn] *adj* dobrze znany

well-off ['wel`of] *adj* dobrze sytuowany, zamożny

Welsh [welʃ] *adj* walijski; *s* język walijski

Welsh•man [`welʃmən] *s* Walijczyk

well-to-do ['weltə`du] *adj* dobrze sytuowany, zamożny

went [went] *zob.* **go**

wept [wept] *zob.* **weep**

were [wɜ(r)] *zob.* **be**

we're [wɪə(r)] = **we are**

weren't [wɜnt] = **were not**

west [west] *s* zachód; *adj* zachodni; *adv* na zachód; **~ of Paris** na zachód od Paryża

west•ern [`westən] *adj* zachodni; *s film.* western

wet [wet] *adj* mokry; dżdżysty; **~ paint** świeżo malowane; *s* wilgoć; *vt* moczyć

we've [wiv] = **we have**

whale [weɪl] *s* wieloryb

what [wot] *pron* co; *adj* jaki; **~ size?** jaki rozmiar?; **~ for?** po co?; **~ is he like?** jaki on jest?; **~ time is it?** która godzina?; **~ a pity!** jaka szkoda!; **so ~!** i co z tego!; *pot.* **~'s up?** co się dzieje?

what•ev•er [wot`evə(r)] *pron* cokolwiek; *adj* jakikolwiek

what's [wots] = **what is**

what•so•ev•er ['wotsəʊ-`evə(r)] *zob.* **whatever**

wheat [wit] *s* pszenica

wheel [wil] *s* koło; (*także* **steering ~**) kierownica; **at the ~** za kierownicą; *vt* pchać (*wózek*)

wheel•bar•row [`wilbærəʊ] *s* taczki

wheel•chair [`wiltʃeə(r)] *s* wózek inwalidzki

when [wen] *adv* kiedy; *conj* kiedy, gdy; podczas gdy; **since ~** odkąd; **till ~** do kiedy, do czasu gdy

when•ev•er [wen`evə(r)] *adv* ilekroć; kiedykolwiek

where [weə(r)] *adv conj* gdzie; dokąd; **from ~** skąd

where•a•bouts ['weərə-`baʊts] *adv* gdzie (*w przybliżeniu*); *s* miejsce pobytu

where•as [weər`æz] *conj* podczas gdy

wher•ev•er [weər`evə(r)] *adv* gdzieś, gdzie; skąd; gdziekolwiek, dokądkolwiek; **go ~ you like** idź, dokąd chcesz

wheth•er [`weðə(r)] *conj* czy (*w zdaniach podrzędnych*); **I don't know ~ I should do that** nie wiem, czy powinienem to zrobić

which [wɪtʃ] *pron* który; co; **after ~** po czym; **he said she was dead, ~ was true** powiedział, że ona nie żyje, co było prawdą; **~ of the books is yours?** która z książek jest twoja?

which•ev•er [wɪtʃ`evə(r)] *adj pron* który; którykolwiek; **take ~ you want** weź, który chcesz

while [waɪl] *s* chwila; **for <in> a ~** przez <za> jakiś czas; **it's worth your ~** warto, opłaci się; *conj* gdy, podczas gdy; chociaż; *vt*: **~ away the time** skrócić sobie czas

whim [wɪm] *s* grymas, zachcianka

whim•si•cal [`wɪmzɪkl] *adj* kapryśny; dziwaczny

whip [wɪp] *s* bicz; woźnica; *vt* bić batem; ubijać (*pianę*); *vi* szybko umknąć
whirl [wɜl] *vt vi* wirować, kręcić (się); *s* wir
whirl•pool [`wɜlpul] *s* wir (*wodny*)
whirl•wind [`wɜlwɪnd] *s* trąba powietrzna
whir(r) [wɜ(r)] *vi* warkotać; *s* warkot
whisk [wɪsk] *s* trzepaczka (*do ubijania piany*); miotełka; *vt* ubijać; *vi*: ~ **away** śmignąć, pomknąć
whisk•ers [`wɪskəz] *s pl* (*także* **side** ~) bokobrody, baczki; wąsy (*u zwierząt*)
whis•ky, *am.* **whis•key** [`wɪskɪ] *s* whisky
whis•per [`wɪspə(r)] *vt vi* szeptać; *s* szept
whis•tle [`wɪsl] *s* gwizd; gwizdek; *vt vi* gwizdać
white [waɪt] *adj* biały; ~ **coffee** kawa z mlekiem; *s* biel; biały (*o człowieku*); białko
white-col•lar [`waɪtkolə(r)] *adj*: ~ **worker** pracownik umysłowy, urzędnik; ~ **work** praca umysłowa
white•wash [`waɪtwoʃ] *s* wapno do bielenia; *vt* bielić; *przen.* wybielać
whiz(z) [wɪz] *vi* zaświstać; świszczeć; *s*: ~ **kid** cudowne dziecko
who [hu] *pron* (*w pytaniach*) kto; ~ **is she dancing with?** z kim ona tańczy?; *pron.* (*względny*: *w zdaniach podrzędnych o ludziach*) który, która
who•ev•er [hu`evə(r)] *pron* ktokolwiek; kto
whole [həʊl] *adj attr* cały; *s* całość; **as a** ~ w całości; **on the** ~ ogólnie biorąc
whole-heart•ed ['həʊl`hatɪd] *adj* szczery; serdeczny; niekłamany
whole•food(s) [`həʊlfud(z)] *s* żywność naturalna
whole•sale [`həʊlseɪl] *s* hurt; *adj* hurtowy; masowy; *adv* hurtem
whole•sal•er [`həʊlseɪlə(r)] *s* hurtownik

whole•some [ˋhəʊlsəm] *adj* (*o klimacie*) zdrowy
who'll [hul] = **who will**
whol•ly [ˋhəʊlɪ] *adv* całkowicie
whole•meal [ˋhəʊlmil] *adj* gruboziarnisty (*chleb*)
whom [hum] *pron* (*w pytaniach*) kogo, komu, kim; **with ~ is she dancing** z kim ona tańczy?; (*pron względny*) który, którego...; **people ~ I trust** ludzie, którym ufam
whoop•ing-cough [ˋhupɪŋkof] *s* koklusz
who's [huz] = **who is, who has**
whore [hɔ(r)] *s wulg.* dziwka, kurwa
whose [huz] *adj* czyj; *pron* którego, której, których; **~ are these shoes?, ~ shoes are these?** czyje są te buty?; **the children ~ house was burned down** dzieci, których dom został spalony
why [waɪ] *adv conj* dlaczego; **~ not?** czemu nie?; **that's ~** dlatego też; **difficult? ~, it's easy!** trudne? ależ skąd, przecież to łatwe!
wick [wɪk] *s* knot; *bryt. pot.* **get on sb's ~** działać komuś na nerwy
wick•ed [ˋwɪkɪd] *adj* podły, niegodziwy; zły
wick•er [ˋwɪkə(r)] *adj* wiklinowy
wide [waɪd] *adj* szeroki, obszerny; *adv* szeroko; **~ open** szeroko otwarty
wid•en [ˋwaɪdn] *vt vi* poszerzać, rozszerzać (się)
wide•ly [ˋwaɪdlɪ] *adv* znacznie; szeroko; **~ read** oczytany; poczytny
wide•spread [ˋwaɪdspred] *adj* rozpowszechniony
wid•ow [ˋwɪdəʊ] *s* wdowa
wid•owed [ˋwɪdəʊd] *adj* owdowiały
wid•ow•er [ˋwɪdəʊə(r)] *s* wdowiec
width [wɪdθ] *s* szerokość
wife [waɪf] *s* (*pl* **wives** [waɪvz]) żona
wig [wɪg] *s* peruka; *pot.* **big ~** gruba ryba *pot.*
wild [waɪld] *adj* dziki; szalony; burzliwy; **make**

a ~ guess zgadywać na chybił trafił; **go ~** oszaleć; *pot.* wściec się; *s pot.*: **in the ~** (*o zwierzętach*) na wolności
wil•der•ness [ˋwɪldənɪs] *s* pustkowie, odludzie; **the voice of one crying in the ~** głos wołającego na puszczy
wil(l)•ful [ˋwɪlfʊl] *adj* uparty, samowolny; umyślny
will¹ [wɪl] *v aux* (*służy do tworzenia czasu przyszłego*): **he ~ do it** on to zrobi; (*prośba, polecenie*): **~ you open the door?, open the door, ~ you?** czy możesz otworzyć drzwi?
will² [wɪl] *s* wola; (*także* **last ~**) testament; **at ~** dowolnie, zależnie od (czyjegoś) życzenia; **against sb's ~** wbrew czyjejś woli
will•ing [ˋwɪlɪŋ] *adj* chętny
wil•low [ˋwɪləʊ] *s* wierzba
wil•ly-nil•ly [ˈwɪlɪˋnɪlɪ] *adv* chcąc nie chcąc
will•pow•er [ˋwɪlpaʊə(r)] *s* siła woli
***win** [wɪn], **won, won** [wʌn] *vt vi* wygrywać; zwyciężać; zdobywać; **~ back** odzyskiwać; **~ over** pozyskać sobie (*kogoś*); *s* zwycięstwo, wygrana
wind¹ [wɪnd] *s* wiatr; dech; *med.* wzdęcie; **get ~** *przen.* zwęszyć (**of sth** coś); *vt* pozbawiać tchu
***wind²** [waɪnd], **wound, wound** [waʊnd] *vt* kręcić, obracać; owijać; nawijać; nakręcać (*zegarek*); *vi* wić się; **~ up** nakręcać; zakończyć (*spotkanie*); zlikwidować (*spółkę*)
wind•mill [ˋwɪndmɪl] *s* wiatrak
win•dow [ˋwɪndəʊ] *s* okno
win•dow-shop•ing [ˋwɪndəʊʃopɪŋ] *s* oglądanie wystaw sklepowych
win•dow•sill [ˋwɪndəʊsɪl] *s* parapet
wind•pipe [ˋwɪndpaɪp] *s anat.* tchawica
wind•screen [ˋwɪndskrin]

s mot. przednia szyba; ~ **wiper** wycieraczka
wind•shield [`wındʃild] *s am. zob.* **windscreen**
windsurf•ing [`wındsɜfıŋ] *s* windsurfing
wind•y [`wındı] *adj* wietrzny
wine [waın] *s* wino
wing [wıŋ] *s* skrzydło; *mot.* błotnik
wink [wıŋk] *vt vi* mrugać (**at sb** do kogoś); *s* mrugnięcie
win•ner [`wınə(r)] *s* zwycięzca
win•ter [`wıntə(r)] *s* zima; *vi* zimować; **in ~** zimą
wipe [waıp] *vt* ścierać, wycierać; **~ one's nose** wycierać nos
wip•er [`waıpə(r)] *s mot.* wycieraczka
wire [`waıə(r)] *s* drut; *elektr.* przewód; *am.* telegram; **barbed ~** drut kolczasty; *vt* podłączać (*do sieci*); *am.* **~ sb** wysłać komuś telegram
wis•dom [`wızdəm] *s* mądrość
wise [waız] *adj* mądry
wise•crack [`waızkræk] *s* dowcipna uwaga
wish [wıʃ] *vt vi* życzyć (sobie); pragnąć (**for sth** czegoś); **~ sb well** życzyć komuś dobrze; **I ~ I were...** chciałbym być..., żałuję, że nie jestem...; *s* życzenie; *pl* **best ~es** najlepsze życzenia (**for the New Year** z okazji Nowego Roku)
wish•ful [`wıʃful] *adj*: **~ thinking** pobożne życzenia
wit [wıt] *s* dowcip; dowcipniś; (*także pl* **~s**) bystrość; **be at one's ~s' end** nie wiedzieć, co robić
witch [wıtʃ] *s* czarownica
witch•craft [`wıtʃkrɑft] *s* czary, czarna magia
with [wıð] *praep* z, przy, u, za pomocą; **I want to be ~ you** chcę być z tobą; *pot.* **are you ~me?** kontaktujesz? *pot.*; **he is staying ~ his friends** on przebywa u przyjaciół; **eat ~ a spoon** jeść łyżką

***with•draw** [wɪðˋdrɔ], **with-drew** [wɪðˋdru], **with-drawn** [wɪðˋdrɔn] *vt vi* wycofywać (się); odwoływać; podejmować (*pieniądze z banku*)

with•draw•al [wɪθˋdrɔəl] *s* wycofanie (się); odwołanie; podjęcie (*pieniędzy*)

with•er [ˋwɪðə(r)] *vi* usychać; więdnąć

***with•hold** [wɪðˋhəʊld], **with•held, with•held** [wɪðˋheld] *vt* wstrzymywać; odmawiać

with•in [wɪðˋɪn] *praep* wewnątrz; w obrębie; w zasięgu; (*o czasie*) w przeciągu; *adv* wewnątrz, w środku; **~ reach of** w zasięgu; **~ sight** w zasięgu wzroku

with•out [wɪðˋɑʊt] *praep* bez; **do ~ sth** obywać się bez czegoś

***with•stand** [wɪðˋstænd], **with•stood, with•stood** [wɪðˋstʊd] *vt vt* stawiać opór, wytrzymywać

wit•ness [ˋwɪtnəs] *s* świadek; *vt* być świadkiem (**sth** czegoś); świadczyć (**sth** o czymś); **~ to sth** zaświadczać o czymś

wit•ty [ˋwɪtɪ] *adj* dowcipny

wives *zob.* **wife**

wiz•ard [ˋwɪzəd] *s* czarodziej, czarnoksiężnik

woke, wok•en *zob.* **wake**

wolf [wʊlf] *s* (*pl* **wolves** [wʊlvz]) wilk

wolves *zob.* **wolf**

wom•an [ˋwʊmən] *s* (*pl* **women** [ˋwɪmɪn]) kobieta

wom•an•hood [ˋwʊmənhʊd] *s* kobiecość

wom•an•ish [ˋwʊmənɪʃ] *adj* zniewieściały

wom•an•ize [ˋwʊmənɑɪz] *vi* uganiać się za spódniczkami

wom•an•kind [ˋwʊmənkɑɪnd] *s zbior.* kobiety, ród kobiecy

wom•an•ly [ˋwʊmənlɪ] *adj* kobiecy

womb [wum] *s anat.* macica; *przen.* łono

wom•en *zob.* **woman**

won *zob.* **win**

won•der [ˋwʌndə(r)] *vt vi* być ciekawym, chcieć wiedzieć; zastanawiać się;

dziwić się (**at sth** czemuś); **I ~ where he is** ciekaw jestem, gdzie on jest; *s* zdumienie; cud; **no ~** nic dziwnego; **work ~s** czynić cuda

won•der•ful [`wʌndəfʊl] *adj* cudowny

won•der•land [`wʌndəlænd] *s* kraina czarów

won't [wəʊnt] = **will not**

wood [wʊd] *s* drewno; (*także* **~s**) las; **touch ~!** odpukać (w nie malowane drewno)!

wood•cut [`wʊdkʌt] *s* drzeworyt

wood•en [`wʊdn] *adj* drewniany; *przen.* tępy

wood•peck•er [`wʊdpekə(r)] *s* dzięcioł

wood•work [`wʊdwɜk] *s* stolarka

wood•y [`wʊdɪ] *adj* drzewny; lesisty

wool [wʊl] *s* wełna

wool•len [`wʊlən] *adj* wełniany

wool•ly [`wʊlɪ] *adj* wełnisty; *przen.* mglisty, niejasny

word [wɜd] *s* wyraz, słowo; wiadomość; **what's the ~ for "love" in French?** jak brzmi słowo „miłość" po francusku; **by ~ of mouth** ustnie; **play on ~s** gra słów; **in other ~s** innymi słowy; **have a ~ with sb** zamienić z kimś parę słów; **keep <break> one's ~** dotrzymywać <nie dotrzymywać> słowa; **put sth into ~s** wyrażać coś słowami; *komp.* **~ processor** edytor tekstu; *vt* wyrażać słowami

word•y [`wɜdɪ] *adj* rozwlekły (*styl*)

wore *zob.* **wear**

work [wɜk] *s* praca; dzieło; utwór; **at ~** przy pracy; w pracy; **out of ~** bezrobotny; **get <set> to ~** zabierać się do roboty; *pl* **~s** mechanizm; zakład (*przemysłowy*); *vi* pracować; (*o urządzeniu*) działać; *vt* obsługiwać; obrabiać; **~ out** wypracować; dopracować; ćwiczyć, trenować; (*o planie*) powieść się; **~ wonders** czynić cuda

wor•ka•ble [`wɜkəbl] *adj*

wykonalny; nadający się do wykorzystania

work•day [`w3kdeɪ] *s* dzień roboczy

work•er [`w3kə(r)] *s* pracownik; robotnik

work•ing [`w3kɪŋ] *adj* pracujący; czynny; **in ~ order** sprawny, na chodzie; **~ knowledge of sth** praktyczna znajomość czegoś; **~ capital** kapitał obrotowy; **~ hours** godziny pracy

work•shop [`w3kʃop] *s* warsztat

work•out [`w3kaʊt] *s* ćwiczenia, trening

world [w3ld] *s* świat; **~ war** wojna światowa; **all over the ~** na całym świecie; **be all the ~ to sb** być dla kogoś całym światem; **not for all the ~** za nic w świecie; **what in the ~ are you doing?** co ty u licha robisz?

world•ly [`w3ldlɪ] *adj* światowy; ziemski, doczesny

worm [w3m] *s* robak

worm•y [`w3mɪ] *adj* robaczywy

worn *zob.* **wear**

wor•ry [`wʌrɪ] *vt vi* niepokoić (się), martwić (się) (**<about> over sb <sth>** o kogoś <coś>); **don't ~** nie martw się; *s* zmartwienie, troska

worse [w3s] *adj* (*comp od* **bad**) gorszy; w gorszym stanie; **be ~** czuć się gorzej; *adv* gorzej

wors•en [`w3sn] *vt vi* pogarszać się

wor•ship [`w3ʃɪp] *s* cześć; uwielbienie; nabożeństwo; *vt* czcić, wielbić

worst [w3st] *adj* (*sup od* **bad**) najgorszy; **at (the) ~** w najgorszym razie; *adv* najgorzej

worth [w3θ] *adj* wart, zasługujący; **it's ~ reading** warto to przeczytać; **it isn't ~ your while** to nie warte twojego zachodu; *s* wartość; **thousands of pounds' ~ of damage** straty wartości tysięcy funtów

worth•less [`w3θlɪs] *adj* bezwartościowy

worth•while ['wɜθ`waɪl] *adj* wart zachodu

worth•y [`wɜðɪ] *adj* czcigodny; godny, szlachetny; **be ~ of sth** być wartym czegoś

would [wʊd] *v aux* (*tryb warunkowy*): **she ~ be surprised** byłaby zaskoczona; (*mowa zależna*): **he said he ~ do that** powiedział, że to zrobi; (*chęć, prośba, zachęta*): **~ you open the door?** czy mógłbyś otworzyć drzwi?; **~ you like a cake?** może ciasteczko?; (*powtarzalność czynności w przeszłości*): **he ~ go there every winter** jeździł tam każdej zimy

would-be [`wʊdbi] *adj attr* niedoszły

wound[1] *zob.* **wind[2]**

wound[2] [wund] *s* rana; *vt* ranić

wrap [ræp] *vt* (*także* **~ up**) pakować, owijać; szal; narzutka; *pot.* **keep sth under ~s** trzymać coś w tajemnicy

wrap•per [`ræpə(r)] *s* opakowanie; *bryt.* obwoluta

wrath [roθ] *s* gniew

wreak [rik] *vt* wyładować (**one's rage upon sb** swoją wściekłość na kimś)

wreath [riθ] *s* wieniec

wreck [rek] *s* (*o statku*; *o człowieku*) wrak; *vt* rozbić, zniszczyć

wreck•age [`rekɪdʒ] *s* szczątki

wres•tle [`resl] *vt vi* borykać się, zmagać się

wres•tling [`reslɪŋ] *s sport.* zapasy

wretch [retʃ] *s* nieszczęśnik; **poor ~** biedaczysko

wretch•ed [`retʃɪd] *adj* nieszczęśliwy, pożałowania godny; *przen.* cholerny

***wring** [rɪŋ], **wrung, wrung** [rʌŋ] *vt* wyżymać; ukręcać; **~ one's hands** załamywać ręce

wrin•kle [`rɪŋkl] *s* zmarszczka; *vt vi* marszczyć (się)

wrist [rɪst] *s* przegub

wrist•watch [`rıstwotʃ] *s* zegarek na rękę
***write** [raıt], **wrote** [rəʊt], **writ•ten** [`rıtn] *vt vi* pisać, wypisywać; ~ **back** odpisywać; ~ **down** zapisywać; ~ **out** przepisywać; wypisywać (*czek*); ~ **off** spisać na straty
writ•er [`raıtə(r)] *s* pisarz
writhe [raıð] *vi* wić się, skręcać się (**with shame** ze wstydu; **with agony** z bólu)
writ•ing [`raıtıŋ] *s* pismo; napis; pisarstwo
writ•ten *zob.* **write**
wrong [roŋ] *adj* niesłuszny; niewłaściwy, nieodpowiedni; zły; **be** ~ nie mieć racji, mylić się; **something is** ~ coś jest nie w porządku; **what's ~?** co się stało?; *adv* źle, niesłusznie; **go** ~ pomylić się; popsuć się; *s* krzywda; zło; **be in the** ~ nie mieć racji; być winnym; *vt* skrzywdzić, wyrządzić krzywdę
wrote *zob.* **write**
wrung *zob.* **wring**

X

Xe•rox [`zıəroks] *vt* kserować; *s* (*także* ~ **machine**) kserokopiarka, *pot.* ksero; kserokopia
X•mas [`krısməs] *zob.* **Christmas**
X-rat•ed [`eksreıtıd] *adj am. film.* dozwolony od lat 18
X-ray [`eksreı] *s* promień Roentgena; rentgen, prześwietlenie; *vt* prześwietlać

Y

yacht [jot] *s* jacht
yacht•ing [`jotıŋ] *s* żeglarstwo
yard[1] [jad] *s* jard (*91,4 cm*)
yard[2] [jad] *s* dziedziniec;

podwórze; *am.* ogródek za domem
yawn [jɔn] *vi* ziewać; *s* ziewnięcie
yea [jeɪ] *zob.* **yes**; *s* głos za wnioskiem (*w głosowaniu*)
yeah [jeə] *pot.* tak, aha
year [jɪə(r)] *s* rok; **all the ~ round** przez cały rok; **~ after ~** rok za rokiem; **per <a> ~** na rok, rocznie; **~ in, ~ out** z roku na rok
year•book [ˋjɪəbʊk] *s* rocznik (*statystyczny*)
year•ly [ˋjɪəlɪ] *adj* roczny; coroczny; doroczny; *adj* rocznie; corocznie; raz w roku
yearn [jɜn] *vi* tęsknić (**for sth <to do sth>** za czymś <za robieniem czegoś>)
yeast [jist] *s* drożdże
yell [jel] *vt vi* wrzeszczeć; wykrzykiwać; *s* wrzask
yel•low [ˋjeləʊ] *adj* żółty; *s* kolor żółty; *vi* żółknąć; *vt* żółcić
yel•low•ish [ˋjeləʊɪʃ] *adj* żółtawy
yelp [jelp] *vi* krzyczeć; skowyczeć; *s* okrzyk; skowyt
yen [jen] *s* chęć; **have a ~ for <to do> sth** mieć wielką ochotę na coś <robienie czegoś>
yes [jes] *adv* tak
yes•ter•day [ˋjestədɪ] *adv s* wczoraj; **the day before ~** przedwczoraj
yet [jet] *adv* jeszcze; (*w pytaniach*) już; *conj* mimo to, lecz jednak; nadal; **as ~** jak dotąd; **not ~** jeszcze nie
yew [ju] *s* cis
yield [jild] *vt* wydawać (*plon*); dostarczać; dawać (*wyniki*); *vi* poddawać się, ustępować; uginać się (*pod naciskiem*); *mot. am.* ustępować pierwszeństwa przejazdu; *s* wynik; plon
yo•ga [ˋjəʊgə] *s* joga
yog•(h)urt [ˋjəʊgət] *s* jogurt
yoke [jəʊk] *s* jarzmo; *vt* ujarzmiać
yolk [jəʊk] *s* żółtko
you [ju] *pron* ty, wy, cię,

ciebie, was, ci, tobie, wam; pan, pani, państwo; **can I help ~?** czym mogę panu <pani, państwu> służyć?; (*zdania bezosobowe*) **~ can never tell** nigdy nie wiadomo

you'd [jud] = **you had, you would**

you'll [jul] = **you will**

young [jʌŋ] *adj* młody; *s pl* **the ~** młodzież; (*o zwierzętach*) młode

young•ster [`jʌŋstə(r)] *s* chłopak; dziewczyna; dziecko

your [jɔ(r)] *pron* twój, wasz; pański

you're [jɔ(r), jʊə(r)] = **you are**

yours [jɔz, jʊəz] *pron* twój, swój, wasz, pański

your•self [jɔ`self] *pron* siebie, sobie, się; ty sam, pan sam; *pl* **yourselves** [jɔ`selvz] siebie, sobie, się; wy sami, państwo sami

youth [juθ] *s* młodość; młodzieniec; *zbior.* **the ~** młodzież

youth•ful [`juθfʊl] *adj* młodzieńczy

youth hostel [`juθhostl] *s* schronisko młodzieżowe

you've [juv] = **you have**

yup•pie [`jʌpɪ] *s* yuppie

Z

zeal [zil] *s* gorliwość, zapał

zeal•ous [`zeləs] *adj* zapalony, zagorzały

ze•bra [`zibrə] *s* zebra; *bryt.* **~ crossing** przejście dla pieszych, pasy

zen•ith [`zenɪθ] *s* zenit; *przen.* szczyt (*sławy*)

ze•ro [`zɪərəʊ] *s* zero; *fiz.* **absolute ~** zero bezwzględne; *vi*: **~ in on** koncentrować się na

zest [zest] *s* zapał, entuzjazm; **orange ~** skórka pomarańczowa

zig•zag [`zɪgzæg] *s* zygzak; *vi* iść <jechać> zygzakiem

zinc [zɪŋk] *s* cynk

zip [zɪp] *s* suwak, zamek błyskawiczny; *vt*: **~ sth up** zapinać coś na suwak

zip code [`zɪpkəʊd] *s am.* kod pocztowy

zipper [`zɪpə(r)] *s am. zob.* **zip**

zo•di•ac [`zəʊdɪæk] *s* zodiak; **~ signs** znaki zodiaku

zone [zəʊn] *s* strefa

zoo [zu] *s* zoo

zo•ol•o•gist [zəʊ`olədʒɪst] *s* zoolog

zo•ol•o•gy [zəʊ`olədʒɪ] *s* zoologia

zoom [zum] *vi* przemknąć; wzrastać gwałtownie; *vi*: *fot.* **~ in on** przybliżać obraz

zoom lens [`zumlenz] *s* obiektyw zmiennoogniskowy

zuc•chi•ni [zʊ`kinɪ] *s am.* cukinia

CZASOWNIKI NIEREGULARNE
LIST OF IRREGULAR VERBS

Czasowników modalnych (modal verbs) o jednej tylko formie, jak np. **ought**, lub dwóch formach, jak np. **can**, **could**, należy szukać w odpowiednich miejscach słownika.

Bezokolicznik Infinitive	Czas przeszły Past	Imiesłów czasu przeszłego Past Participle
abide [ə`baɪd]	**abode** [ə`bəud]	**abode** [ə`bəud]
arise [ə`raɪz]	**arose** [ə`rəʊz]	**arisen** [ə`rɪzn]
awake [ə`weɪk]	**awoke** [ə`wəʊk]	**awoke** [ə`wəʊk]
be [bi]	**was** [woz, wəz] *pl* **were** [wɜ(r)]	**been** [bin]
bear [beə(r)]	**bore** [bɔ(r)]	**borne** [bɔn] **born** [bɔn]
beat [bit]	**beat** [bit]	**beaten** [`bitn]
become [bɪ`kʌm]	**became** [bɪ`keɪm]	**become** [bɪ`kʌm]
beget [bɪ`get]	**begot** [bɪ`got]	**begotten** [bɪ`gotn]
begin [bɪ`gɪn]	**began** [bɪ`gæn]	**begun** [bɪ`gʌn]
bend [bend]	**bent** [bent]	**bent** [bent]
bet [bet]	**bet** [bet]	**bet** [bet]
bid [bid]	**bade** [beɪd, bæd] **bid** [bɪd]	**bidden** [`bɪdn] **bid** [bɪd]
bind [baɪnd]	**bound** [baʊnd]	**bound** [baʊnd]
bite [baɪt]	**bit** [bɪt]	**bitten** [`bɪtn]
bleed [blid]	**bled** [bled]	**bled** [bled]

blend [blend]	**blended** [blendɪd]	**blended** [ˈblendɪd]
	blent [blent]	**blent** [blent]
blow [bləʊ]	**blew** [blu]	**blown** [bləʊn]
break [breɪk]	**broke** [brəʊk]	**broken** [ˈbrəʊkən]
breed [brid]	**bred** [bred]	**bred** [bred]
bring [brɪŋ]	**brought** [brɔt]	**brought** [brɔt]
build [bɪld]	**built** [bɪlt]	**built** [bɪlt]
burn [bɜn]	**burnt** [bɜnt]	**burnt** [bɜnt]
	burned [bɜnd]	**burned** [bɜnd]
burst [bɜst]	**burst** [bɜst]	**burst** [bəst]
buy [baɪ]	**bought** [bɔt]	**bought** [bɔt]
cast [kɑst]	**cast** [kɑst]	**cast** [kɑst]
catch [kætʃ]	**caught** [kɔt]	**caught** [kɔt]
choose [tʃuz]	**chose** [tʃəʊz]	**chosen** [ˈtʃəʊzn]
cling [kliŋ]	**clung** [klʌŋ]	**clung** [klʌŋ]
come [kʌm]	**came** [keɪm]	**come** [kʌm]
cost [kost]	**cost** [kost]	**cost** [kost]
creep [krip]	**crept** [krept]	**crept** [krept]
cut [kʌt]	**cut** [kʌt]	**cut** [kʌt]
dare [deə(r)]	**dared** [deəd]	**dared** [deəd]
	durst [dɜst]	
deal [dil]	**dealt** [delt]	**dealt** [delt]
dig [dɪg]	**dug** [dʌg]	**dug** [dʌg]
do [du]	**did** [dɪd]	**done** [dʌn]
draw [drɔ]	**drew** [dru]	**drawn** [drɔn]
dream [drim]	**dreamt** [dremt]	**dreamt** [dremt]
	dreamed [drimd]	**dreamed** [drimd]
drink [drɪŋk]	**drank** [dræŋk]	**drunk** [drʌŋk]
		drunken [ˈdrʌŋkən]
drive [draɪv]	**drove** [drəʊv]	**driven** [ˈdrɪvn]
dwell [dwel]	**dwelt** [dwelt]	**dwelt** [dwelt]
	dwelled [dweld]	**dwelled** [dweld]
eat [it]	**ate** [et, *am.* eɪt]	**eaten** [ˈitn]
fall [fɔl]	**fell** [fel]	**fallen** [ˈfɔlən]
feed [fid]	**fed** [fed]	**fed** [fed]
feel [fil]	**felt** [felt]	**felt** [felt]
fight [faɪt]	**fought** [fɔt]	**fought** [fɔt]
find [faɪnd]	**found** [faʊnd]	**found** [faʊnd]
flee [fli]	**fled** [fled]	**fled** [fled]
fly [flaɪ]	**flew** [flu]	**flown** [fləʊn]

forbid [fəˋbɪd]	**forbade** [fəˋbeɪd] **forbad** [fəˋbæd]	**forbidden** [fəˋbɪdn]
forecast [ˋfɔkɑst]	**forecast** [ˋfɔkɑst]	**forecast** [ˋfɔkɑst]
foresee [fɔˋsi]	**foresaw** [fɔˋsɔ]	**foreseen** [fɔˋsin]
foretell [fɔˋtel]	**foretold** [fɔˋtəʊld]	**foretold** [fɔˋtəʊld]
forget [fəˋget]	**forgot** [fəˋgot]	**forgotten** [fəˋgotn]
forgive [fəˋgɪv]	**forgave** [fəˋgeɪv]	**forgiven** [fəˋgɪvn]
forsake [fəˋseɪk]	**forsook** [fəˋsʊk]	**forsaken** [fəˋseɪkən]
freeze [friz]	**froze** [frəʊz]	**frozen** [ˋfrəʊzn]
get [get]	**got** [got]	**got** [got] *am.* **gotten** [ˋgotn]
gird [gɜd]	**girded** [ˋgɜdɪd] **girt** [gɜt]	**girded** [ˋgɜdɪd] **girt** [gɜt]
give [gɪv]	**gave** [geɪv]	**given** [ˋgɪvn]
go [gəʊ]	**went** [went]	**gone** [gon]
grind [grɑɪnd]	**ground** [grɑʊnd]	**ground** [grɑʊnd]
grow [grəʊ]	**grew** [gru]	**grown** [grəʊn]
hang [hæŋ]	**hung** [hʌŋ] **hanged** [hæŋd]	**hung** [hʌŋ] **hanged** [hæŋd]
have [hæv]	**had** [hɑd]	**had** [hɑd]
hear [hɪə(r)]	**heard** [hɜd]	**heard** [hɜd]
hide [hɑɪd]	**hid** [hɪd]	**hidden** [ˋhɪdn] **hid** [hɪd]
hit [hɪt]	**hit** [hɪt]	**hit** [hɪt]
hold [həʊld]	**held** [held]	**held** [held]
hurt [hɜt]	**hurt** [hɜt]	**hurt** [hɜt]
keep [kip]	**kept** [kept]	**kept** [kept]
kneel [nil]	**knelt** [nelt]	**knelt** [nelt]
knit [nɪt]	**knit** [nɪt] **knitted** [ˋnɪtɪd]	**knit** [nɪt] **knitted** [ˋnɪtɪd]
know [nəʊ]	**knew** [nju]	**known** [nəʊn]
lay [leɪ]	**laid** [leɪd]	**laid** [leɪd]
lead [lid]	**led** [led]	**led** [led]
lean [lin]	**leant** [lent] **leaned** [lind]	**leant** [lent] **leaned** [lind]
leap [lip]	**leapt** [lept] **leaped** [lipt, lept]	**leapt** [lept] **leaped** [lipt, lept]
learn [lɜn]	**learnt** [lɜnt] **learned** [lɜnd]	**learnt** [lɜnt] **learned** [lɜnd]

leave [liv]	**left** [left]	**left** [left]
lend [lend]	**lent** [lent]	**lent** [lent]
let [let]	**let** [let]	**let** [let]
lie [laɪ]	**lay** [leɪ]	**lain** [leɪn]
light [laɪt]	**lighted** [`laɪtɪd] **lit** [lɪt]	**lighted** [`laɪtɪd] **lit** [lɪt]
lose [luz]	**lost** [lost]	**lost** [lost]
make [meɪk]	**made** [meɪd]	**made** [meɪd]
mean [min]	**meant** [ment]	**meant** [ment]
meet [mit]	**met** [met]	**met** [met]
mislay [mɪs`lei]	**mislaid** [mɪs`leɪd]	**mislaid** [mɪs`leɪd]
mislead [mɪs`lid]	**misled** [mis`led]	**misled** [mis`led]
mistake [mɪ`steɪk]	**mistook** [mɪ`stuk]	**mistaken** [mɪ`steɪkn]
misunderstand ['mɪsʌndə`stænd]	**misunderstood** ['mɪsʌndə`stʊd]	**misunderstood** ['mɪsʌndə`stʊd]
mow [məʊ]	**mowed** [məʊd]	**mown** [məʊn], am. **mowed** [məʊd]
outdo [aʊt`du]	**outdid** [aʊt`dɪd]	**outdone** [aʊt`dʌn]
outrun [aʊt`rʌn]	**outran** [aʊt`ræn]	**outran** [aʊt`rʌn]
overcome ['əʊvə`kʌm]	**overcame** ['əʊvə`keɪm]	**overcome** ['əʊvə`kʌm]
overdo ['əʊvə`du]	**overdid** ['əʊvə`dɪd]	**overdone** ['əʊvə`dʌn]
overeat ['əʊvər`it]	**overate** ['əʊvər`eɪt]	**overeaten** ['əʊvər`ɪtn]
overhear ['əʊvə-`hɪə]	**overheard** ['əʊvə`hɜd]	**overheard** ['əʊvə`hɜd]
overtake ['əʊvə-`teɪk]	**overtook** ['əʊvə`tʊk]	**overtaken** ['əʊvə`teɪkən]
overthrow ['əʊvə`θrəʊ]	**overthrew** ['əʊvə`θru]	**overthrown** ['əʊvə`θrəʊn]
pay [peɪ]	**paid** [peɪd]	**paid** [peɪd]
put [pʊt]	**put** [pʊt]	**put** [pʊt]
read [rid]	**read** [red]	**read** [red]
rid [rɪd]	**rid** [rɪd] **ridded** [`rɪdɪd]	**rid** [rɪd] **ridded** [`rɪdɪd]
ride [raɪd]	**rode** [rəʊd]	**ridden** [`rɪdn]
ring [rɪŋ]	**rang** [ræŋ]	**rung** [rʌŋ]
rise [raɪz]	**rose** [rəʊz]	**risen** [`rɪzn]

run [rʌn]	**ran** [ræn]	**run** [rʌn]
saw [sɔ]	**sawed** [sɔd]	**sawn** [sɔn]
		sawed [sɔd]
say [seɪ]	**said** [sed]	**said** [sed]
see [si]	**saw** [sɔ]	**seen** [sin]
seek [sik]	**sought** [sɔt]	**sought** [sɔt]
sell [sel]	**sold** [səʊld]	**sold** [səʊld]
send [send]	**sent** [sent]	**sent** [sent]
set [set]	**set** [set]	**set** [set]
sew [səʊ]	**sewed** [səʊd]	**sewed** [səʊd]
		sewn [səʊn]
shake [ʃeɪk]	**shook** [ʃʊk]	**shaken** [`ʃeɪkən]
shed [ʃed]	**shed** [ʃed]	**shed** [ʃed]
shine [ʃɑɪn]	**shone** [ʃon]	**shone** [ʃon]
shoot [ʃut]	**shot** [ʃot]	**shot** [ʃot]
show [ʃəʊ]	**showed** [ʃəʊd]	**shown** [ʃəʊn]
		showed [ʃəʊd]
shrink [ʃrɪŋk]	**shrank** [ʃræŋk]	**shrunk** [ʃrʌŋk]
shut [ʃʌt]	**shut** [ʃʌt]	**shut** [ʃʌt]
sing [sɪŋ]	**sang** [sæŋ]	**sung** [sʌŋ]
sink [sɪŋk]	**sank** [sæŋk]	**sunk** [sʌŋk]
sit [sit]	**sat** [sæt]	**sat** [sæt]
slay [sleɪ]	**slew** [slu]	**slain** [sleɪn]
sleep [slip]	**slept** [slept]	**slept** [slept]
slide [slɑɪd]	**slid** [slɪd]	**slid** [slɪd]
		slidden [`slɪdn]
sling [slɪŋ]	**slung** [slʌŋ]	**slung** [slʌŋ]
slink [slɪŋk]	**slunk** [slʌŋk]	**slunk** [slʌŋk]
slit [slɪt]	**slit** [slɪt]	**slit** [slɪt]
smell [smel]	**smelt** [smelt]	**smelt** [smelt]
	smelled [smeld]	**smelled** [smeld]
sow [səʊ]	**sowed** [səʊd]	**sown** [səʊn]
		sowed [səʊd]
speak [spik]	**spoke** [spəʊk]	**spoken** [`spəʊkən]
speed [spid]	**sped** [sped]	**sped** [sped]
	speeded [`spidɪd]	**speeded** [`spidɪd]
spell [spel]	**spelt** [spelt]	**spelt** [spelt]
	spelled [speld]	**spelled** [speld]
spend [spend]	**spent** [spent]	**spent** [spent]

spill [spɪl]	**spilt** [spɪlt]	**spilt** [spɪlt]
	spilled [spɪld]	**spilled** [spɪld]
spin [spɪn]	**spun** [spʌn]	**spun** [spʌn]
	span [spæn]	
spit [spɪt]	**spit** [spɪt]	**spit** [spɪt]
	spat [spæt]	**spat** [spæt]
split [splɪt]	**split** [splɪt]	**split** [splɪt]
spoil [spɔɪl]	**spoilt** [spɔɪlt]	**spoilt** [spɔɪlt]
	spoiled [spɔɪld]	**spoiled** [spɔɪld]
spread [spred]	**spread** [spred]	**spread** [spred]
spring [spriŋ]	**sprang** [spræŋ]	**sprung** [sprʌŋ]
stand [stænd]	**stood** [stʊd]	**stood** [stʊd]
steal [stil]	**stole** [stəʊl]	**stolen** [ˋstəʊlən]
stick [stɪk]	**stuck** [stʌk]	**stuck** [stʌk]
sting [stɪŋ]	**stung** [stʌŋ]	**stung** [stʌŋ]
stink [stɪŋk]	**stunk** [stʌŋk]	**stunk** [stʌŋk]
	stank [stæŋk]	
strike [straɪk]	**struck** [strʌk]	**struck** [strʌk]
string [strɪŋ]	**strung** [strʌŋ]	**strung** [strʌŋ]
strive [straɪv]	**strove** [strəʊv]	**striven** [ˋstrɪvn]
swear [sweə(r)]	**swore** [swɔ(r)]	**sworn** [swɔn]
sweep [swip]	**swept** [swept]	**swept** [swept]
swell [swel]	**swelled** [sweld]	**swelled** [sweld]
		swollen [ˋswəʊlən]
swim [swɪm]	**swam** [swæm]	**swum** [swʌm]
swing [swɪŋ]	**swung** [swʌŋ]	**swung** [swʌŋ]
take [teɪk]	**took** [tʊk]	**taken** [ˋteɪkən]
teach [titʃ]	**taught** [tɔt]	**taught** [tɔt]
tear [teə(r)]	**tore** [tɔ(r)]	**torn** [tɔn]
tell [tel]	**told** [təʊld]	**told** [təʊld]
think [θɪŋk]	**thought** [θɔt]	**thought** [θɔt]
thrive [θraɪv]	**throve** [θrəʊv]	**thriven** [ˋθrɪvən]
	thrived [θraɪvd]	**thrived** [θraɪvd]
throw [θrəʊ]	**threw** [θru]	**thrown** [θrəʊn]
thrust [θrʌst]	**thrust** [θrʌst]	**thrust** [θrʌst]
tread [tred]	**trod** [trod]	**trodden** [ˋtrodn]
		trod [trod]
undergo ['ʌndəˋgəʊ]	**underwent** ['ʌndəˋwent]	**undergone** ['ʌndəˋgon]

understand ['ʌndə`stænd]	**understood** ['ʌndə`stʊd]	**understood** ['ʌndə`stʊd]
undertake ['ʌndə`teɪk]	**undertook** ['ʌndə`tʊk]	**undertaken** ['ʌndə`teɪkən]
undo [ʌn`du]	**undid** [ʌn`dɪd]	**undone** [ʌn`dʌŋ]
upset [ʌp`set]	**upset** [ʌp`set]	**upset** [ʌp`set]
wake [weɪk]	**woke** [wəʊk] **waked** [weɪkt]	**woken** [`wəʊkən] **waked** [weɪkt]
wear [weə(r)]	**wore** [wɔ(r)]	**worn** [wɔn]
weave [wiv]	**wove** [wəʊv]	**woven** [`wəʊvn] **wove** [wəʊv]
weep [wip]	**wept** [wept]	**wept** [wept]
win [wɪn]	**won** [wʌn]	**won** [wʌn]
wind [waɪnd]	**wound** [waʊnd]	**wound** [waʊnd]
withdraw [wɪð`drɔ]	**withdrew** [wɪð`dru]	**withdrawn** [wɪð`drɔn]
withhold [wɪð`həʊld]	**withheld** [wɪð`held]	**withheld** [wɪð`held]
withstand [wɪð`stænd]	**withstood** [wɪð`stʊd]	**withstood** [wɪð`stʊd]
wring [rɪŋ]	**wrung** [rʌŋ]	**wrung** [rʌŋ]
write [raɪt]	**wrote** [rəʊt]	**written** [`rɪtn]

NAZWY GEOGRAFICZNE GEOGRAPHICAL NAMES*

Adriatic ['eɪdrɪ`ætɪk] Adriatyk
Adriatic Sea ['eɪdrɪ`ætɪk `si] Morze Adriatyckie
Afghanistan [æf'gænɪ`stæn] Afganistan
Africa [`æfrɪkə] Afryka
Alaska [ə`læskə] Alaska
Albania [æl`beɪnɪə] Albania
Alberta [æl`bɜtə] Alberta
Algeria [æl`dʒɪərɪə] Algieria
Alps [ælps] Alpy
Amazon [`æməzn] Amazonka
America [ə`merɪkə] Ameryka
Andes [`ændiz] Andy
Ankara [`æŋkərə] Ankara
Antarctic [æn`tɑktɪk], **Antarctic Continent** [`kontɪnənt] Antarktyda
Antilles [æn`tɪliz] Antyle
Antipodes [æn`tɪpədiz] Antypody
Appenines [`æpɪnɑɪnz] Apeniny
Arabian Sea [ə`reɪbɪən si] Morze Arabskie
Arctic [`aktɪk] Arktyka
Arctic Ocean [`aktɪk əʊʃn] Ocean Lodowaty Północny, Morze Arktyczne
Argentina ['ɑdʒən`tinə] Argentyna
Arizona ['ærɪ`zəʊnə] Arizona
Arkansas [`ɑkənsɔ] Arkansas
Armenia [ɑ`minɪə] Armenia
Asia [eɪʃə] Azja
Athens [`æθnz] Ateny
Atlantic, Atlantic Ocean [ət`læntɪk əʊʃn] Atlantyk, Ocean Atlantycki

Uwaga: skróty* **Ils *i* **Mts** *odpowiadają wyrazom* **Islands** *i* **Mountains**.

Atlas Mts [`ætləs mauntınz] góry Atlas
Auckland [`ɔklənd] Auckland
Australia [o`streılıə] Australia
Austria [`ostrıə] Austria
Azerbaijan [ɑ'zɜbɑı`dʒɑn] Azerbejdżan
Azores [ə`zɔz] Azory

Bahamas, the [Bɑ`hɑməz] Bahamy
Balkans [`bɔlkənz] Bałkany; **Balkan Peninsula** [`bɔlkən pə`nınsjulə] Półwysep Bałkański
Baltic [`bɔltık] Bałtyk
Baltic Sea [`bɔltık si] Morze Bałtyckie
Bangladesh ['bænglə`deʃ] Bangladesz
Bath [bɑθ] Bath
Beijing [`beıdʒıŋ] Pekin
Belfast [`belfɑst] Belfast
Belgium [`beldʒəm] Belgia
Belgrade ['bel`greıd] Belgrad
Bering Sea [`berıŋ si] Morze Beringa
Berlin [bɜ`lın] Berlin
Bermudas, the [bɜ`mjudəz] Bermudy
Bern, Berne [bɜn] Berno
Birmingham [`bɜmıŋəm] Birmingham
Black Sea [`blæk si] Morze Czarne
Bolivia [bə`lıvıə] Boliwia
Bombay [bom`beı] Bombaj
Borneo [`bɔnıəu] Borneo
Bosnia [`boznıə] Bośnia
Bosphorus [`bosfərəs] Bosfor
Boston [`bostən] Boston
Brasilia [brə`sılıə] Brazylia (*stolica*)
Brazil [brə`zıl] Brazylia (*państwo*)
Brighton [`brɑıtn] Brighton
Britain *zob.* **Great Britain**
British Columbia [`brıtıʃ kə`lʌmbıə] Kolumbia Brytyjska
British Commonwealth (of Nations) [`brıtıʃ `komənwelθ (əv `neıʃənz)] Brytyjska Wspólnota Narodów

Brooklyn [`bruklın] Brooklyn
Brussels [`brʌslz] Bruksela
Bucharest ['bjukə`rest] Bukareszt
Buckingham [`bʌkıŋəm] Buckingham
Budapest ['bjudə`pest] Budapeszt
Buenos Aires [`bweınəs `eəriz] Buenos Aires
Bulgaria ['bʌl`geərıə] Bułgaria
Burma [`bɜmə] Birma
Byelorussia [bıələʊ`rʌʃə] Białoruś

Cairo [`kaıərəʊ] Kair
Calcutta [kæl`kʌtə] Kalkuta
California ['kælı`fɔnıə] Kalifornia
Cambodia ['kæm`bəʊdıə] Kambodża
Cambridge [`keımbrıdʒ] Cambridge
Canada [`kænədə] Kanada
Canary Ils [kə`neərı aılәndz] Wyspy Kanaryjskie
Canberra [`kænbərə] Canberra
Cardiff [`kadıf] Cardiff
Caribbean Sea ['kærı`bıən si] Morze Karaibskie
Carpathians [ka`peıθıənz], **Carpathian Mts** [ka`peıθıən maʊntınz] Karpaty
Caspian Sea [`kæspıən si] Morze Kaspijskie
Caucasus, the [`kɔkəsəs] Kaukaz
Celebes [sə`libiz] Celebes
Ceylon [sı`lon] Cejlon
Channel Ils [`tʃænl aılәndz] Wyspy Normandzkie
Chelsea [`tʃelsi] Chelsea (*w Londynie*)
Chicago [ʃı`kagəʊ] Chicago
Chile [`ʃtılı] Chile
China [`ʃtaınə] Chiny
Chinese People's Republic [ʃtaı`niz `piplz rı`pʌblık] Chińska Republika Ludowa
Cleveland [`klivlənd] Cleveland
Colorado [`kolə`radəʊ] Kolorado
Columbia [kə`lʌmbıə] Kolumbia

Congo [`koŋgəʊ] Kongo
Connecticut [kə`netɪkət] Connecticut
Constantinople ['konstən-tɪ`nəʊpl] *hist.* Konstantynopol, Stambuł
Copenhagen [`kəʊpnheɪ-gən] Kopenhaga
Cordilleras ['kɔdɪl`jeərəz] Kordyliery
Cornwall [`kɔnwl] Kornwalia
Corsica [`kɔsɪkə] Korsyka
Cracow [`krɑkəʊ] Kraków
Creta [krit] Kreta
Crimea [krɑɪ`mɪə] Krym
Croatia [krəʊ`eɪʃə] Chorwacja
Cuba [`kjubə] Kuba
Cyprus [`sɑɪprəs] Cypr
Czech Republic [`tʃek rɪ-`pʌblɪk] Republika Czeska, Czechy

Damascus [də`mæskəs] Damaszek
Danube [`dænjub] Dunaj
Dardanelles ['dɑdə`nelz] Dardanele
Delaware [`deləweə(r)] Delaware
Delhi [`delɪ] Delhi
Denmark [`denmɑk] Dania
Djakarta [dʒə`kɑtə] Dżakarta
Dover [`dəʊvə(r)] Dover; **Strait of Dover** [`streɪt əv `dəʊvə(r)] Cieśnina Kaletańska
Dublin [`dʌblɪn] Dublin

Edinburgh [`ednbrə] Edynburg
Egypt [`idʒɪpt] Egipt
Eire [`eərə] Irlandia (Republika Irlandzka)
England [`ɪŋglənd] Anglia
English Channel [`ɪŋglɪʃ `tʃænl] kanał La Manche
Erie [`ɪəri] Erie
Estonia [e`stəʊnɪə] Estonia
Ethiopia ['iθi`əʊpɪə] Etiopia
Europe [`jʊərəp] Europa
Everest [`evərɪst] Everest

Finland [`fɪnlənd] Finlandia

Florida [`florɪdə] Floryda
France [frɑns] Francja

Geneva [dʒɪ`nivə] Genewa
Georgia [`dʒɔdʒjə] Georgia, (w USA); Gruzja
Germany [`dʒɜmənɪ] Niemcy
Gibraltar [dʒɪ`brɔltə(r)] Gibraltar
Glasgow [`glɑzgəʊ] Glasgow
Great Britain ['greɪt`brɪtn] Wielka Brytania
Greece [gris] Grecja
Greenland [`grinlənd] Grenlandia
Greenwich [`grenɪtʃ] Greenwich
Guinea [`gɪnɪ] Gwinea

Hague, the [heɪg] Haga
Haiti [`heɪtɪ] Haiti
Hanoi [hæ`nɔɪ] Hanoi
Havana [hə`vænə] Hawana
Hawaii [hə`wɑɪi], **Hawaiian Ils** [hə`wɑɪən ɑɪləndz] Hawaje, Wyspy Hawajskie
Hebrides [`hebrədiz] Hebrydy
Helsinki [`helsɪŋkɪ] Helsinki
Himalayas ['hɪmə`leɪəz] Himalaje
Holland [`holənd] Holandia
Houston [`hjustən] Houston
Hudson Bay [`hʌdsn beɪ] Zatoka Hudsona
Hull [hʌl] Hull
Hungary [`hʌŋgərɪ] Węgry

Iceland [`ɑɪslənd] Islandia
Idaho [`ɑɪdəhəʊ] Idaho
Illinois ['ɪlɪ`nɔɪ] Illinois
India [`ɪndɪə] Indie (*państwo*); Półwysep Indyjski
Indiana ['ɪndɪ`ænə] Indiana
Indian Ocean [`ɪndɪən əʊʃn] Ocean Indyjski
Indonesia ['ɪndə`nizɪə] Indonezja
Iowa [`ɑɪəwə] Iowa
Iran [ɪ`rɑn] Iran
Iraq [ɪ`rɑk] Irak
Ireland [`ɑɪələnd] Irlandia
Israel [`ɪzreɪl] Izrael
Italy [`ɪtəlɪ] Włochy

Jamaica [dʒə`meɪkə] Jamajka
Japan [dʒə`pæn] Japonia
Java [`dʒɑvə] Jawa
Jerusalem [dʒə`rusələm] Jerozolima
Jordan [`dʒɔdn] Jordan; Jordania

Kansas [`kænzəs] Kansas
Kentucky [ken`tʌkɪ] Kentucky
Kiev [ki`ev] Kijów
Kishinev [`kɪʃɪnəv] Kiszyniów
Korea [kə`rɪə] Korea; **Democratic People's Republic of Korea** [demə`krætɪk `piplz rɪ`pʌblɪk əv kə`rɪə] Koreańska Republika Ludowo-Demokratyczna; **South Korea** ['sɑʊθ kə`rɪə] Korea Południowa

Labrador [`læbrədɔ(r)] Labrador
Laos [`lɑʊz] Laos
Latvia [`lætvɪə] Łotwa
Lebanon [`lebənən] Liban
Leeds [lidz] Leeds
Leicester [`lestə(r)] Leicester
Liberia [laɪ`bɪərɪə] Liberia
Libya [`lɪbɪə] Libia
Lisbon [`lɪzbən] Lizbona
Lithuania ['lɪθju`eɪnɪə] Litwa
Liverpool [`lɪvəpul] Liverpool
London [`lʌndən] Londyn
Londonderry ['lʌndən`derɪ] Londonderry
Los Angeles [los`ændʒəliz] Los Angeles
Luisiana [lu'izɪ`ænə] Luizjana
Luxemburg [`lʌksmbɜg] Luksemburg

Macedonia ['mæsə`dəʊnɪə] Macedonia
Madagascar ['mædə`gæskə(r)] Madagaskar
Madrid [mə`drɪd] Madryt
Magellan [mə`gelən], **Strait of Magellan** [`streɪt əv mə`gelən] Cieśnina Magellana

Maine [məɪn] Maine
Malay Archipelago [mə`leɪ ɑkɪ`peləgəʊ] Archipelag Malajski
Malay Peninsula [mə`leɪ pɪ`nɪnsjʊlə] Półwysep Malajski
Malaysia [mə`leɪzɪə] Malezja
Malta [`mɔltə] Malta
Manchester [`mæntʃɪstə(r)] Manchester
Manitoba ['mænɪ`təʊbə] Manitoba
Maryland [`meərɪlænd] Maryland
Massachusetts ['mæsə`tʃusɪts] Massachusetts
Mediterranean Sea ['medɪtə`reɪnɪən si] Morze Śródziemne
Melanesia ['melə`nizɪə] Melanezja
Melbourne [`melbən] Melbourne
Mexico [`meksikəʊ] Meksyk
Miami [mɑɪ`æmɪ] Miami
Michigan [`mɪʃɪgən] Michigan
Minnesota ['mɪnɪ`səʊtə] Minnesota
Minsk [`mɪnsk] Mińsk
Mississippi ['mɪsɪ`sɪpɪ] Missisipi
Missouri [mɪ`zʊərɪ] Missouri
Moldavia [mol`deɪvɪə] Mołdawia
Monaco [`monəkəʊ] Monako
Mongolia [moŋ`gəʊlɪə] Mongolia
Montana [mon`tænə] Montana
Mont Blanc ['mõ`blõ] Mont Blanc
Montevideo ['montɪvɪ`deɪəʊ] Montevideo
Montreal [montrɪ`ɔl] Montreal
Morocco [mə`rokəʊ] Maroko
Moscow [`moskəʊ] Moskwa

Nebraska [nɪ`bræskə] Nebraska
Netherlands [`neðələndz] Niderlandy, Holandia
Nevada [nɪ`vɑdə] Nevada
New Brunswick ['nju`brʌnzwɪk] Nowy Brunszwik
New Delhi ['nju`delɪ] Nowe Delhi

Newfoundland ['njufənd-`lænd] Nowa Fundlandia
New Guinea ['nju `gɪnɪ] Nowa Gwinea
New Hampshire ['nju `hæmpʃə(r)] New Hampshire
New Jersey ['nju `dʒɜzɪ] New Jersey
New Mexico ['nju `meksɪkəʊ] Nowy Meksyk
New Orleans ['nju ɔ`lɪənz] Nowy Orlean
New South Wales ['nju sɑʊθ`weɪlz] Nowa Południowa Walia
New York ['nju`jɔk] Nowy Jork
New Zealand ['nju `zilənd] Nowa Zelandia
Niagara Falls [nɑɪ`ægərə fɔlz] wodospad Niagara
Niger [`nɑɪdʒə(r)] Niger
Nigeria [nɑɪ`dʒɪərɪə] Nigeria
Nile [nɑɪl] Nil
North America ['nɔθ ə`merɪkə] Ameryka Północna
North Carolina ['nɔθ 'kærə-`lɑɪnə] Karolina Północna
North Dakota ['nɔθ də`kəʊtə] Dakota Północna
Northern Ireland ['nɔðən-`ɑɪələnd] Irlandia Północna
Northern Territory ['nɔðən-`terɪtərɪ] Terytorium Północne
North Sea [`nɔθ si] Morze Północne
Norway [`nɔweɪ] Norwegia
Nova Scotia ['nəʊvə `skəʊʃə] Nowa Szkocja

Oder [əʊdə(r)] Odra
Ohio [əʊ`hɑɪəʊ] Ohio
Oklahoma ['əʊklə`həʊmə] Oklahoma
Ontario [on`teərɪəʊ] Ontario
Oregon [`orɪgən] Oregon
Oslo [`ozləʊ] Oslo
Ottawa [`otəwə] Ottawa
Oxford [`oksfəd] Oksford, Oxford

Pacific Ocean [pə`sɪfɪk əʊʃn] Pacyfik, Ocean Spokojny
Pakistan ['pɑkɪ`stɑn] Pakistan

Panama [`pænəmɑ] Panama; **Panama Canal** [`pænəmɑ kə`næl] Kanał Panamski
Paraguay [`pærəgwɑɪ] Paragwaj
Paris [`pærɪs] Paryż
Pennsylvania ['pensl`veɪnɪə] Pensylwania
Persia [`pɜʃə] Persja; **Persian Gulf** [`pɜʃən gʌlf] Zatoka Perska
Peru [pə`ru] Peru
Philadelphia ['fɪlə`delfɪə] Filadelfia
Phillippines [`fɪlɪpinz] Filipiny
Plymouth [`plɪməθ] Plymouth
Poland [`pəʊlənd] Polska
Polynesia ['polɪ`nizɪə] Polinezja
Portugal [`pɔtʃʊgl] Portugalia
Prague [prɑg] Praga
Pyrenees ['pɪrə`niz] Pireneje

Quebec [kwɪ`bek] Quebec
Qeensland [`kwinzlənd] Queensland

Reading [`redɪŋ] Reading
Red Sea [`red si] Morze Czerwone
Republic of South Africa [rɪ`pʌblɪk əv `saʊθ-`æfrɪkə] Republika Południowej Afryki
Reykjavik [`reɪkɪəvik] Rejkiawik
Rhine [rɑɪn] Ren
Rhode Island [`rəʊd ɑɪlənd] Rhode Island
Riga [`rigə] Ryga
Rockies [`rokɪz], **Rocky Mts** [`rokɪ mɑʊntɪnz] Góry Skaliste
Rome [rəʊm] Rzym
Rumania [ru`meɪnɪə] Rumunia
Russia [`rʌʃə] Rosja

Sahara [sə`hɑrə] Sahara
San Francisco ['sæn frən-`sɪskəʊ] San Francisco
Santiago ['sæntɪ`ɑgəʊ] Santiago
Sardinia [sɑ`dɪnɪə] Sardynia
Saskatchewan [səs`kætʃəwən] Saskatchewan
Saudi Arabia [`sɑʊdɪ ə`reɪbɪə] Arabia Saudyjska

Scandinavia ['skændɪ`neɪvɪə] Skandynawia
Scotland [`skotlənd] Szkocja
Seine [seɪn] Sekwana
Serbia [`sɜbiə] Serbia
Seoul [səʊl] Seul
Siam [sɑɪ`æm] *zob.* **Thailand**
Sicily [`sɪslɪ] Sycylia
Singapore ['sɪŋgə`pɔ(r)] Singapur
Slovakia [sləʊ`vɑkɪə] Słowacja
Slovenia [sləʊ`viniə] Słowenia
Sofia [`səʊfɪə] Sofia
South America ['sɑʊθ ə`merɪkə] Ameryka Południowa
Southampton [sɑʊθ`æmptən] Southampton
South Australia ['sɑʊθ ɔs`treɪlɪə] Australia Południowa
South Carolina ['sɑʊθ 'kærə`lɑɪnə] Karolina Południowa
South Dakota ['sɑʊθ də`kəʊtə] Dakota Południowa
Southern Yemen ['sʌðən `jemən] Jemen Południowy
Spain [speɪn] Hiszpania
Stamboul [stæm`bul] Stambuł
Stockholm [`stokhəʊm] Sztokholm
Sudan [su`dæn] Sudan
Suez [`suɪz] Suez; **Suez Canal** ['suɪz kə`næl] Kanał Sueski
Sumatra [sʊ`mɑtrə] Sumatra
Sweden [`swidn] Szwecja
Switzerland [`swɪtsələnd] Szwajcaria
Sydney [`sɪdnɪ] Sydney
Syria [`sɪrɪɑ] Syria

Taiwan [tɑɪ`wæn] Tajwan
Tallinn [`tɑlɪn] Tallin
Tatra Mts [`tætrə mɑʊntɪnz] Tatry
Teheran [tɪə`rɑn] Teheran
Tennessee ['tenə`si] Tennessee
Texas [`teksəs] Teksas
Thailand [`tɑɪlænd] Tajlandia; *hist.* Syjam
Thames [temz] Tamiza
Tiber [`tɑɪbə(r)] Tyber

Tibet [tɪˋbet] Tybet
Tirana [tɪˋrɑnə] Tirana
Tokyo [ˋtəʊkɪəʊ] Tokio
Toronto [təˋrontəʊ] Toronto
Tunis [ˋtjunɪs] Tunis (*miasto*)
Tunisia [tjuˋnɪzɪə] Tunezja (*kraj*)
Turkey [ˋtɜkɪ] Turcja

Ukraine [juˋkreɪn] Ukraina
Ulan-Bator [ˋulɑn bɑtɔ(r)] Ułan Bator
Ulster [ˋʌlstə(r)] Ulster
United Kingdom of Great Britain and Northern Ireland [juˋnɑɪtɪd ˋkɪŋdəm əv ˋgreɪt ˋbrɪtən ənd ˋnɔðən ˋɑɪələnd] Zjednoczone Królestwo Wielkiej Brytanii i Północnej Irlandii
United States of America [juˋnɑɪtɪd ˋsteɪts əv əˋmerɪkə] Stany Zjednoczone Ameryki
Ural [ˋjʊərəl] Ural
Uruguay [ˋjʊərəgwɑɪ] Urugwaj
Utah [ˋjʊtɑ] Utah

Vatican City ['vætɪkənˋsɪtɪ] Watykan (*miasto*)
Venezuela [ˋvenəˋzweɪlə] Wenezuela
Vermont [vɜˋmont] Vermont
Victoria [vɪkˋtɔrɪə] Wiktoria
Vilnius [ˋvɪlnɪəs] Wilno
Vienna [vɪˋenə] Wiedeń
Vietnam [vɪ'ətˋnæm] Wietnam
Virginia [vəˋdʒɪnɪə] Wirginia
Vistula [ˋvɪstjʊlə] Wisła
Volga [ˋvolgə] Wołga

Wales [weɪlz] Walia
Warsaw [ˋwɔsɔ] Warszawa
Washington [ˋwoʃɪŋtən] Waszyngton
Wellington [ˋwelɪŋtən] Wellington
Wembley [ˋwemblɪ] Wembley
West Virginia ['west vəˋdʒɪnɪə] Wirginia Zachodnia
Wisconsin [wɪsˋkonsɪn] Wisconsin

Yugoslavia ['jugəʊˋslaviə] Jugosławia

SŁOWNIK
POLSKO-ANGIELSKI

POLISH-ENGLISH
DICTIONARY

WSKAZÓWKI DLA UŻYTKOWNIKA
GUIDE TO THE USE OF THE DICTIONARY

Hasła

Wyrazy hasłowe podano pismem półgrubym w ścisłym porządku alfabetycznym. Opatrzono je, zależnie od przynależności do poszczególnych części mowy oraz do poszczególnych dziedzin życia, odpowiednimi skrótami.

Homonimy podano jako osobne hasła oznaczone kolejnymi cyframi, np.:

Entries

The words are printed in boldface type in strict alphabetical order. They are labelled by pertinent abbreviations indicating the grammatical categories to which they belong. Other symbols denote the particular branches of speech or their origins.

Homonyms are grouped under separate entries and marked with successive numerals, e.g.:

zamek^1 *m* (*budowla*) castle
zamek^2 *m* (*u drzwi*) lock; (...)

Jeżeli poszczególne wyrazy hasłowe zawierają odpowiedniki o różnych znaczeniach, albo pełnią różne funkcje gramatyczne – oddzielono je średnikiem oraz odpowiednim kwalifikatorem gramatycznym, np.:

If a Polish word contains various English meanings or denotes different grammatical categories, the particular lexical units on the Polish side are separated by a semicolon and are provided with their pertinent grammatical labels, e.g.:

pchać *imperf vt* push, shove; (*wpychać*) shove, thrust; ~ **się** *vr* (*tłoczyć się*) force <push> one's way

Hasła rzeczownikowe

Ze względu na objętość słownika pominięto pewną ilość rzeczowników żeńskich, które w języku angielskim mają formę identyczną z odpowiednimi rzeczownikami męskimi, np.: **nauczyciel** teacher, **nauczycielka** teacher, **Niemiec** German, **Niemka** German.

Nouns

Some Polish nouns of feminine gender have been omitted since their masculine and feminine equivalents are identical in English, e.g.: **nauczyciel** teacher, **nauczycielka** teacher, **Niemiec** German, **Niemka** German.

Hasła czasownikowe

Brak analogii w tworzeniu postaci dokonanej i niedokonanej czasownika w języku polskim i angielskim nastręcza wiele trudności. Tak np. forma dokonana czasownika **padać, upaść** – to fall zmienia się w niedokonaną przez zastosowanie Continuous Form – to be falling. W innych wypadkach czasownik w formie niedokonanej **siadać** – to sit, zmienia się przez dodanie przysłówka down: **siąść** – to sit down.

Czasowniki zostały najczęściej podane w formie niedokonanej.

Verbs

The reader is sometimes faced with serious difficulties whenever he may occasionally have to deal with verbal aspects, which we find in Polish as compared with those in English, e.g.: **siadać** and **siedzieć** and **usiąść** versus to sit and to be sitting and to sit down, **padać** and **upaść** versus to be falling and to fall (down).

Generally, in the present dictionary the verbs ought to be looked up in their imperfective form.

Odpowiedniki

Angielskie odpowiedniki haseł i zwrotów podano pismem jasnym. Wyrazy bliskoznaczne oddzielono przecinkami; odpowiedniki dalsze – średnikami. W nawiasach

Equivalents

The English equivalents of Polish words and expressions are given in light type. The synonyms, if any, are separated by commas, those more distant in meaning are mark-

okrągłych, kursywą zamieszczono objaśnienia dotyczące znaczenia i zastosowania wyrazu, np.:

ed off by semicolons. When necessary, the given synonyms have been provided with explanations, in round brackets, concerning their meaning and usage. E.g.:

chować *imperf vt* (*ukrywać*) hide, conceal; (*przechowywać*) keep; (*wkładać, np. do szuflady*) put; (*grzebać zwłoki*) bury; (*hodować*) raise, breed, rear; (*wychowywać*) bring up, educate; (...)

ALFABET POLSKI
THE POLISH ALPHABET

a	m
ą	n
b	ń
c	o
ć	ó
d	p
e	r
ę	s
f	ś
g	t
h	u
i	w
j	y
k	z
l	ź
ł	ż

A

a *conj* and; **on jest Anglikiem, a ja Polakiem** he is English, and I am Polish; **od a do z** from beginning to end
abażur *m* lampshade
abecadło *n* ABC, alphabet; *przen.* (*podstawy*) the ABCs
abonament *m* subscription; (*stała opłata*) standing charges; **~ teatralny** season ticket
abonent *m* subscriber; (*telefoniczny*) telephone subscriber
abonować *imperf vt* subscribe (**coś** to sth)
aborcja *f* abortion
absolutnie *adv* absolutely; **~ nie** definitely not
absolutn|y *adj* absolute, complete; **~a cisza** complete silence; **~a władza** absolute power
absolwent *m* graduate, *am.* alumnus
abstrakcja *f* abstraction
abstrakcyjny *adj* abstract
abstynent *m* teetotaller
absurd *m* nonsense, absurdity; **sprowadzić do ~u** reduce to absurdity
absurdalny *adj* absurd
aby *conj* so that, in order that; (*przed bezokolicznikiem*) to, in order to
ach *int* oh!
aczkolwiek *conj* though, although
adamaszek *m* damask
adaptacja *f* adaptation, *muz.* arrangement
adapter *m* record player
adidasy *pl* training shoes *pl*, trainers *pl*, *am.* sneakers *pl*, tennis shoes *pl*
administracja *f* administration, management
adopcja *f* adoption
adoptować *imperf vt* adopt
adres *m* address; **pod**

~**em** to <at> the address
adresat *m* addressee
adresować *imperf vt* address
adwokat *m* lawyer, barrister, solicitor, *am.* attorney; *przen.* advocate
aerobik *m* aerobics
aerozol *m* aerosol
afera *f* scandal; *pot.* **ale ~!** what a mess!
aferzysta *m* swindler, schemer
Afgańczyk *m* Afghan
afgański *adj* Afghan
afisz *m* poster, bill
afiszować się *imperf vr* make a show (**z czymś** of sth), show off
aforyzm *m* aphorism
afront *m* affront, insult; **zrobić komuś ~** affront <insult> sb
Afrykanin *m* African
afrykański *adj* African
agencja *f* agent(s); **~ prasowa** news agency
agent *m* agent, representative; (*szpieg*) agent, spy
agonia *f* agony
agrafka *f* safety pin
agresja *f* aggression
agrest *m* gooseberry; (*krzew*) gooseberry bush
agresywny *adj* aggressive
aha *int* oh!
AIDS *skr.* AIDS (acquired immune deficiency syndrome)
aj! *int* oh!, ouch!
ajencja *f* franchise
ajent *m* franchise holder
akacja *f* acacia
akademia *f* (*uczelnia*, *instytucja*) academy; (*zebranie*) session of celebration, commemorative meeting; **Akademia Nauk** Academy of Sciences
akademicki *adj* academic; **dom ~** hall of residence, *am.* dormitory
akademik *m pot.* dorm
akcent *m* (*wymowa*) accent; (*nacisk*) stress
akcentować *imperf vt* stress; *przen.* stress, emphasize
akceptować *imperf vt* accept
akcja *f* action; *ekon.* share, *am.* stock; **~ ratunkowa** rescue action; **~ powieści <sztuki>** plot, action

akcjonariusz *m ekon.* shareholder, *am.* stockholder

akcyjn|y *adj* share *attr*, *am.* stock *attr*; **spółka ~a** joint-stock company

aklimatyzować się *imperf vr* acclimatize; adapt, adjust, *am.* acclimate

akonto *n* down payment

akord *m muz.* chord, harmony; **pracować na ~** do piece-work

akordeon *m muz.* accordion

akredytacja *f* accreditation

akrobacja *f* acrobatics

aksamit *m* velvet

akt *m* act, deed; (*w sztuce*) nude; (*dokument*) certificate; **~ rozpaczy** act of despair; **~ notarialny** notarial act <deed>; **~ oskarżenia** indictment; **~ ślubu <urodzenia, zgonu>** marriage <birth, death> certificate; **~a** *pl* record(s), file(s)

aktor *m* actor

aktorka *f* actress

aktówka *f* briefcase, attaché case

aktualności *pl* current events *pl*; news *pl*

aktualny *adj* (*obecny*) current, present; (*będący na czasie*) up-to-date, current

aktywność *f* activity

aktywny *adj* active

akumulator *m elektr.* accumulator; *mot.* battery

akurat *adv* just, exactly, precisely; **~!** tell me another!

akuszerka *f* midwife

akwarela *f* watercolour

akwarium *n* fish tank, aquarium

akwizycja *f* canvassing

akwizytor *f* canvasser

alarm *m* alarm; (*stan gotowości*) alert; **podnieść ~** sound <raise> the alarm

Albańczyk *m* Albanian

albański *adj* Albanian

albinos *m* albino

albo *conj* or; **~..., ~...** either... or...; **~ ten, ~ tamten** either of them <of the two>

albowiem *conj* for, because
album *m* album; ~ **do znaczków pocztowych** stamp album
ale *conj* but; ~ **pogoda!** what weather!
aleja *f* avenue; (*w parku*) alley
alergi|a *f med.* allergy; **mieć na coś ~ę** be allergic to sth
alergiczny *adj* allergic
ależ *part*: ~ **oczywiście!** but of course!; ~ **skąd!** not at all!
alfabet *m* alphabet; ~ **Morse'a** Morse (code); ~ **Braille'a** Braille
alfabetyczny *adj* alphabetical; **w porządku ~m** in alphabetical order
alibi *n* alibi
alimenty *pl* alimony, maintenance
alkohol *m* alcohol
alkoholik *m* alcoholic
alpinista *m* mountain climber
alt *m muz.* alto
altanka *f* arbour; (*domek na działce*) garden shed
alternator *m mot.* alternator
alternatywa *f* alternative
aluzj|a *f* allusion, hint; **robić ~ę** allude (**do czegoś** to sth), hint (**do czegoś** at sth)
amant *m* (*kochanek*) beau, lover; ~ **filmowy** screen lover
amator *m* (*dyletant*) amateur, layman; (*miłośnik*) amateur, lover, fan; *sport.* amateur
amatorski *adj* (*niedoskonały*) amateurish; (*niezawodowy*) amateur
ambasada *f* embassy
ambasador *m* ambassador; ~ **Wielkiej Brytanii w Polsce** the British ambassador to Poland
ambicja *f* ambition
ambitny *adj* ambitious
ambona *f* pulpit
ambulatorium *n* out-patients' clinic, dispensary
amen *n* amen; *pot.* **na ~** completely; *pot.* **jak ~ w pacierzu** for sure
Amerykanin *m* American
amerykanizm *m* Americanism

amerykański *adj* American

amfetamina *f* amphetamine

amfiteatr *m* amphitheatre

amnesti|a *f* amnesty, pardon; **na mocy ~i** on pardon

amnezja *f* amnesia

amoniak *m* ammonia, ammonia water

amoralny *adj* amoral

amortyzacja *f ekon.* depreciation; *techn.* shock absorption

amortyzator *m techn.* shock absorber

ampułka *f* ampoule

amputacja *f* amputation

amulet *m* amulet

amunicja *f* ammunition

analfabeta *m* illiterate

analiza *f* analysis

analizować *imperf vt* analyse

ananas *m* pineapple

anarchia *f* anarchy

anatomia *f* anatomy

anatomiczny *adj* anatomical

anegdota *f* anecdote

aneks *m* annexe, *am.* annex

anemia *f* anaemia

angażować *imperf vt* engage, involve; (*zatrudniać*) hire, employ; **~ się** *vr* become involved (**w coś** in sth); (*do pracy*) take up a job

Angielka *f* Englishwoman

angielsk|i *adj* English; **mówić po ~u** speak English; **wyjść po ~u** take French leave

angina *f med.* strep throat

Anglia *f* England; (*pot. Wielka Brytania*) Britain, UK

Anglik *m* Englishman

ani *conj* nor, neither, not a, not even; **~..., ~...** neither... nor...; **~ jeden** not a single (one); **~ razu** not even once; **~ trochę** not a bit

animowany *adj*: **film ~** cartoon

anioł *m* angel; **~ stróż** guardian angel

ankieta *f* (*formularz*) questionnaire; (*badanie opinii publicznej*) (public) opinion poll

anonimowy *adj* anonymous
anormalny *adj* abnormal
antena *f* aerial, antenna; ~ **satelitarna** satellite dish
antybiotyk *m* antibiotic
antyczny *adj* antique, ancient
antyk *m* (*przedmiot*) antique; (*okres*) antiquity
antykoncepcja *f* contraception
antykoncepcyjn|y *adj* contraceptive; **środki ~e** contraceptives
antykwariat *m* antique shop; (*książkowy*) second-hand <antiquarian> bookshop
antylopa *f zool.* antilope
antypatia *f* antipathy
anulować *imperf vt* annul, cancel
aparat *m* apparatus, appliance; ~ **fotograficzny** camera; ~ **telefoniczny** telephone (set); ~ **do mierzenia ciśnienia** pressure gauge
apartament *m* apartment; (*w hotelu*) suite
apatia *f* apathy
apel *m* (*odezwa*) appeal; (*zbiórka*) assembly
apelować *imperf vi* appeal (**do kogoś o coś** to sb for sth); *prawn.* appeal
apetyt *m* appetite
apostoł *m* apostle
apostrof *m* apostrophe
aprobować *imperf vt* approve (**coś** of sth)
aprowizacja *f* provisioning; (*żywności*) food supply
apteczka *f* medicine cabinet <chest>; (*samochodowa*) first aid kit
apteka *f* pharmacy
Arab *m* Arab
arabski *adj* Arabian, Arabic
aranżacja *f* arrangement
arbiter *m* arbitrator; (*sędzia np. w koszykówce, piłce nożnej*) referee
arbuz *m bot.* watermelon
archeologia *f* archeology
archipelag *m* archipelago
architekt *m* architect; ~ **wnętrz** interior designer
architektura *f* architecture; ~ **wnętrz** interior design

archiwum *n* archive(s), registry
arcydzieło *n* masterpiece
arena *f* arena
aresz|t *m* arrest; (*pomieszczenie*) detention house; **~t domowy** house arrest; **w ~cie** in custody
aresztowa|ć *imperf vt* arrest, take in custody; **jest pan ~ny** you're under arrest
Argentyńczyk *m* Argentine
argentyński *adj* Argentine
argument *m* argument; **wysuwać ~y** put forward arguments (**za czymś <przeciw czemuś>** for sth <against sth>)
argumentować *imperf vi* argue
aria *f muz.* aria
arkusz *m* sheet
armata *f* cannon
Armeńczyk *m* Armenian
armeński *adj* Armenian
armia *f* army
arogancja *f* arrogance
aromat *m* aroma, flavour
arteria *f* artery
artretyzm *m med.* arthritis
artykuł *m* article; **~ wstępny** editorial; **~y spożywcze** *pl* groceries *pl*; **~y pierwszej potrzeby** necessities
artysta *m* artist
artystyczn|y *adj* artistic; **rzemiosło ~e** artistic handicraft
arystokrata *m* aristocrat
arytmetyka *f* arithmetic
as *m* ace; **as karo** ace of diamonds
asekurować *imperf vt* protect, safeguard; **~ się** *vr* cover o.s.
asfalt *m* asphalt
asortyment *m* assortment, range
aspekt *m* aspect
aspiryna *f* aspirin
astma *f med.* asthma
astrologia *f* astrology
astronauta *m* astronaut
astronomia *f* astronomy
asymilować *imperf vt* assimilate; **~ się** *vr* assimilate, adapt
asystent *m* assistant
atak *m* attack; (*sport. zawodnicy*) the forwards;

(*choroby*) fit; *med.* ~ **serca** heart attack

atakować *imperf vt* attack

ateista *m* atheist

atlantycki *adj* Atlantic

atlas *m* atlas; ~ **samochodowy** road atlas

atleta *m* athlete; (*w zapasach*) wrestler; (*w cyrku*) strong man

atletyka *f*: *sport.* **lekka** ~ athletics

atmosfera *f* atmosphere; *przen.* atmosphere, climate

atomow|y *adj* atomic, nuclear; **bomba ~a** atom(ic) bomb, A-bomb; **broń ~a** atomic <nuclear> weapons

atrakcj|a *f* attraction; **główna ~a** highlight; **~e turystyczne** sights

atrakcyjny *adj* attractive

atrament *m* ink

atramentow|y *adj*: **drukarka ~a** inkjet printer

atu *n* trump; **bez** ~ no trump

atut *m* trump (card)

audiencj|a *f* audience; **udzielić ~i** grant an audience (**komuś** to sb)

audycja *f* broadcast, programme

aukcja *f* auction

Australijczyk *m* Australian

australijski *adj* Australian

austriacki *adj* Austrian

Austriak *m* Austrian

aut *m sport.* out

autentyczny *adj* authentic, genuine

auto *n* car, *am.* automobile

autoalarm *m* car alarm

autobiografia *f* autobiography

autobus *m* bus; **jechać ~em** go by bus

autobusowy *adj*: **przystanek** ~ bus stop

autocasco *n* car insurance

autograf *m* autograph

autokar *m* coach

automat *m* automatic device <machine>; (*robot*) automaton; (*do sprzedaży*) slot-machine, vending machine; (*broń*) machine gun; ~ **telefonicz-**

ny pay phone, public telephone
automatyczny *adj* automatic
autoportret *m* self-portrait
autopsj|a *f* autopsy; *med.* post-mortem (examination); **znać coś z ~i** know sth from experience
autor *m* author; (*pisarz*) writer
autorka *f* author, authoress; (*pisarka*) writer
autorski *adj*: **prawa ~e** copyright; **honoraria ~e** royalties
autoryzować *imperf vt* authorize
autoserwis *m* car service, service station
autostop *m* hitch-hike, hitch-hiking; **podróżować ~em** hitch-hike
autostopowicz *m* hitchhiker
autostrada *f* motorway, *am.* highway, freeway; (*płatna*) turnpike
awangarda *f* avant-garde
awans *m* promotion, advancement; **dostać ~** get a promotion
awansować *perf imperf vt* promote; *vi* get promoted
awantur|a *f* brawl, row; **zrobić ~ę** make a scene; kick up a row
awaria *f* breakdown, failure; **~ silnika** engine failure
awaryjn|y *adj* emergency *attr*; **wyjście ~e** emergency exit; **lądowanie ~e** crash <emergency> landing; **światła ~e** hazard lights
awitaminoza *f* vitamin deficiency
awizo *n* advice note
Azjata *m* Asian
azjatycki *adj* Asiatic, Asian
azyl *m* asylum, refuge, sanctuary; **prawo ~u** (right of) asylum; **szukać ~u** seek refuge; **udzielić ~u** give <grant> asylum
azylant *m* refugee
aż *conj* till, until; **aż dotąd** (*o czasie*) till now, up to now; (*o przestrze-*

ni) as far as; **aż do Warszawy** as far as Warsaw; **aż tyle wody** this <that> much water; **aż tak daleko?** this <that> far?

B

babcia *f* granny, grandma; *pot.* (*staruszka*) old woman

babiarz *m pot.* ladies' man, Don Juan

babka *f* grandmother; *kulin.* pound cake, brioche

bacznoś|ć *f wojsk.* attention; **stać na ~ć** stand at attention; **mieć się na ~ci** beware, stand on one's guard, look out

bać się *imperf vr* be afraid (**kogoś <czegoś>** of sb <sth>); fear (**kogoś <czegoś>** sb <sth>) (**o kogoś <coś>** for sb <sth>)

badać *imperf vt* investigate, look <go> into, explore, study; (*chorego, świadka*) examine

badani|e *n* investigation, exploration; (*chorego*) medical, check-up; (*świadka*) examination; **~a naukowe** *pl* research, study

bagaż *m* luggage, *am.* baggage; **nadać na ~** register one's luggage; **oddać na ~** check in <deposit> one's luggage; **odebrać ~** reclaim one's luggage; **przechowalnia ~u** left-luggage office

bagażnik *m* (*na rowerze itp.*) carrier; (*w samochodzie*) boot, *am.* trunk; (*na dachu samochodu*) roof rack

bagażowy *adj* luggage *attr*, *am.* baggage *attr*; *m* (*tragarz*) porter

bagietka *f* baguette

bagno *n* marsh, swamp, bog

bajka *f* fairy tale

bajt *m komp.* byte

bak *m* (fuel) tank
bakalie *pl* nuts and raisins *pl*
bakteri|a *f* bacterium, *pot.* germ; **~e** *pl* bacteria *pl*
bal[1] *m* (*zabawa*) ball; **~ kostiumowy** fancy-dress ball, *am.* costume ball
bal[2] *m* (*kłoda*) log
balast *m* ballast
baldachim *m* canopy
baleron *m* smoked ham
balet *m* ballet
balkon *m* balcony; (*w teatrze*) gallery, balcony
ballada *m* ballad
balon *m* balloon
balsam *m* balm, balsam; *przen.* balm
bałagan *m* mess, muddle; **robić ~** make a mess (**w czymś** of sth); **ale ~!** what a mess!
bałaganić *imperf vi* mess <jumble> things up
bałtycki *adj* Baltic; **Morze Bałtyckie** the Baltic Sea
bałwan *m* (*ze śniegu*) snowman; (*fala*) roller; (*głupiec*) moron
banalny *adj* hackneyed, banal, commonplace
banan *m* banana
banda *f* (*grupa*) gang, band; *sport.* (*krawędź*) border
bandaż *m* bandage, dressing
bandażować *imperf vt* bandage, dress, bind (up)
bandera *f* banner, flag
banderola *f* excise band
bandyta *m* bandit
bank *m* bank; **~ handlowy** commercial bank; **~ emisyjny** bank of issue
bankier *m* banker
bankiet *m* banquet
banknot *m* (bank)note, *am.* bill
bankomat *m* cashpoint, cash dispenser
bankowość *f* banking
bankructwo *n* bankruptcy
bankrutować *imperf vi* go bankrupt, go broke
bańka *f* (*naczynie*) can; **~ mydlana** bubble
bar *m* bar; **~ kawowy** coffee bar; **~ samoobsługowy** self-service restaurant
barak *m* barrack
baran *m* ram; **nosić kogoś na ~a** carry sb piggyback

baranina *f* mutton
barbarzyński *adj* barbarian, barbarous, barbaric
bardzo *adv* very; (*z czasownikiem*) much, greatly; ~ **możliwe** very likely; ~ **dobry** (*w szkole*) very good = A; ~ **dziękuję** thank you very much; ~ **przepraszam** I'm very sorry, I'm so sorry; **proszę** ~ (*nie ma za co*) not at all, you're welcome; **nie** ~ not much, not really
bariera *f* barrier
bark *m anat.* shoulder, pectoral girdle
barman *m* barman, *am.* bartender
barmanka *f* barmaid
barok *m* baroque
barometr *m* barometer; ~ **idzie do góry <spada>** the glass is rising <falling>
barometryczny *adj* barometric(al); **niż** ~ depression, low pressure; **wyż** ~ high pressure
barszcz *m*: ~ **czerwony** beetroot soup; ~ **ukraiński** borsch; *przen.* **tani jak** ~ dirt-cheap
barw|a *f* colour, hue, tint; (*brzmienie*) timbre; **~a ochronna** (natural) camouflage; **~y państwowe** *pl* national colours *pl*
barwnik *m* dye
bary *pl pot.* shoulders *pl*; **wziąć się z kimś za** ~ wrestle with sb
baryton *m muz.* baritone
bas *m muz.* bass
basen *m* basin, tank; ~ **pływacki** swimming pool
baśń *f* fable, fairy tale
bateria *f* battery
baton(ik) *m*: ~ **czekoladowy** chocolate bar
baweln|a *f* cotton; *przen.* **owijać w ~ę** beat about the bush; **nie owijać w ~ę** straight from the shoulder
bawić *imperf vt* amuse, entertain; ~ **się** *vr* amuse o.s., enjoy o.s., play (**w coś** at sth); **dobrze się** ~ have fun <a good time>
baza *f* basis, base; *komp.* ~ **danych** database

bazar *m* bazaar; market (place)
bazylika *f* basilica
bażant *m zool.* pheasant
bąbel *m* bubble; *med.* blister
bąk *m* (*owad*) bumblebee; (*zabawka*) (humming) top; *pot.* (*dziecko*) tot; *pot.* **puścić ~a** fart, pass gas; *pot.* **zbijać ~i** mess about <around>, laze around
beczk|a *f* barrel, cask; **piwo z ~i** beer in draught, *am.* draft
befsztyk *m* beefsteak
bekać *imperf vi pot.* burp
bekon *m* bacon
beletrystyka *f* fiction
Belg *m* Belgian
belgijski *adj* Belgian
belka *f* beam; *wojsk.* (*naszywka*) bar
bełkot *m* bubbling
bełkotać *imperf vi* gibber, babble
benzyna *f* benzine; (*paliwo*) petrol, *am.* gasoline, gas; **~ bezołowiowa** unleaded <lead-free> petrol, *am.* gasoline
benzynow|y *adj* benzine *attr*, petrol *attr*, *am.* gasoline <gas> *attr*; **stacja ~a** filling <petrol> station, *am.* gas station
ber|ek *m* tag; **bawić się w ~ka** play tag
beret *m* beret
beton *m* concrete
bez[1] *m bot.* lilac
bez[2] *praep* without; **~ butów <kapelusza>** with no shoes <hat> on; **~ grosza** penniless; **~ końca** endlessly; **~ wątpienia** indoubtedly; **~ względu na coś** regardless of sth
beza *f* meringue
bezalkoholowy *adj* non-alcoholic, alcohol-free; **napój ~** soft drink
bezbarwny *adj* colourless; *przen.* pallid
bezbłędny *adj* faultless; *pot.* super
bezbolesny *adj* painless, pain-free
bezbronny *adj* helpless; (*nie uzbrojony*) defenceless
bezcelowy *adj* purposeless, pointless; (*nadaremny*) useless, of no use

bezcen *adv*: **za ~** for nothing
bezcenny *adj* priceless, invaluable, inestimable
bezcłowy *adj* duty-free
bezczelny *adj* insolent, impertinent, impudent, cheeky
bezczynny *adj* inactive, idle
bezdomny *adj* homeless; **~ pies** stray dog
bezduszny *adj* unfeeling, callous
bezdzietny *adj* childless
bezinteresowny *adj* disinterested, free from self-interest
bezkarnie *adv* with impunity; **ujść ~** go unpunished, get away with it
bezkofeinowy *adj* decaffeinated
bezkompromisowy *adj* uncompromising
bezkonfliktowy *adj* (*o człowieku*) peaceful, peaceable
bezkonkurencyjny *adj* unbeatable
bezkrytyczny *adj* uncritical, indiscriminate
bezkształtny *adj* shapeless
bezlitosny *adj* merciless, pitiless, ruthless
bezludn|y *adj* desolate, uninhabited, deserted; **~a wyspa** desert island
bezładny *adj* disordered, disorganized; (*o mowie*) disconnected, incoherent
bezmięsn|y *adj*: **danie ~e** vegetarian dish
bezmyślny *adj* thoughtless, careless; (*o czynie*) mindless; (*o wyrazie twarzy*) blank
beznadziejny *adj* hopeless
bezokolicznik *m gram.* infinitive
bezołowiow|y *adj*: **benzyna ~a** unleaded petrol, *am.* gasoline
bezosobowy *adj* impersonal
bezowocny *adj* fruitless, unproductive, ineffectual
bezpański *adj* ownerless; (*pies*, *kot*) stray
bezpieczeństwo *n* safety, security
bezpiecznik *m elektr.* fuse

bezpieczny *adj* safe, secure
bezpłatny *adj* free (of charge); **urlop ~** unpaid leave
bezpłodność *adj* infertility, sterility
bezpłodny *adj* infertile, sterile
bezpodstawny *adj* groundless, baseless, unfounded
bezpośredni *adj* direct, immediate; (*o człowieku*) straightforward
bezprawny *adj* lawless, unlawful, illegal, illicit
bezpretensjonalny *adj* unpretentious, unpretending, unassuming
bezradny *adj* helpless
bezrobocie *n* unemployment
bezrobotn|y *adj* unemployed, out of work, jobless; **~i** *pl* the unemployed
bezsenność *f* sleeplessness, insomnia
bezsenny *adj* sleepless
bezsens *m* senselessness
bezsensowny *adj* senseless
bezsilny *adj* powerless; (*płacz, złość*) helpless
bezskuteczny *adj* ineffective, unavailing
bezsporny *adj* unquestionable, indisputable
bezstronny *adj* impartial, unbiased, fair
beztroski *adj* unconcerned, careless, carefree
bezustanny *adj* incessant
bezużyteczny *adj* useless, (of) no use
bezwartościowy *adj* worthless
bezwarunkowy *adj* unconditional; absolute, total
bezwiednie *adv* unknowingly, involuntarily, unconsciously
bezwładny *adj* inert; (*np. o inwalidzie*) immobile
bezwstydny *adj* shameless
bezwzględny *adj* peremptory, categorical, dictatorial
bezzwłocznie *adv* without delay, promptly
bezzwrotny *adj* non-returnable

beżowy *adj* beige
bęben *m* drum
bębenek *m* drum; *med.* eardrum
bękart *m* bastard
białaczka *f med.* leukaemia
białko *n* (*oka*, *jajka*) white; *chem.* protein, albumen
Białorusin *m* Byelorussian, Belarussian
białoruski *adj* Byelorussian, Belarussian
biał|y *adj* white; **~y jak kreda <ściana>** (as) white as a sheet <ghost>; *przen.* **~y kruk** rarity; **do ~ego rana** till dawn; **malować coś na ~o** paint sth white; **w ~y dzień** (in) broad daylight
Biblia *f* the Bible
biblijny *adj* biblical
bilioteczka *f* (*mebel*) bookcase
biblioteka *f* library
bibuła *f* (*do atramentu*) blotting paper; (*cienki papier*) tissue paper; (*nielegalna prasa*) illegal publication
bić *imperf vt* beat; (*o zegarze*) strike; (*o dzwonie*) ring; (*o sercu*) beat, bound; **~ brawo** applaud (**komuś** sb); **~ kogoś po twarzy** slap sb in the face; **~ rekordy** beat records; **~ głową w mur** bang one's head against a brick wall; **~ się** *vr* fight, brawl; *przen.* **~ się z myślami** wrestle with one's thoughts; **~ się w piersi** beat one's chest
biec *imperf vi zob.* **biegać**
bied|a *f* poverty, misery; *pot.* (*kłopot*) trouble; *pot.* **od ~y** it will just do; **~a w tym, że...** trouble is that...
biedny *adj* poor; **~ jak mysz kościelna** (as) poor as a church mouse
biedronka *f* ladybird, *am.* ladybug
bieg *m* run; (*życia*, *czasu*, *rzeki*) course; *techn.* gear; *sport.* **~ przez płotki** hurdles; *sport.* **~ z przeszkodami** obstacle race; *mot.* **pierwszy <wsteczny> ~** first

<rear> gear; *mot.* **skrzynia ~ów** gearbox; **z ~iem czasu** in the course of time; *przen.* **być ciągle w ~u** be always on the run

biegacz *m* runner

biegać *imperf vi* run; (*rekreacyjnie*) jog; *przen.* **~ za czymś** chase sth

biegły *adj* expert; (*w mowie*) fluent; *m* expert

biegun *m fiz., geogr.* pole; **koń na ~ach** rocking horse

biegunka *f med.* diarrhoea, *am.* diarrhea

bielizna *f* underwear; **~ pościelowa** (bed) linen

biernik *m gram.* accusative (case)

bierny *adj* passive

bieżąc|y *adj* (*woda*) running; (*miesiąc, rok*) current; **rachunek ~y** current account, *am.* checking account; **list z 7 ~ego miesiąca** letter of the 7th instant

bieżnia *f* (race) track, *am.* racecourse

bigamista *m* bigamist

bigos *m* Polish dish made of sauerkraut, sausage and mushrooms

bilans *m* balance; *przen.* total effect

bilard *m* billiards

bilet *m* ticket; **~ ulgowy** reduced-price ticket; **~ w jedną stronę <powrotny>** one-way <return> ticket

bileter *m* usher

bilion *m* trillion

bilon *m* coin, change

bimber *m* bootleg vodka, *am.* moonshine

biodro *n* hip

bioenergoterapia *f* biotherapy

biografia *f* biography

biologia *f* biology

biorca *m* recipient

biosfera *f* biosphere

bis *m* encore; **~!** encore!; **śpiewać <grać> na ~** sing <play> as an encore

biskup *m* bishop

bisować *imperf vi* perform an encore

bitw|a *f* battle; **pole ~y** battlefield

biuletyn *m* bulletin; ~ **informacyjny** newsletter
biurko *n* (writing) desk
biuro *n* office, bureau; ~ **informacyjne** information office <bureau>; ~ **podróży** travel agency
biurokracja *f* bureaucracy, red tape
biust *m* breasts *pl*, bust
biustonosz *m* brassiere, *pot.* bra
biwak *m* bivouac, camp
biżuteria *f* jewellery
blacha *f* sheet metal; (*do ciasta*) baking tin
blady *adj* pale, pallid; ~ **jak ściana** (as) white as a sheet
blankiet *m* form
blask *m* (*słońca*) glare; (*księżyca*) glow; (*klejnotów*) glitter
blaszan|y *adj* tin; *muz.* **instrumenty ~e** the brass
blaszka *f* metal strip; *bot.* blade
blat *m* counter(top); ~ **stołu** table top
blefować *imperf vt* bluff
blisk|i *adj* near, close; (*zbliżający się, np. o nieszczęściu*) imminent; **być ~im płaczu** be close to tears; **być ~im śmierci** be at the point <on the verge> of death; **z ~a** at close range; **~i znajomy** close acquaintance
blisko *adv* near, close; **zima ~** winter is close; **on ma ~ 50 lat** he is almost 50
blizna *f* scar
bliźni *m* fellow creature, neighbour
bliźniak *m* twin; (*dom*) semidetached house, semi
bloczek *m* (*notes*) notepad; *techn.* (small) pulley
blok *m* block; (*do pisania*) writing-pad; *techn.* pulley; ~ **mieszkalny** block of flats, *am.* apartment house
blokada *f* blockade
blond *adj*: **włosy ~** blonde <fair> hair
blondyn *m* blonde, blond
blondynka *f* blonde
bluszcz *m* ivy
bluza *f* sweatshirt; *woj.* tunic

bluzka *f* blouse
bluźnić *imperf vi* blaspheme
błagać *imperf vi* beg; **~ kogoś o coś** beg sb for sth; **~ kogoś, żeby coś zrobił** beg sb to do sth
błahy *adj* insignificant, trifling
błazen *m* clown; (*dworski*) jester
błąd *m* mistake, error, fault; **~ drukarski** misprint; **~ ortograficzny** spelling error; **popełnić ~** make a mistake; **naprawić swój ~** correct one's mistake
błądzić *imperf vi* err, blunder; (*błąkać się*) wander (about), roam
błędn|y *adj* wrong, false, incorrect; **~e koło** vicious circle; **~y ognik** will-o'-the-wisp; **~y rycerz** knight-errant
błękit *m* blue, azure
błękitnooki *adj* blue-eyed
błękitny *adj* blue
błogi *adj* blissful
błogosławić *imperf vt* bless
błogosławiony *adj* blessed
błona *f* membrane; **~ fotograficzna** film; *anat.* **~ dziewicza** hymen
błotnik *m* mudguard, *am.* fender; *mot.* wing, *am.* fender
błot|o *n* mud; **wyrzucać pieniądze w ~o** throw money down the drain; *przen.* **obrzucać kogoś ~em** sling mud at sb
błysk *m* flash
błyskawica *f* lightning
błyskawicznie *adv* instantly; in a flash, in no time (at all)
błyskawiczny *adj* instant; **zamek ~** zip (fastener), *am.* zipper
błyszczeć *imperf vi* (*gwiazdy, słońce*) shine; (*klejnoty*) glitter; (*oczy*) glisten, glitter
bo *conj* because, for
boazeria *f* panelling
bochen(ek) *m* loaf
bocian *m zool.* stork
boczek *m* bacon
bocznica *f*: **~ kolejowa** siding
boczn|y *adj* lateral, side

attr; **~a ulica** back <side> street

bodziec *m* stimulus, incentive

bogacić się *imperf vr* grow <become> rich

bogactwo *n* richness; wealth, riches; (*obfitość*) abundance

boga|ty *adj* rich, wealthy; **~ty w witaminy** rich in vitamins; **~ci** *pl* the rich <wealthy>

bogini *f* goddess

bohater *m* hero

bohaterka *f* heroine

boisko *n* sports field <ground>; **~ piłkarskie** football field <pitch>

boja *f* buoy

bojaźliwy *adj* fearful

bok *m* side, flank; **~iem** sidelong; **odkładać na ~** put <lay> aside; **widok z ~u** side-view; **trzymać się z ~u** keep <stay> away

boks m *sport.* boxing

bokser *m* boxer

bol|eć *imperf vi* ache, hurt; (*żałować*) regret, grieve; **~i mnie głowa <ząb>** I have a headache <toothache>; **~i mnie palec** my finger hurts; **~i mnie gardło** I have a sore throat; **co cię ~i?** what hurts <ails> you?

bolesny *adj* painful, sore; (*sprawiający przykrość*) grievous, distressing

bomba *f* bomb; *pot.* (*o wiadomości*) bomb shell; **~ atomowa** atom(ic) bomb

bombardować *imperf vt* bomb

bombka *f*: **~ na choinkę** glass ball

bombonierka *f* chocolate box

bombowiec *m* bomber

bombowy *adj* bomb *attr*; *pot.* smashing; **nalot ~** bomb raid

bon *m* token, voucher; **~ skarbowy** Treasury bond

bonifikata *f* discount; *sport.* bonus

bordowy *adj* maroon

borować *imperf vt* drill

borowik *m bot.* boletus

borówka *f*: *bot.* **~ brusznica** cowberry; **~ amerykańska** blueberry

boski *adj* divine
boso *adv* barefoot
bosy *adj* barefoot
botki *pl* boots *pl*
botanika *f* botany
boży *adj* God's; **Boże Ciało** Corpus Christi; **Boże Narodzenie** Christmas
bóg *m* god; **Bóg** God; **Pan Bóg** God, Lord; **mój Boże!** good God!, dear me!; **chwała Bogu!** thank God!; **na Boga!** for God's sake!; **szczęść Boże!** God bless you!
bójka *f* fight, brawl
ból *m* pain, ache; **~ głowy** headache; **~ gardła** sore throat; **~ zębów** toothache
brać *imperf vt* take; **~ udział** take part; **~ pod uwagę** take into consideration <account>; **~ do wojska** enlist; **~ górę** get <gain> the upper hand (**nad kimś <czymś>** over sb <sth>); **~ na serio** take seriously; **~ na siebie obowiązek** take on duty; **~ ślub** get married (**z kimś** to sb)
brak *m* lack, deficiency, absence, want; (*wada*) defect, fault, shortcoming; **z ~u czegoś** for <through> lack of sth; **cierpieć na ~ czegoś** suffer from the want of sth; (*nieosobowo*) **~ mi pieniędzy** I'm short of money; **~ mi ciebie** I miss you
brakowa|ć *imperf vi* lack, be short of, be deficient in, want; **tylko tego ~ło** that was all we needed; **mało ~ło!** that was a close shave!
brama *f* gate; **~ wjazdowa** gateway
bramk|a *f* gate; *sport.* goal; **zdobyć ~ę** score a goal
bramkarz *m sport.* goalkeeper; (*w klubie*) bouncer
bransoletka *f* bracelet
branża *f* line, trade
branżowy *adj* trade *attr*
brat *m* brother; **~ cioteczny <stryjeczny>** (first) cousin; **~ przyrodni** stepbrother, half-brother; **~ zakonny** brother (*pl* brethren)

bratanek *m* nephew
bratanica *f* niece
bratek *m bot.* pansy
braterski *adj* brotherly, fraternal
braterstwo *n* brotherhood, fraternity; ~ **broni** brotherhood in arms
bratowa *f* sister-in-law
braw|o *int* bravo!; **bić ~o** applaud (**komuś** sb); **~a** *pl* applause; **gromkie ~a** rapturous <enthusiastic> applause
Brazylijczyk *m* Brazilian
brazylijski *adj* Brazilian
brąz *m* bronze; (*kolor*) brown
brązowy *adj* bronze; (*kolor*) brown; ~ **medal** bronze (medal)
brednie *pl* nonsense, rubbish
bredzić *imperf vi* rave; *przen.* talk rubbish
brew *f* eyebrow
brezent *m* tarpaulin
brod|a *f* chin; (*zarost*) beard; **zapuścić ~ę** grow a beard; **kawał z ~ą** old chestnut
brokuły *pl* broccoli
bronchit *m med.* bronchitis
bronić *imperf vt* defend (**przed kimś <czymś>** against <from> sb <sth>); (*strzec, osłaniać*) guard, protect; ~ **się** *vr* defend o.s.
broń *f* weapon, arms *pl*; ~ **palna** firearms; ~ **nuklearna <chemiczna>** nuclear <chemical> weapons *pl*; **chwycić za ~** take (up) arms
broszka *f* brooch
broszura *f* brochure, pamphlet, folder, booklet
browar *m* brewery; *pot.* (*piwo*) brew
brud *m* dirt, filth
brudnopis *m* (*tekst*) first draft
brudny *adj* dirty, filthy
brudzić *imperf vt* soil, dirty; ~ **sobie twarz <ręce>** soil one's face <hands>; ~ **się** *vr* get <become> soiled <dirty>
brukselka *f* Brussels sprouts
brunatny *adj* dark brown; **niedźwiedź ~** brown

bear; **węgiel ~** lignite, dark coal
brunet *m* dark-haired man
brunetka *f* brunette
brutalny *adj* brutal; (*o grze*) rough
bruzda *f* furrow, trench; (*na twarzy*) furrow, line
brydż *m* bridge; **grać w ~a** play bridge
brygada *f* brigade; (*robocza*) (working) gang; (*policji*) squad
brylant *m* diamond
brylantyna *f* brillantine
bryła *f* block, lump; *mat.* solid figure; **~ ziemi** clod of earth
Brytyjczyk *m* Briton, *am.* Britisher
brytyjski *adj* British
brzeg *m* (*krawędź*) edge, border, brim; (*rzeki*) bank, riverside; (*morza, jeziora*) shore, coast, coastline
brzęk *m* (*kluczy*) clink; (*szkła*) clink, clatter; (*owadów*) buzz, hum
brzmi|eć *imperf vi* sound, ring; (*o ustawie, tekście*) purport; **tekst ~ jak następuje** the text runs as follows
brzoskwinia *f* peach; (*drzewo*) peachtree
brzoza *f* birch
brzuch *m* abdomen, stomach, belly
brzydki *adj* ugly; (*o słowach*) dirty
brzydzić się *imperf vr* abhor, loathe (**czymś** sth), have an aversion (**czymś** to sth)
bubel *m pot.* shoddy article, trash
buda *m*: **~ dla psa** kennel
buddysta *m* Buddhist
budka *f* (*z gazetami*) kiosk; **~ telefoniczna** call <telephone> box, *am.* (tele)phone booth; **~ dla ptaków** nesting box
budowa *f* construction, structure; building; **~ ciała** structure of the body, build
budować *imperf vt* build, construct; **~ się** *vr* have a new house built
budownictwo *n* architecture, construction
budynek *m* building

budyń *m* pudding
budzić *imperf vt* wake (up), awake, rouse, call; (*uczucie*) inspire, arouse; ~ **się** *vr* wake (up)
budzik *m* alarm-clock
budżet *m* budget
bufet *m* (*przekąski*) buffet; (*np. w teatrze*) refreshment bar
bujać *imperf vi* (*unosić się*) float, hover, soar; (*kołysać*) rock, shoot; *pot.* (*nabierać*) spoof, hoax; *przen.* ~ **w obłokach** daydream
buk *m bot.* beech
bukiet *m* bouquet; ~ **z jarzyn** assorted vegetables
bulion *m kulin.* consommé
bulwar *m* boulevard
Bułgar *m* Bulgarian
bułgarski *adj* Bulgarian
bułka *f* roll; (*słodka*) bun; ~ **paryska** white loaf; ~ **tarta** breadcrumbs; *przen.* ~ **z masłem** piece of cake
bunt *m* mutiny, rebellion, revolt
buntować *imperf vt* stir (up), rouse to revolt; ~ **się** *vr* revolt, rebel
buraczki *pl kulin.* beets *pl*, beetroot puree
burak *m bot.* beet(root)
burmistrz *m* mayor
bursztyn *m* amber
burza *f* storm; (*z piorunami*) thunderstorm; *przen.* ~ **w szklance wody** a storm in a teacup
burzyć *imperf vt* destroy, demolish; (*włosy*) ruffle; ~ **dom** pull down a house
but *m* shoe; (*wysoki*) boot; **głupi jak** ~ (as) thick as two (short) planks
butelk|a *f* bottle; *przen.* **nabić kogoś w** ~**ę** take sb in
butik *m* boutique
by *part warunkowa*: **on by tego nie zrobił** he wouldn't do it; *zob.* **aby**
być *imperf vi v aux* be; **było nas dwóch** there were two of us; **jest dużo ludzi** there is a lot of people; **jest ładna** she's pretty; **jest lekarzem** he's a physician; ~ **dobrej myśli** be

cheerful; **jestem!** present! here!; **jestem szczęśliwy** I'm happy; **jest mi ciepło <zimno>** I'm warm <cold>; **jest mi przykro** I'm sorry; **to jest** that is; **tak jest!** yes, sir!; **jestem za <przeciw>** I'm for <against>; **~ może** perhaps, maybe; **niech będzie, co chce** come what may; **niech i tak będzie** let it be so; **co z nim będzie?** what will become of him?

bydło *n* cattle

byk *m* bull; *pot.* spelling mistake; **silny jak ~** (as) strong as an ox

byle *adv*: **~ co** anything; **~ kto** anybody; **~ gdzie** anywhere; **~ jaki** any, whatever; **~ jak** anyhow, carelessly; **to nie ~ kto** he's not just anybody; **nie ~ co** nothing to sneeze at

były *adj* former, past, old, ex-; **~ mąż** ex-husband

bynajmniej *adv* not at all, by no means, not in the least; (*z oburzeniem*) I should say <think> not

bystry *adj* (*o nurcie*) swift; (*o człowieku*) bright, quick<sharp>-witted; (*o wzroku*) sharp

byt *m* existence; *filoz.* being; **zapewnić ~ rodzinie** provide for the family

bywać *imperf vi* frequent (**gdzieś** some place), be <go> often, frequently call (**u kogoś** on sb); (*zdarzać się*) happen

bzdur|a *f* nonsense, absurdity, rubbish; **pleść ~y** talk nonsense <rubbish>

C

całkiem *adv* (*dość*) quite, pretty, fairly; (*całkowicie*) entirely, completely

całkowit|y *adj* entire, total, complete; *mat.* **liczba ~a** integer

całodobowy *adj* round-the-clock; twenty-four-hour

całodzienny *adj* around the clock; daylong

całoroczny *adj* yearlong

całoś|ć *f* whole, the lot; **w ~ci** on the whole; *pot.* **iść na ~ć** go the whole hog, go all the way

całować *imperf vt* kiss; **~ się** *vr* kiss

całus *m* kiss

cał|y *adj* whole, all, entire; **~e miasto** the whole town; **~y rok** all the year; **przez ~y dzień** all day long; **~y (i zdrowy)** safe (and sound); **~ymi godzinami** for hours and hours; **~e szczęście!** thank goodness!; **~y we krwi** all blood

cebula *f* onion

cebulka *f bot.* bulb; (*włosa*) root

cecha *f* feature, characteristic, quality, trait; **~ szczególna** peculiarity

cechować *imperf vt* characterize, mark; **~ się** *vr*: **~ się czymś** be characterized <marked> by sth

cedzić *imperf vt* (*odcedzać*) strain, percolate; (*wolno pić*) sip; *przen.* **~ słowa** drawl one's words

cegła *f* brick

cel *m* aim, purpose, goal, object; (*tarcza strzelnicza i przen.*) target; **~ podróży** destination; **bez ~u** aimlessly; **w tym ~u** to this end; **osiągnąć swój ~** gain one's end; **trafić do ~u** hit the mark; **chybić ~u** miss the mark; **strzelać do ~u** shoot at the target; **mieć coś na ~u** be aimed at sth

celnik *m* customs officer

celny[1] *adj* (*trafny*) accurate, well-aimed; (*o komentarzu*) apt

celn|y[2] *adj* customs; **opłata ~a** (customs) duty; **komora ~a** customs house; **odprawa ~a** customs clearance

celować *imperf vi* aim,

take aim (**do czegoś** at sth); **~ w czymś** excel at sth
celowo *adv* on purpose, purposefully, intentionally
celowy *adj* suitable, purposeful, expedient
celujący *adj* excellent, perfect; **stopień ~** full marks
cement *m* cement
cementować *imperf vt dosł. i przen.* cement
cen|a *f* price; **~a stała** fixed price; **~a obniżona** reduced price; **po tej ~ie** at that price; **~a detaliczna <hurtowa>** retail <whole sale> price; **za wszelką ~ę** at any <all> cost, at any price; *przen.* **być w ~ie** be of value
cenić *imperf vt* value, prize; **~ się** *vr* value o.s.
cennik *m* price list
cenny *adj* valuable, precious
cent *m* cent
centrala *f* headquarters, head office; **~ telefoniczna** (telephone) exchange, switchboard
centraln|y *adj* central; **~e ogrzewanie** central heating
centrum *n* centre, *am.* center; **~ miasta** town <city> centre, *am.* downtown; **~ handlowe** shopping centre, *am.* mall; **być w ~ uwagi** be in the public eye
centymetr *m* centimetre
cenzura *f* censorship; (*szkolna*) school rcport
cera *f* (*twarzy*) complexion, skin
cerata *f* oilcloth
ceremonia *f* ceremony
cerkiew *f* Orthodox church
cesarstwo *n* empire
cesja *prawn.* transfer, cession
cętki *pl* spots *pl*, dots *pl*; **w ~** spotted, dotted
chałtura *f pot.* sideline
chałupa *f* cottage, hut, shack, cabin
chałwa *f* halva
cham *m pot.* cad, boor
chaotyczny *adj* chaotic
charakte|r *m* character, nature; **silny <słaby>**

~r strong <weak> personality; **człowiek z ~rem** man with a spine; **~r pisma** handwriting; **czarny ~r** villain; **występować w ~rze kogoś** act in the capacity of sb
charakterystyczn|y *adj* characteristic (**dla kogoś <czegoś>** of sb <sth>); **cecha ~a** distinctive trait
charakterystyka *f* characterization, profile; (*cecha*) characteristic, distinctive trait
chart *m* greyhound
charytatywny *adj* charitable
charyzma *f* charisma
chata *f* hut, cabin
chcieć *imperf vt* want, be willing, wish; **chcę, żeby pojechał** I want him to go; **chce mi się pić** I am thirsty; **chce mi się tańczyć** I feel like dancing; **chciałbym** I would like; **~ dobrze** mean well
chciwy *adj* greedy, covetous
chemia *f* chemistry
chemiczny *adj* chemical
chęć|ć *f* (*życzenie*) will, willingness; (*zamiar*) intention; **~ć do życia** will to live; **dobre ~ci** good intentions; **mieć ~ć na coś** want sth; **nie mieć ~ci czegoś robić** not to feel like doing sth; **z ~cią** with pleasure
chętnie *adv* willingly, eagerly, readily
chętny *adj* willing, eager; **~ do nauki** eager to learn
Chilijczyk *m* Chilean
chilijski *adj* Chilean
Chińczyk *m* Chinese
chiński *adj* Chinese
chipsy *pl* crisps *pl*, *am.* chips *pl*
chirurg *m* surgeon
chlapać *imperf vt* splash; *pot.* blab; **~ się** *vr* splash
chleb *m* bread; **~ z masłem** bread and butter; **~ powszedni** daily bread; **~ razowy <pszenny>** brown <white> bread
chlebak *m* haversack
chlew *m* pigsty, *am.* pigpen

chlub|a *f* glory, pride; **być ~ą rodziny** be the pride of one's family; **to mu przynosi ~ę** this does him credit
chlubić się *imperf vr*: **~ czymś** take pride in sth
chlupać *imperf vi* (*o cieczy*) plash, bubble
chłodnia *f* freezer, refrigerator; **samochód <statek> ~** refrigeration truck <ship>
chłodnica *f mot.* radiator
chłodnik *m kulin.* usually vegetable or fruit soup served cold
chłodno *adv* (*niecieplo*) coolly; **jest ~** it is cool <chilly>; **jest mi ~** I feel chilly; **~ kogoś przyjąć** give sb a cool reception
chłodny *adj* cool; (*napój, pogoda*) chilly; (*oschły*) reserved, cool
chłodziarka *f* refrigerator
chłodzić *imperf vt* chill, cool; **~ się** *vr* cool
chłop *m* peasant; *pot.* fellow, chap
chłopak *m* boy; (*sympatia*) boyfriend; **~ na posyłki** errand boy
chłopiec *m zob.* **chłopak**
chłopka *f* peasant woman, countrywoman
chłopski *adj* peasant *attr*, countryman *attr*; **~ rozum** common sense
chłód *m* chill; *przen.* coolness
chmiel *m bot.* hop; (*do zaprawy piwa*) hops
chmura *f* cloud
chmurny *adj* cloudy; *przen.* gloomy
choć, chociaż *conj* though, although; *part* (*przynajmniej*) at least; **~ trochę** even so little
choćby *conj* even if; *part* (*nawet*) even; **przyjedź ~ na krótko** come even for a short while
chodnik *m* pavement, *am.* sidewalk; (*dywan*) runner, rug
chodzi|ć *imperf vi* walk, go; **~ć do szkoły** go to school; **~ć na wykłady** attend lectures; **~ć z kimś** *pot.* go out with sb, *am.* be dating sb;

~ć za kimś follow sb; **o co ~?** what's the matter?; **o co ci ~?** what' s your problem?; **chodźmy do kina** let's go to the cinema

choinka *f* Christmas tree

cholera *f med.* cholera; *pot.* **~!** shit!, damn!; *pot.* **niech cię ~!** damn you!; *pot.* **zimno jak ~** it's damn cold

cholerny *adj pot.* bloody, damned

cholesterol *m* cholesterol

chomik *m zool.* hamster

chorągiew *f* flag, banner

choroba *f* illness, sickness, disease; **~ zakaźna** infectious disease; **~ morska** seasickness; **~ umysłowa** mental disorder <illness>, insanity

chorować *imperf vi* be ill, *am.* be sick (**na coś** with sth); **~ na grypę** have flue; *przen.* **~ na coś** be dying for sth

chorowity *adj* sickly

chorwacki *adj* Croatian

Chorwat *m* Croat

chor|y *adj* ill (**na coś** with sth); sick, unwell; **~e gardło** sore throat; **śmiertelnie ~y** fatally ill; **~y z miłości** lovesick

chować *imperf vt* (*ukrywać*) hide, conceal; (*przechowywać*) keep; (*wkładać, np. do szuflady*) put; (*grzebać zwłoki*) bury; (*hodować*) raise, breed, rear; (*wychowywać*) bring up, educate; **~ do kieszeni** put into one's pocket; *przen.* **~ głowę w piasek** bury one's head in the sand; **~ się** *vr* hide (**przed kimś** from sb); *pot.* (*wychowywać się*) be brought up

chód *m* gait, walk; (*o koniu*) pace; *sport.* (race) walking; **być na chodzie** be in running order; *przen.* **mieć chody** have connections

chór *m* chorus; (*zespół*) choir; **~em** in chorus

chrapać *imperf vi* snore

chromy *adj* lame

chroniczny *adj* chronic

chronić *imperf vt* protect, preserve, shelter (**przed czymś** from sth), guard (**przed czymś** against sth); ~ **się** *vr* take shelter

chrupać *imperf vt* (*o człowieku*) munch, crunch

chrupki *adj* crisp, crispy; ~ **chleb** crisp bread; *pl* crisps

chrypa *f* hoarse <husky> voice

chrzan *m* horseradish

chrząkać *imperf vi* clear one's throat; (*o świni*) grunt

chrząstka *f anat.* cartilage, gristle

chrząszcz *m* beetle

chrzcić *imperf vt* baptize, christen

chrzciny *pl* party given by parents on the day of their child's baptism

chrzest *m* baptism, christening; ~ **bojowy** baptism of fire

chrzestn|y *adj*: **ojciec ~y** godfather; **matka ~a** godmother

chrześcijanin *m* Christian

chrześcijański *adj* Christian

chrześcijaństwo *n* Christianity

chuchać *imperf vi*: ~ **na coś** blow on sth; *przen.* nurse (**na kogoś <coś>** sb <sth>), pet (**na kogoś** sb)

chudnąć *imperf vi* lose weight, thin

chud|y *adj* thin, skinny; (*mięso*) lean; **~e mleko** skimmed <low-fat> milk; **~y jak szczapa** (as) thin as a rack

chuligan *m* hooligan

chusta *f* scarf

chustka *f* scarf; ~ **do nosa** handkerchief

chwalić *imperf vt* praise; ~ **się** *vr* boast (**czymś** of sth)

chwała *f* glory; ~ **Bogu** thank God

chwast *m* weed

chwiać się *imperf vr* (*kołysać się*) shake, rock; ~ **na nogach** reel, stagger

chwil|a *f* moment, instant, while; **co ~a** every now and then; **lada**

~a, w każdej ~i any moment <minute>; **na ~ę** for a moment; **przed ~ą** a while <moment> ago; **w ostatniej ~i** at the last moment; **w wolnych ~ach** at one's leisure, in one's free time; **nie mieć wolnej ~i** not to have a moment to spare; **za ~ę** in a moment; **w tej ~i!** *pot.* (*natychmiast*) now!; *przen.* **~a!** just a moment!

chwyci|ć *imperf vt* catch, seize, grasp, grab; **~ć kogoś za rękę** grab <seize> sb by the hand; **~ć za broń** take up arms; *przen.* **~ć za serce** touch one's heart; **mróz ~ł** it froze; **~ć się** *vr* seize (**czegoś** at sth); **~ć się za głowę** take one's head in one's hands

chwyt *m* hold, grip; *przen.* trick, catch

chwytać *imperf vt zob.* **chwycić**

chyba *part adv* probably, maybe; **~ tak** I think so; **~ nie** I don't think so; **~ się znają** they seem to have met somewhere; *conj* **~ że** unless; **no ~!** *pot.* you bet!

chybi|ć *imperf vi* miss; **na ~ł trafił** at random

chyłkiem *adv* stealthily, furtively, sneakingly

chytry *adj* covetous, stingy; (*przebiegły*) cunning, sly, clever

ci *pron zob.* **ten**

ciał|o *n* body; (*tkanka*) flesh; *przen.* (*grono*) staff; **~o niebieskie** heavenly body; *przen.* **~em i duszą** body and soul

ciasny *adj* narrow, tight; (*o mieszkaniu*) small, cramped; (*o butach*) tight; (*o umyśle*) narrow

ciastko *n* cake, cookie

ciasto *n* dough, pastry; (*wypiek*) cake, pie

ciąć *imperf vt* cut (**na kawałki** into pieces)

ciąg *m mat.* sequence; **~ powietrza** draught, *am.* draft; **~ komunikacyjny** route; **w ~u dnia** by day; **w ~u tygodnia** within a week; **~ dalszy** continuation; **~ dalszy nastąpi** to be continued;

jednym ~iem at a stretch; **w ~u roku** in (the) course of the year; **w dalszym ~u coś robić** continue to do sth

ciągle *adv* continually, constantly, continuously

ciągły *adj* continuous; (*o strachu*) constant; (*o ruchu*) continual

ciągnąć *imperf vt* draw, pull; (*wlec*) drag, haul; **~ kogoś za uszy** pull sb by the ears; **~ się** *vr* (*rozciągać się*) extend, stretch; (*w czasie*) continue, last; (*o gumie do żucia*) be chewy

ciągnienie *n* drawing

ciągnik *m* tractor

ciąż|a *f* pregnancy; **być w ~y** be pregnant

cicho *adv* quietly, silently; **mówić ~** speak in a low <soft> voice; **bądź ~!** silence!, hush!; **~ siedzieć** sit still

cich|y *adj* quiet, silent; (*o głosie*) low; **po ~u** silently; *przen.* **~a woda** still waters; **~y wielbiciel** secret admirer

ciec *imperf vi* (*kapać*) drip, trickle; (*przeciekać*) leak

ciecz *f* liquid, fluid

ciekawostka *f* curiosity, interesting fact

ciekawość *f* curiosity

ciekawski *adj* prying, nosy

ciekawy *adj* curious; (*interesujący*) interesting, curious; **~ czegoś** curious about sth; **jestem ~, czy...** I'm curious if...

cieknąć *imperf vi zob.* **ciec**

cielę *n* calf; *pot.* oaf

cielęcina *f* veal

cielęc|y *adj*: **skóra ~a** calf (skin); **pieczeń ~a** roast veal

ciemno *adv*: **jest ~** it's dark; **robi się ~** it's getting dark; *pot.* **strzał w ~** shot in the dark; **randka w ~** blind date

ciemnoczerwony *adj* dark red

ciemność *f* darkness, dark

ciemnota *f pot.* ignorance

ciemnowłosy *adj* dark-haired

ciemny *adj* dark; (*o po-*

mieszczeniu) dim; (*o chlebie*) brown; **~ typ** shady character

cienki *adj* thin; (*o tkaninie*) fine

cienkopis *m* fine-tip felt pen

cie|ń *m* shade; (*odbicie*) shadow; **~ń nadziei** faint hope; **~ń do powiek** eyeshadow; **w ~niu** in the shade; *przen.* **pozostawać w ~niu** stay <keep> in the background

ciep|ło *n* warmth; *fiz.* heat; **trzymać w ~le** keep warm; *adv* (*serdecznie*) warmly; **jest mi ~ło** I'm warm; **robi się ~ło** it's getting warm

ciepł|y *adj* warm; **~e kraje** southern <warm> climates; **~e przyjęcie** warm welcome

cierń *m* thorn

cierpieć *imperf vt vi* suffer (**na coś <z powodu czegoś>** from sth), be in pain; (*znosić*) bear; **~ głód** starve; **nie ~ kogoś <czegoś>** hate <detest> sb <sth>

cierpienie *n* suffering

cierpliwość *f* patience

cierpliwy *adj* patient

ciesz|yć *imperf vt* gladden, delight; **~yć się** *vr* enjoy (**czymś** sth), be glad (**z czegoś** of sth); **~ę się, że cię widzę** I'm glad to see you; **~yć się dobrym zdrowiem** enjoy good health

cieśnina *f* strait

cięcie *n* cut, cutting; *med.* **cesarskie ~** caesarean (operation)

ciężar *m* load, weight; *przen.* burden; **być ~em** be a burden (**dla kogoś** to <on> sb); **podnoszenie ~ów** weight lifting

ciężarna *f* pregnant woman

ciężarówka *f* lorry, *am.* truck

ciężk|i *adj* heavy, weighty; (*o pracy*) hard; (*o chorobie*) serious; (*o problemie*) tough; (*o powietrzu*) stuffy; *sport.* **waga ~a** heavy weight

ciężko *adv* heavily; **~ pracować** work hard; **~ chory** seriously ill; **~ ranny** badly wounded; ~ **strawny** indigestible; **jest mi** ~ I have a hard time

ciocia *f* auntie

cios *m* blow, stroke; **zadać komuś** ~ strike a blow at sb; *przen.* ~ **poniżej pasa** low blow

ciotka *f* aunt

cisz|a *f* silence; **głęboka ~a** dead silence; **proszę o ~ę!** silence, please!

ciśnienie *n* pressure; ~ **krwi** blood pressure

clić *imperf vt* lay <impose> duty (**coś** on <upon> sth)

cło *n* duty; ~ **wwozowe** import tariff <duty>; **wolny od cła** duty-free

cmentarz *m* cemetery; (*przy kościele*) graveyard, churchyard

cnota *f* virtue; (*dziewictwo*) virginity

co *pron* what; **co to jest?** what's that?; **co to za książka?** what book is that?; **po co?** what for?; **co do** as for <as regards, as to>; **co miesiąc** every month; **co drugi dzień** every other day; **co krok** continually; **co do joty** literally; **co prawda** to be sure; **co niemiara** in abundance; **niech robi co chce** let him do whatever he wants; **co ty na to?** what do you say?; **dopiero co** just now; **co za rozkosz!** what pleasure!

codziennie *adv* every day, daily

codzienny *adj* everyday, daily

cofać *imperf vt* (*rękę*) take back; (*samochód*) reverse; (*zegarek*) put back; (*słowo*) withdraw; ~ **się** *vr* move back; (*uciekać*) retreat, pull back

cokolwiek *pron* anything; whatever; (*trochę*) a little, some, something; ~ **byś zrobił** no matter what you do

cola *f* Coke

coraz *adv* repeatedly; ~ **lepszy** better and better; ~ **więcej** more and more

coroczny *adj* yearly, annual

coś *pron* something, anything; ~ **do picia** something to drink; ~ **innego** something else; ~ **w tym rodzaju** something like that

córka *f* daughter; ~ **chrzestna** goddaughter

cóż *pron*: ~, **zabierajmy się do pracy** well, let's get to work

cud *m* miracle, wonder, marvel; **dokazywać ~ów** do <work> wonders; **~em** by a miracle, miraculously; **jakim ~em?** how come?

cudown|y *adj* miraculous; (*zachwycający*) wonderful, marvellous; **~e dziecko** child prodigy

cudzoziemiec *m* foreigner, alien

cudzy *adj* somebody else's; other's, another's, others'

cudzysłów *m* inverted commas *pl*, quotation marks *pl*

cukier *m* sugar; ~ **w kostkach** lump sugar; ~ **puder** icing sugar

cukierek *m* sweet, *am.* candy

cukiernia *f* confectioner's (shop), cake shop

cukiernica *f* sugar bowl

cukinia *f* courgette, *am.* zucchini

cukrzyca *f med.* diabetes

cwaniak *m pot.* sly dog

cwany *adj* shrewd, canny

cyfr|a *f* digit, figure; **~y arabskie <rzymskie>** *pl* Arabic <Roman> numerals *pl*

cyfrowy *adj* digital, numeric(al)

Cygan *m* Gypsy

cyganeria *f* bohemians

cygański *adj* gypsy

cygarniczka *f* cigarette holder

cygaro *n* cigar

cykl *m* cycle, series

cykliczny *adj* serial

cyklon *m* cyclone

cykoria *f* chicory

cylinder *m* top hat; *techn.* cylinder

cynamon *m* cinnamon

cyniczny *adj* cynical

cypel *m* cape, headland

Cypryjczyk *m* Cypriot
cypryjski *adj* Cypriot
cyprys *m bot.* cypress
cyrk *m* circus; *pot.* **ale ~!** what a lark <farce>!
cyrkiel *m* compasses *pl*
cyrkonia *f* zircon
cysterna *f* tanker, *am.* tank truck
cytat *m* quotation, citation
cytować *imperf vt* quote, cite
cytryna *f* lemon
cywil *m wojsk.* civilian; **w ~u** in civilian life
cywilizacja *f* civilization
cywiln|y *adj* civil; (*niewojskowy*) civilian; **stan ~y** marital status; **urząd stanu ~ego** registry office; **ślub ~y** civil ceremony; **odwaga ~a** civil liberty
czajniczek *m*: **~ do herbaty** teapot
czajnik *m* kettle
czapka *f* cap
czar *m* charm; **~y** *pl* magic
czara *f* goblet
czarno-biały *adj* black and white
czarnoskóry *adj* black
czarn|y *adj* black; (*o myślach, humorze*) dark, gloomy; (*Murzyn*) black; *przen.* **~y rynek** black market; **~a kawa** black coffee; *przen.* **~y koń** dark horse; *przen.* **~o na białym** down in black and white; **praca na ~o** illegal work; **na ~ą godzinę** for a rainy day
czarodziej *m* wizard, sorcerer
czarownica *f* witch
czarujący *adj* charming, enchanting
czas *m* time; *gram.* tense; **~ miejscowy <lokalny>** local time; **wolny ~** leisure <spare> time; **do ~u aż** till, until; **na ~** on time; **od ~u do ~u** from time to time; **od ~u jak...** since...; **od jakiegoś ~u** for some time now; **po pewnym ~ie** after a while; **przez cały ~** all the time; **z ~em** in time; **w swoim ~ie** in due time; **najwyższy ~** it's high time
czasem *adv* sometimes;

pot. (*przypadkiem*) by any chance

czasopismo *n* magazine, periodical

czasownik *m gram.* verb

czaszka *f* skull

czcić *imperf vt* venerate, revere; (*rocznicę*) celebrate; (*pamięć*) commemorate

czcionka *f* type, font

czczo *adv*: **na ~** on an empty stomach; **jestem na ~** I have not had my breakfast

Czech *m* Czech

czego *pron zob.* **co**

czek *m* cheque, *am.* check; **~iem** by cheque; **~ podróżny** traveller's cheque; **~ na okaziciela** cheque to bearer; **~ bez pokrycia** unsecured cheque

czekać *imperf vi* wait (**na kogoś** for sb), expect (**na kogoś** sb)

czekolad|a *f* chocolate; **tabliczka ~y** bar of chocolate

czekoladka *f* chocolate, *am.* chocolate candy

czekow|y *adj*: **książeczka ~a** chequebook; **konto ~e** current account, *am.* checking account

czep|ek *m* bonnet; **~ek kąpielowy** bathing cap; *przen.* **w ~ku urodzony** born with a silver spoon in his mouth

czepiać się *imperf vr* cling to, stick to; *przen.* (*szykanować, zaczepiać*) pick on

czereśnia *f* sweet cherry; (*drzewo*) cherry tree

czerstwy *adj* (*o chlebie*) stale; (*krzepki*) hale, ruddy; **mieć ~ wygląd** look hale

czerwiec *m* June

czerwienić się *imperf vr* turn red, redden; (*rumienić się*) blush

czerwonka *f med.* dysentery

czerwony *adj* red; **~ jak burak** (as) red as a beetroot; **Czerwony Krzyż** Red Cross

czesać *imperf vt* comb, brush; (*o fryzjerze*) do; **~ się** *vr* comb <brush> one's hair

czeski *adj* Czech

czesne *n* tuition, fee

cześć *f* honour, reverence; **oddawać ~** do honour, pay one's respects (**komuś** to sb); **ku czci** in memory; **~!** hi!, hello!, (*na pożegnanie*) see you!

często *adv* often, frequently

częstotliwość *f* frequency

częstować *imperf vt* treat (**kogoś czymś** sb to sth); **~ się** *vr* treat o.s. (**czymś** to sth), help o.s. (**czymś** to sth); **częstuj się, proszę!** help yourself, please!

częsty *adj* frequent, common

częściowo *adv* partly, in part

częś|ć *f* part, portion, piece; (*udział*) share; **~ć zamienna** spare (part); **rozebrać na ~ci** take into pieces

czkawka *f* hiccup

członek *m* member; *anat.* **~ męski** penis

człowiek *m* man, human being, individual; **szary ~** man in the street; **~ czynu** man of action; **~ ciężko pracuje** one works <you work> hard

czołg *m* tank

czoło *n* forehead; **stać na czele** head; **stawić ~** face, oppose

czołow|y *adj* frontal; (*przodujący*) leading, chief; **zderzenie ~e** head-on collision <crash>

czołówka *f* forefront; (*w gazecie*) front page; (*w filmie*) the credits *pl*; *sport.* leads, top

czopek *m med.* suppository

czosnek *m* garlic

czterdziesty *num* fortieth

czterdzieści *num* forty

czternasty *num* fourteenth

czternaście *num* fourteen

cztery *num* four

czterysta *num* four hundred

czubat|y *adj* (*łyżka*) heaped; (*mający czub*) crested; **~a łyżka cukru** heaped spoonful of sugar

czuć *imperf vt* feel; (*zapach*) smell (**czymś** of

sth); (*smak*) taste; *przen.* **~ pismo nosem** smell a rat; **~ do kogoś urazę** bear sb a grudge; **~ czosnkiem** it smells of garlic; **~ się** *vr* feel; **~ się dobrze** feel well <all right>

czujnik *m techn.* sensor

czujny *adj* vigilant, wary; **mieć ~ sen** be a light sleeper

czuły *adj* tender, affectionate; sensitive (**na coś** to sth); **~ punkt** sore point

czuwać *imperf vi* be vigilant; (*nie spać*) sit up; (*pilnować*) watch (**nad kimś <czymś>** over sb <sth>)

czuwanie *n* watch, vigil

czwartek *m* Thursday; **Wielki Czwartek** Maundy Thursday

czwart|y *num* fourth; **jedna ~a** one fourth; **wpół do ~ej** half past three; **o ~ej** at four (o'clock)

czworo *num* four

czworokąt *m* quadrangle

czy *conj w zdaniach pytających podrzędnych*: if, whether; *w zdaniach pytających głównych nie tłumaczy się*; **nie wiem, ~ mam iść** I don't know if I should go; **~ wierzysz w to?** do you believe that?; **~..., ~...** whether... or; **~ tu, ~ tam** whether here or there; **~ chcesz tego, ~ nie?** do you want that or not?; **tak ~ inaczej** one way or another; **prędzej ~ później** sooner or later

czyj *pron* whose

czyjś *pron* somebody's, someone's

czyli *part* that is, i.e.

czyn *m* deed, act, action; **wprowadzać w ~** carry into effect; **przejść od słów do ~ów** put the words into action

czynić *imperf vt* do, act; **~ dobro <zło>** do good <evil>; **~ kroki** take steps; **~ postępy** make progress

czynnik *m* factor

czynność *f* activity, action; *med.* function

czynn|y *adj* active; (*o u-*

rządzeniu) in working condition; *woj.* **~a służba** active service; **sklep jest ~y od 7.00 do 20.00** the shop is open from 7 a.m. to 8 p.m.

czynsz *m* rent

czyrak *m* boil, furuncle

czysto *adv* clean(ly), clear(ly), pure(ly); **~ umyty** washed clean; **~ ubrany** neatly dressed; **przepisać na ~** make a final copy; *pot.* **wyjść na ~** break even.; **zarobić na ~ x złotych** have a net profit of x zloty

czystoś|ć *f* cleanliness, cleanness, purity; (*dziewiczość*) chastity; **utrzymywać w ~ci** keep in cleanliness

czyst|y *adj* clean, clear, pure; (*schludny*) neat; **~a prawda** plain truth; **~e sumienie** clear conscience; **~y jak łza** (as) clean as a whistle; **~ej krwi** pureblooded; **~y zysk** net profit; **~e szaleństwo** sheer madness

czyścić *imperf vt* clean, cleanse; purify; **~ szczotką** brush; **~ buty** polish shoes

czytać *imperf vt* read (**coś <o czymś>** sth <about> sth); **~ po angielsku** read English

czytelnia *f* reading room

czytelnik *m* reader

czytelny *adj* legible

Ć

ćma *f zool.* moth

ćmić *imperf vi* puff (on <at>)

ćpać *imperf vi pot.* do drugs

ćpun *m pot.* junkie

ćwiartka *f* quarter

ćwiczenie *n* exercise; (*na instrumencie*) practice; *sport.* exercises; (*na uczelni*) class

ćwiczyć *imperf vi* practise, exercise, train; **~ karate** practise karate

ćwierć *f* quarter

ćwierkać *imperf vi* twitter, chirp

ćwikła *f kulin.* beetroot and horse radish salad

D

dach *m* roof; **mieć ~ nad głową** have a roof over one's head

dać *perf vt* give (**coś komuś** sb sth); **~ komuś spokój** let <leave> sb alone; **~ komuś w twarz** slap sb's face; **~ komuś znać o czymś** let sb know about sth; **~ słowo** give a word; **~ ogłoszenie** put out <in> an ad; **~ komuś do zrozumienia** give sb to understand; **~ sobie radę** manage; **~ komuś łapówkę** bribe sb; *pot.* **~ komuś w łapę** grease sb's palm; **~ za wygraną** give in; **dałbym głowę** I'll bet my life; **dajmy na to** let's say; **daj mi ten nóż!** let me have this knife!; **~ się** *vr*: **nie daj się!** don't give in!; **~ się pokonać** surrender; **brać, ile się da** take as much as one can

daktyl *m bot.* date

dalej *adv* farther, further; **i tak ~** and so on (and so forth); **mów ~!** go on!, go ahead!

dalek|i *adj* far, distant, far-off, faraway; **~i krewny** distant relative; **~i spacer** long walk; **~ie kraje** faraway countries; **z ~a** from a distance <faraway>

daleko *adv* far; **jak ~ jest do dworca?** how far is it to the station?

dalekobieżny *adj* long-distance *attr*

dalekowidz *m* farsighted <longsighted> person; **być ~em** be farsighted <longsighted>

dalszy *adj* farther, further; **ciąg ~ nastąpi** to be continued; **na ~m planie** in the background

daltonista *m* colour blind
dama *f* lady; (*w kartach*) queen
damsk|i *adj* lady's, ladies', women's; **~i fryzjer** lady's hairdresser; **po ~u** lady like
dane *pl* data *pl*; **~ personalne** personal details; **mieć wszelkie ~ po temu, żeby coś zrobić** be justified in doing sth
danie *n* dish, course; **główne ~** main course
dansing *m* dance
dar *m* gift; **w darze** as a gift
daremny *adj* futile, vain
darmo *adv*: **na ~** in vain; **za ~** free; **pół ~** dirt-cheap
darować *imperf vt* give; (*przebaczyć*) pardon, forgive; *przen*. **~ komuś życie** spare sb's life
darowizna *f* donation; (*umowa*) deed of gift
data *f* date; **~ urodzenia** date of birth
dawać *imperf vt zob*. **dać**
dawka *f* dose
dawniej *adv* formerly, in former times
dawno *adv* long ago, a long time ago; **~ temu** a long time ago, in old days <times>; **jak ~ tu jesteś?** how long have you been here?
dawn|y *adj* former; **od ~a** for a long time; **po ~emu** as before
dąb *m* oak; **chłop jak ~** strapping fellow; **włosy stanęły mi dęba** my hair stood on end
dążyć *imperf vt* aspire (**do czegoś** to <after> sth), strive (**do czegoś** after sth), aim (**do czegoś** at sth); **~ do celu** pursue a goal
dbać *imperf vt* care (**o coś** for sth), take care (**o coś** of sth)
debata *f* debate
debet *m*: **mieć ~** have a deficit, be in the red
debil *m* imbecil, *pot*. moron
dech *m* (*oddech*) breath; **bez tchu** out of breath
decydent *m* decision maker

decydować *imperf vi* decide (**o czymś** about sth), determine (**o czymś** sth), make decisions, take decisions; **~ się** *vr* make up one's mind, decide (**na coś <coś zrobić>** on sth <on doing sth>)
decyzj|a *f* decision; **powziąć ~ę** arrive at <make> a decision
dedykacja *f* dedication; (*napis*) inscription
defekt *m* defect
deficyt *m ekon.* deficit; (*niedobór*) shortage; **~ budżetowy** budget deficit
defilada *f* military parade
definicja *f* definition
deformacja *f* deformation
degeneracja *f* degeneration, degeneracy
degustacja *f* tasting
dekada *f* decade
deklaracja *f* declaration; (*zobowiązanie*) pledge; **~ podatkowa** tax return; **~ celna** customs declaration
deklarować *imperf vt* declare; (*zobowiązywać się*) pledge; **~ się** *vr* declare
deklinacja *f gram.* declension
dekoder *m* decoder
dekolt *m* low-cut neck; **suknia z ~em** low-cut dress
dekoracja *f* decoration; (*teatralna, filmowa*) setting; (*wystawy sklepowej*) window dressing
dekorować *imperf vt* decorate
dekret *m* decree
delegacja *f* delegation; (*z pełnomocnictwem*) commission; *pot.* (*wyjazd służbowy*) business trip
delegat *m* delegate
delfin *m zool.* dolphin
delikatesy *pl* dainties, delicacies; (*sklep*) deli(catessen)
delikatny *adj* delicate, subtle, gentle, mild
demagogia *f* demagogy
demografia *f* demography
demokracja *f* democracy
demokratyczny *adj* democratic
demolować *imperf vt* vandalize, wreck

demon *m* demon
demonstracja *f* demonstration
demonstrować *imperf vt* demonstrate
demontować *imperf vt* dismantle, disassemble
demoralizacja *f* loss of morale, depravation
denerwować *imperf vt* get on one's nerves, irritate, annoy; ~ **się** *vr* be nervous (**czymś** about sth), be irritated
dentysta *m* dentist
departament *m* department
depozy|t *m* deposit; **złożyć coś w ~cie** deposit sth
depresja *f* depression
deptać *imperf vt* tread, trample (on); ~ **komuś po piętach** tread on sb's heels
deptak *m* promenade, walk
dermatolog *m* dermatologist
desant *m* landing (operation)
deseń *m* design, pattern
deser *m* dessert, afters
desk|a *f* board, plank; **~a surfingowa** surfboard; **od ~i do ~i** from cover to cover; **ostatnia ~a ratunku** the last resort; **wieś zabita ~ami** whistle stop
deskorolka *f* skateboard
despota *m* despot
destabilizacja *f* destabilization
deszcz *m* rain; *przen.* shower; **pada ~** it's raining; *przen.* **z ~u pod rynnę** out of the frying pan into the fire
deszczowiec *m* raincoat
detal *m* detail; *pot.* (*w handlu*) retail
detaliczny *adj* retail *attr*; **handel ~** retail trade
detektyw *m* detective; **prywatny ~** private investigator
dewaluacja *f* devaluation
dewiza *f* creed, motto
dewizy *pl* foreign currency
dewotka *f* bigot
dezaprobata *f* disapproval
dezerter *m* deserter
dezodorant *m* deodorant
dezynfekować *imperf vt* disinfect

dętka *f* (inner) tube; (*w piłce*) bladder

dęt|y *adj*: **instrument ~y** wind <brass> intrument; **orkiestra ~a** brass band

diab|eł *m* devil; **do ~ła!** damn it!; **idź do ~ła!** go to hell!; **co u ~ła?** what the hell?; **a niech to ~li!** to hell with it!

diagnoz|a *f* diagnosis; **postawić ~ę** make a diagnosis

diagram *m* diagram

dialekt *m* dialect

dialog *m* dialogue

diament *m* diamond

diecezja *f* diocese

die|ta *f* diet; **~ta odchudzająca** slimming diet; **być na ~cie** be on a diet; **przestrzegać ~ty** stick to a diet

diety *pl* expenses, allowance; **~ poselskie** MP's salary

dla *praep* for; to, towards; **jest ~ niej dobry** he's good to her; **~ przyjemności** for pleasure; **~ dorosłych** for adults; **miły ~ oka** pleasant to the eye

dlaczego *adv* why

dlatego *adv* therefore, for that reason, that's why; **~ że** *conj* because, for

dło|ń *f* palm; **bratnia ~ń** helping hand; **jak na ~ni** very clearly; *przen.* **mieć serce na ~ni** wear one's heart on one's sleeve

dłubać *imperf vi* (*żłobić*) hollow out; *pot.* **~ przy czymś** tinker with <at> sth; **~ w nosie** pick one's nose

dług *m* debt; **zaciągnąć ~** incur a debt; **mieć ~i** be in debt; **spłacić ~** pay off a debt

długi *adj* long; **~ na metr** a metre long; **upadł jak ~** he fell flat on the ground

długo *adv* long, for a long time; **jak ~?** how long?; **tak ~ jak** as long as

długofalowy *adj* long-term, long-range

długoletni *adj* veteran, of long standing

długopis *m* (ball-point) pen

długość *f* length; **~ geograficzna** longitude
długoterminow|y *adj* long-term; **pożyczka ~a** long-term loan
długotrwały *adj* long-lasting
długowieczny *adj* long-lived
długowłosy *adj* longhaired
dłużnik *m* debtor
dłużny *adj*: **być komuś coś ~m** owe sb sth, owe sth to sb
dmuchać *imperf vi* blow; **~ na zimne** be overcautious
dniówka *f* (*wynagrodzenie*) day's wages
dno *n* bottom; **bez dna** bottomless; **pójść na ~** go under <down>
do *praep* to, into; (*o czasie*) till, until; **do piątku** till <until> Friday; **do trzech godzin** up to three hours; **skończyć do trzeciej** finish by three; **do apteki <pracy, domu>** to the pharmacy <to work, home>; **wejść do pokoju** enter a room; **do szuflady <kieszeni>** into a drawer <one's pocket>; **aż do granicy** as far as the frontier; **do zobaczenia!** see you!; **coś do jedzenia** something to eat; **co do mnie** as for me; **rzeczy do zrobienia** things to do; **telefon do ciebie** phone for you; **raz do roku** once a year
dob|a *f* day (and night), twenty-four hours; **całą ~ę** day and night; **cena za ~ę** price per day
dobić *imperf vt*: **~ kogoś** finish sb off; **~ do brzegu** reach the shore; **~ targu** strike a bargain
dobór *m* selection
dobrać się *perf vr* (*dopasować się*) make a good match; **~ do czegoś** (*majstrować*) tamper with sth; *pot.* **~ do kogoś** make a pass at sb; **~ jak w korcu maku** be like two peas in a pod
dobranoc *int* good night!; **pocałować kogoś na ~** kiss sb good night

dobranocka *f* bedtime TV cartoon
dobrany *adj* well-chosen, becoming; (*o parze ludzi*) well-matched
dobr|o *n* good; **dla czyjegoś ~a** for sb's (own) good, for sb's sake <the sake of sb>; **~a** *pl* (*majątek*) property; (*towary*) goods *pl*
dobrobyt *m* wellbeing, prosperity, welfare
dobroczynność *f* charity
dobroć *f* goodness
dobrowolny *adj* voluntary
dobr|y *adj* good, kind; (*stopień*) = B; **on jest ~y z ortografii** he is good at spelling; **bądź tak ~y i zrób coś** would you be so kind as to do sth?; **~a wola** goodwill; **~y gust** good taste; **na ~ą sprawę** actually; **na ~e** for good; **na ~e i złe** for better or worse; *pot.* **~a!** O.K.
dobrze *adv* well, all right; **~ ubrany** well-dressed; **~ znany** well-known; **~ wyglądać** look good; **~ się czuć** feel good; **~ się komuś powodzi** sb is well off; **~ się bawić** have a good time; **~ ci tak!** it serves you right!; **~!** good!, O.K.!, all right!
dochodowy *adj* profitable, profit-making; **podatek ~** income tax
dochodzi|ć *imperf vi* reach, come, arrive; **twój list doszedł do mnie wczoraj** your letter reached me <arrived, came> yesterday; **~ trzecia (godzina)** it is getting on to three (o'clock); **~ć prawdy** seek <search for> the truth; **~ć do siebie** (*po chorobie*) recover; **doszło do wypadku** there was an accident
dochód *m* income; **~ na osobę** income per person
doczeka|ć się *perf vr* live to see; **nie ~sz się go** it's no use waiting for him; **~ć się późnej starości** live to an old age; **nie mogę się ~ć** I can't wait, I can hardly wait

dodać *perf vt zob.* **dodawać**

dodatek *m* (*do gazety, książki*) supplement; (*do pensji*) bonus; (*do potrawy*) additive; **~ rodzinny** child benefit, *am.* family allowance; **na ~** in addition (**do czegoś** to sth), besides

dodatni *adj* positive

dodawać *imperf vt* add; (*sumować*) add (up), sum up; *przen.* **~ ducha** cheer up; **~ odwagi** encourage; **~ gazu** step on it, *am.* step on the gas

dodawanie *n mat.* addition

dogadać się *perf vr* reach an agreement

doglądać *imperf vi* mind, look (**kogoś <czegoś>** after sb <sth>), watch (**kogoś <czegoś>** over sb <sth>); (*pielęgnować chorego*) tend

dogodny *adj* convenient; (*sprzyjający*) favourable; **na ~ch warunkach** on easy terms

dogonić *perf vt* catch up (**kogoś** with sb)

dogrywka *f sport.* extra time, *am.* overtime; (*na giełdzie*) extra time trading

doić *imperf vt* milk

dojazd *m* (*dostęp*) approach, access; (*do budynku*) drive, approach <access> road

dojechać *perf vi* arrive (**dokądś** at <in> a place), reach (**dokądś** a place)

dojeżdżać *imperf vi* (*zbliżać się*) approach; **~ do pracy** commute

dojrzały *adj* (*człowiek; wino*) mature; (*owoc*) ripe; (*ser*) ripe, mature

dojść *perf vi* arrive (**dokądś** at <in> a place), reach (**dokądś** a place)

dokąd *pron* where (to); **~ idziesz?** where are you going?; **nie wiem ~ pójść** I don't know where to go; **nie mam ~ pójść** I have nowhere to go

dokładać *imperf vt* add; **~ wszelkich starań** do one's best; **~ do interesu** run a losing business

dokładk|a *f* (*jedzenia*) second helping; *pot.* **na ~ę** on top of that
dokładny *adj* accurate, exact, precise
dokoła, dookoła *adv* all around; *praep* (a)round; **rozejrzeć się ~** look around
dokonać *perf vt* (*odkrycia*) make; (*wynalazku*) come up with; (*morderstwa*) commit; (*dokazać*) achieve, accomplish
dokonanie *n* achievement, accomplishment
doktor *m* doctor; **iść do ~a** go to the doctor
doktorat *m* (*stopień*) doctorate; (*praca*) doctoral <PhD> dissertation, thesis
dokucza|ć *imperf vi* harass, annoy, nag; **~ł im głód** hunger was nagging them
dokuczliwy *adj* bothersome, nagging
dokument *m* document; *pl pot.* **~y** identification, I.D.
dolar *m* dollar
dolegliwość *f* ailment
dolewać *imperf vt* pour more; **~ komuś wina <herbaty>** replenish <refill> sb's glass (up)
doliczyć *perf vt* (*dodać*) add; **~ do dziesięciu** count up to ten
dolina *f* valley
dolny *adj* lower, bottom *attr*
dołączyć *perf vt* attach, annexe; (*w liście*) enclose; (*do kogoś*) join; **~ się** *vr* (*do dyskusji*) join in; **~ się do grupy** join the group
dołożyć *perf vt zob.* **dokładać**
dom *m* (*budynek*) house; (*mieszkanie*) home; **do ~u** home; **w ~u** at home; **poza ~em** away from home; **czuć się jak w ~u** feel at home; **prowadzić ~** run the house; **dostawa do ~u** home delivery; **pan <pani> ~u** host <hostess>; **z dobrego ~u** of good family; **z ~u Kowalska** née Kowalska; **~ towarowy** department store; **~ publiczny** brothel; **~**

wolno stojący detached house; *pot.* ~ **wariatów** madhouse
domagać się *imperf vr* demand, claim, call for
domator *m* stay-at-home, *am.* homebody
domek *m*: ~ **letni** summer cottage; ~ **dla ptaków** birdhouse; ~ **na działce** cabin; ~ **z kart** house of cards
domiar *m*: **na** ~ **złego** make matters worse
dominować *imperf vi* dominate, predominate
domofon *m* entryphone, buzzer
domow|y *adj* home <house> *attr*, domestic; **~e jedzenie** homemade food; **gospodarstwo ~e** household; **gospodyni ~a** housewife; **wojna ~a** civil war
domyślać się *imperf vr* guess
domyślny *adj* quick to understand, quick-witted
doniczka *f* flowerpot
donos *m* information, denunciation
dopasować *perf vt* fit, adapt, adjust; (*dobrać*) match; ~ **się** *vr* adapt o.s.
dopędzić *perf vt* catch up with
dopiero *adv* only, just; ~ **co** (only) just, just now; *pot.* **a co** ~ let alone
dopiln|ować *perf vt* see to (**czegoś** sth); **~uj, żeby to było zrobione** see to it that it is done
doping *m sport.* doping; (*publiczności*) cheers
dopłata *f* additional <extra> charge
dopływ *m* (*rzeki*) tributary, affluent; (*towarów, prądu*) supply
dopóki *conj* as long as
doprawić *perf vt* (*potrawę*) season
doprowadzać, doprowadzić *imperf perf vt* (*przyprowadzać*) take, lead, bring; (*wodę, prąd*) supply; ~ **do czegoś** lead to sth, result in sth; ~ **coś do końca** carry sth through; ~ **do porządku** put in order; ~ **do sku-**

tku carry into effect; **~ kogoś do szału** drive sb mad

dopuszczać, dopuścić *imperf perf vt* admit; **~ kogoś do głosu** let sb speak; **nie ~ kogoś do egzaminu** not admit sb to an examination

dorabiać *imperf vt* (*dodatkowo zarabiać*) have a second job, moonlight; **~ klucze** make a duplicate key; **~ się** *vr* grow rich

doradca *m* adviser, *am.* advisor

doradzać *imperf vi* advise, counsel

doraźn|y *adj* (*natychmiastowy*) immediate; (*cel, korzyść*) short-term; (*środek*) temporary, *prawn.* summary; **~a pomoc** relief

doręczać, doręczyć *imperf perf vt* deliver, hand (over)

dorob|ek *m* possessions; (*twórczość*) output; **być na ~ku** feather one's nest

dorobić *perf vt zob.* **dorabiać**

doroczny *adj* annual, yearly

dorosły *adj m* adult, grown-up

dorożka *f* horse-driven cab; hackney carriage

dorównać, dorównywać *perf imperf vt* equal (**komuś** to sb), come up (**komuś** to sb)

dorsz *m zool.* cod

dorywcz|y *adj* occasional; **~a praca** odd job

dosiadać, dosiąść *imperf perf vt*: **~ konia** mount a horse; **~ się** *vr*: **~ się do kogoś** join sb

doskonałość *f* perfection, excellence

doskonały *adj* perfect, excellent

dosłowny *adj* literal; **w ~m znaczeniu** literally

dostać *perf vi* get, be given (sth); (*nabawić się*) contract, get; **~ pracę** get a job; **~ nagrodę** get <be awarded> a prize; **~ kataru** catch a cold; **~ gorączki** run a fever; **~ lanie** get spanked; **~ po głowie** get smacked upside the head; **~**

za swoje get one's just desserts; ~ **się** *vr* (*dotrzeć*) get (**gdzieś** somewhere); ~ **się do środka** get in(to)

dostarczać, dostarczyć *imperf perf vt* deliver (**coś komuś** sth to sb), supply <provide> (**komuś coś** sb with sth)

dostateczny *adj* sufficient; (*zadowalający*) satisfactory; (*stopień*) = C

dostat|ek *m* affluence, abundance; **pod ~kiem** in abundance

dostatni *adj* affluent

dostawa *f* delivery

dostęp *m* access

dostępny *adj* accessible

dostojnik *m* dignitary

dostosować *perf vt* adapt <adjust> (**coś do czegoś** sth to sth); ~ **się** *vr* adapt <adjust> o.s. (**do czegoś** to sth)

dostrzec, dostrzegać *perf imperf vt* catch sight (**coś** of sth), perceive, spot

dosyć, dość *adv* enough; (*ładny*) fairly; (*brzydki*) rather; ~ **tego!** enough of that! that's enough!, that will do!; **mieć czegoś ~** have got enough, be sick (and tired) of sth, be fed up with sth

doświadczać *imperf vt* (*doznawać*) experience (**czegoś** sth)

doświadczalny *adj* experimental

doświadczenie *n* (*życiowe*) experience; (*naukowe*) experiment; **robić ~** experiment

doświadczony *adj* experienced, expert

doświadczyć *perf vt zob.* **doświadczać**

dotacja *f* subsidy, grant

dotąd *adv* (*o miejscu*) this <that> far; (*o czasie*) up to now, so far; **jak ~** as yet; **jak ~ dobrze** so far so good

dotknąć *perf vt* touch, feel; (*urazić*) hurt

dotrzymać, dotrzymywać *perf imperf vt*: ~ **obietnicy <tajemnicy, słowa>** keep a promise <a secret, one's word>; ~ **komuś kroku** keep pace with sb

dotychczas *adv* up to now, so far
dotyczy|ć *imperf vt* concern (**kogoś <czegoś>** sb <sth>), relate (**kogoś <czegoś>** to sb <sth>); **co ~** with regard to, as far as sth is concerned
dotyk *m* touch, feel
dotykać *imperf vt zob.* **dotknąć**
doustny *adj* oral
dowcip *m* joke; (*humor, bystrość*) wit
dowcipny *adj* witty
dowiadywać się *imperf vr* inquire (**o kogoś <coś>** after sb <sth>); *zob.* **dowiedzieć się**
do widzenia *int* goodbye!
dowiedzieć się *perf vr* learn (**o czymś** about <of> sth), find out
dowieźć *imperf vt* bring, drive
dowodzić *imperf vi* prove <demonstrate> (**czegoś** sth), be demonstrative (**czegoś** of sth); (*argumentować*) argue; (*komenderować*) command
dowolnie *adv* freely
dowolny *adj* any; free
dowozić *imperf vt zob.* **dowieźć**
dowód *m* proof, evidence; (*odbioru*) receipt; **w ~ wdzięczności** as a mark of gratitude; **~ osobisty** identity card; *prawn.* **~ rzeczowy** material evidence
dowódca *m* commander
doznać *perf vt* experience; (*obrażeń*) sustain; (*życzliwości*) meet with
dozorca *m* caretaker, *am.* janitor; (*więzienny*) warder
dożynki *pl* harvest home
dożywotni *adj* life *attr*, lifelong; **kara ~ego więzienia** life sentence <imprisonment>
dół *m* pit, hole; (*dolna część*) bottom; **w dole** down (below); **na dole** at the bottom; **z dołu** from below; **na ~, w ~** downwards, (*na niższe piętro*) downstairs
drabina *f* ladder
drań *m pot.* bastard
drapać *imperf vt* scratch, **~ się** *vr* scratch o.s.; **~ się w głowę** scratch

one's head; (*wspinać się*) scramble

drażetka *f* coated tablet

drażliwy *adj* sensitive, touchy

drażnić *imperf vt* irritate, annoy; **~ się** *vr* tease (**z kimś** sb)

drążek *m* rod, stick; (*dźwignia*) lever

dreszcz *m* shudder, shiver; **mieć ~e** be shivering

dreszczyk *m* thrill

drewniak *m* (*but*) clog; *pot.* (*budynek*) wooden hut, log cabin

drewniany *adj* wooden, wood <timber> *attr*

drewno *n* wood, timber

dręczyć *imperf vt* torment, opress; **~ się** *vr* be tormented

drętwieć *imperf vi* stiffen; (*o kończynie*) go numb

drobiazg *m* trinket, knickknack; **~i** *pl* odds and ends; **to ~!** never mind!

drobnostka *f* trifle

drobn|y *adj* small, fine; **~e** *pl* small change

dro|ga *f* way, road, route; **~ga dla pieszych** footpath; **główna <boczna> ~ga** main <side> road; **~ga dojazdowa** access road; **krótsza ~ga** (*na przełaj*) short cut; **~gą lądową** by land; **~gą wodną <morską>** by water <sea>; **ruszyć w ~gę** set off on a journey; **być w ~dze** be on one's way; **po ~dze** on the way; **wejść komuś w ~gę** get in sb's way; **zejść z ~gi** (*ustąpić*) give way to; **~ga wolna!** the coast is clear!; **z ~gi!** out of my way!; **swoją ~gą** to be sure; **być na dobrej <złej> ~dze** be on the right <wrong> path; **5 minut ~gi** (*pieszo*) 5 minutes walk; *anat.* **~gi oddechowe** *pl* respiratory tract

drogeria *f* chemist's (shop), *am.* drugstore

drogi *adj* (*kosztowny*) expensive, costly; (*kochany*) dear; **~e kamienie** precious stones

drogo *adv*: **~ zapłacić** pay a lot; *przen.* **~ za**

coś zapłacić pay dearly for sth

drogowskaz *m* signpost

drogow|y *adj* road *attr*; **przepisy ~e** *pl* traffic regulations *pl*; **znak ~y** traffic <road> sign; **wypadek ~y** road accident

drożdż|e *pl* yeast; **rosnąć jak na ~ach** shoot up

drożyzna *f* dearness

drób *m* poultry

drugi *num* second, other; **kupować z ~ej ręki** buy second-hand; **co ~** every other <second>; **~e tyle** twice as much; **jeden po ~m** one after another; **po ~e** second(ly); **z ~ej strony** on the other hand

drugorzędny *adj* second-rate, minor

druk *m* print; (*tekst*) print; **w ~u** in press; **~i** *pl* printed matter

drukarka *f* printer; **~ atramentowa** inkjet printer; **~ laserowa** laser printer

drukarnia *f* printing firm, printing house

drukować *imperf vt* print

drut *m* wire; **~ kolczasty** barbed wire; **robić na ~ach** knit

drużyna *f* troop, team

drzazga *f* splinter

drzeć *imperf vt* (*rwać*) tear, rip; (*zużywać*) wear out; **~ się** *vr* (*zużywać się*) wear out; *pot.* (*krzyczeć*) bawl

drzemać *imperf vi* doze, nap

drzemk|a *f* nap; **uciąć sobie ~ę** take a nap

drzewo *n* tree; (*drewno*) wood, timber

drzwi *pl* door

drżeć *imperf vi* tremble, shiver; **~ ze strachu <z zimna>** tremble <shiver> with fear <cold>; **~ o kogoś** tremble for sb

duch *m* spirit; (*zjawa*) ghost, phantom; **w ~u** inwardly; **Duch Święty** Holy Spirit <Ghost>; **ani żywego ~a** not a living spirit; **iść z ~em czasu** keep up with the spirit of the times; **wyzionąć ~a** give up the ghost; **upaść na ~u** lose heart;

podnieść kogoś na ~u raise sb's spirit
duchowny *m* clergyman
duchowy *adj* spiritual; mental
duet *m* (*utwór*) duet; (*zespół*) duo
duma *f* pride
dumny *adj* proud (**z czegoś** of sth)
Duńczyk *m* Dane
duński *adj* Danish
dupa *f pot.* arse, *am.* ass; *pot.* (*oferma*) duffer, oaf, asshole
duplikat *m* duplicate
dur[1] *m*: *med.* **~ brzuszny** typhoid fever
dur[2] *m muz.* major
dureń *m* fool, idiot
dusić *imperf vt* (*ściskać za gardło*) strangle; (*powstrzymywać*) supress; *kulin.* stew; **~ się** *vr* suffocate
dusz|a *f* soul; **bratnia ~a** kindred spirit; **być ~ą czegoś** be the life and soul of sth; *przen.* **mieć ~ę na ramieniu** have one's heart in one's mouth; **w głębi ~y** deep down; **z całej ~y** with all one's heart; **jest mi ciężko <lekko> na ~y** I have a heavy <light> heart
duszno *adv*: **~ tutaj** it's stuffy here
duszny *adj* (*powietrze*) sultry, close; (*pomieszczenie*) stuffy
dużo *adv* (*ludzi, książek*) many, a lot of; (*wody, pieniędzy*) much, a lot of; **~ pić** drink a lot; **za ~** too much, too many
duż|y *adj* big, large; (*dorosły*) big; **~e litery** capital letters; **~y palec** (*u ręki*) thumb, (*u nogi*) big toe
dwa *num* two; **~ razy** twice; **~ kroki stąd** round the corner; **co ~ dni** every other day; *przen.* **bez dwóch zdań** no doubt about it
dwadzieścia *num* twenty
dwanaście *num* twelve
dwieście *num* two hundred
dwoje *num* two
dworzec *m*: **~ kolejowy** railway, *am.* railroad

station; ~ **autobusowy** bus station
dwójk|a *f* two; *pot.* **dostać ~ę** get a bad mark
dwór *m* (*królewski*) court; (*budynek*) mansion; **wyjść na ~** go out; **na dworze** out, outside, out of doors
dwudziest|y *num* twentieth; **godzina ~a** eight p.m., twenty hours
dwujęzyczny *adj* bilingual
dwukropek *m* colon
dwukrotnie *adv* twice
dwunasty *num* twelfth
dwustronny *adj* bilateral
dwuznaczny *adj* ambiguous
dykta *f* plywood
dyktafon *m* dictaphone
dyktando *n* dictation
dym *m* smoke; **czarny od ~u** smoky; **pójść z ~em** end in smoke; **puścić z ~em** reduce to ashes
dymisja *f* (*zwolnienie z urzędu*) dismissal; (*rezygnacja*) resignation
dynamiczny *adj* dynamic
dynamit *m* dynamite
dynastia *f* dynasty
dynia *f* pumpkin
dyplom *m* diploma
dyrekcja *f* management, board of directors
dyrektor *m* manager, director; (*szkoły*) headmaster, *am.* principal
dyrygent *m* conductor
dyscyplina *f* discipline
dysk *m sport.* discus; *med.* disc, *am.* disk; *komp.* disk
dyskietka *f komp.* (floppy) disk, diskette
dyskoteka *f* disco, discotheque
dyskretny *adj* discreet
dyskusja *f* discussion
dyskutować *imperf vt* discuss; *vi* debate
dywan *m* carpet, rug
dyżur *m* duty hours *pl*; **mieć ~** be on duty; **nocny ~** night duty; **ostry ~** emergency service offered at night by a clinic
dyżurny *adj*: ~ **lekarz <oficer>** doctor <officer> on duty; *m* (*w szkole*) monitor
dzban *m* jug, pitcher
dziać się *imperf vr* hap-

pen, take place, occur, go on; **co tu się dzieje?** what's going on here?
dziadek *m* grandfather, grandpa; *pot.* (*stary człowiek*) old man; ~ **do orzechów** nutcrackers *pl*
dział *m* section, department, division
działać *imperf vi* act; (*o maszynie*) work, operate; (*o leku*) have an effect; ~ **w dobrej wierze** act in good faith; ~ **komuś na nerwy** get on sb's nerves
działanie *n* action; (*o maszynie*) operation, work; (*o leku*) effect; *mat.* operation
działka *f* allotment, plot, *am.* lot
działo *n* cannon
dziąsło *n* gum
dziczyzna *f* (*mięso*) venison, game
dziecinny *adj* childish, infantile; **pokój** ~ nursery
dzieciństwo *n* childhood
dzieck|o *n* child, kid *pot.*; **od ~a** from childhood
dziedziczyć *imperf vt* inherit (**coś po kimś** sth from sb)
dziedzina *f* domain, field
dzielenie *n mat.* division
dzielić *imperf vt* divide, share out; ~ **przez...** divide by...; ~ **na...** divide into; ~ **się** *vr* divide; ~ **się czymś z kimś** share sth with sb
dzielnica *f* quarter, district
dzielny *adj* brave
dzieło *n* work; ~ **sztuki** work of art
dziennie *adv* daily; **dwa razy** ~ twice a day
dziennik *m* (*gazeta*) daily (newspaper); (*pamiętnik*) diary
dziennikarz *m* journalist
dzienn|y *adj* daily, day *attr*; (*nienocny*) daytime; **światło ~e** daylight
dzień *m* day; ~ **dobry!** (*przed południem*) good morning!, (*po południu*) good afternoon; ~ **powszedni** workday; ~ **świąteczny** holiday; ~ **wolny** day off; **co** ~ every day; ~ **po dniu** day by day, weekday;

cały ~ all day long; **co drugi ~** every other day; **na drugi ~** on the next day; **raz na ~** once a day; **z dnia na ~** from day to day, (*nagle*) overnight; **za dnia** by day, in the daytime; **pewnego dnia** one day, (*w przeszłości*) the other day

dziesiąty *num* tenth

dziesięć *num* ten

dziewczyna *f* girl; (*sympatia*) girlfriend

dziewiąty *num* ninth

dziewięć *num* nine

dziewięćdziesiąt *num* ninety

dziewięćdziesiąty *num* ninetieth

dziewięćset *num* nine hundred

dziewiętnasty *num* nineteenth

dziewiętnaście *num* nineteen

dzięki *pl* thanks; *prep* thanks to, owing to (**komuś <czemuś>** sb <sth>); **~!** thanks!; **~ Bogu!** thank God!

dziękować *imperf vi vt* thank; **dziękuję (bardzo)!** thank you (very much)!

dzik *m* wild boar

dziki *adj* wild, savage

dziób *m* beak, bill; (*statku*) prow, bow

dzisiaj, dziś *adv* today; **~ rano** this morning; **~ wieczór** this evening; **od ~ za tydzień** this day week

dziur|a *f* hole; (*w zębie*) cavity; (*pot. o miejscowości*) hole in the ground; **szukać ~y w całym** nitpick

dziwaczny *adj* eccentric, odd

dziwak *m* eccentric, oddball

dziwić *imperf vt* surprise, astonish; **~ się** *vr* be surprised

dziwka *f pot.* hooker

dziwn|y *adj* strange, weird; **nic ~ego, że...** (it's) no wonder that...

dzwon *m* bell

dzwoni|ć *imperf vi* ring (a bell); (*pot. telefonować*) call <ring> (**do kogoś** sb); **~ mi w uszach** my ears are ringing

dźwięk *m* sound
dźwig *m* crane; (*winda*) lift, *am.* elevator
dźwigać *imperf vt* (*nosić*) carry; (*podnosić*) lift, heave
dżem *m* jam
dżentelmen *m* gentleman
dżinsy *pl* jeans *pl*, denims *pl*
dżungla *f* jungle

E

ech|o *n* echo; **~a** *pl* (*sprawy*) repercussions
edukacja *f* education
efekt *m* effect
efektowny *adj* spectacular, impressive
Egipcjanin *m* Egyptian
egipski *adj* Egyptian
egoistyczny *adj* egoistic, selfish
egzamin *m* exam(ination); **zdawać ~** take <sit> an exam(ination); **zdać <oblać> ~** pass <fail> an exam(ination)
egzemplarz *m* copy
ekipa *f* crew, team
ekologia *f* ecology
ekonomia *f* economy; (*nauka*) economics
ekonomiczny *adj* economic(al)
ekran *m* screen
ekspedient(ka) *m* shop assistant, *am.* salesclerk
ekspert *m* expert (**w czymś** at <in> sth)
eksperyment *m* experiment
eksplozja *f* explosion
eksponat *m* exhibit
eksponować *imperf vt* display, exhibit
eksport *m* export
eksportować *imperf perf vt* export
ekspres *m* (*pociąg*) express (train); (*list*) express letter; **~ do kawy** coffee maker
ekstraklasa *f sport.* Premier League
ekwipunek *m* gear, equipment
ekwiwalent *m* equivalent
elastyczny *adj* elastic; *przen.* flexible

elegancki *adj* elegant, dapper, smart

elektrokardiogram *m* electrocardiogram

elektroniczny *adj* electronic

elektronika *f* electronics

elektrownia *f* power station <plant>; ~ **jądrowa** nuclear power station <plant>

elektryczność *f* electricity

elektryczny *adj* electric

elektryk *m* electrician

element *m* element

elementarz *m* primer

eliminować *imperf vt* eliminate

e-mail *m* e-mail

emalia *f* enamel

emeryt *m* retired person, (old age) pensioner

emerytu|ra *f* retirement; (*świadczenie*) (old age) pension; **przejść na ~rę** retire; **być na ~rze** be retired

emigracja *f* emigration; (*polityczna*) exile

emigrant *m* emigrant; (*polityczny*) émigré

emigrować *imperf vi* emigrate

emisja *f* emission; (*akcji*) issue

emitować *imperf vt* emit; (*akcje*) issue; (*program*) broadcast

encyklopedia *f* encyclopaedia

energia *f* energy; (*elektryczna*) power

energiczny *adj* energetic, vigorous

entuzjazm *m* enthusiasm

epidemia *f* epidemic

epoka *f* epoch; (*geologiczna*) age

erotyczny *adj* erotic

esej *m* essay

esencja *f* essence; (*herbaciana*) tea brew

estetyczny *adj* aesthetic

estetyka *f* aesthetics

Estończyk *m* Estonian

estoński *adj* Estonian

estrada *f* platform, stage

etat *m* tenure, full time; **wolny ~** (job) vacancy; **pół ~u** part-time job

etatowy *adj*: **pracownik ~** full-time <tenured> employee

etyczny *adj* ethical

etykieta *f* etiquette; (*nalepka*) label, tag

euro *n* euro
Europejczyk *m* European
europejski *adj* European
ewakuować *imperf perf vt* evacuate; **~się** *vr* evacuate
ewangelia *f* Gospel
ewangelicki *adj* Protestant
ewangelik *m* Protestant
ewentualnie *adv* if need be; possibly; (*albo*) alter-natively
ewentualny *adj* possible
ewidencj|a *f* record, file; **prowadzić ~ę** keep a record
ewolucja *f* evolution

F

fabryka *f* factory, works
fabularny *adj*: **film ~** feature film
facet *m pot.* guy, fellow
fach *m* trade; **kolega po ~u** professional colleague
fachowiec *m* expert, specialist; *pot.* repairman
fachowy *adj* professional, expert; (*czasopismo*) specialist
fajka *f* pipe
fajny *adj pot.* great, cool
faks *m* fax; (*urządzenie*) fax (machine)
fakt *m* fact; **~ dokonany** fait accompli
faktura *f* texture; *handl.* invoice
faktycznie *adv* in fact, actually
faktyczny *adj* actual
fala *f* wave; *przen.* tide, surge; **~ ciepła <zimna>** heat <cold> wave; *techn.* **~ dźwiękowa** sound wave
falbanka *f* frill
falochron *m* breakwater
falować *imperf vi* wave
falsyfikat *m* forgery
fałda *f* fold
fałszerstwo *n* forgery
fałszować *imperf vt* falsify, forge, counterfeit; *vi* (*śpiewać, grać nieczy-sto*) be <sing, play> out of tune
fałszywy *adj* false; (*pod-*

robiony) counterfeit, forged, faked

fanatyk *m* fanatic

fantastyczny *adj* fantastic

fantazja *f* imagination, fancy; (*wymysł*) fantasy

farba *f* paint; (*barwnik*) dye; ~ **olejna** oil paint; ~ **wodna** watercolour

farbować *imperf vt* dye; ~ **włosy na czarno** dye one's hair black

farmacja *f* pharmacy

farsz *m kulin.* stuffing

fartuch *m* apron; (*lekarski*) (doctor's) gown

fasola *f* bean; ~ **szparagowa** French <string> bean(s *pl*)

fasolka *f*: *kulin.* ~ **po bretońsku** (baked) beans in tomato sauce

fason *m* (*krój*) cut, fashion, form; (*styl*) manner, fashion

faszerowany *adj kulin.* stuffed

faszyzm *m* fascism

fatalny *adj* fatal, disastrous; *pot.* (*bardzo zły*) awful, nasty

fatyg|a *f* trouble; **zadać sobie ~ę** take (the) trouble

fauna *f* fauna

faworyt *m* favourite

faworyzować *imperf vt* favour

faza *f* phase, stage; *elektr.* phase

federacja *f* federation

federalny *adj* federal

feler *m pot.* defect, flaw, snag

felga *f pot.* rim (of a wheel)

felieton *m* column; (*radiowy*) talk

feminizm *m* feminism

fenomen *m* wonder; (*człowiek*) prodigy

feralny *adj* unlucky, ill-fated

ferie *pl* break; ~ **zimowe** winter holiday(s *pl*), *am.* vacation

ferma *f* chicken <poultry> farm

festiwal *m* festival; ~ **filmowy** film festival

festyn *m* fair

fiask|o *n* fiasco; **skończyć się ~iem** end in fiasco

figa *f* fig; *pot.* zero, noth-

ing; *pot.* ~ **z makiem!** forget it!, no way!
fig|iel *m* joke, trick, prank; **płatać ~le** play tricks; **spłatać ~la** play a trick (**komuś** on sb)
figur|a *f* figure; *pot.* (*osobistość*) personage, celebrity, figure; **mieć ładną ~ę** have a fine figure
fikcyjny *adj* fictitious, fictional
filatelista *m* stamp collector
filharmonia *f* concert hall
filia *f* branch
filiżanka *f* cup
film *m* film, movie; ~ **dokumentalny** documentary; ~ **fabularny** (feature) film; ~ **animowany** cartoon (film); **nakręcić** ~ shoot <make> a film
filmow|y *adj* film *attr*, movie *attr*; **gwiazda ~a** film star, *am.* movie star; **kronika ~a** newsreel
filologia *f* philology
filozofia *f* philosophy
filtr *m* filter
filtrować *imperf vt* filter
Fin *m* Finn
finał *m* ending; *sport.* final; *muz.* finale
finanse *pl* finance(s *pl*)
finansować *imperf vt* fund, finance
finansowy *adj* financial
finisz *m sport.* finish
fiński *adj* Finnish
fioletowy *adj* violet, purple
fiołek *m bot.* violet
firanka *f* (net) curtain
firm|a *f* firm, company; **założyć ~ę** found a firm <company>
fiszka *f* index card
fizjologia *f* physiology
fizyczny *adj* physical; **pracownik** ~ labourer, blue-collar worker
fizyka *f* physics
flaga *f* flag, banner
flak *m* skin; **~i** *pl pot.* (*wnętrzności*) guts, *kulin.* tripe
flamaster *m* felt-tip pen
flanela *f* flannel
flądra *f zool.* flounder, plaice
flejtuch *m pot.* slob
flesz *m* flash
flet *m muz.* flute
flirt *m* flirtation
flirtować *imperf vi* flirt

flota *f* fleet; ~ **wojenna** navy; ~ **handlowa** merchant marine
foka *f zool.* seal
folder *m* brochure
folgować *imperf vi*: ~ **sobie w czymś** indulge in sth
folia *f* foil
folklor *m* folklore
fontanna *f* fountain
form|a *f* form, shape; *techn.* (*do odlewu*) mould; **być w dobrej ~ie** be in a good shape
formalny *adj* formal
format *m* format, size
formować *imperf vt* form, shape; ~ **się** *vr* form
formularz *m* form
formuła *f* formula
fornir *f* veneer
forsa *f pot.* cash, dough
forteca *f* fortress
fortepian *m* grand piano
fortuna *f* fortune
forum *n* forum; **na ~ publicznym** in public
fotel *m* armchair; (*urząd*) office; ~ **bujany** rocking chair
fotograf *m* photographer
fotografia *f* (*technika*) photography; (*zdjęcie*) photo(graph)
fotografować *imperf vt* photograph
fotokomórka *f* photocell, electric eye
fotokopia *f* photocopy
fotomontaż *m* trick photo(graph)
fotoreporter *m* press photographer
fragment *m* fragment
frajd|a *f* fun, thrill *pot.*; **sprawić komuś ~ę** tickle sb (pink)
frak *m* tail coat, tails *pl*
frakcja *f* fraction
framuga *f* frame
francusk|i *adj* French; **ciasto ~ie** puff pastry; **klucz ~i** monkey wrench; **mówić po ~u** speak French
Francuz *m* Frenchman
fresk *m* fresco
frezja *f* freesia
front *m* front; *wojsk.* the front; **~em do czegoś** facing sth; **ciepły <zimny>** ~ warm <cold> front; **zmienić** ~ change front
frotté *n* terry; **ręcznik** ~ terry towel

fruwać *imperf vi* fly
frytki *pl* (potato) chips *pl*, *am*. French fries *pl*
frywolny *adj* frivolous
fryzjer *m* hairdresser; (*męski*) barber
fryzura *f* hairdo, haircut, hairstyle
fucha *f pot*. sideline, side <odd> job
fundacja *f* foundation
fundament *m* foundation(s *pl*)
fundamentalizm *m* fundamentalism
fundator *m* benefactor; (*założyciel*) founder
fundować *imperf vt* (*stypendium*) found, establish; ~ **komuś coś** treat sb to sth
fundusz *m* fund; **~e** *pl* funds *pl*
funkcja *f* function
funkcjonować *imperf vt* function, work, run
funt *m* pound; ~ **szterling** pound sterling
furgonetka *f* van
furmanka *f* cart
furor|a *f*: **zrobić ~ę** win applause, make it big
furtka *f* gate
fusy *pl* dregs *pl*
fuszerka *f pot*. botch(-up)
futbol *m* football, soccer
futerał *m* holder, case
futro *n* fur; (*płaszcz*) fur coat
futryna *f* frame

G

gabinet *m* study; (*w biurze*) office; ~ **lekarski** surgery, *am*. doctor's office; ~ **kosmetyczny** beauty salon <parlour>
gablota *f* showcase, cabinet
gad *m zool*. reptile
gadać *imperf vi* talk, chatter
gadatliwy *adj* talkative, loquatious
gaduła *f* chatterbox
gaf|a *f* gaffe, gauche; **popełnić ~ę** blunder
gala *f* gala

galaret(k)a *f* jelly
galeria *f* gallery; **~ sztuki** art gallery
galowy *adj*: **strój ~** ceremonial garb <attire>
gałąź *f* branch
gama *f muz.* scale; *pot.* (*wybór*) range
gang *m* gang, mob
ganiać *imperf vi* run <rush> about; **~ się** *vr* chase one another
ganić *imperf vt* rebuke, reprimand
gap|a *f pot.* dope; **jechać na ~ę** steal a ride
gapić się *imperf vr* stare <gape> (**na coś** at sth)
garaż *m* garage
garb *m* hump
garbić się *imperf vr* stoop
gard|ło *n* throat; **wąskie ~ło** bottleneck; *przen.* **mieć nóż na ~le** be in a tight corner
gardzić *imperf vt* despise <scorn> (**czymś** sth)
garmażeria *f* deli(catessen)
garnek *m* pot
garnitur *m* (*ubranie*) suit
garś|ć *f* handful (**czegoś** of sth); (*dłoń*) cupped hand; **wziąć się w ~ć** pull o.s. together; **mieć kogoś w ~ci** have sb on toast
gasić *imperf vt* extinguish, put out; (*światło*) turn <switch> off; **~ pragnienie** quench one's thirst
gasnąć *imperf vi* go out, expire
gaśnica *f* fire-extinguisher
gatunek *m* kind, sort, brand; *biol.* species
gawędzić *imperf vi* chat
gaz *m* gas; **~ ziemny** natural gas; **dodać ~u** accelerate
gazeta *f* (news)paper
gazow|y *adj* gaseous, gas *attr*; **kuchenka ~a** gas cooker; **butla ~a** gas cylinder
gaźnik *m mot.* carburettor
gąbka *f* sponge
gąsienica *f zool.* caterpillar
gdy *conj* when, as
gdyby *conj* if; **jak ~** as if; **~ tylko** if only
gdyż *conj* for, because, since

gdzie *conj* where; ~ **indziej** elsewhere; ~ **bądź** anywhere; ~ **tam!** nothing of the kind!
gdziekolwiek *adv* anywhere; ~ **pójdziesz** wherever you go
gdzieniegdzie *adv* here and there
gdzieś *adv* somewhere, someplace; ~ **koło trzeciej** (somewhere) around three
generaln|y *adj* general; **próba ~a** dress rehearsal; **~e porządki** *pl* spring-clean
generał *m* general
genetyczny *adj* genetic
genialny *adj* genius
geografia *f* geography
geologia *f* geology
geometria *f* geometry
gest *m* gesture; *przen.* **mieć szeroki** ~ be free with money
gęb|a *f pot.* mug; *pot.* **mieć niewyparzoną ~ę** have a big mouth; *pot.* **~a na kłódkę!** keep your mouth shut!
gęsty *adj* thick, dense
gęś *f zool.* goose; **rządzić się jak szara** ~ boss around, be bossy
giąć *imperf vt* bend, bow; ~ **się** *vr* bend, bow (down)
giełda *f* exchange; ~ **papierów wartościowych** stock exchange
gimnastyka *f* gymnastics
ginąć *imperf vi* (*umierać*) perish; (*zanikać*) vanish, disappear; (*gubić się*) get lost
ginekolog *m* gynaecologist
gips *m* plaster; (*opatrunek*) plaster cast; **mieć nogę w ~ie** have one's leg in plaster
gitara *f muz.* guitar
glazura *f* (*płytki ceramiczne*) tiles *pl*
gleba *f* soil
gliceryna *f* glycerine
glina *f* clay; *pot.* (*policjant*) cop
gładki *adj* smooth, even; (*o włosach*) sleek; (*bez wzoru*) plain
głaskać *imperf vt* stroke
głębi|a, głębina *f* depth; **w ~ duszy** in the depth of one's soul
głęboki *adj* deep; *przen.*

profound; ~ **na metr** a metre deep; ~ **sen** profound sleep

głęboko *adv* deep, deeply; ~ **poruszony** deeply touched

głodn|y *adj* hungry; **być ~ym** be <feel> hungry; **~y jak wilk** ravenous; *przen.* **~y miłości** hungry for love; **~emu chleb na myśli** the tongue ever turns to the aching tooth

głodówka *f* (*dieta*) starvation diet; (*pot. strajk głodowy*) hunger strike

głos *m* voice; (*w głosowaniu*) vote; **zabrać ~** take the floor; **czytać na ~** read aloud <out loud>; *pot.* **prawo ~u** right to speak

głosować *imperf vi* vote; ~ **na kogoś <coś>** vote for sb <sth>; ~ **przeciw komuś <czemuś>** vote against sb <sth>

głosowanie *n* vote, voting; **tajne ~** ballot; **powszechne ~** general election

głośnik *m* loudspeaker

głośny *adj* loud; (*hałaśliwy*) noisy; (*sławny*) famous

głow|a *f* head; (*zwierzchnik*) head (**czegoś** of sth); **na ~ę mieszkańca** per capita; **~a państwa** head of state; **~a do góry!** cheer up!; *pot.* **z ~y** off the cuff; **łamać sobie nad czymś ~ę** rack one's brains about sth; **mieć coś z ~y** get sth over with; **mieć ~ę do interesów** have a good head for business; **marzenie ściętej ~y** utter imposibility; **mieć ~ę na karku** have one's head screwed on; *przen.* **stracić ~ę** lose one's head; **przyszło mi do ~y** it occurred to me; **całkiem wyleciało mi to z ~y** it completely slipped my mind; **sukces uderzył mu do ~y** success went to his head; **zachodzę w ~ę** I can't make out; **być oczkiem w ~ie** be the apple of the eye; **~a mi pęka** my head is splitting; **walić ~ą w mur** bang one's head against a brick wall; **od stóp do głów** from head to foot; **wybij to sobie z ~y!** forget it!

głowica *f techn.* head

głód *m* hunger; starvation; (*klęska głodu*) famine; **poczuć ~** become hungry

główn|y *adj* main, chief, principal; (*o stacji, zarządzie*) central; **~a wygrana** first prize; **~a rola** lead part; *gram.* **zdanie ~e** main clause; *gram.* **liczebnik ~y** cardinal number

głuchoniemy *m* deaf-mute

głuch|y *adj* deaf; (*o dźwięku*) hollow, dull; **~y na jedno ucho** deaf in one ear; **~a cisza** dead silence; **~y jak pień** (as) dead as a post

głupek *m pot.* fool, idiot

głupi *adj* silly, stupid, foolish; **~a sytuacja** it's awkward; **~ jak but** (as) stupid as a donkey

głupiec *m* fool

głupota *f* stupidity, foolishness

głupstw|o *n* foolish <stupid> thing; (*bzdura*) nonsense; (*drobnostka*) trifle; **pleść ~a** talk nonsense; **zrobić ~o** do sth foolish

gmach *m* edifice, building

gmina *f* commune, district

gnębi|ć *imperf vt* (*ciemiężyć*) oppress; (*trapić*) worry, bother; **co cię ~?** what bothers you?

gniazdko *n elektr.* socket, *am.* outlet

gniazdo *n* nest; **uwić ~** built a nest

gnić *imperf vi* decay

gnieść *imperf vt* press, squeeze; **~ ciasto** kneed dough; **~ się** *vr* (*o tkaninie*) crease, crumple

gniew *m* anger, wrath; **wpaść w ~** fly into a rage

gniewać się *imperf vr* be cross (**na kogoś** with sb); (*żyć w niezgodzie*) be on bad terms (**z kimś** with sb)

gnój *m* manure, dung; *pot.* (*brud*) filth

gobelin *m* tapestry
godło *n* emblem
godność *f* dignity, self-respect; **jak pańska ~?** what's your name, please?
godny *adj* stately; **~ zaufania** trustworthy; **~ podziwu** admirable
godzić *imperf vt* (*jednać*) reconcile; **~ coś z czymś** reconcile sth with sth; **~ w coś** threaten sth; **~ się** *vr* become reconciled; **~ się na coś** agree to sth; **~ się z czymś** come to terms with sth
godzin|a *f* hour; **~y nadliczbowe** *pl* overtime; **~y przyjęć <otwarcia>** office <opening> hours; **~a policyjna** curfew; **pół ~y** half an hour; **która ~a?** what time is it?; **~a drogi stąd** an hour away from here; **na czarną ~ę** for a rainy day
gofr *m* waffle
goić *imperf vt* heal; **~ się** *vr* heal (up)
gol *m* goal; **strzelić ~a** score a goal
golarka *f* shaver; (electric) razor
goleni|e *n* shaving; **pianka do ~a** shaving foam; **płyn po ~u** aftershave
golić *imperf vt* shave; **~ się** *vr* shave
golonka *f kulin.* knuckle of pork
gołąb *m zool.* pigeon
gołoledź *f* glazed frost
goł|y *adj* naked; (*ogołocony*) bare; (*obnażony*) nude, naked; **~ym okiem** with the naked eye; **z ~ą głową** bareheaded
gong *m* gong
gonić *imperf vt* (*ścigać*) chase, pursue; (*poganiać*) drive
goniec *m* (*w biurze*) messenger, gopher; (*w hotelu*) bellboy; (*w szachach*) bishop
gonitwa *f* chase, race
gorąco *n* heat; *adv* hot; (*serdecznie*) warmly; **jest ~** it's hot; **jest mi ~** I'm <I feel> hot; *kulin.* **na ~** served hot; *techn.* **na ~** heated
gorący *adj* hot; *przen.*

(*płomienny*) ardent; (*żarliwy*) fervent
gorączk|a *f* fever; **zmierzyć ~ę** take temperature; **mieć ~ę** have <run> fever; **~a złota** gold rush; **doprowadzić kogoś do białej ~i** infuriate sb
gorsz|y *adj* worse; **co ~a** what's worse; **coraz ~y** worse and worse
gorycz *f* bitterness; (*smak*) bitter taste
goryl *m zool.* gorilla; *pot.* bodyguard
gorzała *f pot.* booze
gorzej *adv* worse; **tym ~** so much the worse; **~ się czuję** I feel worse
gorzki *adj* bitter; (*nie posłodzony*) unsweetened
gospoda *f* inn, roadhouse
gospodarczy *adj* economic; (*wiejski*) farm *attr*
gospodarka *f* economy; (*zarządzanie*) management, administration; **~ rynkowa** market economy
gospodarny *adj* thrifty, economical
gospodarstwo *n* (*rolne*) farm; (*domowe*) household
gospodarz *m* (*rolnik*) farmer; (*pan domu*) host; (*zarządca*) manager
gospodyni *f* (*żona rolnika*) farmer's wife; (*pani domu*) hostess; **~ domowa** housewife
gosposia *f* housekeeper
gościć *imperf vt* have as a guest; (*o hotelu*) house, accommodate
gościn|a *f*: **być u kogoś w ~ie** stay with sb; **udzielić komuś ~y** put sb up
gościnność *f* hospitality; **dziękować komuś za ~** thank sb for their hospitality
gościnny *adj* hospitable; **pokój ~** guest room
goś|ć *m* guest, visitor; *pot.* fellow, guy; **przyjmować ~ci** receive guests; *pot.* **fajny ~ć** (good) sport
gotować *imperf vt* cook; (*wodę*) boil; (*przygotowywać*) prepare; **~ się** *vr* (*o wodzie, mleku*) boil; (*o potrawach*) cook
gotow|y *adj* ready, fin-

ished; (*przygotowany*) prepared; (*kupiony gotowy*) ready-made; **~y do wyjścia <na wszystko>** ready to go <for anything>; **do biegu ~i, start!** ready, set, go!
gotówk|a *f* cash; **płacić ~ą** pay (in) cash
gotyk *m* Gothic (style)
goździk *m bot.* carnation, pink; (*przyprawa*) clove
gór|a *f* mountain; (*górna część*) top; (*piętro*) upstairs; (*np. książek*) heap; **~a lodowa** iceberg; **iść na ~ę** go upstairs; **iść pod ~ę <z ~y>** walk uphill <downhill>; **mieszkać na górze** (*na górnym piętrze*) live upstairs; **spojrzeć w ~ę** look up(wards); **do ~y nogami** upside down; **od ~y do dołu** from top to bottom; *przen.* **patrzeć na kogoś z ~y** look down on sb; **obiecywać złote ~y** promise wonders; **płacić z ~y** pay in advance; **ręce do ~y!** hands up!
góral *m* highlander
górnictwo *n* mining (industry)
górnik *m* miner
górn|y *adj* upper; (*wierzchni*) top; **~a granica** upper <top> limit; **~a warga** upper lip
górsk|i *adj* mountain *attr*; **~i klimat** mountain climate; **łańcuch ~i** mountain range; **miejscowość ~a** mountain resort
górzysty *adj* mountainous, hilly
gówniarz *m pot.* squirt, punk
gówno *n pot.* shit, turd, crap
gra *f* game; (*w teatrze*) acting; (*pot. udawanie*) act; (*świateł*) play; **~ w karty** card game; **~ komputerowa** computer game; **~ hazardowa** gamble; **~ słów** pun, play on words; **to nie wchodzi w grę** it's out of the question
grabie *pl* rake
gracz *m* player
gra|ć *imperf vi* play; **~ć**

w szachy play chess; **~ć na skrzypcach <gitarze>** play the violin <the guitar>; **~ć w tenisa <karty>** play tennis <cards>; **~ć rolę** play <act> a part; **~ć komuś na nerwach** get on sb's nerves; **~ć pierwsze skrzypce** play first fiddle; **~ć na zwłokę** play for time; **co ~ją dzisiaj?** what's on today?; **to nie ~ roli** it doesn't matter

grad *m* hail; **pada ~** it's hailing

grafika *f* graphic arts; (*dzieło*) print

gram *m* gram(me)

gramatyczny *adj* grammatical

gramatyka *f* grammar

gramofon *m* gramophone

granat *m* (*pocisk*) grenade; (*owoc*) pomegranate; (*kolor*) navy-blue

granatowy *adj* navy-blue

granic|a *f* (*państwa*) border, frontier; (*miasta*) boundary, *am.* limit(s); (*kres, zakres*) limit; **za ~ą, za ~ę** abroad; **przejść zieloną ~ę** cross the border illegally; *przen.* **bez ~** without limits; **na ~y płaczu** on the brink <on the verge> of tears

grat *m pot.* (piece of) junk; (*o samochodzie*) junk, lemon; **~y** *pl* lumber

gratis *adv* gratis, free (of charge)

gratulacje *pl* congratulations; **moje ~!** congratulations!

gratulować *imperf vi* congratulate (**komuś czegoś** sb on sth)

grecki *adj* Greek

grejpfrut *m* grapefruit

Grek *m* Greek; **udawać ~a** play dumb

grobowiec *m* tomb

groch *m bot.* pea; **~y** *pl* (*deseń*) polka dots; *przen. pot.* **~ z kapustą** hotch potch, *am.* hodge podge

grochówka *f kulin.* pea soup

gromada *f* group; *biol.* class

gromadzić *imperf vt* (*rzeczy*) gather, accumulate;

(*ludzi*) assemble, bring <call> together; **~ się** *vr* assemble, come <get> together; (*o rzeczach*) collect, accumulate

grosz *m* grosz (*Polish monetary unit equal to 1/100 zloty*); **zostać bez ~a** be penniless, be stony broke

grosz|ek *m bot.* sweet pea; **~ek zielony** green pea; **w ~ki** (*deseń*) polka-dotted

grota *f* grotto, cave

grozi|ć *imperf vt* threaten (**komuś czymś** sb with sth); (*zagrażać*) be imminent; **~ nam powódź** there is a threat of flooding; **~ nam epidemia** there is a danger of epidemic

groźb|a *f* threat, menace; **pod ~ą kary grzywny** under penalty of a fine; **~a epidemii** danger of epidemic

groźn|y *adj* dangerous, threatening, menacing; **~a mina** scowl; **~a choroba** serious illness <disease>; **~e obrażenia** nasty injuries

grób *m* grave; **milczeć jak ~** be as silent as a grave

grub|y *adj* thick; (*o człowieku*) fat; *pot.* **~a ryba** bigwig, big shot; **~a zwierzyna** big game; **~e pieniądze** big money; **~y błąd** grievous mistake; *anat.* **jelito ~e** large intestine

gruczoł *m anat.* gland

grudzień *m* December

grun|t *m* ground; (*rolny*) soil; (*teren*) land; (*dno*) bottom; **podatny ~t** favourable conditions for sth; **w ~cie rzeczy** as a matter of fact; **~t to...** the main thing is to...

gruntownie *adv* thoroughly, radically

grupa *f* group; **~ krwi** blood group

grusza *f* pear tree

gruszka *f* pear; (*drzewo*) pear tree

gruz *m* rubble, debris; **~y** *pl* (*ruiny*) ruins; **lec w ~ach** crumble into ruin

Gruzin *m* Georgian
gruziński *adj* Georgian
gruźlica *f med.* tuberculosis, TB
grymasić *imperf vi* be fussy <choosy, particular>; (*o dziecku*) be fretful
grypa *f med.* influenza, flu
gryźć *imperf vt* bite; (*żuć*) chew, munch; (*kość*) gnaw; (*o owadach*) sting; (*o sumieniu*) gnaw (at); **~ się** *vr pot.* (*kłócić się*) fight; *pot.* (*martwić się*) worry, eat one's heart out; (*o kolorach*) clash
grzać *imperf vt* warm, heat; (*o słońcu*) heat down; **~ się** *vr* warm o.s.; (*na słońcu*) bask; (*o wodzie*) heat up
grzałka *f* warmer
grzanka *f* toast
grządka *f* bed
grzbiet *m* back, spine; (*góry*) ridge; (*książki*) back
grzebać *imperf vi* (*szukać*) rummage, poke; *vt* (*zwłoki*) bury
grzebień *m* comb; (*u zwierząt*) crest
grzech *m* sin; **~ śmiertelny** mortal sin
grzechotka *f* rattle
grzechotnik *m zool.* rattlesnake
grzeczny *adj* polite, kind; (*o dziecku*) good
grzejnik *m* heater, radiator, convector
grzeszyć *imperf vi* sin
grzmieć *imperf vi* thunder
grzmot *m* thunder
grzyb *m biol.* fungus; (*jadalny*) mushroom; (*trujący*) toadstool; (*na ścianie*) mould; **zbierać ~y** pick mushrooms; **wyrastać jak ~y po deszczu** mushroom
grzywka *f* fringe
grzywn|a *f* fine; **ukarać ~ą** fine
gubernator *m* governor
gubić *imperf vt* lose; **~ się** *vr* lose one's way, get lost; **~ się w domysłach** speculate
gulasz *m kulin.* goulash
gum|a *f* rubber; **~a do żucia** chewing gum; *pot.* **złapać ~ę** have a flat tyre

gumka *f* (*do ścierania*) rubber, *am.* eraser; (*do bielizny*) elastic; (*recepturka*) rubber band

gust *m* taste; **mieć (dobry) ~** have a good taste

guz *m* bump; *med.* tumour

guzik *m* button; **zapiąć na ~i** button (up), do one's buttons

gwałcić *imperf vt* (*prawo*) violate; (*np. kobietę*) rape

gwałt *m* (*np. na kobiecie*) rape; (*przemoc*) violence; *pot.* **nie ma ~u** there is no hurry

gwałtown|y *adj* (*porywczy*) violent; (*nagły*) sudden; (o *ulewie*) torrential; **~a śmierć** violent death; **~y ruch** sudden move

gwara *f* local dialect

gwarancja *f* guarantee; (*na zakup*) warranty

gwiazda *f* star; **~ filmowa** film <movie> star

gwiazdka *f* (small) star; (*w druku*) asterisk; (*Boże Narodzenie*) Christmas; **~ filmowa** starlet

gwizdać *imperf vi* whistle; (*o wietrze*) howl; *pot.* **gwiżdżę na to** I don't care

gwizdek *m* whistle

gwóźdź *m* nail; **przybić gwoździami** nail up <down>; **~ programu** highlight, main feature

H

haczyk *m* hook; (*do wędki*) (fish) hook; **połknąć ~** swallow hook

haft *m* embroidery

haftka *f* hook and eye

haftować *imperf vt vi* embroider

hak *m* hook; *sport.* (*w boksie*) hook; **dwa kilometry z ~iem** two kilometres easy

hala *f* hall; (*górska*) mountain pasture; **~ fabryczna** factory; **~ targowa** market place; **~ sportowa** sports hall

halka *f* petticoat, slip
halo *int* I say!, *am.* say!, hi!; (*do telefonu*) hello!
halogen *m* halogen
halowy *adj sport.* indoor *attr*
hałas *m* noise; *przen.* fuss; **wiele ~u o nic** much ado about nothing
hałasować *imperf vi* make a noise
hałaśliwy *adj* noisy
hamak *m* hammock
hamować *imperf vt* (*rozwój, wzrost*) slow down, restrain; (*łzy*) hold back; *vi* brake, put the brake on; **~ się** *vr* hold back, control o.s.
hamul|ec *m* brake; *przen.* restraint; **~ec ręczny** handbrake, *am.* parking brake; **~ec bezpieczeństwa** emergency brake; *przen.* **bez ~ców** uninhibited, no holds barred
handel *m* trade, commerce; **~ zagraniczny** foreign trade; **~ hurtowy <detaliczny>** wholesale <retail> trade; **~ zamienny** barter
handlarz *m* salesman, dealer; **~ uliczny** vendor
handlować *imperf vi* trade; **~ czymś** trade <deal> in sth
handlowiec *m* merchant, tradesman
handlow|y *adj* trade *attr*; **szkoła ~a** business school <college>
hangar *m* hangar
hańba *f* disgrace, dishonour
haracz *m* tribute
harcerka *f* scout, girl guide, *am.* girl scout
harcerstwo *n* scout movement, scouting
harcerz *m* scout, *am.* boy scout
harem *m* harem
harfa *f muz.* harp
harmonia *f* harmony; (*instrument*) concertina
harmonijka *f*: **~ ustna** harmonica, mouth organ
harmonogram *m* schedule
harować *imperf vi* slave (away)
harówka *f* hard work, slavery

hartować *imperf vt techn.* temper; (*o człowieku*) toughen; **~ się** *vr* toughen o.s.
hasł|o *n* signal; (*slogan*) watchword; *woj.* password; (*w słowniku*) entry; **pod ~em** under the banner
haszysz *m* hashish
haust *m* gulp; **~em** in <at> one gulp
hazard *m* gambling
hebrajski *adj* Hebrew
hej! *int* hey!
hejnał *m* bugle-call
hektar *m* hectare
helikopter *m* helicopter, chopper
hełm *m* helmet
hemoroidy *pl med.* haemorrhoids *pl*, *pot.* piles *pl*
herb *m* coat of arms
herbata *f* tea; **~ ziołowa** herbal tea
herbatnik *m* biscuit, *am.* cookie
hermetyczny *adj* hermetic, airtight; *przen.* closed
hiena *f zool.* hyena
hierarchia *f* hierarchy
higiena *f* hygiene
Hindus *m* Indian
hinduski *adj* Hindu
hipis *m* hippy
hipnoza *f* hypnosis
hipochondryk *m* hypochondriac
hipokryzja *f* hypocrisy
hipopotam *m zool.* hippopotamus, hippo
hipoteka *f* (*księga*) mortgage deed
hipoteza *f* hypothesis
histeria *f* hysteria
histori|a *f* history; (*opowieść*) story; **~a najnowsza <starożytna, średniowieczna>** modern <ancient, medieval> history; *med.* **~a choroby** case history; **przejść do ~i** go down in history; **ładna ~a!** good grief!
historyczny *adj* (*dotyczący historii*) historical; (*ważny*) historic
Hiszpan *m* Spaniard
hiszpański *adj* Spanish
hodować *imperf vt* (*zwierzęta*) raise, breed; (*rośliny*) grow, breed
hodowla *f* (*zajęcie*) raising, breeding; **~ bydła** stockbreeding, (*zakład*) stock-farm; **~ drobiu**

chicken-farming; ~ **psów** (*zakład*) kennel(s *pl*)
hojny *adj* generous
hokej *m* hockey; ~ **na lodzie** (ice) hockey; ~ **na trawie** field hockey
hol *m* (*korytarz*) hall(way); (*lina*) towrope; **wziąć kogoś na** ~ give sb a tow
Holender *m* Dutchman
holenderski *adj* Dutch
holować *imperf vt* tow
hołd *m* homage; **składać** ~ pay <do> homage
hołota *f* trash
homar *m zool.* lobster
homeopatia *f* homeopathy
homoseksualista *m* homosexual; *pot.* gay
honor *m* honour
honorari|um *n* fee; **~a autorskie** royalties
hormon *m* hormone
horoskop *m* horoscope
horror *m* (*film grozy*) horror film <movie> thriller (*pot. groza*) horror
horyzont *m* horizon; **mieć szerokie <wąskie> ~y** be broad <narrow> minded
hossa *f* (*na giełdzie*) bull-market
hotel *m* hotel; ~ **robotniczy** worker's hostel
hrabina *f* countess
huczny *adj* (*o brawach*) loud; (*o uroczystości*) grand
huk *m* bang, boom
hulajnoga *f* scooter
hulanka *f* rowdy <wild> party
humanistyczn|y *adj* humanistic; **przedmioty ~e** humanities
humanitarn|y *adj* humanitarian; **pomoc ~a** humanitarian aid
humo|r *m* humour; (*nastrój*) mood; **~ry** *pl* whims; **poczucie ~ru** sense of humour; **być w dobrym <złym> ~rze** be in good <bad> mood; **zepsuć komuś ~r** put sb out of humour
hura! *int* hurrah!
huragan *m* hurricane
hurt *m* wholesale; **~em** wholesale, *pot.* across the board
hurtownia *f* wholesalers *pl*, (wholesale) warehouse
huśtać *imperf vt* swing; ~ **się** *vr* swing
huśtawka *f* swing; (*pod-*

parta w środku) seesaw; *przen.* **~ nastrojów** swinging moods

huta *f* steelworks; **~ szkła** glassworks

hydrant *m* fire hydrant, fireplug

hydraulik *m* plumber

hymn *m* hymn; **~ narodowy** national anthem

I

i *conj* and; **jeść i pić** eat and drink; **i tak dalej** and so on

ich *pron* their, theirs

idea *f* idea

idealny *adj* perfect, ideal

ideał *m* ideal; **~ kobiecej urody** ideal beauty; **~ mężczyzny** ideal man

identyczny *adj* identical

identyfikator *m* name tag

ideologia *f* ideology

idiota *m pot.* idiot, fool, moron

iglast|y *adj* coniferous; **drzewo ~e** conifer, evergreen

iglica *f arch.* spire

igł|a *f* needle; **nawlec ~ę** thread a needle; *przen.* **szukać ~y w stogu siana** look <search> for a needle in a haystack; *przen.* **robić z ~y widły** make a mountain out of a molehill

ignorancja *f* ignorance

ignorować *imperf vt* ignore, disregard

igrzyska *pl*: **~ olimpijskie** Olympic games, the Olympics

ikona *f* icon

ikr|a *f* spawn; *przen.* **facet z ~ą** guy with guts

iksy *pl* (*pot. krzywe nogi*) knock-knees

ile *adv* how much, how many; **~ to kosztuje?** how much is it?; **~ cukru?** how much sugar?; **~ jabłek?** how many apples?; **~ masz lat?** how old are you?; **~ razy?** how many times?; **o ~ wiem** as far as I know; *pot.* **o tyle o ~** not too bad

iloczyn *m mat.* product

iloraz *m mat.* quotient; **~ inteligencji** intelligence quotient

ilość *f* amount, quantity

ilustracja *f* illustration

iluzja *f* illusion

iluzjonista *m* conjurer

im *adv*: **im..., tym...** the... the...

imbir *m* ginger

imieniny *pl* nameday

imiesłów *m gram.* participle

imi|ę *n* name, first <Christian> name; **jak ci na ~ę?** what's your name?; **zwracać się po ~eniu** call sb by his first name; **o ~eniu** by the name of; **w czyimś ~eniu** on sb's behalf; **w ~ę czegoś** in the name of sth; **nazywać rzeczy po ~eniu** call a spade a spade; **Teatr ~enia Słowackiego** the Słowacki Theatre; **dobre ~ę** good name

imigrować *imperf vi* immigrate

imitacja *f* imitation

imitować *imperf vt* imitate, mimic

immunitet *m* immunity

impas *m* deadlock, impass; (*w kartach*) finesse

imperium *n* empire

impertynencja *f* impertinence

impet *m* impetus; **z ~em** vigorously

imponować *imperf vi* impress (**komuś czymś** sb with sth)

imponujący *adj* impressive

import *m* importation

impotent *m* impotent

impresjonizm *m* impressionism

impreza *f* (*np. sportowa*) event; *pot.* (*przyjęcie*) do; **kosztowna ~** *pot.* costly venture

impuls *m* impulse; **pod wpływem ~u** on impulse

inaczej *adv* differently; **~ mówiąc** in other words; **tak czy ~** one way or another; **bo ~** or (else), otherwise

inauguracja *f* inauguration

in blanco *adv*: **czek ~** blank cheque

incognito *n* incognito; **zachować ~** preserve one's incognito

incydent *m* incident

indeks *m* index; (*studencki*) credit book

Indianin *m* (American) Indian

indiański *adj* (American) Indian

Indonezyjczyk *m* Indonesian

indonezyjski *adj* Indonesian

indyjski *adj* Indian

indyk *m* turkey

indywidualny *adj* individual

infekcja *f* infection

inflacja *f* inflation (rate)

informacj|a *f* (piece of) information (**o czymś** on <about> sth); (*miejsce*) information booth <desk>; **zadzwonić do ~i** ring directory enquiries, *am.* call information

informator *m* informer; (*publikacja*) guide-book

informatyk *m* computer scientist

informatyka *f* computer science

informować *imperf vt* inform; **~ się** *vr* inquire (**o czymś** about sth)

ingerować *imperf vt* interfere (**w coś** in sth)

inicjały *pl* initials *pl*

inicjatyw|a *f* initiative; **wystąpić z ~ą** suggest; **z własnej ~y** on one's own initiative; **z czyjejś ~y** at sb's suggestion

inkasent *m* collector

innowierca *m* infidel

inn|y *adj* another, other, different; **kto ~y** somebody else; **~ym razem** another time; **~ymi słowy** in other words; **między ~ymi** among others; **~y niż wszyscy** different than others; **~i** *pl* the others

inspekt *m* hothouse, hotbed

inspektor *m* inspector

inspirować *imperf vt* inspire

instalacja *f* installation; **~ elektryczna** wiring
instalować *imperf vt* instal, put in
instrukcja *f* instruction; **~ obsługi** instructions (for use)
instruktor *m* instructor
instrument *m* instrument; **~y dęte <smyczkowe>** wind <stringed> instruments
instynkt *m* instinct; **~ macierzyński** maternal instinct
instytucja *f* institution
instytut *m* institute
integracja *f* integration
integrować się *imperf vr* integrate
intelekt *m* intellect
intelektualny *adj* intellectual
inteligencja *f* intelligence; (*warstwa społeczna*) intelligentsia
inteligentny *adj* intelligent
intencj|a *f* intention, intent; **mieć dobre ~e** mean well
intensywny *adj* intensive; (*o kolorach*) intense
interes *m* interest; (*przedsięwzięcie*) business; (*transakcja*) deal; **we własnym ~ie** in one's own (best) interest; **człowiek ~u** businessman; **zrobić ~** make a deal; **to nie twój ~** it's none of your business; *przen.* **złoty ~** gold mine
interesant *m* client
interesować *imperf vt* interest; **~ się** *vr* be interested (**czymś** in sth)
interesowny *adj* mercenary
interesujący *adj* interesting
internat *m* (school) dormitory; **szkoła z ~em** boarding school
internista *m med.* general practitioner, GP
internować *imperf vt* intern
interpretacja *f* interpretation
interpretować *imperf vt* interpret

interpunkcja *f* punctuation
interwencja *f* intervention
interweniować *imperf vi* intervene; ~ **w kłótni** intervene in dispute
intonacja *f* intonation
intratny *adj* lucrative
introligator *m* bookbinder
intruz *m* intruder
intryga *f* intrigue, plot
intuicja *f* intuition, insight
intymny *adj* intimate
inwalida *m* invalid, disabled person; ~ **wojenny** invalid war veteran
inwazja *f* invasion
inwentarz *m* inventory; **żywy** ~ livestock
inwestować *imperf vi* invest
inwestycja *f* investment
inżynier *m* engineer; ~ **budowlany** civil engineer
Irlandczyk *m* Irishman
irlandzki *adj* Irish
ironia *f* irony
irracjonalny *adj* irrational
irys *m bot.* iris
irytować *imperf vt* irritate, annoy; ~ **się** *vr* get irritated (**czymś** at <about> sth)
iskra *f* spark; ~ **nadziei** flicker of hope
Islandczyk *m* Icelander
islandzki *adj* Icelandic
istnieć *imperf vi* be, exist
istnienie *n* existence
isto|ta *f* creature; (*sedno*) essence, substance; **~ta ludzka** human being; **~ta rzeczy** heart of the matter; **w ~cie** in fact, in reality
istotny *adj* essential, crucial; (*o różnicy*) significant
iść *imperf vi* go, walk; **idzie wiosna** spring is coming; ~ **dalej** go on; ~ **ulicą** walk along <down> the street; ~ **na ryby <pływać>** go fishing <swimming>; ~ **spać** go to bed; ~ **po coś** go and get sth; ~ **za kimś <czymś>** follow sb <sth>; ~ **w górę** (*o cenach*) go up; ~ **gęsiego** walk in (Indi-

an) file; ~ **pod rękę** walk arm in arm; **wszystko idzie dobrze** everything goes fine; **idzie jak z płatka** things are running smooth; ~ **na emeryturę** retire; ~ **na medycynę** go to the Medical School; **już idę** I'm coming; **jak ci idzie?** how are you getting along?; **mogę ~ z tobą?** may I come along?; **idzie o życie** it's a question of life and death; **idzie o pieniądze** we're talking about money

izba *f* room; (*w parlamencie*) house; ~ **przyjęć** reception room; ~ **lekarska <handlowa>** Chamber of Physicians <Commerce>

izolacja *f* isolation; *techn.* insulation

izolatka *f* isolation ward

izolować *imperf vt* isolate; *techn.* insulate; ~ **się** *vr* isolate (**od kogoś <czegoś>** from sb <sth>)

Izraelczyk *m* Israeli

izraelski *adj* Israeli

iż *conj* that

J

ja *pron* I; **to tylko ja** it's only me; **ja też** me too; **daj to mnie** give it to me; **chodź ze mną** go with me; **moje drugie ja** my other self; **ja sam** I myself

jabłko *n* apple; **zbić kogoś na kwaśne** ~ beat sb to a pulp; ~ **Adama** Adam's apple

jabłoń *f* apple tree

jacht *m* yacht

jad *m* venom, poison

jadalny *adj* edible; **pokój** ~ dining room

jadłospis *m* menu, bill of fare

jadowity *adj* venomous, poisonous

jagnię *n* lamb

jagoda *f* berry; **czarna** ~ bilberry

jajecznica *f* scrambled eggs

jajk|o *n* egg; **~o na miękko <na twardo>** soft- <hard-> boiled egg; **~a**

sadzone fried eggs; **obchodzić się z czymś jak z ~iem** handle sth with kid gloves

jak *adv conj part* how, as; **~ długo?** how long?; **~ się masz?** how are you? *am.* how are you doing?; **~ się nazywasz?** what's your name?; **~ on wygląda?** what does he look like?; **~ najprędzej** as soon as possible; **~ przyjdzie** when he comes; **~ tylko wrócę** as soon as I'm back; **~ to?** how is that?; **~ zwykle** as usual; **~ również** as well as; **nie wiem ~** I don't know how; **zarówno..., ~...** both... and..., alike; **już dwa lata ~ wyjechał** it's been two years since he left; **widziałam, ~ wychodził** I saw him leaving

jakby *adv conj* if, as if, like; **~ś miał czas** if you have the time; **~ się zawahał** he sort of hesitated

jak|i *pron* what, how; **~a to książka?** what book is this?; **~a dzisiaj pogoda?** what's the weather like today?; **~ą miałeś podróż?** how was your journey?; **~a ona piękna!** how beautiful she is!; **~i taki** not too bad; **~i pan, taki kram** like master like man

jakikolwiek *pron* any, whatever

jak|iś *pron* some; **dzwoniła ~aś pani** some lady called; **~iś pan Kowalski** a Mr. Kowalski; **~iś czas temu** some time ago; **czekałem ~ieś 10 minut** I waited some 10 minutes; **jesteś ~iś przestraszony** you're kind of frightened

jakkolwiek *conj* (*chociaż*) though; *adv* however, no matter how

jako *adv conj* as; **~ że** since, as; **~ taki** as such; **~ tako** not too bad, so-so, tolerably

jakoś *adv* somehow; **~ to będzie** things will work out

jakość *f* quality

jałmużna *f* alms *pl*, charity
jałowy *adj* sterile; (*o glebie*) barren; (*o dyskusji*) idle; **~ opatrunek** sterile dressing; *techn.* **~ bieg** idling
jama *f* cave, burrow, hole; *anat.* **~ ustna** oral cavity
jamnik *m* dachshund
Japończyk *m* Japanese
japoński *adj* Japanese
jarmark *m* fair
jarski *adj* vegetarian
jarzeniówka *f* arc lamp; (*pot. świetlówka*) fluorescent lamp
jarzębina *f bot.* rowan, mountain ash
jarzyna *f* vegetable, greenstuff
jarzynow|y *adj* vegetable *attr*; **zupa ~a** vegetable soup
jasiek *m* small pillow
jaskinia *f* cave, cavern; *przen.* **~ hazardu** gambling den
jaskółka *f zool.* swallow; **jedna ~ wiosny nie czyni** one swallow doesn't make a summer
jaskrawy *adj* (*o kolorach*) vivid, bright; (*o świetle*) bright, dazzling; (*o stroju*) gaudy, garish; (*przykład*) striking
jasno *adv* brightly; clearly; **~ się wyrazić** make o.s. clear; **ale tu ~!** it's so bright in here!
jasnozielony light green
jasn|y *adj* bright; (*zrozumiały*) clear; (*o kolorze*) light; (*o cerze, włosach*) fair; **niebo było ~e** the sky was bright; *pot.* **~e!** sure!; **to ~e** that's for sure; **~e jak słońce** (as) clear as day
jastrząb *m zool.* hawk
jaszczurka *f zool.* lizard
jaśmin *m bot.* jasmine
jawn|y *adj* overt, public; (*niechęć*) open; **~a rozprawa** open trial; **~e głosowanie** public vote; **~y rozbój** downright robbery
jazd|a *f* ride, drive; **~a konna** horse riding; **~a figurowa** figure skating; **prawo ~y** driving licence, *am.* driver's license; **rozkład ~y** time-

table; *pot.* **~a stąd!** get out of here!

jądro *n anat.* testicle; (*komórki, atomu*) nucleus; **~ sprawy** heart of the matter

jądrow|y *adj* nuclear; **broń ~a** nuclear weapons *pl*; **elektrownia ~a** nuclear power plant

jąkać się *imperf vr* stammer, stutter

jechać *imperf vi* go; (*motocyklem, rowerem*) ride; (*samochodem jako pasażer*) ride, (*samochodem jako kierowca*) drive; **~ pociągiem <autobusem>** go by train <by bus>; **~ za granicę <na urlop>** go abroad <on holidays, *am.* on vacation>; **~ nad morze <w góry>** go to the seaside <to the mountains>

jed|en *num* one; **ani ~en** not a single one; **~na druga** a <one> half; **z ~nej strony..., z drugiej strony...** on one hand... on the other hand; **za ~nym zamachem** on one go; **~en diabeł** (it's) all the same; **wszystko ~no co** no matter what; **wszystko mi ~no** I don't care (a hang, *am.* a red cent); **taki ~en** somebody, someone; **co to za ~en?** who is he?; **mieszkamy w ~nym domu** we live in the same house

jedenasty *num* eleventh

jedenaście *num* eleven

jednak *conj adv* but, yet, still; however

jednakowy *adj* the same, equal

jednoczesny *adj* simultaneous

jednocześnie *adv* simultaneously

jednoczyć *imperf vt* unite

jednokierunkowy *adj* one-way *attr*; **ruch ~** one-way traffic

jednolity *adj* uniform

jednomyślnie *adv* unanimously, with one accord

jednorazow|y *adj* single; **~ego użytku** disposable

jednorodny *adj* homogeneous

jednostajny *adj* monotonous

jednostka *f* unit, entity; (*człowiek*) individual; **~ miary** unit of measure

jednostronny *adj* one-side *attr*, one-sided *attr*; *prawn.* unilateral

jedność *f* unity

jedwab *m* silk

jedynak *m* only child

jedynka *f* one

jedyn|y *adj* only, sole; **jeden ~y** the one and only; **~y sposób** the only way; **~y w swoim rodzaju** unique; **to ~e co mnie pociesza** that's my only comfort; **mój ~y** my dearest

jedzeni|e *n* (*żywność*) food; (*czynność*) eating; **coś do ~a** something to eat; **po ~u** after meal(s)

jeleń *m zool.* (red) deer; *przen.* sucker

jelito *n* intestine; **~ grube <cienkie>** large <small> intestine

jemioła *f bot.* mistletoe

jeniec *m* prisoner, captive; **~ wojenny** prisoner of war

jesie|ń *f* autumn, *am.* fall; **~nią** in autumn, *am.* in fall

jesionka *f* overcoat

jeszcze *adv* still; (*z przeczeniem*) yet; **co <kto> ~?** what <who> else?; **~ raz** once again <more>; **~ jak!** and how!; **~ tydzień temu** no further back than a week ago; **~ czas** there is still time

jeść *imperf vt vi* eat; **chce mi się ~** I'm hungry; **~ śniadanie <obiad, kolację>** have breakfast <lunch, dinner>

jeśli *conj* if; **~ nie** unless

jezdnia *f* road, roadway

jezioro *n* lake

jeździć *imperf vi* go; (*kursować*) run; (*podróżować*) travel; **~ na nartach** ski; **~ na rowerze** ride a bike; **~ po Polsce** travel about Poland; *zob.* **jechać**

jeździec *m* rider

jeż *m zool.* hedgehog; **fryzura na ~a** crew-cut

jeżeli *conj zob.* **jeśli**

jeżyna *f bot.* blackberry, bramble

jęczeć *imperf vi* groan, moan; (*utyskiwać*) whine, moan
jęczmień *m bot.* barley; (*na oku*) sty(e)
jędza *f pot.* shrew, hag
jęk *m* groan, moan
język *m anat.* tongue; language; **~ ojczysty** mother tongue, vernacular; **~ obcy** foreign language; **ciągnąć kogoś za ~** pump sb; **trzymać ~ za zębami** keep one's tongue (between one's teeth); *przen.* i *dosł.* **ugryźć się w ~** briddle one's tongue; **pokazać komuś ~** put out one's tongue to sb
jodła *f bot.* fir(tree)
jogurt *m* yoghurt
jubilat *m* man celebrating his birthday or anniversary
jubiler *m* jeweller, *am.* jeweler
jubileusz *m* jubilee
judaizm *m* Judaism
judasz *m* Judas; (*wizjer*) peephole
jutr|o *n adv* tomorrow; **do ~a!** see you tomorrow!; **~o wieczorem** tomorrow evening <night>
już *adv* already; **~ nie** no more, no longer; **~ nigdy** never again; **~ dawno** long ago; **i ~** and that's that

K

kabaczek *m bot.* marrow, *am.* squash
kabaret *m* cabaret
kabel *m* cable
kabina *f* cabin; (*telefoniczna*) (tele)phone booth <box>; (*w samolocie*) cockpit
kabriolet *m* convertible
kac *m* hangover
kaczka *f zool.* duck; **~ dziennikarska** canard
kadencja *f* tenure, term (of office)
kadłub *m* trunk; (*zwierzęcia*) carcass; (*statku*) hull; (*samolotu*) fuselage

kadr|a *f* personnel, staff; *woj.* cadre; *sport.* **~a narodowa** national team; *pl pot.* **~y** personnel

kadzidło *n* incense

kafelek *m* tile

kajak *m* kayak, canoe; **pływać ~iem** paddle

kajdanki *pl* handcuffs *pl*; **założyć komuś ~** handcuff sb

kajuta *f* cabin

kajzerka *f* kaiser roll

kakao *n* cocoa

kaktus *m* cactus

kalafior *m* cauliflower

kaleczyć *imperf vt* cut, hurt; *przen.* (*język*) murder

kaleka *m f* cripple, disabled person

kalendarz *m* calendar; (*terminarz*) diary

kalesony *pl* drawers, pants, long johns

kalka *f* (*kopiująca*) carbon paper; **~ techniczna** tracing paper

kalkulator *m* calculator

kaloria *f* calorie

kaloryfer *m* radiator, heater

kalosz *m* wellington, galosh; *przen.* **to inna para ~y** that's a different cup of tea

kałuża *f* puddle, pool

kamera *f* camera; **~ wideo** camcorder

kameraln|y *adj* (*nastrój*) intimate, cosy; **muzyka ~a** chamber music

kamienica *f* tenement house

kamienny *adj* stone *attr*; (*wzrok*) stony; (*sen*) heavy

kamień *m* stone; **~ szlachetny** gemstone; **~ milowy** milestone; **~ węgielny** cornerstone, *przen.* cornerstone, keystone; **~ żółciowy <nerkowy>** gallstone <kidney stone>; **przepaść jak ~ w wodę** disappear into thin air

kamionka *f* (*naczynie*) stoneware

kamizelka *f* waistcoat, *am.* vest; **~ ratunkowa** life jacket; **~ kuloodporna** bullet-proof vest

kampania *f* campaign; **~ wyborcza** electoral campaign

Kanadyjczyk *m* Canadian

kanadyjski *adj* Canadian
kanalizacja *f* sewage system
kanał *m* canal, (*rów*) ditch; (*ściekowy*) sewer; (*morski*, *telewizyjny*) channel; **kanał La Manche** the English Channel
kanapa *f* sofa, couch
kanapka *f* sandwich; ~ **z szynką** ham sandwich
kanarek *m zool.* canary
kancelaria *f* office; ~ **adwokacka** chambers *pl*, *am.* law firm
kanciarz *m pot.* swindler
kanclerz *m* chancellor
kandydat *m* candidate
kangur *m zool.* kangaroo
kanister *m* jerry can
kant *m* edge; (*spodni*) crease; *pot.* (*oszustwo*) swindle, fraud; *pot.* **puścić kogoś ~em** ditch sb
kantor *m* office; ~ **wymiany walut** exchange office
kap|ać *imperf vi* drip; trickle; (*o łzach*, *świecy*) run; **~ie mu z nosa** he runs <drops> at the nose
kapeć *m* slipper
kapela *f* band; ~ **ludowa** folk group; *pot.* (*zespół młodzieżowy*) band
kapelusz *m* hat
kapitalizm *m* capitalism
kapitalny *adj* (*zasadniczy*) fundamental; (*pot. świetny*) brilliant
kapitał *m* capital; ~ **zakładowy** initial capital
kapitan *m* captain
kaplica *f* chapel
kapliczka *f* wayside shrine
kapłan *m* priest
kapral *m* corporal
kaprys *m* caprice, whim, fancy; ~ **losu** quirk, caprice
kapsel *m* cap, seal
kaptur *m* hood
kapusta *f* cabbage; ~ **kiszona** sauerkraut; ~ **czerwona** red cabbage
kapuś *m pot.* stoolpigeon
kar|a *f* punishment; (*sądowa*) penalty; (*pieniężna*) fine; **~a cielesna** corporal punishment; **~a śmierci** death penalty, capital punishment; **za ~ę** as a punishment

karabin *m* rifle; ~ **maszynowy** machine gun
karać *imperf vt* punish; *prawn.* penalize; ~ **grzywną** fine
karaluch *m zool.* cockroach
karambol *m* multiple crash, pile
karawan *m* hearse
karawana *f* caravan
karczma *f* inn
kardynał *m* cardinal
kareta *f* carriage; (*w kartach*) four of a kind
karetka *f*: ~ **pogotowia** ambulance
kariera *f* career
karierowicz *m* careerist
kark *m* nape (of the neck); **brać kogoś za** ~ take sb by the collar; **nadstawiać ~u** run risk; **skręcić** ~ break one's neck
karmić *imperf vt* feed; (*piersią*) breast-feed, suckle; ~ **się** *vr* feed (**czymś** on sth)
karnawał *m* carnival
karnet *m* season ticket
karn|y *adj* disciplined; *prawn.* penal; **prawo ~e** criminal law; *sport.* **rzut ~y** penalty kick
karo *n* (*w kartach*) diamond
karoseria *f* body (of a car)
karp *m* carp
kart|a *f* (*w książce*) leaf; (*do gry*) (playing) card; **~a telefoniczna** phonecard; **~a kredytowa** credit card; **~a gwarancyjna** warranty; **~a pocztowa** postcard; **rozdawać ~y** deal cards; **grać w otwarte ~y** play with one's card on the table; *przen.* **postawić wszystko na jedną ~ę** stake everything on one roll of the dice
kartka *f* sheet (of paper); (*w książce*) leaf; ~ **pocztowa** postcard; ~ **bożonarodzeniowa** Christmas card
kartofel *m* potato
karton *m* cardboard; (*pudełko*) carton, cardboard box
kartoteka *f* card index; (*zbiór danych*) files *pl*
karuzela *f* merry-go-

round, roundabout, *am.* carousel

kasa *f* cash desk, checkout, till; (*na dworcu*) ticket office; (*w teatrze, w kinie*) box office; **~ pancerna** safe, strong box; **~ fiskalna** cash register

kaseta *f* cassette

kasjer *m* cashier; (*bankowy*) teller

kask *m* helmet

kasłać *imperf vi* cough

kasować *imperf vt* (*bilet*) punch; (*nagranie, plik*) erase

kasownik *m* ticket puncher

kasowy *adj* (*dot. obrotów bankowych*) cash *attr*; (*dochodowy*) box office *attr*; **sukces ~** box office success <hit>

kasyno *n* casino; *wojsk.* mess

kasz|a *f* groats; (*potrawa*) porridge; **~a manna** semolina (porridge); **~a jęczmienna** pearl barley (porridge); **~a gryczana** buckwheat (porridge); *przen.* **nie dać sobie w ~ę dmuchać** not to let o.s. be led by the nose

kaszanka *f kulin.* black <blood> pudding, *am.* blood sausage

kaszel *m* cough

kasztan *m* chestnut; (*drzewo*) chestnut (tree)

kat *m* executioner

kataklizm *m* disaster, calamity

katalog *m* catalogue

katar *m* catarrh, runny nose

katastrofa *f* disaster, catastrophe

katechizm *m* catechism

katedra *f* cathedral; (*na uniwersytecie*) chair

katolicyzm *m* Catholicism

katolik *m* Catholic

kaucja *f prawn.* bail

kaw|a *f* (*krzew*) coffee (tree); (*ziarna*) coffee (beans); (*napój*) coffee; (*porcja*) (a cup of) coffee; **czarna <biała> ~a** black <white> coffee; *przen.* **wyłożyć ~ę na ławę** not to mince words

kawaler *m* (*nieżonaty*) single, bachelor; (*młodzie-*

niec) youth; (*adorator*) beau; (*orderu*) knight

kawalerka *f* (*mieszkanie*) studio

kawał *m* (*duża część*) chunk; (*dowcip*) joke; (*psota*) (practical) joke; **~ czasu** ages; **~ chłopa** strapping fellow; **brzydki ~** foul trick

kawał|ek *m* bit, piece; **po ~ku** piece by piece

kawiarnia *f* coffee shop, café

kawior *m* caviar

kazać *imperf perf vi* tell (**komuś coś zrobić** sb to do sth); **~ komuś na siebie czekać** keep sb waiting

kazanie *n* sermon; *przen.* talking-to

każd|y *pron* every, each; (*każdy człowiek*) everybody, everyone; **~y z was** each of you; **~y by to zrobił** everybody would do it; **~y to wie** everybody knows that; **o ~ej porze** any time of the day; **w ~y wtorek** every Tuesday; **w ~ym calu** every bit <inch>; **z ~ym dniem** daily

kąpać *imperf vt* bath, *am.* bathe; **~ się** *vr* take a bath, *am.* bathe

kąpiel *f* bath; **~ słoneczna** sun bath; **wziąć ~** take a bath

kąpielowy *adj*: **strój ~** swimming costume, *am.* bathing suit; **ręcznik ~** bath towel

kąt *m* corner; *mat.* angle; **chodzić z ~a w ~** potter about; **mieć własny ~** have a corner of one's own; **postawić dziecko do ~a** send a child to the corner; **pod ~em czegoś** from the point of view of sth

kciuk *m* thumb

kefir *m* kefir

kelner *m* waiter

kelnerka *f* waitress

kemping *m* camp(ing) site

kempingow|y *adj*: **przyczepa ~a** caravan, *am.* trailer; **domek ~y** cabin, chalet

kęs *m* bite

kibic *m* looker-on; *sport.* supporter, fan

kicha|ć *imperf vi* sneeze; **~m na to** I don't give a hoot about it

kicz *m* kitsch

kiedy *conj* when, as; *adv* ever; (*podczas gdy*) while; **~ przyjedziesz?** when will you come?; **spał już, ~ ojciec wrócił** he was asleep when his father came back; **od ~?** since when?; **rzadko ~** hardly ever; **~ indziej** some other time

kiedykolwiek *conj* at any time, whenever; (*w pytaniach*) ever

kiedyś *adv* once, sometime; (*w przyszłości*) one <some> day, sometime; **~ pojedziesz** you will go some day; **~ dawno temu** long ago; **czy myślałeś ~ o tym?** have you ever thought about it?

kielisz|ek *m* glass; *pot.* **zaglądać do ~ka** hit the bottle

kieł *m* canine (tooth), eye tooth, fang; (*słonia*) tusk

kiełbasa *f* sausage

kiepsk|i *adj* mean, lousy; **~a wymówka** lame excuse

kier *m* (*w kartach*) heart

kiermasz *m* fair

kierować *imperf vt* direct; (*samochodem*) drive; (*firmą*) manage, run; **~ kroki dokądś** bend one's steps to a place; **~ się** *vr* go, direct, head; (*powodować się*) be guided, led, follow; **~ się instynktem** follow one's instinct

kierowca *m* driver

kierownica *f* (*samochodu*) (steering) wheel; (*roweru*) handlebar(s *pl*)

kierownictwo *n* management, administration

kierownik *m* manager

kierun|ek *m* direction; (*w sztuce*) trend; **w ~ku czegoś** towards sth, in the direction of sth; **pod czyimś ~kiem** under sb's guidance

kierunkowskaz *m* indicator, *am.* turn signal

kieszeń *f* pocket; **znać coś jak własną ~** know sth inside out

kieszonkowe *n* pocket money
kieszonkowiec *m* pickpocket
kij *m* stick; (*w grach*) bat; ~ **bilardowy** (billiards) cue; ~ **hokejowy** hockey stick; ~ **narciarski** ski stick
kilka, kilku *num* a few, several, some
kilkadziesiąt *num* a few dozen
kilkakrotnie *adv* several times, on several occasions
kilkanaście, kilkunastu *num* a dozen or so
kilkaset, kilkuset *num* a few hundred
kilkoro *num* a few, several, some
kilo *n pot.* kilo
kilogram *m* kilogram(me), kilo
kilometr *m* kilometre
kineskop *m* picture tube
kinkiet *m* wall light <lamp>
kin|o *n* cinema, *am.* the movies *pl*; **iść do ~a** go to the cinema <*am.* movies>
kiosk *m* kiosk, stand, stall; (*z gazetami*) newsstand, news agent
kisiel *m* jelly-type dessert made with potato starch
kiszka *f pot.* intestine, bowel, gut; *pot.* **ślepa ~** appendix
kiwać, kiwnąć *imperf perf vt* (*pot. oszukiwać*) double-cross; ~ **ręką** wave (one' hand) (**do kogoś** at <to> sb); ~ **ręką na pożegnanie** wave a farewell; ~ **głową** nod; **nie kiwnąć palcem** not to lift a finger; *sport.* dribble; **kiwać się** *vr* swing
klacz *f* mare
klakson *m* hoot, horn
klamerka *f* (*zapinka*) clasp
klamka *f* handle, knob
klamra *f* buckle, clamp; (*nawias*) brace
klapa *f* (*pokrywa*) cover; (*zawór*) valve; (*kołnierza*) lapel; (*pot. fiasko*) flop
klaps *m* smack, slap; **dać komuś ~a** smack <slap> sb
klas|a *f* class; (*sala szkolna*) classroom; (*rocznik szkolny*) form, *am.* grade; **gra w ~y** hopscotch

klaskać *imperf vi* clap (**w ręce** one's hands); (*bić brawo*) applaud
klasyczn|y *adj* classic(al); **filologia ~a** Classics; **taniec ~y** classical dance; **~y przykład** prime example; *sport.* **styl ~y** breaststroke
klasztor *m* convent, monastery
klatka *f* cage; *anat.* **~ piersiowa** chest; **~ schodowa** staircase; **~ filmowa** frame
klawiatura *f* keyboard
kląć *imperf vi* curse, swear
kleić *imperf vt* glue; **~ się** *vr* stick
klej *m* glue
klejnot *m* jewel, gem
klepk|a *f* stave; (*parkiet*) floorboard; *pot.* **brak mu piątej ~i** he has a screw loose
kler *m* clergy
kleszcz *m* tick
klęczeć *imperf vi* kneel
klęczk|i *pl*: **na ~ach** on one's knees
klękać *imperf vi* kneel (down)
klęsk|a *f* defeat, disaster; **ponieść ~ę** suffer defeat; **zadać ~ę** defeat; **~a żywiołowa** natural calamity
klient *m* client; (*w sklepie*) customer
klimat *m* climate
klimatyzacja *f* air conditioning
klinika *f* clinic
klips *m* clip
klocek *m* (*do zabawy*) block; *mot.* **~ hamulcowy** brake pad
klomb *m* (flower) bed
klops *m* meatball; *pot.* flop
klosz *m* (*abażur*) (lamp)-shade; (*krój spódnicy*) flare (of a skirt)
klozet *m* lavatory, toilet, *am.* restroom
klub *m* club
klucz *m* key; *muz.* clef; *techn.* spanner, *am.* wrench; (*do zagadki, problemu*) clue; **zamknąć na ~** lock; **trzymać pod ~em** keep under lock and key
kluczow|y *adj* key *attr*; **~a rola** key role

kluska *f* dumpling, noodle

kładka *f* footbridge

kłamać *imperf vi* lie; **~ jak najęty** lie blatantly

kłamca *m* liar

kłamstwo *n* lie

kłaniać się *imperf vr* bow, nod; (*pozdrawiać*) greet (**komuś** sb)

kłaść *imperf vt* lay, put; **~ kogoś spać** put sb to bed; **~ czemuś kres** put an end to sth; **~ nacisk na coś** lay <place> emphasis on sth; **~ trupem** kill; **~ komuś coś do głowy** din sth into sb's ears; **~ się** *vr* lie down; **~ się spać** go to bed

kłopot *m* problem; **~y** *pl* trouble; **mieć ~y** be in trouble; **wpaść w ~y** get into trouble

kłócić się *imperf vr* argue, quarrel (**o coś** about sth); (*nie pasować*) clash

kłódk|a *f* padlock; **zamknąć na ~ę** padlock

kłótnia *f* quarrel, argument, row

kłu|ć *imperf vt vi* prick; *przen.* **~je mnie w boku** I have a stabbing pain in my side; **~ć w oczy** *pot.* make people jealous

kminek *m* caraway (seed)

knajpa *f pot.* joint

koalicja *f* coalition

kobiecy *adj* feminine, female, women's *attr*

kobieta *f* woman

kobra *f zool.* cobra

koc *m* blanket

kochać *imperf vi* love; **~ się** *vr* be in love (**w kimś** with sb), make love (**z kimś** to sb)

kochanek *m* lover

kochanie! *int* darling!

kochanka *f* lover, mistress

kochany *adj* dear; **mój ~** my love <dear>

kociak *m* kitten; *pot.* (*o dziewczynie*) chick

kocioł *m techn.* boiler

kod *m* code; **~ pocztowy** postcode, *am.* zip code

kodeks *m* code; **~ drogowy** rules of the road; **~ cywilny <karny>** civil <criminal> code

kofeina *f* caffeine
kogel-mogel *m kulin.*, *pot.* yolk stirred with sugar
kogut *m* cock, *am.* rooster
kojarz|yć *imperf vt* (*fakty*) associate; (*pary*) join; *pot.* **nie ~ę** I don't get it; **~yć się** *vr*: **to mi się ~y z...** it makes me think of...; **to mi się z niczym nie ~y** this has no meaning for me
kok *m* bun
kokaina *f* cocaine
kokarda *f* bow
kokietować *imperf vt* coquet
kokos *m* coconut; *pot.* **robić ~y** rake it in
kokosow|y *adj*: **wiórki ~e** desiccated coconut; **~y interes** *pot.* gold mine
koktajl *m* cocktail
kolacj|a *f* supper; **jeść ~ę** have supper
kolan|o *n* knee; **po ~a** knee-deep
kolarstwo *n* cycling
kolarz *m* cyclist
kolba *f* (*karabinu*) butt; (*kukurydzy*) cob
kolczyk *m* earring
kolec *m* spike, thorn; (*u zwierząt*) spine
kolega *m* friend; **~ z pracy** colleague, fellow worker; **~ szkolny** classmate, school friend
kole|j *f* railway, *am.* railroad; (*następstwo*) turn; **po ~i** in turn; **~j na mnie** it's my turn
kolejarz *m* railwayman, *am.* railroader
kolej|ka *f* train; **~ka linowa** cable railway; **~ka wąskotorowa** narrow-gauge railway, *am.* narrow-gage railroad; (*ogonek*) queue, line; **stać w ~ce po coś** queue for sth; *pot.* **postawić ~kę** buy a round (of drinks)
kolejno *adv* in turn
kolejnoś|ć *f* order, sequence; **w ~ci** successively
kolejny *adj* succeeding, following; (*następny*) next
kolekcja *f* collection
kolekcjoner *m* collector
koleżanka *f* friend; **~ z**

pracy colleague, fellow worker; **~ szkolna** classmate, school friend

kolę|da *f* Christmas carol; **chodzić po ~dzie** go carolling

kolidować *imperf vi* clash (**z czymś** with sth)

kolizj|a *f* collision; (*sprzeczność*) conflict; **w ~i z prawem** against the law

kolokwium *n* test

koloni|a *f*: **~a domków** housing estate(s *pl*), *am.* housing project; **~e letnie** *pl* summer camp

kolońsk|i *adj*: **woda ~a** cologne, eau de Cologne

kolor *m* colour; (*w kartach*) suit; **jakiego ~u jest...?** what colour is...?

kolorow|y *adj* (*wielobarwny*) colourful; **~a telewizja** colour television; **ludność ~a** coloured people

kolumna *f* column; (*głośnikowa*) speaker

kołdra *f* quilt, duvet

kołnierz *m* collar

koł|o[1] *n* (*okrąg*) circle, ring; (*pojazdu*) wheel; (*grupa ludzi*) circle, sphere; **obwód ~a** circumference; **błędne ~o** vicious circle; **~o zapasowe** spare wheel; **~o zębate** cogwheel; **~o ratunkowe** lifebelt; **~o polarne** polar circle; **~a polityczne <parlamentarne>** *pl* political <parlamentary> circles *pl*

koło[2] *praep* (*obok*) near, close to; (*w przybliżeniu*) around, somewhere round

kołować *imperf vi* (*krążyć*) circle, go in circles; (*o samolocie*) taxi; **~ kogoś** *vt* (*pot. oszukiwać*) lead sb a pretty dance

kołysać *imperf vt* rock; (*drzewami*) sway, swing; (*o statku*) roll; (*do snu*) lull; **~ się** *vr* rock; (*o drzewie*) sway

kołysanka *f* lullaby

kołyska *f* cradle

komar *m zool.* mosquito

kombajn *m* (combine) harvester

kombatant *m* veteran

kombi *n* estate car, *am.* station wagon

kombinacja *f* combination; (*sprytny plan*) contrivance, scheme
kombinat *m* works, plant, factory
kombinator *m pot.* wheeler-dealer
kombinerki *pl* combination pliers *pl*, *am.* lineman's pliers *pl*
kombinezon *m* (*roboczy*) uniform; (*zimowy*) snow suit
kombin|ować *imperf vi* (*zastanawiać się*) think; (*działać podstępnie*) engineer, contrive, wangle; **on coś ~uje** he is up to something
komedia *f* comedy
komend|a *f* command; (*dowództwo*) headquarters; **wydać ~ę** command; **pod czyjąś ~ą** under sb's command; **jak na ~ę** in unison; **~a policji** police headquarters
komendant *m* commanding officer
komentarz *m* commentary; (*uwaga*) comment; **bez ~a** no comment
komentować *imperf vt* comment (**coś** on sth)
komercjalizacja *m* commercialization
kometa *f* comet
kometka *f pot.* badminton
komfort *m* comfort
komfortowy *adj* (*wygodny*) comfortable; (*luksusowy*) luxury *attr*, luxurious
komiczny *adj* comic(al)
komiks *m* comic strip, cartoon; (*pismo*) comic, *am.* comic book
komin *m* chimney
kominek *m* fireplace
kominiarz *m* chimney sweep
komis *m* (*sklep*) commision shop <agent>; **oddać coś w ~** deposit sth for commision sale
komisariat *m*: **~ policji** police station
komisja *f* commission, committee; **~ egzaminacyjna** examining board; **stała ~** standing committee
komitet *m* committee; **~ rodzicielski** parent-teach-

er association, PTA, *am.* parents' association
komoda *f* chest of drawers
komora *f* chamber; **~ celna** customs-house
komorne *n pot.* rent
komórk|a *f biol.* cell; (*schowek*) closet; (*organizacyjna*) unit; *anat.* **szare ~i** grey <*am.* gray> matter
komórkowy *adj* cellular; **telefon ~** cellular (tele)-phone, mobile phone
kompakt *m* (*płyta*) CD; (*odtwarzacz*) CD player
kompania *f woj.* company; (*towarzystwo*) company; **~ honorowa** guard of honour
kompas *m* compass
kompatybilny *adj* compatible
kompetentny *adj* competent
kompleks *m* complex; **~ niższości** inferiority complex
komplement *m* compliment; **prawić ~y** pay compliments
komple|t *m* set; (*ubraniowy*) suit; **~t mebli** suite of furniture; **~t na widowni** full house; **być w ~cie** be present in full force
kompletny *adj* complete, full; (*zupełny*) complete, thorough, total; **~ wariat** utter fool
komplikować *imperf vt* complicate
komponować *imperf vt* compose
kompot *m* stewed fruit; *pot.* homemade drug
kompozycja *f* composition
kompozytor *m* composer
kompres *m* compress
kompromis *m* compromise, concession; **iść na ~** compromise (**w sprawie czegoś** on sth)
kompromitować *imperf vt* discredit; **~ się** *vr* disgrace o.s.
komputer *m* computer
komputerow|y *adj*: **sprzęt ~y** hardware; **oprogramowanie ~e** software
komuna *f* commune; (*pot. system komunistyczny*) communist system; *pot.* (*komuniści*) communists

komunia *f* communion
komunikacj|a *f* transport, *am.* transportation; (*łączność*) communication; **~a miejska** public transport <*am.* transportation>; **środki ~i** means of transport <*am.* transportation>
komunikat *m* bulletin
komunista *m* communist
komunizm *m* communism
koncentracja *f* concentration
koncentracyjny *adj*: **obóz ~** concentration camp
koncentrat *m* concentrate; **~ pomidorowy** tomato puree
koncentrować *imperf vt* concentrate; **~ się** *vr* concentrate (**na czymś** on sth)
koncepcja *f* concept, conception
koncern *m* concern
koncert *m* concert; (*utwór*) concerto
koncesja *f* concession, licence
kondolencje *pl* condolences *pl*; **składać ~** offer one's condolences
kondom *m* condom
konduktor *m* conductor, ticket inspector
kondycj|a *f* (*sprawność fizyczna*) fitness; **być w dobrej <złej> ~i** be in a good <bad> shape; **~a finansowa** financial standing
koneksje *pl* connections *pl*
konewka *f* watering can
konfederacja *f* confederation
konfekcja *f* ready-to-wear clothes
konferansjer *m* compere, master of ceremony
konferencja *f* conference; **~ prasowa** press conference
konfiskata *f* confiscation
konfitura *f* conserve
konflikt *m* conflict
konfrontacja *f* confrontation
kongres *m* congress
koniak *m* (*francuski*) cognac; brandy
koniczyna *f bot.* clover
koniec *m* end; (*czubek*) tip; **dobiegać końca** be drawing to an end; **w**

końcu finally; **pod ~** at the end; **bez końca** without end, on and on; **mieć coś na końcu języka** have sth on the tip of one's tongue; **wiązać ~ z końcem** make ends meet

konieczny *adj* necessary, essential

konik *m* small horse, pony; **~ polny** grasshopper

koniunktura *f*: **dobra <zła> ~** boom <slump> in the market

konkretny *adj* concrete

konkubina *f* concubine

konkurencja *f* competition; *sport.* event

konkurs *m* competition, contest

konn|y *adj* horse *attr*; (*pojazd*) horse-drawn; (*policja*) mounted; **jazda ~a** horse riding; **wyścigi ~e** horseraces

konsekwencj|a *f* consistency; (*skutek*) consequence; **ponosić ~e czegoś** take <suffer> consequences of sth

konsekwentny *adj* consistent

konserwa *f* tinned <*am.* canned> food

konserwatysta *m* conservative

konspiracja *f* (*tajność*) conspiracy; (*podziemie*) underground

konstrukcja *f* (*budowla*) structure, construction; (*budowa*) construction

konstytucja *f* constitution

konsul *m* consul

konsulat *m* consulate

konsultacja *f* consultation

konsultant *m* consultant; (*o lekarzu*) consulting physician

konsument *m* consumer

konsumpcja *f* consumption

konsumpcyjn|y *adj* consumer *attr*; **towary ~e** consumer goods

konsylium *n med.* consultation

kontak|t *m* contact; (*gniazdko*) socket, *am.* outlet; (*wyłącznik*) switch; **być w ~cie** be in contact <touch> (**z kimś** with sb); **stracić ~t** lose

touch (**z kimś** with sb); **włączyć do ~tu** plug in
kontener *m* container
konto *n* account; **założyć ~** open an account; *przen.* **mieć czyste ~** have a clear record
kontrabas *m* double bass
kontrahent *m* contracting party
kontrakt *m* contract (**na coś** for <of> sth); **zawrzeć ~** contract <enter into a contract>
kontrast *m* contrast
kontrol|a *f* (*sprawdzenie*) check, inspection; (*nadzór*) control; **przeprowadzić ~ę** check <inspect> (**czegoś** sth)
kontroler *m* inspector; (*biletów*) ticket inspector
kontrolny *adj* control *attr*, testing
kontrolować *imperf vt* check (on), control
kontrwywiad *m* counter-espionage, counterintelligence
kontuar *m* counter
kontuzja *f sport.* injury
kontynent *m* continent
kontynuować *imperf vt* continue, pursue
konwalia *f bot.* lily of the valley
konwencja *f* convention
konwersacja *f* conversation
konwojent *m* escort
konwój *m* convoy
koń *m* horse; (*w szachach*) knight; **~ mechaniczny** horsepower; **~ na biegunach** rocking horse; **~ wierzchowy** saddle-horse; **zdrów jak ~** (as) sound as a bell; *przen.* **~ by się uśmiał** it would make a cat laugh
końcowy *adj* final; **~ przystanek** terminal
kończy|ć *imperf vt* end, finish; **~ć 10 lat** be getting on for ten years; **~ć się** *vr* end, finish, terminate; **~ nam się chleb** we're running out of bread
kończyna *f* limb
koński *adj*: **~ ogon** (*uczesanie*) ponytail
kooperacja *f* co-operation

koordynacja *f* co-ordination

kopać *imperf vt vi* dig; (*nogą*) kick

kopalnia *f* mine; ~ **węgla** coal mine; *przen.* ~ **wiedzy** mine of information

kopalny *adj* fossil

koparka *f* excavator

koper *m* dill

koperta *f* envelope

kopia *f* copy; (*obrazu*) reproduction; (*broń*) (tilting) lace

kopiować *imperf vt* copy

kopytka *pl* potato dumplings *pl*

kopyt|o *m* hoof; *pot.* **wyciągnąć ~a** kick the bucket

kora *f* bark; *anat.* ~ **mózgowa** cortex

koral *m zool.* coral; **~e** *pl* (necklace of) beads

koralik *m* bead

korba *f* crank

Koreańczyk *m* Korean

koreański *adj* Korean

korek *m* cork; (*zatyczka*) plug; *pot. elektr.* fuse; (*w bucie*) lift; (*uliczny*) (traffic) jam

korekta *f* proof-reading; (*poprawka*) correction

korepetycj|e *pl* private lessons *pl*; **udzielać ~i** give private lessons, coach (**komuś z czegoś** sb in sth)

korespondencja *f* correspondence; (*listy*) post, *am.* mail

korespondent *m* correspondent

korespondować *imperf vi* correspond, exchange letters

korkociąg *m* corkscrew

korona *f* crown; ~ **drzewa** treetop; ~ **cierniowa** crown of thorns; *przen.* ~ **ci z głowy nie spadnie** it won't tarnish your halo

koronka *f* lace; (*na zębie*) crown, *am.* cap

korozja *f* corrosion

korpus *m* trunk, body; *woj.* (army) corps; ~ **dyplomatyczny** diplomatic corps

kort *m*: ~ **tenisowy** tennis court

korupcja *f* corruption

korygować *imperf vt* correct

korytarz *m* hall, corridor, passage, passageway

koryto *n* trough; (*rzeki*) bed

korze|ń *m* root; *przen.* **zapuszczać ~nie** put down roots

korzystać *imperf vi* (*użytkować*) use (**z czegoś** sth); (*odnosić korzyść*) benefit, profit (**na czymś** by <from> sth); (*wyzyskać*) take advantage (**z czegoś** of sth); **~ ze słownika** use a dictionary; **~ z okazji** take <seize> an opportunity; **~ z życia** enjoy life

korzystn|y *adj* (*przynoszący korzyść*) profitable; (*pomyślny*) favourable; **mieć ~e zdanie o kimś** have a high opinion about sb

korzyś|ć *f* (*pożytek*) advantage; (*zysk*) profit; **na czyjąś ~ć** in favour of sb; **mieć ~ć z czegoś** profit, gain by sth; **czerpać ~ci** derive profit (**z czegoś** from sth)

kosić *imperf vt* mow

kosmetyczka *f* (*kobieta*) beautician; (*torebka*) vanity bag <case>

kosmetyczny *adj* cosmetic; **gabinet ~** beauty salon <parlour>

kosmetyk *m* cosmetic

kosmiczn|y *adj* space *attr*; cosmic; **przestrzeń ~a** (outer) space; **promieniowanie ~e** cosmic rays; **statek ~y** spacecraft, spaceship

kosmita *m* extraterrestrial, *pot.* alien

kosmonauta *m* astronaut

kosmos *m* (*przestrzeń kosmiczna*) (outer) space; (*wszechświat*) cosmos

kostium *m* (*damski*) suit; (*teatralny*) costume; **~ kąpielowy** bathing suit

kostka *f* (*u ręki*) knuckle; (*u nogi*) ankle; (*sześcian*) cube; (*do gry*) dice; **~ cukru** sugar lump; **~ brukowa** cobblestones *pl*

kostnica *f* mortuary, morgue

kosz *m* basket; **~ na śmieci** dustbin, waste

basket, *am.* garbage can; *pot.* **grać w ~a** play basketball; *przen.* **dostać ~a** be rejected

koszary *pl* barracks *pl*

koszmar *m* nightmare

koszt *m* cost, price; **~y** *pl* cost, expense; *przen.* **~em czegoś** at the cost <expense> of sth; **na ~ firmy** on the house; **bez względu na ~** at all costs; **bawić się cudzym ~em** have a laugh at sb's expense <cost>; **~y utrzymania** cost of living; **~y podróży** travelling expenses

kosztorys *m* cost estimate <calculation>

koszt|ować *imperf vt* cost; (*próbować*) try, taste; **ile to ~uje?** how much does it cost <is it>?

kosztowny *adj* dear, expensive, costly

koszula *f* shirt; (*bielizna damska*) chemise; **~ nocna** nightdress, nightgown

koszulka *f* T-shirt

koszyk *m* basket

koszykówka *f sport.* basketball

kościół *m* church

koś|ć *f* bone; **~ci** *pl* (*do gry*) dice; **~ć słoniowa** ivory; *przen.* **~ć niezgody** bone of contention; **przy ~ci** plump; **zmarznąć na ~ć** be chilled to the bone <marrow>; **porachować komuś ~ci** beat sb black and blue

kot *m zool.* cat; *przen.* **biegać jak ~ z pęcherzem** be restless; *przen.* **żyć jak pies z ~em** live like cat and dog; *przen.* **kupować ~a w worku** buy a pig in a poke; **~y** *pl* (*rodzina*) the felines

kotara *f* curtain

kotek *m* (*młody kot*) kitten; *pot.* pussy(cat)

kotlet *m* cutlet, chop; **~ schabowy** pork chop; **~ mielony** patty

kotlina *f* valley

koturn *m* wedge heel

kotwica *f* anchor

kowal *m* blacksmith

koz|a *f zool.* goat; *pot.* (*piecyk*) iron stove; *pot.* (*więzienie*) clink, nick;

pot. **raz ~ie śmierć!** sink or swim!
kozaczki *pl* high boots *pl*
kozioł *m* billygoat; *sport.* (*przyrząd gimnastyczny*) horse; *przen.* **~ ofiarny** scapegoat
kożuch *m* sheepskin coat; (*na mleku*) skin
kółko *n* circle, ring; **biegać w ~** run in circles; **w ~ to samo** over and over (again)
kpić *imperf vi* scoff, mock, jeer
kra *f* ice floe
krab *m zool.* crab
krach *m* crash, slump, smash
kradzież *f* theft, robbery; **~ w sklepie** shoplifting
kraj *m* country, land
krajobraz *m* scenery, landscape
krajowiec *m* native
krajowy *adj* national; domestic; homemade; home
kraksa *f* crash, accident
kran *m* tap, *am.* faucet
krańcowy *adj* extreme
krasnoludek *m* dwarf
kraść *imperf vt* steal (**coś komuś** sth from sb)
krata *f* grating, bars *pl*; (*wzór*) check
krater *m* crater
kratk|a *f*: **w ~ę** (*o papierze*) squared; (*o tkaninie*) checked, checkered; **w ~ę** (*nieregularnie*) irregularly; **za ~ami** behind bars
kraul *m sport.* crawl (stroke); **pływać ~em** do <swim> the crawl
krawat *m* (neck) tie
krawcowa *f* dressmaker
krawędź *f* edge
krawężnik *m* kerb, *am.* curb
krawiec *m* tailor; (*damski*) dressmaker, *am.* seamstress
krążek *m* disc, *am.* disk; (*hokejowy*) puck
krążyć *imperf vi* circulate, make circles, rotate; (*o przedmiocie*) be passed; **~ po pokoju** walk up and down a room
kreda *f* chalk
kredens *m* cupboard
kredka *f* crayon, coloured pencil; **~ do oczu** eyeliner

kredyt *m* credit; ~ **hipoteczny** mortgage; **kupować na** ~ buy on credit; ~ **zaufania** confidence, trust

krem *m* cream; ~ **nawilżający** moisturizing cream; *kulin.* **ciastko z ~em** cream cake

kreska *f* line; (*w wyrazie*) hyphen

kreskówka *f* (animated) cartoon

kreślić *imperf vt* draught, draft; (*skreślać*) cross out

kret *m zool.* mole

kretyn *m* cretin

krew *f* blood; **rozlew krwi** bloodshed; **dawca krwi** blood donor; **grupa krwi** blood group; **mrożący ~ w żyłach** bloodcurdling; **zachować zimną ~** keep cool

krewetka *f* shrimp, prawn

krewny *m* relative, relation

kręci|ć *imperf vt* (*obracać*) turn, twirl, spin; (*ucierać*) mix; *pot.* (*kierować*) boss, run the show; *vi pot.* (*wyłgiwać się*) gibble; **~ć film** shoot a film; **~ć sobie włosy** curl one's hair; **~ć głową** shake one's head; **~ć się** *vr* (*w koło*) turn round, rotate, spin; (*wiercić się*) fidget, wriggle; (*wić się*) wind, bend; ~ **mi się w głowie** I feel dizzy; **~ć się pod nogami** get under foot

kręgielnia *f* bowling alley

kręgle *pl* (*gra*) skittles *pl*, bowling

kręgosłup *m* spine, backbone

kręgowce *pl zool.* vertebrates

krępować się *imperf vr* (*żenować* się) be <feel> embarrased

kroić *imperf vt* cut; (*materiał*) tailor; ~ **chleb** slice bread; ~ **w kostkę** dice

krok *m* step, pace; (*działanie*) move, measure, steps *pl*; **dotrzymywać ~u** keep up (**komuś** with sb); **poczynić ~i** take steps <measures>; ~ **za ~iem** step by step

krokiet *m kulin.* croquette

krokodyl *m zool.* crocodile

kromka *f* slice; ~ **chleba** slice of bread

kronika *f* chronicle; ~ **towarzyska** gossip column; ~ **filmowa** newsreel

krop|ka *f* dot; (*znak przestankowy*) full stop, *am.* period; *przen.* **być w ~ce** be stuck between a rock and a hard place; **w ~ki** dotted, spotted

kropl|a *f* drop; **~e do oczu** eye drops; **jak dwie ~e wody** as two peas, as peas in a pod

kroplówka *f med.* drip

krosta *f* spot, pimple

krowa *f zool.* cow

krój *m* cut

król *m* king

królestwo *n* kingdom; *przen.* realm

królewski *adj* royal, king <queen> *attr*

królik *m zool.* rabbit

królowa *f* queen; ~ **piękności** beauty queen

krótk|i *adj* short; (*zwięzły*; *krótkotrwały*) brief; **mieć ~i wzrok** be shortsighted <nearsighted>; *przen.* **na ~ą metę** in the short run; **w ~im czasie** in a short time; **w ~ich słowach** briefly, in brief

krótko *adv* short; (*zwięźle*) briefly; ~ **mówiąc** in brief, in short

krótkotrwały *adj* of short duration, short-lived *attr*

krótkowidz *m* shortsighted person

krówka *f* (*cukierek*) fudge; **boża** ~ ladybird, *am.* ladybug

krtań *f* larynx

kruchy *adj* (*łamliwy*) fragile; (*wątły*) frail; (*chrupiący*) crisp, crusty; (*o mięsie*) tender

kruk *m zool.* raven; *przen.* **biały** ~ white crow, rarity

krupnik *m kulin.* barley soup

kruszyć *imperf vt* crumble; (*miażdżyć*) crush; *przen.* ~ **kopie o coś** fight over sth; ~ **się** *vr* crumble

krwawić *imperf vi* bleed

krwiodawca *m* blood donor

krwotok *m* haemorrhage, bleeding

kryć *imperf vt* (*ukrywać*) hide, conceal; (*okrywać*) cover; *sport.* cover; *przen.* **~ kogoś** cover up for sb; **~ się** *vr* hide; **~ się z czymś** keep sth hidden
kryjówka *f* hideout
kryminalista *m* criminal
kryminał *m* (*lektura*) detective story; (*film*) detective picture; *pot.* (*więzienie*) slammer
kryształ *m* crystal
kryterium *n* criterion
kryty *adj* covered; *pot.* clean
krytyk *m* critic
krytyka *f* criticism; (*recenzja*) critique
krytykować *imperf vt* criticize
kryzys *m* crisis, depression
krzak *m* bush, shrub; **~i** *pl* shrubbery
krzesło *n* chair; **~ składane** collapsible <folding> chair
krztusić się *imperf vr* choke
krzyczeć *imperf vi* shout, screem; **~ na kogoś** shout at sb; **~ z bólu** scream with pain; **~ z radości** shout for joy
krzyk *m* shout, scream; *przen.* **ostatni ~ mody** all the rage
krzywd|a *f* harm, wrong; **wyrządzić komuś ~ę** harm sb
krzywica *f med.* rickets
krzywo *adv*: **~ patrzeć na kogoś <coś>** frown at sb <sth>; **~ stać** stand askew
krzyw|y *adj* crooked; (*powierzchnia*) uneven; **~a** *s mat.* curve
krzyż *m* cross; *anat.* small of the back; **na ~** crosswise; **znak ~a** the sign of the cross; *przen.* **dźwigać swój ~** bear one's cross; **bóle w ~u** pains in the small of the back
krzyżówka *f* crossword
ksenofobia *f* xenophobia
kserokopia *f* Xerox (copy)
kserograf *m* Xerox (machine), copier
kserować *imperf vt* Xerox
ksiądz *m* priest
książeczka *f*: **~ oszczęd-**

nościowa savings book; ~ **do nabożeństwa** prayer book

książę *m* prince, duke

książka *f* book; ~ **telefoniczna** telephone book, directory; ~ **kucharska** cookbook, cookery book

księg|a *f* tome; **~a pamiątkowa** visitors' book; **~a wieczysta** chain of title; *handl.* **prowadzić ~i** keep accounts

księgarnia *f* bookshop, *am.* bookstore

księgowość *f* book-keeping, accounting; (*dział w firmie*) accounts

księgowy *m* accountant

księżyc *m* moon; ~ **w pełni** full moon; **w świetle ~a** in the moonlight

kształcić *imperf vt* educate, instruct; (*cechę charakteru*) train, school; ~ **się** *vr* learn, go to school

kształ|t *m* shape; **w ~cie gruszki** pear-shaped; **nadać ~t** shape; *pl pot.* **~ty** curves *pl*

kto *pron* who; ~ **tam?** who is it?; ~ **bądź** anybody, anyone; **byle** ~ no matter who; **mało** ~ hardly anybody <anyone>; ~ **chce, może wyjść** those who wish (to) may leave

ktokolwiek *pron* anybody, anyone

ktoś *pron* somebody, someone; ~ **inny** somebody <someone> else

którędy *pron* which way

któr|y *pron* who, which, that; **~y chcesz?** which one do you want?; **~a godzina?** what time is it?, what's the time?; **ta, ~ą widzisz** the one (that) you see; **nie wiem, ~y wybrać** I don't know which one to choose; **człowiek, z ~ym rozmawiałem** the man (that) I talked to; **~y bądź** any; **rzadko ~y** hardly any

któryś *pron* one, some

Kubańczyk *m* Cuban

kubański *adj* Cuban

kubek *m* mug; *pot.* ~ **w** ~ **jak...** the very image of...

kubeł *m* (*wiadro*) bucket; (*na śmieci*) dustbin, waste basket, *am.* garbage can

kucać *imperf vi* squat
kucharz *m* cook
kuchenka *f* (*urządzenie*) cooker, stove; **~ gazowa <elektryczna>** gas <electric> cooker; **~ mikrofalowa** microwave (oven), microwave cooker
kuchnia *f* (*pomieszczenie*) kitchen; (*potrawy*) cuisine; **~ polska** Polish cuisine
kucyk *m* pony; (*fryzura*) ponytail
kufel *m* (*naczynie*) mug; (*porcja*) pint (of beer)
kujon *m pot.* swot, *am.* grind
kukiełka *f* puppet
kukiełkowy *adj*: **teatr ~** puppetshow
kukułk|a *f* cuckoo; **zegar z ~ą** cuckoo clock
kukurydz|a *f* maize, *am.* corn; **prażona ~a** popcorn; **kolba ~y** corn cob
kula *f* ball; (*bryła*) sphere; (*proteza*) crutch; (*do gry*) bowl; (*pocisk*) bullet; **~ śnieżna** snowball; **~ ziemska** the globe; *przen.* **~ u nogi** ball and chain
kulawy *adj* lame; (*stół*) rickety
kuleć *imperf vi* limp
kulig *m* sleigh ride
kult *m* cult
kultur|a *f* culture; **brak ~y** lack of manners; **dom ~y** community centre; **~a fizyczna** physical education
kulturalny *adj* (*człowiek*) well-mannered, cultured; (*rozwój, życie*) cultural
kumpel *m pot.* mate, pal, chap
kupa *f* (*sterta*) pile; *pot.* lump of faeces
kupić *perf vt* buy, purchase; **~ coś tanio** buy sth cheap
kupiec *m* merchant, dealer; (*nabywca*) buyer
kupować *imperf vt zob.* **kupić**
kura *f zool.* hen; *przen.* **~ domowa** homebody; **jak zmokła ~** like a drowned rat; *przen.* **~ znosząca złote jaja** the goose with the golden eggs
kuracj|a *f* cure, treat-

ment; **zastosować ~ę** take a cure
kurcz *m* cramp
kurczę *n zool.* chicken; **pieczone ~** roast chicken; *pot.* **~!** darn!
kurczyć się *imperf vr* (*o tkaninie, zapasach*) shrink; (*ściągać się*) contract
kuria *f* curia
kuropatwa *f zool.* partridge
kurs *m* (*przejazd*) ride; (*kierunek*) course; (*szkolenie*) course; **~ walut** exchange rate; **~ na prawo jazdy** driving course; **~ tańca** dancing classes; **chodzić na ~y** attend classes; *pot.* **być w ~ie** be up-to-date
kursować *imperf vi* circulate; (*o komunikacji*) run
kurtka *f* jacket; (*zimowa*) anorak
kurtyna *f* curtain
kurwa *f wulg.* whore
kurz *m* dust
kusić *imperf vt* tempt; **~ los** tempt fate <providence>
kuszetka *f* berth, couchette; sleeping car
kutas *m wulg.* prick
kuzyn *m* cousin
kuźnia *f* smithy, forge
kwadrans *m* quarter; **~ po piątej** quarter past, <*am.* after> five; **za ~ trzecia** quarter to three
kwadrat *m* square
kwalifikacje *pl* qualifications *pl*
kwarantanna *f* quarantine
kwartał *m* quarter
kwartet *m* quartet
kwas *m* acid
kwaśn|y *adj* sour, acid; **~a mina** wry face; **~e mleko** sour milk; **~y deszcz** acid rain
kwatera *f woj.* billet, quarters *pl*; **~ prywatna** lodging
kwaterunkow|y *adj*: **mieszkanie ~e** council flat, *am.* public housing
kwestia *f* (*sprawa*) issue; question, matter; **~ gustu** matter of taste
kwestionariusz *m* questionnaire

kwiaciarnia *f* florist('s)
kwiat *m* flower; (*roślina doniczkowa*) plant; (*drzewa owocowego*) blossom; *przen.* **~ młodzieży** the cream of youth; **w kwiecie wieku** in the prime of life
kwiecień *m* April
kwietnik *m* flowerbed
kwintet *m* quintet
kwit *m* receipt, slip; **~ na bagaż** luggage receipt, *am.* baggage claim slip
kwitnąć *imperf vi* (*o kwiatach*) bloom; (*o drzewach*) blossom; *przen.* flourish, thrive
kwot|a *f* sum, amount; **na ~ę** amounting to

L

labirynt *m* labyrinth, maze
laboratorium *m* laboratory, *pot.* lab
lać *imperf vt vi* (*płyn*) pour; *pot.* (*bić*) beat, belt; **leje jak z cebra** it's pouring with rain, it's raining cats and dogs; *pot.* **~ wodę** waffle; **~ się** *vr* pour; *pot.* (*bić się*) fight
lada *f* (*sklepowa*) counter; *part* **~ chwila** any minute; **nie ~ osiągnięcie** no mean achievement
laicki *adj* lay
laik *m* layman
lakier *m* lacquer, varnish; **~ do paznokci** nail polish; **~ do włosów** hair spray
lalka *f* doll
lamentować *imperf vi* lament
lampa *f* lamp
lampart *m zool.* leopard
lampka *f* lamp; **~ wina** glass of wine
landrynka *f* fruit drop
lanie *n* hiding, beating
lansować *imperf vt* promote, launch
las *m* wood, forest; **~ liściasty <iglasty>** deciduous <coniferous> forest

laska *f* (walking) stick, cane; *pot.* (*dziewczyna*) chick

lat|a *pl* years *pl*; **ile masz ~?** how old are you?; **mam 10 ~** I'm ten (years old); **~a dwudzieste** the twenties; **sto ~!** many happy returns (of the day)!

latać *imperf vi* fly; (*biegać*) run; **~ za dziewczynami** run after <chase> girls

latarka *f* torch, *am.* flashlight

latarnia *f* lantern; **~ uliczna** street lamp; **~ morska** lighthouse

lataw|iec *m* kite; **puszczać ~ca** fly a kite

lat|o *n* summer; **~em** in (the) summer; **babie ~o** (*okres*) Indian summer; (*pajęczyna*) gossamer

laureat *m* prizewinner

lawa *f* lava

lawenda *f bot.* lavender

lawina *f* avalanche

ląd *m* land; **~ stały** mainland; **~em** by land

lądować *imperf vi* land

lądowy *adj* land *attr*, terrestrial; **transport ~** overland transport

leci|eć *imperf vi* fly; (*pędzić*) fly, dash; (*o czasie*) fly, pass; (*o liściach*) fall (down); (*o krwi*) flow; **~eć samolotem** fly; **muszę już ~eć** I must fly; **czas ~** time goes by; *pot.* **jak ~?** how are things going?

lecz *conj* but, yet

leczenie *n* treatment, cure

lecznica *f* clinic; **~ dla zwierząt** animal <veterinary> clinic

leczy|ć *imperf vt* treat, cure; **~ć się** *vr* be treated; **u kogo się ~sz?** who is your doctor?

ledwie, ledwo *adv* hardly, scarcely, barely; *conj* no sooner... than...; **~ dyszy** he can hardly breathe; **~ zdołałem uciec** I hardly managed to run away; **~ wyszliśmy, zaczęło padać** no sooner had we left than it started to rain; **~ ~** only just

legalny *adj* legal, lawful

legenda *f* legend
legitymacja *f* identity card, ID; (*członkowska*) membership card; ~ **studencka** student card
legitymować *imperf vt*: ~ **kogoś** check sb's ID; ~ **się** *vr* show one's ID
lejek *m* funnel
lekarstw|o *n* medicine, drug, cure, remedy; **zażyć ~o** take a medicine; **na to nie ma ~a** there is no medicine to cure this
lekarz *m* physician, doctor; ~ **ogólny** general practitioner; **iść do ~a** visit a doctor
lekceważyć *imperf vt* (*nie przywiązywać wagi*) neglect; (*traktować pogardliwie*) scorn, disdain; (*nie zwracać uwagi*) disregard; ~ **obowiązki** neglect one's duties; ~ **swoje zdrowie <czyjeś uczucia>** trifle with one's health <sb's feelings>
lekcj|a *f* lesson, class; **udzielać ~i angielskiego** give English lessons; **~e** *pl* (*praca domowa*) homework; **odrabiać ~e** do (one's) homework
lekk|i *adj* light; (*słaby*) slight, gentle; **~i krok** light step; **~a sukienka** light dress; *przen.* **~i chleb** easy gain; **przemysł ~i** light industry; **~ą ręką** recklessly
lekko *adv* lightly; (*nieznacznie*) slightly; (*delikatnie*) gently; (*łatwo*) easily; ~ **ubrany** dressed lighty; **zrobiło mi się ~ na sercu** I felt relieved; ~ **licząc** at least
lekkoatletyka *f sport.* athletics, *am.* track and field (events)
lekkomyślny *adj* rash, reckless
lekko strawny light (food)
lektor *m* reader
lektorat *m* foreign language course
lektura *f* (*czytanie*) reading; (*materiał do czytania*) reading matter; *pot.* (*w szkole*) reading list

len *m bot.* flax; (*tkanina*) linen
leniwy *adj* lazy
leń *m* lazy, idler
lepiej *adv* better; **czuję się ~** I feel better; **tym ~!** that's even better; **~ już idź** you had better go now; **~ byś się nie odzywał** I wish you'd keep quiet
lepki *adj* sticky
lepszy *adj* better; **pierwszy ~** any(one); **kto pierwszy, ten ~** first come, first served
lesbijka *f* lesbian
leśny *adj* forest *attr*, wood *attr*
letni *adj* tepid, lukewarm; (*dotyczący lata*) summer *attr*; **domek ~** summer cottage
lew *m zool.* lion; **odważny jak ~** (as) brave as a lion
lew|a *f* (*w kartach*) trick; **wziąć ~ę** take <win> a trick
lewarek *m* jack
lewatywa *f med.* enema
lewica *f* the left
lewicowy *adj* left-wing, leftist
leworęczny *adj* left-handed
lew|y *adj* left; *pot.* phoney; **~a strona** left-(hand) side, (*materiału*) inside; **w ~o** (to the) left
leżak *m* deckchair
leż|eć *imperf vi* lie; (*znajdować się*) lie, be, be situated; (*o ubraniu*) fit, suit; **~eć w łóżku** (*dłużej*) stay in bed; **~eć na wznak** lie on one's back; **~eć!** (*do psa*) down!; **~y jak ulał** it's a perfect fit; **~y mi to na sumieniu** it lies heavy on my conscience; *przen.* **~eć do góry brzuchem** loll (about)
lęk *m* fear; **~ wysokości** fear of height
liberalny *adj* liberal
licealny *adj* secondary school *attr*, *am.* high school *attr*
licencja *f* licence
licencjat *m* Bachelor's degree

liceum *m* secondary school, *am.* high school
licytacja *f* auction; (*w kartach*) bidding
liczba *f* number; **~ pojedyncza <mnoga>** singular <plural> (number)
liczebnik *m gram.* numeral; **~ główny <porządkowy>** cardinal <ordinal> number
liczenie *n* count, calculation, computing
licznik *m* (*przyrząd*) meter; **~ gazowy** gas meter; *mat.* numerator
liczny *adj* numerous
licz|yć *imperf vi* calculate; *vt* count; (*spodziewać się*) expect; (*polegać*) rely <depend> (**na kogoś <coś>** on sb <sth>); **~yć sobie x lat** number x years; **~ę, że przyjdziecie** I expect you to come; **~ę na ciebie** I depend on you; **ile on ~y za wizytę?** what does he charge for a consultation?; **~yć się** *vr* (*mieć znaczenie*) matter; (*brać pod uwagę*) take into account; (*być branym pod uwagę*) count, enter into account
lider *m* leader
liga *f* league
likier *m* liqueur
likwidować *imperf vt* (*zwinąć*) liquidate, close down; (*znieść*) supress, abolish
lila *adj* (*kolor*) lilac, mauve
limit *m* limit
limuzyna *f* limo(usine)
lin|a *f* rope, cord; (*metalowa*) cable; **chodzić po ~ie** perform on the tightrope
lingwistyczny *adj* linguistic
lini|a *f* line; (*trasa*) line, route; **dbać o ~ę** watch one's weight
linijka *f* line; (*przyrząd*) ruler
linow|y *adj*: **kolejka ~a** cable railway
lipa *f bot.* lime (tree), linden; *pot.* (*oszustwo*) humbug, eyewash
lipiec *m* July
liryczny *adj* lyric
lis *m zool.* fox

list *m* letter; ~ **polecony** registered letter; ~ **polecający** reference; ~ **gończy** (arrest) warrant; ~ **miłosny** love letter; ~ **otwarty** open letter

lista *f* list, register; ~ **obecności** attendance record; ~ **płac** payroll; ~ **przebojów** the charts

listonosz *m* postman, *am.* mailman

listopad *m* November

liść *m* leaf

litera *f* letter; **wielka** ~ capital letter; **mała** ~ small <lowercase> letter

literacki *adj* literary

literatura *f* literature

litewski *adj* Lithuanian

litość *f* mercy

litować się *imperf vr* take pity <have mercy> (**nad kimś** on sb)

litr *m* litre

Litwin *m* Lithuanian

lizać *imperf vt* lick; *pot.* **palce ~!** scrumptious!, yum-yum!

lizak *m* lollipop

liznąć *perf vt*: *pot.* ~ **czegoś** get a smattering of sth

lizus *m pot.* toady, crawler

lodowaty *adj* ice-cold; *przen.* icy

lodowiec *m* glacier

lodowisko *n* skating <ice> rink

lodow|y *adj*: **deser ~y** ice-cream dessert; **góra ~a** iceberg

lodówka *f* refrigerator, fridge

logika *f* logic

lojalny *adj* loyal

lokal *m* premises *pl*; (*restauracja*) restaurant; **nocny** ~ night club

lokalny *adj* local

lokata *f ekon.* investment; (*w banku*) deposit; (*pozycja*) position

lokator *m* tenant, occupant

lokomotywa *f* locomotive, engine

lokować *imperf vt* place; *ekon.* invest

lokówka *f* curler

lombard *m* pawnshop

lornetka *f* binoculars *pl*, field glasses *pl*

los *m* (*dola*) lot; (*przezna-*

czenie) fate, doom; (*na loterii*) (lottery) ticket

lot *m* flight; **odwołać ~** cancel a flight; **opóźnić ~** delay a flight; **widok z ~u ptaka** bird's eye view; **w ~** instantly

loteri|a *f* lottery; **wygrana na ~i** prize

lotka *f sport.* shuttlecock, cock

lotnia *f* hang-glider

lotnictwo *n* aviation; **~ wojskowe** air force

lotnicz|y *adj*: **linie ~e** airlines; **poczta ~a** airmail

lotnik *m* aviator

lotnisko *n* airport

lód *m* ice; **kostka lodu** ice cube; **zimny jak ~** (as) cold as ice; **lody** *pl* ice-cream

lub *conj* or

lubi|ć *imperf vt* like (**coś** sth), be fond (**coś** of sth); **~ę go** I like him; **~ę pływać** I like swimming <to swim>

lud *m* people, folk

ludność *f* population

ludobójstwo *n* genocide

ludowy *adj* (*o tańcu*) folk; (*o władzy*) people's *attr*

ludzi|e *pl* people; **przy ~ach** in public; *przen.* **będą z niego ~e** he will grow into a splendid fellow

ludzk|i *adj* human; (*humanitarny*) humane; **rodzaj ~i** mankind; **po ~u** (*przyzwoicie*) decently, (*należycie*) properly

ludzkość *f* mankind

lufa *f* barrel

luka *f* gap; **~ w prawie** loophole

lukier *m* icing

luksusowy *adj* luxury *attr*

lusterko *m* mirror; **~ wsteczne** rear-view mirror

lustro *n* mirror

luty *m* February

luz *m* (*wolna przestrzeń*) room; (*wolny czas*) (free) time; *techn.* play; *mot.* neutral; **~em** (*bez opakowania*) in bulk; *pot.* **na ~ie** laidback

luźn|y *adj* loose; **~e spodnie** loose(-fitting) trousers; **~e kartki** loose sheets of paper

lżyć *imperf vt* revile

Ł

łabędź *m* swan
łacina *f* Latin
ład *m* order; **doprowadzić coś do ~u** put sth straight <in order>
ładnie *adv* nicely; **~ ci w tym** it suits you very well; **~ wyglądać <pachnieć>** look <smell> nice <pretty>; **to ~ z twojej strony** it's nice of you; **jutro będzie ~** it will be a fine day tomorrow
ładn|y *adj* pretty, nice, lovely; **~ych parę groszy** a pretty penny; **~a historia!** here's a pretty kettle of fish!
ładować *imperf vt* load; (*akumulator*) charge
ładowny *adj* capacious
ładunek *m* load; **~ elektryczny** charge; **~ wybuchowy** charge
łagodny *adj* mild, gentle; (*o zwierzęciu*) tame; **~ klimat** mild climate; **~ uśmiech** genial smile; **~ guz** benign tumour
łajdak *m* rascal, scoundrel
łajno *m pot.* dung
łakomczuch *m* glutton
łakomstwo *n* greediness, gluttony
łakomy *adj* gluttonous, greedy
łam|ać *imperf vt* break; **~ać prawo** break the law; **~ać sobie głowę** rack one's brains (**nad czymś** about sth); **~ie mnie w kościach** my bones are aching; **~ać się** *vr* break; (*o głosie*) falter; *pot.* (*wahać się*) waver
łaman|y *adj* broken; **mówić ~ą polszczyzną** speak broken Polish; **3 ~e przez 5** 3 stroke 5
łamigłówka *f* puzzle; (*układanka*) jigsaw (puzzle)
łańcuch *m* chain; **~ górski** mountain range
łańcuszek *m* chain; **złoty ~** golden chain
łap|a *f* paw; (*pot. ręka*) paw; *przen.* **dostać po**

~ach get a rap on the knuckles; *pot.* **żyć (z kimś) na kocią ~ę** shack up (with sb)

łapać *imperf vt* catch, seize, grasp; **~ ryby** fish; **~ taksówkę** stop a cab; **~ kogoś za coś** grasp sb by sth; **~ kogoś na gorącym uczynku** catch sb red-handed; **~ się** *vr*: **~ się za głowę** clutch one's head; **~ się na czymś** catch o.s. doing sth

łapówk|a *f* bribe; **dać komuś ~ę** bribe sb

łapu-capu *adv*: **na ~** helter-skelter

łas|ka *f* grace, favour; **akt ~ki** act of grace; **prawo ~ki** the act of reprieve; **robić (komuś) ~kę** condescend (to sb); *pot.* **bez ~ki!** I can do without it!; **jak z ~ki** reluctantly; **~ka Boża** God's grace; **być zdanym na czyjąś ~kę** be at the mercy of sb; **na ~ce losu** at the mercy of fortune; **wkraść się w czyjeś ~ki** worm o.s. into sb's favour; **z ~ki swojej** if you please; **co ~ka** whatever you can spare

łaskawy *adj* (*wielkoduszny*) gracious; (*sprzyjający*) favourable; **bądź ~ to zrobić** be so kind and do it

łaskotać *imperf vt* tickle

łata *f* patch

łatać *imperf vt* patch (up)

łatwo palny *adj* (in)flammable

łatwowierny *adj* credulous, gullible

łatwy *adj* easy

ław|a *adj* bench; (*stolik*) coffee table; **~a oskarżonych** dock; **kolega z ~y szkolnej** schoolmate, school friend

ławka *f* bench; (*w kościele*) pew

łazić *imperf vi* loiter, dawdle; (*o zwierzętach*) crawl, creep; **~ po drzewach** climb trees

łazienka *f* bathroom

łaźnia *f* baths *pl*

łącznie *adv* (*razem*) together; **~ z** together with, along with; **~ z**

kosztami transportu including transport; ~ **100 złotych** one hundred zlotys (al)together

łączność *f* (*kontakt*) contact; (*komunikacja*) communication(s *pl*)

łącz|yć *imperf vt* join, link, connect, unite; **~ę!** I'm putting you through!; **~yć się** *vr* join, be joined, merge, be associated

łąka *f* meadow

łeb *m* (*u zwierząt*) head; *pot.* nut; **mieć ~ na karku** have brains; **~ w ~** neck and neck; **brać się za łby** come to grips; **palnąć sobie w ~** blow out one's brains; **patrzeć spode łba** scowl

łkać *imperf vi* sob

łobuz *m* hooligan

łodyga *f* stem, stalk

łok|ieć *m* elbow; **rozpychać się ~ciami** elbow one's way; **trącić ~ciem** nudge

łon|o *n anat.* womb; *przen.* bosom; **na ~ie natury** in the open

łopata *f* shovel

łosoś *m zool.* salmon

łowić *imperf vt* hunt, catch; **~ ryby** fish

łoże *n* bed

łożysko *n anat.* placenta; *techn.* bearing

łódź *f* boat; **~ motorowa** motor boat; **~ ratunkowa** life boat; **~ podwodna** submarine

łóżeczko *n* cot, *am.* crib

łóżk|o *n* bed; **~o polowe** camp bed, *am.* cot; *pot.* **iść z kimś do ~a** go to bed with sb

łudzić *imperf vt* deceive; **~ się** *vr* deceive o.s.

łuk m (*broń*) bow; (*sklepienie*) arch; *mat.*, *fiz.*, *elektr.* arc

łup *m* loot; **paść ~em** fall prey (**kogoś <czegoś>** to sb <sth>); **~y** *pl* spoils *pl*

łupież *m* dandruff

łupina *f* (*skorupka*) shell; (*skórka*) skin, peel

łuska *f* (*ryby*) scale; (*nasiona*) husk; (*naboju*) shell

łuskać *imperf vt* shell

łydka *f* calf

łyk *m* draught, gulp

łykać *imperf vt* swallow; *przen.* ~ **łzy** gulp one's tears

łysina *f* bald patch

łys|y *adj* bald; *przen.* **~e opony** bald tyres

łyżeczka *f*: ~ **do herbaty** teaspoon; (*miara*) teaspoonful

łyżka *f* spoon; (*zawartość*) spoonful; ~ **wazowa** ladle; ~ **do butów** shoehorn

łyżwa *f* skate

łyżwiarstwo *n* skating; ~ **figurowe <szybkie>** figure <speed> skating

łza *f* tear; **czysty jak** ~ (as) clear as crystal; **ronić łzy** shed tears; **zalewać się ~mi** cry one's heart out

M

machać *imperf vi* (*ręką*) wave; (*ogonem*) wag; (*skrzydłami*) flap

machnąć *perf vi*: *przen.* ~ **na coś ręką** not to bother with sth

macierzyńsk|i *adj* maternal, motherly; **miłość ~a** motherly love; **urlop ~i** maternity leave

mafia *f* mob; *przen.* mafia

magazyn *m* (*budynek*) storehouse, warehouse; (*czasopismo*) magazine

magia *f* magic

magiczny *adj* magic

magiel *m* linen press

magister *m* (*nauk ścisłych i przyrodniczych*) Master of Science; (*nauk humanistycznych*) Master of Arts

magnes *m* magnet

magnetofon *m* tape recorder; ~ **kasetowy** cassette recorder <deck>

magnetowid *m* video (cassette recorder)

maj *m* May

majątek *m* (*mienie*) property, possessions *pl*; (*majątek ziemski*) estate; (*bogactwo*) fortune

majonez *m* mayonnaise

major *m* major

majówka *f* picnic
majster *m* foreman
majster-klepka *m* DIY man, *pej.* jack-of-all-trades
majstrować *imperf vi*: *pot.* **~ przy czymś** tinker <fiddle> with sth
majtki *pl* (*męskie*) briefs *pl*; (*damskie, dziecięce*) panties *pl*
mak *m bot.* poppy; (*ziarenka*) poppy seed; **cicho jak ~iem zasiał** (as) silent as the grave; **rozbić w drobny ~** smash to smithereens
makaron *m* pasta, macaroni, noodles
makieta *f* model
makijaż *m* make-up
makler *m* (stock)broker
makowiec *m* poppyseed cake
makrela *f* mackerel
maksimum *n adv* maximum
maksymalnie *adv* to a maximum
maksymalny *adj* maximum
makulatura *f* recycling paper
malaria *f med.* malaria
malarstwo *n* painting
malarz *m* painter
malina *f* raspberry
malinowy *adj* raspberry *attr*
malować *imperf vt* paint; **~ się** *vr* make up
malowniczy *adj* picturesque
maluch *m* toddler; *pot.* tiny tot
mało *adv* (*ludzi, książek*) few; (*wody, pieniędzy*) little; **za ~** too little, too few; **o ~ co nie upadł** he nearly <almost> fell; **~ tego** what's more; **~ kto <kiedy>** hardly anybody <ever>
małolitrażowy *adj*: **samochód ~** small-engine car
małomówny *adj* taciturn, reticent
małostkowy *adj* petty
małpa *f* monkey; (*człekokształtna*) ape; (*pot. o kobiecie*) bitch
mał|y *adj* small, little; (*niedorosły*) young; **~e** *pl* (*o potomstwie zwierząt*) young; **~y palec** little finger; **~a chwila**

short while; **o ~y włos** by a hairbreadth
małżeński *adj* marital; **związek <stan> ~** matrimony, wedlock
małżeństwo *n* marriage; (*para*) married couple
małżonek *m* spouse, husband
małżonka *f* spouse, wife
mama *f pot.* mummy, mum, *am.* mom, momma
mandarynka *f* tangerine, mandarin
mandat *m* ticket; (*pełnomocnictwo*) mandate
manewr *m* manoeuvre, *am.* maneuver; **~y** *pl woj.* man(o)euvres *pl*
maniak *m* maniac
manicure *m* manicure
manier|a *f* (*styl*) manner; **~y** *pl* manners *pl*
manifestacja *f* demonstration
manipulować *imperf vt* manipulate
mankiet *m* cuff; (*u spodni*) turn-up
manko *n* cash shortage
manna *f* (*kasza*) semolina; *przen.* **~ z nieba** manna from heaven
mapa *f* map; **~ samochodowa** road map
maraton *m* marathon
marchew *f* carrot
margaryna *f* margarine
margines *m* margin; **na ~ie** in passing; **~ społeczny** the dregs of society
marka *f* (*znak fabryczny*) brand; (*samochodu*) make; (*waluta*) mark
markiz *m* marquis, marques
markiza *f* marchioness; (*osłona*) awning
marmolada *f* jam, marmalade
marmur *m* marble
marmurowy *adj* marble *attr*
marnotrawstwo *m* waste
marnować *imperf vt* waste; **~ czas** waste time; **~ się** *vr* go to waste
marny *adj* poor, paltry; **~ twój los** you will have a bad time of it
marsz *m* march
marszczyć *imperf vt* wrinkle; **~ brwi** knit one's brows; **~ się** *vr*

wrinkle; (*przen. krzywo patrzeć*) frown
martw|ić *imperf vt* upset; **~ić się** *vr* worry (**o kogoś <coś>** about sb <sth>), be concerned; **nie ~ się!** don't worry!
martw|y *adj* dead; **~a natura** still life; **~y sezon** slack season; **~y punkt** deadlock
marynarka *f* (*część ubrania*) jacket; (*handlowa*) merchant marine, navy; (*wojenna*) navy
marynarz *m* sailor, seaman
marzec *m* March
marzenie *n* dream; **~ ściętej głowy** castles in the air; pipedream
marznąć *imperf vi* freeze
marzyć *imperf vi* daydream; **~ o...** dream of...
marża *f ekon.* margin
masa *f* mass; *elektr.* earth, *am.* ground; (*wielka ilość*) mass, lot
masakra *f* massacre
masaż *m* massage
maseczka *f* mask
maska *f* mask; (*samochodu*) bonnet, *am.* hood; **~ gazowa** gas mask
maskotka *f* mascot
masło *n* butter; **~ orzechowe** peanut butter
masowo *adv* in masses
masow|y *adj* mass *attr*; **komunikacja ~a** mass communication; **środki ~ego przekazu** mass media; **broń ~ej zagłady** mass destruction weapons
masywny *adj* (*o człowieku*) hefty
maszerować *imperf vi* march
maszt *m* pole; (*w żeglarstwie*) mast
maszyna *f* machine, engine; **~ do pisania** typewriter; **~ do szycia** sewing machine
maszynista *m* machinist; (*kolejowy*) engine driver, *am.* engineer
maszynistka *f* typist
maszynka *f* (*kuchenka*) cooker; **~ do golenia** razor; **~ do mięsa** mincer
maszynopis *m* typescript
maszynow|y *adj* machine

attr; (*wykonany maszynowo*) machine-made; **broń ~a** machine gun

maść *f med.* ointment; (*konia*) colour

mata *f* mat

matematyka *f* mathematics, *pot.* maths, *am.* math

materac *m* mattress; **~ dmuchany** air mattress

materi|a *f* matter; **przemiana ~i** metabolism

materialista *m* materialist

materializm *m* materialism

materialn|y *adj* material; **sytuacja ~a** financial situation

materiał *m* material; (*tkanina*) fabric, cloth; **~ dowodowy** evidence; **to dobry ~ na męża** he will make a good husband

matka *f* mother; **~ chrzestna** godmother

matoł *m pot.* blockhead

matowy *adj* mat(t) *attr*

matura *f* GCSE (General Certificate of Secondary Education), *am.* high school finals

maturzysta *m* secondary school leaver, *am.* high school graduate

mazgaj *m pot.* cry-baby

mazurek *m muz.* mazurka; *kulin.* frosted cake traditionally eaten at Easter

mądrala *m pot.* know-all

mądrość *f* wisdom

mądry *adj* wise, clever

mąka *f* flour

mąż *m* husband; **~ stanu** statesman; **wyjść za ~** marry sb, get married; **jak jeden ~** with one accord

mdleć *imperf vi* faint

mdli|ć *imperf vi* nauseate, make sick; **~ mnie** I feel sick

mdłości *pl* nausea

mdły *adj* nauseating; (*bez wyrazu*) bland

meb|el *m* piece of furniture; **~le** *pl* furniture

mecenas *m* patron; *prawn.* title given to lawyers

mecenat *m* patronage

mech *m bot.* moss

mechaniczny *adj* mechanical; **koń ~** horsepower

mechanik *m* mechanic

mechanizm *m* mechanism

mecz *m sport.* match, game

medal *m* medal; *przen.* **druga strona ~u** the other side of the coin

medalik *m* small medal worn by Catholics as a religious symbol

medalion *m* medallion

media *pl* the media *pl*

medycyna *f* medicine

medytacja *f* meditation

megafon *m* megaphone

Meksykanin *m* Mexican

meksykański *adj* Mexican

meldować *imperf vi vt* report; (*lokatora*) register; **~ się** *vr* report; (*jako lokator*) register

meldunek *m* report; (*zameldowanie*) registration

melina *f pot.* shebeen; (*złodziejska*) den

melodia *f* melody

melon *m* melon

melonik *m* bowler (hat)

memoriał *m* memorial; *sport.* memorial contest

menstruacja *f* menstruation

menu *n* menu

met|a *f* finish (line); **na dalszą <krótszą> ~ę** in the long <short> run

metal *m* metal

metalik *m* metallic (finish)

metalowy *adj* metal *attr*

metka *f* tag; (*naklejana*) label; (*kiełbasa*) meat spread

metoda *f* method

metr *m* metre, *am.* meter; **~ bieżący <kwadratowy>** running <square> metre <*am.* meter>

metraż *m* living area

metro *n* underground, tube, *am.* subway

metryka *f* certificate; **~ urodzenia <ślubu>** birth <marriage> certificate

mewa *f zool.* seagull

męczyć *imperf vt* torment; (*dokuczać*) bother; (*nużyć*) tire; **~ się** *vr* get tired; (*cierpieć*) suffer; **~ się nad czymś** toil at sth

męka *f* torture, torment
męsk|i *adj* male, masculine, men's *attr*; (*właściwy mężczyźnie*) manly, manlike; **rodzaj ~i** masculine (gender); **po ~u** like a man, (*odważnie*) manfully
męstwo *n* bravery
mężatka *f* married woman
mężczyzna *m* man
mglisty *adj* hazy; (*dzień*) misty, foggy; *przen.* vague
mgła *f* fog, mist; (*lekka*) haze
mianowicie *adv* namely
miar|a *f* measure; (*przymiarka*) fitting; **~a długości** measure of length; **~a objętości** cubic measure; **brać ~ę** take measurements; **garnitur szyty na ~ę** tailor-made suit; **przebrać ~ę** exceed the bounds; **w pewnej mierze** to some extent; **w dużej mierze** to a high degree; **w ~ę** moderately
miasteczko *n* (small) town; **wesołe ~** funfair, *am.* amusement park
miasto *n* city, town
mieć *imperf vt* have; **~ czas** have time; **~ rację** be right; **stół ma cztery nogi** a table has four legs; **~ 20 lat** be 20 (years old); **~ jasne włosy** have fair hair; **~ operację** have an operation; **~ coś na sobie** wear sth; **co miałem robić?** what was I to do?; **masz pióro!** here's a pen!; **mają przyjść o piątej** they are (due) to be here at five (o'clock); **~ się** *vr*: **~ się dobrze** be doing well
miednica *f* basin, bowl; *anat.* pelvis
miedź *f* copper
miejsc|e *n* place, spot; (*przestrzeń*) room, space; **~e zamieszkania** (place of) residence; **~e przeznaczenia** (place of) destination; **~e siedzące** seat; **~e urodzenia** birthplace; **czułe ~e** tender spot; **mieć ~e** take place; **mało <dużo> ~a** little <much> room; **nie ma ~a** there is no room; **zająć pierw-**

sze ~e to come first; **zginąć na ~u** be killed on the spot; **płatne na ~u** payable on the spot; **na twoim ~u** if I were you

miejscowy *adj* local

miejscowość *f* place, village

miejscówka *f* seat reservation

miejsk|i *adj* urban; **ludność ~a** urban population

mienie *n* property, possessions *pl*

mierny *adj* mediocre

mierzyć *imperf vt* measure; (*ubranie*) try on; *vi* (*celować*) aim (**do kogoś <czegoś>** at sb <sth>)

miesiąc *m* month; **od dziś za ~** this day month; **~ miodowy** honeymoon

miesiączka *f pot.* period

miesiączkować *imperf vi* menstruate

miesięcznik *m* monthly

miesięczny *adj* monthly

miesza|ć *imperf vt* stir, blend, mix; (*mylić*) mix up, confuse; **~ć kogoś w coś** involve sb in sth; **~ć się** *vr* (*łączyć się*) mix, blend; (*wtrącać się*) meddle; **wszystko mi się ~** I'm all mixed up

mieszaniec *m* cross-breed

mieszanka *f* blend, mixture

mieszan|y *adj* mixed; **~e towarzystwo** mixed company; **~e uczucia** mixed feelings

mieszkać *imperf vi* live; (*chwilowo*) stay

mieszkanie *n* flat, *am.* apartment

mieszkaniec *m* (*miasta*) inhabitant; (*kraju*) resident

między *praep* (*o dwóch osobach, rzeczach*) between; (*o większej liczbie*) among(st); **~ innymi** among others; **~ nami mówiąc** between you and me

międzymiastow|y *adj*: **rozmowa ~a** trunk call, *am.* long-distance call

międzynarodowy *adj* international

miękki *adj* soft; (*o mięsie*) tender; **~ w dotyku** soft to the touch; **mieć**

~e serce be soft-hearted

miękko *adv* softly; **jajka na ~** soft-boiled eggs

mięsień *m* muscle

mięsny *adj* meat *attr*; **sklep ~** butcher's

mięso *n* meat

mięta *f* mint

miętowy *adj* (pepper)mint

migacz *m mot.*, *pot.* indicator, *am.* turn signal

migać *imperf vi* flash; **~ się** *vr* (*pot. unikać*) blow (sth) off

migawka *f* snapshot; (*w aparacie*) shutter

migdał *m* almond; *anat.* tonsil; **myśleć o niebieskich ~ach** daydream

migrena *f* migraine

mija|ć *imperf vt* pass, go past; *vi* (*o czasie*) pass, go by; **~ć się** *vr* pass each other; **to się ~ z celem** there is no point in it; **~ć się z prawdą** (*o człowieku*) depart from the truth

mikrobus *m* minibus

mikrofalow|y *adj* microwave *attr*; **kuchenka ~a** microwave (oven)

mikrofon *m* microphone, *pot.* mike

mikroklimat *m* microclimate

mikroskop *m* microscope

mikser *m* (*kuchenny*) food mixer, *am.* blender

mila *f* mile

milczeć *imperf vi* keep <remain> silent

milczenie *n* silence

miliard *m* billion

milimetr *m* millimetre

milion *m* million

miło *adv* pleasantly, nicely; **~ mi pana poznać** nice to meet you; **to bardzo ~ z twojej strony** that's very kind of you; **~ tu** it's nice (in) here

miłosny *adj* love *attr*

miłość *f* love; **~ własna** self-love; *pot.* **na ~ boską!** for God's sake!

miłośnik *m* lover, fan

miły *adj* pleasant, nice

mimo *praep* despite, in spite of; **~ to** nevertheless; **~ woli** unintentionally; **~ że** although, even though

min|a[1] *f* (*wyraz twarzy*) face, look (on sb's face);

ze smutną ~ą with a long face; **nadrabiać ~ą** put on a brave face; **robić ~y** make <pull> faces

mina[2] *f* (*bomba*) mine

minąć *perf vi zob.* **mijać**

mineralny *adj* mineral

mini *f* (*pot. spódniczka*) mini(skirt)

miniatura *f* miniature

minimalny *adj* minimum, minimal

minimum *n* minimum

miniony *adj* last, past

minister *m* minister, Secretary of State, *am.* Secretary

ministerstwo *n* ministry, *am.* department; **Ministerstwo Spraw Zagranicznych** ministry of foreign affairs, Foreign (and Commonwealth) Office, *am.* Department of State; **Ministerstwo Obrony Narodowej** Ministry of Defence, *am.* Department of Defense

minus *m mat.* minus; (*wada*) minus, drawback; (*o temperaturze*) below zero

minuta *f* minute

miodowy *adj* honey *attr*; **miesiąc ~** honeymoon

miotła *f* broom

miód *m* honey; **~ pitny** mead

misja *f* mission

misjonarz *m* missionary

miska *f* bowl; *mot.* **~ olejowa** (oil) sump

miss *f* beauty queen; **Miss Polski** Miss Poland

mistrz *m* master; *sport.* champion

mistrzostwo *n* mastery; *sport.* championship

miś *m pot.* bear; **~ pluszowy** teddy bear

mit *m* myth

mitologia *f* mythology

mizeria *f kulin.* cucumber salad

mlecz *m bot.* sow thistle

mleczko *n* milk; **~ kosmetyczne** cleanser

mleczn|y *adj* milk *attr*; (*kolor*) milky; **krowa ~a** dairy <milk> cow; **czekolada ~a** milk chocolate; **zęby ~e** milk teeth; **produkty ~e** dairy products; *astr.* **Droga Mleczna** the Milky Way

mleko *n* milk; **chude**

~ low-fat <skimmed> milk; ~ **w proszku** powdered milk

młodociany *adj* juvenile

młodość *f* youth

młod|y *adj* young; **pan ~y** (bride)groom; **panna ~a** bride; **~e lata** youth; **za ~u** in one's young days; **~e ziemniaki** new potatoes; **młodzi** *pl* (the) young; **~e** *pl* (*u zwierząt*) young *pl*, offspring *pl*

młodzieniec *m* young man, youth

młodzież *f* youth

młodzieżowy *adj* youth *attr*

młotek *m* hammer

młyn *m* mill

młynek *m*: ~ **do kawy** coffee mill

mniej *adv* less, fewer; ~ **więcej** more or less

mniejszość *f* minority

mniejsz|y *adj* smaller; (*mniej istotny*) minor; **~a o to!** never mind!

mnog|i *adj*: *gram.* **liczba ~a** the plural

mnożenie *n* multiplication

mnożyć *imperf vt* multiply; ~ **się** *vr* multiply

mnóstwo *n* multitude, great numbers, lots

mobilizować *imperf vt* mobilize; ~ **kogoś do czegoś** stimulate sb to sth; ~ **się** *vr* (*zbierać się w sobie*) pull o.s. together

moc *f* force, power; ~ **produkcyjna** capacity; ~ **prawna** legal force; **na ~y decyzji** by the terms of a decision; **być w ~y** be in force; **to nie jest w mojej ~y** it's not within my power; *pot.* *zob.* **mnóstwo**

mocarstwo *n* superpower

mocno *adv* (*silnie*) hard, strongly, firmly; ~ **padało** it rained hard; ~ **przekonany** strongly convinced; ~ **trzymać** hold tight; ~ **spać** sleep soundly; ~ **kochać** love very much

mocn|y *adj* strong, powerful, firm; **~a kawa** strong coffee; **~y argument** powerful argument; **~a strona** strong point; **~y uścisk** firm

grip; **mieć ~ą głowę** have a strong head
mocz *m* urine
moczyć *imperf vt* (*zwilżać*) wet; (*zanurzać w płynie*) soak
mod|a *f* fashion; **być w modzie** be in fashion <vogue>; **wyjść z ~y** go out of fashion; **pokaz ~y** fashion show
model *m* model
modelka *f* model
modlić się *imperf vr* say prayers, pray
modlitwa *f* prayer
modny *adj* fashionable
moknąć *imperf vi* get wet, soak
mokry *adj* wet
molo *n* pier
moment *m* moment; **na ~** for a while <moment>; **wrócę za ~** I'll be back in a moment
monarchia *f* monarchy
monet|a *f* coin; *przen.* **wziąć coś za dobrą ~ę** take sth at face value
mongolski *adj* Mongolian
Mongoł *m* Mongolian
monitor *m* monitor; (*ekran*) display
monolog *m* monologue, *am.* monolog
monopol *m* monopoly
montaż *m* (*składanie*) assembly; (*zakładanie*) instalment, *am.* installment
montować *imperf vt* (*składać*) assemble; (*zakładać*) install
moralność *f* morality
moralny *adj* moral
morderstwo *n* murder
mordować *imperf vt* murder; (*pot. dręczyć*) torment; **~ się** *vr*: *pot.* **~ się z czymś** struggle with sth
morela *f* apricot; (*drzewo*) apricot (tree)
morfina *f* morphine
morfologia *f* morphology
morsk|i *adj* sea *attr*, marine *attr*; **brzeg ~i** seashore, sea coast; **choroba ~a** seasickness; **klimat ~i** maritime climate; **szkoła ~a** naval school
morz|e *n* sea; **jechać nad ~e** go to the seaside;

nad ~em at <by> the seaside; *przen.* **kropla w ~u** a drop in the ocean; *przen.* **~e łez** oceans <floods> of tears
mosiądz *m* brass
most *m* bridge
motel *m* motel
motocykl *m* motorcycle
motor *m* motor; *pot.* (motor)bike
motorower *m* lightweight motorcycle, moped
motorówka *f* motorboat
motoryzacja *f* motorization
motyl *m zool.* butterfly
motyw *m* motif; (*powód*) motive
mow|a *f* speech; (*język*) language, tongue; **~a ojczysta** mother tongue; **~a potoczna** colloquial speech; *gram.* **część ~y** part of speech; *gram.* **~a zależna** indirect speech; **wygłosić ~ę** deliver <make> a speech; *przen.* **stracić <odzyskać> ~ę** lose <find> one's tongue
mozaika *f* mosaic
może *adv* maybe, perhaps; **~ coś zjesz?** why don't you eat something?
możliwoś|ć *f* possibility; (*okazja*) chance, opportunity; **~ci** *pl* (*widoki*) prospects *pl*; **w miarę moich ~ci** to the best of my ability; **~ci do wyboru** options, possibilities to choose from; **to przekracza moje ~ci** that's beyond my power
możliw|y *adj* possible; *pot.* (*znośny*) passable; **~e!** maybe!
można *nieodm.* it is possible, one can; **jeśli tylko ~** if at all possible; **czy ~?** may I?
móc *imperf vi* (*potrafić*) can, be able to; (*mieć pozwolenie*) may, be allowed <permitted> to; **czy mogę rozmawiać z Kate?** may I speak to Kate, please?; **mogłeś mnie spytać** you could have asked me
mój *pron* my, mine
mól *m zool.* moth; *przen.* **~ książkowy** bookworm
mówić *imperf vt* say, tell; *vi* speak, talk; **~ po**

angielsku speak English; ~ **prawdę** tell the truth; ~ **od rzeczy** talk thirteen to the dozen; **nie ma o czym ~** there's nothing to speak of, (*grzecznościowo*) don't mention it, not at all
mózg *m* brain
mrok *m* darkness, dimness
mro|zić *imperf vt* freeze, chill; **~żone mięso** frozen meat; *przen*. **~zić krew w żyłach** curdle one's blood
mroźny *adj* frosty
mrówka *f zool*. ant
mróz *m* frost; **10 stopni mrozu** ten degrees below (zero)
mruczeć *imperf vi* murmur; (*o kocie*) purr
mrugać *imperf vi* wink (**do kogoś** at sb); (*migotać*) twinkle, flicker; ~ **oczami** blink
msz|a *f* mass; **odprawiać ~ę** say mass
mścić się *imperf vr* revenge o.s. <take revenge> (**na kimś za coś** on sb for sth)
mucha *f* fly
mumia *f* mummy
mundur *m* uniform
mur *m* wall; *przen*. **przyprzeć kogoś do ~u** drive sb to the wall
Murzyn *m* Black (man); **~i** *pl* Blacks, Black people
musi|eć *imperf vi* must, have (got) to, need to; **muszę to zrobić** (*konieczność*) I have (got) to do it, (*jestem zobowiązany*) I must do it, I need to do it; **on ~ być w kuchni** he must be in the kitchen
musz|ka *f* fly; (*do fraka*) bow tie; (*w broni*) sights; **mieć kogoś na ~ce** have sb at gunpoint
muszla *f* shell; ~ **klozetowa** toilet bowl; ~ **koncertowa** (concert) bowl
musztarda *f* mustard
muza *f* muse
muzeum *n* museum
muzułmanin *m* Muslim
muzyk *m* musician
muzyka *f* music; ~ **poważna** classical music; ~ **taneczna** dance music

my *pron* we; **to my** it's us
myć *imperf vt* wash; **~ ręce** wash one's hands; **~ zęby** clean one's teeth; **~ się** *vr* wash (o.s.)
mydelniczka *f* soap dish
mydlić *imperf vt* soap; *przen.* **~ komuś oczy** pull the wool over sb's eyes; **~ się** *vr* (*o człowieku*) soap o.s., (*o mydle*) lather
mydło *n* soap
myjnia *f* (*samochodowa*) car wash
myl\|ić *imperf vt* (*mieszać*) confuse, mix up; (*wprowadzać w błąd*) mislead; **pozory ~ą** appearances are misleading; **~ić się** *vr* (*robić błędy*) make mistakes, (*być w błędzie*) be wrong
mysz *f* mouse
myśl *f* thought; **mieć coś na ~i** have sth in mind; **być dobrej ~i** hope for the best; **wiesz, co mam na ~i** you know what I mean; **przychodzi mi na ~** it occurs to me; **robić coś z ~ą o czymś** do sth for the sake of sth; **nosić się z ~ą o czymś** contemplate sth; **~ przewodnia** central idea; **być pogrążonym w ~ach** be lost in thoughts; **wymiana ~i** exchange of views
myśl\|eć *imperf vi* think; **co ~isz robić?** what are you going to do?; **co o tym ~isz?** what do you think?; **~ę, że tak <nie>** I <don't> think so; **o czym ~isz?** what are you thinking about?
myśliwiec *m wojsk.* fighter (plane)
myśliwy *m* hunter
myślnik *m gram.* dash
mżawka *f* drizzle

N

na *praep* **1.** (*miejsce*) on; **na stole <ścianie>** on the table <wall>; **na niebie** in the sky; **na wsi** in the country; **na**

końcu at the end; **na obrazku** in the picture; **2.** (*kierunek*) to, towards; **na północ** to the north; **na pocztę** to the post-office; **na dwór** out; **3.** (*czas*) for; **na wiosnę** in spring; **na krótko** for a while; **na zawsze** for ever; **raz na rok** once a year; **4.** (*cel*) for, to; **na sprzedaż** for sale; **iść na spacer** go for a walk; **przerwa na kawę** coffee break; **5.** (*sposób*); **kroić na kawałki** cut into pieces; **na sztuki** by the piece; **na ogół** in general; **na czyjś koszt** at sb's expense; **na pamięć** by heart; **na piśmie** in writing; **malować coś na biało** paint sth white; **porwać na strzępy** tear to shreds; **zamknąć na klucz** lock; **zapiąć na guziki** button; **6.** (*inne*) **chorować na coś** be ill with sth; **dwóch na jednego** two to one; **na sam widok** at the very sight; **grać na pianinie** play the piano; **na czyjąś prośbę** at sb's request; **5 na 7** five by seven; **na zdrowie!** cheers!

nabiał *m* dairy products

nabierać *imperf vt zob.* **nabrać**

nabożeństwo *n* service

nabój *m* cartridge

nabór *m* recruitment

nabrać *imperf vt* (*zagarnąć*) take; (*wciągnąć w siebie*) draw in; (*nabyć*) gather, develop; **~ dużo czegoś** take a great deal of sth; **~ sił** get stronger; **~ wprawy** become adept; **~ doświadczenia** gather experience; **~ prędkości** gather speed; **~ ochoty do czegoś** develop a liking for sth; **~ kogoś** (*pot. oszukać*) take sb in; **~ się** *vr pot.* be taken in

nabyć, nabywać *perf imperf vt* acquire, gain; (*kupować*) buy, purchase

nabytek *m* purchase, acquisition

nachylać *imperf vt* bend, incline; **~ się** *vr* (*o człowieku*) bend, lean forward; (*o terenie*) slope

nachylenie *n* inclination, slope

nachylić *perf vi zob.* **nachylać**

naciągacz *m* con man

naciągać *imperf vt* (*linę*) tighten; (*łuk*) bend; (*ubranie*) pull on; *vi* (*o herbacie*) draw, infuse; *pot.* (*oszukiwać*) con; *pot.* (*namawiać*) tap, pump

nacierać *imperf vt* rub; *vi* (*atakować*) charge (**na kogoś** at sb)

nacisk *m* pressure; (*akcent*) **kłaść ~ na coś** put <place> emphasis on sth; **wywierać ~** exert pressure (**na kimś** on sb)

naciskać, nacisnąć *imperf perf vt vi* press; **~ na kogoś, żeby coś zrobił** press sb to do sth

nacjonalizm *m* nationalism

naczeln|y *adj* head *attr*, chief *attr*; **dyrektor ~y** general manager; **~y dowódca** commander-in-chief; *pl zool.* **~e** primates *pl*

naczyni|e *n* vessel; (*kuchenne*) dish; **~e krwionośne** blood vessel; **~a** *pl* dishes; **zmywać ~a** wash up, do the dishes

nad *praep* (*ponad*) over, above; **~ morzem <rzeką>** by the sea <river>; **~ górami** over the mountains; **~ ranem** at daybreak; **zastanawiać się ~ czymś** think about sth

nadać *perf vt zob.* **nadawać**

nadal *adv* still; **~ coś robić** go on <continue> doing sth

nadaremnie *adv* in vain

nadawać *imperf vt* (*program*) broadcast; (*listy*) send, *am.* mail; **~ imię** give a name; **~ komuś tytuł** confer a title on sb; **~ się** *vr* (*o człowieku*) be fitted (**do czegoś** for sth); (*pasować*) fit

nadawca *m* sender

nadąsany *adj* sulky, petulant

nadchodzi|ć *imperf vi* come, arrive; **~ zima** winter is coming

nadciśnienie *n med.* hypertension
nadejście *n* arrival
nadejść *perf vi zob.* **nadchodzić**
nadgarstek *m* wrist
nadgraniczny *adj* frontier *attr*, border *attr*
nadjechać, nadjeżdżać *perf imperf vi* arrive, come
nadlecieć *perf vi* come flying; (*o samolocie*) arrive
nadliczbow|y *adj* additional; **godziny ~e** overtime
nadmia|r *m* excess; **w ~rze** in excess
nadmierny *adj* excessive
nadmorski *adj* seaside *attr*
nadobowiązkowy *adj* optional
nadpłacić *perf vt* overpay
nadpłata *f* excess payment
nadprodukcja *f* overproduction
nadprogramowy *adj* additional, extra
nadprzyrodzony *adj* supernatural
nadrabiać, nadrobić *imperf perf vt* make up (**coś** for sth); **~ czas** make up for the lost time; **~ brak czegoś** compensate for sth; *przen.* **~ miną** put on a brave face
nadruk *m* printed design
nadto *adv* (*co więcej*) moreover; **aż ~** more than enough
nadużycie *n* abuse; **~ finansowe** misuse of funds
nadużyć, nadużywać *perf imperf vt* abuse, misuse (**czegoś** sth); **~ alkoholu** overuse alcohol; **~ czyjegoś zaufania** abuse sb's confidence
nadwag|a *f* overweight; **mieć ~ę** be overweight
nadwerężyć, nadwerężać *perf imperf vt* strain, overtax; **~ czyjąś cierpliwość** strain sb's patience
nadwozie *n* body(work)
nadwrażliwość *f* oversensitivity
nadwyżka *f* surplus
nadziej|a *f* hope; **mieć ~ę** hope (**na coś** for

sth); **~e na przyszłość** future prospects
nadzienie *n kulin.* filling, stuffing
nadzór *m* supervision, inspection
nadzwyczajny *adj* extraordinary
nafta *f* kerosene
nagana *f* reprimand, rebuke
nag|i *adj* naked, nude; (*odsłonięty*) bare; *przen.* **~a prawda** plain truth
naglący *adj* urgent, pressing
nagle *adv* suddenly, all of a sudden
nagli|ć *imperf vt* urge, press; **czas ~** time presses
nagłówek *m* headline, title
nagł|y *adj* abrupt, sudden; **w ~ym wypadku** in case of emergency; **~a śmierć** sudden death
nago *adv* in the nude; **chodzić ~** go about naked
nagrać *perf vt* record
nagranie *n* recording
nagradzać *imperf vt* reward (**kogoś czymś** sb with sth)
nagrobek *m* tombstone, gravestone
nagrod|a *f* reward; (*w zawodach*) prize; **główna ~a** first prize; **w ~ę** in reward (**za coś** for sth); **zdobyć ~ę** win a prize
nagrodzić *perf vt zob.* **nagradzać**
nagrywać *imperf vt zob.* **nagrać**
naiwny *adj* naive; (*łatwowierny*) credulous
najazd *m* invasion
najbardziej *adv* the most; (*ze wszystkiego*) most (of all); **jak ~!** by all means!
najemca *m*: **~ lokalu** occupier
najemnik *m* mercenary
najemny *adj*: **pracownik ~** hired man
najeść się *perf vr* eat one's fill; **~ wstydu** blush for shame
najgorszy *adj* (the) worst
najlepszy *adj* (the) best
najmniej *adv* least; **co ~** at least

najmniejszy *adj* (the) smallest
najpierw *adv* first of all, in the first place
najwięcej *adv* (the) most
najwyżej *adv* (the) highest; (*w najlepszym razie*) at the most, at best
najwyższy *adj* (the) highest, (the) tallest; (*o sądzie, mądrości*) supreme; **~ czas, żebyśmy poszli** it's high time we left
nakarmić *perf vt* feed
nakaz *m* order; *prawn.* warrant; **~ urzędowy** writ
naklejka *f* sticker
nakład *m* (*koszt*) expenditure; (*książki*) edition
nakręcać, nakręcić *imperf perf vt* (*zegar*) wind up
nakrycie *n* (*stołowe*) cover; **~ głowy** headgear
nakryć, nakrywać *perf imperf vt* cover; *pot.* nail; **~ do stołu** lay the table
nalać *perf vt zob.* **nalewać**
nalegać *imperf vi* insist; **~ na kogoś, żeby coś zrobił** insist on sb's doing sth
nalepić *perf vt* stick, paste
nalepka *f* label
naleśnik *m* pancake
nalewać *imperf vt* pour
należ|eć *imperf vi* belong to; **~y** (*trzeba*) it is necessary, one should; **~eć do spisku** belong to a plot; **to ~y do moich obowiązków** it's my job; **~eć się** *vr*: **ile się ~y?** how much do I owe you?; **~y mu się nagroda** he deserves a reward
należność *f* amount due
należny *adj* due
nalot *m* (*powłoka*) coating; (*na języku*) fur; (*policji*) raid; (*powietrzny*) air raid
nałóg *m* bad habit; (*uzależnienie*) addiction
namawiać *imperf vt* (*nakłaniać*) induce, encourage
namiastka *f* substitute (**czegoś** for sth)
namiętność *f* passion
namiot *m* tent
namoczyć *perf vt* soak, steep
namow|a *f* suggestion,

instigation; **ulec ~om** yield to persuasion
namówić *perf vt*: **~ kogoś do zrobienia czegoś** coax <talk> sb into doing sth
namy|sł *m* consideration, thought; **bez ~słu** without a second thought; **po ~śle** on second thoughts
namyślać się *imperf vr* think it over
naoczny *adj*: **~ świadek** eye witness
naokoło *adv praep* round, around
na oślep *adv*: **biec ~** rush headlong; **strzelać ~** shoot wild
napad *m* assault; (*choroby, gniewu*) fit; *prawn.* **~ z bronią w ręku** armed <aggravated> assault
napad|ać *imperf vt vi* attack, assail, assault; **co cię ~ło?** whatever possessed you?
napar *m* infusion
naparstek *m* thimble
naparzyć *perf vt* brew, infuse
napastnik *m* assailant, attacker; *sport.* forward
napaść *perf vt zob.* **napadać**
napełniać, napełnić *imperf perf vt* fill; **~ się** *vr* fill
na pewno *adv* certainly, surely, for sure
napęd *m* drive; **~ na cztery koła** four wheel drive
napiąć, napinać *perf imperf vt* (*linę*) tighten; (*mięśnie*) tense
napić się *perf vr* have a drink; **~ kawy** have a cup of coffee
napięcie *n* tension; *elektr.* voltage
napis *m* inscription; (*pod obrazkiem*) caption
napisać *perf vt* write, write out
napiwek *m* tip
napływ *m* afflux, influx
napotykać *imperf vt* encounter, come across
napój *m* drink, beverage; **~ bezalkoholowy** soft drink; **~ chłodzący** refreshing drink
napraw|a *f* repair; **muszę oddać zegarek do ~y** I

must have my watch repaired

naprawdę *adv* really, truly; **~?** really?

naprawić *imperf vt* mend, repair, fix; **tego się nie da ~** it's beyond repair

naprzeciw *adv* opposite, across from; *praep* opposite; **mieszkać ~** live opposite; **wyjść komuś ~** meet sb half way

na przekór *adv praep* (*wbrew*) in despite (**komuś <czemuś>** of sb <sth>)

na przełaj *adv*: **iść ~** take a short cut; *sport.* **bieg ~** cross-country (race)

na przemian *adv* by turns, alternately

naprzód *adv* forward, ahead, on; **~!** forward!

na przykład *adv* for instance, for example

narada *f* conference, meeting

naradzać się *imperf vr* confer, deliberate

naraz *adv* (*jednocześnie*) at the same time

narazić, narażać *perf imperf vt* endanger, jeopardize; **~ kogoś na coś** expose sb to sth; **~ życie** risk one's life; **~ się** *vr* expose o.s., risk, incur; **~ się na przykrości** look for trouble

na razie *adv* for the time being

narciarstwo *n* skiing; **~ wodne** water skiing

narciarz *m* skier

nareszcie *adv* at last, finally

narkoman *m* drug addict

narkomania *f* drug addiction

narkotyk *m* narcotic, drug

narkoza *f* narcosis; *med.* anaesthesia

narodowość *f* nationality

narodowy *adj* national

narodzenie *n* birth; **Boże Narodzenie** Christmas

narożnik *m* corner; (*kanapa*) corner settee

naród *m* nation

narta *f* ski; **jeździć na ~ch** go skiing

narząd *m* organ

narzeczona *f* fiancée

narzeczony *m* fiancé

narzekać *imperf vi* complain (**na coś** about sth)

narzekanie *n* complaints *pl*

narzędzie *n* tool, instrument

narzuta *f* bedspread, coverlet

nasenny *adj* sleeping; **środek ~** sleeping pill

nasienie *n bot.* seed; (*sperma*) semen

nasilenie *n* intensification, increase; (*intensywność*) intensity

naskórek *m* epidermis

nasta|ć *perf vi* come; (*o człowieku*) take over; **~ła zima** winter came

nastarczać *imperf vt*: **~ z czymś** meet the demand for sth

nastawić *perf vt* (*w jakimś kierunku*) direct, switch; (*odpowiednio ustawić*) fix, set; *med.* (*kości*) set; **~ czajnik** put the kettle on; **~ radio** turn on the radio

nastąpi|ć *perf vi* (*nastać*) take place, come (about); (*nadepnąć*) step <tread> (**na coś** on sth); (*pojawić się po czymś*) follow (**po kimś <czymś>** sb <sth>); **~ły mrozy** frost came; **jak następuje** as follows

następca *m* successor

następnie *adv* then, next

następny *adj* following, next

następujący *adj* following

nastolatek *m* teenager, adolescent

nastraszyć *perf vt* frighten, scare

nastroić *perf vt muz.* tune (an instrument); (*usposobić*) dispose (**kogoś do czegoś** sb to sth); **~ się** *vr*: **~ się uroczyście** adopt a mood of solemnity

nastr|ój *m* atmosphere; (*humor*) mood; **być w dobrym <złym> ~oju** be in a good <bad> mood; **mieć ~ój do czegoś** be in a mood for sth

nasypać *perf vt* pour, put

nasz *pron* our; ours; **to ~ dom** this is our house;

ten dom jest ~ this house is ours

naszyć *perf vt* sew

naszyjnik *m* necklace

naśladować *imperf vt* copy, emulate; (*imitować*) imitate

naśmiecić *perf vi* litter, make a mess

natchnienie *n* inspiration

natężać *imperf vt* (*potęgować*) intensify; (*wysilać*) strain, exert

natężenie *n elektr.* intensity; (*dźwięku*) volume

natężyć *perf vt zob.* **natężać**

natka *f* tops *pl*; **~ pietruszki** parsley

natknąć się *perf vr* encounter, come up against

natomiast *adv* however, instead

natrafić *perf vt* meet <encounter> (**na kogoś <coś>** sb <sth>), come across (**na kogoś** sb)

natrętny *adj* importunate

natrysk *m* shower

natrzeć *perf vt zob.* **nacierać**

natu|ra *f* nature; **z ~ry** by nature; **malować z ~ry** paint from nature; **martwa ~ra** still life; **płacić w ~rze** pay in kind

naturalnie *adv* naturally; (*oczywiście*) of course

naturaln|y *adj* natural; **przyrost ~y** population growth; **bogactwa ~e** natural resourses

naturysta *m* naturist

natychmiast *adv* immediately, instantly

natychmiastowy *adj* immediate, instant

nauczanie *n* teaching, instruction

nauczk|a *f* lesson; **dać komuś <dostać> ~ę** teach sb <learn> a lesson

nauczyciel *m* teacher

nauczyć *perf vt* teach; **~ się** *vr* learn

nauka *f* (*zajęcia w szkole*) school; (*uczenie się*) study; (*wiedza*) science

naukowiec *m* scientist, scholar

naukow|y *adj* scientific; **stopień ~y** academic degree; **praca ~a** research work

naumyślnie *adv* deliberately, on purpose
nawet *adv* even
nawias *m* parenthesis, bracket; **w ~ie** in parenthesis; **~em mówiąc** by the way
nawiązać *perf vt* (*kontakty*) establish; (*rozmowy*) enter into; **~ rozmowę** start a conversation; **~ znajomość** make sb's acquaintance; *vi*: **~ do czegoś** refer to sth
nawierzchnia *f* surface
nawilżacz *m* humidifier
nawlec *perf vt* (*igłę*) thread; (*korale*) string
nawóz *m* (*naturalny*) manure; (*sztuczny*) fertilizer
nawrót *m* recurrence; **~ choroby** relapse into illness
nawyk *m* habit
nawzajem *adv* one another; each other; **dziękuję, ~!** thank you! same to you!
nazajutrz *adv* (on) the next <following> day
nazbyt *adv* too, excessively
naznaczyć *perf vt* mark; (*wyznaczyć*) set
nazw|a *f* name; **nosić ~ę** be named
nazwać *perf vt zob*. **nazywać**
nazwisk|o *n* surname, family <last> name; **ktoś o ~u X** sb by the name of X; **nie wymieniając ~a** to mention no names
nazywa|ć *imperf vt* call, name; **~ć rzeczy po imieniu** call a spade a spade; **~ć się** *vr* be called; **~m się X. Y.** my name is X. Y.; **jak się ~sz?** what's your name?
negatyw *m* negative
negatywny *adj* negative
negocjować *imperf vt* negotiate
negować *imperf vt* negate; (*zaprzeczać*) deny
nerka *f* kidney
nerw *m* nerve; **działać komuś na ~y** get on sb's nerves; **mieć żelazne ~y** have nerves of steel
nerwica *f med*. neurosis
nerwowy *adj* nervous;

(*o człowieku*) edgy; **atak ~** fit of nerves
neska *f pot.* instant coffee
netto *adv* net; **waga ~** net weight
neutralny *adj* neutral
nędza *f* misery
nędzny *adj* miserable, wretched; (*obskurny*) shabby; (*bezwartościowy*) trashy, worthless
ni *conj* nor; **ni..., ni...** nor... neither...; **ni stąd, ni zowąd** out of the blue
niania *f* nanny
nic *pron* nothing; **nikt ~ nie wie** nobody knows anything; **~ dziwnego** no wonder; **~ nie szkodzi** never mind; **~ mi nie jest** I'm all right; **~ mu nie będzie** he is going to be fine; **tyle co ~** next to nothing; **~ szczególnego** nothing particular; **~ dobrego** (*o człowieku*) good-for-nothing; **za ~ w świecie** not for anything; **~ a ~** not a thing
niczyj *adj* nobody's, no-one's
nić *f* thread
nie *part* no; (*z czasownikiem*) not; **~ ma tu nikogo** there is nobody (in) here; **~ ma go tutaj** he's not here; **~ wiem** I don't know; **~ mają co jeść** they have nothing to eat; **co to, to ~!** that is out of the question!; **~ wiedząc o tym** without knowing about it; **czemu ~?** why not?; **~ do uwierzenia** unbelievable; **mało ~ umarł** he almost died; **już ~** no more, no longer; **ja też ~** me neither
niebawem *adv* soon
niebezpieczeństw|o *n* (*zagrożenie*) danger; (*narażenie*) risk, hazard; **w razie ~a** in an emergency
niebezpieczny *adj* (*sytuacja*; *człowiek*) dangerous; (*ryzykowny*) risky; (*dla zdrowia*) hazardous
niebieski *adj* blue
nieb|o *n* sky; *przen.* heaven; **na ~ie** in the sky; **pod gołym ~em** in the

open; **o ~o lepszy** far better; *pot.* **~o w gębie!** delicious!; **być w siódmym ~ie** be in heaven; **wielkie ~a!** good heavens!

nieborak *m* poor thing

nieboszczyk *m* the deceased

niech *part* let; **~ (sobie) idzie** let him go; **~ spojrzę** let me see; **~ żyje!** three cheers for...!

niechcący *adv* unintentionally, by accident

niechę|ć *f* dislike, aversion; **z ~cią** reluctantly

niechętny *adj* unwilling, reluctant

niechlujny *adj* sloppy

nieciekawy *adj* uninteresting

niecierpliwy *adj* impatient

nieco *adv* somewhat, a little

nieczuły *adj* insensitive, callous

nieczynny *adj* (*zamknięty*) closed; (*zepsuty*) out of order

nieczystości *pl* waste

nieczytelny *adj* illegible; (*niejasny*) unclear

niedaleko *adv* near (by)

niedawno *adv* not long ago, recently

niedbały *adj* careless, clumsy; (*o stroju*) untidy

niedelikatny *adj* indelicate, tactless

niedługi *adj* short; **w ~m czasie** in a short time, shortly

niedługo *adv* (*wkrótce*) soon, before long

niedobór *m* deficiency, shortage

niedobry *adj* not good, bad; (*nieprzyjemny*) unpleasant; (*o dziecku*) naughty

niedobrze *adv* badly, wrongly; **czuć się ~** feel unwell <sick>; **jest mi ~** I feel <am> sick

niedojrzały *adj* immature; (*o owocach*) unripe, green

niedokładny *adj* inaccurate; (*o człowieku*) careless, negligent

niedokrwistość *f med.* anaemia, *am.* anemia

niedołężny *adj* infirm

niedopałek *m* (cigarette) butt <end, stub>

niedopatrzenie *n* oversight, omission
niedorozwinięty *adj* (*o człowieku*) retarded, mentally handicapped
niedostateczny *adj* insufficient, inadequate; (*stopień*) unsatisfactory mark, *am.* grade
niedostatek *m* want, indigence; (*zbyt mało*) insufficiency; **cierpieć ~** be in distress
niedostępny *adj* inaccesible
niedoszły *adj* (*o człowieku*) would-be
niedoświadczony *adj* inexperienced
niedozwolony *adj* prohibited; *prawn.* illicit
niedrogi *adj* inexpensive, cheap
niedrogo *adv* cheap
niedużo *adv* (*ludzi, książek*) not many, few; (*wody, pieniędzy*) not much, little
niedyskretny *adj* indiscreet
niedyspozycja *f* indisposition
niedziela *f* Sunday; **co ~** every Sunday
niedźwiedź *m* bear
nieekonomiczny *adj* uneconomical
niefart *m pot.* mishap, bad luck
niefortunny *adj* unfortunate
niegłupi *adj* (pretty) clever
niegroźn|y *adj* not dangerous, not serious; **~e obrażenia** minor injuries
niegrzeczny *adj* (*nieuprzejmy*) impolite, rude; (*o dziecku*) naughty
niehigieniczny *adj* unhygenic, insanitary
nieistotny *adj* unimportant; (*nie powiązany*) irrelevant
niejaki *adj* certain, a, some; **~ p. Smith** a Mr. Smith
niejasny *adj* vague, unclear
niejeden *adj* quite a number; **~ raz** many a time
niejednoznaczny *adj* ambiguous
niekompetentny *adj* incompetent

niekorzystny *adj* unfavourable, disadvantageous
niektórzy *adj* some
nielegalny *adj* illegal
nieletni *adj* juvenile; *m* juvenile, minor
nieliczn|y *adj* few, sparce; **~i** *pl* the few; **~e wyjątki** few exceptions; **w ~ych przypadkach** in few cases
nielogiczny *adj* illogical
nieludzki *adj* inhuman(e)
nieład *m* disarray
nieładny *adj* plain; (*postępek*) unfair
niełatwy *adj* not easy
niemal *adv* almost, nearly
niemało *adv* quite a lot, a good deal
Niemiec *m* German
niemiecki *adj* German
niemłody *adj* oldish
niemniej *adv* still, however; nevertheless
niemodny *adj* out-of-date, unfashionable
niemoralny *adj* immoral
niemowa *m* mute
niemowlę *n* baby
niemożliwy *adj* impossible
niemy *adj* dumb, mute
nienaganny *adj* impeccable
nienawidzić *imperf vt* hate, detest, loathe
nienawiść *f* hatred, hate
nienormalny *adj* abnormal; (*chory psychicznie*) mad, insane
nieobecny *adj* absent
nieobliczalny *adj* unpredictable
nieobowiązkowy *adj* optional, voluntary
nieoczekiwany *adj* unexpected
nieodpłatny *adj* free
nieodpowiedni *adj* inappropriate, unsuitable
nieodpowiedzialny *adj* irresponsible
nieodwracalny *adj* irreversible
nieoficjalny *adj* unofficial, informal
nieograniczony *adj* unlimited, unrestricted
nieokreślony *adj* indeterminate, indefinite
nieokrzesany *adj* coarse, crude
nieopanowany *adj* unrestrained; (*o człowieku*)

quick-tempered, hot-blooded

nieopłacalny *adj* unprofitable

nieosiągalny *adj* unattainable

nieostrożny *adj* imprudent, careless

niepalący *adj* non-smoking; *m* non-smoker

niepamiętny *adj*: **od ~ch czasów** from time immemorial

nieparzysty *adj* odd

niepełnoletni *adj* under age, under-age *attr*

niepełnosprawny *adj* handicapped

niepełny *adj* incomplete

niepewny *adj* uncertain; (*krok*) unsteady; **być ~m czegoś** be uncertain <unsure> of sth

niepodległość *f* independence

niepodległy *adj* independent

niepodobn|y *adj* unlike; **oni są do siebie zupełnie ~i** they have nothing in common

niepodważalny *adj* unquestionable

niepogoda *f* bad weather

niepojęty *adj* inconceivable, unimaginable

niepokoić *imperf vt* bother; (*przeszkadzać*) disturb; **~ się** *vr* worry (**o kogoś** about sb)

niepokój *m* anxiety, unrest

niepoprawny *adj* incorrigible; (*błędny*) incorrect

nieporadny *adj* (*niezgrabny*) clumsy, awkward

nieporozumienie *n* misunderstanding

nieporządek *m* disorder, mess

nieporządny *adj* disorderly, untidy, messy

nieposłuszny *adj* disobedient

niepotrzebny *adj* unnecessary, needless

niepowodzenie *n* failure, misfortune

niepozorny *adj* inconspicuous

niepraktyczny *adj* impractical, unpractical

nieprawda *f* untruth, lie; **to ~!** that's not true!

nieprawdopodobny *adj* incredible, improbable
nieprawidłowy *adj* incorrect; (*niezgodny z normami*) against the rules
nieproszony *adj*: ~ **gość** unwelcome <uninvited> guest <visitor>
nieprzemakalny *adj* waterproof; (*odzież*) rainproof; **płaszcz** ~ raincoat
nieprzepisowy *adj woj.* contrary to the regulations; *sport.* foul
nieprzerwany *adj* uninterrupted, continuous
nieprzydatny *adj* useless, unserviceable
nieprzyjaciel *m* enemy
nieprzyjazny *adj* unfriendly, hostile
nieprzyjemny *adj* unpleasant; (*zapach*) nasty
nieprzytomny *adj* unconscious, senseless; (*roztargniony*) distracted; ~ **wzrok** vacant stare
nieprzyzwoity *adj* obscene, indecent
niepunktualny *adj* unpunctual
nieraz *adv* many a time, many times
nierdzewn|y *adj* stainless, rust-proof; **stal ~a** stainless steel
nierealny *adj* unreal
nieregularny *adj* irregular
nierozsądny *adj* unreasonable
nierozważny *adj* reckless
nierób *m pot.* idler, loafer
nierówny *adj* unequal, uneven; (*o charakterze*) inconsistent
nieruchomoś|ć *f* property, *am.* real estate; **~ci** *pl prawn.* immovables
nieruchomy *adj* immovable, motionless; *prawn.* (*o majątku*) immovable
nierząd *m* prostitution
niesamowity *adj* amazing; (*przerażający*) eerie
niesforny *adj* unruly
nieskazitelny *adj* flawless, immaculate
nieskończony *adj* endless; *mat.* infinite
nieskromny *adj* immodest; (*nieprzyzwoity*) indecent

niesłowny *adj* unreliable
niesłuszny *adj* unjust, unfair
niesłychany *adj* unheard-of
niesmaczny *adj* tasteless; ~ **żart** tasteless <sick> joke
niesmak *m* unpleasant <bad> taste; (*odraza*) disgust; **wzbudzać ~** be disgusting
niespodzianka *f* surprise
niespodziewany *adj* unexpected
niespokojny *adj* restless, anxious
niesprawiedliwy *adj* unjust
niestety *adv* unfortunately
niestosowny *adj* improper
niestrawność *f* indigestion
nieswojo *adv*: **czuć się ~** feel uneasy <uncomfortable>
nieszczery *adj* insincere
nieszczęści|e *n* unhappiness, misfortune, bad luck; **na ~e** unfortunately; **nie ma ~a** it's no great harm
nieszczęśliwy *adj* unfortunate, unhappy, unlucky; **~ wypadek** fatal accident
nieszkodliwy *adj* harmless
nieszpory *pl* vespers *pl*
nie|ść *imperf vt* carry; bring, take; **~ść pomoc** bring help; **wieść ~sie, że...** it is rumoured that...
nieśmiały *adj* timid, shy
nieświadomy *adj* unconscious; (*bezwiedny*) involuntary; **być ~m czegoś** be unaware of sth
nieświeży *adj* not <no longer> fresh; (*oddech*) bad; (*brudny*) dirty
nietakt *m* faux pas, gaffe
nietaktowny *adj* tactless, indelicate
nietknięty *adj* intact
nietłukący *adj* non-breakable, unbreakable
nietolerancja *f* intolerance
nietoperz *m* bat
nietrzeźwy *adj* drunk, intoxicated; **w stanie ~m**

in a state of drunkenness

nietykalny *adj* untouchable

nietypowy *adj* atypical, non-standard

nieuczciw|y *adj* unfair, dishonest; **~a konkurencja** unfair competition

nieuczynny *adj* unhelpful, disobliging

nieudany *adj* unsuccessful

nieudolny *adj* inept, ineffectual

nieuleczalny *adj* incurable

nieumyślny *adj* unintentional, inadvertent

nieunikniony *adj* unavoidable, inevitable

nieurodzaj *m* crop failure

nieuwag|a *f* inattention; **przez ~ę** through inattention

nieużyteczny *adj* useless

nieważny *adj* unimportant, insignificant; (*przedawniony*) invalid

niewątpliwy *adv* undoubted, unquestionable

niewdzięczny *adj* ungrateful; (*praca*) unrewarding

niewiadoma *f mat.* unknown

niewiadomy *adj* unknown

niewiarygodny *adj* incredible, unbelievable

niewidom|y *adj* blind; *m* blind man; **~i** *pl* the blind

niewiele *adv* (*osób, książek*) not many, few; (*wody, pieniędzy*) not much, little

niewielki *adj* not big <large>, smallish; **~e szanse** slender prospects

niewierny *adj* unfaithful

niewierzący *m* non-believer

niewinny *adj* innocent; *prawn.* not guilty

niewłaściwy *adj* wrong; (*niestosowny*) inappropriate, improper

niewol|a *f* captivity; **wziąć kogoś do ~i** take sb captive <prisoner>

niewolnik *m* slave

niewybaczalny *adj* unforgivable, inexcusable

niewygoda *f* discomfort

niewygodny *adj* uncomfortable; (*niedogodny*) inconvenient
niewypał *m* dud
niewyraźny *adj* faint, dim; (*niepewny*) vague
niewystarczający *adj* insufficient
niezadowolenie *n* discontent, dissatisfaction
niezadowolony *adj* dissatisfied, unhappy
niezależny *adj* independent
niezamężna *adj* unmarried, single
niezastąpiony *adj* irreplaceable
niezawodny *adj* dependable, reliable
niezbędny *adj* essential, indispensable
niezbity *adj* irrefutable, incontrovertible
niezbyt *adv* not very <too>
niezdara *m pot.* clutz, clumsy
niezdatny *adj* unfit (**do czegoś** for sth); **~ do użytku** unfit for use
niezdecydowany *adj* undecided, irresolute
niezdolny *adj* (*nieinteligentny*) unintelligent; **~ do czegoś** incapable of sth; **~ do służby wojskowej** incapable of military service
niezdrow|y *adj* unhealthy, unwell; (*szkodliwy*) unhealthy; **~a cera** sallow complexion; **~e zainteresowanie** unhealthy interest; **~a wyobraźnia** morbid imagination
niezgoda *f* disagreement, discord
niezgrabny *adj* (*niezdarny*) clumsy, awkward; (*nieforemny*) unshapely
nie zidentyfikowany *adj* unidentified; **~ obiekt latający** unidentified flying object, UFO
niezły *adj* not bad, pretty good
niezmordowany *adj* indefatigable, tireless
nieznajomy *adj* unknown, unfamiliar; *m* stranger
nieznany *adj* unknown
nieznośny *adj* unbearable, intolerable
niezręczny *adj* (*niezdar-*

ny) clumsy, awkward; (*kłopotliwy*) awkward
niezrozumiały *adj* unintelligible, incomprehensible
niezwykły *adj* uncommon, unusual
nieżyt *adj med.* inflammation; **~ nosa** rhinitis; **~ żołądka** gastritis
nieżywy *adj* lifeless, dead
nigdy *adv* never; (*w pytaniach i przeczeniach*) ever
nigdzie *adv* nowhere; (*w pytaniach i przeczeniach*) anywhere
nijaki *adj* nondescript; *gram.* (*rodzaj*) neuter
nikotyna *f* nicotine
nikt *pron* no one, nobody; (*w pytaniach i przeczeniach*) anyone, anybody
niniejszy *adj* present; **~m...** I hereby...
niski *adj* low; (*człowiek*) short
niskokaloryczny *adj* low-calorie
niszczyć *imperf vt* destroy, damage; (*ubranie*) wear out; **~ się** *vr* deteriorate, decay; (*o ubraniu*) wear out
nitka *f* thread
nizina *f* lowland
niż[1] *m* depression
niż[2] *conj* than
niżej *adv* lower; (*w tekście*) below; **~ podpisany** the undersigned
niższy *adj* lower; (*człowiek*) shorter
no *part*: **no, no!** well, well!; **no to co?** so what?; **no to chodźmy!** so let's go!; **no nie?** right?
noc *f* night; **w ~y** at night; **dziś w ~y** tonight; **wczoraj w ~y** last night
nocleg *m* night's lodging
nocnik *m* chamber pot, potty
nocn|y *adj* night *attr*; **koszula ~a** nightgown, nightdress; **~a zmiana** night shift; **~y lokal** nightclub; **~y marek** night owl
nocować *imperf vi* stay for the night
nog|a *f* leg; (*stopa*) foot;

do góry ~ami upside down; **być na ~ach** be on one's feet; **wstać lewą ~ą** have got out on the wrong side of the bed; *pot.* **dać ~ę** hook it
nogawka *f* (trouser) leg
nominacja *f* appointment, nomination
nomenklatura *f* nomenclature; (*nazewnictwo*) terminology
nonsens *m* nonsense
nora *f* hole, burrow; *przen.* (*mieszkanie*) hole, hovel
nork|a *f zool.* mink; **~i** *pl* (*futro*) mink coat
norm|a *f* standard, norm; **wrócić do ~y** be back to normal
normalny *adj* normal
Norweg *m* Norwegian
norweski *adj* Norwegian
nos *m* nose; **wydmuchać ~** blow one's nose; **kręcić ~em** pick and choose; **mruczeć pod ~em** mumble under one's breath; *przen.* **mam to w ~ie** I don't give a hoot; **zatrzasnąć komuś drzwi przed ~em** slam the door in sb's face; *przen.* **zadzierać ~a** be stuck up
nosiciel *m* carrier
nosić *imperf vt* carry; (*ubranie*) wear; (*brodę, wąsy*) have, wear
nosorożec *m* rhinoceros, rhino
nostalgia *f* nostalgia
nosze *pl* stretcher
nośność *f* (*mostu*) load capacity; (*statku*) deadweight
notariusz *m* notary (public)
notarialny *adj* (*akt*) notarized; (*biuro*) notary's
notatka *f* note
notatnik, notes *m* notebook, notepad
notować *imperf vt* (*zapisywać*) write down; (*rejestrować*) keep a record
notowanie *n* record; (*na giełdzie*) quotation
nowalijka *f* early vegetable
nowela *f* short story
nowina *f* news
nowobogacki *adj* nouveau riche
nowoczesny *adj* modern

noworoczny *adj* New Year's *attr*
nowość *f* novelty
nowotwór *m* *med.* tumour; **~ łagodny <złośliwy>** benign <malicious> tumour
nowożytny *adj* modern
nowy *adj* new; **Nowy Rok** New Year
nożyczki *pl* scissors *pl*
nów *m* new moon
nóż *m* knife; **~ sprężynowy** flick knife, *am.* switchblade; *przen.* **mieć ~ na gardle** be in a tight corner
nuda *f* boredom
nudności *pl* nausea
nudny *adj* boring, dull; **~ jak flaki z olejem** (as) boring as ditch-water
nudysta *m* nudist
nudzić *imperf vt* bore; **~ się** *vr* be bored
numer *m* number; (*rozmiar*) size; (*czasopisma*) issue, number; *pot.* (*wybieg*) trick
numeracja *f* numbering
numerek *m* (*w szatni*) ticket
numerować *imperf vt* number
numizmatyka *f* numismatics
nur|ek *m* diver; **dać ~ka** dive
nurkować *imperf vi* dive
nurt *m* current; (*tendencja*) trend
nut|a *f* note; **~y** *pl* score; **kłamać jak z ~** lie through one's teeth
nylon *m* nylon

O

o *praep* on, of, about, with, by, for; **niepokoić się o kogoś** worry about sb; **kłócić się o coś** quarrel about sth; **prosić o coś** ask for sth; **o czym ty mówisz?** what are you talking about?; **o zmroku <północy>** at dusk <midnight>; **o piątej** at 5 o'clock; **starszy o dwa lata** two years older; **powiększyć o połowę** increase by a half; **o wiele lepszy <gorszy, mniejszy>** much better <worse, smaller>; **spóźnił się o godzinę** he was an hour late; **rzucać czymś o coś** throw with sth at <against> sth; **oprzeć się o ścianę** lean against a wall

oaza *f* oasis; **~ spokoju** oasis of peace

oba, obaj, obie, oboje *num* both

obalić *perf vt* (*rząd*) overthrow; (*teorię*) refute; (*testament*) revise

obaw|a *f* fear, anxiety; **z ~y** for fear (**przed czymś** of sth)

obawiać się *imperf vr* fear <dread> (**czegoś** sth); **~ o kogoś** be concerned about sb; **~, że...** be afraid that...

obcas *m* heel

obcęgi *pl* pliers *pl*, pincers *pl*

obchodzi|ć *imperf vt* walk <go> round; (*przepisy*) evade; (*święto, urodziny*) celebrate, observe; (*interesować*) care; **to mnie nic nie ~** I don't care about it; **~ć się** *vr* do (**bez czegoś** without sth), handle <use> (**z czymś** with sth), treat (**z kimś** sb); *pot.* **obejdzie się!** thanks a lot!

obciąć *perf vt* cut off; (*nożyczkami*) clip; (*zmniejszyć*) cut down (on)

obciążać *imperf vt* weight, balast; (*obowiązkami*) burden; *ekon.* **~ czyjeś konto** be charged to sb's account

obcinać *imperf vt zob.* **obciąć**

obcisły *adj* (skin)tight, close-fitting

obcokrajowiec *m* foreigner

obcy *adj* strange, alien; *m* stranger, alien

obecnie *adv* at present, currently

obecny *adv* present, current; **~!** here!, present!

obejmować *imperf vt* embrace, hug; (*zawierać*) include; (*podjąć się*) take over, assume; **~ stano-**

wisko <kierownictwo> take office <charge>
obejrzeć *imperf vt zob.* **oglądać**
oberwać, obrywać *perf imperf vt* tear off; (*owoce*) pick; *vi pot.* (*dostać lanie*) get a beating; **~ się** *vr* tear off, come off
obfity *adj* abundant, heavy
obiad *m* dinner; **jeść ~** dine, have dinner
obiecać, obiecywać *perf imperf vi vt* promise
obiecujący *adj* promising
obieg *m* circulation; **wprowadzić w ~** put into circulation; **wycofać z ~u** withdraw from the circulation
obiekt *m* object; (*budynek*) structure; **być ~em czegoś** be a target of sth
obiektyw *m* lens, objective
obiektywny *adj* objective
obierać, obrać *imperf perf vt* (*ze skórki*) peel; (*ze skorupki*) shell; **~ kierunek** choose a direction
obietnic|a *f* promise; **dotrzymać ~y** keep a promise
objaw *m* symptom, sign
objazd *m* tour; (*stały*) by-pass; **~** (*tabliczka*) diverted traffic, *am.* detour
objazdowy *adj* (*droga*) roundabout *attr*, by-pass *attr*; (*teatr*) travelling *attr*
objąć *perf vt zob.* **obejmować**
objechać *perf vt* go round, circle
objętość *f fiz., geom.* volume
oblać *perf vt* sprinkle, coat; *pot.* (*uczcić*) celebrate; *pot.* (*nie zdać*) fail, flunk
obliczać, obliczyć *imperf perf vt* calculate, work out; (*pieniądze*) count
obliczenie *n* calculation
obligacje *pl ekon.* bonds *pl*
oblodzenie *n* icing, ice-formation
obława *f* hunt, chase; **~ policyjna** raid
obłąkany *adj* insane, mad

obłęd *m* insanity, madness

obłok *m* cloud

obłuda *f* hypocrisy

obmawiać *imperf vt* backbite

obmyślać, obmyślić *imperf perf vt* ponder (**coś** over sth); **~ plan** consider a plan

obniżać, obniżyć *imperf perf vt* lower, reduce; **~ się** *vr* drop, fall

obniżka *f* reduction, cut

obojczyk *m anat.* collarbone, clavicle

obojętność *f* indifference

obojętn|y *adj* indifferent; (*chemicznie*) neutral

obok *adv praep* near, by, close to; **~ okna** by the window; **przejść ~ czegoś** walk past sth

obowiąz|ek *m* duty, obligation; **~ki** *pl* duties *pl*; **spełnić swój ~ek** do one's duty; **pełniący ~ki** acting

obowiązkowy *adj* obligatory, mandatory; (*człowiek*) diligent, conscientious

obowiązujący *adj* current, (currently) valid; (*ustawa*) in force, binding

obowiązywać *imperf vi vt* be obligatory <mandatory>; bind <oblige> (**kogoś do czegoś <do robienia czegoś>** sb to sth <to do sth>)

obozować *imperf vi* camp

obozowisko *n* camp(site)

obóz *m* camp; **rozbić ~** pitch <set up> a camp; **zwinąć ~** break up a camp

obracać, obrócić *imperf perf vt* turn, move around; **~ coś w dłoniach** roll sth in one's hands; **~ coś w żart** turn sth into ridicule; **~ się** *vr* (*okręcać się*) turn round; **~ się do kogoś plecami** turn one's back on sb; **~ się na pięcie** swing round on one's heel; **~ się przeciwko komuś** turn against sb

obrać *perf vt zob.* **obierać**

obradować *imperf vi* debate

obrady *pl* proceedings *pl*, debate

obraz *m* picture, painting; (*widok*) sight; (*na ekranie*) image; **żywy ~ kogoś** living <spitting> image of sb

obraza *f* offence; (*zniewaga*) insult; **~ moralności** scandal; **~ sądu** contempt of court

obrazek *m* (little) picture; (*ilustracja*) picture; (*scenka*) scene, picture

obrazić *perf vt* offend; **~ się** *vr* be offended (**na kogoś o coś** with sb at sth), take offence (**o coś** at sth)

obrączka *f* ring; **~ ślubna** wedding ring

obręb *m* (*tkaniny*) hem; (*obszar*) grounds *pl*, limits *pl*

obron|a *f* defence; *sport.* backs *pl*; **w ~ie własnej** in self-defence

obrońca *m* defender; *prawn.* lawyer; *sport.* back

obroża *f* collar

obrócić *perf vt zob.* **obracać**

obrót *m* turn, revolution; *ekon.* turnover; (*sprawy*) turn; **przybrać pomyślny ~** take a favourable turn

obrus *m* tablecloth

obrzęd *m* ritual, ceremony

obrzęk *m* swelling

obrzydliwy *adj* disgusting, abominable

obrzydzenie *n* disgust, abomination

obsada *f* (*oprawka*) holder; (*aktorska*) cast

obserwacja *f* observation; **~ policyjna** observation, surveillance

obserwator *m* observer

obserwatorium *n* observatory

obserwować *imperf vt* watch, observe

obsesja *f* obsession

obsługa *f* service, maintenance; (*załoga*) staff, personnel; **~ hotelowa** hotel service

obsługiwać, obsłużyć *imperf perf vt* serve, attend to; (*maszynę*) operate, work

obstawa *f* guard; (*osobista*) bodyguard
obstrukcja *f* obstruction; *med.* constipation
obszar *m* area, territory
obszerny *adj* (*mieszkanie*) spacious; (*ubranie*) loose; (*tekst*) extensive
obtarcie *n* sore
obudowa *f* casing, housing
obudzić *perf vt zob.* **budzić**
oburącz *adv* with both hands
oburzać *imperf vt* revolt (**kogoś** sb); **~ się** *vr* be <feel> indignant (**na kogoś <coś>** with sb <at sth>), resent (**na coś** sth)
oburzenie *n* indignation
obuwie *n* footwear
obwieszczenie *n* announcement
obwiniać, obwinić *imperf perf vt* accuse (**kogoś o coś** sb of sth), blame (**kogoś o coś** sb for sth)
obwodnica *f* bypass; ring road, *am.* beltway
obwoluta *f* dust cover
obwód *m* (*okręgu*) circumference; *elektr.* circuit; (*okręg*) district
oby *part*: **~!** if only it were so; **~ wyzdrowiał** may he recover
obycie *n* manners; (*z czymś*) familiarity
obyczaj *m* custom, habit; **~e** *pl* customs *pl*
obydwaj, obydwie, obydwoje *num* both
obywatel *m* citizen
obywatelski *adj* civic, civil; **prawa ~e** civil rights; **komitet ~** civic committee
obywatelstwo *n* citizenship
ocaleć *perf vi* survive
ocalić *perf vt* save; **~ komuś życie** save sb's life
ocean *m* ocean
ocena *f* assessment, opinion; (*w szkole*) mark, *am.* grade
oceniać, ocenić *imperf perf vt* estimate, evaluate; (*osądzać*) judge, assess
ocet *m* vinegar
och! *int* oh!

ochłod|a *f* refreshment; **dla ~y** for refreshment

ochłodzenie *n* cold(er) weather; (*stosunków*) cooling

ochłodzi|ć *perf vt* cool, chill; **~ć się** *vr* cool (down); **~ło się** it got colder

ochot|a *f* willingness; **z ~ą** eagerly, willingly; **mam ~ę coś zrobić** I feel like doing sth

ochotnik *m* volunteer

ochraniacz *m* guard; (*na łokcie, kolana*) pad

ochraniać, ochronić *imperf perf vt* protect <shield> (**kogoś przed czymś** sb against sth), preserve (**coś przed czymś** sth against sth)

ochrona *f* protection, guard; **~ przyrody** nature conservation <preservation>

ochroniarz *m pot.* security guard, bodyguard

ochronić *perf vt zob.* **ochraniać**

ochronn|y *adj* protective; **barwa ~a** natural camouflage; **szczepienia ~e** preventive vaccination

ociemniały *adj* blind; *m* blind person

ocieplenie *n* warming up; (*o pogodzie*) warmer weather

ocierać, otrzeć *imperf perf vt* (*wycierać*) wipe; (*skórę*) graze; **~ łzy** wipe away one's tears; **~ sobie czoło** mop one's forehead; **~ się** *vr* rub <brush> (**o coś** against sth)

oclić *perf vt* impose duty (**coś** on sth)

oczekiwać *imperf vi* wait (**kogoś <czegoś>** for sb <sth>), await <expect> (**kogoś <czegoś>** sb <sth>)

oczekiwani|e *n* awaiting; **~a** *pl* expectations *pl*; **wbrew ~om** contrary to expectation(s)

oczk|o *n* (*w rajstopach*) ladder, *am.* run; (*w pierścionku*) stone; (*gra*) blackjack; *przen.* **być czyimś ~iem w głowie** be the apple of sb's eye

oczyszczać, oczyścić

imperf perf vt clean(se); (*wodę, powietrze*) purify; *prawn.* ~ **kogoś z winy <zarzutów>** clear sb of guilt <charges>

oczyszczalnia *f*: ~ **ścieków** sewage treatment plant

oczyścić *perf vt zob.* **oczyszczać**

oczywisty *adj* evident, obvious

oczywiście *adv* certainly, obviously; ~! of course!, sure!, certainly!

od *praep* from; of, for; since; **od dawna** for a long time; **od przyjaciela** from a friend; **twarz mokra od łez** face damp with tears; **na wschód od Warszawy** to the east of Warsaw; **od czasu do czasu** from time to time; **od niedzieli** since Sunday; **od jutra** starting tomorrow; **od dziecka** since childhood; **okna od ulicy** front windows; **ja jestem od tego, żeby...** it's my job to...; **kluczyki od samochodu** car keys; **dziurka od klucza** keyhole

odbicie *n* reflection; (*piłki*) return

odbić *perf vt zob.* **odbijać**

odbierać *imperf vt zob.* **odebrać**

odbijać *imperf vt* (*obraz, światło*) reflect; (*głos*) echo; (*piłkę*) return; (*odzyskać*) win back; ~ **komuś męża <żonę>** win away sb's husband <wife>; ~ **się** *vr* (*o świetle*) reflect; (*skokiem od ziemi*) take off; (*o piłce*) rebound; (*wywierać wpływ*) have repercussions; (*bekać*) eruptate, belch; ~ **się głośnym echem** reverberate

odbiorca *m* receiver, recipient; (*przesyłki*) addressee

odbiornik *m elektr.* receiver

odbiór *m* receipt, collection; **potwierdzić** ~ acknowledge receipt

odbitka *f* print

odbudowa *f* reconstruction

odbudować *perf vt* rebuild, reconstruct

odbyć, odbywać *perf imperf vt* (*wykonać*) perform, do; **~ zebranie** hold a meeting; **~ służbę wojskową** do one's military service; **~ się** *vr* take place, be held

odchodzić *imperf vi* go away, leave; **~ na emeryturę** retire; *przen.* **~ od zmysłów** be out of one's mind <senses>

odchudzać się *imperf vr* slim, diet

odciąć *perf vt zob.* **odcinać**

odcień *m* tint, shade

odcinać *imperf vt* cut off; (*dostęp*) cut <seal> off; **~ się** *vr* (*ostro odpowiadać*) retort, answer back

odcinek *m* section; (*czasu*) period; (*kwit*) stub; (*filmu*) episode

odcisk *m* imprint; (*nagniotek*) corn; **~ stopy** footprint; **~ palca** fingerprint

odczuć, odczuwać *perf imperf vt* feel; (*wyczuć*) sense; **dać komuś coś ~** show sb how one feels about sth

odczyt *m* lecture

oddać, oddawać *perf imperf vt* (*dać*) give away; (*zwrócić*) return; (*dług*) give <pay> back; (*cios*) return; **~ coś do naprawy** have sth repaired; **~ komuś przysługę** render sb a service; **~ krew** donate blood; **~ sprawę do sądu** bring a case to court; **~ życie za kogoś <coś>** give one's life for sb <sth>; **~ się** *vr* (*poświęcić się*) devote o.s. (**czemuś** to sth)

oddech *m* breath

oddychać *imperf vi* breathe; *przen.* **~ pełną piersią** breathe freely; *zob.* **odetchnąć**

oddział *m* department, branch; (*w szpitalu*) ward; (*policji*) squad; *woj.* unit

oddziaływać *imperf vi*: **~ na** affect, influence

oddzielny *adj* separate

odebrać *perf vt* (*brać*) collect, pick up; (*odzys-*

kać) get back, reclaim; (*otrzymać*) receive; (*telefon*) get, answer

odejmować *imperf vt mat.* subtract; (*umniejszać*) deduct

odejmowanie *n mat.* subtraction

odejść *perf vi zob.* **odchodzić**

odesłać *imperf vt zob.* **odsyłać**

odetchnąć *perf vi*: ~ **głęboko** breathe deeply; ~ **z ulgą** breathe a sigh of relief; *zob.* **oddychać**

odezwać się *perf vr zob.* **odzywać się**

odgadnąć, odgadywać *perf imperf vt* guess

odgłos *m* sound

odgrzać, odgrzewać *perf imperf vt* warm up

odjazd *m* departure

odjąć *perf vt zob.* **odejmować**

odjechać, odjeżdżać *perf imperf vi* leave; (*o pociągu*) leave, depart

odkąd *pron* since; ~? since when?; (*od którego miejsca*) where from?; ~ **pamiętam** for as long as I remember

odkładać *imperf vt* (*kłaść z boku*) put away <aside>; (*pieniądze*) put aside; (*odraczać*) postpone, put off; ~ **coś na miejsce** put sth back in its place; ~ **decyzję do jutra** put the decision off to the next day

odkryć, odkrywać *perf imperf vt* (*odsłonić*) uncover; (*dokonać odkrycia*) discover; ~ **karty** *przen.* lay one's cards on the table

odkrywca *m* discoverer

odkurzacz *m* vacuum cleaner, hoover

odlatywać, odlecieć *imperf perf vi* fly away <off>; (*o samolocie*) take off

odległoś|ć *f* distance; **na ~ć ramienia** at arm's length; **w pewnej ~ci** some distance off

odległ|y *adj* distant, remote; **~a przeszłość** remote past

odlot *m* departure; (*ptaków*) migration

odłączyć *perf vt* separate, disconnect; ~ **się** *vr* separate

odłożyć *perf vt zob.* **odkładać**

odmawiać *imperf vt* refuse, decline; (*modlitwę*) say

odmiana *f* (*wariant*) variety; (*zmiana*) change; *gram.* inflection

odmieniać, odmienić *imperf perf vt* change, alter, modify; *gram.* (*czasowniki*) conjugate; *gram.* (*rzeczowniki*) decline

odmowa *f* refusal

odmówić *perf vt zob.* **odmawiać**

odmrażać, odmrozić *imperf perf vt* thaw, defrost

odmrożenie *n* frostbite; (*miejsce*) chilblain; (*rozmrożenie*) defrosting

odnawiać, odnowić *imperf perf vt* (*mieszkanie*) renovate, refurbish; (*znajomość*) renew

odnieść, odnosić *perf imperf vt* take (back), carry (back); ~ **korzyść** derive profit; ~ **wrażenie** have the impression; ~ **zwycięstwo** gain <win> a victory; ~ **się** *vr* (*traktować*) treat; (*dotyczyć*) relate to, apply to, refer to

odnośnie do *adv praep* regarding, with regard

odnośnik *m* reference mark; (*przypisek*) footnote

odnowić *perf vt zob.* **odnawiać**

odór *m* stench, reek

odpady *pl* waste (material); (*śmieci*) garbage

odpiąć, odpinać *perf imperf vt* unbutton, undo

odpis *m* copy; *ekon.* deduction

odpisać, odpisywać *perf imperf vt* (*przepisać*) copy; (*na list*) write back, answer (a letter); *ekon.* deduct

odpłatnie *adv* for a fee; payable

odpłatność *f* payment

odpłatny *adj* paid; payable

odpłynąć *perf vt* (*o czło-*

wieku) swim away; (*o statku*) sail away <out>
odpływ *m* outflow; (*morza*) low tide
odpływać *imperf vt zob.* **odpłynąć**
odpocząć *perf vi zob.* **odpoczywać**
odpoczynek *m* rest
odpoczywać *imperf vi* rest, take <have> a rest
odporność *f* resistance; *med.* immunity, resistance
odporny *adj* resistant; *med.* immune
odpowiada|ć *imperf vi* answer, reply; (*reagować*) respond; (*być odpowiedzialnym*) be responsible (**za coś** for sth); (*być zgodnym*) correspond (**czemuś** with sth); **~ć na zarzuty** respond to accusations; **to mi ~** it suits me (fine)
odpowiedni *adj* adequate; appropriate; suitable; **w ~m czasie** in due course
odpowiedzialnoś|ć *f* responsibility, liability; **~ć karna** criminal responsibility; **spółka z ograniczoną ~cią** limited liability company; **pociągnąć kogoś do ~ci** bring sb to account
odpowiedzialny *adj* reliable, trustworthy; **~ za coś** responsible for sth
odpowiedź *f* answer, reply; (*reakcja*) response
odprawa *f* (*wynagrodzenie*) severance pay; (*replika*) retort; (*zebranie*) briefing; (*pasażerów*) check-in, clearance
odprężenie *n* relaxation; (*polityczne*) détente
odprężyć się *perf vr* relax
odprowadzać, odprowadzić *imperf perf vt* (*towarzyszyć*) escort, accompany; **~ kogoś do domu <na stację>** see sb home <to the station>
odpukać *perf vi*: **~ (w nie malowane drewno)!** touch wood!
odpust *m* (*grzechów*) indulgence, pardon; (*zabawa*) church fete
odpychający *adj* disgusting, repulsive

odra *f med.* measles *pl*
odrabiać, odrobić *imperf perf vt* (*pracę*) catch up on; (*co się straciło*) make up for; ~ **stracony czas** make up for the lost time; ~ **lekcje** do homework
odradzać, odradzić *imperf perf vt*: ~ **komuś coś** dissuade sb from sth, advise sb against sth
od razu *adv zob.* **raz**
odrębny *adj* separate, distinct
odręczny *adj* (*rysunek*) free-hand; (*podpis*) handwritten
odrobić *perf vt zob.* **odrabiać**
odrobin|a *f* bit; **ani ~y** not a bit
odrodzenie *n* rebirth, revival; (*okres*) Renaissance
odróżniać, odróżnić *imperf perf vt* distinguish, differentiate; ~ **się** *vr* be distinct
odróżnieni|e *n* distinction; **w ~u** (*inaczej niż*) unlike (**od kogoś <czegoś>** sb <sth>)
odruch *m med.* reflex; (*reakcja*) impulse
odruchowo *adv* involuntarily, instinctively
odrzec *perf vi* reply
odrzucać, odrzucić *imperf perf vt* (*na bok*) throw aside; (*piłkę*) throw back; (*odmawiać*) reject, turn down; *med.* ~ **przeszczep** reject a transplant
odrzutowiec *m* jet (plane)
odsetki *pl ekon.* interest
odsmażyć *perf vt* warm up on the pan
odstęp *m* (*w tekście*) space
odstraszyć *perf vt* scare away; (*zniechęcać*) deter (**kogoś od czegoś** sb from sth)
odsunąć, odsuwać *perf imperf vt* move away <back>, draw back; (*zasuwkę*) pull back; ~ **się** *vr* move aside, stand back
odsyłacz *m* (*znak graficzny*) reference mark; (*w słowniku*) cross-reference
odsyłać *imperf vt* send;

(*zwracać*) send back, return
odszkodowanie *n* compensation, damages *pl*; (*zadośćuczynienie*) settlement
odśnieżać, odśnieżyć *imperf perf vt* clear of snow
odświeżać, odświeżyć *imperf perf vt* refresh; (*odnowić*) restore; (*wiadomości*) brush up (on)
odświętny *adj* festive
odtąd *adv* (*od teraz*) from now on; (*od tego czasu*) from then on, since then; (*o miejscu*) (starting) from here
odurzając|y *adj*: **środki ~e** intoxicants *pl*, drugs *pl*
odurzenie *n* daze, intoxication
odwag|a *f* courage; **~a cywilna** civil liberty; **dodawać komuś ~i** bolster up sb's courage
odważnie *adv* courageously, bravely
odważny *adj* courageous, brave
odważyć się *perf vr* dare (**coś zrobić** to do sth); **~ na coś** risk sth
odwdzięczyć się *perf vr* repay, return
odwiedzać, odwiedzić *imperf perf vt* visit, call on, come and see; (*bywać*) frequent
odwiedziny *pl* visit
odwieźć, odwozić *perf imperf vt* take (back), drive back
odwilż *f* thaw
odwlec, odwlekać *perf imperf vt* (*opóźniać*) delay, put off
odwołać, odwoływać *perf imperf vt* (*alarm*) cancel; (*obietnicę*) withdraw; (*ze stanowiska*) dismiss; **~ się** *vr prawn.* appeal
odwołanie *n* (*cofnięcie*) cancellation; (*ze stanowiska*) dismissal, recall; *prawn.* appeal
odwracać, odwrócić *imperf perf vt* (*zmieniać kierunek*) turn round, reverse; **~ czyjąś uwagę** divert sb's attention from sth; **~ się** *vr* turn round; **~ się od kogoś** turn one's back on sb

odwrotnie *adv* (*na odwrót*) inversely
odwrócić *perf vt zob.* **odwracać**
odwr|ót *m* retreat, withdrawal; **~ót od czegoś** turn away from sth; **na ~ót** on the contrary; **na ~ocie** overleaf
odwzajemniać się, odwzajemnić się *imperf perf vr* return, reciprocate
odziedziczyć *perf vt* inherit
odzież *f* clothing, garments; **~ letnia <zimowa>** summer <winter> wear <clothes>
odznaczać się *imperf vr* (*wyróżniać się*) be conspicuous (**czymś** by sth); (*charakteryzować się*) be characterized (**czymś** by sth)
odznaczyć *perf vt* (*orderem*) decorate; **~ się** *vr* (*wsławić się*) distinguish o.s.
odznaka *f* badge; (*wyróżnienie*) distinction
odzwyczajać się, odzwyczaić się *imperf perf vr* (*od nałogu*) get out of the habit (of doing sth)
odzyskać *perf vt* get <win> back; **~ przytomność** regain consciousness; **~ zdrowie** recover
odzywa|ć się *imperf vr* (*mówić*) speak; (*o dźwięku*) sound; **nie ~ją się do siebie** they are not speaking with each other
odżywianie *n* nutrition, nourishment
odżywka *f* nutrient; (*dla dzieci*) baby-food, *am.* (baby) formula; (*do włosów*) conditioner
ofensywa *f* offensive
oferować *imperf vt* offer
oferta *f* offer
ofiar|a *f* victim; (*w wypadku*) casualty; (*datek*) contribution; (*poświęcenie*) sacrifice; (*pot. niezdara*) duffer; **paść ~ą** fall victim (**czegoś** to sth)
ofiarodawca *m* donor
ofiarować *perf vt* (*dać*) give; (*datek*) donate; (*złożyć w ofierze*) offer
oficer *m* officer

oficjalny *adj* official, formal

ogień *m* fire; (*do papierosa*) light; **krzyżowy ~ pytań** cross-examination; **sztuczne ognie** fireworks; **zimne ognie** *pl* sparkles *pl*; *przen.* **słomiany ~** a flash in the pan

oglądać *imperf vt* look at, examine, watch; **~ się** *vr* (*za siebie*) look back

ogłaszać, ogłosić *imperf perf vt* announce; (*proklamować*) declare, proclaim; **~ się** *vr* (*w gazecie*) advertise

ogłoszenie *n* announcement; (*pisemne*) notice; (*w gazecie*) advertisement, ad

ognisko *n* bonfire; (*impreza*) (camp-)fire; (*centrum*) centre; **~ domowe** hearth and home

ogolić *perf vt* shave; **~ się** *vr* shave

ogon *m* tail

ogólnokrajowy *adj* nation-wide, country-wide

ogólny *adj* general, universal

ogół *m* totality, the whole; **na ~** in general; **w ogóle** generally, (*wcale*) at all; **dobro ~u** the common good

ogórek *m* cucumber

ograniczać *imperf vt zob.* **ograniczyć**

ograniczenie *n* limitation, restriction; **~ szybkości** speed limit

ograniczyć *perf vt* limit, restrict; (*wydatki*) reduce, cut down; **~ się** *vr* limit o.s.

ogrodnik *m* gardener

ogrodniczki *f* (*spodnie*) dungarees *pl*

ogrodzenie *n* fence

ogromny *adj* immense, huge, vast

ogród *m* garden; **~ warzywny** vegetable garden; **~ botaniczny** botanical garden(s *pl*); **~ zoologiczny** zoological garden(s), zoo

ogródek *m* garden; (*kawiarniany*) open-air café; **~ działkowy** garden plot

ogryzek *m* core

ogrzewanie *n* heating; **centralne ~** central heating

ogumienie *n* tyres, *am.* tires

ohyda *f* monstrosity, eyesore

ohydny *adj* hideous

ojciec *m* father; **~ chrzestny** godfather; **przybrany ~** adoptive father

ojczyzna *f* motherland, homeland

okap *m* (*kuchenny*) hood

okaz *m* (*wzór*) exemplar; **rzadki ~** rarity; **~ zdrowia** picture of health

okazać, okazywać *perf imperf vt* show, present; **~ zainteresowanie** show interest; **~ komuś pomoc** come to sb's help; **~ się** *vr* turn out, prove; **~ się łajdakiem** prove <turn out> to be a scoundrel; **okazało się, że...** it turned out that...

okaziciel *m* bearer; **czek na ~a** cheque, *am.* check to bearer

okazj|a *f* chance, opportunity; (*korzystny zakup*) bargain; **z ~i czegoś** on the occasion of sth

okazywać *imperf vt zob.* **okazać**

okiennica *f* shutter

oklaski *pl* applause, clapping

okład *m med.* compress

okładka *f* cover

okno *n* window

oko *n* eye; **na pierwszy rzut oka** at first glance; **na ~** roughly; *przen.* **mieć coś na oku** have sth in sight; **bez zmrużenia oka** without batting an eye(lid); **nie spuszczać kogoś <czegoś> z oka** keep an eye on sb <sth>; **puszczać do kogoś ~** wink at sb; **stracić z oczu** lose sight (**kogoś <coś>** of sb <sth>); **wpaść komuś w ~** catch sb's fancy

okolic|a *f* neighbourhood, surroundings *pl*; **w ~y** in the vicinity

okolicznoś|ć *f* circumstance; **~ci** *pl* circumstances *pl*; **zbieg ~ci** coincidence; **~ci łago-**

dzące <**obciążające**> extenuating <aggravating> circumstances

około *praep* about, around

okradać, okraść *imperf perf vt* rob (**kogoś z czegoś** sb of sth)

okrągły *adj* round

okrążać, okrążyć *imperf perf vt* (*obchodzić*) go (a)round; (*otaczać*) surround

okres *m* time; (*czas trwania*) period; (*menstruacja*) period; **~ gwarancji** warranty (coverage); **~ urzędowania** term of office

określać, określić *imperf perf vt* define, determine

okręg *m* district; **~ wyborczy** constituency

okręt *m* battleship; *pot.* ship; **~ podwodny** submarine

okrężn|y *adj* circular; roundabout; **iść drogą ~ą** go by a roundabout way

okropny *adj* horrible, terrible, awful

okrutny *adj* cruel

okryć *perf vt* cover

okrzyk *m* cry, shout

okulary *pl* glasses *pl*; **~ słoneczne** sunglasses *pl*

okulista *m* oculist, optometrist, eye doctor

okup *m* ransom

okupacja *f* occupation

olać *perf vt pot.* not to give a damn for

olbrzym *m* giant

olej *m* oil; (*obraz olejny*) oil; (*silnikowy*) engine oil; **~ napędowy** diesel oil; **~ jadalny** <salad> cooking oil

olejny *adj* oil *attr*; **obraz ~** oil painting

olimpiada *f* Olympic Games *pl*, the Olympics *pl*; (*konkurs*) contest

olimpijski *adj* Olympic, Olympian; **igrzyska ~e** Olympic Games *pl*, the Olympics *pl*

oliw|a *f* (*olej z oliwek*) olive oil; (*olej mineralny*) oil (lubricant); **dolać ~y do ognia** add fuel to the flames, fan

oliwić *imperf vt* oil, lubricate

oliwka *f* olive
olśnić *perf vt* blind, dazzle
ołów *m* lead
ołówek *m* pencil
ołtarz *m* altar
omal *adv* almost, nearly
omawiać *imperf vt* discuss, talk over
omdlenie *n* fainting
omen *m* omen; **zły <dobry> ~** ill <good> omen
omijać, ominąć *imperf perf vt* (*okrążać*) pass round; (*mijać*) pass by; (*unikać*) evade, avoid; (*przeoczyć*) pass by, overlook
omlet *m* omelette
omylić się *perf vr* make a mistake, be mistaken
omyłk|a *f* mistake, error; **przez ~ę** by mistake
on *pron* he
ona *pron* she
one, oni *pron* they
onkolog *m* oncologist
onkologia *f* oncology
ono *pron* it
opad *m* (*deszcz*) rain(fall), shower; *med.* E.S.R. (erytrocyte sedimentation rate); **~y** *pl* precipitation
opadać *imperf vi* fall, come down; (*o temperaturze*) subside; **~ z sił** lose one's strength
opakowanie *n* wrapping, packaging
opalać *imperf vt* (*ogrzewać*) heat; (*na słońcu*) (sun)tan; **~ się** *vr* sunbathe
opalenizna *f* (sun)tan
opał *m* fuel; **drewno na ~** firewood
opanować *perf vt* (*zagarnąć*) capture; (*okiełznać*) bring under control, contain; (*osiągnąć sprawność*) master; **~ się** *vr* control o.s.; contain o.s.
oparzenie *n* burn
oparzyć *perf vt* burn; **~ się** *vr* get burned
opaska *f* band
opaść *perf vi zob.* **opadać**
opatrunek *m* dressing
opera *f* opera; (*budynek*) opera house
operacj|a *f* operation, surgery; **poddać się ~i** undergo an operation
operator *m* (*dźwigu*) op-

erator; (*filmowy*) cameraman

operować *imperf vt* operate

opieka *f* care, protection; *prawn.* custody; **~ społeczna** welfare; **~ medyczna** medical care

opiekacz *m* toaster

opiekować się *imperf vr* take care (**kimś <czymś>** of sb <sth>), look after (**kimś <czymś>** sb <sth>)

opiekun *m* protector; *prawn.* guardian

opiekunka *f*: **~ do dzieci** baby-sitter

opierać *imperf vt* lean (**coś o coś** sth against sth), rest (**coś o coś** sth on sth); (*uzasadnić*) base <ground> (**coś na czymś** sth on sth); **~ się** *vr* lean (**o coś** against sth); (*mieć podstawę*) be founded <based> (**na czymś** on sth); (*przeciwstawiać się*) resist (**komuś** sb)

opini|a *f* opinion; **~a publiczna** public opinion; **cieszyć się dobrą ~ą** enjoy a good reputation

opis *m* description

opisać *perf vt* describe

opłaca|ć, opłaci|ć *imperf perf vt* pay; (*przekupywać*) pay off; **~ć z góry** prepay; **~ć się** *vr* pay; **nie ~ się tego robić** it's not worth doing

opłata *f* charge, payment; (*za przejazd*) fare

opłatek *m* wafer

opodatkować *perf vt* tax

opon|a *f* tyre, *am.* tire; *med.* **zapalenie ~ mózgowych** meningitis

opowiadać *imperf vi* talk (about); *vt* tell; **~ się** *vr*: **~ się za** opt for

opowiadanie *n* story; (*utwór literacki*) short story

opowiedzieć *perf vt zob.* **opowiadać**

opowieść *f* tale, story

opozycja *f* opposition

opór *m* resistance; **ruch oporu** Resistance; **stawiać ~** put up <offer> resistance; **iść po linii najmniejszego oporu** take the line of least resistance

opóźnienie *n* delay

opracować *imperf vt* work out
oprawa *f* (*książki*) binding; (*klejnotu; sceniczna*) setting
oprawka *f* (*okularów*) frame, rim; (*żarówki*) socket
oprocentowanie *n* interest
oprogramowanie *n komp.* software
oprowadzać, oprowadzić *imperf perf vt* show round
oprócz *praep* apart <aside> from, beside(s); (*z wyjątkiem*) except; ~ **tego** besides
opryszczka *f* cold sore
oprzeć *perf vt zob.* **opierać**
optyczn|y *adj* optical; **szkła ~e** optical glasses
optyk *m* optician
optymista *m* optimist
opublikować *perf vt* publish
opuchlizna *f* swelling
opuszczać, opuścić *imperf perf vt* (*obniżyć*) lower; (*porzucić*) leave, abandon; (*przeoczyć*) omit, leave out; (*lekcję*) miss
orać *imperf vt* plough, *am.* plow; *vi pot.* sweat
oranżada *f* orangeade
oraz *conj* and, as well as
orbita *f* orbit
order *m* medal, decoration
ordynacja *f* (*przepisy*) regulations; ~ **wyborcza** electoral law
ordynarny *adj* (*niegrzeczny*) rude; (*wulgarny*) vulgar
orędzie *n* address
organ *m anat.* organ
organizacja *f* organization
organizm *m* organism
organizować *imperf vt* organize, arrange; ~ **się** *vr* organize
organki *pl* mouth organ, harmonica
organy *pl muz.* organ
orientacj|a *f* orientation; (*w temacie*) knowledge; **stracić ~ę** lose one's bearings, be lost
orientować się *imperf vr* (*w terenie*) orientate o.s.; (*w temacie*) be familiar <at home> (**w czymś** with sth)

orkiestra *f* orchestra
Ormianin *m* Armenian
ormiański *adj* Armenian
orszak *m* (*świta*) retinue; (*pochód*) procession
ortografia *f* (*pisownia*) spelling
oryginalny *adj* (*prawdziwy*) genuine, authentic; (*pierwotny*) original
orzech *m* nut; **~ kokosowy** coconut; **~ laskowy** hazelnut; **~ włoski** walnut; *przen.* **twardy ~ do zgryzienia** hard <tough> nut to crack
orzeczenie *n* (*opinia*) judgement; *prawn.* verdict, ruling; *gram.* predicate
orzeł *m zool.* eagle; *przen.* high-flyer; **~ czy reszka?** heads or tails?
orzeźwiając|y *imperf vt* refreshing; **napoje ~e** refreshments
osa *f zool.* wasp
osad *m* sediment
osada *f* settlement
oset *m bot.* thistle
osiadać *imperf vi zob.* **osiąść**
osiągnąć *perf vt* (*dojść*) reach; (*zdobyć*) achieve, accomplish
osiąść *perf vi* (*osiedlić się*) settle (down); (*o kurzu*) settle; (*o budynku*) set, subside; **~ na mieliźnie** run aground
osiedlać się *imperf vr* settle (down)
osiedle *n* settlement; **~ mieszkaniowe** (housing) estate, *am.* housing development
osiem *num* eight
osiemdziesiąt *num* eighty
osiemnast|y *num* eighteenth; **~a** (*godzina*) 6 p.m.
osiemnaście *num* eighteen
osiemset *num* eight hundred
osioł *m zool.* donkey; *pot.* ass
osiwieć *perf vi* turn grey <*am.* gray>
oskarżać *imperf vt* accuse (**o coś** of sth); *prawn.* charge (**o coś** with sth)
oskarżeni|e *n* accusation; *prawn.* prosecution; **wystąpić z ~em** bring an

accusation (**przeciw komuś** against sb); *prawn.* **akt ~a** indictment; *prawn.* **świadek ~a** witness for the prosecution
oskarżony *adj* (the) accused, (the) defendant; **ława ~ch** dock
oskarżyć *perf vt zob.* **oskarżać**
oskrzel|a *pl anat.* bronchial tubes *pl*; **zapalenie ~i** bronchitis
osłabiać, osłabić *imperf perf vt* weaken
osłabienie *n* weakness
osłodzić *perf vt* sweeten; *przen.* sugar, brighten up
osłon|a *f* cover, shield; **pod ~ą nocy** under cover of darkness
osoba *f* person; **~ prawna** legal entity <person>
osobistość *f* personage; (*znana osoba*) celebrity
osobist|y *adj* personal; **dowód ~y** identity card, ID; **rzeczy ~e** personal belongings
osobiście *adv* personally, in person
osobnik *m* individual
osobno *adv* separately
osobny *adj* separate
osobowość *f* personality
osobowy *adj gram.* personal; **pociąg ~** passenger train; **skład ~** members
ospa *f med.* smallpox; **~ wietrzna** chicken pox
osprzęt *m techn.* equipment
ostatecznie *adv* (*na dobre*) definitely; (*w końcu*) finally, eventually
ostateczny *adj* final; **Sąd Ostateczny** (the) final <last> Judgement
ostatni *adj* last; (*najświeższy*) latest, recent
ostatnio *adv* lately, recently
ostrość *f* sharpness; *fot.* focus; (*surowość*) sharpness, strictness
ostrożny *adj* cautious, careful
ostry *adj* sharp; (*np. o bólu*) acute; (*spiczasty*) sharp, acute; (*o zimnie*) piercing, biting; (*o grze*) rough; (*o świetle*) sharp, dazzling; (*o ruchach*)

sharp, brisk; ~ **dyżur** emergency service; ~ **zakręt** sharp turn <bend>

ostryga *f* oyster

ostrze *n* blade, edge

ostrzec, **ostrzegać** *perf imperf vt* warn (**kogoś przed kimś <czymś>** sb against sb <sth>)

ostrzegawczy *adj* warning *attr*; **sygnał** ~ danger signal

ostrzeżenie *n* warning

ostrzyc *perf vt* cut (**sobie włosy** one's hair); ~ **się** *vr* have <get> one's hair cut, have a haircut

oswajać, oswoić *imperf perf vt* (*zwierzę*) tame, domesticate; ~ **kogoś z czymś** accustom sb to sth; ~ **się** *vr* get used <grow accustomed> (**z czymś** to sth)

oszaleć *perf vi* go mad

oszczep *m* spear; *sport.* javelin

oszczerstw|o *n* slander; **rzucać ~a** slander (**na kogoś** sb)

oszczędnoś|ć *f* thrift(iness), economy; **~ci** *pl* savings *pl*; **robić ~ci** economize, cut costs

oszczędny *adj* (*człowiek*) thrifty; ~ **w słowach** chary of words

oszczędzać *imperf vt* save, spare; *vi* save (up), economize; ~ **pieniądze** save (up) money; ~ **siły** spare one's strength

oszukać, oszukiwać *perf imperf vi* cheat; *vt* deceive

oszust *m* fraud, cheat

oszustwo *n* fraud, deception

oś *f* axis; *techn.* axle

ość *f* fishbone

oślepiać, oślepić *imperf perf vt* blind; (*latarką*) dazzle

ośmielać się, ośmielić się *imperf perf vr* (*mieć śmiałość*) dare

ośmiornica *f* octopus

ośrodek *m* centre

oświadczać *imperf vt* declare; ~ **się** *vr* propose (**komuś** to sb)

oświadczenie *n* declaration

oświata *f* education

oświecenie *n* enlightment; **Oświecenie** the Enlightment

oświetlenie *n* lighting, illumination

otaczać *imperf vt* surround, enclose; **~ się** *vr* surround o.s. (**kimś <czymś>** with sb <sth>)

oto *part* here (is), there is; **~ i on** here he is; **~ wasz nowy nauczyciel** here is your new teacher

otoczenie *n* (*okolica*) surroundings *pl*; (*środowisko*) environment

otoczyć *perf vt zob.* **otaczać**

otóż *part* and so, well; **~ to** exactly!, that's just it!

otręby *pl* bran

otruć *perf vt* poison

otrzeć *perf vt zob.* **ocierać**

otrzeźwieć *perf vi* sober up; (*odzyskać przytomność*) come round

otrzymać *imperf vt* receive, obtain

otuch|a *f*: **dodać komuś ~y** cheer sb up, raise sb's spirit; **nabrać ~y** take heart

otwarcie¹ *n* opening

otwarcie² *adv* openly

otwart|y *adj* open; **~e morze** open sea; **~a rana** gaping wound; **na ~ym powietrzu** in the open air

otwierać, otworzyć *imperf perf vt* open; (*kluczem*) unlock

otw|ór *m* opening; (*luka*) gap; (*szpara*) slot; (*dziura*) hole; **stać ~orem** be open

otyły *adj* obese

owacja *f* ovation

owad *m zool.* insect

owca *f zool.* sheep

owczarek *m* sheepdog; **~ alzacki** Alsatian

owczy *adj* sheep's; *przen.* **~ pęd** craze

owdowieć *perf vi* become a widow <widower>

owies *m* oats *pl*

owłosienie *n* hair

owłosiony *adj* hairy

owoc *m* fruit

owsian|y *adj*: **płatki ~e** oatmeal

owszem *adv* (*twierdzenie*) yes; **i ~** certainly

ozdabiać *imperf vt* decorate

ozdoba *f* decoration

ozdobić *perf vt zob.* **ozdabiać**
oziębły *adj* frigid, cold
oznaczać, oznaczyć *imperf perf vt* (*robić znaki*) mark; (*znaczyć*) mean; (*wyrażać*) signify; (*o skrócie*) stand for
oznajmiać, oznajmić *imperf perf vt* announce; *vi* declare
oznaka *f* sign, symptom
ozon *m* ozone
ozór *m* tongue
ożenić się *perf vr* get married (**z kimś** to sb), marry (**z kimś** sb)
ożywienie *n* animation
ożywiony *adj* animated

Ó

ósmy *num* eighth
ówczesny *adj* then *attr*; **~ prezydent** the then president
ówdzie *adv*: **tu i ~** here and there

P

pa *int* bye, bye-bye
pach|a *f* armpit; **pod ~ą** under one's arm
pachnący *adj* scented, fragrant
pachnieć *imperf vi* smell (**czymś** of sth); **ładnie ~** smell nice
pachwina *f anat.* groin
pacierz *m* prayer; **odmawiać ~** say one's prayer(s *pl*)
pacjent *m* patient
pacyfista *m* pacifist
paczka *f* parcel, package; (*papierosów*) packet, *am.* pack(age); (*grupa ludzi*) gang, pack
padaczka *f med.* epilepsy
pada|ć *imperf vi* (*przewracać się*) fall, drop; (*ginąć*) fall, perish; **~ deszcz <śnieg>** it's raining <snowing>; **~ć z nóg** be dead on one's feet; **~ć ofiarą czegoś** fall victim to sth

pagórek *m* hillock, knoll
pająk *m zool.* spider
pakiet *m*: *ekon.* **~ kontrolny (akcji)** controlling interest <share>
pakować *imperf vt* pack; *pot.* (*wpychać*) stuff; **~ walizkę** pack (up); **~ się** *vr* pack (up); *pot.* (*wchodzić*) barge (into)
pakt *m* pact
pakunek *m* package
palacz *m* stoker; (*tytoniu*) smoker
palarnia *f* smoking room
palący *m* smoker; **przedział dla ~ch** smoking compartment
pal|ec *m* finger; (*u nogi*) toe; **~ec wskazujący** index finger; **~ec środkowy** middle finger; **~ec serdeczny** ring finger; **mały ~ec** little finger; **duży ~ec** big toe; *przen.* **pokazywać coś ~cem** point a finger at sth; **mieć coś w małym ~cu** know sth inside out; **nie kiwnąć ~cem** not to lift <raise> a finger; *przen.* **maczać w czymś ~ce** have a hand in sth; **~ce lizać!** yummy!
pali|ć *imperf vt vi* burn; (*papierosy*) smoke; (*w piecu*) light the fire; **~ć światło** have the light; *przen.* **~ć mosty** burn one's boats; **~ć się** *vr* (*płonąć*) burn; (*pożar*) be on fire; **~ć się do czegoś** be keen on (doing) sth; **~ się światło** light is on
paliwo *n* fuel
palma *f* palm (tree)
palnik *m* burner
palto *n* overcoat
pałac *m* palace
pałka *f* club; (*policyjna*) baton, truncheon, *am.* nightstick
pamiątk|a *f* reminder, memento; (*upominek*) souvenir; **dać coś komuś na ~ę** give sb sth as a keepsake
pamiątkowy *adj* commemorative
pamię|ć *f* memory; **na ~ć** by heart; **świętej ~ci...** (the) late...
pamiętać *imperf vt* remember

pamiętnik *m* diary; **~i** *pl* (*utwór literacki*) memoirs
pan *m* gentleman, man; (*zwracając się*) you; (*przed nazwiskiem*) Mr; (*nauczyciel*) master, teacher; **proszę ~a!** excuse me, sir!; **Panie Prezydencie** Mister President; **~ domu** the master of the house; **~ młody** (bride)-groom
pani *f* lady, woman; (*zwracając się*) you; (*przed nazwiskiem*) Mrs; (*nauczycielka*) mistress, teacher; **proszę ~!** excuse me, madam!; **~ doktor** Doctor; **~ domu** the mistress of the house
panienka *f* young lady
panierować *imperf vt kulin.* coat in breadcrumbs
panika *f* panic
panna *f* (*kobieta niezamężna*) unmarried woman; **~ młoda** bride; **stara ~** old maid, spinster
panorama *f* (*widok*) panorama
panować *imperf vi* rule, reign; (*podporządkować sobie*) control, command; (*występować*) reign, prevail; **~ nad sobą** be in control of o.s.; **panuje przekonanie** it is generally believed
pantera *f zool.* panther
pantof|el *m* shoe; **ranne ~le** slippers
pański *adj* your; (*gest, maniery*) lordly
państw|o *n* (*kraj*) state; (*zwracając się*) you; **~o Kowalscy** the Kowalskis; **proszę ~a!** ladies and gentlemen!
państwowy *adj* state *attr*, state-owned; (*święto*) national
papeteria *f* stationery, stationer('s)
papier *m* paper; **arkusz ~u** sheet of paper; **~ listowy** stationery; **~ toaletowy** toilet paper; **~ ścierny** sandpaper; **~y** *pl* (*dokumenty*) papers *pl*; *ekon.* **~y wartościowe** securities *pl*
papieros *m* cigarette
papież *m* pope
papka *f* pulp, pap

paproć *f bot.* fern
papryka *f* pepper; (*w proszku*) paprika
papuga *f zool.* parrot
par|a[1] *f fiz.* vapour; (*wodna*) steam; *przen.* **pełną ~ą** (at) full blast
para[2] *f* pair, couple; **~ małżeńska** married couple; **młoda ~** the bride and the bridegroom, (*po ślubie*) the newly-weds; **~ butów** pair of shoes
paradoks *m* paradox
parafia *f* parish
paragon *m* receipt
paragraf *m* paragraph; *prawn.* article
paraliż *m med.* paralysis
parametr *m* parameter
parapet *m* (window)sill
parasol *m* umbrella; (*słoneczny*) parasol, sunshade
parawan *m* screen
parę, paru *num* a few, a couple; *przen.* **parę groszy** a few pennies
park *m* park; **~ narodowy** national park
parkan *m* fence
parkiet *m* parquet floor; (*do tańca*) dance floor
parking *m* car park, *am.* parking lot; **~ strzeżony** attended car park
parkować *imperf vt* park
parkowanie *n* parking; **~ wzbronione** no parking
parlament *m* parliament
parny *adj* sultry
parodia *f* parody
parowóz *m* steam engine
parówka *f* (*kiełbaska*) sausage; (*kąpiel*) steam bath
parter *m* ground floor, *am.* first floor
partia *f* party; (*towaru*) batch; (*rola*) part; (*w grze*) game
partner *m* partner
partyzant *m* partisan
partyzantka *f pot.* guerrilla war
parzyć *imperf vt* (*palić*) burn; (*herbatę*) brew
parzyst|y *adj* even; **liczba ~a** even number
pas *m* belt; (*materiału*) strip; (*talia*) waist; (*w brydżu*) no bid; **~y** *pl* (*dla pieszych*) zebra crossing; **~ startowy** runway; **~ bezpieczeń-**

stwa seat-belt, safety belt; **~ ruchu** lane; **w ~y** striped; *przen.* **zaciskać ~a** tighten one's belt; *przen.* **wziąć nogi za ~** show a clean pair of heels

pasaż *m* passage(way)

pasażer *m* passenger; **~ na gapę** (*na statku*) stowaway; (*w pociągu*) fare-dodger

pasażerski *adj* passenger *attr*

pas|ek *m* (*do spodni*) belt; (*wzór*) stripe; **~ek do zegarka** watch strap; **materiał w ~ki** striped cloth

paser *m* fence

pasierb *m* stepson

pasierbica *f* stepdaughter

pasj|a *f* passion; (*złość*) fury, passion; **wpaść w ~ę** fly into a fury

pasjans *m* patience, *am.* solitaire; **stawiać ~a** play patience

pasmanteria *f* haberdashery, *am.* dry goods; (*sklep*) haberdashery, draper's shop

pasmo *n* strip; (*częstotliwości*) band; **~ włosów** strand of hair; **~ ruchu** lane; **~ górskie** mountain range; *przen.* **~ nieszczęść** series of calamities

pas|ować *imperf vi* (*kształtem, wielkością*) fit; (*nadawać się*) suit, match; (*o ubiorze*) become (**komuś** sb); **to do niego nie ~uje** it's not like him; **~ować do siebie** fit together

pasożyt *m* parasite

passa *f*: **dobra <zła> ~** run of good <bad> luck

pasta *f* paste; (*na kanapki*) spread; **~ do zębów** toothpaste; **~ do butów** shoe polish

pastelowy *adj* pastel

pasterz *m* shepherd

pastor *m* pastor, minister

pastwić się *imperf vr* torment (**nad kimś** sb)

pastwisko *n* pasture

pastylka *f* tablet, pill

pasywa *pl ekon.* liabilities *pl*

pasza *f* fodder

paszport *m* passport
pasztecik *f kulin.* patty, pasty
pasztet *m* pâté
paść[1] *perf vi zob.* **padać**
paść[2] *imperf vt* (*tuczyć*) fatten; **~ się** *vr* (*o zwierzętach*) graze
patelnia *f* frying pan
patent *m* patent
patologia *f* pathology
patriota *m* patriot
patriotyzm *m* patriotism
patrol *m* patrol
patronat *m* patronage; **pod ~em** under the auspices
patrzeć *imperf vi* look (**na kogoś <coś>** at sb <sth>); **~ na kogoś z góry** look down on sb; *przen.* **~ na coś przez palce** turn a blind eye on <to> sth; *przen.* **~ komuś na ręce** keep a watchful eye on sb; **miło ~** it's a pleasure to see
patyk *m* stick
pauza *f* pause; (*w szkole*) break
paw *m zool.* peacock
pawilon *m* pavilion
pawlacz *m* storage place
pazerny *n pot.* greedy (**na coś** for sth)
paznokieć *m* nail
pazur *m* claw; **pisać jak kura ~em** scrawl
październik *m* October
pączek *m bot.* bud; (*ciastko*) doughnut, *am.* donut
pchać *imperf vt* push, shove; (*wpychać*) shove, thrust; **~ się** *vr* (*tłoczyć się*) force <push> one's way
pchła *f* flea
pchnąć *perf vt* (*zadać cios*) thrust <stab> (**nożem** with a knife); *zob.* **pchać**
pech *m* bad luck; **a to ~!** bad luck!
pedał *m* pedal; *pot.* queer
pedantyczny *adj* pedantic
pediatra *m* paediatrician, *am.* pediatrician
pediatria *f* paediatrics, *am.* pediatrics
pejzaż *m* landscape
pelargonia *f* geranium
pełen *adj zob.* **pełny**
pełni|a *f* (*obfitość*) fullness; (*Księżyca*) full

moon; **~a szczęścia** complete happiness; **~a sezonu** high season; **w ~** (*całkowicie*) fully, entirely

pełnić *imperf vt* (*rolę, obowiązki*) fulfil, *am.* fulfill; (*zastępować*) act; **~ służbę** serve; **~ obowiązki dyrektora** act as manager

pełno *adv* full (**czegoś** of sth); (*dużo*) a lot <plenty> of

pełnoletni *adj* of age

pełnomocnictwo *n* power of attorney, proxy

pełnomocnik *m* proxy, plenipotentiary

pełnopłatny *adj* full price <payment> *attr*

pełnoprawny *adj* rightful; **~ członek** full member

pełnotłusty *adj* (*mleko*) full, whole; (*ser*) full-cream

pełnowartościowy *adj* (*pożywienie*) balanced

pełn|y *adj* full; (*całkowity*) complete; **szklanka ~a wody** glass full of water; **mieć ~e prawo** have every right; **na ~ym morzu** on the high sea(s); **być w ~ym toku** be in full swing; **~e wydanie** complete edition

penicylina *f* penicillin

penis *m anat.* penis

pensja *f* (*płaca*) salary, pay

pensjonat *m* guest house

perfumy *pl* perfume

pergamin *m* parchment

pergola *f* pergola

perkusja *f* drums *pl*

perła *f* pearl

peron *m* platform

Pers *m* Persian

perski *adj* Persian; **Zatoka Perska** the Persian Gulf; **robić ~e oko** wink

personel *m* staff, personnel

perspektyw|a *f* perspective, vista; (*przen. możliwość*) prospect; **mieć coś w ~ie** have sth in prospect

perswadować *imperf vt* persuade (**komuś coś** sb of sth)

pertraktacje *pl* negotiations *pl*

peruka *f* wig
Peruwiańczyk *m* Peruvian
peruwiański *adj* Peruvian
perwersja *f* perversion
peryferie *pl* periphery; (*miasta*) ouskirts *pl*
perypetie *pl* vicissitudes *pl*, up and downs *pl*
pestka *f* (*wiśni*) stone; (*jabłka*) pip; (*słonecznika*) seed; *pot.* **to ~** it's a piece of cake
pesymista *m* pessimist
pesymistyczny *adj* pessimistic
pet *m pot.* fag end
petarda *f* squib, firecracker, petard
petent *m* inquirer
petycja *f* petition
pewien *adj* (*niejaki*) (a) certain; *zob.* **pewny**
pewnie *adv* (*zdecydowanie*) firmly, confidently; (*chyba*) probably; **~ się czuć** feel confident; **~ przyjdzie** he will probably come; *pot.* **no ~!** you bet!, sure!
pewno *adv* probably; **~ jesteś głodny** you must be hungry
pewność *f* (*zdecydowanie*) firmness; (*przekonanie*) certainty; **~ siebie** self-assurance, self-confidence
pewny *adj* sure, certain; (*bezpieczny*) safe, secure; **~ siebie** self-confident, cocksure; **być ~m czegoś** be sure of sth, be positive about sth
pęcherz *m anat.* bladder; (*na skórze*) blister
pęcz|ek *m* bunch; *pot.* **mieć czegoś na ~ki** have heaps of sth
pędzel *m* brush
pędzić *imperf vi* run, hurry (**gdzieś** somewhere); *vt* (*poganiać*) drive; (*spędzać*) lead, spend; (*produkować*) destil; **~ ostatklem sił** be exhausted
pęk *m* (*włosów*; *kwiatów*) bunch
pęka|ć, pęknąć *imperf perf vi* (*o lodzie*) crack; (*o linie*) burst; (*o materiale*) rip; *pot.* **głowa mi ~** my head is splitting; *przen.* **~ć ze śmiechu** burst with laughter
pępek *m anat.* naval;

pot. ~ **świata** the hub of the universe

pęseta *f* tweezers *pl*

pętelka *f* loop

pętla *f* loop; (*tramwajowa, autobusowa*) terminus

piach *m* sand

piana *f* froth, foam; (*mydlana*) lather

pianino *n* piano

pianista *m* pianist

piasek *m* sand

piaskownica *f* sandpit, sandbox

piątek *m* Friday; **Wielki Piątek** Good Friday

piąt|y *num* fifth; *przen.* **brak mu ~ej klepki** he has a screw loose

picie *n* drinking; (*pot. napój*) drink

pić *imperf vt vi* drink; ~ **mi się chce** I'm thirsty; ~ **czyjeś zdrowie** drink to sb

piec[1] *m* stove; (*do pieczenia*) oven; (*hutniczy*) furnace

piec[2] *imperf vt* (*ciasto*) bake; (*mięso*) roast; *vi* (*palić*) burn; ~ **się** *vr*: ~ **się na słońcu** roast under the sun

piechotą *adv*: *pot.* **iść** ~ walk, go on foot

piecyk *m* (*do ogrzewania*) heater; (*piekarnik*) oven

pieczarka *f bot.* mushroom

pieczątk|a *f* (rubber) stamp; (*znak*) stamp; **postawić ~ę** stamp

pieczeń *f* roast; ~ **wołowa** roast beef

pieczęć *f* stamp; (*lakowa*) seal

pieczywo *n* bread

piegi *pl* freckles *pl*

piegowaty *adj* freckled

piekarnia *f* bakery, baker's

piekło *n* hell

pielęgnacja *f* (*chorych*) nursing; (*roślin*) nurturing

pielęgniarka *f* nurse

pielęgnować *imperf vt* (*zajmować się*) take care of, tend; (*ludzi*) nurse; (*tradycje*) maintain

pielgrzymka *f* pilgrimage

pielucha, pieluszka *f* nappy, *am.* diaper

pieniądz *m* money; **~e** *pl* money; **mieć mało pieniędzy** have little money; **ciężkie <grube> ~e** pots of money; **zbijać ~e** make money; *przen.* **wyrzucać ~e w błoto** waste money

pienić się *imperf vr* (*o mydle*) lather; *pot.* **~ ze złości** be frothing at the mouth

pień *m* trunk; (*po ścięciu*) stump; **głuchy jak ~** (as) deaf as a post, stone-deaf

pieprz *m* pepper

pieprzyć *imperf vt* pepper; *wulg.* (*psuć*) screw up; *wulg.* (*kopulować*) screw; *vi wulg.* (*mówić głupstwa*) talk nonsense; *vr wulg.* **~ się** fuck

pieprzyk *m* mole

pierdzieć *imperf vi wulg.* fart

piernik *m* gingerbread; *pot.* **stary ~** old fogey

pierogi, pierożki *pl kulin.* small squares of pasta filled with meat, cottage cheese or fruit, folded and boiled

pier|ś *f* (*klatka piersiowa*) breast, chest; **~si** *pl* breasts; **karmić dziecko ~sią** breast-feed a child

pierścionek *m* ring; **~ zaręczynowy** engagement ring

pierwiastek *m* element; *mat.* root

pierwotny *adj* primeval, original; (*człowiek*) primitive

pierwowzór *m* prototype

pierwszeństwo *n* priority, precedence

pierwszorzędny *adj* first-rate

pierwsz|y *num* first; **~ego stycznia** the first of January; **~a pomoc** first aid; *pot.* **~y lepszy** anybody, anyone; **~a** (*godzina*) one o'clock; **po ~e** first, firstly; **pani ~a!** after you!

pierze *n* feathers *pl*

pies *m* dog; **~ z kulawą nogą** *pot.* not a soul; **pogoda pod psem** wretched weather; **zejść na psy** go to the dogs

pieszczota *f* caress

pieszo *adv* on foot
pieszy *m* pedestrian; **przejście dla ~ch** (pedestrian) crossing
pieścić *imperf vt* caress, pet
pieśniarz *m* songster
pieśń *f* song
pietruszka *f bot.* parsley; (*korzeń*) parsley-root
pięciolinia *f muz.* staff
pięcioro *num* five
pięć *num* five
pięćdziesiąt *num* fifty
pięćdziesiąt|y *adj* fiftieth; **lata ~e** the fifties
pięćset *num* five hundred
piękno *n* beauty
piękn|y *adj* beautiful; **literatura ~a** belles-lettres; **~a pogoda** beautiful weather; **sztuki ~e** fine arts; **płeć ~a** the fair sex; **odpłacić ~ym za nadobne** give sb a tit for tat
pięściarz *m* boxer
pięś|ć *f* fist; **prawo ~ci** might is right; **pasować jak ~ć do oka** be a bad match
pięta *f* heel
piętnast|y *num* fifteenth; **~a** (*godzina*) fifteen hours, 3 p.m.
piętnaście *num* fifteen
piętro *n* floor, storey, *am.* story
pigułka *f* pill
pijak *m* drunk, drunkard
pijan|y *adj* drunk(en); *m* drunk; **jazda po ~emu** drink driving, *am.* drunk driving
pik *m* (*w kartach*) spade
pikantny *adj* piquant, hot; (*dowcip*) bawdy; (*szczegół*) juicy
pikieta *f* picket
piknik *m* picnic
pilnik *m* file
piln|ować *imperf vt* mind, look after; (*nadzorować*) supervise; *pot.* **~uj swego nosa!** mind your own business!; **~ować porządku** maintain order; **~ować się** *vr* take care of o.s., *am.* watch one's step
pilny *adj* diligent; (*naglący*) urgent
pilot *m* pilot; (*przewodnik*) guide; (*telewizyjny*) remote control

piła *f* saw
piłka *f* ball; *sport.* ~ **nożna** football, soccer
piłkarz *m* football <soccer> player, footballer
pinezka *f* drawing pin, *am.* thumbtack
pionek *m* pawn
pionier *m* pioneer
pionowy *adj* vertical
piorun *m* lightning, (thunder)bolt; **rażony ~em** thunderstruck; *pot.* **~em** in less than no time, like a shot
piorunochron *m* lightning conductor <rod>
piosenka *f* song
piosenkarz *m* singer
piórnik *m* pencil case
pióro *n* feather; (*do pisania*) pen; **wieczne** ~ fountain pen
piramida *f* pyramid
piracki *adj* pirate *attr*, pirated
pirat *m* pirate
pisać *imperf vt* write; ~ **na maszynie** type; **jak się to pisze?** how do you spell that?; *pot.* ~ **się na coś** to be on for sth
pisak *m* felt-tip (pen)
pisanka *f* Easter egg
pisarz *m* writer
pisemny *adj* written
pisk *m* squeal, squeak; (*opon*) screech
pisklę *n* nestling
pismo *n* writing, (*charakter pisma*) hand(writing); (*dokument*) letter; (*czasopismo*) magazine; **Pismo Święte** the Scripture; **na piśmie** in writing, on paper
pisownia *f* spelling
pistolet *m* gun, pistol; ~ **maszynowy** submachine gun
piszczeć *imperf vi* squeal, screech
piśmienn|y *adj*: **materiały ~e** stationery
pitrasić *imperf vt pot.* cook
piwiarnia *f* pub
piwnica *f* cellar
piwny *adj* beer *attr*; (*kolor oczu*) hazel
piwo *n* beer; ~ **beczkowe** beer on draught, *am.* draft; ~ **ciemne** brown ale; ~ **jasne** lager

piżama *f* pyjamas *pl*, *am.* pajamas *pl*
pizzeria *f* pizzeria
plac *m* square; (*działka*) lot; ~ **zabaw** playground
plac|ek *m kulin.* pancake, pie; (*ciasto*) cake; **~ki kartoflane** potato pancakes
placówka *f* (*przedstawicielstwo*) post
plajt|a *f pot.* bancruptcy; *pot.* **zrobić ~ę** go broke
plakat *m* poster, placard
plakietka *f* badge
plama *f* spot, patch; (*brudna*) stain
plan *m* (*zamiar*) plan; (*program*) scheme, schedule; ~ **miasta** street map; ~ **zajęć** timetable; **pierwszy <dalszy> ~** foreground <background>
planeta *f* planet
planować *imperf vt* plan
planowy *adj* planned; (*na czas*) on time <schedule>
plansza *f* chart; (*do gier*) board
plantacja *f* plantation
plaster *m* (sticking) plaster; (*szynki*) slice; (*miodu*) honeycomb
plastik *m* plastic
plastyczn|y *adj techn.* plastic; **sztuki ~e** fine <plastic> arts; *med.* **operacja ~a** plastic surgery
plastyk *m* (*artysta*) artist
platforma *f* platform
platfus *m* flatfoot
platyna *f* platinum
plaża *f* beach
plebiscyt *m* plebiscite
plecak *m* rucksack, *am.* backpack
plec|y *pl* back; **leżeć na ~ach** lie on one's back; *przen.* **za ~ami** behind one's back; *przen.* **obrócić się do kogoś ~ami** turn one's back on sb; *przen.* **mieć ~y** have friends in high places
plemię *n* tribe
plemnik *m* sperm (cell)
plener *m* open air; (*w filmie*) location
pleść *imperf vt* plait; (*pot. gadać*) blubber
pleśń *m* mildew, mould, *am.* mold
plik *m* bundle; *komp.* file
plomba *f* (*w zębie*) filling; (*pieczęć*) seal

plon *m* crop
plotk|a *f* rumour, *am.* rumor, gossip; **~i** *pl* (*rozmowa*) gossip
plotkować *imperf vi* gossip
pluć *imperf vi* spit
pluralizm *m* pluralism
plus *m mat.* plus; (*zaleta*) plus, advantage; **~y i minusy** pros and cons
pluskwa *f* bedbug
pluton *m* platoon
płac|a *f* pay, earnings *pl*, salary, wage; **lista ~** payroll
płacić *imperf vt* pay; **~ gotówką** pay in cash; **~ z góry** pay in advance
płacz *m* crying, weeping; **wybuchnąć ~em** burst into tears
płakać *imperf vi* cry, weep; **~ rzewnymi łzami** cry one's eyes out
płask|i *adj* flat; *geom.* **figura ~a** plane
płaszcz *m* (over)coat; **~ przeciwdeszczowy** raincoat; **~ kąpielowy** bath robe
płaszczyzna *f geom.* plane
płatek *m* (*kwiatu*) petal; (*śniegu*) flake
płatność *f* payment
płatn|y *adj* paid; **~y morderca** contract killer; **~e przy odbiorze** paid on delivery
płaz *m zool.* amphibian
płciowy *adj* sexual
płeć *f* sex; **~ piękna** the fair sex
płetwa *f* fin; (*pływaka*) flipper
płetwonurek *m* scuba diver
płomie|ń *m* flame; **stanąć w ~niach** burst into flames; **~ń namiętności** flame of passion
płonąć *imperf vi* burn; *przen.* **~ ze wstydu** burn with shame
płot *m* fence
płód *m* foetus, *am.* fetus
płótno *n* linen; (*malarskie*; *żaglowe*) canvas
płuc|o *n* lung; *med.* **zapalenie ~** pneumonia
pług *m* plough, *am.* plow
płukać *imperf vt* rinse; **~ gardło** gargle
płyn *m* liquid; **~ do kąpieli** bath foam

płynąć *imperf vi* flow; (*unosić się na wodzie*) float; (*pływać*) swim; (*o statku*) sail; (*o czasie*) go by

płynny *adj* (*ciekły*) liquid; (*wymowa*) fluent

płyta *f* plate, slab; ~ **kompaktowa** compact disc, CD; ~ **pamiątkowa** commemorative plaque

płytka *f* plate; (*ceramiczna*) tile

płytki *adj* shallow; *przen.* superficial; ~ **talerz** dinner plate

pływać *imperf vi zob.* **płynąć**

pływak *m* swimmer; (*przyrząd*) float

pływalnia *f* (*basen*) swimming-pool

p.o. *abbr* acting *attr*

po *praep* **1.** (*o czasie*) after; **po obiedzie** after dinner; **pięć po piątej** five past, *am.* after five; **po tygodniu** after a week; **2.** (*o miejscu*) in, on; **po lesie** in the woods; **po trawie** on the grass; **po ulicy** down the street; **3.** (*o celu*) for; **po co?** what for?; **iść po kogoś** go and fetch sb; **zadzwonić po lekarza** call for a doctor; **4.** (*o sposobie*) by; **po kolei** by turns; **po kawałku** piece by piece; **po trochu** little by little; **poznać kogoś po głosie** identify sb by his voice; **5.** (*aż do*) (up) to; **po dziś dzień** up to the present day; **po brzegi** to the rim; **6.** (*następstwo*) next to; **pierwszy po Bogu** next to God; **7.** (*inne*) **po raz pierwszy** for the first time; **po pierwsze** firstly; **mówić po angielsku** speak English; *pot.* **po ile?** how much?; **ma to po dziadku** he has it from his grandfather

pobić *imperf vt* (*pokonać*) beat; ~ **rekord** beat <break> a record; ~ **się** *vr* have a fight

pobliski *adj* nearby *attr*

pobocze *n* verge, *am.* shoulder

pobór *m techn.* (*mocy*) consumption; (*należno-*

ści) collection; *woj.* conscription, *am.* draft

pobudka *f* *(sygnał)* reveille; *(powód)* motive; **~!** wake up!

pobyt *m* stay; **~ stały <tymczasowy>** permanent <temporary> residence; **przedłużyć ~** extend one's stay

pocał|ować *perf vt* kiss; *wulg.* **~uj mnie gdzieś** kiss my arse <*am.* ass>

pocałunek *m* kiss

pochlebiać *imperf vi* flatter (**komuś** sb)

pochlebstwo *n* flattery

pochłaniać, pochłonąć *imperf perf vt* absorb; *przen.* *(wiedzę)* devour

pochmurny *adj* cloudy; *przen.* *(ponury)* gloomy

pochodzenie *n* origin

pochować *perf vt* *(pogrzebać)* bury; *zob.* **chować**

pochwa *f* sheath; *anat.* vagina

pochwała *f* praise; *(na piśmie)* citation

pochylać, pochylić *imperf perf vt* bend, incline; **~ się** *vr* bend down; *(o budynku)* lean

pochyły *adj* *(drzewo)* leaning; *(teren)* sloping

pociąg *m* train; *(skłonność)* attraction; **~ towarowy** freight <goods> train

pociągać, pociągnąć *imperf perf vt* pull (**za coś** (at) sth), draw; *vi* attract

pocić się *imperf vr* sweat

pociecha *f* consolation, comfort; *(dziecko)* kid

po ciemku *adv* in the dark

pocieszać, pocieszyć *imperf perf vt* cheer (up), console, comfort; **~ się** *vr* console o.s.

pocisk *m* missile

począt|ek *m* beginning, start; **na ~ku** at the beginning; **na ~ek** for a start

początkujący *m* beginner

poczekalnia *f* waiting room

poczekani|e *n*: **na ~u** while you wait, offhand

poczęstować *perf vt* treat (**kogoś czymś** sb to sth)

poczt|a *f* post, *am.* mail;

(*budynek*) post office; **wysłać ~ą** send by post, post, *am.* mail; **~a elektroniczna** e-mail

pocztow|y *adj* postal; **opłata ~a** postage; **urząd ~y** post office; **skrzynka ~a** post box, *am.* mailbox; **znaczek ~y** postage stamp

pocztówka *f* postcard

poczuć *perf vt* feel, sense; **~ się** *vr* feel

poczwarka *f zool.* chrysalis

poczytać *perf vi*: **~ sobie** read, do some reading; **~ coś za zaszczyt** consider sth to be an honour

pod *praep* under; **~ stołem** under the table; **~ spodem** underneath; **~ ścianą** by the wall; **~ górę** uphill; **~ numerem 10** at No 10; **~ światło** against the light; **~ wieczór** towards evening; **~ warunkiem, że...** on condition that...; **~ ręką** at hand; **~ przysięgą** on <under> oath; **~ tym względem** in this respect; **~ Warszawą** near Warsaw

podać *perf vt zob.* **podawać**

podanie *n* (*prośba*) application; (*opowieść*) legend; *sport.* pass

podatek *m* tax; **~ dochodowy** income tax

podatkow|y *adj* tax *attr*; **przepisy ~e** tax regulations; **zeznanie ~e** tax return

podatnik *m* taxpayer

podawać *imperf vt* give, pass; **~ rękę** shake hands (**komuś** with sb); **~ sól** pass salt; **~ do wiadomości** announce; **~ się** *vr*: **~ się za kogoś** pose as sb; **~ się do dymisji** hand in one's resignation

podaż *f* supply

podbój *m* conquest

podbródek *m* chin

podbrzusze *n* abdomen; (*u zwierzęcia*) underbelly

podczas *praep* during; **~ gdy** while, when

poddać, poddawać *perf imperf vt* (*twierdzę*) surrender; (*myśl*) suggest;

(*krytyce*) subject; **~ coś pod głosowanie** put sth to the vote; **~ kogoś <coś> próbie** put sb <sth> to the test; **~ się** *vr* (*zrezygnować*) give up; (*nieprzyjacielowi*) surrender; (*podporządkować się*) submit; **~ się losowi** resign o.s. to one's fate; **~ się leczeniu** undergo a medical treatment

poddany *m* subject

poddasze *n* loft, attic

podejmować *imperf vt* take (up); (*przedsięwziąć*) undertake; (*gości*) receive; **~ decyzję** take <make> a decision; **~ działania** take steps; **~ uchwałę** pass a resolution; **~ pieniądze z konta** withdraw money from an account; **~ wysiłki** make an effort; **~ się** *vr*: **~ się czegoś <coś zrobić>** undertake sth <to do sth>

podejrzany *adj* suspicious; *m prawn.* suspect; **~ o coś** suspected of sth

podejrzenie *n* suspicion

podejrzewać *imperf vt* suspect (**kogoś o coś** sb of sth)

poderwać *perf vt* (*z ziemi*) snatch (from the ground); *pot.* (*dziewczynę*) pick up; **~ czyjś autorytet** undermine sb's authority

podeszły *adj*: **w ~m wieku** advanced in years

podeszwa *f* sole

podium *n* podium

podjąć *perf vt zob.* **podejmować**

podjechać, podjeżdżać *perf imperf vi* (*do miejsca*) draw up, drive up

podkładka *f techn.* washer; (*pod talerz*) mat

podkolanówki *pl* knee-length socks *pl*

podkop *m* tunnel

podkoszulek *m* vest, *am.* undershirt

podkowa *f* horseshoe

podkreślać, podkreślić *imperf perf vt* underline; (*uwydatniać*) stress, emphasize

podlać, podlewać *perf imperf vt* water
podlegać *imperf vi* (*kierownictwu*) be subordinate (**komuś <czemuś>** to sb <sth>); ~ **czemuś** be subject to sth; ~ **prawu** come under the law; ~ **zmianom** undergo changes
podlizywać się *imperf vr pot.* suck up (**komuś** to sb)
podlotek *m* teenage girl
podłączyć, podłączać *perf imperf vt* connect, *pot.* hook up
podłoga *f* floor
podłoże *n* ground; (*podstawa*) basis
podłużny *adj* elongated; (*przekrój*) longitudinal
podmiejsk|i *adj* suburban; **komunikacja ~a** (*kolejowa*) suburban shuttle train service
podmiot *m* subject
podmokły *adj* wet; (*bagnisty*) boggy, marshy
podmorski *adj* under-sea *attr*
podmuch *m* gust (**wiatru** of wind); (*od wybuchu*) blast
podniebienie *n* palate
podniecać, podniecić *imperf perf vt* excite; (*seksualnie*) excite, arouse; ~ **się** *vr* get excited; (*seksualnie*) get excited <aroused>; *pot.* ~ **się czymś** get excited about sth
podnieść, podnosić *perf imperf vt* raise, lift; (*zbierać*) pick up; (*ręce*) raise; (*płace, ceny, podatki*) raise; ~ **głos** raise one's voice; ~ **krzyk** raise a rumpus; ~ **kotwicę** weigh anchor; ~ **się** *vr* (*wstać*) stand up, rise
podoba|ć się *imperf vr* be attractive; **~ć się komuś** appeal to sb; **ona mi się ~** I like her; **~ mi się tutaj** I like it here
podobieństwo *n* similarity; (*wyglądu*) likeness, resemblance
podobnie *adv* similarly, alike; (*równie*) as; ~ **jak** like

podobno *adv* supposedly

podobn|y *adj* similar, alike; **być ~ym do kogoś** resemble sb; **coś ~ego!** really!; **nic ~ego!** nothing of the sort!

podołać *perf vi* cope (**czemuś** with sth), manage (**czemuś** sth)

podopieczny *m*: **mój ~** my charge

podpalić *perf vt* set fire to; (*wzniecić pożar*) set fire (**dom** to a house), set (**dom** a house) on fire

podpaska *f* (*higieniczna*) sanitary pad <towel>

podpinka *f* (*pod płaszcz*) detachable lining

podpis *m* signature; (*pod rysunkiem*) caption; **złożyć ~ pod czymś** put one's signature to sth

podpisać *perf vt* sign; **~ się** *vr* sign one's name

podpórka *f* support

podrabiać *imperf vt* forge

podręcznik *m* (*szkolny*) textbook, handbook

podręczny *adj*: **~ bagaż** hand luggage, *am.* baggage; **~ słownik** concise dictionary

podrobić *perf vt zob.* **podrabiać**

podroby *pl kulin.* offal; (*drobiowe*) giblets *pl*

podroż|eć *perf vi* go up (in price); **mięso ~ało o 5%** meat has gone up by 5 percent

podróż *f* journey; (*krótka*) trip; **~ służbowa** business trip; **~ poślubna** honeymoon; **biuro ~y** travel agency; **szczęśliwej ~y!** happy journey!

podróżny *m* passenger

podróżować *imperf vi* travel

podrywać *imperf vt zob.* **poderwać**

podrzeć *perf vt* tear up

podskakiwać, podskoczyć *imperf perf vt* jump, leap; (*o piłce*) bounce; (*o cenach*) run up; (*ze strachu*) start; **~ z radości** jump for joy

podsłuch *m* bug; (*na linii*) tap

podsłuchać *perf vt* overhear

podsłuchiwać *imperf vi* eavesdrop

podstaw|a *f* basis; *geom.* base; **na ~ie czegoś** on the basis of sth; **mieć ~y, żeby coś zrobić** have good reasons to do sth; **na jakiej ~ie?** on what grounds?

podstawić *perf vt* (*umieszczać*) place; **~ komuś nogę** trip sb (up)

podstawow|y *adj* basic; **szkoła ~a** elementary <primary> school

podstemplować *perf vt* (*budynek*) pin, prop; (*dokument*) stamp

podstęp *m* trick, ruse

podsumować *perf vt* add up; (*streścić*) sum up

podszewka *f* lining

podświadomy *adj* subconscious

podtrzymywać *imperf vt* support, hold up; (*stosunki*) maintain; (*popierać*) back up; **~ kogoś na duchu** buoy sb up

poduszka *f* (*część pościeli*) pillow; (*do ozdoby*) cushion; **~ powietrzna** airbag

poduszkowiec *m* hovercraft

podwieczorek *m* afternoon tea

podwijać, podwinąć *imperf perf vt*: **~ rękawy** roll up one's sleeves; **~ nogi pod siebie** tuck up one's legs under one

podwładny *adj* subordinate

podwodn|y *adj* underwater *attr*, submarine; **łódź ~a** submarine

podwozie *n* chassis

podwójn|y *adj* double; *sport.* **gra ~a** doubles

podwórze *n* yard

podwyżka *f* rise, *am.* raise; (*cen*) rise

podwyższać, podwyższyć *imperf perf vt* raise, heighten; (*wzmagać*) increase; **~ zarobki** raise wages

podział *m* division, partition

podziałka *f* scale

podziel|ić, podziel|ać *perf imperf vi* divide, share; **~ać czyjeś zdanie** share sb's opinion; **~ić czyjś los** cast in one's lot with sb; **~ić się** *vr* divide; **~ić się czymś** share sth; **~ić się z kimś wiadomością** impart a piece of news with sb

podziemie *n* basement, vaults; *przen.* the underground

podziemn|y *adj* underground *attr*; **przejście ~e** subway, *am.* underpass

podziękować *perf vi zob.* **dziękować**

podziękowanie *n* thanks *pl*

podziw *m* admiration

podziwiać *imperf vt* admire

podzwrotnikowy *adj* tropical

poeta *m* poct

poezja *f* poetry

poganin *m* pagan, heathen

pogański *adj* pagan, heathen

pogard|a *f* contempt; **godny ~y** contemptible

pogarszać *imperf vt zob.* **pogorszyć**

pogląd *m* view, opinion; **~ na świat** outlook; **wymiana ~ów** exchange of views

pogłębiać *imperf vt* deepen; **~ się** *vr* deepen

pogniewać się *perf vr* be cross (**na kogoś** with sb), have fallen out (**z kimś** with sb)

pogoda *f* weather; **~ ducha** cheerfulness

pogodzić *perf vt* reconcile; **~ się** *vr* be reconciled (**z kimś** with sb), reconsile o.s. (**z czymś** to sth)

pogoń *f* chase, pursuit

pogorszyć *perf vt* worsen; **~ się** *vr* worsen, deteriorate

pogotowi|e *n* (*stan gotowości*) alert; (*instytucja*) emergency service; **karetka ~a** ambulance; **być w ~u** be on stand-by, be on the alert; **~e ratunkowe** ambulance service

pogranicze *n* borderland

pogrzeb *m* funeral

pogrzebać *perf vt zob.* **grzebać**

pojawić się *perf vr* ap-

pear; (*o człowieku – przyjść*) turn up, show up
pojazd *m* vehicle
pojechać *perf vi zob.* **jechać**
pojedyncz|y *adj* single; (*jeden z wielu*) individual; *gram.* **liczba ~a** the singular
pojemnik *m* container, receptacle; **~ na śmieci** rubbish bin, *am.* garbage can
pojemność *f* capacity
pojęci|e *n* concept, idea; **nie mam zielonego ~a** I don't have the faintest <foggiest> idea
pojutrze *adv* the day after tomorrow
pokarm *m* food; (*mleko matki*) milk
pokaz *m* demonstration, show; **~ mody** fashion show; **na ~** for show
pokazać, pokazywać *perf imperf vt* show; (*wskazywać*) point (**coś** at sth); **~ się** *vr* appear; (*o człowieku*) turn <show> up
poker *m* poker
pokła|d *m* (*warstwa*) layer; (*statku*) deck; **na ~dzie** on board
pokłócić *perf vt*: **~ się** *vr* (*posprzeczać się*) have a quarrel (**z kimś** with sb)
pokochać *perf vt* come to love
pokojowy *adj* peace *attr*; (*zgodny*) peaceful; **malarz ~** painter
pokojówka *f* maid; (*w hotelu*) (chamber) maid
pokolenie *n* generation
pokonać *perf vt* defeat, beat; (*przemóc*) overcome; **~ odległość** cover a distance; **~ trudności** overcome difficulties
pokorny *adj* humble
pokój *m* peace; (*pomieszczenie*) room; **~ stołowy** dining room; **~ nauczycielski** staff room; **zawrzeć ~** make peace
pokrewieństwo *n* kinship; *przen.* affinity
pokroić *perf vt zob.* **kroić**
pokrowiec *m* cover
pokryć *perf vt* cover; (*obić*) upholster; **~ koszt** cov-

er the cost; ~ **stratę** make up for a loss

po kryjomu *adv* secretly, stealthily

pokrywać *imperf vt zob.* **pokryć**

pokrywka *f* lid

pokrzywa *f* nettle

pokrzyżować *perf vt*: ~ **czyjeś plany** thwart sb's plans

pokusa *f* temptation

pokwitowanie *n* receipt

Polak *m* Pole

polana *f* clearing

polarny *adj* polar

pole *n* field; *mat.* area; ~ **widzenia** field of vision; ~ **bitwy** battlefield; *sport.* ~ **karne** penalty field

polecać *imperf vt* (*kazać*) command; (*rekomendować*) recommend; (*powierzać*) entrust

polecenie *n* command, order

polecić *perf vt zob.* **polecać**

polega|ć *imperf vi*: **~ć na** (*mieć przyczynę*) consist in; (*ufać*) rely on, depend on; **można na nim ~ć** he is reliable <dependable>; **to ~ na tym, że...** the point is that...

polepsz|ać, polepszyć *imperf perf vi* improve; **~ać się** *vr* improve; **~yło mu się** he is better

polewa *f* glaze; (*na cieście*) icing

polędwica *f* loin

policja *f* police

policjant *m* policeman

policjantka *f* policewoman

policzek *m* cheek; (*uderzenie*) slap on the face; **wymierzyć komuś ~** give sb a slap on the face

policzyć *perf vt zob.* **liczyć**; ~ **komuś 10 zł za coś** charge sb 10 zlotys for sth; ~ **się** *vr*: ~ **się z kimś** get even with sb

polisa *f*: ~ **ubezpieczeniowa** insurance policy

politechnika *f* polytechnic

polityczny *adj* political

polityk *m* politician

polityka *f* politics; (*kierunek postępowania*) policy

polka *f* (*taniec*) polka
polować *imperf vi* hunt
polowanie *n* hunting
polski *adj* Polish
polubić *perf vt* take a liking <fancy> (**kogoś <coś>** to sb <sth>)
połączenie *n* combination; (*telefoniczne, kolejowe*) connection
połączyć *perf vt* connect, join, link; (*telefonicznie*) put through; **~ się** *vr* unite, merge; (*telefonicznie*) get through (**z kimś** to sb)
połknąć *perf vt* swallow, gulp down
połow|a *f* half; (*środek*) middle; **na ~ę** in two; **w ~ie drogi** halfway; **w ~ie lipca** in mid-July; **za ~ę ceny** at half-price
położeni|e *n* (*miejsce*) location; (*warunki*) position, situation; **mieć korzystne ~e** be favourably situated; **być w ciężkim ~u** be in a sad <terrible> plight
położna *f* midwife
położyć *perf vt* lay (down), put (down); (*obalić*) lay <bring> down; **~ kres czemuś** put an end to sth; **~ się** *vr* lie down; **~ się spać** go to bed; *zob.* **kłaść**
połówka *f* half
południ|e *n* noon, midday; (*strona świata*) south; **przed ~em** in the morning; **w ~e** at noon; **po ~u** in the afternoon; **na ~e od...** to the south of...
południk *m* meridian
południowo-wschodni *adj* south-east(ern)
południowo-zachodni *adj* south-west(ern)
południowy *adj* south, southern
połykać *imperf vt zob.* **połknąć**
połysk *m* gloss, lustre
pom|agać *imperf vi* help; **~agać na kaszel** relieve coughs; **płacz nic nie ~oże** cry won't help
pomału *adv* slowly
pomarańcza *f* orange
pomidor *m* tomato
pomiędzy *praep zob.* **między**

pomija|ć *imperf vt* (*opuszczać*) omit, leave out; (*nie uwzględniać*) ignore, neglect; **~ć coś milczeniem** pass over sth in silence; **~jąc już...** to say nothing of...

pomimo *praep* in spite of, despite; **~ że** even though

pominąć *perf vt zob.* **pomijać**

pomnik *m* monument

pomoc *f* help, assistance; (*ratunek*) help, rescue; **~ domowa** housemaid; **pierwsza ~** first aid; **~ drogowa** emergency road service; **przyjść komuś z ~ą** come to sb's aid; **przy ~y kogoś** with the help <aid> of; **za ~ą czegoś** by means of sth; **na ~!** help!

pomocniczy *adj* auxiliary

pomocnik *m* assistant; *sport.* full-back

pomost *m* platform; (*na jeziorze*) pier, jetty

pomóc *perf vi zob.* **pomagać**

pompa *f techn.* pump; (*wystawność*) pomp

pompka *f* pump; (*ćwiczenie*) press-up, *am.* push-up; **~ rowerowa** bicycle pump

pomylić *perf vt* mistake; **~ się** *vr* make a mistake, be mistaken

pomyłk|a *f* mistake; **przez ~ę** by mistake

pomysł *m* idea; **wpaść na ~** hit upon an idea

pomyśl|eć *perf vi* think; **kto by ~ał!** who would have thought it!

pomyślnoś|ć *f* well-being; **życzyć komuś ~ci** wish sb luck

ponad *praep* above, over; **~ rok** over a year; **~ wszystko** above all; **to jest ~ moje siły** it's beyond me

ponadto *adv* moreover, further(more)

poniedziałek *m* Monday

poniekąd *adv* in a way, to some extent

poni|eść *perf vt*: **~eść ryzyko** incur risks; **~eść koszty** bear expenses; **~eść klęskę** sustain <suffer> a defeat; **~eść stratę** suffer a loss;

~**osła go wściekłość** he flew into a rage; ~**osło mnie** I lost control of myself

ponieważ *conj* because, as, since

poniżej *praep* below, beneath; (*mniej niż*) below, under; ~ **zera** below zero; ~ **czyjejś godności** beneath one's dignity

ponosić *perf vt zob.* **ponieść**

ponownie *adv* again

pontyfikat *m* pontificate

ponur|y *adj* (*o człowieku*) gloomy; (*o miejscu*) bleak, dreary; ~**e myśli** dismal thoughts

pończocha *f* stocking

po omacku *adv* gropingly

poparci|e *n* support, backing; **udzielić komuś** ~**a** give sb (one's) support

poparzyć *perf vt* burn; ~ **się** *vr* burn o.s.

popatrz|eć *perf vi* look; ~**!** look!

popełnić *perf vt* commit; ~ **błąd** make a mistake; ~ **samobójstwo** commit suicide

popęd *m* (*skłonność*) urge; ~ **płciowy** sex(ual) drive

popielaty *adj* grey, *am.* gray

popielniczka *f* ashtray

popierać *imperf vt* support, back up

popi|ół *m* ash; ~**oły** *pl* ashes *pl*

popis *m* show, display

popisywać się *imperf vr* show off (**czymś** sth)

poplamić *perf vt* stain, soil

popłoch *m* panic; **wpaść w** ~ panic

popołudnie *n* afternoon

poprawa *f* improvement

poprawczak *m pot.* approved school, reformatory

poprawiać, poprawić *imperf perf vt* (*doprowadzić do porządku*) put straight, adjust; (*ulepszyć*) improve; (*błędy*) correct; ~ **krawat** straighten a tie; ~ **rekord** beat a record; ~ **się** *vr* (*polepszyć się*) improve, (*o człowieku*) reform; (*przytyć*) put on weight <flesh>

poprawka *f* correction; *prawn.* amendment; (*krawiecka*) alteration; *pot.* (*w szkole*) repeat <retake> exam

poprawny *adj* correct

poprosić *perf vt* ask, request; ~ **do tańca** ask to a dance; ~ **o rękę** propose; *zob.* **prosić**

po prostu *adv* simply; (*wprost*) plainly

poprzeczka *f* crossbeam; *sport.* crossbar

poprzeć *perf vt zob.* **popierać**

poprzedni *adj* previous, preceding, former; **~ego dnia** the day before

poprzednik *m* predecessor

poprzedzać, poprzedzić *imperf perf vt* precede

popsuć *perf vt* break, spoil; ~ **się** *vr* spoil, break down; (*pogorszyć się*) deteriorate

popularnonaukowy *adj* popular science *attr*

popularny *adj* popular

popyt *m* demand (**na coś** for sth); **cieszyć się ~em** be in (great) demand

por[1] *m anat.* pore

por[2] *m bot.* leek

pora *f* time; ~ **roku** season; ~ **obiadowa** dinnertime; **do tej pory** till now; **o każdej porze** any time; **w porę** in time; **wizyta nie w porę** ill-timed visit

porachunki *pl*: **mieć z kimś ~** have a bone to pick with sb; **załatwić z kimś ~** pay off old scores with sb

porad|a *f* advice, counsel; **~a lekarska <prawna>** medical <legal> advice; **udzielić ~y** give advice <counsel>; **zasięgnąć czyjejś ~y** seek sb's advice; **za czyjąś ~ą** on sb's advice

poradnia *f* (*lekarska*) outpatient clinic

poradnik *m* guide, handbook

poradz|ić *perf vt* advise (**komuś coś** sb sth); *vi*: **~ić sobie** cope (**z czymś** with sth), manage (**z czymś** sth); (*znaleźć sposób*) help (**na coś** sth); **nic na to nie ~ę** I can't

help it; **~ić się** *vr* consult (**kogoś** sb)
poranek *m* morning; (*w kinie*) matinée
porażenie *n med.* paralysis; **~ słoneczne** sunstroke
porażka *f* defeat; (*niepowodzenie*) failure
porcelana *f* china, porcelain
porcja *f* portion, helping
poręcz *f* banister, handrail; (*fotela*) arm
poręczenie *n* guarantee
poręczyć *perf vi* vouch (**za kogoś** for sb); *vt* (*weksel*) guarantee, underwrite
pornografia *f* pornography
porodówka *f pot.* delivery room
poronienie *n med.* miscarriage; (*sztuczne*) abortion
porozmawiać *perf vi* talk <speak> (**z kimś o czymś** to sb about sth)
porozumieć się, porozumiewać się *perf imperf vr* (*kontaktować się*) communicate (**z kimś** with sb); (*dogadać się*) come to <reach> an understanding
porozumieni|e *n* agreement; **dojść do ~a** reach an agreement <understanding>
poród *m* (child)birth, delivery
porównać, porównywać *perf imperf vt* compare
port *m* port, harbour
portfel *m* wallet
portier *m* porter, doorman
portiernia *f* porter's lodge, reception desk
portmonetka *f* purse
portret *m* portrait
Portugalczyk *m* Portuguese
portugalski *adj* Portuguese
porucznik *m* lieutenant, *am.* (1st) lieutenant
poruszać, poruszyć *imperf perf vt* move (**coś** sth); **~ coś** (*omawiać*) bring sth up; **~ coś** (*napędzać*) drive; (*wzruszać*) touch; **~ niebo i ziemię** move heaven and earth; **~ się** *vr* move

porwać *perf vt zob.* **porywać**
porywacz *m* (*ludzi*) kidnapper; (*samolotu*) hijacker
porywać *imperf vt* (*unieść*) snap up; (*człowieka*) kidnap; (*samolot*) hijack; **~ się** *vr* make an attempt (**na kogoś** on sb's life)
porząd|ek *m* order; **w ~ku!** all right!; **doprowadzić coś do ~ku** put sth in order; **~ek alfabetyczny** alphabetical order
porządkować *imperf vt* set in order, sort (things) out; (*sprzątać*) clean, tidy
porządny *adj* (*lubiący porządek*) tidy; (*obywatel*) respectable
porzeczka *f* currant
porzucać, porzucić *imperf perf vt* abandon, leave; (*pracę*) quit
posada *f* job, post
posadzka *f* floor
posag *m* dowry
posąg *m* statue
poseł *m* member of parliament, MP; (*wysłannik*) envoy
posesja *f* property
posiadać *imperf vt* possess, own
posiadłość *f* property, estate
posiłek *m* meal
posłać[1] *perf vt* send <dispatch> (**kogoś po coś** sb for sth)
posłać[2] *perf vt*: **~ łóżko** make a bed
posłuchać *perf vi* listen; (*być posłusznym*) obey; **~ czyjejś rady** take sb's advice
posłuszny *adj* obedient
pospolity *adj* common; (*banalny*) commonplace
post *m* fast; **wielki ~** Lent
posta|ć *f* (*forma*) form; (*sylwetka*) figure; (*osoba*) person; (*rola*) character; **w ~ci czegoś** in the form of sth
postanawiać, postanowić *imperf perf vt vi* decide, resolve; make up one's mind
postanowienie *n* resolu-

tion, resolve; (*decyzja*) decision

postawa *f* (*wygląd*) bearing, stance; (*stosunek*) attitude, stance

postawić *perf vi* (*umieścić*) put, place; (*zbudować*) build, erect; **~ stopę** set foot; **~ komuś obiad** treat sb to dinner; **~ uczniowi stopień** give a student a grade; **~ pytanie** put a question; **~ warunek** impose a condition; **~ kogoś na nogi** set sb on his feet; **~ na swoim** have one's way; **~ się** *vr* (*przeciwstawić się*) put one's foot down; **~ się na czyimś miejscu** put o.s. in sb's place

poste restante *nieodm.* poste restante, *am.* general delivery

posterunek *m* post; **~ policji** police station

postęp *m* progress; **~y** *pl* progress; **iść z ~em** be abreast of the times; **robić ~y** make progress

postępować *imperf vi* (*posuwać się*) proceed, progress, advance; (*zachowywać się*) act, behave

postój *m* stopover; (*miejsce*) (road) stop; **~ taksówek** taxi rank

postscriptum *n* postscript

posunąć, posuwać *perf imperf vt* move, push; **~ pracę naprzód** move the job forward; **~ się** *vr* move along <forward>; **~ się do czegoś** not to stop short of doing sth; *przen.* **~ się za daleko** go too far

posyłać *imperf vt zob.* **posłać**[1]

poszczególny *adj* individual

poszewka *f* pillowcase

poszukać, poszukiwać *perf imperf vt* look for

poszwa *f* quilt cover

pościć *imperf vi* fast

pościel *f* bedclothes

pościg *m* chase, pursuit

pośladek *m* buttock

poślizg *m* skid; *przen.* delay; **wpaść w ~** go into a skid

poślubić *perf vt* wed

pośpiech *m* haste, hurry; **w ~u** hurriedly, in

haste; **nie ma ~u** there is no hurry

pośpieszny *adj* hasty; **pociąg ~** fast train

pośredni *adj* indirect

pośrednictw|o *n* mediation; (*handlowe*) agency; **za ~em kogoś <czegoś>** through <by> the agency of sb <sth>; **biuro ~a pracy** employment agency

pośrednik *m* mediator; (*handlowy*) agent

pośrodku *adv* in the middle

pośród *praep* in the midst (**czegoś** of sth)

poświadczać *imperf vt* certify, authenticate; **~ podpis** witness signature

poświadczenie *n* authentication, certification

poświadczyć *perf vt zob.* **poświadczać**

poświęcać *imperf vt* (*składać w ofierze*) sacrifice, devote; (*dedykować*) dedicate; (*święcić*) consecrate; **~ czas** spend time (**czemuś** on sth); **~ się** *vr* sacrifice o.s. (**dla sprawy** for a cause); devote o.s. (**czemuś** to sth)

poświęcenie *n* (*ofiara*) sacrifice; (*oddanie*) devotion, dedication; (*wyświęcenie*) consecration

poświęcić *perf vt zob.* **poświęcać**

pot *m* sweat, perspiration; **w pocie czoła** by the sweat of your brow

potąd *adv* up to here; **mam tego ~!** I've had it up to here!

potem *adv* (*w czasie*) afterwards, then, later (on); (*w kolejności*) afterwards, next; **na ~** for later

potęga *f* power; *mat.* power; **~ przemysłowa** industrial power; **~ miłości** power of love

potępiać, potępić *imperf perf vt* condemn

potężny *adj* powerful, mighty

potknąć się *perf vr* stumble (**o coś** against sth); *przen.* slip

potoczny *adj* popular; **język ~** colloquial speech;

zwrot ~ set expression, colloquialism
potok *m* stream; **~ słów** stream of words; **~i łez** floods of tears
potomek *m* descendant; (*u zwierząt*) offspring
potomstwo *n* (*zwierzęta*) offspring; (*ludzie*) children
potop *m* deluge
potrafić *imperf perf vi* be able (**coś zrobić** to do sth), manage (**coś zrobić** to do sth)
potrawa *f* dish
potrącać, potrącić *imperf perf vt* (*szturchać*) jostle, poke; (*odliczać*) knock off, deduct; (*samochodem*) run sb down
po trochu *adv* little by little, bit by bit
potrzask *m* trap; **wpaść w ~** get into a trap
potrzeb|a[1] *f* need; **~y** *pl* needs *pl*; **nagła ~a** emergency; **być w ~ie** be in need; **nie ma ~y** there is no need; **w razie ~y** should the need arise; **bez ~y** unnecessarily
potrzeba[2] *part*: **tego mi ~** that's what I need; **~ nam czasu** we need time
potrzebować *imperf vt* need <be in need of, want> (**czegoś** sth)
potwierdzać, potwierdzić *imperf perf vt* confirm; (*odbiór czegoś*) acknowledge
potwornie *adv*: **wyglądać ~** look awful; **~ brzydki** terribly ugly
potworny *adj* monstrous
potwór *m* monster
poufny *adj* confidential
powaga *f* gravity; seriousness; (*prestiż*) authority
poważać *imperf vt* esteem, respect
poważn|y *adj* serious, grave; (*szanowany*) respectable; (*ważny*) important; (*znaczny*) substantial; **muzyka ~a** classical music; **~y wiek** respectable old age; **~a strata** heavy loss; **w ~ym stopniu** materially
powidła *pl* plum jam
powiedzenie *n* saying
powiedzieć *perf vt* say

(**coś komuś** sth to sb), tell (**coś komuś** sb sth)

powieka *f* eyelid

powierzchnia *f* surface; (*teren*) area

powiesić *perf vt* hang; **~ się** *vr* hang o.s.

powieściopisarz *m* novelist

powieść *f* novel

powietrz|e *n* air; **na ~u** in the open air, outdoors; **wylecieć w ~e** be blown up; **wysadzić coś w ~e** blow up sth

powiększyć *perf vt* increase, enlarge, magnify; **~ się** *vr* increase, grow

powin|ien, powinna, powinno should, ought to; **~nam już iść** I should <ought to> go now; **~ien był kogoś spytać** he should have asked sb; **~ien zaraz wrócić** he should be back any moment; **~no się coś z tym zrobić** one <you> should do sth about it

powitanie *n* welcome, greeting

powłoka *f* coat(ing), layer

powodować *imperf vt* cause, bring about; (*pociągać za sobą*) result in

powodzeni|e *n* success; **mieć ~e** be popular; **~a!** good luck!

powoli *adv* slowly

powoła|ć *perf vt* (*wyznaczyć*) appoint; **~ć kogoś na stanowisko** appoint sb to a post; **~ć kogoś do wojska** conscript sb, *am.* draft sb; **~ć się** *vr* refer (**na kogoś <coś>** to sb <sth>); **~j się na mnie** tell them I sent you

powołanie *n* (*wyznaczenie*) appointment; (*zamiłowanie*) calling, vocation

powoływać *imperf vt zob.* **powołać**

powonienie *n* (sense of) smell

pow|ód *m* cause, reason; *prawn.* plaintiff; **z ~odu** because of, due to; **bez żadnego ~odu** for no reason whatever

powódź *f* flood(ing); *przen.* flood

powrotny *adj*: **bilet ~** return, *am.* round-trip ticket

powr|ót *m* return; **~ót do zdrowia** recovery; **na ~ót, z ~otem** back; **tam i z ~otem** back and forth

powstać *perf vi zob.* **powstawać**

powstanie *n* origin, rise; (*zbrojne*) uprising

powstawać *imperf vi* (*zacząć istnieć*) come into existence, arise; (*buntować się*) rise up

powszechn|y *adj* general, common; **~a opinia** common opinion; **~e głosowanie** general election; **historia ~a** universal history

powszedni *adj* commonplace; **chleb ~** daily bread; **dzień ~** weekday

powtarzać, powtórzyć *imperf perf vt* repeat; (*lekcje*) revise, *am.* review; **~ się** *vr* (*o człowieku*) repeat o.s.

powtórny *adj* second

powyżej *adv* above; *prep* above, over; **~ zera** above zero; **dzieci ~ 10 lat** children above the age of 10 years; *pot.* **mieć czegoś ~ uszu** be fed up with sth

poza[1] *praep* beyond; (*oprócz*) beside, apart from; **~ tym** besides, also; **być ~ domem** be out

poza[2] *f* pose

pozbawić *perf vt* deprive (**kogoś czegoś** sb of sth); **~ kogoś złudzeń** disillusion sb

pozbyć się, pozbywać się *perf imperf vr* get rid (**czegoś** of sth)

pozdr|awiać, pozdr|owić *imperf perf vt* greet; **~ów go ode mnie** give him my regards, say <hello> to him

pozdrowieni|e *n* greeting; **~a** *pl* (*z wakacji*) greetings *pl*, (*do przekazania*) regards *pl*; love; **~a dla mamy** give my regards to your mum

poziom *m* level; **~ życia** living standard; **nad ~em morza** above sea level

poziomka *f bot.* wild strawberry

poziomy *adj* horizontal

pozna|ć *perf vt* (*zawrzeć znajomość*) meet (**kogoś** sb), get to know (**kogoś** **<coś>** with sb <sth>); (*rozpoznać*) recognize; **~ć kogoś po głosie** recognize sb by his voice; **~ć się** *vr* meet; **~ć się bliżej** get to know each other better; **~liśmy się na przyjęciu** we met at a party; **~ć się na kimś** to see through sb; **~ć się na czyimś talencie** detect sb's talent

poznani|e *n* (*zdobycie wiedzy*) learning; **zmienił się nie do ~a** he has changed beyond recognition

poznawać *imperf vt zob.* **poznać**

pozorny *adj* apparent, seeming

pozosta|ć, pozosta|wać *perf imperf vi* (*przebywać*) stay; (*być nadal*) remain, continue; **~wać w pamięci** be remembered; **~je mi tylko...** all that is left for me to do is...

pozostawiać, pozostawić *imperf perf vt* leave; **~ za sobą** leave behind

pozować *imperf vi* pose

pozwalać *imperf vt* allow, permit, let; **za dużo sobie ~** go too far

pozwolenie *n* permit; (*zgoda*) permission

pozwolić *perf vt zob.* **pozwalać; (nie) mogę sobie na to ~** I can (can't) afford this; **proszę ~ za mną** follow me, please

pozycja *f* position; (*w spisie*) item; **~ społeczna** social position

pozytywny *adj* positive

pożar *m* fire

pożegnać *perf vt* bid (sb) goodbye; **~ się** *vr*: **~ się z kimś** (*wzajemnie*) bid each other goodbye; *przen.* **~ się z czymś** say goodbye to sth

pożegnanie *n* leave-taking, farewell

pożyczać *imperf vt* lend (**coś komuś** sb sth <sth to sb>), borrow (**coś od kogoś** sth from sb)

pożyczk|a *f* loan; **udzie-**

lać komuś ~i give sb a loan

pożyczyć *perf vt zob.* **pożyczać**

pożyteczny *adj* useful

pożytek *m* benefit; **mieć z czegoś ~** benefit from sth

pójść *perf vi* go; **~ do pracy** go to work; **~ na marne** go to waste; **~ z dymem** go up in smoke; **jak ci poszło?** how did you get on?; *pot.* **~ na coś** lend o.s.; *zob.* **iść**

póki *conj*: **~ czas** before it's too late; *zob.* **dopóki**

pół *num* half; **za ~ ceny** half-price; **~ na ~** fifty-fifty; **~ godziny** half an hour; **przerwać komuś w ~ słowa** cut sb short

półbuty *pl* shoes

półetat *m* part-time job

półfinał *m* semi-final

półgłówek *m pot.* half-wit

półka *f* shelf; **~ na książki** bookshelf; **na ~ch (księgarskich)** on sale

półksiężyc *m* crescent

półkula *f* hemisphere

półmisek *m* platter, dish

północ *f* (*pora doby*) midnight; (*strona świata*) north; **na ~ od** to the north of; **na ~y** in the north; **o ~y** at midnight

północno-wschodni *adj* north-east(ern)

północno-zachodni *adj* north-west(ern)

północny *adj* north, northern

półpiętro *n* landing

półrocze *n* (*w szkole*) term, *am.* semester

półszlachetny *adj* semi-precious

półtor|a *num* one and a half; **~a kilometra** one and a half kilometre; **za ~ej godziny** in an hour and a half

półwysep *m* peninsula

półwytrawny *adj* semi-dry

później *adv* later (on), afterwards; **prędzej czy ~** sooner or later; **odkładać coś na ~** put sth off till later

późno *adv* late

późny *adj* late; **~ wiek** advanced old age; **~m latem** in late summer

prac|a *f* work; (*zatrudnienie*) job; (*maszyny*) run(ning); **~a na akord** piece work; **~a magisterska** master's thesis; **ciężka ~a** hard work; **~a domowa** homework; **stała ~a** permanent job; **warunki ~y** working conditions; **być bez ~y** be out of work
pracodawca *m* employer
pracować *imperf vi* work; (*działać*) work, operate; **~ fizycznie** do manual work
pracownia *f* (*warsztat*) workshop; (*artysty*) studio, atelier; (*naukowa*) study, laboratory
pracownik *m* worker, employee
prać *imperf vt vi* wash (clothes), do the laundry; **~ chemicznie** dry-clean
pragnąć *imperf vt* desire
pragnienie *n* desire; (*chęć napicia się czegoś*) thirst
praktyczny *adj* practical
praktyka *f* (*doświadczenie*) practice, *am.* practise; (*staż*) training period; (*szkolenie*) training; (*u rzemieślnika*) apprenticeship
pralka *f* washing machine
pralnia *f* laundry; **~ chemiczna** dry-cleaner's
pranie *n* washing; (*rzeczy do prania*) washing, laundry
prasa *f* press; (*dziennikarze*) the Press; (*urządzenie*) press
prasować *imperf vt* iron, press
prawd|a *f* truth; **~ę mówiąc** to tell the truth
prawdopodobny *adj* probable, likely
prawdziwy *adj* true, genuine, real
prawica *f* (*pot. w polityce*) the Right
prawidłowy *adj* correct
prawie *adv* almost, nearly
prawnik *m* lawyer
prawny *adj* legal, lawful
prawo[1] *n* (*uprawnienie*) right; (*prawodawstwo, ustawa*) law; (*zasada*) principle, law; **~ karne <cywilne>** criminal <civil> law; **~ autorskie** copyright; **~ głosu** right to

speak; **mieć ~ do czegoś <coś zrobić>** be entitled <have a right> to sth <to do sth>
prawo[2] *adv*: **w ~** (*w prawą stronę*) to the right; **na ~** (*po prawej stronie*) on <to> the right
prawosławny *adj* Orthodox
prawy *adj* right; (*uczciwy*) honest, righteous
prąd *m* current, stream; (*elektryczny*) current; (*elektryczność*) electricity; **pod ~** against the stream <tide>
prądnica *f techn.* generator
precz! *int* go away!
premia *f* bonus; (*nagroda*) prize
premier *m* prime minister, premier
premiera *f* premiere
prenumerata *f* subscription
prenumerować *imperf vt* subscribe (**coś** to sth)
preparat *m* preparation; *med.* specimen
presja *f* pressure
prestiż *m* prestige
pretekst *m* pretext; **pod ~em** under the pretext
pretensj|a *f* resentment; (*roszczenie*) claim; **mieć do kogoś ~ę** hold a grudge against sb
prezent *m* present, gift
prezentacja *f* presentation; (*osób*) introduction
prezenter *m* presenter
prezerwatywa *f* condom, sheath
prezes *m* president, chairman
prezydent *m* president; (*miasta*) mayor
prezydium *n* presidium
prędko *adv* quickly, fast; (*wkrótce*) soon
prędzej *adv* quicker, faster; (*wcześniej*) sooner; **czym ~** as soon as possible; **~ czy później** sooner or later
problem *m* problem
proca *f* sling, *am.* slingshot
procedura *f* procedure
procent *m* percentage, per cent, *am.* percent; (*odsetki*) interest; **na pięć ~** at five per cent
proces *m* process; *prawn.*

(law)suit; **wytoczyć komuś ~** bring a suit against sb
procesja *f* procession
procesor *m* processor
prodiż *m* electric baking pan <can>
producent *m* producer
produkcja *f* production; (*wyrób*) production, output
produkować *imperf vt* produce, make
produkt *m* product; **~ uboczny** by-product; **~y** *pl* produce; **~y spożywcze** foodstuffs
profesor *m* professor
profil *m* profile; (*zarys*) outline
profilaktyka *f med.* prevention
prognoza *f* prognosis, forecast; **~ pogody** weather forecast
program *m* programme, *am.* program; (*nauczania*) curriculum, syllabus
programista *m komp.* programmer
projekcja *f* projection
projekt *m* (*szkic*) draft; (*plan działania*) project
projektant *m* designer; **~ mody** fashion designer
projektor *m* projector
projektować *imperf vt* design
prokurator *m prawn.* prosecutor
prom *m* ferry
promieniotwórczość *f* radioactivity
promie|ń *m* (*światła*) ray; (*Roentgena*) X-ray; (*koła*) radius; **~ń słońca** sunbeam; **w ~niu 100 m od** within a radius of 100 m from
promil *m* per mill
prominent *m* high-ranking official
promocja *f* promotion
propaganda *f* propaganda
proponować *imperf vt* suggest, propose, offer
proporcja *f* proportion
proporcjonalny *adj* proportional; (*kształtny*) well-proportioned; **wprost <odwrotnie> ~ do** directly <inversely> proportional to
propozycja *f* (*pomysł*) suggestion, proposal; (*oferta*) offer, proposal

prorok *m* prophet

pro|sić *imperf vt* ask (**kogoś o coś <żeby coś zrobił>** sb for sth <to do sth>); **~sić kogoś do środka** ask sb in; **~szę mi powiedzieć** tell me, please; **~szę pana <pani>** sir <madam>; **~szę!** (*wręczając coś*) here you are!; **~szę (bardzo)** (*odpowiedź na dziękuję*) you're welcome; **~szę (bardzo)** (*zgadzając się*) please, do, go ahead; **~szę o ciszę!** silence please!; **~szę?** pardon?

prosię *n* piglet

prospekt *m* prospectus, brochure

prostak *m* boor, simpleton

prosto *adv* (*o kierunku*) straight; (*nieskomplikowanie*) simply, clearly; (*trzymać się*) upright; **iść ~ przed siebie** go straight on <ahead>; *przen.* **~ z mostu** straight out <from the shoulder>; **patrzeć komuś ~ w oczy** look sb straight in the face

prostokąt *m mat.* rectangle

prostopadły *adj* perpendicular

prost|y *adj* (*równy*) straight; (*nieskomplikowany*) simple, plain; **linia ~a** straight line; **kąt ~y** right angle; **~e włosy** straight hair; **~e jedzenie** simple food

prostytutka *f* prostitute

prosz|ek *m* powder; (*lekarstwo*) pill; **~ek do prania** washing powder; **mleko w ~ku** powdered milk

prośb|a *f* request; **mam do ciebie ~ę** I have a favour to ask you; **na czyjąś ~ę** at sb's request

protest *m* protest

protestancki *adj* Protestant

protestant *m* Protestant

protestować *imperf vi* protest

proteza *f* (*kończyny*) artificial limb; (*zębowa*) dentures

protokół *m* (*akt urzędowy*) report; (*dyplomatyczny*) protocol; (*z posiedzenia*) minutes

prototyp *m* prototype

prowadzić *imperf vt* (*wieść*)

lead, conduct; (*kierować*) manage, run; (*realizować*) carry on; *sport.* lead; ~ **samochód** drive (a car); ~ **dom** run a house; ~ **rozmowę** carry on a conversation
prowiant *m* provisions; **suchy** ~ packed lunch
prowincj|a *f* provinces *pl*; **na** ~**i** in the country
prowizja *f* commission
prowokacja *f* provocation
proza *f* prose
prób|a *f* test; (*usiłowanie*) trial, attempt; (*teatralna*) rehearsal; **wystawić kogoś na** ~**ę** tempt sb
próbować *imperf vt* (*poddawać próbie*) test; (*usiłować*) try, attempt; (*kosztować*) taste; *przen.* ~ **szczęścia (w czymś)** try one's luck (at sth)
próchnica *f med.* caries
próchno *n* rotten wood
próg *m* doorstep, threshold; *przen.* threshold
prószy|ć *imperf vi*: ~ **śnieg** it's snowing lightly
próżnia *f* vacuum
próżniak *m* idler, lazybones
próżno *adv*: **na** ~ in vain
próżny *adj* (*pusty*) empty, void; (*zarozumiały*) vain; (*daremny*) futile
prymas *m* primate
prymitywny *adj* primitive
pryszcz *m* pimple, spot
prysznic *m* shower
prywatny *adj* private
prywatyzacja *f* privatization
prywatyzować *imperf vt* privatize
przebaczać, przebaczyć *imperf perf vt* pardon, forgive
przebieg *m* course, run; (*trasa*) route; *mot.* mileage
przebierać, przebrać *imperf perf vt* (*sortować*) sort (out); *przen.* pick and choose; ~ **miarkę** overstep the bounds; ~ **się** *vr* change (one's clothes); ~ **się (za kogoś)** dress up (as sb)
przebieralnia *f* dressing room; (*np. na basenie*) changing room
przeb|ój *m* (*muzyczny*) hit; (*sukces*) success; **iść** ~**ojem** be a go-getter

przebrać *perf vt zob.* **przebierać**
przebywać *imperf vi vt* (*być gdzieś*) stay; (*chorobę*) go through, suffer
przecena *f* reduction in prices
przechodzić *imperf vt zob.* **przejść**
przechodzień *m* passer-by
przechowalnia *f*: **~ bagażu** left-luggage office, *am.* checkroom
przechylić *perf vt* tilt; *przen.* **~ szalę** tip the scale; **~ się** *vr* tilt
przeciąć *perf vt* cut
przeciąg *m* draught, *am.* draft
przeciek *m* leak(age); (*miejsce*) leak; *przen.* (*informacji*) leak
przeciekać *imperf vi* leak; *pot.* (*o informacjach*) leak out
przecier *m* puree
przecież *adv* but, yet; **~ to twój kolega** he is your friend, isn't he?
przeciętnie *adv* on (the) average
przeciętny *adj* average; (*średni*) mediocre
przecinać *imperf vt zob.* **przeciąć**
przecinek *m* comma; *mat.* point
przeciwbólowy *adj med.* analgesic; **środek ~** analgesic, painkiller
przeciwieństw|o *n* (*odwrotność*) opposition, contradiction; (*sprzeczność*) contrast; **być ~em czegoś** be opposed to sth; **w ~ie do czegoś** contrary to sth
przeciw|ko *praep* against; **nie mam nic ~ko temu** I don't mind it; **za i ~** pros and cons; *prawn.* **sprawa X ~ko Y** case X versus Y
przeciwnie *adv* on the contrary, just the opposite
przeciwnik *m* adversary, opponent; *sport.* opponent
przeciwności *pl*: **~ losu** adversities *pl*
przeciwny *adj* (*przeciwległy*) opposite; (*odmienny*) contrary; **jestem temu ~** I'm against it; **w**

~m razie otherwise, or else
przeciwstawiać, przeciwstawić *imperf perf vt* oppose (**coś czemuś** sth to sth); **~ się** *vr* stand up (**komuś** to sb), oppose (**komuś <czemuś>** to sb <sth>)
przeczenie *n* negation
przecznica *f* cross-street
przeczucie *n* intuition, hunch; (*złe*) premonition
przeczuć, przeczuwać *perf imperf vt* sense
przeczytać *perf vt* read
przed *praep* (*o czasie*) before; (*o przestrzeni*) in front of; **~ tygodniem** a week ago; **~ czasem** ahead of time; **patrz ~ siebie** look in front of you; **ucieczka ~ czymś** flight from sth
przedawkować *perf vt med.* overdose
przedawnienie *n prawn.* prescription, limitation
przeddzień *m*: **w ~** on the eve of
przede *praep zob.* **przed**; **~ wszystkim** first of all, in the first place
przedimek *m gram.* article
przedłużacz *m elektr.* extension lead, *am.* extension cord
przedłużać, przedłużyć *imperf perf vt* extend, prolong; **~ umowę** extend a contract; **~ komuś życie** prolong sb's life
przedmieście *n* suburb(s)
przedmiot *m* object; (*badań*) subject; (*rozmowy*) topic; (*w szkole*) subject
przedmowa *f* preface
przedni *adj* front *attr*; (*wyśmienity*) exquisite
przedostatni *adj* last but one, *am.* next to last
przedpłata *f* down <advance> payment
przedpokój *m* hall
przedpołudnie *n* morning
przedramię *n* forearm
przedsiębiorca *m* entrepreneur
przedsiębiorstwo *n* enterprise, company
przedsięwzięcie *n* undertaking, venture
przedsprzedaż *f* promotional sale

przedstawiać *imperf vt* present, show; (*gościa*) introduce; **~ się** *vr* introduce o.s. (**komuś** to sb)

przedstawiciel *m* representative; (*handlowy*) representative, agent

przedstawicielstwo *n* (*dyplomatyczne*) post; (*handlowe*) branch office, agency

przedstawienie *n* performance, show

przedszkole *n* nursery school, kindergarten

przedtem *adv* before, formerly

przedwczoraj *adv* the day before yesterday

przedwiośnie *n* early spring

przedwojenny *adj* prewar *attr*

przedwyborczy *adj* preelection *attr*

przedział *m* (*zakres*) range; (*w pociągu*) compartment

przedziałek *m* parting

przegląd *m* (*kontrola*) inspection; (*wertowanie*) review, survey

przeglądać *imperf vt* look through, skim; (*sprawdzać*) check; **~ się** *vr*: **~ się (w lustrze)** examine o.s. (in the mirror)

przegrać, przegrywać *perf imperf vt* lose; *muz.* copy

przegub *m anat.* wrist

przejaśniać się *imperf vr* clear (up)

przejazd *m* (*pociągiem*) ride; (*miejsce*) crossing; **~ kolejowy** level <*am.* grade> crossing; **być (gdzieś) ~em** be passing through (a place)

przejąć *perf vt zob.* **przejmować**

przejechać *perf vi vt* (*przebyć*) travel; (*przekroczyć*) pass, cross; (*minąć*) go <drive> past; (*rozjechać*) run over

przejmować *imperf vt* take over; (*przechwycić*) intercept; **~ podziwem** fill with admiration; **~ strachem** seize with fear; **~ się** *vr* be concerned (**czymś** about sth)

przejrzeć *perf vt zob.* **przeglądać**

przejście *n* passage; (*stadium przejściowe*) transition; (*doświadczenie*) experience; (*przykre doznanie*) ordeal; ~ **dla pieszych** (pedestrian) crossing; ~ **podziemne** subway, *am.* underpass

przejść *perf vi vt* (*trasę*) cover; (*przekroczyć*) cross; (*minąć*) pass by; (*chorobę*) suffer, go through; ~ **na emeryturę** retire; ~ **obok czegoś** go past sth; ~ **do historii** go down in history; ~ **grypę** have flu; ~ **komuś przez myśl** cross sb's mind; ~ **się** *vr* take a walk

przekaz *m ekon.* (*bankowy*) transfer; (*pocztowy*) postal <money> order; **środki masowego ~u** (mass) media

przekazać, przekazywać *perf imperf vt* (*dać*) give; (*wiadomość*) pass on; (*ofiarować*) donate; ~ **w spadku** bequeath; ~ **pieniądze na konto** transfer money to an account

przekąska *f* snack

przekleństwo *n* swearword; (*klątwa*) curse

przeklinać *imperf vt vi* curse, swear

przekład *m* translation

przekładać *imperf vt* (*zmieniać miejsce*) shift, transfer; (*termin*) put off, postpone; (*tłumaczyć*) translate

przekładnia *f techn.* transmission (gear)

przekłuć, przekłuwać *perf imperf vt* puncture, pierce (through)

przekonać, przekonywać *perf imperf vt* convince (**kogoś o czymś** sb of sth)

przekreślać, przekreślić *imperf perf vt* cross out, strike out; *przen.* ~ **nadzieje** shatter sb's hopes

przekrój *m* section; *przen.* profile

przekształcać, przekształcić *imperf perf vt* transform, convert

przekupić *perf vt* bribe

przekwalifikować się *perf vr* retrain

przelew *m* overflow; *ekon.* transfer; ~ **krwi** bloodshed

przelicznik *m* conversion rate
przeliczyć *perf vt* count; (*zamienić*) convert; **~ się** *vr* miscalculate
przelotn|y *adj*: **~e spojrzenie** fleeting glimpse; **~e opady** occasional showers
przełączyć *perf vt* switch (over); **~ na inny program** switch (over) to another channel, flip channel
przełęcz *f* pass
przełknąć, przełykać *perf imperf vt* swallow
przełom *m* gorge; (*zmiana*) breakthrough; *med.* crisis; **na ~ie wieku** at the turn of the century
przełomowy *adj* critical, crucial
przełożony *m* superior
przełożyć *perf vt zob.* **przekładać**
przełyk *m anat.* gullet
przemawia|ć *imperf vi* make <deliver> a speech <an address>; (*mówić*) speak; **~ć komuś do rozsądku** appeal to sb's common sense; **dużo za tym ~** there is much to be said for it
przemęczenie *n* exhaustion, fatigue
przemiana *f* transformation; *med.* **~ materii** metabolism
przemijać, przeminąć *imperf perf vi* pass, go by
przemoc *f* violence; **~ą** forcibly
przemoczyć *perf vt* wet through, soak
przemoknąć *perf vi* get soaked <wet>
przemówienie *n* speech, address
przemycać, przemycić *imperf perf vt* smuggle
przemysł *m* industry; **~ lekki <ciężki>** light <heavy> industry
przemyt *m* smuggling
przenieść *perf vt* carry; (*zmienić miejsce*) transfer, displace; **~ wyraz** divide a word; **~ się** *vr* (*przeprowadzić się*) move
przenocować *imperf vi vt* stay overnight; (*kogoś*) put up
przenosić *imperf vt zob.* **przenieść**

przenośny *adj* portable
przeoczyć *perf vt* overlook
przepaść[1] *f* precipice; *przen.* gap, gulf
przepaść[2] *perf vi* get lost, disappear; (*doznać niepowodzenia*) fail; **~ bez wieści** be missing
przepić, przepijać *perf imperf vt*: **~ pieniądze** spend money on drink
przepis *m* regulation, rule; (*kulinarny*) recipe; **~y drogowe** *pl* traffic regulations *pl*; **przestrzegać ~ów** obey rules
przepisać, przepisywać *perf imperf vt* (*lekarstwo*) prescribe; (*tekst*) rewrite, copy
przepona *f anat.* diaphragm
przeprasza|ć, przeprosić *imperf perf vt* apologize (**kogoś za coś** to sb for sth); **~m!** (I'm) sorry!; **~m, która godzina?** excuse me, what's the time?
przeprowadzać, przeprowadzić *imperf perf vt* (*przenosić*) take, remove; (*wykonywać*) carry out; **~ kogoś przez ulicę** escort <see> sb across a street; **~ się** *vr* move
przeprowadzka *f* move
przepuklina *f med.* hernia
przepustka *f* pass, permit
przerabiać *imperf vt zob.* **przerobić**
przerazić, przerażać *perf imperf vt* horrify, terrify; **~ się** *vr* be terrified <horrified>
przerażenie *n* terror
przerobić *perf vt* (*zmienić*) alter; (*lekcje*) do
przeróbka *f* (*krawiecka*) alteration
przerw|a *f* break; (*w teatrze*) interval, intermission; **bez ~y** without a break
przerwać, przerywać *perf imperf vt* (*przedzielić*) break; (*zrobić przerwę*) interrupt, discontinue
przerzut *m* transfer, shift; *med.* metastasis
przesad|a *f* exaggeration; **do ~y** to a fault; **bez ~y** without exaggeration

przesadzać, przesadzić *imperf perf vi vt* exaggerate; (*roślinę*) transplant
przesąd *m* (*uprzedzenie*) prejudice; (*zabobon*) superstition
przesądny *m* superstitious
przesiadać się *imperf vr* move to another seat; (*z pociągu do pociągu*) change trains <to another train>
przesiadka *f* change
przesiąść się *perf vr zob.* **przesiadać się**
przesłać *perf vt* send
przesłona *f* screen; *fot.* aperture
przesłuchać, przesłuchiwać *perf imperf vt prawn.* question, interrogate, examine; (*nagranie*) listen to
przespać się *perf vr* get some sleep; **~ z kimś** sleep with sb
przesta|ć *perf vt* cease, stop; **~ło padać** it stopped raining
przestarzały *adj* obsolete, dated
przestępca *m* criminal
przestępstwo *n* crime; **popełnić ~** commit a crime
przestraszyć *perf vt* frighten, scare; **~ się** *vr* get scared
przestrzegać *imperf vt* warn (**przed czymś** of sth); (*stosować się*) obey, observe, abide; **~ diety** keep <stick to> a diet
przestrzeń *f* space; **~ kosmiczna** (outer) space
przesunąć, przesuwać *perf imperf vt* move, shift; **~ się** *vr* move (over), shift
przesyłka *f* (*pocztowa*) mail
przeszczep *m med.* transplant
przeszkadzać *imperf vi* (*utrudniać*) prevent (**komuś w robieniu czegoś** sb from doing sth), interfere (**w czymś** with sth); (*być zawadą*) disturb (**komuś** sb)
przeszko|da *f* obstruction, obstacle; **stać komuś na ~dzie** stand in sb's way; *sport.* **bieg z ~dami** steeplechase

przeszkodzić *perf vi zob.* **przeszkadzać**
przeszłość *f* the past
przeszły *adj* past; *gram.* **czas ~** past tense
prześcieradło *n* sheet
prześwietlenie *n med.* X-ray
prześwietlić *perf vt med.* X-ray; **~ się** *vr* have an X-ray
przetarg *m* (*wybór ofert*) tender
przetłumaczyć *perf vt* translate; (*wytłumaczyć*) render
przetrwać *imperf vi vt* (*przeżyć*) survive; (*zachować się*) be preserved, be still alive
przetwarzać, przetworzyć *imperf perf vt* transform, convert; (*przerabiać*) process
przetwórnia *f* processing plant, factory; **~ spożywcza** food processing plant, food factory
przewaga *f* advantage; (*wyższość*) superiority
przeważnie *adv* mostly, for the most part
przewidywać, przewidzieć *imperf perf vt* foresee, predict; (*oczekiwać*) anticipate
przewietrzyć *perf vt* ventilate, air; **~ się** *vr* take a breath of fresh air
przewiewny *adj* airy; (*strój*) cool
przewijać, przewinąć *imperf perf vt* rewind; **~ dziecko** change the baby
przewodniczący *m* chairman, president
przewodniczyć *imperf vi* be in the chair; **~ zebraniu** chair <preside over> a meeting
przewodnik *m* guide; (*książka*) guidebook; *elektr.* conductor
przewoźnik *m* carrier, haulier, *am.* hauler
przewód *m* pipe, line; *elektr.* wire; *anat.* **~ pokarmowy** alimentary canal
przewóz *m* transport
przewracać, przewrócić *imperf perf vt* overturn, turn over; **~ coś na drugą stronę** reverse sth; **~ kartkę** turn a

page; ~ **się** *vr* fall down <over>; *przen*. **przewróciło mu się w głowie** his head has turned

przewyższać, przewyższyć *imperf perf vt* (*być wyższym*) be taller than; (*liczebnie*) outnumber; ~ **kogoś pod jakimś względem** surpass sb in terms of sth

przez *praep* (*poprzez*) through, across, over; (*o czasie*) during, for, within, in; (*o sposobie*) by, through; ~ **cały dzień** all day long; ~ **cały rok** all the year; ~ **telefon** on the phone, by phone; ~ **przypadek** by accident; ~ **nieuwagę** through inattention

przeziębić się *perf vr* catch (a) cold

przeziębienie *n* cold

przeziębiony *adj*: **jestem** ~ I have a cold

przeznaczać, przeznaczyć *imperf perf vt* destine; (*pieniądze*) allocate

przeznaczeni|e *n* (*los*) destiny, fate; (*zastosowanie*) use; **miejsce ~a** destination

przeznaczyć *perf vt zob.* **przeznaczać**

przezrocze *n* slide

przezroczysty *adj* transparent

przezwisko *n* nickname

przezwyciężyć *perf vt* overcome; ~ **trudności** overcome <surmount> difficulties

przeżegnać się *perf vr* cross o.s.

przeżyć *perf vt* (*przetrwać*) survive, outlive; (*doświadczyć*) experience; (*przejść*) go <be> through

przeżytek *m* anachronizm

przodek *m* ancestor

prz|ód *m* front; **na ~odzie, z ~odu** in front; **do ~odu** foreword; **puścić kogoś ~odem** let sb go first

przy *praep* (*obok*) near, beside, by; (*o czasie*) when, at, on; (*o obecności*) with, by; **ramię ~ ramieniu** shoulder to shoulder; ~ **kawie** over coffee; ~ **pracy** at work;

~ **świetle księżyca** by moonlight; ~ **okazji** by the way; ~ **twojej pomocy** with your help; ~ **tym <czym>** at the same time; **nie mam ~ sobie pieniędzy** I have no money about <on> me; ~ **obcych <świadkach>** in the presence of strangers <witnesses>

przybliżeni|e *n* approximation; **w ~u** approximately, roughly

przybranie *n* (*ozdoba*) adornment

przybudówka *f* annexe, *am.* annex

przyby|ć, przybywać *perf imperf vi* arrive; **~ło mu dwa kilo** he has gained <put on> two kilograms

przychodnia *f* out-patient clinic

przychodzić *imperf vi* come; (*o przesyłce*) arrive; ~ **do siebie** recover; **przyszło mi do głowy** it occured to me

przychód *m ekon.* income

przycisk *m* (*guzik*) button

przyciskać, przycisnąć *imperf perf vt* press; ~ **kogoś do siebie** clasp <hug> sb

przyczepa *f* trailer; (*do motocyklu*) sidecar; ~ **kempingowa** caravan, *am.* trailer

przyczepiać, przyczepić *imperf perf vt* attach, fasten, pin; ~ **się** *vr pot.* (*narzucać się*) tag along with sb; *pot.* (*mieć pretensje*) pick on sb

przyczyn|a *f* cause, reason; **z tej ~y** for that reason

przydać się, przydawać się *perf imperf vr* come in useful, be of use (**do czegoś** for sth)

przydatny *adj* useful, helpful

przydrożny *adj* wayside, roadside *attr*

przydział *m* allotment, allocation; (*część przydzielona*) ration

przydzielać, przydzielić *imperf perf vt* allocate, assign

przyglądać się *imperf vr*

look on, watch (**komuś <czemuś>** sb <sth>)

przygnębienie *n* depression, low spirits

przygoda *f* adventure

przygotować, przygotowywać *perf imperf vt* prepare; **~ się** *vr* get ready, prepare o.s.

przygraniczny *adj* border *attr*

przyimek *m gram.* preposition

przyjaciel *m* friend

przyjacielski *adj* friendly

przyjaciółka *f* (girl)friend

przyjazd *m* arrival

przyjazny *adj* friendly

przyjaźnić się *imperf vr* be friends

przyjaźń *f* friendship

przyjąć *perf vt vi* (*wziąć*) accept, receive, take; (*zaakceptować*) accept, admit; (*gości*) receive; (*zakładać*) assume; **~ propozycję** accept an offer; **~ lekarstwo** take a medicine; **~ coś jako rzecz naturalną** take sth for granted; **~ kogoś z otwartymi ramionami** give sb a warm welcome; **~ się** *vr* (*o roślinach*) take root; (*o zwyczaju*) catch on

przyjechać *perf vi zob.* **przyjeżdżać**

przyjemnoś|ć *f* pleasure; **z ~cią** with pleasure; **znajdować w czymś ~ć** take pleasure in sth

przyjemny *adj* pleasant, nice

przyjeżdżać *imperf vi* come, arrive

przyjęcie *n* reception; (*prezentu*) acceptance; (*kandydata*) admission; (*wniosku*) adoption

przyjmować *imperf vt zob.* **przyjąć**

przyjrzeć się *perf vr zob.* **przyglądać się**

przyjść *perf vi zob.* **przychodzić**

przykład *m* example, instance; **na ~** for instance, for example

przykro *adv*: **~ mi** I'm sorry; **~ mi to mówić** I'm sorry to say that; **zrobiło mu się ~** he felt sorry

przykrość *f* distress; (*kłopot*) trouble

przykry *adj* unpleasant
przykryć, przykrywać *perf imperf vt* cover (up)
przylądek *m* cape
przylepiać, przylepić *perf imperf vt* stick
przylepiec *m* (*plaster*) (sticking) plaster
przylot *m* arrival
przyłączać, przyłączyć *imperf perf* join, annexe, attach; **~ się** *vr* join (**do kogoś** sb)
przymiarka *f* (*próba*) trial run
przymierzać, przymierzyć *imperf perf vt* try on
przymiotnik *m gram.* adjective
przymrozek *m* ground frost
przymus *m* compulsion, constraint; **pod ~em** under compulsion
przynajmniej *adv* at least
przynęta *f* bait; *przen.* decoy
przynieść, przynosić *perf imperf vt* bring; **~ (z sobą)** bring along
przypad|ek *m* case; (*traf*) coincidence; **w ~ku** in case of, in the event of; **~kiem** by accident, by chance
przypadkowy *adj* accidental
przypalić *perf vt* burn; (*papierosa*) light
przypiąć *perf vt* (*szpilkami*) pin
przypieprzyć *perf vt*: *wulg.* **~ komuś** knock the shit out of sb; **~ się** *vr*: *wulg.* **~ się do kogoś** pick on sb
przypilnować *perf vt* watch, take care, see to
przypływ *m* inflow; (*morski*) high tide
przypominać, przypomnieć *imperf perf vi* resemble <be like> (**kogoś <coś>** sb <sth>), remind (**komuś o czymś** sb of sth); **~ sobie** recollect, recall
przyprawa *f* spice, seasoning
przypuszczać *imperf vt* suppose; (*zakładać*) presume
przyroda *f* nature
przyrodni *adj*: **~ brat** half-brother, step-brother; **~a**

siostra half-sister, step-sister

przyrząd *m* instrument, device

przyrządzać, przyrządzić *imperf perf vt* prepare

przyrzec *perf vt zob.* **przyrzekać**

przyrzeczenie *n* promise

przyrzekać *imperf vt* promise

przysięg|a *f* oath; **złożyć ~ę** take <swear> an oath; **pod ~ą** under oath

przysięgać *imperf vt vi* swear

przysłać *perf vt* send (in), mail

przysłowie *n* proverb

przysłówek *m gram.* adverb

przysług|a *f* favour, *am.* favor; **wyświadczyć komuś ~ę** do sb a favour

przysmak *m* delicacy, dainty

przyspieszenie *n* acceleration

przystanek *m* stop

przystań *f* marina; *przen.* haven

przystawka *f* (*potrawa*) starter, hors d'oeuvre, *am.* appetizer; *techn.* accessory

przystojny *f* good-looking, handsome

przystosować się *perf vr* adapt

przysunąć, przysuwać *perf imperf vt* push <draw> near(er); **~ się** *vr* come <move> near(er)

przyszłoś|ć *f* future; **w ~ci** in the future; **na ~ć** for the future; **na ~ć** (*ostrzegając*) in future

przyszły *adj* future; **w ~m tygodniu** next week

przyszyć, przyszywać *perf imperf vt* sew (on)

przytomność *f* consciousness; **stracić <odzyskać> ~** lose <regain> consciousness; **~ umysłu** presence of mind

przytomny *adj* conscious; (*bystry*) astute

przywiązać, przywiązywać *perf imperf vt* tie, fasten; **~ wagę do czegoś** attach weight to sth; **~ się** *vr* tie <fasten> o.s.; (*uczuciowo*) become attached

przywilej *m* privilege

przywitać *perf vt* welcome, greet; **~ się** *vt* greet (**z kimś** sb), say "hallo" (**z kimś** to sb)
przywódca *m* leader
przywóz *m* importation; (*dostawa*) delivery
przyznać, przyznawać *perf imperf vt* admit; (*nagrodę*) award; (*kredyt*) grant; **~ się** *vr*: **~ się do czegoś** own up to <confess> sth; *prawn.* **(nie) ~ się do winy** plead (not) guilty; **~ się do błędu** recognize one's error
przyzwoity *adj* decent
przyzwyczajać, przyzwyczaić *imperf perf vt*: **~ kogoś do czegoś** accustom sb to sth; **~ się** *vr*: **~ się do czegoś** get accustomed <get used> to sth
przyzwyczajenie *n* habit
pseudonim *m* pseudonym; **~ literacki** pen name
psota *f* prank
pstrąg *m zool.* trout
psuć *imperf vt* spoil, damage; **~ się** *vr* spoil, get spoiled; (*o mechanizmie*) break down
psychiczn|y *adj* psychological, mental; **choroba ~a** mental disease
psychologia *f* psychology
psychopata *m* psychopath
psychoterapia *f* psychotherapy
pszczoła *f zool.* bee
pszenica *f* wheat
ptak *m* bird; *pot.* **niebieski ~** layabout; *pot.* **widok z lotu ~a** bird's eye view
ptaszek *m* (*znaczek*) tick, *am.* check; *przen.* **ranny ~** early bird
ptyś *m kulin.* cream puff
publicystyka *f* commentary
publicznie *adv* publicly, in public
publiczność *f* audience
publiczny *adj* public
puch *m* down; (*coś miękkiego*) fluff
puchar *m* cup
puchnąć *imperf vi* swell
pucz *m* coup
pudel *m* poodle

pudełko *n* box; **~ od zapałek** matchbox

puder *m* powder; **cukier ~** caster <castor> sugar

puderniczka *f* (powder) compact

pudło *n* box; *pot.* (*chybiony strzał*) miss; *pot.* (*więzienie*) pen

puenta *f* punchline

pukać *imperf vi* knock; **~ do drzwi** knock at <on> the door

pulchny *adj* (*ciało*) plump; (*ciasto*) spongy

pulower *m* pullover, jumper

puls *m* pulse; **mierzyć komuś ~** take sb's pulse

pułapk|a *f* trap; **zastawić ~ę** set a trap

pułk *m* regiment

pułkownik *m* colonel

punk|t *m* point; (*miejsce*) station, point; (*programu*) item; **mocny <słaby> ~t** strong <weak> point; **~t widzenia** point of view; **~t wyjścia** starting point; **szaleć na jakimś ~cie** be crazy about sth

punktacja *f* (*zasady*) grading scale; (*wynik*) score

punktualnie *adv* on time; **~ o szóstej** at six o'clock sharp

punktualny *adj* punctual

pusty *adj* empty, hollow

pustynia *f* desert

puszcza *f* (primeval) forest, jungle

puszczać *imperf vt* release, let go (of), let out; (*o barwniku*) fade; (*o plamie*) come off; **~ coś w ruch** set sth in motion; **~ wolno** set free; **~ coś mimo uszu** leave sth unnoticed; **~ wodze fantazji** give full rein to (sb's) imagination

puszka *f* tin, *am.* can

puszysty *adj* fluffy

puścić *perf vt zob.* **puszczać**

pycha *f* pride, conceit; *pot.* **~!** yum(-yum)!

pył *m* dust

pyłek *m* speck of dust; (*kwiatowy*) pollen

pysk *m* muzzle, mouth; *pot.* mug

pyszny *adj* (*wyniosły*)

proud; (*smaczny*) delicious, scrumptious

pytać *imperf vt vi* ask (**kogoś o coś** sb about sth); **~ kogoś z historii** give sb an oral in history; **~ kogoś o drogę <godzinę>** ask sb the way <time>

pytanie *n* question; **zadać ~** ask a question; **odpowiedzieć na ~** answer a question; **kłopotliwe ~** poser

R

rabat *m* discount

rabin *m* rabbi

rabować *imperf vt* steal (**coś** sth), rob (**kogoś z czegoś** sb of sth)

rabunek *m* robbery

rachunek *m* (*obliczenie*) calculation; (*należność*) bill; (*konto*) account; **~ bieżący** current account; **na własny ~** on one's own account

racja *f* (*słuszność*) right; (*powód*) reason; (*porcja*) ration

racjonalny *adj* rational

raczej *adv* rather; (*prędzej, chętniej*) sooner

rad|a *f* advice, tip; (*zespół*) council; **udzielić komuś ~y** give sb advice; **pójść za czyjąś ~ą** follow <take> sb's advice; **dać sobie ~ę (z czymś)** manage (sth); **nie ma ~y** there is nothing we can do about it; **~a miejska** city council

radar *m* radar

radca *m*: **~ prawny** legal adviser <advisor>, legal counsellor <*am.* counselor>

radi|o *n* radio; **w ~u** on the radio

radiomagnetofon *m* cassette radio

radioodbiornik *m* radio

radiosłuchacz *m* listener

radiostacja *f* radio station

radiowóz *m* police car

radiowy *adj* radio *attr*

radny *m* councillor, *am.* councilor

radosny *adj* joyful, cheerful

radoś|ć *f* joy, happiness; **z ~cią coś zrobić** be happy to do sth; **sprawić komuś ~ć** make sb happy

radzić *imperf vt vi* advise (**komuś** sb); (*obradować*) debate; **~ sobie z czymś** cope with sth; **~ się** *vr*: **~ się kogoś** consult sb, seek sb's advice

raj *m* paradise, heaven; **~ na ziemi** heaven on earth

rajd *m* rally

rajski *adj* (*niebiański*) blissful

rajstopy *pl* tights *pl*, *am.* pantihose, pantyhose

rak *m zool.* crayfish, *am.* crawfish; *med.* cancer

rakieta *f* rocket; *sport.* racket, racquet

rakietka *f sport.* bat

ram|a *f* frame; **~y** *pl* (*zakres*) confines *pl*, framework; **oprawiać w ~y** frame; **w ~ach czegoś** within the confines of sth, in the framework

rami|ę *n* arm; (*bark*) shoulder; **~ę w ~ę** shoulder to shoulder; **mieć duszę na ~eniu** have one's heart in one's mouth; **wzruszać ~onami** shrug (one's shoulders); **objąć kogoś ~eniem** put one's arm round sb

ran|a *f* wound, injury; *pot.* **o ~y!, ~y boskie!** good(ness) gracious!

randka *f* date

ranek *m* morning

rang|a *f* rank; *przen.* importance; **być starszym ~ą od kogoś** rank above sb; **sprawa najwyższej ~i** a matter of (the) utmost importance

ranić *imperf vt* wound, injure; *przen.* hurt; **~ czyjeś uczucia** hurt sb's feelings

ranking *m* ranking, rating

ranny[1] *adj* wounded, injured; *m* casualty

ranny[2] *adj* (*poranny*) morning *attr*

ran|o[1] *n* morning; **nad ~em** in the small hours (of the morning); **z sa-**

mego ~a first thing in the morning; **do białego ~a** till daylight

rano[2] *adv* in the morning; **dziś <jutro> ~** this <tomorrow> morning

raport *m* report

rasa *f* (*ludzi*) race; (*zwierząt*) breed

rasizm *m* rasism

rasowy *adj* racial; (*o zwierzętach*) purebred; (*pies, kot*) pedeegree

rat|a *f* instalment, *am.* installment; **kupić coś na ~y** buy sth on hire purchase <*am.* on the installment plan>

ratować *imperf vt* save, rescue; (*mienie*) salvage; **~ się** *vr* save o.s.

ratownik *m* rescuer; (*na plaży*) lifeguard

ratun|ek *m* (*pomoc*) help; (*wybawienie*) rescue, salvation; **wołać o ~ek** cry for help; **~ku!** help!

ratusz *m* town hall, city hall

raz *m* time; (*cios*) blow; *num* one; **(jeden) ~** once; **dwa ~y** twice; **trzy ~y** three times; **innym ~em** some other time; **jeszcze ~** once more; **od ~u** at once; **pewnego ~u** once upon a time; **po ~ pierwszy** for the first time; **~ na zawsze** once for all; **~ po ~** repeatedly, again and again; **tym ~em** this time; **na ~ie** for the time being; **w każdym ~ie** at any rate, in any case; **w najgorszym ~ie** at worst; **w najlepszym ~ie** at best; **dwa ~y dwa** two times two

razem *adv* together; **~ z** along <together> with

rączka *f* (*uchwyt*) handle; **złota ~** handyman

rdza *f* rust

reakcja *f* reaction, response

reaktor *m* reactor

realizm *m* realism

realizować *imperf vt* realize, execute; (*czek*) cash

realny *adj* (*rzeczywisty*) real; (*możliwy*) feasible

rebus *m* rebus

recenzja *f* review

recepcja *f* (*w hotelu*) reception (desk), *am.* front desk

recepcjonista *m* receptionist

recepta *f* prescription

recital *m* recital

redagować *imperf vt* edit

redakcj|a *f* (*czynność*) editing; (*zespół*) editorial staff; (*lokal*) editor's office; **pod czyjąś ~ą** edited by sb

redaktor *m* editor; **~ naczelny** editor-in-chief

redukcja *f* reduction; (*pracowników*) layoff, redundancy

referat *m* (*naukowy*) paper; (*dział*) department

referencje *pl* references *pl*, credentials *pl*

referendum *n* referendum

refleks *m* reflex; **mieć dobry <słaby> ~** have good <slow> reflexes

reflektor *m* (*lampa*) searchlight; (*samochodowy*) headlight

reforma *f* reform

reformować *imperf vt* reform

refren *m* refrain

regał *m* bookshelf

regaty *pl* regatta

region *m* region

regulamin *m* regulations *pl*

regularny *adj* regular

regulator *m* regulator; *pot.* **na cały ~** at full blast

regulować *imperf vt* regulate; (*zegarek*) adjust; (*ruch uliczny*) control; (*rachunek*) pay, settle

regul|a *f* rule; **z ~y** as a rule; **~y gry** rules of the game

rehabilitacja *f* rehabilitation

rejestr *m* register; **wpisać do ~u** register

rejestracja *f* registration; (*miejsce*) reception; *pot. mot.* plates

rejestracyjn|y *adj*: **dowód ~y** registration; **numer ~y** registration number; **tablica ~a** number <*am.* license> plate

rejestrować *imperf vt* register; (*nagrywać*) record; **~ się** *vr* register

rejon *m* district, region; (*okolica*) area

rejs *m* (*statku*) voyage; (*turystyczny*) cruise

rekin *m zool.* shark
reklama *f* (*reklamowanie*) advertising; (*w prasie*) advertisement; (*w TV, radiu*) commercial; (*tablica*) billboard; (*rozgłos*) publicity
reklamacja *f* complaint
reklamować *imperf vt* (*zgłaszać reklamację*) complain; (*propagować*) advertise; **~ się** *vr* advertise
reklamówka *f*: *pot.* (*film reklamowy*) commercial, infomercial
rekompensata *f* compensation
rekonstrukcja *f* reconstruction
rekonwalescencja *f* convalescence
rekord *m* record; **ustanowić <pobić> ~** set <break> a record
rekreacja *f* recreation
rekrutacja *f* (*studentów*) enrolment; *woj.* recruitment, conscription, *am.* draft
rektor *m* vice chancellor, *am.* president
rekwizyt *m* prop
relacja *f* (*sprawozdanie*) report, account; (*stosunek*) relation
relaks *m* relaxation
religia *f* religion
religijny *adj* religious
remanent *m ekon.* stocktaking
remis *m sport.* draw, tie
remont *m* repair(s *pl*); **~ kapitalny** major overhaul
rencista *m* pensioner
renesans *m* Renaissance; (*rozkwit*) renaissance
renifer *m zool.* reindeer
ren|ta *f* pension; (*inwalidzka*) disability pension; **być na ~cie** receive a pension
rentgen *m pot.* (*prześwietlenie*) X-ray
rentowny *adj* profitable
reorganizacja *f* reorganization
reperacja *f* repair, reparation
reperować *imperf vt* repair, mend, fix
repertuar *m* repertoire
replika *f* (*kopia*) replica
reportaż *m* report, reportage
reporter *m* reporter

represje *pl* repressive measures *pl*
reprezentacja *f* representation; *sport.* **~ kraju** national team
reprezentacyjny *adj* (*reprezentujący*) representative; (*okazały*) presentable
reprezentować *imperf vt* represent
reprodukcja *f* reproduction
reprywatyzacja *f* reprivatization
republika *f* republic
reputacja *f* reputation
resor *m mot.* (suspension) spring
resort *m* department
restauracja *f* restaurant; (*renowacja*) restoration
restrukturyzacja *f* restructuring
reszka *f* heads; **orzeł czy ~?** heads or tails?
reszt|a *f* rest, remainder; (*pieniądze*) change; **~y nie trzeba** keep the change
resztk|a *f* remainder; **~i** *pl* leftovers *pl*
retransmisja *f* rebroadcasting
reumatyzm *m* rheumatism
rewaloryzacja *f* revaluation
rewanż *m* (*odwet*) revenge; (*odwzajemnienie*) reciprocation; *sport.* return match
rewelacja *f* revelation, hit
rewers *m* reverse; (*w bibliotece*) slip
rewia *f* (*przedstawienie*) revue; (*pokaz*) parade
rewizj|a *f* (*przeszukanie*) search; (*zmiana*) review; *prawn.* appeal; **nakaz ~i** search warrant
rewolucja *f* revolution
rewolwer *m* revolver
rezerw|a *f* reserve; *woj.* (the) reserve; **zachowywać się z ~ą** be aloof
rezerwacja *f* reservation, booking
rezerwat *m* reserve, reservation; **~ przyrody** sanctuary, reserve
rezerwować *imperf vt* book, reserve
rezulta|t *m* result; **w ~cie** as a result, consequently
rezydencja *f* residence

rezygnacja *f* resignation
rezygnować *imperf vi* (*ze stanowiska*) resign; (*dać za wygraną*) give up; **~ z czegoś** give sth up
reżim *m* regimen; regime
reżyser *m* director
reżyseria *f* direction
reżyserować *imperf vt* direct
ręcznie *adv* manually, by hand; **~ robiony** handmade
ręcznik *m* towel
ręczn|y *adj* hand *attr*, manual; **robótka ~a** handiwork; **hamulec ~y** handbrake, *am.* emergency brake; *sport.* **piłka ~a** (team) handball
ręk|a *f* hand; **trzymać za ~ę** hold by the hand; *pot.* **iść komuś na ~ę** play into sb's hands; **od ~i** on the spot, offhand; **pod ~ą** at hand; **pod ~ę** arm in arm; **~a w ~ę** hand in hand; **dawać komuś wolną ~ę** give sb a free hand; **informacja z pierwszej ~i** first-hand information; **z pustymi ~ami** empty-handed; *przen.* **mieć związane ręce** be tied hand and foot; **prosić kogoś o ~ę** propose to sb; **wziąć coś w swoje ręce** take sth into one's hands; **ręce przy sobie!** keep your hands off!
rękaw *m* sleeve; **zawinąć ~y** roll up one's sleeves
rękawic|a *f* glove; (*z jednym palcem*) mitten; *przen.* **podnieść ~ę** pick up the glove
rękawiczka *f zob.* **rękawica**; *przen.* **zrobić coś w białych ~ch** handle sth in velvet gloves
rękodzieło *n* handicraft
rękopis *m* manuscript
robaczywy *adj* wormy
robak *m* worm
robi|ć *imperf vt* make, do; **~ć obiad** make dinner; **~ć pieniądze <awantury, błędy>** make money <rows, mistakes>; **~ć swoje** do one's duty; **~ć na drutach** knit; **~ć z siebie durnia** make a fool of o.s.; **~ć komuś nadzieje** raise sb's hopes;

nic sobie nie ~ć z czegoś not to mind sth; **~ć się** *vr*: **~ się ciepło <zimno, późno>** it is getting warm <cold, late>; **~ mi się niedobrze** I'm beginning to feel sick; *pot*. **już się ~!** we'll get right down to it!; **~ć postępy** make progress

robocizna *f ekon*. labour, *am*. labor (cost)

robocz|y *adj* working; **ubranie ~e** working clothes; **dzień ~y** weekday

robot *m* robot; **~ kuchenny** food processor

robot|a *f* work, labour, *am*. labor job; **nie mieć nic do ~y** have nothing to do; *pot*. **mokra ~a** contract; **~y drogowe** *pl* roadworks *pl*, *am*. roadwork

robotnik *m* worker

rocznica *f* anniversary

rocznik *m* (*pokolenie*) generation; (*w szkole*) class; (*czasopism*) a year's issue; (*wina*) vintage

roczny *adj* year-long; (*liczący jeden rok*) year-old

rodak *m* fellow countryman, compatriot

rodowity *adj* native

rodzaj *m* kind, type, sort; *biol*. genus; *gram*. gender; **~ ludzki** humankind; **coś w tym ~u** something of that sort; **jedyny w swoim ~u** unique

rodzajnik *m gram*. article

rodzeństwo *n* siblings *pl*; **~ cioteczne** cousins

rodzice *pl* parents *pl*

rodzić *imperf vt* deliver, give birth to; (*o ziemi*) bear; *przen*. (*powodować*) generate, give rise to; **~ się** *vr* be born

rodzina *f* family

rodzinny *adj* family *attr*, home *attr*; **~ kraj** homeland

rodzynek *m* raisin

rogalik *m* croissant

rok *m* year; **~ szkolny <kalendarzowy>** school year; **co drugi ~** every second year; **w przyszłym <zeszłym> ~u** next <last> year; **cały ~** whole year; **za ~** in a year; **Nowy Rok** (the) New Year

rol|a *f* part, role; **główna <tytułowa> ~a** leading <title> role <part>; **odgrywać ~ę** play a part; **to nie gra ~i** it doesn't matter
rolada *f kulin.* (*mięsna*) roulade; *kulin.* (*ciasto*) Swiss roll, *am.* (jelly) roll
roleta *f* roller blind, *am.* shade
rolka *f* roll
rolnictwo *n* agriculture
rolnik *m* farmer
roln|y *adj* agricultural; **gospodarstwo ~e** farm
romans *m* (*powieść*) romance; (*przygoda*) (love) affair
romantyzm *m* romanticism
romański *adj* Romanesque
rondel *m* saucepan
rondo *m* (*skrzyżowanie*) roundabout, *am.* traffic circle; (*kapelusza*) brim
ropa *f med.* pus; **~ naftowa** (crude)oil, petroleum
ropucha *f* toad
rosa *f* dew
Rosjanin *m* Russian
rosnąć *imperf vi* grow; (*zwiększać się*) increase, grow; (*podnosić się*) rise
rosół *m kulin.* broth, consommé
rostbef *m kulin.* roast beef
rosyjski *adj* Russian
roślina *f* plant
rower *m* bicycle, bike; **~ górski** mountain bike
rowerzysta *m* cyclist
rozbić *perf vt* crash, smash, break; **~ na kawałki** break <smash> to pieces; **~ namiot** pitch a tent; **~ samochód** smash a car; **~ rodzinę** break up a family; **~ się** *vr* (*zostać rozbitym*) break, get broken; (*ulec wypadkowi*) have an accident
rozbierać *imperf vt* undress; (*na części*) take apart; (*budynek*) pull down; **~ się** *vr* undress, take off one's clothes
rozbijać *imperf vt zob.* **rozbić**
rozbiórka *f* demolition
rozbitek *m* castaway

rozbrojenie *n* disarmament

rozchodzić się *imperf vr zob.* **rozejść się**

rozcieńczać, rozcieńczyć *imperf perf vt* dilute

rozczarować *perf vt* disappoint; **~ się** *vr* be disappointed (**kimś <czymś>** with sb <sth>)

rozczarowanie *n* disappointment

rozdać, rozdawać *perf imperf vt* distribute, give <hand> out; (*karty*) deal

rozdział *m* (*rozdzielenie*) distribution; (*oddzielenie*) separation; (*w książce*) chapter

rozdzielać *imperf vt* (*rozdawać*) distribute; (*oddzielać*) separate; **~ coś pomiędzy kogoś** distribute sth among sb

rozdzielcz|y *adj*: *elektr.* **tablica ~a** control panel; *mot.* **deska ~a** dashboard

rozdzielić *perf vt zob.* **rozdzielać**

rozdzierać *imperf vt zob.* **rozedrzeć**

rozebrać *perf vt zob.* **rozbierać**

rozedrzeć *perf vt* tear (up); **~ kopertę** tear <rip> open an envelope

rozejm *m* truce, armistice

rozejrzeć się *perf vr zob.* **rozglądać się**

rozejść się *perf vr* (*pójść w różne strony*) separate; (*rozproszyć się*) disperse; (*rozwieść się*) split; (*o wiadomościach*) spread; (*o towarze*) sell

rozerwać się *perf vr* (*rozedrzeć się*) tear, get torn; (*zabawić się*) have fun

rozgałęziacz *m elektr.* adaptor

rozglądać się *imperf vr* look around; **~ za pracą** be on the lookout <be looking> for a job

rozgłośnia *f* broadcasting station

rozgniatać, rozgnieść *imperf perf vt* crush, squash

rozgniewać się *perf vr* get angry

rozgrzać, rozgrzewać *perf imperf vt* warm (up),

heat (up); ~ **się** *vr* warm up, heat up; (*o człowieku*) warm o.s. up
rozgrzewka *f* warm-up
rozjaśnić *perf vt* brighten; ~ **się** *vr* clear up, brighten up; (*rozpromienić się*) light up, brighten
rozkaz *m* order
rozkazać, rozkazywać *perf imperf vi* order, command
rozkład *m* (*plan*) schedule, timetable; (*rozmieszczenie*) layout; (*upadek*) disintegration; *biol.* decomposition, decay
rozkładać *imperf vt* (*rozpościerać*) spread, unfold; (*rozmieszczać*) put, arrange; (*rozplanować*) dispose, divide; (*na części*) decompose, take apart; ~ **obrus <koc>** spread a tablecloth <blanket>; ~ **łóżko** unfold a bed; ~ **się** *vr* (*kłaść się*) stretch out; (*psuć się*) decay
rozkosz *f* delight, joy
rozkwi|t *m* heyday, prime; **być w pełnym ~cie** be in full bloom
rozlać, rozlewać *perf imperf vt* (*wylać*) spill; (*rozdzielić*) pour (out)
rozległy *adj* wide, broad; (*o planach*) extensive
rozliczać się, rozliczyć się *imperf perf vr* settle accounts (**z kimś** with sb)
rozluźnić *perf vt* loosen, relax; ~ **się** *vr* loosen; (*o człowieku*) loosen up
rozładować *perf vt* unload, discharge; *przen.* ~ **atmosferę** relieve the tension
rozłączać, rozłączyć *imperf perf vt* (*ludzi*) separate; (*przewody*) disconnect; ~ **się** *vr* (*telefonicznie*) ring off, *am.* hang up
rozłożyć *perf vt zob.* **rozkładać**
rozmawiać *imperf vi* speak, talk
rozmiar *m* size; (*zakres*) extent
rozmieniać, rozmienić *imperf perf vt* change
rozmieszczać, rozmieścić *imperf perf vt* place, distribute, arrange

rozmnażać się *imperf vr* reproduce, multiply
rozmowa *f* conversation, talk; ~ **telefoniczna** (tele)-phone call; ~ **kwalifikacyjna** interview
rozmówca *m* interlocutor
rozmówki *pl* phrase book
rozmrażać, rozmrozić *imperf perf vt* defrost
rozmyślać *imperf vi* meditate; ~ **nad czymś** brood over sth
rozmyślić się *perf vr* change one's mind
rozmyślnie *adv* on purpose, deliberately
rozmyślny *adj* deliberate
rozpacz *f* despair; **wpaść w** ~ fall <sink> into despair
rozpaczać *imperf vi* despair
rozpaczliwy *adj* desperate
rozpadać się[1] *imperf vr zob.* **rozpaść się**
rozpada|ć się[2] *perf vr*: ~**ło się na dobre** (*o deszczu*) the rain has set in for the day
rozpakować *perf vt* unpack; ~ **paczkę** unwrap a parcel; ~ **się** *vr* unpack
rozpalać, rozpalić *imperf perf vt* (*ogień*) light; (*uczucia*) kindle
rozpaść się *perf vr* (*rozlecieć się*) break up, disintegrate; (*pęknąć*) come apart; ~ **na kawałki** fall to pieces
rozpatrzyć *perf vt* consider
rozpęd *m* momentum; **nabrać** ~**u** gather momentum
rozpędzić *perf vt* (*tłum*) disperse; (*pojazd*) speed up, accelerate; ~ **się** *vr* speed up
rozpętać *perf vt* (*dyskusję*) spark off; ~ **się** *vr* (*o dyskusji*) break out
rozpiąć, rozpinać *perf imperf vt* (*z guzików*) unbutton; (*guziki, suwak*) undo; (*rozpościerać*) spread
rozplątać *perf vt* disentangle
rozpłakać się *perf vr* burst into tears
rozpocząć, rozpoczynać

perf imperf vt begin, start
rozpogodzić się *perf vr* clear up; (*o człowieku*) cheer <brighten> up
rozporek *m* flies *pl*, *am.* fly
rozporządzenie *n* order; (*akt prawny*) decree
rozpoznać, rozpoznawać *perf imperf vt* recognize, identify; *med.* diagnose
rozpracować *perf vt pot.* work out, suss out
rozprawa *f* (*naukowa*) thesis, dissertation; *prawn.* trial, hearing
rozprawić się *perf vi* (*załatwić porachunki*) settle matters <settle accounts> (**z kimś** with sb)
rozprostować *perf vt* straighten, unbend; **~ nogi** stretch one's legs
rozpruć *perf vt* (*spruć*) unpick, rip up
rozpusta *f* debauchery
rozpuszczać *imperf vt* (*rozcieńczać*) dissolve; (*topić*) melt; (*odprawiać*) dismiss; **~ włosy** let loose one's hair; **~ plotki** spread rumours; *pot.* **~ dziecko** spoil a child; **~ się** *vr* dissolve; (*topnieć*) melt
rozpuszczalnik *m* solvent
rozpuścić *perf vt zob.* **rozpuszczać**
rozpylacz *m* atomizer, spray(er)
rozróżniać, rozróżnić *imperf perf vt* distinguish, differentiate
rozruch *m* start(ing); **~y** *pl* (*zamieszki*) riots *pl*
rozruszać *perf vt* (*wprawić w ruch*) set in motion, start up; (*ożywić*) animate, enliven; **~ się** *vr* liven up
rozrusznik *m techn.* starter; *med.* pacemaker
rozrywka *f* entertainment
rozrzucać *imperf vt* scatter, spread, drop
rozrzutny *adj* wasteful, extravagant
rozsądek *m* reason, sense; **zdrowy ~** common sense
rozsądny *adj* sensible, reasonable
rozstać się *perf vr* part (**z kimś <czymś>** with sb <sth>)

rozstanie *n* parting
rozstawać się *imperf vr* *zob.* **rozstać się**
rozstrój *m*: *med.* ~ **nerwowy** nervous breakdown; *med.* ~ **żołądka** stomach disorder <upset>
rozstrzygać, rozstrzygnąć *imperf perf vt* decide, settle, determine
rozszerzać, rozszerzyć *imperf perf vt* widen, broaden; ~ **się** *vr* widen; (*rozprzestrzeniać się*) expand
rozśmieszać, rozśmieszyć *imperf perf vt*: ~ **kogoś** make sb laugh
roztargniony *adj* absent-minded
roztropny *adj* prudent
roztwór *m* solution
roztyć się *perf vr* grow fat
rozum *m* reason, mind, sense; **na mój** ~ to my mind; **stracić** ~ be out of one's mind; **na zdrowy** ~ common sense suggests that...; *pot.* **ruszyć ~em** use one's brains <wits>
rozumie|ć *imperf vt* understand; (*pojmować*) comprehend; **~m** I understand <see>; **~ć się** *vr*: **~ć się (wzajemnie)** understand each other
rozumny *adj* rational, sensible
rozwag|a *f* (*namysł*) consideration, thought; **z ~ą** with deliberation
rozwalić *perf vt* smash up, shatter
rozważać *imperf vt* consider (**coś** sth), reflect (**coś** on sth)
rozwiązać *perf vt zob.* **rozwiązywać**
rozwiązanie *n* (*zagadki*) solution; (*umowy*) dissolution; *mat.* solution; *med.* delivery
rozwiązywać *imperf vt* undo, untie; (*zagadkę*) solve; (*unieważniać*) terminate
rozwiedziony *adj* divorced
rozwijać, rozwinąć *imperf perf vt* (*odpakowywać*) unwrap; (*rozszerzać*) expand; (*zwój*) unroll; (*zainteresowania*) develop;

~ **się** *vr* (*doskonalić się*) develop

rozwodnik *m* divorcee

rozwodzić się *imperf vr* get divorced; ~ **z kimś** divorce sb; ~ **nad czymś** dwell on sth

rozwolnienie *n* diarrhoea, *am.* diarrhea

rozwód *m* divorce; **wziąć ~** get a divorce

rozwój *m* development

rożen *m* (rotating) spit; **kurczak z ~na** spit-roasted chicken

ród *m* family; (*linia*) house, line; ~ **ludzki** the human race; **rodem z...** native of...

róg *m* (*u bydła*) horn; (*zbieg ulic*, *kąt*) corner; *muz.* horn; *sport.* corner; **na rogu** on <at> the corner; **za rogiem** round the corner

rów *m* ditch

równa|ć się *imperf vr*: **~ć się z kimś <czymś>** equal to sb <sth>; **~ć się czemuś** (*znaczyć to samo*) amount to sth; **dwa razy dwa ~ się cztery** two times two equals four

również *adv* also, as well; **jak ~** as well as

równik *m geogr.* equator

równina *f* plain

równo *adv* (*gładko*) evenly; (*dokładnie*) exactly; (*jednakowo*) evenly, equally

równoczesny *adj* simultaneous

równoległy *adj* parallel

równoleżnik *m geogr.* parallel

równorzędny *adj* equivalent

równość *f* equality; (*gładkość*) evenness; ~ **wobec prawa** equality before the law

równouprawnienie *n* equality of rights

równowag|a *f* equilibrium, balance; (*opanowanie*) balance, poise; **stracić <zachować> ~ę** lose <keep> one's balance; **wyprowadzić kogoś z ~i** throw sb off balance

równ|y *adj* (*gładki*) even, flat; (*jednostajny*) even, steady; (*jednakowy*) equal; **~i wiekiem <wzrostem>** of the same age <height>; **jak ~y z ~ym** on equal terms; *pot.* **~y gość** good sport

róża *f bot.* rose

różaniec *m* rosary

różnic|a *f* difference; *mat.* remainder, difference; **~a zdań** difference of opinion; **to nie robi (żadnej) ~y** this makes no difference; **bez ~y** without distinction

różnić się *imperf vr* be different; **~ od kogoś <czegoś>** differ from sb <sth>; **~ czymś** differ in sth

różnorodny *adj* varied, diverse

różny *adj* (*odmienny*) different, distinct; (*rozmaity*) various

różowy *adj* pink; *przen.* rosy

różyczka *f med.* German measles

rtęć *f* mercury

rubel *m* rouble, ruble

rubin *m* ruby

rubryka *f* (*w blankiecie*) blank (space); (*w gazecie*) section

ruch *m* movement, motion; (*wysiłek*) exercise; (*w grze*) move; (*uliczny*) traffic; **zażywać ~u** take exercise; **mieć swobodę ~ów** be free to move about; **być w ~u** be on the move; **~ oporu** resistance

ruchliw|y *adj* (*ożywiony*) active, lively; (*niespokojny*) restless; (*o miejscu*) busy; **~a ulica** busy street

ruchom|y *adj* moving, movable; **~e schody** escalator

ruda *f* ore

rudy *adj* ginger; (*rudowłosy*) red

ruina *f* ruin

ruletka *f* roulette

rulon *m* roll

rumianek *m bot.* c(h)amomile

rumienić *imperf vt kulin.* brown; **~ się** *vr* (*o człowieku*) blush, flush

Rumun *m* Rumanian

rumuński *adj* Rumanian

runąć *perf vi* collapse, tumble down
runda *f* round; (*okrążenie*) lap; ~ **honorowa** lap of honour
rura *f* pipe, tube; ~ **wydechowa** exhaust (pipe), *am.* tailpipe
rurociąg *m* pipeline
ruszać *imperf vt vi* (*dotykać*) touch; (*poruszać*) move, stir; (*wyruszać*) start, set off; *pot.* ~ **głową** use one's head; *pot.* **nie** ~ **palcem** not lift a finger; ~ **się** *vr* (*wykonywać ruch*) move, (*wychodzić*) get moving
ruszt *m* (*do pieczenia mięsa*) grill; (*część paleniska*) grate
ruszyć *perf vt vi zob.* **ruszać**
rwać *imperf vt vi* tear; (*kwiaty*) pick; (*zęby*) pull (out); (*o bólu*) shoot; ~ **się** *vr* (*o tkaninie*) tear; *pot.* ~ **się do czegoś** be spoiling for sth
ryb|a *f* fish; **iść na ~y** go fishing; **zdrów jak ~a** (as) right as rain; **czuć się jak ~a w wodzie** be in one's element; *przen.* **gruba ~a** bigwig
rybak *m* fisherman
rycerz *m* knight
ryczałt *m* lump sum; **~em** in the lump
rym *m* rhyme
rynek *m* market; (*plac*) marketplace; **czarny** ~ black market; **wolny** ~ free market
rynna *f* gutter
rynsztok *m* gutter
rys *m* (*charakteru*) trait, feature; **~y (twarzy)** *pl* (facial) features *pl*
rysa *f* crack; (*zarysowanie*) scratch; (*pot. skaza*) flaw
rysopis *m* description
rysować *imperf vi* draw; (*robić rysy*) scratch
rysunek *m* drawing
rysunkowy *adj*: **film** ~ cartoon
ryś *m zool.* lynx
rytm *m* rhythm
rytuał *m* ritual
rywal *m* rival
rywalizować *imperf vt* rival (**z kimś** sb), compete (**z kimś <w czymś,**

o coś> with sb <in sth, about sth>)

ryzyko *n* risk, hazard; **narażać się na ~** take <incur> risks

ryzykować *imperf vi vt* take risks <hazard>; **~ życie <majątek>** risk one's life <one's fortune>

ryż *m* rice

rzadki *adj* thin; (*nieczęsty*) rare, scarce

rzadko *adv* seldom, rarely; (*niegęsto*) sparcely

rząd[1] *m* row, line; **trzy dni z rzędu** four days in a row

rząd[2] *m* government, *am.* administration; **~y** *pl* rule

rządowy *adj* government *attr*

rządzić *imperf vt vi* (*sprawować rządy*) be in power, govern <rule> (**czymś** sth); (*kierować*) be in charge, manage <run> (**czymś** sth)

rzecz *f* thing; (*sprawa*) question, matter; **~y** *pl* (*mienie*) things; **~y osobiste** personal belongings; **do ~y** sensibly, to the point; **mówić od ~y** talk nonsense; **to ~ gustu** that's a matter of taste; **to nie ma nic do ~y** that's beside the point; **siłą ~y** quite naturally; **w gruncie ~y** in actual fact

rzecznik *m* spokesman, spokesperson

rzeczownik *m gram.* noun

rzeczpospolita *f* republic

rzeczywistoś|ć *f* reality; **w ~ci** in reality, in fact

rzeczywisty *adj* real, actual

rzek|a *f* river; **w dół <w górę> ~i** down <up> the river

rzekomo *adv* allegedly

rzekomy *adj* alleged, supposed; (*nie istniejący*) imaginary

rzemieślnik *m* craftsman, artisan

rzemiosło *n* craftsmanship, artisanship

rzemyk *m* thong

rzep *m bot.* burr; (*zapięcie*) Velcro; **przyczepić**

się jak ~ stick like a leech

rzepa *f bot.* turnip

rzepak *m bot.* rape

rzetelny *adj* reliable

rzeźba *f* sculpture; **~ terenu** relief

rzeźbiarz *m* sculptor

rzeźbić *imperf vt* sculpt

rzeźnia *f* slaughterhouse

rzeźnik *m* butcher; *pot.* (*sklep*) butcher's

rzęsa *f* (eye)lash; *bot.* duckweed

rzodkiewka *f bot.* radish

rzucać, rzucić *imperf perf vt* throw, cast; (*opuszczać*) abandon, desert; (*poniechać*) give up, quit; **~ się** *vr* (*na boki*) thrash about; (*w dół*) fling o.s.; **~ się na kogoś <coś>** pounce on <sth>; **~ się w oczy** stand out

rzut *m* throw; (*etap*) batch; **~ oka** glance; **na pierwszy ~ oka** at first glance; *sport.* **~ oszczepem** javelin throw; *sport.* **~ karny <wolny, rożny>** penalty <free, corner> kick

rzygać *imperf vi pot.* puke

S

sabotaż *m* sabotage

sacharyna *f* saccharine

sad *m* orchard

sadysta *m* sadist

sadzić *imperf vt* plant

sakrament *m* sacrament

saksofon *m muz.* saxophone

sala *f* hall, room; **~ konferencyjna** conference room; **~ gimnastyczna** gym(nasium); **~ operacyjna** (operating) theatre, *am.* operating room

salaterka *f* salad bowl

salceson *m* (*czarny*) black <blood> pudding, *am.* blood sausage; (*jasny*) brawn, *am.* headcheese

saldo *n ekon.* balance

salon *m* salon, parlour; (*pokój*) living <sitting, drawing> room

sałata *f* lettuce

sałatka *f* salad; **~ jarzynowa <owocowa>** vegetable <fruit> salad

sam, sama, samo, sami,

same *adj* (*bez pomocy*) oneself; (*bez towarzystwa*) alone, by oneself, on one's own; **zrobił to ~** he did it himself; **jest ~a jedna** she is all alone <all by herself>; **~ na ~** tête-à-tête; **na ~ej górze** at the very top; **mówić ~ą prawdę** speak nothing but the truth; **przybyć w ~ą porę** come just in time; **ten ~** the same; **taki ~** identical; **jedno i to ~o** one and the same (thing)

samica *f* female

samiec *m* male

samobójstwo *n* suicide; **popełnić ~** commit suicide

samoch|ód *m* car; **~ód ciężarowy** lorry, *am.* truck; **~ód terenowy** off-road vehicle, off-roader; **jechać ~odem** drive, go by car

samodzielny *adj* independent; (*oddzielny*) self-contained, individual

samogłoska *f* vowel

samolot *m* (aero)plane, *am.* (air)plane; **~ odrzutowy** jet (plane); **~ pasażerski** passenger plane

samoobsługowy *adj* self-service *attr*

samoprzylepny *adj* self-adhesive

samorząd *m* self-government; **~ lokalny** local government

samotność *f* solitude, loneliness

samotny *adj* solitary, lonely

sanatorium *n* sanatorium

sandał *m* sandal

sanie *pl* sleigh

sanitarny *adj* sanitary

sanki *pl* sledge, *am.* sled

sardynka *f* sardine

sarna *f* (roe)deer

satelita *m* satellite; **~ telekomunikacyjny** communications satellite

satelitarn|y *adj*: **telewizja <antena> ~a** satellite television <dish>

satyra *f* satire

satysfakcja *f* satisfaction

sąd *m* (*instytucja*) (law) court; (*proces*) trial; (*ocena*) judgement, opinion; **Sąd Ostateczny** Final <Last> Judgement

sądz|ić *imperf vt prawn.* try; (*oceniać*) judge; **co o tym ~isz?** what do you think (of that)?; **~ę, że...** I think <believe, *am.* guess>

sąsiad *m* neighbour, *am.* neighbor

sąsiedztwo *n* neighbourhood, *am.* neighborhood

scen|a *f* scene; (*podium*) stage; *przen.* **zrobić ~ę** make a scene

scenariusz *m* screenplay, script; *przen.* scenario

schab *m* pork loin

schabowy *adj kulin.*: **kotlet ~** pork chop

schludny *adj* neat, tidy

schnąć *imperf vi* dry; (*o kwiatach*) wither

schod|y *pl* stairs *pl*; **~y ruchome** escalator; **wejść <zejść> po ~ach** go up <down> the stairs

schodzić *imperf vi* (*iść w dół*) go down; (*zsiadać*) dismount; (*obniżać się*) descend; (*o czasie*) pass, go by; (*o plamach*) come off; **~ komuś z drogi** get out of sb's way; **~ na dalszy plan** recede to the background

schować *perf vi zob.* **chować**

schowek *m* (*w samochodzie*) glove compartment

schron *m* shelter

schronić się *perf vr* take refuge, shelter

schronienie *n* refuge, shelter

schronisko *n* (*górskie*) chalet, hut; (*turystyczne*) hostel; (*dla zwierząt*) shelter

schudnąć *perf vi* lose weight, slim (down)

schwycić *perf vt* (*złapać*) catch, grasp; (*owładnąć*) overcome

schwytać *perf vt* catch, grasp; **~ kogoś na gorącym uczynku** catch sb red-handed

schylać się, schylić się *imperf perf vr* bend, bow

scyzoryk *m* penknife

seans *m* (*filmowy*) show; (*spirytystyczny*) séance

sedes *m* toilet bowl

sedno *n*: **~ sprawy** heart of the matter; **trafić w**

~ hit the nail on the head

segment *m* (*część*) segment; (*mebel*) wall unit set; (*dom*) town house

sejf *m* safe

sejm *m* the Seym (*lower house of the Polish Parliament*)

sekcja *f* section; **~ zwłok** autopsy, postmortem

sekret *m* secret

sekretariat *m* secretary's office, secretariat

sekretarka *f* secretary; **automatyczna ~** answering machine

sekretarz *m* secretary; **~ stanu** secretary of state

seks *m* sex

seksbomba *f pot.* bombshell

seksowny *adj* sexy

seksualny *adj* sexual

sekta *f* sect

sektor *m* sector

sekunda *m* second

sekundnik *m* second hand

selekcja *f* selection

seler *m bot.* celery

semestr *m* semester

seminarium *n* seminar; (*duchowne*) seminary

sen *m* sleep; (*marzenie senne*) dream; **koszmarny ~** nightmare; **środek na ~** sleeping pill; **mieć twardy <lekki> ~** be a sound <light> sleeper

senat *m* senate

senator *m* senator

senny *adj* sleepy, drowsy

sens *m* (*znaczenie*) sense; (*cel*) point; **to nie ma ~u** there is no point in it

sensacyjny *adj* sensational; (*film, powieść*) detective

sentyment *m* fondness

separacja *f prawn.* separation

ser *m* cheese; **biały <żółty> ~** cottage <hard> cheese

serc|e *n* heart; *pot.* **bez ~a** heartless; **brać sobie coś do ~a** take sth to heart

serdeczn|y *adj* hearty, cordial; **~y przyjaciel** bosom friend; **~e stosunki** cordial terms

serdelek *m* sausage

seria *f* series, course, round; **~ wydawnicza** book series

serial *m* series, serial

serio *adv* seriously

sernik *m kulin.* cheesecake

serw *m sport.* serve

serweta *f* tablecloth

serwetka *f* napkin

serwis[1] *m* (*naprawa, usługa*) service; (*komplet naczyń*) service, set; **~ informacyjny** news bulletin

serwis[2] *m sport.* serve

serwować *imperf vt vi* serve; *sport.* serve

seryjny *adj* serial; (*o produkcji*) mass *attr*

sesja *f* session; (*na uczelni*) end-of-term examinations

set *m sport.* set

setka *f* hundred; *pot.* (*wódki*) shot

setny *num* hundredth

sezon *m* season; **~ turystyczny** tourist season; **~ ogórkowy** silly season

sezonowy *adj* seasonal

sędzia *m* judge; *sport.* referee, umpire

sędziować *imperf vt* judge; *sport.* referee, umpire

sęk *m* knot; *pot.* **~ w tym, że...** the devil of it is that...

sęp *m zool.* vulture; *przen.* predator

sfer|a *f* (*obszar*) zone; (*dziedzina*) sphere; **wyższe <niższe> ~y** upper <lower> classes

siać *imperf vt* sow

siadać *imperf vi* sit (down); **~ na konia** mount a horse; **~ do stołu <obiadu>** sit down to table <dinner>

siano *n* hay

siarka *f* sulphur, *am.* sulfur

siatka *f* mesh, net; (*ogrodzenie*) (wire) fence; **~ na zakupy** string bag

siatkówka *f anat.* retina; *sport.* volleyball

siąść *perf vi zob.* **siadać**

siebie *pron* oneself; (*wzajemnie*) each other, one another; **blisko ~** close to each other; **obok ~** side by side; **przed ~** straight <right> ahead; **mów za ~!** speak for yourself!; **czuj się jak u**

~ **(w domu)** make yourself at home

sieć *f* (*rybacka*) net; *elektr.* grid; ~ **komputerowa** computer network; **zarzucić ~** cast a net

siedem *num* seven

siedemdziesiąt *num* seventy

siedemdziesiąty *num* seventieth

siedemnasty *num* seventeenth

siedemnaście *num* seventeen

siedemset *num* seven hundred

siedząc|y *adj* sitting; sedentary; **~a praca, ~y tryb życia** sedentary occupation <life>; **miejsce ~e** seat

siedzenie *n* seat; *pot.* bottom, behind

siedziba *f* seat, base; **główna ~** headquarters *pl*, head office

siedzieć *imperf vi* sit; *pot.* (*w więzieniu*) do time; **~ cicho** sit still <quiet>; **~ w domu** stay at home

siekiera *f* axe, *am.* ax

sierota *m* orphan

sierp *m* sickle; *sport.* hook

sierpień *m* August

sierść *f* fur, coat

sierżant *m* sergeant

się *pron* oneself; (*wzajemnie*) each other, one another; **idzie ~ prosto** one goes <you go> straight on; **znali ~ od dawna** they knew each other long; **skaleczyła ~ w nogę** she hurt herself in the leg

sięg|ać, sięgnąć *imperf perf vi* reach; (*datować się*) go <date> back; **~nął po książkę** he reached for the book; **woda ~ała mu do pasa** water came up <reached> to his waist; **~ać pamięcią (do czegoś)** go back in one's mind (to sth)

sikać *imperf vi pot.* piss, pee; (*o cieczy*) squirt

siki *pl pot.* piss

sikorka *f zool.* tit

silnik *m* engine, motor

silny *adj* strong, powerful

sił|a *f* strength, power; *fiz.* force; **~ą** by force; **~a woli** willpower; **w sile**

wieku in one's prime; **o własnych ~ach** unaided; **~a robocza** manpower; **~y zbrojne** armed forces
siłownia *f* fitness club; *techn.* field of force
siniak *m* bruise; (*pod okiem*) black eye
siny *adj* blue
siodło *n* saddle
siostra *f* sister; **~ cioteczna** cousin; **~ przyrodnia** stepsister, half-sister; **~ zakonna** nun
siostrzenica *f* niece
siostrzeniec *m* nephew
siódemka *f* seven
siódmy *num* seventh
sitko *n* strainer
sito *n* sieve, strainer
siwy *adj* grey, *am.* gray
skakać *imperf vi* jump, leap; (*podskakiwać*) skip; (*o cenach*) shoot up, jump; **~ sobie do oczu** fly at one another's throats; **~ z radości** dance for joy
skakan|ka *f* skipping rope, *am.* jump rope; **skakać na ~ce** skip
skala *f* scale
skaleczyć się *perf vr* cut <hurt> o.s.
skała *f* rock
skandal *m* scandal; **wywołać ~** give rise to scandal
skandynawski *adj* Scandinavian
skarb *m* treasure; *ekon.* **~ państwa** the treasury
skarbonka *f* money-box, piggy bank
skarbow|y *adj*: **urząd ~y** *ekon.* revenue office; **opłata ~a** stamp duty
skarg|a *f* complaint; *prawn.* plaint, complaint; **iść na ~ę na kogoś** complain against sb; *prawn.* **wnieść ~ę przeciwko komuś** bring an action against sb
skarpetka *f* sock
skarżyć *imperf vi vt* (*donosić*) tell <tell tales> (**na kogoś** on sb); *prawn.* **~ kogoś do sądu** sue sb; **~ się** *vr* complain; **~ się na kogoś <coś>** complain about sb <sth>; *med.* **~ się na coś** complain of sth

skazać *perf vt* condemn; *prawn.* sentence

skąd *adv* from where, where... from; **~ ci to przyszło do głowy?** what makes you think so?; **~ wiesz?** how do you know?; **wracaj, ~ przyszedłeś** go back from where you came

skąpy *adj* miserly, stingy; (*zbyt mały*) scant

skierowanie *n* (*do lekarza*) referral

sklejka *f* plywood

sklep *m* shop, *am.* store; **~ spożywczy** grocer's (shop), grocery; **mieć ~** keep a shop

skład *m* composition; (*magazyn*) store, warehouse

składać *imperf vt* (*łączyć*) put together; (*list, kartkę*) fold; (*gromadzić*) store; (*wręczać*) turn in, file; **~ broń** lay down one's arms; **~ pieniądze** save money; **~ przysięgę** take <swear> an oath; **~ wizytę** pay a visit; **~ życzenia** express one's wishes; **~ wniosek** apply; **~ się** *vr* (*o leżaku*) fold up; (*tworzyć całość*) consist; *pot.* (*robić składkę*) chip in; **tak się składa, że...** as it turns out...

składka *f* fee; (*ubezpieczeniowa*) premium; (*zbiórka*) collection

składnik *m* component; (*potrawy*; *lekarstwa*) ingredient

skłonność *f* inclination, tendency; (*sympatia*) liking

skocznia *f* ski jump

skoczyć *perf vi zob.* **skakać**

skok *m* jump; *pot.* robbery; *sport.* **~ w dal <wzwyż>** long <high> jump; **~ o tyczce** pole-vault; **~ do wody** dive

skomplikowany *adj* complicated, complex

skończyć *perf vt vi* finish, end; (*przestać*) stop; **~ 18 lat** be 18 (years old); **~ naukę** complete one's education; **~ szkołę <studia>** graduate; **~ z paleniem** stop smoking; **~ ze sobą** take away one's life; **~ się**

vr end, be finished, be over; *por.* **kończyć**

skorpion *m zool.* scorpion

skorupa *f* crust, shell; **~ ziemska** the earth's crust

skos *m* slant; **na ~** at <on> a slant

skośny *adj* diagonal; (*o oczach*) slanting

skowronek *m zool.* lark

skór|a *f* skin; (*materiał*) leather; **ratować swoją ~ę** save one's skin <neck>; *pot.* **~a i kości** bag of bones

skórka *f* (*ziemniaka*) skin; (*kiełbasy*) rind; (*owoców*) peel; (*chleba*) crust; **gęsia ~** gooseflesh

skórzany *adj* leather *attr*

skracać *imperf vt* shorten; (*tekst*) shorten, abridge; *mat.* reduce; **~ sobie drogę** take a short cut

skrajny *adj* extreme; (*o nędzy*) utter

skreślić *perf vt* cross out, strike off; (*usunąć*) delete, remove

skręcać *imperf vt vi* (*kręcić*) weave, twine; (*śrubami*) screw together; (*zmieniać kierunek*) turn; **~ w prawo** turn right

skręcić *perf vt*: **~ nogę w kostce** sprain <twist> an ankle; **~ kark** break one's neck; **~ papierosa** roll a cigarette

skrępowany *adj* tied up; (*onieśmielony*) embarrassed, ill-at-ease

skręt *m* turn; *pot.* (*papieros*) roll-up, roll-your-own

skromny *adj* modest; (*niewyszukany*) quiet, simple; **~ posiłek** frugal meal; **moim ~m zdaniem** in my humble opinion

skroń *f* temple

skrócić *perf vt zob.* **skracać**

skró|t *m* (*streszczenie*) summary; (*literowy*) abbreviation; (*krótsza droga*) short cut; **w ~cie** in short; **iść na ~ty** take a short cut

skrytka *f* hiding place; **~ pocztowa** post-office box

skrzele *n zool.* gill

skrzep *m med.* blood clot

skrzydło *n* wing; (*okna*) sash

skrzynia *f* chest, crate; *mot.* ~ **biegów** gearbox

skrzynka *f* box, case; ~ **pocztowa** post box, *am.* mailbox; **czarna** ~ black box

skrzypce *pl* violin; *przen.* **grać pierwsze** ~ play first fiddle

skrzypieć *imperf vi* creak, squeak

skrzyżowanie *n* intersection; (*dróg*) crossroads

skupić się *perf vr* concentrate

skurcz *m med.* cramp

skurczybyk *m pot.* son of a gun <a bitch (*wulg.*)>

skurczyć się *perf vr* shrink, contract

skuteczny *adj* effective, efficacious

skut|ek *m* result, effect; **bez ~ku** to no effect; **na ~ek czegoś** as a result of sth

skuter *m* scooter

skwer *m* square

slajd *m* slide

slalom *m* slalom

sliping *m* sleeper

slipy *pl* briefs *pl*

slumsy *pl* slums *pl*

słab|y *adj* weak, feeble; **~a herbata** weak tea; **~y wzrok** poor vision; **~e zdrowie** poor health; **~e światło** feeble light; **~y punkt** weak point <spot>; **mieć ~ą głowę** have a weak head; **~a płeć** the weaker sex

słać *imperf vt* (*wysyłać*) send; (*rozpościerać*) spread; ~ **łóżko** make a bed

sława *f* fame; (*reputacja*) reputation; (*o osobie*) celebrity

sławny *adj* famous

słodki *adj* sweet

słodycze *pl* sweets *pl*, *am.* candy

słodzić *imperf vt* sweeten

słodzik *m* sweetener

słoik *m* jar

słoma, słomka *f* straw

słonecznik *m* sunflower

słoneczn|y *adj* solar; (*o pogodzie*) sunny; **porażenie ~e** sunstroke; **zegar ~y** sundial; **energia ~a** solar energy

słonina *f* pork fat

słon|y *adj* salt *attr*, salty; **~a cena** steep price

słoń *m zool.* elephant

słońce *n* sun

słowacki *adj* Slovak(ian)

Słowak *m* Slovak

Słoweniec *m* Slovene, Slovenian

słoweński *adj* Slovene, Slovenian

Słowianin *m* Slav

słowiański *adj* Slavic, Slavonic

słowik *m zool.* nightingale

słownictwo *n* vocabulary

słownie *adv*: **napisać liczbę ~** write the amount in words

słownik *m* dictionary; (*mały*) glossary

słowny *adj* (*dotrzymujący słowa*) reliable, dependable

słow|o *n* word; **~a** *pl* (*tekst piosenki*) lyrics *pl*; **~o wstępne** preface; **gra słów** pun, play on words; **~em** in a word; **innymi ~y** in other words; **~o w ~o** word for word; **dotrzymać ~a** keep one's word; **~o honoru!** my word of honour!

słój *m* jar; (*drzewa*) ring

słuch *m* hearing; (*muzyczny*) ear for music; **nie mieć ~u** be tone-deaf; **mieć słaby ~** be hard of hearing; **chodzą ~y, że...** rumour has it that...

słuchacz *m* (*radiowy*) listener

słucha|ć *imperf vt* listen; (*być posłusznym*) obey; **~m?** (*przez telefon*) hallo?, hello?

słuchawk|a *f* (*telefoniczna*) receiver; **~i** *pl* (*na uszy*) headphones *pl*

słup *m* post, pole

słuszny *adj* correct, right, just

służb|a *f* service; (*służący*) servants *pl*; **~a wojskowa <zdrowia>** military <health> service; **być na ~ie <po ~ie>** be on duty <off duty>

służbow|y *adj* business *attr*, official; **samochód ~y** company car; **drogą**

~ą through official channels

służy|ć *imperf vi* serve; (*być użytecznym*) be useful; **~ć w wojsku** serve in the army; **~ć krajowi** serve the country; **~ć do czegoś** be designed for sth; **~ć jako coś <za coś>** serve as <for> sth; **czym mogę ~ć?** may I help you?; **klimat mi nie ~** the climate isn't good for me

słychać *imperf vt*: **co ~?** how are things?, *am.* what's up?

słynny *adj* famous

słysz|eć *imperf vt* hear; **pierwsze ~ę** this is news to me; **nie chcę o tym ~eć** I won't hear of it

smaczn|y *adj* tasty; **~ego!** bon appétit!

smak *m* taste; (*potrawy*) taste, flavour, *am.* flavor; **bez ~u** tasteless; **jeść ze ~iem** eat with gusto; **urządzone ze ~iem** tastefully arranged

smak|ować *imperf vt vi* taste; **jak ci to ~uje?** how do you like it?

smalec *m* lard

smar *m techn.* lubricant, grease

smarkacz *m pot.* snotnose

smarować *imperf vt techn.* lubricate, grease; (*rozsmarowywać*) spread; (*masłem*) butter

smażyć *imperf vt* fry; **~ się** *vr* fry; **~ się na słońcu** bake in the sun

smoczek *m* dummy, *am.* pacifier; (*na butelkę*) teat

smok *m* dragon

smoking *m* dinner jacket, *am.* tuxedo

smoła *f* tar

smrodzić *imperf vi* give off a stench

smród *m* stench, stink

smukły *adj* slender

smutek *m* sorrow, sadness

smutny *adj* sad

smycz *f* lead, leash

smyczek *m muz.* bow

snob *m* snob

snobizm *m* snobbery

sobie *pron* oneself; (*sobie wzajemnie*) each other, one another; **mieć coś przy ~** have sth on o.s.; **tak <taki> ~** so-so; **przypomnieć ~** remember; **wyobrażać ~** fancy, imagine; **idź ~!** go away!

sobota *f* Saturday

sobowtór *m* double, lookalike

socjalizm *m* socialism

socjologia *f* sociology

soczewka *f* lens

soczysty *adj* juicy

sodow|y *adj*: **woda ~a** soda (water)

sofa *f* sofa, couch

soja *f bot.* soya bean, *am.* soybean

sojusz *m* alliance

sojusznik *m* ally

sok *m* juice; *anat.* **~i żołądkowe** gastric juices

sokowirówka *f* juice extractor, *am.* juicer

sokół *m zool.* falcon

solarium *n* solarium

solenizant *m* man celebrating his nameday

solić *imperf vt* salt, put salt on

solidarność *f* solidarity

solidny *adj* (*o człowieku*) solid, reliable; (*trwały*) solid, sturdy; (*gruntowny*) sound; (*o posiłku*) substantial

solista *m* soloist

solniczka *f* salt cellar, *am.* saltshaker

sonda *f techn., med.* probe; (*sondaż*) (opinion) poll

sondaż *m* (opinion) poll

sos *m kulin.* sauce; (*mięsny*) gravy; (*do sałatek*) dressing; *pot.* **być nie w ~ie** be out of sorts

sosna *f bot.* pine

sowa *f zool.* owl

sól *f* salt; **~ kamienna <kuchenna>** rock <table> salt

spacer *m* walk, stroll

spacerować *imperf vi* stroll, have a stroll

spać *imperf vi* sleep; **chce mi się ~** I am <feel> sleepy; **iść ~** go to bed; **on śpi <nie śpi>** he's asleep <awake>

spada|ć *imperf vi*: **~j!** *pot.* get lost *pot.*; *zob.* **spaść**

spadek *m* fall, drop; (*pochyłość*) slope; *prawn.* legacy, inheritance

spadochron *m* parachute

spalić *perf vt* burn (out);

~ **się** *vr* burn; *przen.* burn o.s. out

spaliny *pl* (exhaust) fumes *pl*

sparzyć *perf vt* scald, burn; (*wrzątkiem*) blanch; ~ **się** *vr* burn o.s., get burned; *przen.* get one's fingers burned

spaść *perf vi* (*upaść*) fall (down); (*o cenach, temperaturze*) fall, drop; (*o obowiązku*) fall on sb

specjalista *m* specialist

specjalizacja *f* specialization

specjalizować się *imperf vr* specialize (**w czymś** in sth)

specjalność *f* speciality, *am.* specialty

specjalny *adj* special

spektakl *m* performance

spekulować *imperf vi* speculate, profiteer

spełni|ać, spełnić *imperf perf vt* (*obowiązek*) fulfil, *am.* fulfill; (*prośbę*) carry out; (*wymagania*) meet; (*oczekiwania*) live up to; **~ać się** *vr* be fulfilled; **moje marzenia się ~ły** my dreams came true

spędzać, spędzić *imperf perf vt* (*czas*) spend; (*zgromadzić*) round up; ~ **czas na czytaniu** spend time reading; *przen.* ~ **komuś sen z powiek** keep sb awake at night

spieprzyć *perf vt pot.* screw up

spierać się *imperf vr*: ~ **o coś** contend <argue> about sth

spieszyć się *imperf vr zob.* **śpieszyć się**

spięcie *n* (*sprzeczka*) clash; *elektr.* short (circuit)

spiker *m* announcer

spinacz *m* clip, fastener

spinka *f* pin; (*do mankietów*) cuff link; (*do włosów*) hairpin, hair clip

spirala *f* spiral; *techn.* coil

spirytus *m* spirit

spis *m* list, register; ~ **inwentarza** inventory; ~ **treści** (table of) contents; ~ **ludności** census

spisek *m* conspiracy, plot

spiżarnia *f* pantry

splajtować *perf vi pot.* go broke, go bankrupt
spleśniały *adj* mouldy, *am.* moldy
spłacać, spłacić *imperf perf vt* pay off, repay; **~ pożyczkę <dług>** pay off a loan <debt>
spłata *f* repayment
spocony *adj* sweaty
spod, spode *praep* from under; **spod Warszawy** from somewhere around Warsaw; **patrzeć spode łba** look askance, scowl
spodek *m* saucer
spodenki *pl*: **krótkie ~** shorts *pl*
spodnie *pl* trousers *pl*, *am.* pants *pl*
spodziewać się *imperf vr* expect; **~ kogoś <czegoś>** be expecting sb <sth>; **~ czegoś po kimś** expect sth of sb; **~ dziecka** be expecting; **kto by się spodziewał?!** who would have thought it?!
spojów|ka *f anat.* cojunctiva; **zapalenie ~ek** conjunctivitis
spojrzeć *perf vt* look, glance, have a look; *zob.* **patrzeć**
spojrzenie *n* look, glance
spokojnie *adv* calmly, quietly; **siedź ~!** sit still!, keep quiet!; **~!** stay cool!
spokojn|y *adj* quiet, calm, still; **być ~ym o kogoś <coś>** be confident about sb <sth>; **bądź ~y!** never fear!, don't you fear!; *pot.* **~a głowa!** not to worry
spokój *m* calm, quiet; (*stan psychiczny*) calmness; **daj mi ~!** leave me alone!; **dać sobie z kimś <czymś> ~** forget sb <sth>; **proszę o ~!** quiet, please!
społeczeństwo *n* society
społeczność *f* community
społeczn|y *adj* social; **opieka ~a** welfare; **margines ~y** margin of society; **pochodzenie ~e** social background; **praca ~a** community service; **ubezpieczenie ~e** social security
spomiędzy *praep* from among

sponad *praep* from above
sponsorować *imperf vt* sponsor
spontaniczny *adj* spontaneous
sporo *adv* a good deal
sport *m* sport(s *pl*); ~ **wyczynowy** professional athletics; **uprawiać ~** practice <*am*. practise> sports
sportowiec *m* athlete
sportowy *adj* sports *attr*
spos|ób *m* way, manner; (*fortel*) expedient, trick; **~ób bycia** manners; **w ten ~ób** this <that> way, thus; **jakimś ~obem** somehow
spostrzec, spostrzegać *perf imperf vt* notice, spot; (*zdać sobie sprawę*) perceive, observe
spośród *praep* from among
spotkać *perf vt zob*. **spotykać**
spotkanie *n* meeting; **umówione ~** appointment
spotykać *imperf vt* meet, come across; (*poznawać*) meet; (*zdarzać się*) happen to; **~ się** *vr* meet, come together; **~ się z kimś <czymś>** meet with sb <sth>; **~ się z serdecznym przyjęciem** meet with a kindly reception
spowiadać się *imperf vr* confess
spowiedź *f* confession
spowodować *perf vt zob*. **powodować**
spoza *praep* (from) outside; (*zza*) from behind
spożycie *n* consumption
spożywcz|y *adj*: **artykuły ~e** groceries; **sklep ~y** grocer's, *am*. grocery (store)
spód *m* bottom; (*spodnia strona*) underside; **pod spodem** underneath; **na spodzie** at the bottom
spódnica *f* skirt
spójnik *m gram*. conjunction
spółdzielnia *f* cooperative, co-op; **~ mieszkaniowa** housing association
spółgłoska *f gram*. consonant
spółka *f* partnership, company; **~ akcyjna** joint-stock company; **~ z o-**

graniczoną odpowiedzialnością limited (liability) company

spór *m* dispute; *prawn.* litigation

spóźniać się, spóźnić się *imperf perf vr* be late; (*o zegarze*) be late <slow>; **~ na pociąg** miss one's train

spóźnienie *n* lateness; (*zwłoka*) delay

spragniony *adj* thirsty; **~ czegoś** avid <eager> for sth

spraw|a *f* affair, matter; *prawn.* case; **zdawać sobie ~ę, że...** realize that...; **zdawać sobie ~ę z czegoś** be aware of sth; **to nie twoja ~a** that's none of your business; **to ~a życia i śmierci** it's a matter of life and death; *prawn.* **wnieść ~ę do sądu** bring <file> a suit; **nie ma ~y** no problem

sprawdzać *imperf vt* check (up), *am.* check up on, inspect

sprawdzian *m* test; (*w szkole*) test, *am.* quiz

sprawdzić *perf vt zob.* **sprawdzać**

sprawiedliwość *f* justice

sprawiedliwy *adj* just, fair

sprawność *f* (*sprawne działanie*) efficiency; (*zręczność*) dexterity; **~ fizyczna** (physical) fitness

sprawny *adj* (*zręczny*) adroit; (*o człowieku – dobrze działający*) efficient; (*o maszynie*) in working order

sprawozdanie *n* report, account

sprawozdawca *m* (*radiowy, TV*) commentator

sprężyna *f* spring

sprośny *adj* obscene, bawdy

sprowadzać, sprowadzić *imperf perf vt* get, bring; (*wywoływać*) bring about; (*towary*) import; **~ lekarza** call in <fetch> a doctor; **~ się** *vr* move in; **sprowadzać się do czegoś** boil down <amount> to sth

spróbować *perf vt zob.* **próbować**

spryciarz *m pot.* smooth operator

spryt *m* shrewdness
sprytny *adj* smart, shrewd; *pot.* ~ **mechanizm** ingenious mechanism
sprzączka *f* buckle
sprzątaczka *f* cleaning lady
sprzątać, sprzątnąć *imperf perf vt vi* clean (up), tidy; (*usuwać*) remove, clear; ~ **ze stołu** clear the table
sprzeciwiać się *imperf vr* object (**czemuś** to sth), oppose (**czemuś** sth)
sprzeczka *f* argument
sprzed *praep* from before; ~ **domu** from in front of the house
sprzedać, sprzedawać *perf imperf vt vi* sell
sprzedawca *m* seller; (*handlowiec*) salesman; (*w sklepie*) shop assistant, *am.* sales clerk
sprzedaż *f* sale; **na** ~ for sale; ~ **detaliczna <hurtowa>** retail <wholesale>; ~ **ratalna** hire purchase, *am.* installment plan
sprzęgło *n* clutch; **włączyć <wyłączyć>** ~ let in <let out> the clutch
sprzęt *m* equipment; (*mebel*) piece of furniture; ~ **sportowy** sports equipment; ~ **komputerowy** (computer) hardware
sprzymierzeniec *m* ally
spuchnięty *adj* swollen
spuszczać, spuścić *imperf perf vt* (*opuszczać*) lower, drop; (*wypuszczać*) let out; *pot.* ~ **cenę** bring down the price; ~ **psa ze smyczy** unleash the dog; ~ **wodę** (*w toalecie*) flush the toilet; *pot.* ~ **z tonu** come down a peg or two
srebrn|y *adj* silver; **~e wesele** silver wedding
srebr|o *n* silver; **~a** *pl* silver(ware)
sroka *f zool.* magpie
ssać *imperf vt* suck
ssak *m zool.* mammal
ssanie *n* suction; *mot.* choke
stacja *f* station; ~ **kolejowa** railway <*am.* railroad> station; ~ **benzynowa** filling station, petrol <*am.* gas> station; *komp.* ~ **dysków** disk drive

sta|ć *imperf vi* stand; (*być nieczynnym*) be at a standstill; **mój zegarek stoi** my watch has stopped; **~ć na czele** be at the head; **~ć na przeszkodzie** hinder; **~ć w miejscu** be at a standstill; **stój!** halt!; **nie ~ć mnie na to** I can't afford it; **~ć się** *vr* (*zdarzyć się*) happen, take place, occur; (*zostać*) become; **co się ~ło?** what happened; **co mu się ~ło?** what's happened to him?, (*co go naszło*) what's come over him?; **~ć się sławnym** become famous

stadion *m* stadium

stadium *n* stage

stado *n* (*bydła*) herd; (*wilków*) pack; (*ptaków*) flock

stajnia *f* stable

stal *f* steel

stale *adv* constantly, permanently

stał|y *adj* steady, constant, permanent; **~y mieszkaniec** permanent resident; **~e ceny** fixed prices; **~y ląd** mainland; **ciało ~e** solid (body); **~y klient** regular client; **na ~e** for good

stamtąd *praep* from (over) there

stan *m* state, condition; (*część państwa*) state; **~ cywilny** marital status; **~ prawny** legal status; **~ wojenny** martial law; **być w ~ie** be able (**coś zrobić** to do sth); **w dobrym ~ie** in good condition

stanąć *perf vi* (*powstać*) stand up; (*zatrzymać się*) stop; **~ na krześle** climb on a chair; **~ komuś na odcisk** tread on sb's corn; **~ po czyjejś stronie** side with sb; **~ na głowie** stand on one's head, *przen.* do one's utmost; *przen.* **~ na nogi** regain one's feet

standard *m* standard

stanik *m* brassiere, bra

stanowisk|o *n* (*miejsce*) position; (*posada*) post, position; (*pogląd*) standpoint; **stać na ~u, że...** take the position that...;

człowiek na ~u person of high standing
starać się *imperf vr* (*usiłować*) try; (*zabiegać*) try <make efforts> (**o coś** to get sth); **~ o pracę** be looking for a job; **bardzo się ~** try hard, do one's best
starcza|ć, starczyć *imperf perf vt* be enough; **ledwie ~** it's barely enough
starocie *pl pot.* (old) junk
starość *f* old age
starożytny *adj* ancient
Starówka *f pot.* old town
start *m* start; (*samolotu*) take-off; **~!** go!
startować *imperf* start; (*rozpoczynać*) take off; (*w zawodach*) take part
staruszek *m* old man
star|y *adj* old; **~a panna** old maid, spinster; **~y kawaler** old bachelor; **~y chleb** stale bread; **po ~emu** as formely; *m pot.* (*ojciec*) old man; *pot.* (*kolega*) old boy; *pot.* (*szef*) boss
starzeć się *imperf vr* age; (*o żywności*) go stale
stat|ek *m* ship; **~ek handlowy <pasażerski>** merchant <passenger> ship; **~ek kosmiczny** spaceship; **płynąć ~kiem** sail
statut *m* (*przepisy*) statutes
statyw *m* tripod
staw *m* pond; *anat.* joint
stawać *imperf vi zob.* **stanąć**
stawać się *imperf vr zob.* **stać się**
stawiać *imperf vt* (*umieszczać*) put, place; (*budować*) put up; (*fundować*) stand, buy; (*obstawiać*) bet, wager; **~ na swoim** have one's own way; **~ kogoś na nogi** put sb back on his feet; **~ opór** put up resistance; *pot.* **~ się** *vr* report; put one's foot down
stawka *f* rate; (*w grze*) stake
staż *m* training, practice; **~ pracy** (job) seniority
stąd *praep* (*z tego miejsca*) from here; (*dlatego*) hence; **ni ~, ni zowąd** out of the blue
stelaż *m* (*podstawa*) stand

stempel *m* stamp; ~ **pocztowy** postmark

stemplować *imperf vt* stamp

ster *m* rudder; *przen.* helm; **u ~u** at the helm

stereofoniczny *adj* stereo(phonic)

sternik *m* helmsman

sterować *imperf vt* steer; (*urządzeniem*) control

sterowanie *n*: **zdalne ~** remote control

sterylizować *imperf vt* sterilize

sterylny *adj* sterile

steward *m* steward

stewardesa *f* flight attendant, air-hostess

stęchły *adj* musty

stłuc *perf vt* smash, break; (*kolano*) hurt, bruise; *pot.* ~ **kogoś** beat sb up

sto *num* hundred

stocznia *f* shipyard

stodoła *f* barn

stoisko *n* stall, stand

stok *m* slope

stokrotka *f bot.* daisy

stolarz *m* carpenter

stolec *m med.* stool

stolica *f* capital

stolik *m* (*w restauracji*) table

stołek *m* stool; *pot.* berth

stołówka *f* canteen

stop[1] *m* (*metali*) alloy

stop![2] hold it!, stop!

stop|a *f* foot; **~a procentowa** interest rate; **~a życiowa** standard of living; *prawn.* **odpowiadać z wolnej ~y** be released pending trial

stop|ień *m* (*jednostka miary*) grade; (*poziom*) degree, extent; (*w hierarchii*) rank; (*schodów*) stair, step; (*ocena*) mark, *am.* grade; **w pewnym ~niu** to some degree <extent>; **w jakim ~niu?** to what degree <extent>?; **15 ~ni Celsjusza** 15 degrees centigrade <Celsius>

stopniowo *adv* gradually

stosować *imperf vt* apply, use; ~ **się** *vr* comply (**do czegoś** with sth), conform o.s. (**do czegoś** to sth); ~ **się do wymagań** comply with requirements

stosowny *adj* suitable, appropriate

stosunek *m* (*zależność*) relation, relationship; (*liczbowy*) ratio; (*postawa*) attitude; (*płciowy*) intercourse

stowarzyszenie *n* association

stół *m* table; **siedzieć przy stole** sit at the table; **siąść do stołu** sit down to table

strach *m* fear; **~ na wróble** scarecrow

stracić *perf vt zob.* **tracić**

strajk *m* strike; **~ okupacyjny <głodowy>** sit-down <hunger> strike

strajkować *imperf vi* strike, be on strike

straszny *adj* terrible, horrible, awful

straszyć *imperf vt* frighten, scare; *vi* (*o duchach*) haunt

strat|a *f* loss; **ponieść ~ę** suffer a loss; **ze ~ą** at a loss

straż *f* guard, watch; **pełnić ~** stand guard, be on guard; *przen.* **stać na ~y czegoś** guard sth; **~ pożarna** fire brigade, *am.* fire department

strażak *m* fireman, fire fighter

strażnik *m* (security) guard; (*więzienny*) warder

strefa *f* zone; **~ podzwrotnikowa** the subtropics

stres *m* stress

streszczać, streścić *imperf perf vt* summarize

streszczenie *n* summary

striptiz *m* striptease

striptizer(ka) *f* stripper

stroić *imperf vt* (*ozdabiać*) decorate; (*instrument*) tune; **~ miny** make faces; **~ żarty** make fun (**z kogoś <czegoś>** of sb <sth>); **~ się** *vr* dress up

stromy *adj* steep

stron|a *f* side; (*stronica*) page; (*kierunek*) direction; *prawn.* party; **~y** *pl* (*okolica*) parts *pl*; **po lewej ~ie** on the left(hand) side; **~a tytułowa** front page; **z jednej ~y..., z drugiej ~y** on (the) one hand..., on the other hand; **~y świata** the cardinal points; **być po**

czyjejś ~ie be on sb's side; **po drugiej ~ie ulicy** across the street; **w którą ~ę?** which way?; **słaba ~a** weak point
stronnictwo *n* party
strój *m* dress, outfit, attire; **~ wieczorowy** evening dress; **~ ludowy <narodowy>** national dress; **~ wizytowy** formal attire
stróż *m* (*dozorca*) porter, *am.* janitor; **~ nocny** night watchman
struktura *f* structure
strumie|ń *m* stream; **lać się ~niem** stream; **deszcz lał się ~niami** rain came down in sheets
strumyk *m* brook
strun|a *f* string; *anat.* **~y głosowe** vocal cords
strup *m* scab
struś *m zool.* ostrich
strych *m* attic, loft
stryj, stryjek *m* uncle
strzał *m* shot
strzała, strzałka *f* arrow
strzec *imperf vt* guard, keep watch; **~ się** *vr* beware of
strzel|ać, strzelić *imperf perf vt vi* shoot; **~ać do kogoś** shoot at sb; **~ać z łuku** shoot a bow; *sport.* **~ić bramkę** score; score a goal; **~ić kogoś w twarz** slap sb's face; *pot.* **coś mu ~iło do głowy** something came over him; **człowiek ~a, Pan Bóg kule nosi** man proposes, God disposes
strzelba *f* rifle
strzel|ec *m* shooter; *sport.* scorer; **być dobrym ~cem** be a good shot
strzemię *n* stirrup
strzęp *m* shred; **w ~ach** in rags
strzyc *imperf vt* (*człowieka*) cut (sb's hair); (*trawnik*) mow; (*owce*) shear
strzykawka *f* syringe
student, studentka *m f* student
studia *pl* studies *pl*; **skończyć ~** graduate
studiować *imperf vt* (*badać*) study, investigate; (*być studentem*) study, be a student
studium *m* (*rozprawa*) study; (*uczelnia*) college
studnia *f* well

studzić *imperf vt* cool (down)
stukać *imperf vi* knock, tap; **~ do drzwi** knock on <at> the door
stulecie *n* (*setna rocznica*) centenary; (*wiek*) century
stwierdzić *perf vi* state
stworzenie *n* (*czynność*) creation; (*istota*) creature
stworzyć *perf vt* create
stwórca *m* creator
styczeń *m* January
stygnąć *imperf vi* cool (down)
styl *m* style; (*pływacki*) stroke; **~ życia** life style; **to nie w jego ~u** it's not like him
stypendium *n* scholarship
styropian *m* polystyrene (foam), *am.* Styrofoam
sublokator *m* lodger, subtenant
subskrypcja *f* subscription
substancja *f* substance; **~ chemiczna** chemical
subtelny *adj* subtle
such|y *adj* dry; **wytrzeć coś do ~a** wipe sth dry; **przemoknąć do ~ej nitki** get soaked to the skin; *przen.* **nie zostawić na kimś ~ej nitki** pick sb to pieces
sufit *m* ceiling
sugerować *imperf vt* suggest, hint
sugestia *f* hint, suggestion
suka *f* bitch
sukces *m* success
sukienka *f* dress
sum|a *f* sum, total; (*nabożeństwo*) high mess; **w ~ie** all things considered; **bajońskie ~y** huge sums
sumieni|e *n* conscience; **czyste ~e** clear conscience; **wyrzuty ~a** remorse, pangs of conscience; **mieć kogoś <coś> na ~u** have sb <sth> on one's conscience; *rel.* **rachunek ~a** examination of conscience
supeł *m* knot, tangle
super *adj pot.* super
supersam *m* supermarket
suplement *m* supplement

surowica *f* serum
surowiec *m* raw material
surow|y *adj* (*o żywności*) raw; (*niewyrozumiały*) strict, severe; (*bez doświadczenia*) fresh, raw; **~a zima** severe winter
surówka *f kulin.* salad
susza *f* drought, dry weather
suszarka *f* dryer; **~ do włosów** hair dryer; **~ do naczyń** dish drainer
suszyć *imperf vt* dry; **~ się** *vr* dry, get dry
sutek *m anat.* nipple
sutener *m* pimp
suterena *f* basement
suwak *m* (*zamek*) zip, *am.* zipper
sweter *m* sweater, jumper; (*zapinany*) cardigan
swędzi|ć, swędzieć *imperf vi* itch; **~ mnie noga** my leg is itching
swoboda *f* (*brak skrępowania*) liberty, freedom; (*łatwość*) ease
swój, swoja, swoje, swoi *pron* one's; (*mój*) my; (*twój*) your; (*jego*) his; (*jej*) her; (*nasz*) our; (*wasz*) your; (*ich*) their; **robić swoje** do one's job; **postawić na swoim** carry one's point; **jak na swój wiek** for one's age; **robić po swojemu** have one's own way; **w swoim czasie** in due time, (*w przeszłości*) once; **swoją drogą** still
sygnalizacja *f* signalling; **~ świetlna** traffic lights
sygna|ł *m* signal; (*w telefonie*) tone; **~ł alarmowy** distress signal; *pot.* **jechać na ~le** drive with the siren blaring
sygnet *m* signet ring
sylaba *f* syllable
sylwester *m* New Year's Eve; (*zabawa*) New Year's Eve party
sylwetka *f* silhouette, profile; (*figura*) figure
symbol *m* symbol
symetryczny *adj* symmetrical
symfonia *f* symphony
sympati|a *f* liking, attraction; *pot.* (*o dziewczynie*) girlfriend, (*o chłopcu*) boyfriend; **czuć ~ę**

do kogoś be <feel> attracted to sb
sympatyczny *adj* attractive, likable, nice
symulować *imperf vt* fake, simulate
syn *m* son; ~ **marnotrawny** prodigal son
synagoga *f* synagogue
synonim *m* synonym
synowa *f* daughter-in-law
syntetyczny *adj* synthetic
syntezator *m* synthesizer
syp|ać *imperf vt* pour, sprinkle; *pot.* inform on; **~ać żartami** reel off jokes; **śnieg ~ie** it's snowing; *vr pot.* **~ać się** (*rozpadać się*) fall apart
sypialnia *f* bedroom
sypialny *adj*: **wagon ~** sleeping car
syrena *f* (*przyrząd*) siren; (*nimfa*) mermaid, siren
syrop *m* syrup; ~ **od kaszlu** cough syrup
Syryjczyk *m* Syrian
syryjski *adj* Syrian
system *m* system; ~ **dziesiętny** decimal system; ~ **słoneczny** solar system
sytuacj|a *f* situation; **w tej ~i** in such a situation; **beznadziejna ~a** (hopeless) plight
sytuowany *adj*: **dobrze ~** well off
szabla *f* sword
szachownica *f* chessboard
szachy *pl* chess
szacunek *m* (*poważanie*) respect, reverence; (*ocena*) estimate, assessment
szafa *f* wardrobe, *am.* closet; ~ **pancerna** safe
szafka *f* cupboard, cabinet
szajba *f*: *pot.* **odbiła mu ~** he's got a screw loose
szajka *f* band
szal *m* shawl
szaleć *imperf vi* rage, be frantic; (*wariować*) go mad; (*hulać*) revel; ~ **z radości** be frantic with joy; ~ **z rozpaczy** be frantic <mad> with despair; ~ **za kimś** be mad <crazy> about sb
szaleniec *m* madman
szaleństwo *n* madness, insanity
szalet *m* public toilet
szalik *m* scarf

szalony *adj* mad, crazy, insane

szalupa *f* lifeboat

szał *m* madness, frenzy, rage; **wpaść w ~** fly into a rage; *pot.* **doprowadzać kogoś do ~u** drive sb mad

szałas *m* shelter, shanty

szałwia *f bot.* sage

szambo *n* cesspool, cesspit

szampan *m* champagne

szampon *m* shampoo

szanować *imperf vt* respect, look up to; (*chronić*) take care of

szanowny *adj* respectable, honourable; (*w liście*) **Szanowny Panie <Szanowna Pani>** Dear Sir <Madam>; **Szanowni Państwo!** Ladies and Gentlemen!

szansa *f* chance; **życiowa ~** the chance of a lifetime

szantaż *m* blackmail

szarpać, szarpnąć *imperf perf vt vi* pull at; (*o pojeździe*) jerk; *przen.* **szarpać nerwy** fray sb's nerves

szary *adj* grey, *am.* gray; *przen.* **~ człowiek** the man in the street; **na ~m końcu** at the tail end

szatan *m* satan

szatnia *f* cloakroom; (*przebieralnia*) changing room

szatyn *m* dark-haired man

szatynka *f* dark-haired woman

szczapa *f* chip, sliver; **chudy jak ~** (as) thin as a lath <rake>

szczaw *m bot.* sorrel

szczątki *pl* (*ludzkie*) remains *pl*; (*maszyny*) debris

szczeb|el *m* (*drabiny*) rung; (*hierarchii*) grade; **rozmowy na najwyższym ~lu** summit talks

szczebiot *m* chirp

szczególny *adj* special, particular; **znak ~** distinguishing mark

szczegół *m* detail

szczekać *imperf vi* bark

szczelny *adj* tight

szczeniak *m* puppy

szczepić *imperf vt med.* vaccinate; (*rośliny*) graft

szczepienie *n med.* vaccination, inoculation

szczepionka *f* vaccine
szczery *adj* sincere, frank, candid; (*prawdziwy*) genuine, pure
szczęka *f* jaw; **sztuczna ~** dentures, false teeth
szczęściarz *m pot.* lucky chap
szczęści|e *n* (*traf*) (good) luck, good fortune; (*stan*) happiness; **na ~e** fortunately, luckily; **mieć ~e** be lucky; **spróbować ~a** try one's luck; **głupi ma ~e** fortune favours fools
szczęśliw|y *adj* happy; (*pomyślny*) fortunate, lucky; **~ej podróży!** (have a) happy journey!
szczoteczka *f*: **~ do zębów** toothbrush
szczotka *f* brush; (*do zamiatania*) broom
szczupak *m zool.* pike
szczupły *adj* slim, slender
szczur *m zool.* rat
szczyp|ać *imperf vt* pinch; **oczy mnie ~ią** my eyes are stinging
szczypce *pl* pliers *pl*, pincers *pl*
szczypiorek *m bot.* chives
szczypta *f* pinch, sprinkle; *przen.* **~ prawdy** a speck of truth
szczy|t *m* top, peak; **godziny ~tu** rush hours; **spotkanie na ~cie** summit (meeting); **u ~tu sławy** at the height of fame; **to ~t wszystkiego** that beats everything
szef *m* boss; **~ kuchni** chef
szelki *pl* braces pl, *am.* suspenders *pl*
szept *m* whisper; **mówić ~em** whisper
szeptać *imperf vi* whisper
szereg *m* row; *mat.* series; (*duża ilość*) a number of; **stanąć w ~u** line up; **w ~u przypadków** in a number of cases
szeregowiec *m woj.* private
szermierka *f* fencing
szeroki *adj* wide, broad; **~ na metr** a metre wide; *przen.* **mieć ~ gest** be open-handed; **mężczyzna ~ w barach** wide-shouldered man; **~e poglądy** broad views

szerokość *f* width, breadth; **~ geograficzna** latitude
szesnasty *f* sixteenth
szesnaście *num* sixteen
sześcienny *adj* cubic
sześć *num* six
sześćdziesiąt *num* sixty
sześćdziesiąty *num* sixtieth
sześćset *num* six hundred
szew *m* seam; *med.* stitch
szewc *m* shoemaker, cobbler
szkic *m* draft, sketch
szkielet *m* *anat.* skeleton
szklanka *f* glass
szklarnia *f* greenhouse, glasshouse
szklarz *m* glazier
szkł|o *n* glass; (*wyroby*) glass(ware); **~o powiększające** magnifying glass; **~a kontaktowe** contact lenses
szkock|i *adj* Scottish, Scots; **~a krata** tartan
szkod|a *f* damage, harm; **przynieść komuś ~ę** harm sb; **wyrządzić ~ę** cause harm; **~a czasu** it's a waste of time; **~a słów!** you're wasting your breath!; **~a, że nie możesz przyjść** it's a pity you can't come; **~a!** too bad!
szkodliwy *adj* harmful, damaging
szkodzi|ć *imperf vi* (*być szkodliwym*) be harmful; **to ~ zdrowiu** it's bad for your health; **nie ~!** never mind!, it's all right!
szkolenie *n* training; **~ zawodowe** professional training
szkolić *imperf vt* train
szko|ła *f* school; **~ła podstawowa** primary <elementary> school; **~ła średnia** secondary school, *am.* high school; **~ła wyższa** college, university; **~ła wieczorowa** night school; **chodzić do ~ły** go to school; **w ~le** at school
Szkot *m* Scot(sman)
szlachetny *adj* noble; **kamień ~** precious stone
szlafrok *m* dressing gown, (bath)robe
szlag *m*: *pot.* **~ mnie tra-**

fia it gets my goat; *pot.* **niech to ~!** dammit!, damn it!

szlagier *m* (*film*) blockbuster; (*książka*) best seller; (*piosenka*) hit

szlak *m* route, track, trail; **utarty ~** beaten track; **~ handlowy** trade route

szlifować *imperf vt* grind, cut; *przen.* (*doskonalić*) polish up

szlochać *imperf vi* sob

szmal *m pot.* dough

szmat|a *f* rag; *pot.* (*o człowieku*) toe-rag; *pot.* (*o gazecie*) rag; *pot.* **~y** *pl* rags *pl*

szmelc *m pot.* junk

szminka *f* lipstick

szmira *f pot.* trash rubbish

sznur *m* rope, line; (*elektryczny*) lead, cord; **~ samochodów** car line; **~ pereł** string of pearls; **~ do bielizny** washing line, *am.* clothes line

sznurek *m* string

sznurowadło *n* (shoe)lace

sznycel *m* (meat) cutlet

szofer *m* chauffeur

szok *m* shock; **doznać ~u** get a shock

szopa *f* shed; *pot.* (*o włosach*) mop

szopka *f* (*w kościele*) crib; *pot.* carry-on

szorować *imperf vt* scrub, scour

szorty *pl* shorts *pl*

szosa *f* road

szósty *num* sixth

szpada *f* sword, *sport.* épée

szpadel *m* spade

szpakowaty *adj* grizzled

szpalta *f* column

szpanować *imperf vi pot.* swank, show off

szpara *f* gap, space

szparag *m bot.* asparagus; **~i** *pl kulin.* asparagus (spears *pl*)

szpieg *m* spy

szpiegować *imperf vi vt* spy (**kogoś** on sb)

szpilka *f* pin

szpinak *m bot.* spinach

szpital *m* hospital

szprotka *m* sprat

szpulka *f* bobbin, spool

szrama *f* scar

szron *m* hoarfrost, (white) frost

sztab *m* staff, headquarters; ~ **główny** general headquarters
sztacheta *f* pale
sztafeta *f sport.* relay
sztandar *m* flag, standard
sztorm *m* storm, gale
sztruks *m* corduroy, cord; **~y** *pl* cords *pl*
sztuczn|y *adj* artificial; (*udawany*) sham, affected; **~e oddychanie** artificial respiration; **~e ognie** fireworks; **nawozy ~e** fertilizers; **~e tworzywo** plastic; **~e zęby** false teeth
sztućce *pl* cutlery
sztuk|a *f* art; (*teatralna*) play; (*jednostka*) piece; **~i piękne** the fine arts; **po 3 złote za ~ę** 3 zlotys a piece; *pot.* **do trzech razy ~a** third time lucky; **~a polega na tym, żeby...** the trick is to...
szturchać, szturchnąć *imperf perf vt* nudge
szturm *m*: **przypuścić ~ na kogoś <coś>** launch an assault against sb <sth>
sztylet *m* dagger
sztywny *adj* stiff, rigid; (*o cenach*) fixed
szuflada *f* drawer
szuja *m pot.* rat
szukać *imperf vt* look for, seek; ~ **słów** be at a loss for words; ~ **szczęścia** seek one's fortune; ~ **czegoś po omacku** feel about for sth
szuler *m* cardsharp
szum *m* hum, murmur; (*szelest*) rustle; ~ **w uszach** buzzing in the ears
szwagier *m* brother-in-law
szwagierka *f* sister-in-law
Szwajcar *m* Swiss
szwajcarski *adj* Swiss
Szwed *m* Swede
szwedzki *adj* Swedish
szyba *f* (window) pane; *mot.* **przednia** ~ windscreen, *am.* windshield
szybki *adj* quick, fast, swift
szybkoś|ć *f* speed, velocity; **z ~cią x mil <kilometrów> na godzinę** at (the speed of) x miles

<kilometres> per hour; **nabierać ~ci** pick up speed

szybowiec *m* glider

szyć *imperf vt* sew; *med.* suture, stitch

szyfr *m* (secret) code, cipher

szyj|a *f* neck; **pędzić na łeb, na ~ę** rush headlong

szykować *imperf vt* prepare; **~ się** *vr* prepare, get ready

szyld *m* sign(board)

szympans *m* chimp(anzee)

szyna *f* rail; *med.* splint

szynka *f* ham

szyszka *f* cone

Ś

ścian|a *f* wall; **za ~ą** next door

ścianka *f* (*przepierzenie*) partition

ściąć *perf vt zob.* **ścinać**

ściągać, ściągnąć *imperf vt vi* (*opuszczać*) pull down; (*zdjąć*) pull off; (*ściskać*) pull tight; (*przybywać*) come flocking; (*kurczyć*) contract; *przen.* (*sprowadzać*) attract, bring down; (*odpisywać*) cheat, crib; *pot.* (*kraść*) pinch; **~ buty** pull one's shoes off; **~ brwi** knit one's brow; **~ podatki** collect taxes; **~ na siebie nieszczęście** bring down misfortune on o.s.

ściek *m* sewer; **~i** *pl* sewage

ściemnia|ć się *imperf vr* get dark; **~ się** it's getting dark

ścierka *f* cloth; (*do kurzu*) duster

ścieżka *f* (foot)path; **~ dźwiękowa** soundtrack; **~ zdrowia** fitness trail

ścięgno *n anat.* tendon

ścigać *imperf vt* pursue, chase; **~ się** *vr* race

ścinać *imperf vt* cut (down); (*głowę*) behead; *sport.* smash; *przen.* (*o krwi*) curdle; **~ drzewo** cut down <fell> a tree; **~ trawę** mow grass

ścisk *m pot.* crush
ściska|ć *imperf vt* (*gnieść*) press, squeeze; (*mocno trzymać*) grip; (*mocno ściągać*) bind; (*obejmować*) embrace, hug; **~ć komuś rękę** shake sb's hand; **żal ~ serce** one's heart bleeds; **~ć się** *vr* (*obejmować się*) embrace, hug
ślad *m* trace, track, trail; **~ stopy** footmark, footprint; **iść czyimś <czegoś> ~em** follow sb <sth>; *przen.* **iść w czyjeś ~y** follow in sb's footsteps; **zniknąć bez ~u** vanish <disappear> without trace
śledzić *imperf vt* (*obserwować*) follow, keep track; (*tropić*) spy (**kogoś** on sb), watch
śledztwo *n* inquiry, investigation
śledź *m zool.* herring; (*do namiotu*) tent peg
ślep|y *adj* blind; *m* blind man; *anat.* **~a kiszka** appendix; **~y nabój** blanc (cartridge); **~a ulica** cul-de-sac, dead end; **~y zaułek** blind alley, dead end
śliczny *adj* lovely, beautiful, *am. pot.* cute
ślimak *m zool.* snail; (*bez skorupy*) slug
ślina *f* saliva, spit
śliniak *m* bib
ślinić się *imperf vr* drool; (*o dziecku*) dribble
śliski *adj* slippery; *przen.* (*ryzykowny*) dodgy
śliwk|a *f* plum; **suszone ~i** prunes
ślizgać się *imperf* slide, glide; (*na łyżwach*) skate; (*o pojeździe*) skid
ślizgawka *f* slide
ślub *m* wedding, marriage; (*ślubowanie*) vow; **~ kościelny** church wedding; **~ cywilny** civil ceremony; **brać ~** get married, marry (sb **z kimś**)
ślubn|y *adj* wedding <marriage> *attr*; **~a córka** legitimate daughter; **~a obrączka <suknia>** wedding ring <dress>; **uroczystość ~a** marriage ceremony
ślusarz *m* locksmith
śmiać się *imperf vr* laugh

(**z czegoś** at sth); **~ w kułak** laugh up one's sleeve; **~ do rozpuku** burst one's sides with laughter

śmiały *adj* (*odważny*) brave, bold, daring; (*z rozmachem*) bold; **~ plan** bold plan

śmiech *m* laughter; **wybuchnąć ~em** burst out laughing; **~ mnie bierze** I feel like laughing

śmieci *pl* rubbish, *am.* garbage; (*na ulicy*) litter; **kosz na ~** wastepaper basket <bin>, *am.* wastebasket, (*na ulicy*) litter basket <bin>

śmieciarz *m* dustman, *am.* garbage collector

śmieć[1] *m* piece of litter; rubbish, trash

śmieć[2] *imperf vi* dare; **jak śmiesz!** how dare you!

śmier|ć *f* death; **wyrok <kara> ~ci** death sentence <penalty>; **nagła ~ć** sudden death; **umrzeć ~cią naturalną** die of natural causes; **na ~ć zapomniałem** I clean forgot

śmierdzieć *imperf vi* stink, smell (**czymś** of sth)

śmierteln|y *adj* lethal, deadly, mortal; **~a choroba** fatal disease; **wypadek ~y** fatality; **~e niebezpieczeństwo** mortal danger; **grzech ~y** mortal sin

śmieszny *adj* (*zabawny*) funny, amusing; (*dziwaczny*) ridiculous, laughable

śmietana *f* cream; (*kwaśna*) sour cream; **bita ~** whipped cream

śmietanka *f* cream; **~ towarzyska** cream of society, the upper crust

śmietnik *m* (*miejsce*) the bins *pl*; (*pojemnik*) skip, *am.* dumpster; *przen.* (*bałagan*) mess; *przen.* (*miejsce*) pigsty; **wyrzucić coś na ~** dump sth

śmigłowiec *m* helicopter, *pot.* chopper

śniadanie *n* breakfast; **jeść ~** have breakfast

śni|ć *imperf vt vi* dream (**o kimś <czymś>** of <about> sb <sth>); **~ć**

się *vr*: **~ło mi się, że fruwam** I dreamt (that) I was flying

śnieg *m* snow; **pada ~** it's snowing; **opady ~u** snowfall

śnieżka *f* snowball; **Królewna Śnieżka** Snow White

śnieżyca *f* snowstorm; (*zamieć śnieżna*) blizzard

śpiesz|yć się *imperf vr* (be in a) hurry, (be in a) rush; (*o zegarku*) be fast; **nie ~ się!** take your time!

śpiew *m* singing

śpiewać *imperf vt vi* sing

śpiewak *f* singer

śpioch *m* late riser, sleepyhead

śpioszki *pl* rompers *pl*

śpiwór *m* sleeping bag

średni *adj* mean, average; **~ego wzrostu** of medium height; **~e fale** medium wave; **~e wykształcenie** secondary education; **w ~m wieku** middle-aged

średnia *f* mean, average

średnio *adv* on average

średniowiecze *n* the Middle Ages *pl*

środa *f* Wednesday

środ|ek *m* middle, centre; (*wnętrze*) inside; (*sposób*) means; *med.* medication, *przen.* remedy; **~ki** *pl* (*zasoby*) means; **~ek ciężkości** centre of gravity; **~ek transportu** means of transport, *am.* transportation; **~ki ostrożności** precautions; **w ~ku** (*wewnątrz*) inside, (*w centrum*) in the middle; **zapraszać kogoś do ~ka** ask sb in

środkowy *adj* central, middle <centre> *attr*

środowisk|o *n* environment; **~o naturalne** the environment; **ochrona ~a** environmental protection, conservation

śródmieście *n* town <city> centre, *am.* downtown

śródziemnomorski *adj* Mediterranean

śruba, śrubka *f* screw

śrubokręt *m* screwdriver

świadczenia *pl* (*obowiąz-*

kowe usługi) services *pl*; (*pomoc finansowa*) benefit

świadczyć *imperf vi* (*zeznawać*) testify; (*wskazywać*) show, manifest; **~ o kimś dobrze** to speak well for sb, to do sb credit; **~ usługi** render services (**komuś** to sb)

świadectw|o *n* certificate; (*dowód*) testimony; **~o szkolne** school report, *am*. report card; **~o urodzenia <ślubu, zgonu>** birth <marriage, death> certificate; **~o dojrzałości** certificate of secondary education; **być ~em czegoś** testify to sth

świadek *m* witness; **~ na ślubie** (*mężczyna*) best man, (*kobieta*) maid of honour; **naoczny ~** eye witness; **Świadek Jehowy** Jehovah's Witness

świadomie *adv* knowingly

świadomość *f* consciousness, awareness

świ|at *m* world; **tamten ~at** the next world; **przyjść na ~at** be born; **na ~ecie** in the world; **na całym ~ecie** all over the world; **wielki ~at** high society; **za nic w ~ecie!** not for the whole world!

światł|o *n* light; **~o dzienne** daylight; **~o księżyca** moonlight; **~o przednie <tylne>** headlight <rear light>; **~a mijania** low beam, dipped lights; **~a długie** full <*am*. high> beam; **~a** *pl* (*na skrzyżowaniu*) traffic lights; *przen*. **w świetle czegoś** in the light of sth

światopogląd *m* outlook

świąteczn|y *adj* (*odświętny*) festive; **dzień ~y** holiday; **ubranie ~e** one's Sunday best; **życzenia ~e** (*bożonarodzeniowe*) Season's <Christmas> greetings, (*wielkanocne*) Easter greetings

świątynia *f* temple

świder *m* drill

świeca *f* candle; **~ zapłonowa** spark plug

świecić *imperf vi* (*wysyłać światło*) shine; (*lśnić*) gleam, shine; **~ przykładem** be a shining example; **~ się** *vr* (*o świetle*) be on; (*lśnić*) shine, gleam

świecki *adj* lay, secular

świeczka *f* candle

świecznik *m* candlestick

świerk *m bot.* spruce

świerszcz *m zool.* cricket

świetlica *f* (*w szkole*) common room

świetnie *adv*: **~ się czuć <wyglądać>** feel <look> great; **~!** great!

świetny *adj* excellent, splendid, great

świeży *adj* recent, fresh, new; **~ chleb** fresh bread; **na ~m powietrzu** in the open (air)

święcić *imperf vt* (*poświęcać*) bless, consecrate; (*obchodzić*) celebrate

święt|o *n* holiday; **~o państwowe <kościelne>** national <religious> holiday; **~a Bożego Narodzenia** Christmas; **~a wielkanocne** Easter; **raz od wielkiego ~a** once in a blue moon

świętość *f* (*cecha*) holiness; (*rzecz święta*) sanctity; **to dla mnie ~** it is sacred for me

święt|y *adj* holy, sacred; (*przed imieniem*) Saint; (*o człowieku*) saintly; **Pismo Święte** the (Holy) Bible; **Ziemia Święta** Holy Land; **Święty Mikołaj** Santa Claus; **Wszystkich Świętych** All Saints' Day; **~e prawo** divine right; **~ej pamięci** late; **dla ~ego spokoju** for peace' sake

świnia *f zool.* pig, (*pot. o człowieku*) pig, swine

świnka *f med.* mumps; *zool.* **~ morska** guinea pig

świntuch *m pot.* dirty old man

świński *adj pot.* dirty, rotten; **~ kawał** dirty joke

świństw|o *n* (*czyn*) *pot.* dirty trick; *pot.* (*paskudztwo*) muck; **~a** *pl* obscenities *pl*; **zrobić komuś ~o** play a dirty <rotten> trick on sb

świr *m pot.* nut, freak; *pot.* **mieć ~a (na jakimś punkcie)** be nuts (about sth)

świ|t *m* dawn, daybreak; **o ~cie** at dawn

T

ta *pron zob.* **ten**

tabela *f* table

tabletka *f* tablet

tablic|a *f* (*szkolna*) blackboard; (*tabela*) chart; **~a ogłoszeń** noticeboard, *am.* bulletin board; **~a pamiątkowa** plaque; **~e rejestracyjne** (number) plates *pl*, *am.* (license) plates *pl*; *techn.* **~a rozdzielcza** switchboard

tabliczka *f*: **~ czekolady** bar of chocolate; **~ mnożenia** multiplication table

taboret *m* stool

tabu *n* taboo

taca *f* tray

taczka *f* wheelbarrow

tajemnic|a *f* secret, mystery; **trzymać coś w ~y** keep sth secret; **robić coś w ~y** do sth in secret <*pot.* on the quiet>

tajny *adj* secret, classified

tak *part* yes; *adv* (*w taki sposób*): **zrób to ~** do it like this; **~ więc** so, thus; **~ zwany** so called; **i ~ dalej** and so on (and so forth); **~ sobie** so-so; **~ czy owak** anyway

taki *pron* such; **~ sam** the same; **~ jak** such as; **~ bałagan** such a mess; **~ jeden** one guy; **nic ~ego** nothing special; **w ~m razie...** in that case...

taksówk|a *f* taxi, *am.* cab; **jechać ~ą** go by taxi

taksówkarz *m* taxi driver, *am.* cab driver

takt *m* tact; *muz.* bar

taktowny *adj* tactful

taktyka *f* tactics *pl*

także *adv* also, too, as well; **~ nie** neither

talent *m* talent, gift

talerz *m* plate; **głęboki <płytki> ~** soup <din-

ner> plate; **latający ~** flying saucer

talia *f* (*kart*) deck, pack; (*pas*) waist

talizman *m* charm, talisman

talk *m* talc

tam *adv* (over) there; **kto ~?** who's there?; **~ i z powrotem** back and forth

tama *f* dam

tamować *imperf vt* (*ruch*) hamper; (*krew*) stem, staunch

tampon *m* tampon

tamten (tamta, tamto) *pron* that; **~ świat** the next world

tamtędy *adv* (down) that way

tancerz *m* dancer

tandeta *f* trash, rubbish

tani *adj* cheap; **~ jak barszcz** dirt cheap

taniec *m* dance

tanio *adv* cheap

tańczyć *imperf vi vt* dance

tapczan *m* bed, divan

tapeta *f* wallpaper

tapicerka *f* upholstery

tarapat|y *pl* trouble; **znaleźć się w ~ach** get into trouble

taras *m* terrace

tarcza *f* (*strzelecka*) target; (*osłona*) shield; (*szkolna*) badge; (*zegara*) face

tarczyca *f med.* thyroid (gland)

targ *m* market; **~i** *pl* fair; **dobić ~u** strike a bargain

targować się *imperf vr* bargain, haggle (**o coś** about sth)

targowisko *n* market(place)

targowy *adj*: **dzień ~** market day; **plac ~** marketplace

tarka *f* grater

taryfa *f* tariff, rates *pl*; **~ opłat** scale of charges; *pot.* cab

tasiemka *f* tape

taśma *f* band, tape; (*w fabryce*) assembly line; **~ filmowa** film; **~ izolacyjna** insulating tape

tata *m* dad, pa, *am.* pop

tatar *m kulin.* tartar(e) steak

tatuaż *m* tattoo

tatuś *m* dad(dy)

tchórz *m zool.* polecat; (*człowiek*) coward; *pot.* chicken
teatr *m* theatre; ~ **kukiełkowy** puppet show
teatraln|y *adj* theatre *attr*, theatrical; **sztuka ~a** play
techniczny *adj* technical, technological
technika *f* technology; (*metoda*) technique
technikum *n* technical school <college>
technologia *f* technology
teczka *f* briefcase, portfolio; (*tekturowa*) folder
tekst *m* text; (*piosenki*) lyrics *pl*
tekstylny *adj* textile
tektura *f* cardboard
teledysk *m* (video) clip
telefon *m* (tele)phone; (*rozmowa*) phone call; **rozmawiać przez ~** be on the phone; ~ **komórkowy** cellular phone, *pot.* mobile phone; **odebrać ~** pick up <answer> the phone; ~ **do ciebie <pana>!** there's a (phone) call for you!; **podaj mi swój ~** give me your phone number
telefoniczn|y *adj* (telephone *attr*; **budka ~a** phone booth<box>; **karta ~a** phone card; **książka ~a** phone book, (telephone) directory
telefonistka *f* operator
telefonować *imperf vi* make a (phone) call, phone <call> (**do kogoś** sb), ring sb up
telegazeta *f* teletext
telegram *m* telegram, *pot.* cable
telekomunikacja *f* telecommunications
teleks *m* telex
telepatia *f* telepathy
teleskop *m* telescope
teleturniej *m* quiz show
telewidz *m* viewer
telewizj|a *f* television, TV, *pot.* telly; **~a kablowa** cable television; **~a satelitarna** satellite television; **co jest w ~i?** what's on TV?; **oglądać ~ę** watch TV
telewizor *m* television (set), TV (set)
temat *m* subject, topic; *muz.* theme; **na jakiś ~** on sth

temblak *m* sling
temperament *m* temperament
temperatur|a *f* temperature; (*gorączka*) fever; **mierzyć ~ę** take the temperature
temperówka *f* (pencil) sharpener
temp|o *n* pace, rate; *muz.* tempo; **w zwolnionym ~ie** in slow motion
temu *adv*: **rok ~** a year ago; **dawno ~** long ago
ten (ta, to) *pron* (*z rzeczownikiem*) this; (*bez rzeczownika*) this one; **~ sam** the same; **~ duży** the big one; **~, który wyszedł** the one who left
tenis *m* tennis; **grać w ~a** play tennis
tenisówki *pl* tennis shoes *pl*, plimsolls *pl*, *am.* sneakers *pl*
tenor *m* tenor
teologia *f* theology
teoria *f* theory
terakota *f* terracotta
terapeuta *m* therapist
terapia *f* therapy
teraz *adv* now; (*obecnie*) nowadays
teraźniejszy *adj* present, today's *attr*; *gram.* **czas ~** present tense
teren *m* area, ground, terrain; **na ~ie budowy** on the building site; **być w ~ie** be on the premises
termin *m* (*wyraz*) term; (*czas*) date, time limit; **ostateczny ~** the deadline; **wyznaczyć ~** set a date; **w ~ie** in time; **przed ~em** ahead of time
terminarz *m* (*kalendarz*) diary
terminowo *adv* on time
termofor *m* hot-water bottle
termometr *m* thermometer
termos *m* (vacuum) flask
terror *m* terror
terrorysta *m* terrorist
terroryzm *m* terrorism
terroryzować *imperf vt* terrorize
terytorium *n* territory
test *m* test
testament *m* will, testament; **Stary <Nowy> Testament** the Old <New> Testament
testować *imperf vt* test

teściowa *f* mother-in-law

teść *m* father-in-law

teza *f* thesis

też *adv* also, too; ~ **nie** neither; **dlatego** ~ that is why, therefore

tęcza *f* rainbow

tędy *adv* this way

tęg|i *adj* stout, podgy; **to ~a głowa** he has a head on his shoulders

tępy *adj* (*nieostry*) blunt; (*ścięty*) obtuse; (*mało bystry*) dense, dull, slow-witted

tęsknić *imperf vi* miss (**za kimś <czymś>** sb <sth>), long <yearn> (**za kimś <czymś>** for sb <sth>); ~ **za domem <rodziną>** be homesick

tęsknota *f* longing, homesickness

tętnica *f med.* artery

tętno *n* pulse

tkanina *f* fabric, texture

tlen *m* oxygen

tlenić *imperf vt* bleach

tło *n* background

tłoczyć się *imperf vr* crowd

tłok *m* (*ścisk*) crowd; *techn.* piston; **jest straszny** ~ the place is packed

tłuc *imperf vt* (*rozbijać*) break; *pot.* ~ **kogoś** bash sb out; ~ **się** *vr* break; *pot.* (*bić się*) scrap; *pot.* ~ **się po świecie** roam about the world

tłum *m* crowd

tłumacz *m* (*tekstów*) translator; (*ustny*) interpreter; ~ **przysięgły** sworn <certified> translator

tłumaczenie *n* (*pisemne*) translation; (*wyjaśnianie*) explanation

tłumaczyć *imperf vt* (*wyjaśniać*) explain; (*przekładać pisemnie*) translate; (*przekładać ustnie*) interpret; (*usprawiedliwiać*) justify, excuse; ~ **się** *vr* explain <excuse> o.s.

tłumić *imperf vt* (*ogień; śmiech*) smother; (*przyciszać*) muffle; (*likwidować*) supress

tłumik *m muz.* sordine; *techn.* silencer, muffler

tłust|y *adj* (*gruby*) fat; (*z tłuszczem*) fat, rich; (*zatłuszczony*) greasy, oily; **~e mleko** full-cream milk; **~y czwartek** the

Thursday before Ash Wednesday <Lent>; **~y druk** bold type; **~a plama** greasy stain

tłuszcz *m* fat, grease

to[1] *pron zob.* **ten**; it; **to ja** it's me; **to nie takie proste** it's not that simple

to[2] *conj i inne*: **jak to?** how come?; **no to co?** so what?; **otóż to** exactly; **chcesz, to idź** go if you wish

toaleta *f* (*ubikacja*) toilet, lavatory, *am.* rest room; (*strój*) dress; **~ damska** (the) Ladies; **~ męska** (the) Gents

toaletow|y *adj* toilet *attr*; **mydło ~e** toilet soap; **papier ~y** toilet paper; **przybory ~e** toiletries

toast *m* toast; **wznieść ~ za kogoś** drink a toast to sb

tok *m* course, progress; **być w ~u** be in progress

tokarz *m* turner

toksyczny *adj* toxic

tolerancja *f* tolerance

tom *m* volume

ton *m* tone; *muz.* tone; **spuścić z ~u** come down a peg or two

tona *f* tonne, ton

tonacja *f muz.* key, mode; (*głosu*) pitch

tonąć *imperf vi* drown; (*o statku*) sink; *przen.* **~ we łzach** be in floods of tears; *przen.* **~ w długach** be up to one's ears in debt

tonik *m* tonic

topić *imperf vt* drown; (*roztapiać*) melt; *przen.* **~ w czymś pieniądze** sink money in sth; *przen.* **~ smutki** drown one's sorrows; **~ się** *vr* drown, get drowned; (*roztapiać się*) melt, thaw

topola *f bot.* poplar

topór *m* axe, *am.* ax

tor *m* (*kolejowy*) track; (*trasa*) path; *sport.* (*na bieżni*) lane; **boczny ~** branch line; **~ wyścigowy** racecourse; *am.* racetrack; **właściwy ~** the right track; *przen.* **toczyć się zwykłym ~em** take its course; **~y (kolejowe)** (railway, *am.* railroad) track

torba *f* bag; ~ **podróżna** holdall

torebka *f* bag; (*damska*) handbag, *am.* purse

torf *m* peat

tornister *m* satchel

torsje *pl* vomiting

tort *m* cream cake, *am.* layer cake

tortura *f* torture

torturować *imperf vt* torture

tost *m* piece <slice> of toast

toster *m* toaster

totalny *adj* total

totolotek *m* National Lottery, *am.* Lotto

towar *m* commodity; **~y** *pl* commodities *pl*, goods *pl*

towarowy *adj*: **dom** ~ department store; **pociąg** ~ goods train, freight train; **znak** ~ trademark

towarzystw|o *n* company, society; **nieodpowiednie ~o** bad company; **dotrzymywać komuś ~a** keep sb company

towarzyszyć *imperf vt* accompany (**komuś <czemuś>** sb <sth>)

tożsamoś|ć *f* identity; **dowód ~ci** identity card, ID

tracić *imperf vt* lose; (*marnować*) waste; ~ **ważność** expire, run out; ~ **panowanie nad sobą** lose one's temper; *przen.* ~ **głowę** lose one's head; ~ **kogoś z oczu** lose sight of sb

tradycja *f* tradition

trafiać, trafić *imperf perf vt vi* hit, hit the target; (*znajdować drogę*) find one's way; (*dostać się dokądś*) get; ~ **do celu** hit the target; ~ **w dziesiątkę** hit the bull's-eye, *przen.* be spot-on; **trafić do szpitala** land in (*am.* the) hospital; **dobrze <źle> trafić** fall on the right <wrong> person; **trafić w porę** come at the right moment; **trafić na kogoś** come across sb; **nie trafić** miss

trafienie *n* hit; (*w grze liczbowej*) lucky number

tragarz *m* porter
tragedia *f* tragedy
traktat *m* (*układ*) treaty
traktor *m* tractor
traktować *imperf vt* treat; **źle kogoś ~** treat sb badly, ill-treat sb; **~ kogoś z góry** patronize sb, look down on sb
trampki *pl* gym shoes *pl*, *am.* sneakers
trampolina *f* springboard
tramwaj *m* tram, *am.* streetcar
transakcja *f* transaction
transformacja *f* transformation
transformator *m* transformer
transfuzja *f* transfusion
transkrypcja *f* transcription
transmisja *f* transmission
transmitować *imperf vt* transmit; (*mecz*, *koncert*) broadcast
transport *m* transport, *am.* transportation; (*ładunek*) shipment
transportować *imperf vt* transport, ship
tranzyt *m* transit
trasa *f* route; (*podróży*) itinerary
trawa *f* grass
trawić *imperf vt* digest
trawka *f pot.* grass
trawnik *m* lawn
trąba *f* trumpet; (*słonia*) trunk; **~ powietrzna** whirlwind
trąbka *f muz.* trumpet
trefl *m* clubs
trema *f* stage fright; *pot.* jitters
trener *m* trainer, coach
trening *m* training, practice, *am.* practise
trenować *imperf vt* (*zawodników*) train, coach; (*ćwiczyć*) practise
tresować *imperf vt* train
treść *f* (*zawartość*) content; (*książki*) contents *pl*; (*sens*) essence
trochę *adv* a little, a bit; **ani ~** not a bit
trojaczki *pl* triplets *pl*
trolejbus *m* trolley bus
tron *m* throne
tropić *imperf vt* track, trail
tropik *m* the tropics *pl*; (*nad namiotem*) flysheet
troska *f* (*zmartwienie*)

care, anxiety; (*dbałość*) care, concern

troszczyć się *imperf vr*: **~ o kogoś <coś>** (*martwić się*) care about sb <sth>; (*opiekować się*) care for, take care of sb <sth>

trójka *f* three; (*stopień*) C

trójkąt *m* triangle

trucizna *f* poison

truć *imperf vt vi* poison; *pot*. prattle, babble

trud *m* hardship; **z ~em** with difficulty; **zadać sobie ~ czegoś** take the trouble to do sth

trudno *adv* difficult, hard; **~ powiedzieć** it's hard to say; *pot*. **(to) ~!** tough (luck)!

trudność *f* difficulty

trudny *adj* difficult, hard

trujący *adj* poisonous, toxic

trumna *f* coffin, *am*. casket

trunek *m* alcoholic beverage

trup *m* corpse, dead body; **paść ~em** drop dead; **po moim ~ie** over my dead body

truskawka *f* strawberry

trwać *imperf vi vt* last, go on; **~ godzinę** last (for) an hour

trwał|y *adj* durable, lasting; **~a (ondulacja)** perm

tryb *m* mode; **~y** *pl techn*. gears *pl*, cog-wheels *pl*

trybun|a *f* (*mównica*) rostrum; **~y** *pl sport*. stand

trybunał *m* tribunal

trzask *m* (*odgłos łamania*) crack; (*pioruna*) clap, boom; (*drzwi*) bang, slam

trzaskać, trzasnąć *imperf perf vt vi* (*uderzać*) bang, rattle, strike; (*łamać się*) crack; (*drzwiami*) slam

trząść *imperf vt vi* shake; (*o pojeździe*) shake, jolt; *pot*. (*rządzić*) boss; **~ się** *vr* shake; (*dygotać*) shake, tremble, shiver

trzeba *part* it is necessary to <that>; **jeśli ~** if necessary; **~ to było zrobić** one should have done it; **~ mu powiedzieć** he should be told; **do tego ~ cierpliwości** it needs patience

trzeci *num* third

trzeć *imperf vt* (*pocierać*) rub; (*rozdrabniać*) grate
trzepać *imperf vt vi* beat
trzeźwy *adj* sober; (*rzeczowy*) sober, dispassionate, reasonable
trzęsienie *n* trembling, shaking; ~ **ziemi** earthquake
trzonek *m* handle
trzustka *f anat.* pancreas
trzy *num* three; *pot.* **pleść ~ po ~** talk nonsense
trzydziesty *num* thirtieth
trzydzieści *num* thirty
trzymać *imperf vt vi* hold (on to); (*przetrzymywać, chować*) keep; ~ **coś mocno** grip sth; ~ **kogoś za rękę** hold sb by the hand; ~ **ręce w kieszeniach** have one's hands in one's pockets; ~ **kogoś krótko** keep a tight rein on sb; ~ **kogoś za słowo** hold sb to his promise; ~ **coś w cieple** keep sth warm; ~ **głowę wysoko** carry one's head high; *przen.* ~ **język za zębami** keep a secret; ~ **się** *vr*: ~ **się poręczy** hold on to the handrail; ~ **się przepisów** obey <stick to> to regulations; ~ **się z boku** to stay away; ~ **się razem** stick together; ~ **się za ręce** hold hands; *pot.* **trzymaj się!** take care!
trzynasty *num* thirteenth
trzynaście *num* thirteen
trzysta *num* three hundred
tu *adv* here
tubka *f* tube
tuczyć *imperf vt vi* fatten; (*o żywności*) be fattening
tulipan *m bot.* tulip
tułów *m* trunk
tunel *m* tunnel
tuńczyk *m zool.* tuna (fish)
tupać *imperf vi* stamp (**nogami** one's feet)
tupet *m* impudence, cheek; **mieć** ~ have a nerve
turban *m* turban
turbina *f* turbine
turecki *adj* Turkish
Turek *m* Turk
turniej *m* tournament
turnus *m* period

turysta *m* tourist
turystyczny *adj* tourist *attr*
turystyka *f* tourism; **~ piesza** hiking
tusz *m* Indian ink; (*do rzęs*) mascara
tusza *f* (*otyłość*) fatness
tutaj *adv* here
tuzin *m* dozen
tuż *adv* (*obok*) nearby, close by; (*o czasie*) just, close on; **~, ~** close on; **~ za rogiem** just round the corner; **~ po północy** right after midnight
twardo *adv* hard, firmly, strictly; **jajko na ~** hard-boiled egg; **spać ~** be fast <sound> asleep
tward|y *adj* hard, tough, rigid; **~y sen** sound sleep; **~y facet** tough fellow <guy>; *przen.* **~a ręka** heavy <iron> hand
twardziel *m pot.* tough guy
twaróg *m* cottage cheese
twarz *f* face; **rysy ~y** features; **wyraz ~y** (facial) expression; **~ą w ~** face to face; **jest ci w tym do ~y** it suits you; **powiedzieć coś komuś (prosto) w ~** to say sb sth outright <in the face>
twierdzić *imperf vi vt* claim, say; (*stanowczo*) assert
tworzyć *imperf vt* create, form; **~ się** *vr* form, be formed
tworzywo *n* material; **~ sztuczne** plastic
twój (twoja, twoje) *pron* your; (*bez rzeczownika*) yours; **czy ten ołówek jest ~?** is this pencil yours?
twórca *m* creator; (*założyciel*) originator, founder
twórczość *f* creation, production; (*dzieła*) works
ty *pron* you
tyć *imperf vi* get <grow> fat, put on weight
tydzień *m* week; **za ~** in a week(s time); **w przyszłym <zeszłym> tygodniu** next <last> week; **Wielki Tydzień** Holy Week
tyfus *m med.* typhus
tygodnik *m* weekly
tygrys *m zool.* tiger
tyle *pron* so much <many>; (*bez rzeczownika*)

this much <many>; **dwa razy ~** twice as much <many> as; **~ samo co** as much <many> as

tylko *adv* only, just; **to ~ formalność** it's a mere formality; **~ że...** only...; **jeśli ~** if only; **powiedz mu ~, żeby...** just tell him to...; **~ nie to!** anything but that!

tyln|y *adj* back, rear; **~e światło** tail <rear> light; **~e koło** rear wheel; **~a kieszeń** back <hip> pocket

tył *m* back, rear; **~em do kogoś <czegoś>** with one's back towards sb <sth>; **odwrócić się ~em** turn one's back (**do kogoś** on sb); **do ~u** to the back, backward(s); **z ~u** in the back <rear>; **w tyle** at the back; **pozostawać w tyle za kimś <czymś>** lag behind sb <sth>; **założyć coś ~em naprzód** put sth on back to front; **w ~ zwrot!** about turn <*am.* face!>

tyłek *m pot.* rear, bottom

tym *pron zob.* **ten, ta, to**; *part*: **~ bardziej** all the more; **im więcej, ~ lepiej** the more the better

tymczasem *adv* (*podczas gdy*) meanwhile, while; (*na razie*) in the meantime

tymczasowo *adv* temporarily

tymczasow|y *adj* temporary, provisional; **~e zajęcie** temporary job; **~e rozwiązanie** temporary <provisional> arrangement; **rząd ~y** provisional government

tynk *m* plaster

typ *m* type; **być w czyimś ~ie** be sb's type; *pot.* **podejrzany ~** suspicious looking individual

typowy *adj* typical

tysiąc *num* thousand

tysięczny *num* thousandth

tytoń *m* tobacco

tytuł *m* title; **pod ~em** (en)titled; **~ magistra** Master's degree; *prawn.* **~ własności** title deed

U

u *praep* at, with, by; **u Piotra** at Peter's (place); **u nas w kraju** in our country, back home; **u dentysty** at the dentist's; **mieszkać u przyjaciół** stay with friends; **u jego boku** by his side; **u czyjegoś ramienia** on sb's arm; *przen.* **kula u nogi** ball and chain; **być u władzy** be in power; **u góry <dołu>** at the top <bottom>; **mieć powodzenie u kobiet** be popular with women; **to jest częste u dzieci** it's common in children

ubezpieczać, ubezpieczyć *imperf vt* insure; **~ się** *vr* insure o.s.

ubezpieczenie *n* insurance; **~ od kradzieży <na życie>** theft <life> insurance; **~ od odpowiedzialności cywilnej** third-party insurance; **~ społeczne** national insurance, *am.* social security

ubiegły *adj* last, past

ubierać *imperf vt* dress; **~ się** *vr* get dressed, dress

ubikacja *f* lavatory, toilet

ubogi *adj* poor; scanty

ubrać *perf vt zob.* **ubierać**

ubranie *n* clothes *pl*, dress

ch|o *n* ear; (*uchwyt*) handle; (*igły*) eye; **odstające uszy** protruding ears; **słuchać jednym ~em** listen with half an ear; **nadstawiać ~a** prick up one's ears; **nie wierzyłem własnym uszom** I couldn't believe my ears; **puszczać coś mimo uszu** turn a deaf ear to sth; *pot.* **mieć czegoś powyżej uszu** be fed up with sth; **być zakochanym po uszy** be head over heels in love

uchodźca *m* refugee

uchwała *f* resolution

uchwyt *m* handle

uciąć *perf vt* cut (off); **~ dyskusję** cut a discussion short; **~ sobie**

drzemkę <pogawędkę> have a nap <chat>; **dałbym sobie za niego rękę ~** I would go fire and water for him

ucieczk|a *f* escape, flight; **ratować się ~ą** take (to) flight; **rzucić się do ~i** bolt

uciek|ać *imperf vi* escape, run away; **~ł mi autobus** I missed my bus; **czas ~a** time flies; **~ać się** *vr*: **~ać się do czegoś** resort to sth

ucieszyć *perf vt* make happy, please; **~ się** *vr* be glad (**czymś** of sth)

uciszać, uciszyć *imperf perf vt* silence, hush; **~ się** *vr* fall silent

uczcić *perf vt* honour; (*świętować*) commemorate, celebrate; **~ pamięć** commemorate

uczciwość *f* honesty

uczciwy *adj* honest

uczelnia *f* university, college

uczennica *f* schoolgirl, pupil, *am.* student

uczeń *m* schoolboy, pupil, *am.* student

uczesać się *perf vt* (*u fryzjera*) have one's hair done

uczesanie *n* hairdo, hairstyle

uczestniczyć *imperf vi* participate

uczestnik *m* participant

uczęszczać *imperf vi* frequent, attend; **~ do szkoły** go to school

uczony *m* (*w naukach humanistycznych*) scholar; (*w naukach przyrodniczych*) scientist

uczta *f* feast; *przen.* (*rozkosz*) treat

uczu|cie *n* feeling, emotion; (*doznanie*) sensation; **~cie radości** feeling of joy; **~cia macierzyńskie** maternal feelings; **pozbawiony ~ć** unfeeling

uczulenie *n* allergy; **mieć ~** be alergic (**na coś** to sth)

uczyć *imperf vt vi* teach (**kogoś czegoś** sb sth); **~ się** *vr* learn, study; **~ się dobrze <źle>** be a good <bad> student

uda|ć się *perf vr* (*po-*

wieść się) succeed, be fortunate <lucky>; (*pójść*) make one's way; **~ło ci się** you've been lucky; **~ło mu się ją znaleźć** he managed to find her; **~ć się do domu** make for home

udawać *imperf vt* pretend, make believe, feign, fake; (*naśladować*) imitate; **~ chorego** pretend to be sick; **~ głupiego** act <play> the fool, play ignorant

udany *adj* successful; **wieczór był (bardzo) ~** the evening was a (great) success

udar *m*: *med.* **~ mózgu** stroke; **~ słoneczny** sunstroke

uderzenie *n* strike, blow; (*odgłos*) bang; **~ serca <tętna>** heart <pulse> beat; **~ w twarz** slap in the face; *med.* **~ krwi do mózgu** cerebral congestion, *pot.* stroke

uderzy|ć *imperf vt* strike, hit; **~ć kogoś** hit sb (**w coś** in <on> sth); **~ć w coś głową** bang one's head against sth; *przen.* **sława ~ła mu do głowy** success went to his head; **~ć w płacz** burst into tears; **~ć się** *vr* hit <bump> (**o coś** against sth); **~ć się w piersi** beat one's breast

udko *n kulin.* leg

udo *m anat.* thigh

udowodnić *perf vt* prove

udogodnieni|e *n* convenience; **~a** *pl* facilities

udusić *perf vt* strangle; *kulin.* stew; **~ się** *vr* suffocate; *kulin.* stew, be stewed

udział *m* participation; *ekon.* share; **brać ~ w czymś** take part in sth; **mieć ~y w spółce** hold shares in a company

udzielać, udzielić *imperf perf vt* give, grant; **~ lekcji <wywiadu>** give lessons <an interview>; **~ pożyczki** grant a loan; **~ komuś pierwszej pomocy** give first aid to sb; **~ się** *vr* (*o nastroju*) be infectious; (*towarzysko*) socialize; **~ się komuś** infect sb

ufać *imperf vt* trust (**komuś** sb), confide (**komuś** in sb)
ufarbować się *perf vr*: *pot.* **~ na czarno** dye one's hair black
ufny *adj* trusting
UFO *abbr* UFO (unidentified flying object)
ugasić *perf vt*: **~ pożar** put out <extinguish> fire; **~ pragnienie** quench one's thirst
ugod|a *f* settlement, compromise; **zawrzeć ~ę** reach a compromise
ugościć *perf vt*: **~ kogoś obiadem** treat sb to dinner
ująć *perf vt* (*chwycić*) seize, grasp; (*objąć*) clasp; (*złapać*) capture; (*zjednać*) win, captivate; (*odjąć*) deduct; *przen.* **~ kogoś za serce** win sb's heart; **~ się** *vr*: **~ się za kimś** take sb's side
ujemn|y *adj* negative; (*temperatura*) sub-zero; **~a strona** disadvantage; **mieć na kogoś ~y wpływ** affect sb's behaviour negatively
ujęcie *n* (*w filmie*) take
ujmować *imperf vt zob.* **ująć**
ukąsić *perf vt* (*ugryźć*) bite; (*użądlić*) bite, sting
układ *m* (*umowa*) agreement; (*rozmieszczenie*) arrangement; (*system*) system; *pot.* **~y** *pl* connections; **~ oddechowy** respiratory system; **~ scalony** integrated circuit; **~ graficzny** layout
układać *imperf vt* (*kłaść*) put (down); (*kłaść poziomo*) lie down; (*porządkować*) arrange; **~ dziecko do snu** put a child to bed; **~ sobie włosy** have one's hair styled; **~ melodię** compose music; **~ wiersze** write poetry; **~ plany** make plans; **~ się** *vr* lie down; (*o sprawach*) shape up well
układanka *f* jigsaw (puzzle)
ukłon *m* bow; (*głową*) nod; **~y** *pl* compliments *pl*, best regards *pl*
ukłonić się *perf vr* bow (**komuś** to sb); (*pozdrowić*) greet (**komuś** sb)

ukłuć *perf vt* prick; **~ się** *vr* prick (**w palec** one's finger)

ukochany *adj* beloved; *m* beloved, sweetheart

ukos *m* slant; **na ~** at a slant; *przen.* **patrzeć na kogoś z ~a** look askance at sb

ukośny *adj* oblique, slanting

ukradkiem *adv* furtively, stealthily

Ukrainiec *m* Ukrainian

ukraiński *adj* Ukrainian

ukraść *perf vt* steal (**coś komuś** sth from sb)

ukryć, ukrywać *perf imperf vt* hide; (*zataić*) hide, conceal; **~ coś przed kimś** hide sth from sb; **~ się** *vr* hide (o.s.), be in hiding

ul *m* (bee)hive

ule|c, ulegać *perf imperf vi vt* (*poddać się*) give in, yield <succumb> to; (*podlegać*) undergo, suffer; (*doznać*) experience, be seized (**czemuś** with sth); **~c komuś** be defeated by sb; **~c pokusie <naciskom>** yield to temptation <pressure>; **~c wypadkowi** meet with an accident; **~c zmianom** undergo changes; **~c zepsuciu** get spoiled; **nie ~ga wątpliwości, że...** there is no doubt that...

ulepszać, ulepszyć *imperf perf vt* improve, better

ulewa *f* downpour, rainstorm

ulg|a *f* (*uczucie*) relief; (*zniżka*) reduction, allowance; **przynieść ~ę** bring relief; **poczuć ~ę** feel relief; **~a podatkowa** tax relief <allowance>

ulgowy *adj* reduced; *pot.* **~ bilet** cheap ticket

ulic|a *f* street; **na ~y** in <*am.* on> the street; **iść ~ą** walk down the street

ulotka *f* leaflet

ultrakrótki *adj*: **fale ~e** ultra-high frequency waves

ultrasonograf *f* ultrasound scanner

ulubieniec *m* favourite, *am.* favorite

ulubiony *adj* favourite, *am.* favorite
ułamek *m* fragment; *mat.* fraction
ułatwiać, ułatwić *imperf perf vt* facilitate, make easier
ułożyć *perf vt zob.* **układać**
umawiać się *imperf vr* (*ustalać*) agree, arrange; (*na spotkanie*) make an appointment; **~ z kimś** (*chodzić z kimś*) date sb
umiar *m* moderation; **bez ~u** without moderation
umieć *imperf vt* (*znać*) know; (*potrafić*) can, be able to; **~ coś na pamięć** know sth by heart; **~ coś zrobić** know how to do sth, be able to do sth
umierać *imperf vi* die; **~ z głodu** die of starvation; *przen.* **~ z ciekawości** be dying to know; *przen.* **~ ze strachu** be frightened to death
umieszczać, umieścić *imperf perf vt* place, put; **~ reklamę w gazecie** insert an advertisement in a paper; **~ kogoś w szpitalu** put sb in a hospital
umocować *perf vt* fasten, fix
umorzyć *perf vt*: **~ dochodzenie** discontinue an investigation; **~ dług** write off a debt
umow|a *f* agreement, contract; **~a zbiorowa** collective agreement; **~a o pracę** contract of employment; **zawrzeć z kimś ~ę** enter into an agreement with sb; **złamać ~ę** breach an agreement; **zgodnie z ~ą** in accordance with the agreement
umowny *adj* conventional; (*zgodny z umową*) agreed, contracted
umożliwiać, umożliwić *imperf perf vt* enable, make possible
umówić się *perf vr zob.* **umawiać się**
umrzeć *perf vi* die; **~ nagle** die a sudden death; **~ na raka** die of cancer
umyć *perf vt zob.* **myć**
umy|sł *m* mind, intellect; **chory na ~śle** in-

sane; **przytomność ~słu** presence of mind

umysłow|y *adj* mental, intellectual; **choroba ~a** mental illness; **pracownik ~y** white-collar worker

umyślnie *adv* on purpose, intentionally

umywalka *f* washbasin, *am.* washbowl

unia *f* union

unieść *perf vt* raise; (*udźwignąć*) lift; **~ się** *vr* (*podnieść się*) stand up, rise; (*wzlecieć*) rise into the air; **~ się gniewem** fly into a passion

unieważnić *perf vt* annul, cancel, invalidate

unieważnienie *n* annulment, cancellation, invalidation

uniewinnić *perf vt prawn.* acquit

unikać *imperf vt* avoid (**kogoś <czegoś>** sb <sth>), shun, evade

unikat *m* rarity

unikatowy *adj* unique

uniknąć *perf vt* avoid <escape> (**czegoś** sth); **~ nieszczęścia** evade a disaster; **~ śmierci** miss being killed

uniwersalny *adj* universal

uniwersytet *m* university

unosić *imperf vt zob.* **unieść**; **~ się** *vr* (*na falach*) float; (*o mgle*) go up

uogólniać *imperf vt* generalize

upadać *imperf vi* fall (down); (*o projekcie*) fall through; **~ na duchu** lose spirit; **~ ze zmęczenia** be dead tired

upadek *m* fall; (*klęska*) downfall; **~ moralny** moral decline

upalny *adj* torrid, sweltering

upał *m* heat

uparty *adj* obstinate, stubborn

upaść *perf vi zob.* **upadać**

upewnić się *perf vr* make sure <certain>

upić się, upijać się *perf imperf vr* get drunk

upierać się *imperf vr* insist; **~ przy czymś** insist on sth

upłynąć, upływać *perf imperf vi* (*o czasie*) elapse, go by; (*o terminie*) expire

upokarzać, upokorzyć *imperf perf vt* humiliate; ~ **się** *vr* humiliate <abase> oneself

upominać się *imperf vr zob.* **upomnieć się**

upominek *m* gift

upomnieć się *perf vr*: ~ **o coś** claim sth

upomnienie *n* (*uwaga*) rebuke, reproof; (*pismo*) admonition

upoważnić *perf vt*: ~ **kogoś do zrobienia czegoś** authorize sb to do sth, entitle, empower

upoważnieni|e *n* authorization; **pisemne ~e** written authorization; **z czyjegoś ~a** authorized by sb

upór *m* obstinacy, stubbornness; **z uporem** obstinately, stubbornly

upraszczać *imperf vt* simplify

uprawa *f* cultivation; (*przedmiot uprawy*) crop

uprawiać *imperf vt* cultivate, grow; ~ **ziemię** farm (land); ~ **sport** go in for sport

uprzedzenie *n* prejudice, bias

uprzedzić, uprzedzać *perf vt* (*ubiegać*) anticipate; (*informować*) warn; ~ **się** *vr* be biased <prejudiced> (**do kogoś <czegoś>** against sb <sth>)

uprzejmoś|ć *f* politeness, courtesy; (*przysługa*) favour; **dzięki ~ci** by courtesy (**kogoś** of sb)

uprzejmy *adj* polite, kind

upuścić *perf vt* drop

uratować *perf* save, rescue; ~ **kogoś od śmierci** save sb from death; ~ **się** *vr* be saved

uraz *m med.* injury; (*psychiczny*) shock, trauma

uraz|a *f* resentment; **żywić do kogoś ~ę** bear sb a grudge

urlop *m* (*przerwa w pracy*) leave; (*wakacje*) holiday, vacation; ~ **macierzyński** maternity leave; ~ **zdrowotny** sick leave; **wziąć ~** take a leave; **być na ~ie** be on leave

uroczy *adj* charming, *am. pot.* cute

uroczystoś|ć *f* ceremony; **~ci pogrzebowe** funeral service

uroda *f* beauty, good looks *pl*

urodzaj *m* bumper crop

urodzeni|e *n* birth; **data <miejsce> ~a** date <place> of birth; **świadectwo ~a** birth certificate; **od ~a** from birth

urodzi|ć *perf vt* bear, give birth; **~ć się** *vr* be born; **~łem się w 1980 roku** I was born in 1980

urodziny *pl* birthday

urok *m* charm; (*czary*) spell

urosnąć *perf vi* grow

uruchomić *perf vt* start, activate; **~ samochód** start a car

urwa|ć *perf vt* tear off; (*nagle przestać*) break off; **~ć się** *vr* break loose; (*o guziku*) come off; (*ustać*) stop, cease; (*z zebrania*) *pot.* push off; **ślad się ~ł** the trace ended

urząd *m* office; **~ pocztowy** post office; **~ stanu cywilnego** registry office; **~ skarbowy** Internal Revenue, *am.* IRS (Internal Revenue Service); **z urzędu** ex officio

urządzać *imperf vt zob.* **urządzić**

urządzenie *n* appliance, device

urządzi|ć *perf vt* (*zorganizować*) arrange, organize; (*umeblować*) furnish; **~ć przyjęcie** give a party; **~ć awanturę** kick up a row; *pot.* **~ć kogoś** get sb into a mess; **~ć się** *vr* (*zainstalować się*) settle down; *pot.* **nieźle się ~ł** he got (himself) into a pretty mess

urzędnik *m* clerk, office worker; **~ państwowy** civil servant

usiąść *perf vi* sit down; *zob.* **siadać**

usługa *f* service; (*przysługa*) favour; **być na czyichś ~ch** be at sb's service

usługiwać *imperf vi* serve

(**komuś** sb); attend (**komuś** to sb); (*o kelnerze*) wait (on sb <at table>)

usnąć *perf vi* fall asleep

uspokoić *perf vt* calm (down), quieten (down), *am.* quiet (down); **~ się** *vr* calm (down), quieten down, *am.* quiet (down)

usprawiedliwiać, usprawiedliwić *perf vt* excuse; (*uzasadniać*) justify; **~ się** *vr* excuse oneself (**z powodu czegoś** for sth)

usprawiedliwienie *n* excuse; (*uzasadnienie*) justification

ust|a *pl* mouth; *przen.* **odejmować sobie od ~** deprive o.s. for sb; *przen.* **wyjąć coś komuś z ~** take sth right out of sb's mouth; *przen.* **nie brać czegoś do ~** not touch sth; *przen.* **nabrać wody w ~a** keep one's mouth shut; **słuchać z otwartymi ~ami** listen openmouthed

ustalać, ustalić *imperf perf vt* (*wyznaczyć*) establish, fix; (*rozstrzygać*) agree <settle> on; **~ termin** appoint <fix> a date; **~ warunki <reguły>** lay down conditions <rules>

ustaw|a *f* act, law; **projekt ~y** bill; **uchwalić ~ę** pass a bill

ustawiać, ustawić *imperf perf vt* (*umieszczać*) put, place; (*rozmieszczać*) arrange; **~ się** *vr*: **~ się w szeregu** line up

ustąpić *perf vt vi* (*wycofać się*) retire, retreat; (*ulec*) give in, yield; (*mijać*) recede; **~ (komuś) miejsca** give up one's seat to sb; **~ ze stanowiska** resign

usterka *f* defect, fault

ustęp *m* toilet; (*urywek*) paragraph

ustępować *imperf vi*: **nie ~ nikomu w czymś** yield to nobody in sth; *zob.* **ustąpić**

ustępstw|o *n* concession; **iść na ~a** make concessions

ustn|y *adj*: **~a umowa**

verbal agreement; **egzamin ~y** oral exam(ination)

usunąć *perf vt* remove; (*zwolnić*) dismiss; **~ ząb** extract a tooth; **~ ciążę** (*o kobiecie*) have an abortion; **~ się** *vr* (*odejść*) withdraw, retire

usypiać *imperf vt zob*. **usnąć, uśpić**

uszczelka *f techn*. gasket, washer, seal

uszczelniać, uszczelnić *imperf perf* seal

uszkodzić *perf vt* harm, damage

uścisk *m* grip; **~ dłoni** handshake

uśmiech *m* smile

uśmiechać się, uśmiechnąć się *imperf perf vr* smile (**do kogoś** at sb)

uśpić *perf vt* put to sleep; *med*. anaesthetze; (*zwierzę*) put to sleep

uświadomić *perf vt*: **~ coś komuś** make sb aware of sth, make sb realize sth; **~ sobie, że** realize that; **~ kogoś** tell sb the facts of life

utalentowany *adj* talented, gifted

utknąć *perf vi* (*uwięznąć*) stick fast, get stuck; (*ugrzęznąć*) stall; *pot*. (*osiąść*) settle; **~ w martwym punkcie** come to a standstill

utonąć *perf vi* drown; (*o statku*) sink

utopić *perf vt* drown; **~ się** *vr* drown

utrzeć *perf vt* (*rozetrzeć*) grind, rub; (wy*mieszać*) stir; (*na tarce*) grate; *przen*. **~ komuś nosa** take sb down a peg

utrzymani|e *n* maintenance; (*wyżywienie*) board; **być na czyimś ~u** depend financially on sb; **mieć rodzinę na ~u** have a family to support; **źródło ~a** livelihood

utrzymywać *imperf vt vi* (*dźwigać*) bear, carry; (*zapewniać byt*) support, provide for, keep; (*twierdzić*) maintain; **~ kogoś przy życiu** keep sb alive; **~ się** *vr*: **~ się z cze-**

goś make a living by <off> doing sth; **~ się na nogach** stand on one's legs

utworzyć *perf vt* create, form

utwór *m* piece, work, composition

utyć *perf vi* grow fat

uwag|a *f* (*koncentracja*) attention; (*komentarz*) remark, comment; (*wymówka*) reprimand, reproof; **brać pod ~ę** take into consideration; **zwracać na coś ~ę** pay attention to sth; **nie zwracać na coś ~i** take no notice of sth; **z ~i na coś** owing to sth; **~a!** look out!, be careful!

uważa|ć *imperf vi* (*skupiać się*) pay attention (**na coś** to sth); (*być ostrożnym*) be careful; (*sądzić*) think; *vt* (*poczytywać*) consider; **~ć kogoś za przyjaciela <wroga>** consider sb a friend <an enemy>; **~j na siebie!** take care!

uważny *adj* attentive; (*ostrożny*) careful

uwielbiać *imperf vt* adore, worship

uwieść *perf vt* seduce

uwolnić *perf vt* free, set free; **~ się** *vr* free o.s. (**od kogoś <czegoś>** from sb <sth>)

uwzględnić *perf vt* take into account <consideration>, allow for

uzależnić *perf vt* (*czynić zależnym*) condition, subject to; **~ się** *vr* become dependent (**od kogoś <czegoś>** on sb <sth>); **~ się od narkotyków** become addicted to drugs

uzależnienie *n* (*od narkotyków*) addiction

uzasadniać *imperf vt* justify

uzbrojenie *n woj.* armament(s), weapons *pl*

uzdolniony *adj* talented, gifted

uzdrawiać *imperf vt* heal, cure; *przen.* reorganize

uzdrowiciel *m* healer

uzdrowisko *n* health resort; (*z wodami mineralnymi*) spa

uziemienie *n elektr.* earth, *am.* ground

uznać *perf vt* acknowledge, recognize; **~ dziecko** own a child; **~ kogoś za winnego** find sb guilty; **~ coś za zaszczyt** deem sth as an honour; **~ za stosowne coś zrobić** see <think> fit to do sth

uznanie *n* respect; (*przyjęcie*) recognition

uzupełniać, uzupełnić *imperf perf vt* supplement, complete; **~ zapasy** replenish a stock

użyci|e *n* use, usage; **przepis ~a** directions for use; **wyjść z ~a** go out of use

użyć *perf vt zob.* **używać**

użyteczny *adj* useful

użytkownik *m* user

użytkow|y *adj*: **sztuka ~a** applied art

używać *imperf vt* use, employ; **~ przemocy** resort to violence; **~ życia** live it up

używany *adj* used, second-hand

W

w, we *praep* **1.** (*miejsce*) in, at; **w Anglii** in England; **w ogrodzie** in the garden; **w domu** at home; **2.** (*kierunek*) to; **jechać w góry** go to the mountains; **iść w górę <dół>** go up <down>; **w prawo <lewo>** to the right <left>; **3.** (*czas*) in, on, at, during; **w dzień** during the day; **w nocy** at night; **w środę** on Wednesday; **w styczniu** in January; **w lecie** in the summer; **w południe** at noon; **4.** (*ubiór*) in; **człowiek w płaszczu** a man in an overcoat; **pani w kapeluszu** a lady with a hat on; **5.** (*inne*) **grać w karty <szachy>** play cards <chess>; **słowo w słowo** word for word; **w końcu** at last; **w kropki <paski>** dotted <striped>

wachlarz *m* fan; *przen.* range
wada *f* fault, defect
wafel *m* wafer
wag|a *f* (*ciężar*) weight; (*przyrząd*) scales, balance; *przen.* importance; (*np. kupować*) **na ~ę** by weight; **przywiązywać ~ę do czegoś** attach importance to sth; **stracić <przybrać> na wadze** lose <put on> weight
wagary *pl* truancy; **iść na ~** play truant <*am.* hooky>
wagon *m* (*kolejowy*) carriage, coach, *am.* car; **~ towarowy** wagon, truck; **~ sypialny** sleeping car
wahać się *imperf vr* (*o człowieku*) hesitate; (*o cenach*) vary
wakacje *pl* holiday(s), *am.* vacation; **jechać na ~** go on holidays <*am.* vacation>
walc *m* waltz
walczyć *imperf vi* fight <struggle> (**o coś** for sth); **~ z czymś** combat sth, fight (against) sth; (*współzawodniczyć*) compete; **~ z pokusą** fight off temptation
waleriana *f* valerian
walić *imperf vt pot.* bang, pound; (*huczeć*) boom; (*o sercu*) thump; (*tłumnie przybywać*) crowd in; **~ pięścią w stół** bang one's fist on the table; *przen.* **~ głową w mur** bang one's head against a brick wall; **~ się** *vr* (*rozpadać się*) tumble, collapse
Walijczyk *m* Welshman
walijski *adj* Welsh
walizka *f* suitcase
walk|a *f* struggle, fight, combat; **~a o byt** struggle for survival; **~a zbrojna** armed fighting; **~a z przestępczością** fight against crime; **pole ~i** battlefield; **w wirze ~i** in the thick of the fray; *sport.* **~a bokserska** boxing match
waln|y *adj* general; **~e zgromadzenie** general assembly
waloryzacja *f* valorization
walut|a *f* currency; **obca**

~**a** foreign currency <exchange>; **kurs wymiany ~** foreign exchange rate
walutowy *adj* monetary
wałek *m* (*do ciasta*) rolling-pin; (*do włosów*) roller, curler
wampir *m* vampire
wanilia *f* vanilla
wanna *f* bath(tub)
wapno *n* lime
warcaby *pl* draughts, *am.* checkers
warga *f* lip
wariat *m* madman; lunatic, nut; **udawać ~a** play the fool; *pot.* **dom ~ów** madhouse
wariować *imperf vi pot.* go mad; **~ za kimś <czymś>** be crazy about sb <sth>
warkocz *m* plait, *am.* braid
warstw|a *f* layer, coat; **pokryte ~ą czegoś** coated with sth
warszawianin, warszawiak *m* Varsovian
warszawski *adj* Warsaw *attr*
warsztat *m* workshop, shop; *przen.* technique; **~ samochodowy** garage, service station
wart *adj* worth; **~ zachodu** worthwhile
war|ta *f* guard (duty); **stać na ~cie** be on guard
warto *inv*: **to ~ przeczytać** it's worth reading; **~ być uczciwym** it pays to be honest
wartościow|y *adj* valuable; **papiery ~e** securities
wartoś|ć *f* value, worth; **mieć poczucie własnej ~ci** have a high selfesteem
warun|ek *m* condition; (*wymaganie*) requirement; **~ki** *pl* conditions *pl*; (*okoliczności*) circumstances *pl*; (*umowy*) terms *pl*; **pod ~kiem, że...** on condition (that)..., providing (that)...
warzywo *n* vegetable
wasz (wasza, wasze) *pron* your; (*bez rzeczownika*) yours; **~ dom** your house; **ten jest ~** this one is yours
wata *f* cotton wool
wazelina *f* vaseline

wazon *m* vase

ważniak *m pot.* bigwig, big nose

ważnoś|ć *f* importance; (*prawomocność*) validity; **data ~ci** expiry date; **stracić ~ć** expire, run out

ważn|y *m* (*istotny*) important; (*prawomocny*) valid; *pot.* (*wyniosły*) self-important; **~a osoba** Very Important Person, VIP

waż|yć *imperf vt vi* weigh; **~yć się** *vr* weigh o.s.; **ani mi się ~!** don't you dare!

wąchać *imperf vt* smell; (*o zwierzętach*) sniff

wągier *m* blackhead

wąsy *pl* moustache

wąski *adj* narrow; *przen.* **~e gardło** bottleneck

wątpi|ć *imperf vi* doubt (**w coś** sth); **~ę** I doubt it

wątpliwość *f* doubt

wątpliwy *adj* doubtful, questionable

wątroba *f anat.* liver

wąż *m zool.* snake; (*gumowy*) hose

wbić, wbijać *perf imperf vt* strike <drive> in; **~ w coś gwóźdź** drive <hammer> a nail into sth; **~ nóż** plunge a knife; **~ do czegoś jajko** mix an egg in sth; *przen.* **~ wzrok w kogoś <coś>** fix one's eyes on sb <sth>; *przen.* **~ sobie coś do głowy** get sth into one's head

wbrew *praep* contrary to, despite, against

wcale *adv* (*w ogóle*) (not) at all; (*dość*) quite, pretty; **~ nie** not at all; **~ nieźle** quite <pretty> good, not bad

wchodzić *imperf vi* enter, come <walk> in(to); (*do samochodu*) get in; **~ na drzewo <po schodach>** climb a tree <the stairs>; **~ komuś w drogę** get in sb's way; **~ w czyjeś położenie** put oneself in sb's place; *przen.* **~ w życie** come into force; come into effect; **to nie wchodzi w grę** it's out of the question; **to mu weszło w**

krew it's become a habit with him

wciągać, wciągnąć *imperf perf vt* pull <draw, drag> into; (*ubranie*) pull on; **~ flagę** hoist a flag; **~ brzuch** pull in one's stomach; **~ powietrze** breathe in air; **~ kogoś na listę** enter sb's name on a list; **~ się** *vr*: *przen.* **~ się w coś** get into the swing of sth

wciąż *adv* (*stale*) constantly, continually; (*jeszcze*) still

wcielenie *n* incarnation; (*przyłączenie*) incorporation

wczasy *pl* holiday(s), *am.* vacation

wczesn|y *adj* early; **~a młodość** early youth; **we ~ych godzinach rannych** in the small hours

wcześnie *adv* early; **~ rano** early in the morning; **przyjść za ~** be too early

wczoraj *adv* yesterday; **~ wieczorem** last night

wdech *m* inhalation

wdowa *f* widow

wdowiec *m* widower

wdzięcznoś|ć *f* gratitude; **z ~cią** gratefully, thankfully

wdzięczny *adj* grateful, thankful; (*powabny*) graceful; **być ~m** appreciate (**za coś** sth), be grateful (**komuś za coś** to sb for sth)

wdzięk *m* grace

według *praep* according to, after, by; **~ mnie** in my opinion

wegetacja *f* vegetation

wegetarianin *m* vegetarian

wegetariański *adj* vegetarian

wejście *n* entrance, entry; **główne ~** main entrance

wejściówka *f pot.* pass

wejść *perf vi zob.* **wchodzić**

weksel *m ekon.* bill of exchange

welon *m* veil

wełna *f* wool

weneryczn|y *adj*: **choroba ~a** venereal disease

wentyl *m* valve

wentylacja *f* ventilation

wentylator *m* fan, ventilator
weranda *f* veranda, porch
wersalka *f* sofa bed
wersja *f* version
wesele *n* wedding; **srebrne ~** silver wedding
wesoł|y *adj* cheerful, joyful, merry; **~e miasteczko** funfair, *am.* amusement park
westchnąć *perf vi* sigh
wesz *f* louse
weteran *m* veteran
weterynarz *m* veterinary surgeon, *pot.* vet; *am.* veterinarian
wewnątrz *praep* inside, within; *adv* inside; **do ~** inward(s); **od ~** from the inside, from within
wewnętrzn|y *adj* internal, inside, interior, inner; **~y numer** extension; **~a strona** the inside; **Ministerstwo Spraw Wewnętrznych** Home Office; *am.* Ministry of the Interior
wezwać *perf vt zob.* **wzywać**
wezwanie *n* call, summons; *prawn.* citation; **~ do wojska** call-up, *am.* draft
węch *m* (sense of) smell
wędk|a *f* fishing rod; **łowić na ~ę** angle
wędkarz *m* angler
wędlina *f* smoked meat(s) *pl*
wędrown|y *adj* (*ptaki*) migratory; (*plemię*) nomadic; **wczasy ~e** walking tour
wędrówka *f* (*piesza*) hike; (*podróż*) travel
węg|iel *m* coal; (*do rysowania*) charcoal; **~iel kamienny <brunatny>** hard <brown> coal; **~iel drzewny** charcoal; **dwutlenek ~la** carbon dioxide
Węgier *m* Hungarian
węgierski *adj* Hungarian
węgorz *m zool.* eel
węzeł *m* knot; (*jednostka miary*) knot; **~ kolejowy** railway junction
wiadomo *inv*: **o ile mi ~** for all I know; **ogólnie ~** it is generally known; **nigdy nie ~** you never know

wiadomoś|ć *f* (piece of) news, message; **~ci** *pl* (*program np. telewizyjny*) the news *pl*; (*wiedza*) knowledge; **podać coś do ~ci** make sth known; **przyjąć coś do ~ci** accept sth as a fact

wiadro *n* bucket, pail

wiadukt *m* viaduct

wiar|a *f* faith, belief; **~a w kogoś <coś>** faith in sb <sth>; **~a w siebie** self-confidence; **nie do ~y** unbelievable; **w dobrej wierze** in good faith

wiatr *m* wind; **pod ~** into <against> the wind; *pot.* **wystawić kogoś do ~u** (*nie przyjść na spotkanie*) stand sb up

wiatraczek *m* (*wentylator*) fan

wiatrak *m* windmill

wiatrówka *f* windcheater, *am.* windbreaker; (*broń*) airgun

wiązać *imperf vt* tie, bind; (*łączyć*) combine; *przen.* **~ koniec z końcem** make ends meet

wiązanka *f* (*kwiatów*) bunch

wicedyrektor *m* deputy manager; (*szkoły*) deputy head

wiceminister *m* undersecretary of state, *am.* undersecretary

wichura *f* gale

widać *inv*: **jak ~** as one <you> can see; **nic nie ~** I can't see anything

widelec *m* fork

wideo *n* video

wideoklip *m* video

wideoteka *f* video collection

widły *pl* fork; *przen.* **robić z igły ~** make a mountain out of a molehill

widno *adv*: **jest ~** it is (day)light

widny *adj* light

widocznie *adv* apparently; (*wyraźnie*) clearly, visibly

widoczność *f* visibility

widoczny *adj* visible; (*oczywisty*) apparent, evident; **~ gołym okiem** visible to the naked eye

widok *m* view, sight;

przen. **mieć coś na ~u** have sth in view; **na sam ~** at the very sight; **~i na przyszłość** prospects for the future

widokówka *f* picture postcard

widowisko *n* spectacle, show

widownia *f* the house; (*publiczność*) audience

widz *m* viewer, spectator

widzeni|e *n* sight, vision; (*w więzieniu*) visit; **do ~a** goodbye; **punkt ~a** point of view, viewpoint; **pole ~a** field of vision

widz|ieć *imperf vi vt* see; **~ę coś** I (can) see sth; **~ę, że...** I can see that...; **~ieć się** *vr*: **~ieć się z kimś** see sb

wiec *m* rally

wieczność *f* eternity

wieczn|y *adj* eternal, perpetual; *pot.* endless, everlasting; **~e pióro** fountain pen; **~y spoczynek** last sleep; *rel.* **życie ~e** eternal life

wieczorow|y *adj* evening *attr*; **szkoła ~a** night school

wiecz|ór *m* evening; **dobry ~ór!** good evening!; **~orem** in the evening; **(dzisiaj) ~orem** this evening, tonight

wiedz|a *f* knowledge; **bez mojej ~y** without my knowledge

wiedzieć *imperf vt vi* know

wiedźma *f* witch; *pot.* hag

wiek *m* age; (*stulecie*) century; **~ szkolny** school age; **w kwiecie ~u** in one's prime; **w średnim ~u** middle aged; **dożyć sędziwego ~u** live to an old age; **ona nie wygląda na swój ~** she doesn't look her age; **na ~i** for ever

wielbłąd *m zool.* camel

wiele *adv* much, a lot; **o ~ lepszy <więcej>** much <a lot> better <more>

Wielkanoc *f* Easter

wielk|i *adj* large, big; *przen.* great; **Wielki Piątek** Good Friday; **~i post** Lent; **na ~ą skalę** on a large scale

wielkoś|ć *f* size, dimension; (*ogrom*) magnitude; (*cecha*) greatness; *mat.* quantity; **być ~ci czegoś** be the size of sth; **tej samej ~ci** the same size; **mania ~ci** megalomania

wielokrotny *adj* multiple *attr*

wieloryb *m zool.* whale

wieniec *m* wreath

wieprzowina *f* pork

wierność *f* faithfulness

wierny *adj* faithful

wiersz *m* (*linijka*) line; (*utwór*) poem; **pisać od nowego ~a** begin a new paragraph

wiertarka *f* drill

wierzący *m* believer

wierzba *f bot.* willow

wierzch *m* (*górna część*) top; (*dłoni*) back; (*tkaniny*) outside; **leżeć na ~u** be <lie> on top; **wkładać coś na ~** put sth on top; **jeździć ~em** ride on horseback

wierzchołek *m* top, peak

wierzyciel *m* creditor

wierz|yć *imperf vi* believe (**komuś** sb); **~yć w Boga <duchy>** believe in God <ghosts>; **~yć w kogoś <coś>** have faith <confidence> in sb <sth>; **nie ~ę własnym oczom** I can't believe my own eyes

wieszać *imperf vt* hang; **~ się** *vr* hang o.s.

wieszak *m* (*na ścianie*) peg, rack; (*stojący*) stand; (*przy ubraniu*) loop; (*ramiączko*) hanger

wieś *f* village; (*okolica*) country; **na wsi** in the country

wieśniak *m* peasant

wietrzyć *imperf vt* air; (*poczuć*) smell

wiewiórka *f* squirrel

wieża *f* tower

wieżowiec *m* high-rise building, tower block

wieźć *imperf vt* carry, transport

więc *conj* so, therefore; **tak ~** thus; **(a) więc...** well...

więcej *adv* more; **mniej ~** more or less

większoś|ć *f* majority; **~ć ludzi** most people; **w ~ci przypadków** in most cases

większy *adj* larger, bigger, greater; (*znaczny*) major

więzieni|e *n* prison, jail; (*kara*) imprisonment, prison; **siedzieć w ~u** be in prison <jail>, *pot.* do time

więzień *m* prisoner

wigilia *f* (*kolacja*) Christmas Eve Supper; **Wigilia** (*dzień przed Bożym Narodzeniem*) Christmas Eve

wiklinowy *adj* wicker *attr*

wilgotny *adj* moist, humid, damp

wilk *m zool.* wolf

willa *f* villa; (*dom jednorodzinny*) (detached) house

win|a *f* guilt, blame; (*przewinienie*) fault; **poczuwać się do ~y** feel guilty; *prawn.* **(nie) przyznać się do ~y** plead (not) guilty; **to nie moja ~a** it's not my fault

winda *f* lift, *am.* elevator; **~ towarowa** hoist

winiarnia *f* wine bar

winien, winny *adj* guilty (**czegoś** of sth); *m* culprit; **jestem mu ~ 50 złotych** I owe him 50 zlotys

wino *n* wine; **~ czerwone <wytrawne>** red <dry> wine

winogrona *pl* grapes *pl*

winowajca *m* culprit

wiolonczela *f muz.* cello

wiosło *n* oar, paddle

wiosłować *imperf vi* row

wiosn|a *f* spring; **na ~ę, ~ą** in the spring

wiraż *m* (*zakręt*) tight bend

wirus *m* virus

wisi|eć *imperf vi* hang; (*o ubraniu na kimś*) hang loose (on sb); *przen.* **~eć na włosku** hang by a thread; *przen.* **coś ~ w powietrzu** something is in the air

wisiorek *m* pendant

wiśnia *f* cherry; (*drzewo*) cherry (tree)

witać *imperf vr* greet, welcome; **~ się** *vr* (*pozdrawiać się*) greet (**z kimś** sb), say hallo (**z kimś** to sb); (*podać sobie ręce*) shake hands (with sb)

witamina *f* vitamin

wiza *f* visa; **~ wjazdowa**

<wyjazdowa, tranzytowa> entry <exit, transit> visa

wizyt|a *f* visit, call; **złożyć komuś ~ę** pay sb a visit, call on sb

wizytowy *adj*: **strój ~** formal dress

wizytówka *f* visiting card, *pot.* (business) card; *przen.* showcase

wjazd *m* gateway; (*czynność*) entering; (*podjazd*) drive(way)

wjechać, wjeżdżać *perf imperf vi* drive <go, come> into, enter; (*na górę*) drive <go, come> up; **~ na słup** run <drive, crash> into a post

wklęsły *adj* concave

wkład *m* (*udział*) contribution; (*depozyt*) deposit; (*inwestycja*) investment; (*do notesu, pióra*) refill; *techn.* input

wkładać *imperf vt* (*umieszczać*) put in, insert; (*ubierać się*) put on; (*dawać jako wkład*) invest, deposit; **~ w coś dużo pracy <wiele wysiłku>** put a lot of work <effort> into sth

wkładka *f* insert

wkrótce *adv* soon, shortly

wkurzyć *perf vt pot.* piss off; **~ się** *vr* be pissed off

wlec się *imperf vr* (*o czasie*) drag; (*o człowieku*) drag along

wliczyć *perf vt*: **~ coś w cenę <koszty>** include sth in the price <costs>

wlot *m* inlet, entry

władz|a *f* power, authority, rule; **~e** *pl* (*organy władzy*) the authorities; **~e umysłowe** faculties, mental powers; **sprawować ~ę** exercise power; **stracić ~ę w nogach** lose the use of one's legs; **mieć nad kimś ~ę** have sb in one's grasp <power>

włamać się *perf vr* break in; **~ do czegoś** burgle sth

włamani|e *n* burglary; **dokonać ~a** break in

własność *f* (*posiadanie*) ownership; (*mienie*) property, possessions; **~ osobista** personal possessions; **~ prywatna** private property; **mieć coś na ~** own sth

własn|y *adj* own; **imię ~e** proper name; **miłość ~a** self-respect; **na ~ą rękę** on one's own; **we ~ej osobie** in person; **w obronie ~ej** in self-defence

właściciel *m* owner, proprietor

właściwy *adj* (*odpowiedni*) proper, adequate; (*stosowny*) appropriate; (*rzeczywisty*) real, actual; (*charakterystyczny*) characteristic, typical; **ciężar ~** specific weight; **we ~m czasie** in due time

właśnie *adv* just, precisely, exactly

włączyć *perf vi* include; *elektr.* (*silnik*, *światło*) switch <turn> on; *elektr.* **~ coś do prądu** plug sth in

Włoch *m* Italian

włos *m* hair; **~y** *pl* hair; *pot.* **o mały ~ nie zdałem** I only passed by the skin of my teeth; *przen.* **~y się jeżą od czegoś** sth makes one's hair stand on end; **dzielić ~ na czworo** be splitting hairs; **wyrywać sobie ~y z głowy** be tearing one's hair out

włoski *adj* Italian

włoszczyzna *f* vegetables needed to make of soup

włożyć *perf vt zob.* **wkładać**

włóczęga *m* (*wędrówka*) roaming, roving; (*osoba*) tramp, vagrant

włóczka *f* yarn

włóczyć się *imperf vr* rove, roam, ramble

wnętrze *n* interior, inside

wnios|ek *m* conclusion; (*propozycja*) motion; (*podanie*) application; **dojść do ~ku** come to a conclusion

wnuczka *f* granddaughter

wnuk *m* grandson

wobec *praep* (*w obecności*) in the presence of, in front of; (*w stosunku*) to, towards, in relation to; **~ tego** in that case;

wszem i ~ to all concerned

wod|a *f* water; **~a słodka** fresh water; **~a zdatna do picia** drinking <potable> water; **~a mineralna** mineral water; **~a gazowana** soda water; **~a kolońska** (eau de) cologne; **pod ~ą** below the water-level, under water; **jak ~a po gęsi** like water off a duck's back; *pot.* **lać ~ę** waffle

wodn|y *adj* water *attr*, aquatic; **para ~a** steam; **znak ~y** watermark; **narty ~e** water skis; **elektrownia ~a** hydroelectric power plant

wodociąg *m* water-supply (system)

wodolot *m* hydrofoil

wodorow|y *adj* hydrogen *attr*; **bomba ~a** hydrogen bomb, H-bomb

wodospad *m* waterfall

wodoszczelny *adj* waterproof, watertight

wodór *m* hydrogen

w ogóle *adv zob.* **ogół**

województwo *n* province

wojn|a *f* war, combat; **~a domowa** civil war; **prowadzić ~ę** be at war (**z kimś <czymś>** with sb <sth>), *przen.* combat (**z czymś** sth)

wojsk|o *n* army; *pot.* military service; **zaciągnąć się do ~a** enlist; **służyć w ~u** do military service; **być w ~u** be in the army

wojskowy *adj* military; *m* military man

wokalista *m* vocalist, singer

wokoło, wokół *adv* all around; *prep* round, around

wol|a *f* will; **siła ~i** will power; **do ~i** at will; **z własnej ~i** of one's own free will

woleć *imperf vt* prefer

wolno[1] *adv* (*powoli*) slowly; **puścić ~** set free

wolno[2] *inv* may, be allowed to; **nie ~ mu palić** he mustn't smoke; **wszystko mu ~** he is allowed to do everything

wolnoś|ć *f* freedom, liberty; **~ć słowa** freedom of speech; **na ~ci**

(*nie w więzieniu*) at liberty <large>; **wypuścić na ~ć** set free

woln|y *adj* free; (*powolny*) slow; (*czas*) free, spare; **dzień ~y od pracy** day off; **~y rynek** free market; **~y wstęp** free admission; **~y od podatku** tax-free; **dać komuś ~ą rękę** give sb a free hand

wołać *imperf vi vt* call

wołowina *f* beef

woń *f* scent, fragrance; **przykra ~** unpleasant odour

worek *m* bag, sack; **~ bez dna** bottomless sack

wosk *m* wax

wotum *n*: **~ zaufania <nieufności>** vote of confidence <no confidence>

wozić *imperf vt zob.* **wieźć**

woźny *m* (*w szkole*) caretaker, *am.* janitor

wódka *f* vodka

wódz *m* leader; (*plemienia*) chief

wówczas *adv* then

wóz *m* (*konny*) cart, wagon; (*samochód*) car; **~ strażacki** fire engine

wózek *m* (*głęboki*) pram, *am.* baby carriage; (*spacerowy*) pushchair, *am.* stroller; (*w sklepie*) trolley

wpaść *perf vi* fall in(to); (*wbiec*) rush; **~ w długi** fall into debt; **~ w złe towarzystwo** fall into bad company; **~ w gniew** fly into a passion; **~ w panikę** panic; **~ na pomysł** hit on an idea; **~ pod pociąg** be run over by a train; *przen.* **~ komuś w oko** catch sb's fancy; **~ w poślizg** skid; **~ do kogoś** drop in on sb

wpisać *perf vt* write down <inscribe> (**coś do czegoś** sth in sth); (*na listę*) list; **~ się** *vr* write <put down> one's name (**w czymś** in sth); **~ się na listę** enroll o.s.

wpłat|a *f* payment; **dokonać ~y** make a payment

wpłynąć *perf vi* (*do portu*) make port; (*o pieniądzach*) come in; **~ na kogoś <coś>** influence sb <sth>, affect

wpływ *m* influence, impact, effect; **~y** *pl* (*przychody*) receipts *pl*, (*znajomości*) connections *pl*; **pod ~em alkoholu** under the influence of alcohol

wpływać *imperf vi zob.* **wpłynąć**

w poprzek *adv* crosswise

wpół *adv*: **~ do drugiej** half past one; **objąć kogoś ~** take sb by the waist

wpraw|a *f* skill, proficiency, practice; **nabrać ~y** acquire proficiency <skill> (**w czymś** in sth)

wprost *adv* straight, directly; **powiedzieć coś ~** say sth outright; **~ przeciwnie** just the opposite

wprowadzać, wprowadzić *imperf vt* introduce, usher; (*wkładać*) insert; **~ kogoś do pokoju** usher <show> sb into a room; **~ w błąd** mislead sb; **~ zamieszanie** cause confusion; **~ coś w życie** bring sth into effect; **~ się** *vr* move in

wracać *imperf vi* return, come back; **~ do zdrowia** recover; **~ do normy** return to normal

wrażenie *n* impression; **zrobić na kimś dobre <złe> ~** make a good <bad> impression on sb

wrażliwy *adj* sensitive

wreszcie *adv* at last, finally

wręczać, wręczyć *imperf perf vt* give, present, hand in

wrodzony *adj* inborn, innate

wrona *f zool.* crow

wrotki *pl* roller skates *pl*

wróbel *m zool.* sparrow

wrócić *perf vt zob.* **wracać**

wróg *m* enemy, foe

wróżba *f* prediction, omen; (*wróżenie*) fortune-telling

wróżka *f* fortune-teller; (*z bajki*) fairy

wróżyć *imperf vi* predict, foretell; (*być zapowiedzią*) herald

wrzątek *m* boiling water

wrzesień *m* September

wrzos *m bot.* heather
wrzód *m* ulcer; **~ żołądka** gastric ulcer
wsadzić *perf vt* put (in), insert; *pot.* (*do więzienia*) lock up, put away
wschodni *adj* eastern, easterly
wschód *m* (*strona świata*) (the) east; **~ słońca** sunrise; **Bliski <Daleki> Wschód** Near <Far> East; **na ~ od czegoś** (to the) east of sth
wsiadać, wsiąść *imperf perf vi* get in <on>
wskazówk|a *f* (*zegara*) hand; (*podpowiedź*) hint, clue; **~i** *pl* (*pouczenia*) instructions *pl*, directions *pl*
wskazywać *imperf vt vi* indicate, show, point at; **~ komuś drogę** show sb the way
wskaźnik *m* (*wskazówka*) indicator, gauge; (*liczba*) index, ratio; **~ zużycia paliwa** fuel gauge <*am.* gage>
wskutek *praep*: **~ czegoś** in consequence <as a result> of sth
wspaniały *adj* magnificent, splendid
wspierać *imperf vt* support; (*pomagać*) aid, assist
wspinać się *imperf vr* climb; **~ na górę <drzewo>** climb a mountain <tree>; **~ na palce** stand on one's toes
wspominać, wspomnieć *imperf perf vt* recall, remember, recollect; (*robić wzmiankę*) mention
wspomnieni|e *n* memory, recollection; **~a** *pl* (*utwór literacki*) memoirs
wspólnik *m* partner; *prawn.* (*przestępstwa*) accomplice
wspólnota *f* community; **~ interesów** community of interests; **małżeńska ~ majątkowa** joint property of spouses
wspóln|y *adj* common, joint; **mieć z kimś <czymś> coś ~ego** have sth in common with sb <sth>
współczesny *adj* contemporary

współczuci|e *n* sympathy, compassion; **wyrazy ~a** condolences
współczuć *imperf vi*: **~ komuś** feel <be> sorry for sb
współpraca *f* cooperation, collaboration
współpracować *imperf vi* co-operate, collaborate
współpracownik *m* co-worker, associate; (*policji*) informer
współudział *m* participation; *prawn.* complicity
współzawodnictwo *n* competition, rivalry
wsta|ć, wstawać *perf imperf vi* get up, stand up, rise; (*o słońcu*) rise; **wcześnie ~ć** get up early; **proszę nie ~wać** remain seated
wstawiony *adj pot.* tight, tipsy
wstąpić *perf vi*: **~ do kogoś** drop in <on sb>; **~ gdzieś** stop by <call (by)>; **~ do organizacji <wojska>** join an organization <the army>
wstążka *f* ribbon
wstecz *adv* back(wards); *prawn.* **działać ~** retroact
wstęp *m* (*wejście*) entrance, admission; (*przedmowa*) preface, introduction; **~ wolny** admission free; **~ wzbroniony** no entry; **na ~ie** to begin with
wstępn|y *adj* preliminary, initial; **egzamin ~y** entrance examination; **słowo ~e** foreword
wstępować *imperf vi zob.* **wstąpić**
wstrętny *adj* repulsive, disgusting, abominable
wstrząs *m* shock; *med.* **~ mózgu** concussion
wstrzymać, wstrzymywać *perf imperf vt* stop, withhold, cease; **~ oddech** hold one's breath; **~ ruch uliczny** stop the traffic; **~ wykonanie wyroku na kimś** reprieve sb; **~ się** *vr* abstain (**od czegoś** from sth), refrain (**od robienia czegoś** from doing sth)
wstyd *m* shame, disgrace; **~ mi** I am ashamed; **przynosić komuś ~** be

a disgrace to sb; **płonąć ze ~u** blush for shame
wstydliwy *adj* shy, bashful
wstydzić się *imperf vr* be ashamed (**czegoś** of sth); **~ za kogoś** be ashamed of sb
wszechstronny *adj* versatile, broad
wszechświat *m* universe
wszerz *adv* widthways; **przejechać coś wzdłuż i ~** travel the length and breadth of sth
wszędzie *adv* everywhere
wszyscy *pron* all; (*każdy*) everybody, everyone; **~ bez wyjątku** one and all
wszyst|ek (wszystka, wszystko) *pron* all, everything; **~ko mi jedno** it's all the same to me; **przede ~kim** first of all; **mimo ~ko** after all; **on jest dla mnie ~kim** he means everything to me; **~ek cukier** all the sugar
wściekły *adj* furious, wild; (*o zwierzęciu*) rabid
wśród *praep* among, amid
wtedy *adv* then
wtorek *m* Tuesday
wtrącać *imperf vr* (*dodawać*) throw in, add; **~ się** *vr* interfere <meddle> (**do czegoś** in sth)
wtyczka *f elektr.* plug; *pot.* (*szpieg*) mole
wuj, wujek *m* uncle
wulgarny *adj* vulgar
wulkan *m* volcano
wulkanizacja *f* retreading
wwóz *m* importation
wy *pron* you
wybaczać, wybaczyć *imperf perf vt* forgive, pardon
wybierać *imperf vt* (*dokonywać wyboru*) choose, select, pick out; (*przez głosowanie*) elect; (*wyjmować*) take out; **~ się** *vr*: **~ się w podróż <na wycieczkę>** be going away <on a trip>
wybitny *adj* outstanding, eminent
wyborca *m* voter
wyborczy *adj* election *attr*, electoral
wybory *pl* election(s *pl*)
wyb|ór *m* choice, selection; (*przez głosowanie*)

election; **do ~oru, do koloru** at a great variety; **nie mieć ~oru** have no choice

wybrać *perf vt zob.* **wybierać**

wybrzeże *n* coast

wybuch *m* explosion, outburst; (*wojny, epidemii*) outbreak; **~ wulkanu** eruption of a volcano; **~ złości** a burst of rage

wybuchnąć *perf vi* explode, go off; (*o wojnie*) break out; **~ płaczem <śmiechem>** burst out crying <laughing>

wybulić *perf vi pot.* fork out

wycena *f* valuation, pricing

wychodzi|ć, wyjść *imperf vr* go out, come out, leave; (*pojawić się*) appear, come out; (*o oknach*) overlook (**na coś** sth); **wyjść do apteki** go (out) to the chemist's; **wyjść za mąż** get married; **~ć na spacer** go out for a walk; **dobrze coś ~** sth works out fine; **~ć z mody** go out of fashion; **wyjść z domu** leave home; **wyjść na jaw** come to light; *pot.* **wyjść z siebie** (*starać się*) bend over backwards; *pot.* (*stracić panowanie*) be beside o.s.; **~ na to, że...** it looks like; **~ć z założenia** assume that...; **wyjść zwycięsko** get the upper hand; **dobrze na czymś wyjść** profit from sth; **wyjść na swoje** break even; **na jedno ~** it's one and the same; **wyjść na durnia** look a fool

wychować *perf vt zob.* **wychowywać**

wychowanie *n* upbringing; (*nauka*) education; **~ fizyczne** physical education; **dobre <złe> ~** good <bad> manners

wychowywać *imperf vt* bring up, raise; (*kształcić*) educate; **~ się** *vr* be brought up

wyciąg *m* (*wypis*) abstract; (*z ziół*) extract; (*dźwig*) hoist; (*narciarski*) ski lift; (*kuchenny*) extractor; **~ krzesełko-**

wy <orczykowy> chair-lift <T-bar lift>

wyciągać, wyciągnąć *imperf perf vt* (*wydobywać*) pull out, draw out; (*nogi*) stretch, *pot. przen.* (*umrzeć*) kick the bucket; **~ wniosek** draw a conclusion; **~ korzyści z czegoś** profit from sth; **~ kogoś z kłopotów** get sb out of trouble; *pot.* **~ od kogoś pieniądze** scrounge money off sb; *pot.* **~ kogoś gdzieś** drag sb out (*pot.*); **~ się** *vr* (*kłaść się*) stretch o.s. out; (*wydłużać się*) extend, stretch (out)

wycieczk|a *f* excursion, trip; **pojechać na ~ę** go on an excursion

wycieraczka *f* (*do butów*) (door)mat; (*w samochodzie*) wiper

wycierać *imperf vt* wipe; (*zmazywać*) wipe away, rub off; **~ nogi** (*buty*) wipe one's shoes; **~ ręce** wipe <dry> one's hands; **~ nos** wipe one's nose; **~ kurz** dust; **~ coś gumką** erase sth; **~ się** *vr* (*np. ręcznikiem*) dry o.s.; (*niszczyć się*) wear (out)

wyciskać, wycisnąć *imperf perf vt* (*wyżymać*) wring out; squeeze <press> out

wycofać *perf vt* withdraw; **~ się** *vr* withdraw; (*z interesów*) retire

wyczerpać *perf vt* (*zużyć*) exhaust, use up; **~ się** *vr* (*o baterii*) run down

wydać *perf vt zob.* **wydawać**

wydajność *f* efficiency, output

wydanie *n* edition, issue

wydarzenie *n* event

wydarzyć się *perf vr* happen, occur

wydatek *m* expense, expenditure

wydawać *imperf vt* (*dawać*) give (out), issue; (*pieniądze*) spend; (*książki*) publish; *pot.* (*zdradzić*) give away; **~ komuś resztę** give sb his change; **~ obiad <przyjęcie>** give a dinner <party>; **wydać córkę za mąż** give one's daughter away in a marriage; **wydać opinię** express one's opinion; **wydać zarządzenie o czymś** enact sth; **wydać rozkaz** give an order; **~ głos** utter a sound; **wydać wyrok** bring in a verdict; **~ się** *vr* (*wyglądać*) seem, appear; **wydaje mi się, że...** it seems to me that...

wydawca *m* publisher

wydawnictwo *n* publishing house; (*publikacja*) publication

wydruk *m* printout

wydział *m* department; (*uniwersytecki*) faculty

wygadać *perf vt pot.* let slip; *pot.* **~ się** *vr* (*zdradzić się*) spill the beans

wygasać, wygasnąć *imperf perf vi* (*o ogniu*) go <burn> out; (*tracić ważność*) expire

wygląd *m* appearance, looks *pl*

wygląda|ć *imperf vi* (*mieć wygląd*) look, appear; **~ć przez okno** look out (of) the window; **świetnie <źle> ~ć** look great <bad>; **jak on ~?** what does he look like?; **~ na to, że...** it looks like <as if>...

wygłupiać się *imperf vr* fool about <around>

wygoda *f* comfort, convenience

wygodny *adj* comfortable

wygrać, wygrywać *perf imperf vi vt* win; **~ wojnę** win a war; **~ zakład** win a bet

wyjaśniać, wyjaśnić *imperf perf vt* explain, clear up; **~ się** *vr* become clear

wyjaśnienie *n* explanation, clarification

wyjazd *m* (*odjazd*) departure; (*miejsce*) exit; **~ służbowy** business trip

wyjąć *perf vt zob.* **wyjmować**

wyjąt|ek *m* exception; **z ~kiem** except (for), with the exception of

wyjechać, wyjeżdżać *perf imperf vi* go <drive> out, leave; **~ do Warszawy** leave for Warsaw; **~ w podróż** go on a trip

wyjmować *imperf vt* take <get> out

wyjrzeć *perf vi zob.* **wyglądać**

wyjści|e *n* (*czynność*) departure; (*miejsce*) exit; (*rozwiązanie*) solution, way out; **~e awaryjne** emergency exit; **po jego ~u** after he (had) left; **nie mieć ~a** not have a choice

wyjść *perf vi zob.* **wychodzić**

wykałaczka *f* toothpick

wykaz *m* (*lista*) list, register; (*zestawienie*) statement

wykluczać, wykluczyć *imperf perf vt* exclude, rule out

wykład *m* lecture; **chodzić na ~y** attend lectures; **prowadzić ~y** give lectures

wykładzina *f* (*dywanowa*) fitted carpet

wykonać *perf vt zob.* **wykonywać**

wykonalny *adj* feasible, workable

wykonanie *n* execution, realization

wykonywać *imperf vt* perform, carry out, do, make; **~ rozkazy** obey orders

wykorzystać *perf vt* (*zużytkować*) use, utilize, make use of; (*osiągnąć korzyść*) take advantage of; **~ kogoś** use sb; **~ coś do czegoś** make use of sth for sth <to do sth>

wykres *m* chart, graph

wykręcić *perf vi vt* (*skręcać*) turn; (*śrubę*) unscrew; (*obracać*) turn, twist; **~ żarówkę** unscrew a bulb; **~ komuś rękę** twist sb's arm; **~ się** *vr* turn round; *pot.* (*uniknąć*) get out of sth

wykroczenie *n* offence, *am.* offense

wykrzyknik *m gram.* exclamation mark

wykształcenie *n* education; **~ średnie** secondary education; **~ wyższe** university education

wykwalifikowany *adj* qualified

wylać *perf vt zob.* **wylewać**

wylądować *perf vi* land

wyleczyć *perf vt* cure,

heal; ~ **się** *vr* be cured, recover

wylew *m* (*rzeki*) flood, inundation; *med.* ~ **krwi do mózgu** cerebral hemorrhage, stroke

wylewać *imperf vt vi* pour out; (*rozlewać*) spill; *pot.* (*z pracy*) fire; *pot.* (*ze szkoły*) expel; (*o rzece*) overflow

wyliczać, wyliczyć *imperf perf vt* (*wymieniać*) enumerate

wylot *m* (*odlot*) departure; (*otwór*) outlet, exit; *pot.* **znać coś na** ~ know sth inside out

wyłączać *imperf vt zob.* **wyłączyć**

wyłącznik *m elektr.* switch

wyłączny *adj* exclusive

wyłączyć *perf vt* (*światło, radio*) switch <turn> off; (*wykluczyć*) exclude; (*z prądu*) unplug, disconnect

wymagający *adj* demanding

wymagania *pl* requirements *pl*, demands *pl*

wymawiać *imperf vt* (*wypowiadać*) pronounce, utter; (*wypominać*) reproach (**coś komuś** sb with sth); ~ **umowę** cancel a contract; ~ **komuś pracę** give sb notice

wymeldować się *perf vr* (*w hotelu*) check out

wymiana *f* exchange; (*zastąpienie*) replacement, change; ~ **oleju** change of oil; ~ **zdań** exchange of opinions

wymia|r *m* dimension, measurement; **~ry** *pl* (*człowieka*) measurements *pl*; **~r** dimension; **~r sprawiedliwości** administration of justice; **najwyższy ~r kary** capital punishment; **pracować w niepełnym ~rze godzin** work part time

wymieniać, wymienić *imperf perf vt* exchange; (*zastąpić*) replace, change; (*przytaczać*) mention; ~ **pieniądze** change money; ~ **po nazwisku** mention by name

wymienialny *adj* convertible, exchangeable

wymienny *adj* replaceable; **handel** ~ barter

wymijać, wyminąć *imperf perf vt* (*mijać*) pass; (*wyprzedzać*) overtake
wymiotować *imperf vi* vomit, *pot.* throw up
wymowa *f* pronunciation
wymówić *perf vt zob.* **wymawiać**
wymówienie *n* notice; **dostać ~** to be given notice
wymówka *f* (*zarzut*) reproach, reproof; (*wykręt*) excuse
wymyślać *imperf vt* invent, make up, think up; (*ubliżać*) abuse <revile> (**komuś** sb)
wynagrodzenie *n* (*nagroda*) reward, gratification; (*zapłata*) pay, salary, wages; (*odszkodowanie*) compensation
wynająć, wynajmować *perf imperf vt* (*mieszkanie*) let, rent; (*samochód*) hire, rent; (*do pracy*) hire
wynajem *m* renting, hiring
wynalazek *m* invention
wynieść *perf vt zob.* **wynosić**
wynik *m* result, outcome; *sport.* (*meczu*) score; **w ~u czegoś** as a result of sth
wyno|sić *imperf vt* take <carry> out <away>; *mat.* amount to; *pot.* **~sić się** *vr* (*odchodzić*) clear out; **~ś się stąd!** get out of here!
wyobrazić *perf vt zob.* **wyobrażać**
wyobraźnia *f* imagination
wyobrażać *imperf vt* represent; **~ sobie** imagine
wyobrażenie *n* idea, notion, conception
wypa|dać, wypaść *imperf perf vi* (*o włosach*) fall out; **~ść przez okno** fall out of the window; *przen.* **~ść z domu** burst off the house; **~dać w niedzielę** fall on (a) Sunday; **~dło mi pióro** my pen has slipped; **~dło po 100 na głowę** it worked out at a hundred each; *pot.* **coś mu ~dło** something came up <cropped up>; **dobrze <źle> ~ść** get well <badly>; **wszystko do-**

brze **~dło** everything came off well; **~da na ciebie** it's your turn; **co ~da zrobić?** what's the right thing to do?

wypad|ek *m* accident; (*zdarzenie*) event, incident; **w takim ~ku** in that case; **w żadnym ~ku** on no account; **na wszelki ~ek** just in case; **w najlepszym ~ku** at best

wypaść *perf vi zob.* **wypadać**

wypełniać, wypełnić *imperf vt* (*napełniać*) fill (up); (*formularz*) fill in <out>; (*spełniać*) fulfil, *am.* fulfill

wypis *m* extract

wypisa|ć *perf vt* (*pisać*) write (down); **~ć czek** make <write> out a cheque; **~ć kogoś ze szpitala** discharge sb from a hospital; **~ł się długopis** the pen has run out; **~ć się** *vr*: **~ć się z czegoś** withdraw from sth

wypluć *perf vt* spit out

wypłacić *perf vt* pay

wypłat|a *f* payment; (*pobory*) pay, salary, wages; (*z konta*) withdrawal; **dzień ~y** payday

wypocząć *perf vi* get some rest

wypoczynek *m* rest

wypoczywać *imperf vi* rest, have a rest

wypogadzać się, wypogodzić się *imperf perf vr* be clearing up, clear up

wyposażenie *n* equipment

wypowiedzenie *n* notice; **dostać ~** be given notice; **~ wojny** declaration of war

wypożyczalnia *f*: **~ książek** lending library; **~ kaset wideo** video library; **~ samochodów** car hire, *am.* automobile rental

wypracowanie *n* (*szkolne*) composition

wyprawa *f* expedition

wyprowadzać, wyprowadzić *imperf perf vt* lead <take> out; **~ kogoś z równowagi** make sb's blood boil; **~ się** *vr* move out

wypróżnić *perf vt* empty; **~ się** *vr* defecate

wyprzedaż *f* (clearance) sale

wyprzedzać, wyprzedzić *imperf perf vt* overtake, outstrip; **~ swoją epokę** be ahead of one's time

wypukły *adj* convex

wypuszczać, wypuścić *imperf perf vt* (*upuszczać*) let go off; (*wodę*) let out; (*uwalniać*) release, set free; (*puszczać w obieg*) emit, issue; **~ powietrze** let out air; **~ liście** send forth leaves

wyrabia|ć *imperf* (*wytwarzać*) produce, manufacture, make; (*ciasto*) knead; **~ć sobie pogląd** form an opinion; *pot.* **co ty ~sz?** what do you think you're doing?; *pot.* (*na czas*) **~ć się** *vr* make it

wyraz *m* word; (*przejaw*) expression; **środki ~u** means of expression; **pełen ~u** expressive; **bez ~u** blank; **dać ~ czemuś** express sth; **~y szacunku** compliments

wyrażać, wyrazić *imperf perf vt* express; **~ coś słowami** put sth into words; **~ zgodę na coś** give one's consent to sth; **~ się** *vr* express o.s.; *pot.* swear

wyraźny *adj* clear, distinct, visible

wyrażać *imperf vt zob.* **wyrazić**

wyrażenie *n* expression, phrase

wyrok *m* sentence, verdict; **wydać ~** pass <pronounce> sentence

wyrostek *m* youngster; *anat.* **~ robaczkowy** appendix

wyróżniać, wyróżnić *imperf perf vt* distinguish, single out; (*nagradzać*) honour; (*faworyzować*) favour; **~ się** *vr*: **~ się czymś** be distinguished by sth

wyróżnienie *n* (*w konkursie*) honourable mention

wyruszać, wyruszyć *imperf perf vi* set out <off> (**w podróż** on a journey)

wyrzucać, wyrzucić *imperf perf vt* throw out <away>; (*ze szkoły*) expel; (*z pracy*) fire; (*zarzucać*) reproach (**komuś coś** sb with sth); ~ **śmieci** throw the rubbish <*am.* garbage> away <out>; ~ **kogoś za drzwi** throw sb out (of) the door

wyrzut *m* (*wymówka*) reproach; ~ **sumienia** remorse

wyrzygać *perf vi wulg.* puke (up)

wysiadać, wysiąść *imperf perf vi* get off (**z autobusu** the bus); get out (**z samochodu** of the car); *pot.* pack up

wysiłek *m* effort

wysłać *perf vt* (*wyprawić*) send (out), dispatch

wysok|i *adj* high; (*o człowieku*) tall; **~i na metr** a metre high; **~ie napięcie** high voltage; **~ie mniemanie o kimś** high opinion of sb; **~a stopa życiowa** high standard of living

wysoko *adv* high (up); *przen.* ~ **stać** hold a high position; ~ **mierzyć** aim high; *pot.* **zajść ~** climb high up the social ladder; ~ **ceniony** highly regarded; ~ **cenić kogoś <coś>** think highly of sb <sth>

wysokoś|ć *f* height; (*n.p.m.*) altitude; (*sumy*) amount; **na ~ci 5 metrów** to the level of 5 metres; **do ~ci x złotych** to the amount of x zlotys; **stanąć na ~ci zadania** rise to the occasion

wyspa *f* island

wystarcz|ać, wystarczyć *imperf perf vi* suffice, be sufficient <enough>; **~y** enough; **to ~y** this will be enough <will do>; **~y przycisnąć i...** just press and...

wystawa *f* exhibition, display; (*sklepowa*) shop window

wystawiać, wystawić *imperf perf vt* put <take> out(side); (*dokument*) issue; (*sztukę*) put on, stage; ~ **czek** write out a cheque; ~ **coś na**

sprzedaż put sth up for sale; **~ kogoś na próbę** put sb to the test; *pot.* **~ kogoś do wiatru** lead sb up the garden path

wystąpi|ć *perf vi* (*naprzód*) step forward; (*jako artysta*) perform; (*pojawić się*) appear; (*wypisać się*) leave; **~ć w czyjejś obronie** come out in sb's defence; **~ć przeciwko czemuś** declare o.s. against sth; **~ć w przedstawieniu** take part in a performance; **~ć w telewizji** appear on television; **~ć z koncertem** give a concert; **u pacjenta ~ły objawy grypy** the patient showed symptoms of flue

występ *m* (*coś wystającego*) projection, protrusion; (*popis*) performance

występować *imperf vi zob.* **wystąpić**

wystrzał *m* firing, (gun)-shot

wysyłać *imperf vt zob.* **wysłać**

wysypka *f med.* rash

wyścig *m* race; **~ zbrojeń** the arms race; **~i konne** horse races; **~ z czasem** race against time

wytłumaczyć *perf vt* explain; **~ się** *vr* excuse o.s.

wytrwać *perf vi* hold <last> out, persist

wytrwały *adj* persistent, persevering

wytrzeć *perf vt zob.* **wycierać**

wytrzymać *perf vt vi* bear, stand, hold out, endure

wytrzymałoś|ć *f* endurance; *techn.* durability; **być u kresu ~ci** be at the end of one's tether

wytwarzać *imperf vt* produce, manufacture; (*tworzyć*) create

wytwórnia *f* factory, plant; **~ filmowa** film company

wywabiacz *m*: **~ plam** stain remover

wywar *m* brew, infusion; *kulin.* stock

wywiad *m* interview; *wojsk.* intelligence; **przeprowadzić ~** interview (**z kimś** sb)

wywierać, wywrzeć *imperf*

perf vt exert; ~ **nacisk na kogoś** put pressure on sb; ~ **wpływ na coś <kogoś>** exert an influence on sb <sth>; ~ **dobre wrażenie na kimś** make a good impression on sb

wywietrznik *m* ventilator

wywieźć *perf vt* take <drive> away; (*usunąć*) remove

wywoł|ać, wywoływać *perf imperf vt* (*wezwać*) call; (*spowodować*) evoke, cause, produce; (*zdjęcia*) develop; (*duchy*) invoke; **~ać wspomnienia** call forth memories; **~ać podziw** elicit admiration; **~ać śmiech** raise a laugh; *przen.* **nie ~uj wilka z lasu** let sleeping dogs lie; **~ać w kimś litość** move sb to pity

wywóz *m* (*śmieci*) removal, disposal; (*towarów*) exportation

wyzdrowieć *perf vi* recover

wyznaczać, wyznaczyć *imperf perf vt* (*znaczyć*) mark; (*określać*) fix, determine; (*mianować*) appoint, designate; ~ **termin** fix a date; ~ **nagrodę** set a prize; ~ **kogoś na stanowisko** appoint sb to a post

wyznanie *n* (*wyjawienie*) confession; (*religia*) religion; ~ **miłosne** declaration of love; ~ **wiary** profession of faith

wyzwolenie *n* liberation, deliverance

wyzwolić *perf vt* liberate, release; ~ **się** *vr* free o.s. (**z czegoś** of sth)

wyż *m*: ~ **atmosferyczny** high (pressure); ~ **demograficzny** population boom

wyżej *adv* higher; (*w tekście*) above; ~ **wymieniony** mentioned above; *pot.* **mieć <kogoś> czegoś ~ uszu** be fed up with sb <sth>; *zob.* **wysoko**

wyższ|y *adj* higher; (*o człowieku*) taller; (*rangą*) superior; **siła ~a** act of God; **~e wykształcenie** university education; **~e cele <uczucia>** lofty goals <sentiments>; *zob.* **wysoki**

wyżyna *f* upland(s *pl*); *przen.* summit

wyżywienie *n* food; **pełne ~** full board

wzajemny *adj* mutual, reciprocal

w zamian *adv* in return (**za coś** for sth)

wzbudzać, wzbudzić *imperf perf vt* arouse, awake, excite; **~ ciekawość** excite curiosity; **~ podejrzenia <nadzieje>** raise suspicions <hopes>; **~ szacunek** command respect; **~ gniew** stir up anger

wzdłuż *praep* along; *adv* lengthways; **~ i wszerz** all over

wzgl|ąd *m* regard, consideration; (*punkt widzenia*) respect; **pod ~ędem czegoś** as regards sth; **przez ~ąd na kogoś <coś>** for sb's <sth's> sake; **z tego ~ędu** for that reason; **pod pewnym ~ędem** in some respect; **~ędy** *pl* (*powody*) considerations *pl*, (*przychylność*) favours *pl*; **~ędy bezpieczeństwa** safety reasons

względny *adj* relative

wzgórze *n* hill

wziąć *perf vt zob.* **brać**

wzmacniacz *m* amplifier

wzmacniać *perf vt zob.* **wzmocnić**

wzmianka *f* mention

wzmocnić *perf vt* strengthen, reinforce; **~ się** *vr* (*o człowieku*) get stronger

wznak *adv*: **leżeć na ~** lie supine, on one's back

wznieść, wznosić *perf imperf vt* raise; (*zbudować*) erect; **~ toast** propose a toast; **~ się** *vr* rise, ascend, go up

wzorowy *adj* model *attr*, exemplary

wzór *m* pattern, model, example; *mat.* formula; **brać z kogoś ~** follow sb's example; **~ doskonałości** paragon

wzrok *m* sight; (*spojrzenie*) look

wzrost *m* growth, increase; (*człowieka*) height; **być niskiego <średniego> ~u** be short <medium

height>; **mieć x cm ~u** be x centimetres tall

wzruszać się, wzruszyć się *imperf perf vr* be moved <touched>

wzruszenie *n* emotion

wzwyż *adv* up(wards); **skok ~** high jump

wzywać *imperf* call; (*urzędowo*) summon; **~ lekarza** call in a doctor; **~ pomocy** call for help; **~ kogoś na świadka** call sb a witness

Z

z, ze *praep* **1.** (*punkt wyjścia*) from, of, out of; **ze szkoły <z domu>** from school <home>; **widzieć coś z daleka** see sth from a distance; **z przodu** in front; **z tyłu** at the back; **zbiec ze schodów** run down the stairs; **to ładnie z twojej strony** it's nice of you; **2.** (*źródło informacji*) from; **z książek <gazet>** from books <newspapers>; **z doświadczenia** from experience; **3.** (*o czasie*) from, of; **z zeszłego roku** from last year; **list z 5 kwietnia** letter of April 5; **z początku** in the beginning; **z rana** in the morning; **4.** (*o zbiorowości*) from, of; **z dobrej rodziny** of a good family; **jeden z wielu** one out of many; **5.** (*o tworzywie*) of; **z drewna <plastiku>** of wood <plastic>; **6.** (*o przyczynie*) (out) of; **z głodu** (out) of hunger; **z ciekawości** out of curiosity; **7.** (*z kimś <czymś>*) with; **ze mną** with me; **mężczyzna z teczką** man with a suitcase; **8.** (*z czasownikiem*) at, of; **śmiać się z kogoś** laugh at sb; **cieszyć się z czegoś** be glad of sth; **9.** (*inne*) **z płaczem** crying; **z grubsza** roughly; **z kolei** in turn; **z wyjątkiem** except for; **ze dwa**

miesiące about two months; **nauczyciel z zawodu** teacher by profession

za *praep* **1.** (*o miejscu*) beyond, over, behind; **za miastem** out of town; **za oknem** behind the window; **za rogiem** round the corner; **za czyimiś plecami** behind one's back; **iść za kimś** follow sb; **jeden za drugim** one after another; **obejrzeć się za siebie** look back; **2.** (*o celu, przyczynie*) for, after; **za wolność** for freedom; **dziękować za obiad** thank for dinner; **3.** (*o trzymaniu*) by; **trzymać kogoś za rękę <szyję>** hold sb by the arm <neck>; **4.** (*w zamian*) for; **za x złotych** for x zlotys; **za darmo** free of charge; **za wszelką cenę** at any cost; **za kaucją** on bail; **płacić za coś** pay for sth; **5.** (*z powodu*) for; **odszkodowanie za coś** damages for sth; **przepraszam za spóźnienie** I'm sorry I'm late; **6.** (*jako*) as; **przebrać się za kogoś** dress up as sb; **7.** (*w zastępstwie*) in place of; **8.** (*następstwo*) after; **za mną** after me; **9.** (*po upływie*) in; **za godzinę** in an hour; **za pięć szósta** five to six; **10.** (*podczas*) in, during; **za czyjegoś życia** in sb's lifetime; **za młodu** in one's youth; **za czyjegoś panowania** during the rein of sb; **11.** (*inne*) **służyć za przykład** serve as an example; **za i przeciw** pros and cons; **za dużo** too much <many>; **za młody <wcześnie>** too young <early>; **co to za człowiek?** what kind of man is he?; **co za dzień!** what a day!

zaawansowany *adj* advanced

zabaw|a *f* play, game; (*bal*) party; **dla ~y** for fun

zabawiać *imperf vt* entertain; **~ się** *vr* amuse o.s.

zabawka *f* toy

zabezpieczyć *perf vt* protect, guard, secure; **~ się** *vr* protect o.s.

zabi|ć, zabijać *perf imperf vt* kill; **serce mu ~ło** his heart started thumping; **~ć się** *vr* kill o.s.; *pot.* **~jać się o coś** fight for sth tooth and nail

zabieg *m med.* (minor) operation; **~i** *pl* endeavours *pl*

zabit|y *adj*: **spać jak ~y** sleep like a log; *pot.* **dziura ~a deskami** godforsaken country place

zabiera|ć, zabrać *imperf perf vt* (*brać ze sobą*) take, bring; (*usuwać*) take away; **~ć dużo czasu** take a lot of time; **~ć głos** take the floor; **~ć się** *vr*: **~ć się do czegoś** get down to sth; *pot.* **~j się stąd!** get out of here!

zabijać *imperf vt zob.* **zabić**

zabłądzić *perf vi* lose one's way, get lost

zabójstwo *n* killing, assassination

zabrać *perf vt zob.* **zabierać**

zabraniać, zabronić *imperf perf vt* forbid, prohibit

zabudowa *f* (*czynność*) building, development

zabudowania *pl* buildings *pl*

zaburzenie *n* disorder, disturbance(s *pl*); *med.* disorder

zabytek *m* monument

zabytkowy *adj* antique, historic

zachęcać, zachęcić *imperf perf vt* encourage

zachęta *f* encouragement, incentive

zachmurzenie *n* clouds *pl*

zachodni *adj* western, west; **~ wiatr** west <westerly> wind; **~a kultura** western culture

zachodzić, zajść *imperf perf vi* (*o słońcu*) set; (*odwiedzać*) look <drop> in; (*zdarzać się*) occur; **zachodzić na siebie** overlap; **zaszło nieporozumienie** there was a misunderstanding; **zajść za daleko** go too far; **zajść w ciążę** become pregnant; **zajść chmurami** cloud over; **zajść komuś drogę** intercept sb's way

zachorować *perf vi* fall ill <be taken ill> (**na coś** with sth); *przen.* ~ **na coś** go crazy about sth

zachować *perf vt* keep, maintain, preserve; ~ **w tajemnicy** keep secret; ~ **coś dla siebie** keep sth to o.s.; ~ **pozory** keep up appearances; ~ **się** *vr* behave, carry on; (*przetrwać*) remain, survive

zachowanie *n* behaviour, conduct

zachód *m* west; ~ **słońca** sunset; **na ~ od** (to the) west of

zachrypnięty *adj* hoarse

zachwycać, zachwycić *imperf perf vt* delight, enchant; ~ **się** *vr*: ~ **się czymś** marvel at sth

zaciąć się, zacinać się *perf imperf vr* cut o.s.; (*w mowie*) stammer; (*o urządzeniu*) jam, get stuck

zacierać *imperf vt* (*ślady*) cover (up)

zacofany *adj* backward; ~ **gospodarczo** underdeveloped

zacząć, zaczynać *perf imperf vt* begin, start; ~ **się** *vr* begin, start

zaczepiać *imperf vt* (*przymocować*) fasten; (*zagadnąć*) accost; (*o coś*) catch on sth

zaćmienie *n* eclipse; *pot.* (mental) block

zadani|e *n* task, job, assignment; **stanąć na wysokości ~a** rise to the occasion

zadat|ek *m* down payment; **~ki** *pl* makings *pl*; **mieć ~ki na kogoś** have the makings of sb

zadłużenie *n* debt

zadowolenie *n* satisfaction

zadowolony *adj* satisfied, pleased

zaduch *m* stuffy air

zadymka *f* snowstorm, blizzard

zadyszka *f* breathlessness

zagadka *f* riddle, puzzle; (*tajemnica*) mistery

zagadnienie *n* problem, issue, question
zagapić się *perf vr* (*nie uważać*) fail to pay attention
zagęszczać, zagęścić *imperf perf vt* thicken
zagład|a *f* extermination, annihilation; **broń masowej ~y** weapon of mass destruction
zagłówek *m* headrest
zagranica *f* foreign countries *pl*
zagraniczn|y *adj* foreign; **handel ~y** foreign trade; **podróż ~a** travel abroad
zagrożeni|e *n* menace, threat; **stan ~a** state of emergency
zahamować *perf vi vt* come to a stop, bring to a stop
zaimek *m gram*. pronoun
zainteresowanie *n* interest
zajazd *m* wayside, inn
zając *m zool*. hare
zająć, zajmować *perf imperf vt* (*miejsce – zapełnić*) occupy, take up; (*miejsce – zarezerwować*) reserve, keep, book; (*miejsce – usiąść*) take a seat; **~ czyjeś miejsce** (*przejąć funkcje*) take up the functions of sb; **~ pierwsze miejsce** come <be> first; **~ stanowisko w sprawie...** take a stand on...; **~ czas** take time; **~ jakiś obszar** occupy a territory; **~ się** *vr*: **zajmować się handlem** be engaged in business; **zajmować się robieniem czegoś** be busy doing sth
zajezdnia *f* depot
zajęci|e *n* occupation; (*mienia*) seizure; **~a** *pl* (*na uczelni*) classes
zajście *n* incident
zajść *perf vi zob*. **zachodzić**
zakaz *m* prohibition, ban; **~ wjazdu** no entry; **~ postoju** no waiting
zakazać, zakazywać *perf imperf vt* forbid, prohibit
zakaźny *adj* infectious, contagious
zakażenie *n* infection
zakąska *f* hors d'oeuvre, appetizer, starter
zakład *m* works, plant,

workshop; (*umowa*) bet; **~ fryzjerski** hairdresser's shop
zakładać, założyć *imperf perf vi vt* (*przypuszczać*) assume, suppose; (*ustanowić*) establish, found, set up; (*o ubraniu*) put on; **założyć rodzinę** set up home; **~ firmę** establish <start up> a firm; **~ okulary** put on glasses; **~ nogę na nogę** cross one's legs; **~ gniazdo** build a nest; **~ się** *vr* bet, wager
zakładnik *m* hostage
zakochać się *perf vr* fall in love (**w kimś** with sb)
zakon *m* order
zakonnica *f* nun
zakonnik *m* monk, friar
zakończenie *n* end, ending
zakres *m* range, extent, scope; **we własnym ~ie** within one's capacity
zakręci|ć *perf vi vt* turn, twist; (*o linii*) bend, wind; **~ć kran** turn off the tap; **~ć włosy** curl one's hair; **~ć się** *vr* turn round; **~ło mi się w głowie** I felt dizzy
zakręt *m* bend, corner
zakrętka *f* cap
zakryć, zakrywać *perf imperf vt* cover; **~ się** *vr* cover o.s.
zakup *m* purchase; **iść na ~y** go shopping; **robić ~y** do the <one's> shopping
zalecać *imperf vt* recommend; **~ się** *vr* court (**do kogoś** sb)
zalecenie *n* recommendation
zaledwie *adv* hardly, merely, barely
zalegać *imperf vi*: **~ z czymś** be behind with sth
zaległość *f* backlog; (*w płaceniu*) arrears *pl*
zaległy *adj* overdue
zaleta *f* virtue, advantage
zalew *m* reservoir; (*zatoka*) bay, gulf; *przen.* flood
zależ|eć *imperf vt* depend (**od kogoś <czegoś>** on sb <sth>); **~y mu na niej** he cares about her; **to ~y** it de-

pends; **to ~y od niej** it's up to her

zaliczka *f* advance <down> payment

zaliczyć *perf vt* (*egzamin*) pass; **~ się** *vr*: **~ się do** be rated among

zaludnienie *n* population

załamać się *perf vr* collapse, break down

załamanie *n*: **~ nerwowe** (nervous) breakdown

załatwiać, załatwić *imperf perf vt* settle, arrange, take care of; **~ interesy** take care of business; **~ klientów** attend to customers; *pot.* **~ się** *vr* relieve o.s.

załącznik *m* (*do listu*) enclosure, annex(e)

załoga *f* crew; (*pracownicy*) staff

założenie *n* assumption

założyć *perf vt zob.* **zakładać**

zamach *m* (*zabicie*) assassination; (*bombowy*) bomb attack; **~ stanu** coup d'etat; **za jednym ~em** at one go <stroke>

zamarznąć *perf vi* freeze; (*umrzeć*) freeze to death

zamek[1] *m* (*budowla*) castle

zamek[2] *m* (*u drzwi*) lock; **~ błyskawiczny** zip (fastener), *am.* zipper

zameldować *perf vi* report; **~ się** *vr* report; (*w hotelu*) check in

zamężna *adj* married

zamiana *f* exchange, conversion

zamiar *m* intention

zamiast *praep* instead (of)

zamiatać *imperf vi* sweep

zamieniać, zamienić *imperf perf vt* exchange (**coś na coś** sth for sth), turn <transform> (**kogoś <coś> w coś** turn sb <sth> into sth); **~ się** *vr* (*wymieniać się*) exchange; (*przemieniać się*) turn, be transformed

zamienn|y *adj*: **części ~e** spare parts

zamierzać *imperf vt* intend, mean, be going (**co zrobić** to do sth)

zamieszanie *n* confusion, commotion

zamieszki *pl* riots *pl*

zamieść *perf vi zob.* **zamiatać**

zamknąć, zamykać *perf imperf vt* close, shut; (*na klucz*) lock; (*zlikwidować*) close down; **~ oczy** (*umrzeć*) close one's eyes; **~ kogoś** (*w więzieniu*) lock sb up; **~ gaz** turn off the gas; **~ drogę** bar the way; **~ zebranie** close a meeting; **~ się** *vr* close, shut, be closed, be shut; (*odosobnić się*) lock o.s. in; **~ się w sobie** withdraw into o.s.; *pot.* **zamknij się!** shut up!

zamożny *adj* rich, well-off

zamówić *perf vt* order, book, reserve; **~ rozmowę** place a telephone call; **~ wizytę** make an appointment

zamówienie *n* order; **robiony na ~** custom-made

zamrażać *imperf vt* freeze

zamrażarka *f* freezer

zamrozić *perf vt zob.* **zamrażać**

zamsz *m* suede

zamykać *imperf vt zob.* **zamknąć**

zamyślić się *perf vr* be lost in thought

zaniedbać, zaniedbywać *perf imperf vt* neglect (**coś** sth); **~ się** *vr* let o.s. go; **~ się w obowiązkach** be negligent in one's duties

zan|ieść, zanosić *perf imperf vt* take, carry; **~ieść się** *vr*: **~osi się na deszcz** it looks like rain

zanik *m* disappearance; *med.* atrophy; **~ pamięci** memory loss

zanikać, zaniknąć *imperf perf vi* (*zginąć z oczu*) disappear, fade away; (*wyginąć*) disappear, die out

zanim *conj* before

zanosić *imperf vt zob.* **zanieść**

zaoczn|y *adj*: **studia ~e** extramural studies

zaopatrywać, zaopatrzyć *imperf perf vt* provide <supply> (**kogoś w coś** sb with sth); (*w sprzęt*) equip, furnish; **~ ludzi w wodę <prąd>** supply people with water

<gas>; **zaopatrywać sklep w towary** supply a shop with goods; **zaopatrzyć dokument w pieczęć** affix a stamp to a document; ~ **się** *vr* provide <equip> o.s. (**w coś** with sth)

zapach *m* smell, odour; (*przyjemny*) fragrance, aroma, scent; (*przykry*) reek, stench

zapalać *imperf vt zob.* **zapalić**

zapalenie *n med.* inflammation; ~ **płuc** pneumonia

zapalić *perf vt*: ~ **zapałkę** strike a match; ~ **światło** turn <switch> the light on; ~ **papierosa <lampę>** light a cigarette <lamp>; ~ **silnik** start an engine; ~ **się** *vr* catch fire; *przen. pot.* ~ **się do czegoś** become enthusiastic about sth

zapalniczka *f* lighter

zapał *m* zeal, ardour

zapałka *f* match

zaparzyć *perf vt* brew, infuse

zapas *m* supply, stock; (*do pióra*) refill; **~y** *pl* provisions *pl*, *sport.* wrestling; **na** ~ (*przedwcześnie*) prematurely

zapasow|y *adj* spare; **~e wyjście** emergency exit

zapewnić *perf vt* assure (**kogoś o czymś** sb of sth), secure (**komuś coś** sth for sb)

zapiąć, zapinać *perf imperf vt* fasten; ~ **na guziki** button <do> up; ~ **na suwak** zip up; ~ **pas (bezpieczeństwa)** fasten <buckle> one's seat-belt

zapiekanka *f kulin.* casserole

zapinać *imperf vt zob.* **zapiąć**

zapisy *pl* (*na uczelnię*) registration, enrolment

zapisać, zapisywać *perf imperf vt* write down, put down; (*kandydatów*) enrol, register; (*lekarstwo*) prescribe; *prawn.* ~ **coś komuś** bequeath sth to sb; ~ **się** *vr* (*do szkoły*) enrol

zaplombować *perf vt* (*zamknąć*) seal; (*ząb*) fill

zapła|cić *perf vt* pay; **~cić za przejazd** pay the fare; **~cić za przysługę** repay a service; **drogo za to ~cisz** you'll pay dearly for this; **Bóg ~ć** may God requite you
zapłon *m mot.* ignition
zapobiec, zapobiegać *perf imperf vt* prevent (**czemuś** sth); **~ wypadkom** avert <prevent> accidents
zapominać, zapomnieć *imperf perf vt* forget; (*zostawiać*) leave behind; **zapomnieć języka w gębie** be tongue-tied; **zapomnieć o czymś na śmierć** forget all about sth
zapomoga *f* supplementary benefit
zapora *f* barrier; **~ wodna** dam
zapowie|dź *f* announcement; (*zwiastun*) herald; (*zła wróżba*) portent; **~dzi** *pl* (*w kościele*) banns *pl*
zapoznać się *perf vr* acquaint <familiarize> o.s. (**z czymś** with sth)
zapraszać, zaprosić *imperf perf vt* invite, ask; **~ kogoś na przyjęcie <obiad>** invite sb to a party <to dinner>; **~ kogoś do tańca** ask sb to dance
zaprawa *f* (*murarska*) mortar; *sport.* training, practice
zaprosić *perf vt zob.* **zapraszać**
zaproszenie *n* invitation
zaprzeczać, zaprzeczyć *imperf perf vt* deny (**czemuś** sth); (*być sprzecznym*) negate <contradict> (**czemuś** sth)
zaprzeczenie *n* denial; (*przeciwieństwo*) negation, contradiction
zaprzeczyć *perf vt zob.* **zaprzeczać**
zaprzyjaźnić się *perf vr* make friends (**z kimś** with sb)
zapytać *perf vt* ask
zapytani|e *n* question; **znak ~a** question mark
zarabiać *imperf vi* earn; **~ na życie** earn a living; **~ na czymś** make profit on sth
zaraz *adv* at once, right away; **od ~** starting right

now; ~ **wracam** I'll be right back <back soon>
zarazić, zarażać *perf imperf vt* infect; ~ **się** *vr* get infected
zaraźliwy *adj* infectious, contagious
zarażać *imperf vt zob.* **zarazić**
zarezerwować *perf vt* book, reserve, make a reservation
zaręczyć się *perf vr* get engaged
zarobić *perf vi zob.* **zarabiać**
zarobki *pl* earnings *pl*
zarod|ek *m* embryo; *przen.* **stłumić coś w ~ku** nip sth in the bud
zarost *m* facial hair
zarośla *pl* thicket
zarozumiały *adj* conceited, *pot.* cocky, cocksure
zarówno *adv*: **~..., jak...** as well... as..., both... and...
zarys *m* outline; (*szkic*) sketch, draft; **przedstawić coś w ~ie** outline sth
zarząd *m* board (of directors)
zarządzać, zarządzić *imperf perf vt* (*kierować*) administer <manage> (**czymś** sth); (*nakazać*) give orders
zarządzanie *n* management, managing
zarządzenie *n* order, instruction; (*rozporządzenie*) regulation
zarzucać, zarzucić *imperf perf vt* (*przerzucać*) throw over; (*zaniechać*) give up, abandon; (*ubranie*) throw on; (*pokrywać*) scatter, spread; (*obwiniać*) reproach; *vi* (*o aucie*) skid; ~ **komuś ręce na szyję** fling one's arms round sb's neck; ~ **wędkę** cast a fishing line; **zarzucić coś papierami** scatter papers all over sth; ~ **kogoś prezentami** shower sb with presents
zarzut *m* (*wymówka*) reproach; **bez ~u** beyond reproach; **czynić komuś ~y** reproach sb; **pod ~em czegoś** on a charge of sth
zasa|da *f* principle, rule;

(*w chemii*) alkali; **z ~dy** as a rule; **w ~dzie** in principle

zasadzka *f* ambush

zasięg *m* reach, range; **w ~u wzroku <ręki>** within sight <one's reach>

zasilacz *m* power supply adaptor

zasiłek *m* benefit, allowance; **~ dla bezrobotnych** unemployement benefit

zaskakiwać, zaskoczyć *imperf perf vt* surprise, take by surprise

zasłabnąć *perf vi* faint

zasłaniać *imperf vt zob.* **zasłonić**

zasłona *f* curtain; **~ dymna** smokescreen

zasłonić *perf vt* (*zakryć*) cover (up); (*zasłoną*) curtain; (*ograniczać widoczność*) block out; (*bronić*) shield; **~ komuś światło** stand in sb's light; **~ się** *vr* (*bronić się*) protect <shield> o.s.; *przen.* **~ się niewiedzą** plead ignorance

zasługa *f* merit

zasłużon|y *adj* well-deserved, well-earned; **~a nagroda <kara>** just reward <punishment>

zasłużyć *perf vt* deserve (**na coś** sth)

zasnąć *perf vi* fall asleep

zas|ób *m* store, stock; supply; **bogaty ~ób słów** rich vocabulary; **~oby** *pl* (*naturalne*) resources *pl*, (*finansowe*) funds *pl*

zaspa *f* snowdrift

zaspokoić *perf vt* satisfy; **~ głód** appease one's hunger; **~ pragnienie** quench one's thirst; **~ ciekawość <żądanie>** satisfy one's curiosity <demand>

zastać *perf vt* find, meet

zastanawiać się, zastanowić się *imperf perf vr* think, wonder

zastanowieni|e *n* reflection, thought; **bez ~a** without thinking

zastaw *m* security, collateral; **dać ~** put up collateral; **pożyczyć pod ~** lend on security

zastawka *f anat.* valve

zastąpić *perf vt* (*zająć miejsce*) replace (**kogoś** sb), substitute (**kogoś** for sb); ~ **komuś drogę** bar sb's way <path>

zastępca *m* replacement, substitute; ~ **dyrektora** deputy director

zastępczy *adj* substitute *attr*

zastępować *imperf vt zob.* **zastąpić**

zastępstw|o *n* replacement, substitute; **działać w czyimś ~ie** act in sb's name <as a substitute for sb>; **w ~ie** by proxy

zastosować *perf vt* apply, employ, use; ~ **się** *vr* comply (**do czegoś** with sth), conform (**do czegoś** to sth)

zastój *m* standstill, stagnation

zastrzeże|nie *n* reservation; **bez ~ń** unconditionally, without reservation

zastrzyk *m* injection, shot; ~ **domięśniowy <dożylny>** intramuscular <intravenous> injection

zasuwa, zasuwka *f* bolt

zaszczepić się *perf vr* get vaccinated (**przeciwko czemuś** against sth)

zaszczyt *m* honour, *am.* honor; **przynosić ~ rodzinie** bring credit to sb's family

zaświadczenie *n* certificate

zatarg *m* dispute, conflict

zatoka *f* bay, gulf; *anat.* sinus

zatrucie *n* poisoning; ~ **pokarmowe** food poisoning

zatrudniać, zatrudnić *imperf pot. vt* employ, engage

zatrudnieni|e *n* employment; **urząd ~a** employment agency

zatrzask *m* (*do drzwi*) latch; (*przy ubraniu*) snap fastener, press stud

zatrzymać, zatrzymywać *perf imperf vt* stop; (*samochód*) pull over; (*aresztować*) arrest; (*zachować*) retain, keep; ~ **się** *vr* stop, come to a stop

zatwardzenie *n med.* constipation

zatwierdzić *perf vt* approve

zatyczka *f* stopper, plug

zaufani|e *n* confidence, trust; **godny ~a** trustworthy; **mieć do kogoś ~e** have confidence in sb; **telefon ~a** helpline

zauważyć *perf vt* notice, perceive; (*napomknąć*) observe, remark

zawał *m* heart attack; *med.* coronary

zawartość *f* contents *pl*; (*składnik*) content

zawiadamiać, zawiadomić *imperf perf vt* inform, notify

zawiadomienie *n* notice, notification

zawierać, zawrzeć *imperf perf vt* (*mieścić w sobie*) contain, include; **~ umowę** enter into a contract; **~ małżeństwo** contract a marriage; **~ układ** conclude a treaty

zawieść *perf vt vi* (*sprawić zawód*) let down, disappoint; (*o maszynie*) fail; **~ się** *vr* be disappointed (**na kimś <czymś>** with sb <sth>)

zawieźć *perf vt* drive, take

zawijać, zawinąć *imperf perf vt vi* wrap (up); **~ do portu** call at a port; **~ rękawy** roll up one's sleeves

zawinić *perf vi* be at fault, be guilty

zawodnik *m* competitor, contestant

zawodowiec *m* professional

zawodowy *adj* professional

zawodówka *f pot.* vocational school

zawody *pl* competition, contest

zawodzić *imperf vt zob.* **zawieść**

zaw|ód *m* profession; (*rozczarowanie*) disappointment; **sprawić komuś ~ód** disappoint sb; **doznać ~odu** be disappointed

zawracać, zawrócić *imperf perf vi vt* turn round <back>; **~ komuś głowę** bother sb; **~ ko-**

muś w głowie turn sb's head

zawrót *m* (*głowy*) dizziness, vertigo

zawrzeć *perf vt zob.* **zawierać**

zawsze *adv* always; **na ~** for ever; **raz na ~** once and for all

zazdrosny *adj* jealous, envious

zazdrościć *imperf vt* envy (**komuś czegoś** sb sth)

zazdrość *f* jealousy, envy

zaziębić się *perf vr* catch a cold

zaziębienie *n* cold

zaznaczyć *perf vt* mark; (*podkreślić*) stress

zazwyczaj *adv* usually

zażalenie *n* complaint

ząb *m* tooth; **zęby** *pl* teeth; **~ mądrości <mleczny>** wisdom <milk> tooth; *pot.* **nie rozumieć ani w ~** not understand a thing; *pot.* **dać komuś w zęby** punch sb in <on> the jaw; **uzbrojony po zęby** armed to the teeth; **zacisnąć zęby** clench one's teeth

zbankrutować *perf vi* go bankrupt

zbędny *adj* (*rzecz*) superfluous, redundant

zbić, zbijać *perf vt* (*gwoździami*) nail together; (*rozbić*) break, smash; (*skaleczyć*) bruise; (*pobić*) beat up; **zbić kogoś na kwaśne jabłko** beat sb to a pulp; **zbić kogoś z tropu** confuse sb; **~ czyjeś argumenty** refute sb's arguments; **~ kogoś z nóg** knock sb off their feet; **zbić się** *vr* (*rozbić się*) break

zbieg *m* (*uciekinier*) fugitive, runaway; **~ okoliczności** coincidence

zbieracz *m* collector

zbiera|ć, zebrać *imperf perf vt* collect, gather; (*zrywać*) pick; **~ć myśli** gather one's thoughts; **~ć siły** gather one's strength; **~ć fundusze** raise funds; **~ć ze stołu** clear the table; **~ć się** *vr* (*gromadzić się*) gather, get together; (*przygotowywać się*) get ready, prepare; **~ się na deszcz**

it's going to rain; **~ mi się na wymioty** I'm going to be sick, I feel nauseous

zbiornik *m* reservoir, container

zbiorow|y *adj* collective; **umowa ~a** collective agreement

zbi|ór *m* collection; (*z pola*) harvest; *komp.* file; **~ory** *pl* (*plon*) crop

zbiórka *f* (*gromadzenie się*) assembly; (*pieniężna*) fund raising, collection

zbliżać, zbliżyć *imperf perf vt* bring near <closer>; **~ się** *vr* approach (**do kogoś** sb)

zbocze *n* slope

zboczeniec *n* pervert

zboże *n* corn, cereal

zbrodnia *f* crime

zbrodniarz *m* criminal

zbroić *imperf vt* arm; (*teren*) develop; **~ się** *vr* arm

zbroje|nia *pl* armaments *pl*; **wyścig ~ń** the arms race

zbrojny *adj* armed, military

zbyt[1] *m* sale(s *pl*), market; **rynek ~u** market

zbyt[2] *adv* too; **~ wiele osób** too many people

zbyteczny *adj* needless, unnecessary

zda|ć, zdawać *perf imperf vt* (*przekazać*) turn over, return; **~ć sobie z czegoś sprawę** realize sth; **~ć relację z czegoś** relate <recount> sth; **~wać egzamin** take an exam; **~wać na studia** take one's entrance exams to college; **~ć egzamin** pass an exam; **~ć na studia** get into college; **~ć do następnej klasy** be promoted; **~wać się** *vr* seem, appear; **~wać się na kogoś <coś>** depend on sb <sth>; **~ć się na własny rozum** use one's own discretion; **~je mi się, że...** it seems to me that..., I think that...

zdaln|y *adj*: **~e sterowanie** remote control

zda|nie *n gram.* sentence; (*pogląd*) opinion, view; **moim ~niem** in my opinion; **różnica ~ń** difference of opinions; **zmienić ~nie** change one's mind; **być innego ~nia** hold a different opinion

zdarzać się, zdarzyć się *imperf perf vr* happen, occur

zdarzenie *n* event, incident, occurrence

zdarzyć się *perf vr zob.* **zdarzać się**

zdawać *imperf vt zob.* **zdać**

zdążyć *perf vi* be <make it> in time (**na coś** for sth); **~ coś zrobić** manage to do sth (on time); **nie ~ na pociąg** miss one's train

zdechły *adj* dead

zdecydowany *adj* firm, determined; (*niewątpliwy*) unquestionable

zdejmować, zdjąć *imperf perf vt* (*ubranie*) take off; (*z góry*) take down; (*usuwać*) remove; **zdjąć komuś ciężar z serca** relief sb of a burden; **zdjąć sztukę z afisza** take off a play; **zdjął go strach** he was seized with fear

zdenerwowany *adj* nervous, irritated, vexed

zderzak *m mot.* bumper

zderzenie *n* crash, collision; **~ czołowe** head-on collision

zderzyć się *perf vr* crash, collide

zdjąć *perf vt zob.* **zdejmować**

zdjęci|e *n* picture, photo(graph); (*usunięcie*) removal; **robić ~a** take pictures <photo(graphs)>

zdobyć, zdobywać *perf imperf vt* (*zagarnąć*) conquer, capture; (*dostać*) acquire; **zdobyć nagrodę** win a prize; **zdobyć bramkę** score a goal; **zdobyć szczyt** reach the summit; **~ szacunek** gain respect; **~ doświadczenie** gain experience; **~ się** *vr*: **~ się na odwagę** summon up enough courage

zdolnoś|ć *f* ability; **~ci** *pl* gift, talent, skills *pl*

zdolny *adj* able, capable, gifted; **~ uczeń** gifted

student; ~ **do matematyki** apt at mathematics; ~ **do zrobienia czegoś** capable of doing sth; *woj.* ~ **do służby** effective

zdrada *f* betrayal, treachery; (*przestępstwo*) treason; ~ **małżeńska** adultery

zdradzać, zdradzić *imperf perf vt* betray; ~ **zainteresowanie** show interest; ~ **żonę** be unfaithful to one's wife; ~ **tajemnicę** give away a secret

zdrajca *m* traitor

zdrowi|e *n* health; **ośrodek ~a** health centre; **służba ~a** healthcare; **wracać do ~a** recover; **na ~e!** (*po kichnięciu*) (God) bless you!, (*toast*) cheers!

zdrow|y *adj* healthy; **cały i ~y** safe and sound; **~y jak ryba** (as) fit as a fiddle; **~y rozum** common sense; **~a żywność** health food

zdrzemnąć się *perf vr* have <take> a nap

zdumiewający *adj* astonishing, amazing

zdumiony *adj* astonished, amazed

zdziwić *perf vt* surprise, astonish; ~ **się** *vr* be surprised <astonished> (**czymś** at sth)

zdziwienie *n* surprise, astonishment

zdziwiony *adj* surprised, astonished

ze *praep zob.* **z**

zebra *f zool.* zebra; *pot.* (*przejście*) zebra crossing

zebrać *perf vt zob.* **zbierać**

zebranie *n* meeting

zegar *m* clock; ~ **słoneczny** sundial; ~ **z kukułką** cuckoo clock; ~ **stojący** grandfather clock

zegarek *m* watch

zegarmistrz *m* watchmaker

zegarynka *f* speaking clock

zejście *n* descent; *med.* decease

zejść *perf vi zob.* **schodzić**

zelówka *f* sole

zemdleć *perf vi* faint

zemst|a *f* revenge, vengeance; **z ~y** out of revenge (**za coś** for sth)

zemścić się *perf vr* to have <take> revenge (**na kimś** on sb)

zepsuć *perf vt* spoil, damage; **~ komuś apetyt** spoil sb's appetite; **~ sobie zdrowie** ruin one's health; **~ dziecko** spoil a child; **~ się** *vr* spoil, get spoiled; (*pogorszyć się*) deteriorate, worsen

zepsuty *adj* broken; (*o dziecku*) spoilt, spoiled; (*zdemoralizowany*) corrupt, depraved

zero *n* zero, nought; *sport.* nil, love; *przen.* (*o człowieku*) nothing, nobody

zerwa|ć, zrywać *perf imperf vt vi*: **~ć linę** break a rope; **~ć kwiaty** pick flowers; **~ć umowę <zaręczyny>** break off an agreement <engagement>; **~ć z kimś <czymś>** break (up) with sb <sth>, have done <finished> with sb <sth>; **~ć się** *vr* (*przerwać się*) break, snap; (*oderwać się*) come off, get torn away; **~ć się gwałtownie** start up, jump up; **~ć się z łóżka** jump out of bed; **~ła się burza** a storm arose

zespołow|y *adj* collective; **praca ~a** teamwork

zespół *m* (*ludzi*) group, team; **~ muzyczny** band; **~ roboczy** working gang

zestaw *m* set, combination; **~ narzędzi** tool kit

zeszły *adj* last; **w ~m roku** last year

zeszyt *m* notebook, exercise book

zetknąć się *perf vr*: *przen.* **~ z kimś <czymś>** encounter sb <sth>

zewnątrz *adv praep* outside; **z ~** from (the) outside; **na ~** outside

zewnętrzn|y *adj* outside, external, exterior; **strona ~a** the outside, the exterior; **warunki ~e** the exterior

zeznać *perf vt vi zob.* **zeznawać**

zeznanie *n* testimony; **~ podatkowe** tax return;

składać ~ testify, give evidence

zeznawać *imperf vt vi* testify, give evidence

zezować *imperf vi* squint

zezwalać, zezwolić *imperf perf vt* allow, permit

zezwolenie *n* permission; (*dokument*) permit, licence, *am.* license

zezwolić *perf vt zob.* **zezwalać**

zgadnąć, zgadywać *perf imperf vt* guess

zgadza|ć się *imperf vr* agree <consent> (**na coś** to sth); (*być zgodnym*) tally (**z czymś** with sth); (*o rachunkach*) square; **~m się z tobą** I agree with you; **~ć się na czyjąś propozycję** accept sb's suggestion; **~ć się ze sobą** (*żyć w zgodzie*) get along fine (with each other)

zgaga *f* heartburn

zginąć *perf vi* (*zostać zabitym*) be killed, die; (*przepaść*) auish, perish; (*zgubić się*) get lost, disappear

zgłaszać, zgłosić *imperf perf vt* notify (**coś komuś** sth to sb), submit (**coś komuś** sth to sb); **~ pretensje do czegoś** lay claim to sth; **~ propozycję** submit a proposal; **~ się** *vr* report, apply, turn up; **~ się u kogoś** call on sb; **~ się do lekarza** come and see a doctor

zgłoszenie *n* application; (*zawiadomienie*) notification

zgniły *adj* rotten

zgo|da *f* consent, agreement; (*harmonia*) harmony, concord; **być w ~dzie z kimś <czymś>** be in agreement with sb <sth>; **wyrazić ~dę na coś** give one's consent <assent> to sth; **za czyjąś ~dą** with sb's consent; **~da!** agreed!

zgodnie *adv* according (**z czymś** to sth), in accordance (**z czymś** with sth); (*bez konfliktów*) in harmony

zgodzić się *perf vr zob.* **zgadzać się**

zgrabny *adj* (*kształtny*)

shapely; (*zręczny*) deft, adroit

zgromadzenie *n* gathering, assembly; **walne ~** general meeting; **~ narodowe** national assembly

zgromadzić *perf vt* (*rzeczy*) gather, accumulate; (*ludzi*) assemble, bring together; **~ się** *vr* gather, assemble

zgub|a *f* (*rzecz*) lost property; (*zagłada*) ruin, undoing; **doprowadzić kogoś do ~y** bring sb to ruin

zgubić *perf vt* lose; **~ się** *vr* get lost

ziarno *n* grain

ziele *n* herb; **~ angielskie** pimento, allspice

zieleń *f* (*rośliny*) greenery

zielon|y *adj* green; *pot.* **nie mam ~ego pojęcia** I haven't the foggiest idea

ziemi|a *f* (*kula ziemska*) earth; (*gleba*) soil, ground, earth; (*ląd*, *kraina*) land; (*podłoga*) floor; **trzęsienie ~** earthquake; **nie z tej ~** out of this world; **upaść na ~ę** fall to the ground <floor>; *pot.* **gryźć ~ę** bite the dust; *przen.* **wrócić na ~ę** come down to earth; **~a ojczysta** homeland; **~a obiecana** the promised land; **Ziemia Święta** the Holy Land

ziemniak *m* potato

ziewać, ziewnąć *imperf perf vi* yawn

zięć *m* son-in-law

zim|a *f* winter; **~ą** in the winter

zimn|o[1] *n* cold; (*opryszczka*) cold sore; **drżeć z ~a** shiver with cold

zimno[2] *adv* cold; **jest ~** it's cold; **jest mi ~** I'm cold

zimn|y *adj* cold; **z ~ą krwią** in cold blood; **zachować ~ą krew** keep one's cool

ziołowy *adj* herbal

zjawić się *perf vr* (*pojawiać się*) appear; (*przybywać*) show up, turn up

zjawisko *n* phenomenon

zjazd *m* (*jazda w dół*) downhill ride <drive>;

(*zebranie*) convention, meeting; *sport.* run

zjechać, zjeżdżać *perf imperf vi* (*opuszczać się*) go down, descend; (*po zboczu*) go <ride, drive> downhill; (*zboczyć*) turn; (*przybyć*) arrive; **~ komuś z drogi** make way for sb; **~ się** *vr* arrive

zjednoczenie *n* unification; (*organizacja*) union

zjednoczony *adj* united; **Organizacja Narodów Zjednoczonych** United Nations Organization

zjeżdżać *imperf vi zob.* **zjechać**

zjeżdżalnia *f* slide

zlecenie *n* order

zlew(ozmywak) *m* sink

zlot *m* rally

złamać *perf* (*rozłamać*) break; (*przezwyciężyć*) overcome, crush; (*naruszyć*) break, violate; **~ czyjś opór** overcome one's resistance; **~ prawo** break <violate> the law; *przen.* **~ komuś serce** break sb's heart; **~ się** *vr* break, get broken; (*poddać się*) give in; *por.* **łamać**

złamanie *n med.* fracture; *pot.* **na ~ karku** at breakneck speed

złapa|ć *perf vt* catch, seize, grasp; **~ć kogoś za rękę** grasp sb by the arm; *pot.* **~ć gumę** get a puncture; **~ć kogoś na kłamstwie** catch sb out in a lie; **~ć kogoś na gorącym uczynku** catch sb redhanded; **~ć taksówkę** hail a cab; **~ł mnie skurcz** I was seized with cramp; **~ć się** *vr* (*schwycić się*) clutch, grasp; **~ć się w pułapkę** be <get>trapped; *przen.* **~ć się na coś** be taken in by sth

zło *n* evil; **naprawić ~** right the wrong

złodziej *m* thief; **~ kieszonkowy** pickpocket

złościć *imperf vt* anger, make angry; **~ się** *vr* be angry (**na kogoś o coś** with sb about sth)

złość *f* anger; **wpaść w ~** lose one's temper

złośliwy *adj* malicious; *med.* **nowotwór ~** malignant tumour

złot|o *n* gold; **kopalnia ~a** goldmine; **nie wszystko ~o, co się świeci** all is not gold that glitters

złotówka *f* one zloty

złot|y[1] *adj* gold, golden; **~y medal** gold medal; **~a rączka** handyman; *przen.* **mieć ~e serce** have a heart of gold

złoty[2] *m* zloty

złożyć *perf vt zob.* **składać**

złudzenie *n* illusion

zły *adj* bad; (*niemoralny*) evil, wicked; (*zagniewany*) angry, cross; **zła wola** ill will; **~ duch** evil spirit; **~ humor** bad temper; **zła godzina** fatal hour; **zła pogoda** bad <nasty> weather; **być ~m na kogoś** be cross with sb; **uwaga, ~ pies** beware of the dog; **nie ma w tym nic złego** there is nothing wrong in that; **mieć komuś coś za złe** bear sb ill will for sth; **nie mam ci tego za złe** I don't blame you for that; **nie chciałem zrobić nic złego** I meant no harm

zmarły *adj* dead, deceased; *m* the diseased; **~ mąż** the <one's> late husband

zmarszczka *f* wrinkle, crease

zmartwienie *n* worry, trouble

zmartwychwstanie *n* the Resurrection

zmęczenie *n* tiredness, fatigue

zmęczony *adj* tired

zmęczyć *perf vt* tire; *przen.* wade through; **~ się** *vr* get tired

zmian|a *f* change; (*czas pracy*) shift; **robić coś na ~ę** take turns in doing sth; **pracować na ~y** do shift work

zmieniać, zmienić *imperf perf vt* change, alter; **~ mieszkanie** move house; **~ zamiar** change one's mind; **~ się** *vr* change, vary; **~ się na lepsze** change for the better; **~ się w coś** turn into sth; ~ **się z kimś** take turns

zmienny *adj* variable, changeable; *elektr.* **prąd ~** alternating current

zmierzch *m* dusk, twilight; *przen.* twilight

zmieścić *perf vt* (*zawrzeć*) contain, accomodate, hold; ~ **się** *vr* go <get> (**w czymś** into sth)

zmniejszać, zmniejszyć *imperf perf vt* decrease, diminish, reduce; ~ **szybkość** reduce speed; ~ **się** *vr* decrease, diminish

zmusić, zmuszać *imperf perf vt* force, compel

zmyć *perf vt zob.* **zmywać**

zmysł *m* sense; **~y** *pl* (*popęd płciowy*) sexuality; **~y** *pl* (*rozum*) reason; **być przy zdrowych ~ach** be sane; **odchodzić od ~ów z rozpaczy** be beside o.s. with despair; **utrata ~ów** insanity

zmyślać *imperf vt* invent, make up

zmywać *imperf vt* wash (off), wash away; ~ **naczynia** wash <do> the dishes, wash up

zmywarka *f* dishwasher

znaczek *m* mark; (*pocztowy*) (postage) stamp; (*odznaka*) badge

znaczeni|e *n* (*sens*) meaning, significance; (*ważność*) significance, importance; **to nie ma ~a** it doesn't matter; **mieć duże ~e** be of great importance

znaczy|ć *imperf vt* (*robić znak*) mark; (*wyrażać*) mean; (*mieć znaczenie*) matter; **co to ~?** what does that mean?; **to ~, ...** that is, (to say)...

znać *imperf vt* know; ~ **kogoś z nazwiska <z widzenia>** know sb by name <by sight>; **dać komuś ~** let sb know (**o czymś** of sth); ~ **coś na pamięć** know sth by heart; **tego nie będzie ~** that won't show; ~ **się** *vr* (*siebie*) know o.s.; (*nawzajem*) know each other; ~ **się na czymś** be experienced with sth, know all about sth; ~

się na ludziach know human nature; ~ **się na żartach** know how to take a joke

znajdować się *imperf vr* (*mieścić się*) be located, be situated

znajomoś|ć *f* acquaintance; **zawrzeć z kimś ~ć** make sb's acquaintance; **mieć ~ci** have connections

znajomy *m* acquaintance; *adj* familiar

znak *m* sign, mark; ~ **fabryczny** trade mark; ~ **szczególny** distinguishing mark; **zły** ~ bad omen; ~ **drogowy** traffic sign; ~ **czasów** sign of the times; ~ **zapytania** question mark; ~ **dodawania** plus sign; ~ **zodiaku** sign of the zodiac; **dać komuś** ~ sign to sb; **dawać się we ~i** (*o człowieku*) be a nuisance; **na ~...** as a sign..., in token of...

znaleźć *perf vt* find; ~ **się** *vr* (*być*) be, be present, find o.s.; (*o zgubie*) be found; ~ **się w trudnej sytuacji** find o.s. in difficulties; ~ **się w więzieniu** land in jail

znany *adj* (well-)known, famous, familiar

znawca *m* expert

zniecierpliwienie *n* impatience

znieczulać *imperf vt* anaesthetize, *am.* anesthetize

znieczulenie *n* anaesthetic, *am.* anesthetic

znieczulić *perf vt zob.* **znieczulać**

znieść *perf vt zob.* **znosić**

znieważać, znieważyć *imper perf vt* insult

znikać, zniknąć *imperf perf vi* disappear, vanish

zniszczenie *n* destruction, devastation

zniszczyć *perf vt* destroy, vandalize

zniżać *imperf vt* lower; ~ **się** *vr* go down, descend; ~ **się do czegoś** stoop to sth

zniżka *f* reduction, discount

znosić *imperf vt* (*na dół*) carry down; (*gromadzić*) gather; (*odzież, buty*) wear down; (*unieważniać*) cancel out, abolish; (*cierpieć*) bear, endure; ~ **jajka** lay eggs; ~ **prawo** repeal a law; **nie znoszę go** I can't stand him

znowu *adv* again

znudzony *adj* bored

znużony *adj* weary

zobacz|yć *perf vt* see; **~ę** I'll see; **~yć się** *vr*: **~yć się z kimś** see sb

zobowiązać *perf vt zob.* **zobowiązywać**

zobowiązanie *n* obligation, commitment; **złożyć ~** make a commitment

zobowiązywać *imperf vt* oblige, bind; **~ się** *vr* commit o.s. (**w sprawie...** on sth)

zodiak *m* zodiac; **znaki ~u** signs of the zodiac

zoo *n* zoo

z o.o. *abbr* Ltd.

zorganizować *f* organize, arrange

zostać *perf vi* stay, remain; (*stać się*) become; (*być zostawionym*) be left, remain; **~ na noc** stay overnight; **~ w tyle** fall behind; **~ bez dachu nad głową** be left homeless; **~ przy życiu** stay alive

zostaw|ić *perf vt* leave; **~ić kogoś** (*opuścić*) leave <abandon> sb; **~ mnie w spokoju!** leave me alone!; **~ to mnie** leave that to me

zręczny *adj* deft, skilful, adroit

zrobi|ć *perf vt* make, do, perform; **~ć dobre wrażenie** make a good impression; **~ć komuś miejsce** make room for sb; **~ć komuś dużą przyjemność** give sb great pleasure; **~ć postępy** make progress; **~ć komuś wstyd** bring shame on sb; **~ć się** *vr* become, grow, get; **~ło mi się niedobrze** I felt sick; **~ło mi się smutno <żal>** I felt sad <sorry>; **~ło się zimno <ciemno>** it grew cold <dark>

zrywać *imperf vt zob.* **zerwać**

zrzec się, zrzekać się

perf imperf vr renounce <relinquish> (**czegoś** sth)

zrzeszenie *n* association

zsiadać, zsiąść *imperf perf vi* (*z konia*) dismount, get off; **~ się** *vr* (*o mleku*) curdle

zszywacz *m* stapler

zupa *f kulin.* soup

zupełny *adj* complete, absolute

zużycie *n* consumption; (*zniszczenie*) wear

zużyć, zużywać *perf imperf vt* (*zasób czegoś*) use up, spend; (*zniszczyć*) wear out; **~ się** *vr* wear away <off>, get worn out

zużyty *adj* used up

zużywać *imperf vt zob.* **zużyć**

zwalniać *imperf vt zob.* **zwolnić**

zwany *adj*: **tak ~** so-called

zwarcie *n elektr.* short circuit

zwariować *perf vi* get, mad, become insane, *pot.* go mad

zwariowany *adj* mad, crazy; **~ na punkcie czegoś** mad <crazy> about sth

zważyć *perf vt* weigh

związać *perf vt* tied, bind; (*powiązać*) connect, relate; **~ komuś ręce** tie sb's hands; **~ się z kimś** *vr* associate with sb, (*intymnie*) become a couple

związ|ek *m* (*powiązanie*) connection, relation; (*zrzeszenie*) association, union; (*stosunek*) relationship; **w ~ku z czymś** in connection with sth; **~ek zawodowy** trade union; **~ek małżeński** marriage, matrimony

zwichnąć *perf vt med.* dislocate

zwiedzać, zwiedzić *imperf vt* visit, tour

zwierzchnik *m* superior

zwierzę *n* animal; **~ domowe** domestic animal; **dzikie ~** wild animal

zwiększać, zwiększyć *imperf perf vt* increase; **~ się** *vr* increase

zwięzły *adj* concise

zwlekać *imperf vi* delay (**z robieniem czegoś** in doing sth)

zwłaszcza *adv* particularly, especially; **~ że...** particularly <especially> as...

zwłok|a *f* delay; **bez ~i** without delay; **grać na ~ę** play for time; **sprawa nie cierpiąca ~i** urgent matter

zwłoki *pl* (dead) body, corpse

zwolennik *m* follower, supporter

zwolnić *perf vt* (*tempo*) slow (down); (*uwolnić*) set free, release; (*pracownika*) dismiss, fire; **~ kroku** slacken one's pace; **~ pokój** vacate a room; **~ kogoś z obowiązku** release sb from a duty; **~ się** *vr* (*odejść z pracy*) quit; (*o miejscu*) become vacant

zwolnienie *n* (*lekarskie*) sick leave

zwracać, zwrócić *imperf vt* (*oddać*) give back, return; (*pokarm*) bring up; **~ komuś uwagę** admonish sb; **~ uwagę na kogoś <coś>** take note of sb <sth>; **~ czyjąś uwagę** draw sb's attention (**na coś** to sth); **~ się** *vr* (*odwracać się*) turn (towards); (*o kosztach*) pay off; **~ się do kogoś o coś** turn to sb for sth

zwrot *m* return; (*obrót*) turn; (*wyrażenie*) phrase, expression; **w tył ~!** about turn!

zwrotka *f* stanza

zwrotnik *m* tropic

zwrócić *perf vt zob.* **zwracać**

zwycięstwo *n* victory

zwycięzca *m* winner

zwyciężać, zwyciężyć *imperf perf vi* win; *vt* overcome

zwyczaj *m* (*obyczaj*) custom; (*nawyk*) habit; **mieć ~ coś robić** be in the habit of doing sth

zwyczajny *adj* common, ordinary, regular

zwykle *adv* usually, generally, as a rule; **jak ~** as usual

zwykły *adj* usual, habitual

zysk *m* gain, profit; **czysty ~** clear profit; **stopa ~u** profit rate

zyskać *perf vi vt* (*mieć zysk*) profit; (*pozyskać coś*) gain, earn, win; **~ na czasie** gain time; **~ popularność** gain popularity

zza *praep* (*spoza*) from behind, from beyond; **~ rogu** from around the corner

Ź

źle *adv* badly, wrongly, poorly; **~ się czuć** feel unwell; **~ wyglądać** look bad; **być ~ wychowanym** be ill-mannered; **~ się zachowywać** misbehave; **to bardzo ~!** (that's) too bad!

źrenica *f anat.* pupil

źródło *n* spring; source; (*przyczyna*) source

Ż

żaba *f zool.* frog

żaden, żadna, żadne *pron* no; (*zamiast rzeczownika*) none; (*z dwojga*) neither; **w żadnym razie** on no condition

żagiel *m* sail

żaglówka *f* sailing boat, *am.* sailboat

żakiet *m* jacket

żal *m* (*smutek*) sorrow, grief; (*skrucha*) regret; **~ mi go** I feel sorry for him; **mieć ~ do kogoś** bear a grudge against sb; **~ za grzechy** repentance

żaluzja *f* Venetian blind

żałob|a *f* mourning; **nosić ~ę** be in mourning

żałować *imperf vi vt* (*odczuwać żal*) regret (**czegoś** sth), pity (**kogoś** sb), be sorry (**kogoś** for sb); (*skąpić*) grudge (**komuś czegoś** sb sth)

żargon *m* slang, jargon

żarłok *m* glutton

żarówka *f* (light) bulb

żart *n* joke; **~em** in jest; **dla ~u** for laughs <fun>

żartować *imperf vi* joke; (*nabierać kogoś*) kid; **~ z kogoś <czegoś>** make fun of sb <sth>

żądać *imperf vt* demand

żądanie *n* demand, request; **na ~** on demand; **przystanek na ~** request stop, *am*. flag stop

żądza *f* lust; **~ władzy** lust for power

że *conj* that; **myślę, że...** I think that...; **dlatego że** because; **mimo że** although

żebrak *m* beggar

żebro *n anat*. rib

żeby *conj* (*cel*) (in order) to, in order that; (*gdyby*) if; (*oby*) may; (*rozkaz*) see that; **chcę, ~ poszedł** I want him to go; **~ nie ten wypadek** if it weren't for that accident; **przyjdę, chyba ~ padało** I'll come unless it rains; **~ już wreszcie skończył!** may he finally finish!

żeglarstwo *n* sailing, yachting

żeglarz *m* yachtsman

żeglować *imperf vi* sail

żegluga *f* navigation

żegna|ć *imperf vt* say goodbye (**kogoś** to sb); **~j!** farewell!; **~ć się** *vr* say goodbye; (*znakiem krzyża*) cross o.s.; *zob*. **pożegnać**

żelazko *n* iron

żelazn|y *adj* iron; *przen*. **~e nerwy** nerves of steel

żelazo *n* iron

żenić się *imperf vr* get married (**z kimś** to sb); marry sb

żeński *adj* female, girls', women's *attr*

żeton *m* token; (*w kasynie*) chip

żłobek *m* crèche, *am*. day nursery

żmija *f zool*. viper, adder

żniwa *pl* harvest

żołądek *m anat*. stomach

żołądź *m bot*. acorn

żołnierz *m* soldier

żona *f* wife

żonaty *adj* married

żółtaczka *f med*. jaundice

żółtko *n* yolk

żółty *adj* yellow

żółw *m zool.* tortoise, turtle

żreć *imperf vt* eat; *pot.* (*o człowieku*) gobble

żuć *imperf vt* chew

żuk *m zool.* beetle

żuraw *m zool.* crane

żurek *m kulin.* soup made of fermented rye

żwir *m* gravel

życi|e *n* life; (*utrzymanie*) living; **~e wieczne** eternal life; **zarabiać na ~e** earn one's living; **ubezpieczenie na ~e** life insurance; **tryb ~a** life style; **wprowadzić coś w ~e** put sth into effect; **sprawa ~a i śmierci** matter of life and death

życiorys *m* biography; (*dokument*) curriculum vitae, CV

życzeni|e *n* wish; **na ~e** on request; **na czyjeś ~e** at sb's request; **składać komuś ~a** wish sb (all the best); **~a urodzinowe** birthday wishes <greetings>

życzliwość *f* kindness, friendliness

życzliwy *adj* kind, friendly; *n* well-wisher

życzy|ć *imperf* wish (**komuś czegoś** sb sth); **dobrze komuś ~ć** wish sb good; **czego pan sobie ~?** may I help you?

żyć *imperf vi* live; **~ z czegoś** make a living out of sth; **dobrze <źle> z kimś ~** get along well <badly> with sb; **niech żyje X!** long live X!, up with X!

Żyd *m* Jew

żydowski *adj* Jewish

żylak *m* varicose vein

żyletka *f* razor blade

żyła *f anat.* vein

żyłka *f* (*wędkarska*) fishing line; *przen.* bent (**do czegoś** for sth)

żyrafa *f zool.* giraffe

żyrandol *m* chandelier

żytniówka *f* rye vodka

żyto *n* rye

żywica *f* resin

żywić *imperf vt* (*karmić*) feed; *przen.* nurse; **~ nadzieję** cherish hope; **~ się** *vr* feed (**czymś** on sth)

żywienie *n* feeding
żywioł *m* element
żywnościow|y *adj* food *attr*; **artykuły ~e** foodstuffs
żywność *f* food
żywo *adv* (*energicznie*) briskly; **na ~** live
żywopłot *m* hedge
żywotny *adj* vital
żyw|y *adj* living, alive; (*ruchliwy*) lively, vivacious; **~y kolor** vivid colour; *pot.* **~a gotówka** hard cash; **ani ~ego ducha** not a living soul
żyzny *adj* fertile

NAZWY GEOGRAFICZNE
GEOGRAPHICAL NAMES*

Adriatyk, Morze Adriatyckie Adriatic, Adriatic Sea
Afganistan Afghanistan
Afryka Africa
Alabama Alabama
Alaska Alaska
Albania Albania
Alberta Alberta
Algier Algiers
Algieria Algeria
Alpy Alps
Amazonka Amazon
Ameryka America; **~ Północna <Południowa>** North <South> America
Andora Andorra
Andy Andes
Anglia England
Ankara Ankara
Antarktyda Antarctic; Antarctic Continent
Antyle Antilles
Antypody Antipodes
Apeniny Appenines
Arabia Saudyjska Saudi Arabia
Argentyna Argentina
Arizona Arizona
Arkansas Arkansas
Arktyka Arctic
Armenia Armenia
Ateny Athens
Atlantyk, Ocean Atlantycki Atlantic, Atlantic Ocean
Atlas Atlas Mts
Auckland Auckland
Australia Australia
Austria Austria
Azja Asia
Azerbejdżan Azerbaijan
Azory Azores

Bahamy The Bahamas
Bałkany Balkans; **Półwysep Bałkański** Balkan Peninsula
Bałtyk, Morze Bałtyckie Baltic, Baltic Sea

**Uwaga: skróty* Ils *i* Mts *odpowiadają wyrazom* Islands *i* Mountains.

Bangladesz Bangladesh
Belfast Belfast
Belgia Belgium
Belgrad Belgrade
Berlin Berlin
Bermudy the Bermudas
Berno Bern(e)
Białoruś Byelorussia
Birma Burma
Birmingham Birmingham
Boliwia Bolivia
Bonn Bonn
Boston Boston
Bośnia Bosnia
Brazylia (*państwo*) Brazil; (*stolica*) Brasilia
Bruksela Brussels
Brytania Britain; **Wielka** ~ Great Britain
Buckingham Buckingham
Budapeszt Budapest
Buenos Aires Buenos Aires
Bukareszt Bucharest
Bułgaria Bulgaria

Cambridge Cambridge
Canberra Canberra
Cejlon Ceylon, *zob.* **Sri Lanka**
Chicago Chicago
Chile Chile
Chiny China
Chińska Republika Ludowa Chinese People's Republic
Chorwacja Croatia
Cieśnina Beringa Bering Strait
Cieśnina Kaletańska Strait of Dover
Cieśnina Magellana Strait of Magellan
Connecticut Connecticut
Cypr Cyprus
Czechy Czech Republic

Dakota Południowa South Dakota
Dakota Północna North Dakota
Damaszek Damascus
Dania Denmark
Dardanele Dardanelles
Delaware Delaware
Delhi Delhi
Detroit Detroit
Dover Dover
Dublin Dublin
Dunaj Danube
Dżakarta Djakarta

Edynburg Edinburgh
Egipt Egypt
Ekwador Ecuador

Estonia Estonia
Etiopia Ethiopia
Europa Europe

Filadelfia Philadelphia
Filipiny Philippines, Philippine Ils
Finlandia Finland
Floryda Florida
Francja France

Gdańsk Gdansk
Gdynia Gdynia
Genewa Geneva
Georgia Georgia
Ghana Ghana
Gibraltar Gibraltar
Glasgow Glasgow
Góry Skaliste Rockies, Rocky Mts
Grecja Greece
Greenwich Greenwich
Grenlandia Greenland
Gruzja Georgia
Gwatemala Guatemala
Gwinea Guinea

Haga the Hague
Haiti Haiti
Hawaje, Wyspy Hawajskie Hawaii, Hawaiian Ils
Hawana Havana
Hebrydy Hebrides
Hel Hel Peninsula
Helsinki Helsinki
Himalaje Himalayas
Hiszpania Spain
Holandia Holland, the Netherlands

Idaho Idaho
Illinois Illinois
Indiana Indiana
Indie India
Indonezja Indonesia
Indus Indus
Iowa Iowa
Irak Irak, Iraq
Iran Iran
Irlandia Ireland, (*Republika Irlandzka*) Eire
Islandia Iceland
Izrael Israel

Jamajka Jamaica
Japonia Japan
Jawa Java
Jemen Yemen
Jerozolima Jerusalem
Jordania Jordan
Jugosławia Yugoslavia

Kair Cairo
Kalifornia California
Kambodża Cambodia
Kanada Canada

kanał La Manche English Channel
Kanał Panamski Panama Canal
Kanał Sueski Suez Canal
Kansas Kansas
Karolina Południowa South Carolina
Karolina Północna North Carolina
Karpaty Carpathians, Carpathian Mts
Katowice Katowice
Kaukaz Caucasus
Kenia Kenya
Kentucky Kentucky
Kijów Kiev
Kiszyniów Kishinev
Kolorado Colorado
Kolumbia Columbia; (*państwo*) Colombia
Kolumbii Dystrykt District of Columbia
Kongo Congo
Kopenhaga Copenhagen
Kordyliery Cordilleras
Korea Korea; **Koreańska Republika Ludowo-Demokratyczna** Democratic People's Republic of Korea
Kornwalia Cornwall
Korsyka Corsica
Kostaryka Costa Rica
Kraków Cracow
Kreta Crete
Krym Crimea
Kuba Cuba
Kuwejt Kuwait, Kuweit

Labrador Labrador
La Manche *zob.* **kanał La Manche**
Laos Laos
Liban Lebanon
Liberia Liberia
Libia Lybia, Libia
Liechtenstein Liechtenstein
Litwa Lithuania
Liverpool Liverpool
Lizbona Lisbon
Londyn London
Los Angeles Los Angeles
Luizjana Louisiana
Luksemburg Luxemburg

Łotwa Latvia
Łódź Lodz

Macedonia Macedonia
Madagaskar Madagascar
Madryt Madrid
Maine Maine
Malaje Malaya
Malajski Archipelag Malay Archipelago

Malajski Półwysep Malay Peninsula
Malezja Malaysia
Malta Malta
Manchester Manchester
Manitoba Manitoba
Maroko Morocco
Martynika Martinique
Maryland Maryland
Massachusetts Massachusetts
Meksyk Mexico
Melanezja Melanesia
Melbourne Melbourne
Michigan Michigan
Minnesota Minnesota
Mińsk Minsk
Missisipi Mississippi
Missouri Missouri
Mołdawia Moldavia
Monako Monaco
Mongolia Mongolia
Montana Montana
Montreal Montreal
Morze Arabskie Arabian Sea
Morze Bałtyckie Baltic Sea
Morze Czarne Black Sea
Morze Czerwone Red Sea
Morze Egejskie Aegean Sea
Morze Jońskie Ionian Sea
Morze Karaibskie Caribbean Sea
Morze Kaspijskie Caspian Sea
morze Marmara Marmara, Sea of Marmara
Morze Martwe Dead Sea
Morze Północne North Sea
Morze Śródziemne Mediterranean Sea
Morze Tyrreńskie Tyrrhenian Sea
Morze Żółte Yellow Sea
Moskwa Moscow

Nebraska Nebraska
Nepal Nepal
Nevada Nevada
New Hampshire New Hampshire
New Jersey New Jersey
Niagara, wodospad Niagara Niagara Falls
Niemcy Germany
Niger Niger
Nigeria Nigeria
Nil Nile
Norwegia Norway
Nowa Fundlandia Newfoundland
Nowa Gwinea New Guinea

Nowa Południowa Walia New South Wales
Nowa Szkocja Nova Scotia
Nowa Zelandia New Zealand
Nowe Delhi New Delhi
Nowy Brunszwik New Brunswick
Nowy Jork New York
Nowy Meksyk New Mexico
Nowy Orlean New Orleans
Nysa Nysa

Ocean Atlantycki *zob.* **Atlantyk**
Ocean Indyjski Indian Ocean
Ocean Lodowaty Północny Arctic Ocean
Ocean Spokojny *zob.* **Pacyfik**
Odra Oder
Ohio Ohio
Oklahoma Oklahoma
Oksford, Oxford Oxford
Ontario Ontario
Oregon Oregon
Oslo Oslo
Ottawa Ottawa

Pacyfik, Ocean Spokojny Pacific Ocean
Pakistan Pakistan
Panama Panama
Paragwaj Paraguay
Paryż Paris
Pekin Beijing
Pensylwania Pennsylvania
Peru Peru
Phenian Pyongyang
Pireneje Pyrenees
Polinezja Polynesia
Polska Poland
Portugalia Portugal
Poznań Poznan
Praga Prague

Quebec Quebec
Queensland Queensland

Ren Rhine
Republika Południowej Afryki Republic of South Africa
Rejkiawik Reykjavik
Rhode Island Rhode Island
Rosja Russia
Rumunia R(o)umania
Ryga Riga
Rzym Rome

Sahara Sahara
San Francisco San Francisco
San Marino San Marino
Sardynia Sardinia
Sekwana Seine
Senegal Senegal
Serbia Serbia
Singapur Singapore
Skandynawia Scandinavia
Słowacja Slovakia
Słowenia Slovenia
Sofia Sofia
Somalia Somalia
Sri Lanka Sri Lanka
Stany Zjednoczone Ameryki United States of America
Sudan Sudan
Suez Suez
Sumatra Sumatra
Sycylia Sicily
Sydney Sydney
Syjam *hist.* Thailand; *zob.* **Tajlandia**
Syria Syria
Szczecin Szczecin
Szkocja Scotland
Sztokholm Stockholm
Szwajcaria Switzerland
Szwecja Sweden

Śląsk Silesia

Tajlandia Thailand
Tajwan Taiwan
Tallin Tallinn
Tamiza Thames
Tasmania Tasmania
Tatry Tatra Mts
Teheran Teheran
Teksas Texas
Tennessee Tennessee
Terytoria Północno-Zachodnie North-West Territories
Terytorium Północne Northern Territory
Tirana Tirana
Tokio Tokyo
Toronto Toronto
Tunezja Tunisia
Tunis Tunis
Turcja Turkey
Tybet Tibet

Uganda Uganda
Ukraina Ukraine
Ulster Ulster
Ułan Bator Ulan Bator
Ural Ural
Urugwaj Uruguay
Utah Utah

Vermont Vermont

Walia Wales
Warszawa Warsaw
Waszyngton Washington
Watykan Vatican City
Wellington Wellington
Wenezuela Venezuela
Węgry Hungary
Wiedeń Vienna
Wielka Brytania Great Britain
Wietnam Vietnam
Wiktoria Victoria
Wilno Vilnius
Wirginia Virginia
Wirginia Zachodnia West Virginia
Wisconsin Wisconsin
Wisła Vistula
Włochy Italy
Wołga Volga
Wrocław Wroclaw
Wyoming Wyoming
Wyspy Brytyjskie British Ils
Wyspy Kanaryjskie Canary Ils
Wyspy Normandzkie Channel Ils

Zair Zaire
Zambia Zambia
Zatoka Adeńska Gulf of Aden
Zatoka Baskijska Biscay, Bay of Biscay
Zatoka Botnicka Bothnia, Gulf of Bothnia
Zatoka Gdańska Gulf of Gdansk
Zatoka Gwinejska Gulf of Guinea
Zatoka Meksykańska Gulf of Mexico
Zatoka Perska Persian Gulf
Zatoka Świętego Wawrzyńca Gulf of St Lawrence
Zjednoczone Królestwo Wielkiej Brytanii i Północnej Irlandii United Kingdom of Great Britain and Northern Ireland
Związek Australijski Commonwealth of Australia

PRZEWODNIK KULINARNY
FOOD GUIDE

Przystawki	**Starters, Hors d'oeuvres** [`stɑtərz, ɔ `dɜvr]
awokado	avocado ['ævə`kɑdəʊ]
befsztyk tatarski	Tartar beefsteak [`tɑtə`bif-steɪk]
grzyby	mushrooms [`mʌʃrumz]
jajka	eggs [egz]
karczochy	artichokes [`artɪtʃəʊks]
karp	carp [kɑp]
kawior	caviar(e) [`kævɪɑ]
krewetki	shrimps [ʃrɪmps]
małże	mussels [`mʌslz]
łosoś wędzony	smoked salmon [`sməʊkt `sæmən]
ostrygi	oysters [oɪstəz]
pasztet z zająca	hare pâté [heə pɑ`te]
polędwica	loin [`loɪn]
półmisek szwedzki	dish of cold meats ['dɪʃ əv `kəʊld `mits]
sardele	anchovies [`æntʃəvɪz]

salami	salami [sə`lɑmɪ]
sałatka z kurczakiem	chicken salad [`tʃɪkən sæləd]
sardynki w oliwie	sardines in oil [sɑ`dinz ɪn oɪl]
szynka	ham [hæm]
śledź w oliwie	herring in oil [`herɪŋ ɪn oɪl]
ślimaki	snails [sneɪlz]
tuńczyk	tuna fish [`tunə fɪʃ]

Zupy — **Soups** [sups]

barszcz czerwony	beetroo soup [`bitrut sup]
bulion	bouillon [`bujõŋ]
cebulowa	onion soup [`ʌnjən sup]
chłodnik	vegetable or fruit soup served cold
grzybowa	mushroom soup [`mʌʃrum sup]
jarzynowa	vegetable soup [`vedʒtəbəl sup]
kapuśniak	cabbage soup [`kæbɪdʒ sup]
krupnik	barley soup [`bɑrlɪ sup]
ogórkowa	cucumber soup [`kjukʌmbə(r) sup]
owocowa	fruit soup [`frut sup]
pomidorowa	tomato soup [tə`mɑtəʊ sup]
rosół z kury	chicken soup [`tʃɪkən sup]

Ryby i owoce morza	Fish and Seafood [`fɪʃ ənd `sifud]
dorsz	cod [`kod]
homar	lobster [`lobstə(r)]
jesiotr	sturgeon [`stɜdʒən]
karp	carp [kɑp]
krab	crab [kræb]
makrela	mackerel [`mækrəl]
okoń	perch [pɜtʃ]
płastuga	plaice [pleɪs]
pstrąg	trout [trɑʊt]
sola	sole [səʊl]
szczupak	pike [pɑɪk]
węgorz	eel [il]

Mięso i drób	Meats and Poultry [`mits ənd `pəʊltrɪ]
baranina	lamb [læm]
bażant	pheasant [`feznt]
boczek	bacon [`beɪkən]
bryzol	veal chop ['vil`tʃop]
cielęcina	veal [vil]
dziczyzna	game, venison [geɪm, `venɪzən]
dzik	wild bore [wɑɪld bɔ(r)]
gęś pieczona	baked goose [beɪkt gus]
indyk	turkey [`tɜkɪ]
kaczka	duck [dʌk]
klopsy	meatballs [`mitbɔlz]

kotlet schabowy	pork chop ['pɔk`tʃop]
kotlet z baraniny	mutton chop ['mʌtn`tʃop]
królik	rabbit [`ræbɪt]
kurczak	chicken [`tʃɪkən]
kuropatwa	partridge [`pɑtrɪdʒ]
polędwica	loin [`loɪn]
potrawka z zająca	jugged hare [`dʒʌgd`heə]
stek	steak [steɪk]
wątróbka	liver [`lɪvə(r)]
wieprzowina	pork [pɔk]
wołowina	beef [bif]
zając	hare [heə]

Sposób przygotowania	**Ways of Preparing** [weɪz əv prɪ`peərɪŋ]
dobrze wypieczony	well-done ['wel`dʌn]
duszony	stewed, braised [stud, breɪzd]
gotowany	boiled [`boɪld]
lekko wypieczony	medium [`midɪəm]
mało wypieczony	rare, underdone [reə, ʌndə(r)`dʌn]
marynowany	pickled [`pɪkld]
nadziewany	stuffed [`stʌft]
pieczony (*np. mięso*)	roasted [`rəʊstɪd]
pieczony na ruszcie	grilled [grɪld]
sauté	sauteed [`səʊteɪd]
siekany	chopped [tʃɔpt]
smażony	fried [frɑɪd]
suszony	dried [draɪd]
wędzony	smoked [`sməʊkt]

Warzywa	**Vegetables** [`vedʒtəbəlz]
brukselka	Brussels sprouts [`brʌsəlz `sprɑʊts]
burak	beetroot [`bitrut]
cebula	onion [`ʌnjən]
cykoria	chicory [`tʃɪkərɪ]
czosnek	garlic [`gɑ(r)lɪk]
fasola	beans [`binz]
fasola szparagowa	string beans ['strɪŋ`binz]
groch	peas [piz]
groszek zielony	green peas ['grin`piz]
grzyby	mushrooms [`mʌʃrumz]
kalafior	cauliflower [`kolɪflɑʊə(r)]
kapusta	cabbage [`kæbɪdʒ]
karczoch	artichoke [`ɑtɪtʃəʊk]
kukurydza	corn [kɔn]
marchew	carrot [`kærət]
ogórek	cucumber [`kjukʌmbə(r)]
oliwki	olives [`olɪvz]
papryka	pepper [`pepə(r)]
pomidor	tomato [tə`mɑtəʊ]
por	leek [lik]
sałata	lettuce [`letɪs]
seler	celery [`selərɪ]
soczewica	lentills [`lentls]
szparagi	asparagus [ə`spærəgəs]
szpinak	spinach [`spɪnɪdʒ]
trufle	truffles [`trʌfəlz]
ziemniaki	potatoes [pə`teɪtəʊz]

Potrawy różne, przyprawy i napoje	**Other dishes, condiments and beverages** [ʌðə(r) `dɪʃəz `kondɪmənts ənd `bevrɪdʒɪz]
aperitif	aperitif [ə'perɪ`tif]
bigos	hot sauerkraut with meats and spices
cytryna	lemon [`lemən]
frytki	chips, French fries [tʃɪps, 'frentʃ `frɑɪz]
gołąbki	minced meat in cabbage leaves
kakao	cocoa [`kəʊkəʊ]
kanapka	sandwich [`sænwɪdʒ]
kasza gryczana	buckwheat groats [`bʌkwit grəʊts]
kluski	noodles [`nudlz]
knedle ze śliwkami	plums in dough [`plʌmz ɪn `dəʊ]
koniak	cognac [`koŋjæk]
likier	liqueur [lɪ`kjʊə(r)]
makaron	pasta [pæstə]
mleko	milk [mɪlk]
musztarda	mustard [`mʌstəd]
naleśniki	pancakes [`pæŋkeɪks]
ocet	vinegar [`vɪnɪgə(r)]
oliwa	olive oil ['olɪv `oɪl]
omlet	omelette [`omlɪt]
pieprz czarny <biały>	pepper black <white> [`pepə(r) blæk <wɑɪt>]
pierogi	boiled dough pockets filled with meat or cheese

piwo	beer [bɪə(r)]
płatki zbożowe	cereals [`sɪərɪəlz]
ryż	rice [rɑɪs]
sok	juice [dʒus]
sos do mięs	sauce [sɔs]
sos do sałaty	dressing [`dresɪŋ]
sos mięsny	gravy [`greɪvɪ]
sól	salt [sɔlt]
szampan	champagne [ʃæm`peɪn]
whisky	whisky [`wɪskɪ]
wino	wine [wɑɪn]
woda mineralna	mineral water ['mɪnərəl `wotə(r)]
wódka	vodka [`vodkə]

Desery	**Desserts** [dɪ`zɜ(r)ts]
budyń	pudding [`pʊdɪŋ]
ciastko	cake, cookie [keɪk, `kʊkɪ]
cukierki	candies, sweets [`kændɪs, swits]
czekolada	chocolate bar [`tʃoklɪt bɑ(r)]
galaretka	jelly [`dʒelɪ]
herbata	tea [ti]
herbatniki	biscuits [`bɪskɪts]
kawa	coffee [`kofɪ]
kompot	stewed fruit
krem	whipped cream [wɪpt krim]
lody	ice-cream ['ɑɪs `krim]
placek	pie [pɑɪ]

Owoce	Fruit [frut]
ananas	pineapple [`paɑınæpəl]
arbuz	watermelon [`wɔtəmelən]
banan	banana [bə`nɑnə]
brzoskwinia	peach [pitʃ]
cytryna	lemon [`lemən]
czarna borówka	blueberry [`blubərı]
czarna porzeczka	blackcurrant [blæk`kʌrənt]
czerwona porzeczka	redcurrant [redkʌrənt]
daktyl	date [deıt]
figa	fig [fig]
grejpfrut	grapefruit [`greıpfrut]
gruszka	pear [peə(r)]
jabłko	apple [`æpəl]
jagoda	bilberry [`bılbərı]
kasztan	chestnut [`tʃesnʌt]
kokos	coconut [`kəʊkənʌt]
malina	raspberry [`ræspbərı]
mandarynka	tangerine ['tændʒə`rin]
migdały	almonds [`ɑməndz]
morela	apricot [`eıprıkot]
orzech	nut [nʌt]
orzech laskowy	hazelnut [`heızəlnʌt]
orzech włoski	walnut [`wɔlnʌt]
pomarańcza	orange [`orındʒ]
rodzynki	raisins [`reızınz]
śliwka	plum [plʌm]
śliwka suszona	prune [prun]
truskawka	strawberry [`strɔbərı]
winogrona	grapes [greıps]
wiśnia	cherry [`tʃerı]
żurawina	cranberry [`krænbərı]

Druk i oprawa:
Rzeszowskie Zakłady Graficzne S.A.
www.rzgraf.com.pl